청년들을 위한 창세기
축복의 시작

축복의 시작

1판 1쇄 인쇄 2019년 9월 25일
1판 1쇄 발행 2019년 9월 30일

지은이 김서택
발행인 한동인
펴낸곳 (주)씨뿌리는 사람

등록번호 제2006-4호
주　　소 경기도 이천시 경충대로 2096-4
　　　　　　(서울사무소) T. 741-5181, 4 F. 744-1634

책값은 뒤표지에 있습니다.

ISBN 978-89-90342-43-0

Web www.kclp.co.kr

"천국은 마치 사람이 자기 밭에 갖다 심은 겨자씨 한 알 같으니
이는 모든 씨보다 작은 것이로되 자란 후에는 나물보다 커서 나무가 되매
공중의 새들이 와서 그 가지에 깃들이느니라"(마 13:31-32).

공급처 기독교문사 도매부 T. 741-5181~3 F. 762-2234

청년들을 위한 창세기
축복의 시작

김서택

씨뿌리는사람

프롤로그

창세기는 모든 목회자나 크리스천들이 좋아하며 은혜 받는 귀한 말씀입니다.

저는 창세기를 묵상하며 설교하는 가운데 너무나도 많은 부흥과 축복의 역사가 나타나는 것을 체험했습니다.

그러나 오늘 우리 세대의 청년들은 자신의 진로문제로 인해 많은 고민과 어려움을 겪고 있습니다. 이것은 바로 창세기에 나오는 우리 믿음의 조상들이 겪었던 문제와 같은 것입니다.

그래서 저는 이 세대의 청년들이 하나님의 축복을 찾아서 자신의 것으로 만들 수 있도록 단권으로 된 창세기 설교집이 필요하다고 생각했습니다. 이 부족한 단권으로 된 창세기 설교집이 이 세대의 많은 청년들과 청소년들에게 큰 도움이 되기를 바랍니다.

늘 저의 부족한 설교집을 조금도 주저하지 않고 책으로 만들어 오직 하나님 말씀을 전하는 데 전력하시는 한동인 장로님께 마음 깊이 감사드립니다.

대구 수성교 옆에서
김서택 목사

차 례 — *Contents*

프롤로그		04
01 우주의 신비	(창세기 1:1-2)	09
02 하늘에서 생긴 일	(창세기 1:3-8)	21
03 완전한 세상	(창세기 1:14)	33
04 만물의 영장	(창세기 1:24-31)	45
05 최초의 인간 생활	(창세기 2:8-9)	58
06 가장 귀한 축복	(창세기 2:18-25)	70
07 최초의 사건	(창세기 3:1-10)	80
08 누가 책임을 지나?	(창세기 3:11)	93
09 동생을 지키는 자	(창세기 4:9)	104
10 홍수 이전의 사람들	(창세기 4:14-16)	116
11 대재앙의 전야	(창세기 6:1-22)	128
12 대 재앙의 날	(창세기 7:10-11)	139
13 절망을 이기고	(창세기 8:13-14)	149
14 무지개 언약	(창세기 9:1-19)	161
15 인종의 편견	(창세기 9:24-25)	172
16 끝없는 욕망	(창세기 11:4)	183
17 위대한 부르심	(창세기 12:1-2)	195

18	신앙의 실망	(창 12:10-20)	208
19	가족 안의 갈등	(창 13:7)	220
20	전쟁의 발생	(창 14:8)	233
21	너의 방패와 상급	(창 15:1-21)	244
22	인간의 방법	(창 16:1)	257
23	언약의 발전	(창 17:9-10)	270
24	초대 받지 않은 손님	(창 18:1-33)	282
25	불 쓰나미	(창 19:1-38)	296
26	신앙인의 강박증	(창 20:2)	308
27	웃게 하시는 하나님	(창 21:3)	320
28	최고의 시험	(창 22:2)	333
29	사라의 장례	(창 23:1-2)	346
30	신부 찾기	(창 24:3-4)	359
31	서로 다른 두 아들	(창 25:22-23)	372
32	이삭의 순종	(창 26:1-2)	384
33	축복의 쟁탈전	(창 27:2-4)	396
34	불발된 축복	(창 27:42-44)	409
35	돌베개의 체험	(창 28:11-12)	423
36	야곱의 현실	(창 29:1-2)	434
37	속임수 인생	(창 29:25)	445

Contents

38	결단이 필요한 순간	(창 31:13)	458
39	야곱이 이스라엘이 됨	(창 32:22)	470
40	형 에서와의 만남	(창 33:3-4)	480
41	대형 사고를 치다	(창 34:1-2)	494
42	벧엘로 가자	(창 35:1)	507
43	하나님이 주신 꿈	(창 37:5-7)	520
44	믿음의 씨앗	(창 38:6)	532
45	노예가 된 요셉	(창 39:1)	544
46	감옥에서 만난 사람	(창 40:1-23)	556
47	최후의 숙제	(창 41:1-3)	567
48	사람을 살리는 정치	(창 41:38-40)	579
49	오랜 후의 만남	(창 42:1-2)	589
50	결단의 순간	(창 43:14)	600
51	신뢰의 테스트	(창 44:1-2)	610
52	감격적인 만남	(창 45:1-28)	622
53	나그네 인생	(창 46:1-47:12)	635
54	흉년을 이기는 지혜	(창 47:11-31)	648
55	요셉의 두 혼혈아들	(창 48:5)	662
56	최고의 축복	(창 49:1-12)	675
57	또 다른 축복	(창 49:13-33)	687
58	위대한 족장 시대	(창 50:1-26)	702

01
우주의 신비 / 창세기 1:1-2

어린이들은 주위에 있는 사물에 대해서 많은 호기심을 가지고 있습니다. 한번은 네다섯 살 정도로 보이는 어떤 어린아이가 주차장에서 외제차를 뚫어지게 바라보는 것을 보았습니다. 그 아이는 그 외제차를 손으로 쓰다듬기 시작하더니 잠시 후에는 하늘에 비행기가 날아가는 것을 보고는 거의 넋을 잃다시피 하며 바라보는 것이었습니다. 저는 그 아이가 참 호기심이 많은 아이라는 생각이 들었습니다.

우리 인간이 가지고 있는 이 호기심과 실험정신은 오늘 놀랄만한 학문과 기술의 발달을 가져왔습니다. 지금 인간이 만든 우주선은 우주를 날아다니고 있고, 유전학의 연구와 발전은 DNA발견으로 예전에 모르던 유전적인 비밀들을 거의 다 알아내었고, 또 백층이 넘는 빌딩을 지어서 살아가고 있습니다. 그럼에도 불구하고 우리 인간은 우주가 어떻게 생겨났으며, 또 인간이 어떻게 존재하게 되었는지 그 근본적인 뿌리에 대해서는 아무 것도 알지 못하고 있습니다.

알렉스 헤일리(Alex Haley)라는 흑인 작가는 미국에서 비참하게 살고 있는 흑인들의 뿌리를 찾기로 했습니다. 그래서 그는 자신의 조상들의 뿌리부터 캐기 시작했습니다. 단서는 부모들이 들려준 이야기와 아직도 남아 있는 언어적인 흔적이었습니다. 그는 자신의 부모가 강이라든지 나무 같은 것을 이상하게 부르는 것을 보았는데, 언어학자들을 통해서 조사를 해보니까 그 말이 아프리카 감비아 어느 지역의 말이라는 것을 알게 되었습니다. 그래서 나중에 이 알렉스 헤일리는 무려 7대를 거슬러 올라가서 자신들의 할아버지인 쿤타킨테가 감비아의 주프레 마을의 한 청년이었는데, 북 만드는 나무를 찾으러 갔다가 노예 사냥꾼들에게 붙들려서 신대륙까지 오게 된 사실을 알아내었습니다. 그리고 이 작가가 실제로 물어 물어서 옛날 그 주프레 마을을 찾아갔을 때, 그 마을에는 옛 역사를 모두 암송하는 사람들이 있었는데 그들은 옛날에 쿤타킨테라는 청년이 없어진 사실을 외우고 있었다고 합니다. 이것을 통해서 알렉스 헤일리는 미국의 흑인들이 원래부터 노예가 아니라 아주 훌륭한 아프리카 청년들이었고 전사들이었는데 백인들에 의해서 붙들려왔다는 사실을 밝혀내었습니다. 그는 이런 것들을 토대로 해서 《뿌리(Roots)》라는 소설을 썼고, 베스트셀러가 되어 미국 사회에 큰 반향을 일으키게 됩니다.

사람들은 누구든지 자신의 기원에 대하여 알고 싶어 합니다. 그래서 어렸을 때 외국으로 입양 되었던 사람들은 자라면서 어느 순간 자기가 다른 사람들과 피부색이 다르다는 것을 깨닫게 됩니다. 그리고는 도대체 내가 어떻게 해서 여기까지 오게 되었을까 생각을 하게 되고, 그러다가 자신들에 대한 출생의 비밀을 풀기 위해서 한국을 찾아오게 된다고 합니다.

우리가 살고 있는 이 세상이나 우주는 너무나도 크고 아름답고 위대합니다. 또 여기에 살고 있는 우리 인간이나 수많은 생명체들은 너무나도 귀한 존재입니다. 그런데 안타깝게도 우리 인간은 이 모든 세상의 첫 시작을 잘 알지 못합니다. 도대체 어떻게 해서 이 위대한 세계가 만들어졌으며, 어떻게 해서 이 세계에 우리 인간이나 이 많은 생명체들이 살게 되었는지 도무지 알지 못하는 것입니다.

쉽게 비유를 들면, 우리가 날아가는 화살을 보고 있는데 이 화살의 무게나 재질이나 길이는 알고 있지만 누가 이것을 쏘았으며 왜 쏘았는지 모르고 있는 것과 같습니다. 단지 지금 화살이 하나 날아가고 있다는 현실만 보고 있을 뿐입니다.

1. 신비에 싸인 우주

　미국은 1977년에 '보이저'(1호, 2호)라는 우주 탐사선을 쏘아 올렸습니다. 이 보이저호는 40여년에 걸쳐서 지구로부터 200억 킬로미터 지점을 날아가고 있는데, 그 속도는 무려 시속 6만 킬로미터라고 합니다. 이 보이저호는 최근에 목성 가까이에 가서 목성에 대한 많은 사진들을 찍어 보내고 또 더 많은 위성들을 발견했다고 합니다. 보이저호는 지금 인류가 만든 물체 중에서 가장 먼 거리까지 가 있는데, 겨우 태양계의 경계선을 지나고 있다는 것입니다. 이것을 보면 이 우주가 얼마나 거대한지 대충 알 수 있습니다. 원래 누군가 어느 집에 살려고 하면 그 집은 어떤 집이며 그 주인과 나는 어떤 관계에 있는지 분명히 알아야 안심하고 살 수가 있을 것입니다. 그런데 우리 인간은 이 지구라는 환경에 내동댕이쳐져서 살아가고 있지만 이 지구를 누가 만들었는지, 또 그 주인과 나는 어떤 관계에 있는지 아무 것도 모르고 있습니다.

　1859년에 찰스 다윈(Charles Darwin)은 《종의 기원》이라는 책을 썼습니다. 다윈은 비글호라는 배를 타고 남태평양에 있는 갈라파고스 섬들을 여행하면서 그 섬의 바다거북이나 새들의 모양이 육지와는 많이 다른 것을 보고난 뒤 그것들이 서로 다른 진화의 길을 걷게 되었다고 생각했습니다. 사실 지금도 갈라파고스 제도에는 다른 곳에서는 볼 수 없는 희귀한 생명체가 많은데 사람들이 많이 남획해서 그 수가 엄청 줄었다고 합니다.

　원래 우주의 발생에 대해서는 크게 두 가지 입장이 있습니다. 하나는 신화적 입장이고, 다른 하나는 진화론적 입장입니다. 신화적 입장은 첫 우주나 첫 생명체는 신의 몸의 일부가 떨어져 나와서 만들어졌다는 것입니다. 이런 신화적 입장의 특징은 자연을 너무 신성하게 본다는 것입니다. 왜냐하면 이 세상 모든 것은 신의 몸의 일부라고 생각하기 때문입니다. 그래서 신화적인 생각을 가진 사람들은 두려움 가운데 미신적으로 살아가게 됩니다. 거기에 비해서 현대 과학자들은 이 세상 모든 것은 '우연히' 생겼다고 주장합니다. 즉 수억 년의 세월이 지나는 동안에 우주가 폭발하고 다시 식는 과정에서 우연히 우주가 만들어졌고, 생명체는 오랜 진화 과정을 통해서 만들어지게 되었다는 것입니다.

그런데 고대 과학의 발달에는 신에 대한 생각을 철저하게 배제하는 것이 필요하기도 했습니다. 예를 들면, 질병에 대해서 보통 사람들은 질병이 신의 저주라고 생각하여 아무것도 하지 않았지만, 히포크라테스는 병이 신의 신노가 아니라 병균이 옮기는 것이라고 주장하며 질병을 정복해 나갔기 때문입니다. 그러나 아직도 과학은 우주 생성이나 인간의 창조에 대하여는 가정(假定)의 초보 수준을 벗어나지 못하고 있습니다.

그런데 성경에 처음 나오는 '창세기'에서는 우주와 지구와 인간의 기원에 대해 명확하게 밝혀주고 있습니다. 즉 창세기에서는 처음에 아무것도 존재하지 않았을 때 하나님이 말씀으로 이 우주를 창조하셨다고 밝히고 있습니다.

이 창세기를 보면 다른 데서는 알 수 없는 우주와 인간에 대한 아주 중요한 내용을 보게 되지만 또 그것 이상으로 많은 의문이 생기는 것도 사실입니다. 그 중에서 가장 큰 의문은 하나님이 이 우주와 세상을 6일 동안 창조하셨다고 하는데, 과연 이 온 우주가 6일 동안에 창조될 수 있을까 하는 의문입니다. 그리고 또 창세기에 옛 사람들이 살았던 나이가 나오는데 그것을 다 합쳐보면 대략 6천년 정도 밖에 되지 않습니다. 과학자들이 우라늄이라든지 여러 지질학적인 조사를 통해서 추정한 바에 의하면 지구나 우주의 나이는 60억년 이상이 된다고 하는데 거기에 비해서 이 6천년이라면 너무나도 짧다는 의문이 듭니다. 그래서 과연 지구의 나이는 6천년 밖에 안 되는 것일까 하는 의문이 생기고, 또 창세기에 나오는 사람들이 홍수 전에는 9백세까지 살았는데 과연 이것이 맞는 나이일까 하는 의문도 생깁니다. 그리고 과연 이 창세기는 누가 썼으며, 또 모세가 썼다면 모세는 자기가 태어나기 몇 천 년이나 몇 만 년 전의 일을 어떻게 알 수 있었을까 하는 의문도 생깁니다. 또 어떤 사람들은 창세기에 나오는 하나님의 이름을 연구해보니까 '엘로힘'이라는 단어도 나오고, '여호와'라는 단어도 나오는데, 이것을 보면 몇 가지 문서가 합쳐진 것 같다는 주장을 하기도 했습니다.

그런데 우리가 알아야 할 것은 창세기는 우리가 지금 가지고 있는 모든 과학적인 의문에 대한 해답을 제공해주지 않는다는 사실입니다. 이것은 우리가 여전히 연구하고 부지런히 공부를 해서 풀어야 할 의문들입니다. 성경은 우리의 구원에 필요한 진리를 전해주고, 또 우리에게 하나님에 대한 믿음을 생기게 해주는 역할을 합니다. 그러므로 우리가 창세기만 제대로 알면 우리 자신에 대한 거의 많은 의문들이 풀리게 될 것입니다.

전에 타종교를 믿던 어떤 교장 선생님이 창세기 설교를 다 읽고 난 후에, 자신이 궁금해 하던 모든 것에 대하여 설명하고 있어서 굉장히 좋았다고 했습니다. 우리가 창세기만 제대로 알아도 우리 자신과 하나님에 대한 많은 의문이 풀릴 것이며, 내가 어떻게 살아야 할 것인지를 깨닫게 될 것입니다.

2. 하나님의 창조의 목적

성경은 하나님이 세상 모든 것을 창조하셨다고 말씀하고 있습니다. 즉 처음 이 우주에는 지금 우리가 보는 것과 같은 빛이나 생명체나 태양이나 달이나 아무 것도 없었는데, 하나님이 이 모든 것을 하나님의 능력으로 만드셨다는 것입니다. 그래서 이 우주나 태양이나 달이나 별들은 하나님이 만드신 피조세계이기 때문에 두려워할 필요가 없습니다. 그리고 하나님이 이 모든 것을 말씀으로 만드셨기 때문에, 하나님은 우리와 같은 인격적인 분이시며 우리와 대화가 가능한 분이십니다. 우리는 하나님을 말씀으로 만날 수가 있습니다. 만약 이 세상에 파괴되거나 고장 난 것이 있으면 하나님은 말씀으로 얼마든지 고칠 수가 있는 것입니다. 왜냐하면 우리가 이 세상에 처음 만들어진 것을 제대로 알기만 한다면 잘못되거나 틀린 모든 것을 바로 잡을 수 있기 때문입니다.

하나님이 온 세상을 창조하신 이유는 사랑 때문입니다. 하나님은 사랑으로 온 세상을 만드셨고 사랑으로 우리 인간을 만드셨는데, 온 힘을 다해서 완전하게 만드셨습니다. 그래서 우리는 반드시 하나님을 바로 알아야 우리 인생이 의미를 가지게 되며 우리가 이 세상에 존재하는 이유를 알게 됩니다.

우리나라 사람들은 수천 년 전부터 미신에 빠져 있었기 때문에 인격적인 하나님에 대한 지식이 없었습니다. 더욱이 우리나라는 일본에 의해서 나라가 망하고 백성들은 절망 가운데 있을 때 눈이 파란 서양 선교사들이 와서 예수를 믿으라고 하니 '서양 귀신'을 전한다고 악평을 했습니다. 그때 선교사들은 우리나라 백성들에게 "우리는 서양 귀신을 전하는 사람이 아니요, 온 천지를 만드신 하나님을 전하는 사람들이라"고 전했습니다. 사실 우리 조상들은 천지를 만드신 하나님이 있다는 이야기를 전혀 들은 적이 없었고 그 당시 이것을 믿는다는 것은 결코 쉬운 일이 아니었습니다.

그런데 우리나라의 개화된 몇몇 사람들은 온 천지를 만드신 하나님이 계신다는 것과 그 하나님께서 우리를 사랑하셔서 독생자를 죽게 하셨다는 말을 듣고 믿었던 것입니다. 그때 그 사람들의 마음에 영적인 부흥이 일어나게 되었고 결국 온 나라의 민족적 부흥이 일어나게 되었습니다. 우리나라는 일본에 망했는데 백성들의 마음속에는 하나님을 믿음으로 부흥이 일어났던 것입니다. 결국 이 부흥이 일본강점기 내내 민족정신이 죽지 않게 지켜주었고 해방 후에 큰 축복으로 나타나게 되었습니다.

하나님의 창조 이야기를 통해 우리를 향한 하나님의 사랑을 우리가 듣게 되는 것입니다. 즉 하나님이 우리에게 창조 이야기를 들려주시는 것은 마치 어느 부모가 오래 전에 입양 되었던 아이를 도로 찾아서 그에게 모든 이야기를 다 해주는 것과 같습니다. 하나님께서 우리에게 창조 이야기를 들려주시는 것은 하나님이 다시 우리에게 오신 것이며, 하나님께서 우리를 찾으신 것입니다. 그리고 이제는 우리를 영원히 버리지 아니하시고 우리와 함께 계시겠다는 것을 약속하시는 것입니다.

성경은 모든 세상의 시작에 대해서 이렇게 말씀하고 있습니다.

1:1 "태초에 하나님이 천지를 창조하시니라"

성경은 우리 눈에 보이거나 보이지 않는 우주와 거기에 있는 모든 생명체는 하나님께서 창조하심으로 존재하게 되었다고 말씀하고 있습니다. 이 세상에 존재하는 모든 것 중에서 우연히 존재하게 된 것은 아무 것도 없고, 이 세상에 있는 것들은 모두 하나도 빠짐없이 하나님이 만드신 것입니다. 즉 이 세상에 존재하는 모든 것은 하나님의 창조물이며 하나님의 작품인 것입니다. 하나님은 이 세상에 있는 모든 것의 주인입니다.

여기서 '태초에'라고 한 것은 우주가 존재하기 시작하는 시점을 말합니다. 즉 우리는 이 우주가 언제부터 존재하게 되었는지 알지 못합니다. 그런데 우리가 생각할 수 없는 아주 오래 전에 하나님은 이 세상을 창조하셨습니다. 과학자들은 이 우주가 적어도 60억 년 전에 만들어졌을 것이라고 주장합니다. 그러나 우리는 창세기에서 정확한 천지 창조 시기를 말한다고 생각하지는 않습니다. 즉 하나님이 아무 것도 없는 무에서 이 엄청난 우주와 지구를 만드신 것은 사실이지만, 우리는 지구를 만드신 것이 6일이고 우주는 그 전부터 존재했을 것이라고 생각합니다.

여기서 '창조했다'는 것은 아무 것도 없는 '무(無)'에서 새로운 것을 만드셨다는 것을 의미합니다. 하나님은 전혀 아무 것도 없는 가운데서 이 엄청난 우주와 지구와 생명체를 창조하셨습니다. 이것이 바로 하나님의 말씀의 능력입니다. 우리 인간은 무엇인가 새로운 것을 만들려고 하면 재료가 있어야 합니다. 즉 아무리 요리를 잘 하는 사람이라 하더라도 음식 재료가 있어야 하고 자동차를 만드는 사람도 그것을 만드는 재료가 있어야 합니다. 그러나 하나님은 아무 것도 없는 가운데서 '유'를 존재하게 하셨습니다. 그러므로 우리 인간이 만드는 것은 모두 하나님이 주신 재료를 가지고 가공하는 것뿐입니다. 그러나 창조주 하나님은 아무 것도 없어도 지구를 있게 하셨고 빛을 있게 하셨으며 생명체를 있게 하셨습니다.

그러나 우리가 무엇보다 먼저 기억해야 할 것은 이 창세기의 말씀을 처음 들은 사람들은 우리와 같은 이십일 세기의 사람들이 아니라 오래 전 애굽에서 종살이 하다가 막 탈출한 이스라엘 백성들이라는 사실입니다. 지금부터 삼천오백 년 전의 이스라엘 백성들은 지금 우리와 같은 과학적인 지식이 전혀 없었습니다. 오히려 이스라엘 백성들은 애굽에서 종살이 하면서 애굽의 많은 신화나 우상숭배에 영향을 받고 있었습니다. 애굽 사람들은 태양이나 동물이나 강을 신으로 숭배했고 심지어는 뱀까지 신으로 섬겼습니다. 그러나 하나님은 자신이 이 모든 것을 창조하셨기 때문에 이스라엘 백성들은 이런 피조물을 두려워할 필요가 없고 오직 하나님의 말씀만 들으면 된다는 것을 이 말씀으로 확언해주고 계신 것입니다.

3. 최초의 지구의 상태

하나님이 처음 이 세상을 창조하실 때 우주나 이 땅 지구에는 아무 것도 없었다고 말씀하고 있습니다.

1:2 "땅이 혼돈하고 공허하며 흑암이 깊음 위에 있고"

물론 이 말씀은 누군가가 이 지구나 우주를 보고 기록한 것이 아닙니다. 이것은 나중에 하나님께서 모세나 선지자에게 영감을 주셔서 하나님의 눈으로 맨 처음 이 세상이 만들어질 때의 모습을 보게 하신 것입니다.

처음 우리가 사는 지구가 만들어졌을 때 지구나 다른 별이나 우주는 어떤 형체를 갖추지 못하고 있었습니다. 처음 우주나 지구의 모습은 요즘 과학자들이 생각하는 것과 같은 거대한 혼동의 덩어리에 불과했습니다. 즉 하나님께서 처음 우주나 지구를 만드실 때 우주는 엄청난 공간 속에서 시커먼 어둠 속에 모든 것이 뒤죽박죽 뒤섞여 있는 혼동 그 자체였습니다.

"땅이 혼돈하다"는 것은 땅이 아직 어떤 형체를 가지고 있지 못했던 것을 의미합니다. 즉 처음 하나님이 천지를 창조하실 때는 땅도 없었고 어떤 형체도 없었던 것입니다. 하나님께서 처음 우주를 창조하셨을 때에는 땅이나 바위 같은 딱딱한 물체가 없고 여러 원소나 여러 가지 가스 덩어리나 운석 덩어리들이 뒤섞여 있는 형태로 존재했다는 뜻일 것입니다. 그러다가 하나님이 말씀하시니까 이 원소들이 한꺼번에 융합 되면서 불덩어리가 생기게 되고 그때 태양 같은 큰 열 덩어리가 만들어지기도 하고 또 여기에서 다른 덩어리들이 떨어져 나갔을 것으로 생각이 됩니다. 이렇게 하나님께서 처음 우주를 만드셨을 때 우주는 완전히 뒤죽박죽이었습니다. 즉 우주는 그때 거대한 우주일 뿐이지 그 안에는 은하 우주계라든지 안드로메다 성운이라든지 태양계라든지 하는 것조차도 없었던 것입니다.

다시 말해서 우리가 살고 있는 이 우주는 처음 만들어졌을 때에는 지금처럼 아름다운 모습이 아니었습니다. 예를 들어서 어느 건물 공사 현장에 가보면 제대로 된 건물은 없고 여기저기에 철근이나 시멘트나 모래가 쌓여 있는데 도무지 건물이 될 것 같지 않은 모습입니다. 그런데 기술자들이 하나씩 기초공사를 하면서 건물이 지어지게 됩니다. 이때 하나님은 우주의 골조 공사를 하셨을 것입니다. 즉 하나님은 이 우주를 어떤 기초 위에 세우시고 그 위에 우주계나 태양계나 다른 모든 자연 질서가 자리 잡을 수 있는 기초를 만드셨을 것입니다. 그러나 하나님이 만드신 우주에는 아직 무엇인가 뚜렷한 윤곽을 가진 것은 나타나지 않았습니다.

그리고 땅이 "공허하다"는 것은 '아무 것도 없다'는 뜻입니다. 즉 하나님이 처음 우주를 만드실 때 이 우주에는 생명체라든지 이미 완성된 것은 아무 것도 없었다는 것입니다. 이 우주는 처음에 완전히 비어 있어서 하나에서 열까지 하나님은 새로 모든 것을 만드셔야만 했습니다.

그리고 "흑암이 깊음 위에 있었다"라고 말씀하고 있습니다. 즉 우주 전체는 끝없는 어둠만 덮여 있었습니다. 즉 하나님이 처음 우주나 지구를 만드실 때 온 우주는 빛이 없어서 엄청난 흑암의 천지였던 것입니다. 그래서 하나님이 처음 만드신 우주에는 아무 형체도 없었고 생명체도 없었고 아무 움직임이나 빛이나 소리조차도 없었습니다. 오직 모든 것이 정지 상태였고 전혀 숨소리나 바람 소리조차도 없었습니다. 한마디로 이 우주에는 아무도 살지 않았고 아무 것도 없었습니다. 그런데 하나님은 그 깊은 흑암 속에서 우주의 기초 골조 공사를 해 놓으셨던 것입니다.

어떤 천문 물리학자는 우주에 블랙홀이 있다고 주장합니다. 왜냐하면 이 블랙홀은 모든 빛을 다 흡수해버려서 전혀 빛이 없는 캄캄한 공간이 되기 때문입니다. 아마 하나님이 처음 우주를 만드실 때에는 우주 전체가 그렇게 캄캄한 곳이었던 것 같습니다. 이렇게 처음 하나님이 물리적인 우주를 만드셨을 때 이 세상은 비어있고 캄캄했고 모든 것이 혼돈되어 있었습니다. 그런데 그 가운데 한 가지 거기에 무엇인가 새로운 변화가 생기고 있었습니다.

1:2하 "하나님의 영은 수면 위에 운행하시니라"

우리가 여기서 두 가지 특이한 점을 볼 수 있는데, 하나는 이 어두운 세계 속에서 '하나님의 영'이 활동하고 있는 것이고, 다른 하나는 그때 이미 '수면'이 만들어져 있었다는 것입니다. 이것을 보면 갑자기 하나님의 창조의 시작이 지구라는 별로 옮겨져 있는 것을 알 수 있습니다. 즉 하나님께서 온 우주를 만드시는데 그 중에서 특히 지구라는 작은 별에 나타나셔서 완전히 새로운 세상을 만들고 계신 것입니다.

여기에서 특이한 것은 '물'이 있었다는 것입니다. 그런데 물이 그냥 수분의 형태로 있는 것이 아니라 아예 '수면'을 형성하고 있는 것을 볼 수 있습니다. 하나님께서 지구에는 아주 많은 물을 만드셔서 생명체가 살 수 있는 근거를 만드셨는데 아예 이 물이 지구 전체를 덮고 있었습니다. 즉 지구라는 별만 물이 별 전체를 에워싸고 있었던 것입니다. 물론 이때 지구에는 아직 육지가 없었습니다. 온 지구는 바다에 뒤덮여 있었는데 사실 공기조차도 없을 정도로 지구는 물 천지였던 것입니다. 그런데 이보다 더 중요한 것은 드디어 이 지구 위에 하나님의 영이 활동을 하고 있다는 것입니다.

원래 '영'이라는 단어는 '바람'이라는 뜻입니다. 그래서 어떤 사람들은 '하나님의 바람이 수면에 불고 있었다'는 식으로 해석을 하려고 합니다. 그리고 또 '운행하셨다'는 단어도 어려운 말입니다. 많은 번역가들은 하나님의 영이 수면 '위에서 떠 계셨다'라고 해석을 합니다. 또 다른 학자들은 '운행한다'는 단어를 '품다'는 뜻으로 번역하기도 합니다. 즉 어미 닭이 달걀을 품어서 병아리를 까듯이 하나님의 영이 혼돈 상태에 있는 지구를 그 날개로 품어서 부화하고 계셨다는 뜻으로 해석을 합니다. 하여튼 우리에게 중요한 것은 하나님이 이 세상을 창조하실 때 하나님의 영이 많은 활동을 하셨다는 사실입니다.

이 천지 창조에 있어서 가장 중요한 것은 하나님께서 말씀으로 이 모든 세계를 창조하셨다는 사실입니다. 그런데 놀라운 것은 그 창조에 하나님의 성령이 함께 하셨다는 것입니다. 말씀이 성령과 함께 이 모든 것을 창조하셨습니다. 이렇게 말씀과 성령의 사역은 창조 때부터 함께 나타나고 있습니다.

우리는 신학적으로 하나님의 은총을 크게 '일반 은총'과 '특별 은총'으로 나눕니다. 하나님을 믿지 않지만 미술, 학문, 또는 애국심에 뛰어난 사람들은 일반 은총을 많이 받은 것입니다. 예를 들어서 우리나라 사람들이 존경하는 이순신 장군, 소설가 박경리, 피카소 같은 화가, 모차르트나 베토벤 같은 음악가는 모두 일반 은총을 많이 받은 사람들입니다. 그런데 하나님께서 특히 우리 택한 백성들에게 하나님의 말씀을 믿게 하시고 성령 받게 하시는 것을 특별 은총이라고 합니다.

이 세상 사람들은 성령의 은총이 있어야 미치지 않고 발작을 하지 않고 질서를 지키면서 살아갈 수 있습니다. 만약 하나님이 이 세상에서 하나님의 영을 거두어가시면 그때부터 사람들은 미치게 되고 자연도 광란을 일으키게 됩니다. 그래서 온 세상은 하나님의 은혜로써만 평안하게 살아가는 것입니다. 그러나 우리 인간은 이것만으로는 부족합니다. 우리는 하나님의 말씀을 듣고 성령의 능력으로 속사람이 변화되어야 합니다.

혼돈되고 엉망진창이던 이 우주를 아름답고 질서 있게 만드신 분은 성령님이십니다. 그러나 더 나아가 성령이 하시는 가장 중요한 일은 인간의 영혼을 창조하시고 우리 마음속에 믿음을 주시며 하나님을 믿게 하시는 것입니다. 하나님은 선한 사람이나 악한 사람 모두에게 햇빛을 주시고 비를 내리십니다. 이것이 하나님의 사랑입니다. 그러나 그 중에서 가장 중요한 것은 우리가 하나님의 말씀을 믿고 마음이 변화되어서 그 말씀에 순종해서 사는 것입니다. 이것이야말로 성령이 하시는 일 중에서 가장 탁월하며 귀한 것입니다. 인간이 누릴 수 있는 축복 중에서 가장 귀한 것이 하나님을 아는 것입니다. 하나님을 아는 지식보다 더 귀한 것은 없습니다.

이 세상 모든 것은 하나님이 만드셨고, 우리는 하나님이 만드신 최고의 작품입니다. 하나님이 우리에게 온 세상의 시작을 말씀하시는 것은 하나님이 우리를 찾아오신 것이며 영원히 우리를 버리지 않겠다고 약속하신 것입니다. 하나님은 무에서 유를 창조하신 분이십니다. 하나님은 우리의 인생도 아름답게 만들어주실 것입니다. 오늘도 하나님의 말씀으로 무에서 유를 창조하시는 하나님이십니다. 하나님은 우리를 사랑하셔서 이 모든 우주와 세상을 창조하셨습니다. 이 하나님을 믿을 때 우리 마음에 대부흥이 일어나기를 소망합니다.

02
하늘에서 생긴 일 / 창세기 1:3-8

요즘 인류의 우주 과학이 얼마나 발전했는가 하면, 얼마 전 유럽 우주국에서 쏘아올린 '로제타'라는 작은 혜성 탐사선이 탐사 로봇을 혜성에 착륙시키는 데 성공을 했다고 합니다. 인류가 불규칙하게 나타나는 혜성에 탐사 로봇을 착륙시킨 것은 이번이 처음이라고 합니다. 그 탐사 로봇의 이름은 '필레'인데, 그것이 혜성을 조사한 결과 혜성은 그 전체가 구멍이 숭숭 뚫린 먼지 덩어리로 밝혀졌습니다. 그런 먼지 덩어리가 밤이 되면 그렇게 멋진 빛을 발하는 별이 되는 것입니다.

얼마 전에 텔레비전에서 우연히 어떤 과학 영화를 보았는데, 그 내용은 우주에 나갔던 여성 과학자가 우주선이 파괴되어 다른 조종사나 과학자들은 다 죽고 혼자 다른 우주 정거장에 가서 지구 귀환 우주선을 타고 기적적으로 살아서 돌아온다는 것이었습니다. 그런데 이 영화는 진짜 이 배우들이 우주에 나가서 활동을 하는 것처럼 생생하게 만들어졌는데 처음에는 재미가 없는 것 같았지만 나중에는 손에 땀을 쥐게 할 정도로 스릴 넘치는 감동이 있었습니다. 이 영화에서는 지구 궤도에 사용하다가 버린 위성의 잔해물들이 지구를 따라서 돌고 있는데 그것이 얼마나 위험한 물건들인지 잘 보여주고 있습니다.

우리가 우주를 보면 신기한 것이 너무 많습니다. 왜 별들이 모두 다 떨어지지 않고 언제나 그 자리에 있을 수 있는가? 그리고 왜 태양은 점점 더 뜨거워지거나 차가워지지 않고 혹은 점점 지구와 더 가까워지지 않고 계속 일정한 거리와 온도를 유지하고 있는가? 지구만이 아니라 화성이나 목성에도 달이 있는데 왜 이 달들은 중력으로 끌어 당겨져서 부딪치지 않고 계속 돌고 있을까? 또 바다에서 엄청난 파도가 몰려올 때에도 왜 바다는 육지를 덮치지 않고 정해놓은 해안선을 지키고 있을까? 이와 같은 수많은 궁금증이 있습니다.

사실 우리나라 사람들은 2018년 12월 22일, 인도네시아에 덮친 쓰나미(tsunami, 지진해일)에 대해서 그냥 해일 정도로만 알고 있었지, 그것에 대해서 들은 적도 없었고 본 적도 없었고 그 용어 자체도 알지 못했습니다. 그런데 십년 전에도 인도네시아에 쓰나미가 덮쳤을 때 수십만이 죽었다고 보도되었는데 실제로 얼마나 많은 사람이 죽었는지 그 누구도 알지 못한다고 합니다. 그때는 휴가 기간이었기 때문에 유럽에서 관광객들이 많이 와 있었는데, 어른들은 거의 다 죽고 아이들만 살았다고 합니다. 그 중에는 수백 킬로미터를 걸어서 자기 나라 대사관을 찾아서 살아난 아이들도 있었다고 합니다. 자연이 얼마나 무서운지 한 번만 성을 내어도 이렇게 수십만 명이 죽게 되는 것입니다.

우리는 지구에 살면서 아직도 근본적으로 풀지 못한 숙제가 너무나도 많이 있습니다. 즉 누가 우주를 만들었으며, 과연 신은 존재하는지, 나는 왜 이 세상에 존재하게 되었는지, 이러한 가장 중요한 문제들을 아직 풀지 못하고 있는 것입니다. 결국 우리는 하나님의 말씀으로 돌아오기 전까지는, 또 하나님에 대하여 믿음을 가지기 전까지는 절대로 자기 자신을 찾을 수가 없는 것입니다.

우리는 창세기 1장 2절 안에 엄청난 시간과 비밀이 있다는 것을 알게 됩니다. 왜냐하면 처음 하나님이 우주를 창조하실 때에는 아무 것도 없는 '무'였는데 이미 어떤 공간이 있고 캄캄함이 있기 때문입니다. 그리고 성경은 바로 이 엄청난 우주 공간 속에 물을 가득 에워싸고 있는 지구라는 별로 관점을 옮기고 있습니다. 창세기 1장 2절을 보면 아직 우주에 빛이 만들어지지 않아서 아무 것도 보이지 않는 가운데서도 이미 하나님은 거대한 우주를 만드시고 수많은 별들을 만드시고 특히 그 중에 지구라는 별에 엄청나게 많은 물을 만드신 것을 알 수 있습니다. 왜냐하면 우주에 아무 것도 없는데 하나님이 물이 있는 지구만 만드시지는 않았을 것이기 때문입니다. 즉 창세기 1장 2절을 보면, 이미 하나님은 우주의 많은 원소들이나 가스들로 어떤 거대한 고체 덩어리들을 어둠 가운데 만드시고 그 중에서 특별히 지구라는 작은 위성에는 물로 가득 차게 하셨던 것입니다. 그럼에도 불구하고 여전히 우주는 캄캄한 어둠 가운데 빠져 있었습니다. 사실은 하나님은 이 깊은 어둠 가운데 우주의 질서를 만드시고 많은 덩어리들을 만드셨지만 아직 우주는 흑암 가운데 빠져 있었던 것입니다.

이때 하나님이 첫 번째로 하신 일은 빛을 만드신 것입니다. 그러나 이 빛은 태양빛이 아닙니다. 왜냐하면 태양은 넷째 날이 되어야 나타나기 때문입니다. 이 빛은 태양의 근원이 되는 빛이었습니다.

1. 빛이 있으라

하나님께서 아직 형체도 만들어지지 않았고 아무 생명체도 없는 이 우주를 향해서 맨 처음 하신 일은 '빛이 있으라'는 말씀이었습니다.

> 1:3 "하나님이 이르시되 빛이 있으라 하시니 빛이 있었고"

인간이 하나님을 가장 닮은 것 중 하나는 바로 말을 한다는 것입니다. 그러나 우리가 말하는 것과 하나님이 말씀하시는 것은 근본적으로 차이가 있습니다. 인간이 말하는 것은 우리 자신의 생각을 언어로 표현하고 전달을 하는 것입니다. 그래서 우리가 다른 사람에게 말하는 것은 그대로 될 수도 있고 그대로 되지 않을 수도 있습니다. 그러나 하나님이 말씀하시는 것은 단순히 하나님의 생각을 우리에게 전달하시는 것이 아니라 모든 것을 그 말씀대로 이루어지게 하는 능력의 말씀입니다. 하나님의 말씀은 아무 것도 없는 가운데 무엇인가가 있게 하시며, 또 말씀을 하시면 있던 것도 없어지게 하실 수 있는 능력의 말씀입니다.

요즘은 집안의 많은 장치(IoT, 사물인터넷)들도 사람들의 음성을 인식해서 주인이 말을 하면 작동하여 켜지기도 하고 꺼지기도 합니다. 우리가 옛날에 《아라비안나이트》를 읽으면서 도둑들이 굴 앞에서 '열려라. 참깨!' 라고 하면 동굴 문이 열리는 장면을 보고 재미있어 했는데, 이제는 그것이 눈앞에 펼쳐지는 시대에 살게 되었습니다. 그러나 하나님의 말씀은 이미 있는 장치가 하나님의 말씀을 인식해서 작동하는 차원이 아닙니다. 하나님의 말씀은 아무 것도 없는 데서 말씀하신 것이 이루어지게 하는 능력이 있습니다. 그래서 우리는 하나님의 말씀을 들을 때 우리들이 하는 말로 생각해서는 절대 안 됩니다. 하나님의 말씀은 '무'에서 '유'를 만드시는 능력의 말씀인 것입니다. 예수님께서 말씀하시니까 집어 삼킬 것 같이 날뛰던 바람과 파도가 잔잔해졌고, 또 죽은 나사로가 온 몸을 천으로 감싼 채 무덤에서 살아 나왔습니다.

그런데 무엇보다 하나님의 말씀의 가장 놀라운 능력은 우리 안에 믿음이 생기게 하는 것이라고 할 수 있습니다. 그래서 사도 바울은 고린도후서 4:6에서 "어두운 데에 빛이 비치라 말씀하셨던 그 하나님께서 예수 그리스도의 얼굴에 있는 하나님의 영광을 아는 빛을 우리 마음에 비추셨느니라"고 했습니다.

하나님께서 "빛이 있으라"고 말씀하시니까 우주 공간에 한 거대한 빛이 나타나게 되었는데, 이 빛이 지구와 온 우주를 비치게 되었고 온 우주는 이제 그 모습을 드러내게 되었습니다. 하나님께서 빛이 있으라고 말씀하셨을 때 이미 우주는 어느 정도 만들어진 상태였습니다.

하나님께서 우주를 향해서 "빛이 있으라"고 말씀하셨을 때 우주에 흩어져 있던 수많은 원소들이 함께 모이면서 거대한 빛을 발산하기 시작한 것 같습니다. 그런데 이것은 과학자들이 생각하는 것처럼 우주가 단 한 번의 폭발로 만들어진 것이 아니라, 하나님의 말씀에 의해서 계속 원소들이 모여서 빛을 만들어내었던 것입니다. 즉 이 빛은 하나님이 또 없어지라고 하셔야 없어질 수 있을 것입니다.

하나님은 태양을 만드시기 전에 이미 그 원 에너지가 되는 빛을 먼저 만드셨던 것입니다. 즉 하나님이 만드신 이 빛으로 태양과 같은 빛을 내는 존재를 얼마든지 더 만드실 수가 있는 것입니다. 그래서 우리는 설사 우리 눈에 보이는 이 태양이 없어진다 하더라도 하나님의 백성들은 죽지 않는다는 것을 알아야 합니다. 왜냐하면 태양보다 더 근원이 되는 빛을 하나님이 만드셨기 때문입니다.

1:4 "빛이 하나님이 보시기에 좋았더라 하나님이 빛과 어둠을 나누사"

빛이라고 하는 것은 특별한 것입니다. 이것은 무엇인가가 산화되면서 빛도 발산하고 열도 발산하는 것입니다. 그러나 하나님께서는 앞으로도 계속 빛이 있게 하셨습니다. 그래서 하나님은 첫날 하루만 빛이 비치다가 없어지게 하신 것이 아니라 이 빛이 계속 있게 하셨습니다. 우리는 어떻게 해서 태양이 계속 빛을 내는지 알지 못합니다. 그러나 하나님께서 태양이 없어지라고 명하시기 전에는 계속 태양이 있어서 빛을 발하게 하셨습니다.

하나님은 빛과 어둠을 분명히 구별하셔서 빛이면 빛이고 어둠이면 어둡게 하셨습니다. 즉 빛이 있으면 어둠은 물러가고 주위가 환하게 되고 빛이 없으면 다시 어둠이 밀려와서 캄캄해지는 것입니다. 그러므로 우리가 어둠을 물리치는 방법은 아주 간단합니다. 빛만 밝히면 어둠은 없어지게 되는 것입니다. 그 대신 빛이 없으면 어둠은 다시 오게 되어 있습니다.

오랫동안 어두웠던 방에 들어가면 거기에는 쥐들이 들끓고 바퀴벌레들이 우글거립니다. 우리는 그 하나하나를 내쫓을 수가 없습니다. 불만 밝히면 그런 것들은 다 도망가고 맙니다. 마찬가지로 하나님의 말씀이 없을 때에는 우리를 두렵게 하는 미신과 압제와 비인격적인 폭력들이 우리 주위에 있습니다. 빛이 없는 곳에는 반드시 어둠의 세력들이 날뛰게 되어 있습니다. 이렇게 하나님의 말씀의 빛이 없으면 누구나 인생의 목적도 잃고 마음에 깊은 상처도 받고 죄책감에 빠져서 자신감을 잃게 되어 있습니다.

그러나 하나님의 말씀이 임하면 이 모든 것들이 한꺼번에 사라져 버립니다. 하나님의 말씀이 선포되면 마음속에 두려움이 없어지고 자신의 목적이 분명해지면 자신의 가치를 깨닫게 됩니다. 그래서 우리에게서 하나님의 말씀은 모든 어둠의 세력을 내쫓는 힘이 되는 것입니다.

"빛이 하나님이 보시기에 좋았더라"고 했습니다. 하나님은 이 빛이 앞으로 우리 인간에게 얼마나 중요하며 얼마나 그들을 행복하게 할 것인지 아시고 기뻐하신 것입니다. 하나님의 창조는 사랑입니다. 하나님은 우리를 사랑하셔서 빛을 만드심으로 우리로 하여금 어둠에 빠져서 헤매지 않게 하신 것입니다.

하나님은 이 빛을 통하여 첫째 날이라는 것이 생기게 하셨습니다.

1:5 "하나님이 빛을 낮이라 부르시고 어둠을 밤이라 부르시니라 저녁이 되고 아침이 되니 이는 첫째 날이니라"

하나님께서는 빛을 거두심으로 밤이 오게 하셨습니다. 그러나 빛이 없어진 것이 아닙니다. 사람들은 밤이 되면 빛이 없어지는 것으로 생각하지만 빛이 없어지는 것이 아니라 지구가 돌고 있기 때문에 빛이 가려진 것입니다. 그래서 지구는 첫날부터 돌고 있었습니다. 저녁이 되고 아침이 되었을 때 첫째 날이 된 것입니다. 여기서 처음 하루라는 시간이 생기게 되었습니다. 그런데 유대인들은 지금도 하루가 저녁부터 시작이 됩니다. 우리는 밤 열두시 자정부터 하루가 시작되지만 유대인들은 해가 지면서부터 하루가 시작되는 것입니다.

우리는 사실 매일 매일을 하나님으로부터 받아서 살아가고 있는 것입니다.

2. 하늘을 만드심

하나님은 둘째 날에 이 지구에 드디어 하늘을 만드셨습니다.

1:6-8 "하나님이 이르시되 물 가운데에 궁창이 있어 물과 물로 나뉘라 하시고 하나님이 궁창을 만드사 궁창 아래의 물과 궁창 위의 물로 나뉘게 하시니 그대로 되니라 하나님이 궁창을 하늘이라 부르시니라 저녁이 되고 아침이 되니 이는 둘째 날이니라"

하나님이 처음 만드신 지구에는 물이나 수증기가 꽉 차 있어서 전혀 어떤 생물체가 살 공간이 없었습니다. 하나님은 이 지구의 물을 모으셔서 아름다운 하늘이 나타나게 하셨습니다. 여기서 '궁창'이라고 하는 것은 아주 엄청나게 큰 공간을 말합니다. 하나님은 아무 것도 없는 공간을 만드는데 하루라고 하는 아주 귀중한 시간을 사용하셨습니다. 그러나 하늘을 만드는 것이 그렇게 간단한 일이 아니었습니다.

이 지구에는 원래 하늘이라는 공간이 없었습니다. 지구 밖은 우주이고 지구 표면은 물이었습니다. 그것도 그냥 물이 아니고 물과 수증기가 뒤섞여 있는 아주 짙은 수증기층이었던 것 같습니다. 그래서 지구에는 생명체가 살 수 있는 공간이 없었습니다. 그런데 하나님은 지구의 공간을 아주 정밀하게 만드셨습니다. 하나님은 물을 위쪽 물과 아래 물로 나누셔서 순환이 되게 하셨습니다. 하나님은 이 지구에 드디어 상쾌하고 아름다운 산소나 공기가 가득 찬 공간을 만드셨던 것입니다.

집을 짓기 전에 먼저 해야 하는 것이 상하수도 공사입니다. 즉 사람이 어디에 살든지 새 물이 들어오고 오물을 배출해야 살 수가 있습니다. 물이 흘러야 사람은 거기서 필요한 물을 구할 수 있고 또 생활에서 생긴 불필요한 찌꺼기들을 내어 버릴 수 있습니다. 하나님은 하늘이라는 이 엄청난 공간에 물을 아래 위로 나누셔서 지구의 온도도 보호하고 방사선도 오지 않게 하시고 인간들과 생물들이 사는데 필요한 물을 충분하게 공급하게 하셨습니다.

하나님께서는 이 세상에 충분한 물을 주셨습니다. 하나님은 원래 이 세상을 만드실 때부터 엄청나게 많은 물을 공중에 저장시켜 놓으셨고 말씀으로 그렇게 하셨기 때문에 말씀만 하시면 얼마든지 비가 내리게 하셨습니다.

그러나 하늘은 단지 위에 있는 물과 아래에 있는 물을 순환시키는 통로의 역할만 하는 것이 아닙니다. 하늘 자체를 참으로 아름답고 존귀하고 장엄하게 만드셨습니다. 하나님은 하늘을 만드시되 아주 크게 만드셨습니다. 하늘은 끝없이 펼쳐지고 있습니다. 그래서 시편의 저자들은 하늘을 보면서 하나님을 많이 찬양했습니다.

> 시 97:6 "하늘이 그의 의를 선포하니 모든 백성이 그의 영광을 보았도다"

그래서 광대한 하늘은 하나님의 위대하심을 선포하고 있습니다. 하나님은 참으로 위대하신 하나님이십니다. 우리가 하늘만 쳐다봐도 하나님은 너무나도 크신 분이신데, 이 지구의 하늘은 우주에 비하면 너무 작다는 것을 우리는 잘 알고 있습니다. 이 넓은 우주가 모두 하나님의 손바닥 안에 들어 있을 정도로 하나님은 위대하십니다.

그 하나님께서 이 세상에서 일어나는 모든 일을 보고 계시며 알고 계십니다. 그 하나님이 나를 알고 계시며 나의 형편과 처지를 모두 다 알고 계시는 것입니다. 하나님께서는 하늘 위에 물만 한없이 저장해 놓으신 것이 아닙니다. 우리에게 주실 은혜도 그 정도로 한이 없이 준비해 놓고 계십니다.

이스라엘 백성들은 출애굽 후에 광야에서 다 굶어 죽는 줄 알았습니다. 그러나 하나님의 만나는 사십년 동안 내렸지만 바닥이 나지 않았습니다. 이스라엘 백성들은 사십년 동안 물이 없는 광야를 돌아다녔지만 목말라 죽지 않았습니다. 그 이유는 모세가 반석을 칠 때마다 물이 쏟아졌기 때문입니다. 하나님의 은혜는 끝이 없습니다. 그래서 예수님도 공중에 나는 새를 보라고 말씀하셨습니다. 하나님은 결코 우리를 굶어죽게 하지 않으십니다.

3. 땅을 만드심

둘째 날이 되었을 때, 이 지구에는 하늘은 있었지만 물이 온 땅을 덮고 있어서 육지가 없었습니다. 즉 지구 전체를 바다가 덮고 있었던 것입니다. 이때 하나님은 물이 한 곳으로 쏠려서 뭍이 드러나라고 말씀하셨습니다.

> 1:9 "하나님이 이르시되 천하의 물이 한 곳으로 모이고 뭍이 드러나라 하시니 그대로 되니라"

하나님께서 하늘을 만드셨지만 땅은 여전히 물로 덮여 있었습니다. 왜냐하면 지구를 덮고 있는 물이 너무 많아서 모든 것을 다 덮고 있었기 때문입니다. 그래서 지구에는 육지가 없었습니다.

이때 하나님께서 다시 명령하셨습니다. 즉 "천하의 물이 한 곳으로 모이고 뭍이 드러나라"고 말씀하셨습니다. 이때 지구에 놀라운 일이 일어나게 되었습니다. 갑자기 땅이 솟아올라서 산이 생기기도 하고 갑자기 땅이 꺼지기도 하여 물들이 몰리기 시작한 것입니다. 즉 지구 전체에 있는 물들이 소리를 내면서 모이기 시작하고, 이때 거대한 땅이 드러나게 되었습니다. 즉 하나님이 말씀하시니까 땅의 일부는 솟아오르고 땅의 일부는 아래로 꺼지면서 물이 한 쪽으로 쏠리고 육지가 드러나게 된 것입니다. 이 장면은 정말 어마어마한 장관이었을 것입니다.

그래서 베드로 사도는 말하기를 "이는 하늘이 옛적부터 있는 것과 땅이 물에서 나와 물로 성립된 것도 하나님의 말씀으로 된 것을 그들이 일부러 잊으려 함이로다"(벧후 3:5)라고 했습니다. 즉 원래 땅이 있었던 것이 아니라 바다에서 땅이 솟아오르면서 생기게 된 것입니다. 그래서 만일 지구에서 산이 없어지고 땅이 편평하게 되면 지구 전체는 다시 물속에 잠기게 될 것입니다. 예를 들어서 네덜란드 나라 같은 경우에는 육지가 바다보다 더 낮기 때문에 만일 네덜란드의 둑이 터지게 되면 그 나라는 바다에 잠기게 될 것입니다. 그런데 원래 사실 지구 전체가 네덜란드와 같은 치지였습니다.

그러나 지구는 하나님의 말씀 한마디에 땅이 솟아오르고 또 어떤 부분은 꺼져서 거대한 땅이 생기게 되었던 것입니다. 그리고 하나님은 바다에 한계를 정하셔서 절대로 그 한계를 넘어서 들어오지 못하게 하셨습니다.

그런데 요즘 지구 온난화로 지구에 많은 이상 현상이 생기고 있습니다. 그 중 하나가 북극과 남극의 빙하가 녹으면서 해수면이 올라가고 있다는 사실입니다. 옛날에 북극에 빙하가 있어서 북극곰들이 쉽게 먹이를 구할 수 있었는데 이제는 그것이 없어져서 먼 바다까지 헤엄을 쳐야 하니까 곰들이 점점 사라지고 있다고 합니다. 그리고 남극에도 그 거대한 빙하들이 녹으면서 점점 없어지고 있는데 이런 식으로 계속되면 지구 기상의 변화는 물론이고 많은 도시들이 물에 잠길 수가 있다고 기후학자들은 경고하고 있습니다.

땅이 물에서 만들어졌다는 사실은 땅이 불안정한 것을 보여줍니다. 만일 하나님이 지구를 말씀으로 지켜주시지 않으면 땅 전체는 다시 물속으로 가라앉게 될 것입니다. 다행히도 하나님께서 바다의 경계선을 정하셨기 때문에 바다가 밀려오지 못하는 것입니다. 이렇게 바다가 땅으로 밀려오지 못하게 붙들고 있는 것이 무엇입니까? 그것은 바로 하나님의 말씀입니다. 그래서 베드로 사도는 우리가 이것을 굳이 일부러 잊으려고 해서는 안 된다고 경고하고 있습니다. 하나님께서 마치 물병에 물을 담고 계신 것처럼 바다를 한 곳에 모아 놓고 계시는 것입니다. 사실 하나님은 그 손으로 바다를 막고 계신 것이나 마찬가지입니다.

> 렘 5:22 "여호와의 말씀이니라 너희가 나를 두려워하지 아니하느냐 내 앞에서 떨지 아니하겠느냐 내가 모래를 두어 바다의 한계를 삼되 그것으로 영원한 한계를 삼고 지나치지 못하게 하였으므로 파도가 거세게 이나 그것을 이기지 못하며 뛰노나 그것을 넘지 못하느니라"

오래 전에 〈해운대〉라는 영화가 있었는데 엄청난 쓰나미가 해운대를 덮치는 내용이었습니다. 우리가 이 세상에서 안심하고 살 수 있는 것은 하나님께서 바다를 붙잡고 계시기 때문입니다. 하나님은 이 모든 것을 말씀으로 하십니다. 만일 하나님이 그 손을 놓으시면 쓰나미가 터지게 되는 것입니다. 출애굽한 이스라엘 백성들은 말씀으로 홍해가 갈라져서 바닷물이 쌓이는 것을 보았습니다. 이것은 바로 물이 벽돌처럼 높이 쌓이는 현상이었습니다. 이것이 바로 쓰나미인데, 양쪽으로 쌓인 쓰나미였습니다. 이것은 원자 폭탄 수천만 배의 위력이 있어야 가능한 것입니다. 이것이 바로 하나님의 말씀의 능력입니다. 우리가 이 말씀을 붙들고 있는 이상 절대로 이 세상에서 망하지 않습니다. 이 말씀을 붙들고 있는 이상 어떤 핵무기도 우리를 이길 수 없을 것입니다.

> 1:11-12 "하나님이 이르시되 땅은 풀과 씨 맺는 채소와 각기 종류대로 씨 가진 열매 맺는 나무를 내라 하시니 그대로 되어 땅이 풀과 각기 종류대로 씨 맺는 채소와 각기 종류대로 씨 가진 열매 맺는 나무를 내니 하나님이 보시기에 좋았더라"

신기한 것은 이 날이 태양이나 달이나 별을 창조하시기도 전의 일인데, 하나님은 식물부터 먼저 창조하셨다는 것입니다. 우리가 이 세상에 사는데 식물이 얼마나 중요한지 모릅니다. 식물은 우리가 사는데 가장 중요한 산소를 공급해 줍니다. 사람들은 브라질의 아마존을 지구의 허파라고 부릅니다. 왜냐하면 거기에서 지구에 필요한 많은 산소가 만들어지기 때문입니다. 식물은 집이나 건물을 지을 수 있는 목재를 제공해주고, 인간이 먹을 수 있는 식량을 공급해주고, 생명체들이 기거할 수 있는 환경을 공급해 줍니다. 그리고 식물은 이 세상에 아름다운 경관을 만들어주며, 홍수를 막아주고 산사태를 막아줍니다. 또 많은 약재들은 나무에서 나는 열매들이었습니다. 거의 대부분의 식물은 사람의 도움 없이 저절로 자라서 꽃을 피우고 열매를 맺습니다. 이렇게 식물은 사람의 명령을 따르는 것이 아니라 하나님의 명령에 따라서 움직입니다.

하나님은 우리를 사랑하셔서 이 엄청난 세상을 만드셨습니다. 우리는 지금 하나님의 집 안에서 너무나도 행복한 환경 속에 살고 있습니다. 더 나아가 우리는 하나님을 알게 되었고 그 말씀의 능력을 알게 되었습니다. 오직 하나님의 말씀의 능력으로 날마다 기적을 체험하며 살아가는 성도들이 다 되시기 바랍니다.

03
완전한 세상 / 창세기 1:14

우리나라 한 청년이 넓은 세상을 경험하기 위해서 호주의 붉은 모래사막을 횡단하는 계획을 세웠습니다. 그는 자전거를 타고 그 붉은 모래사막을 통과하기로 했는데, 실제로 그 사막은 울퉁불퉁한 자갈과 푹푹 빠지는 모래로 되어 있어서 자전거를 거의 타지 못하고 그냥 끌고 횡단해야 했습니다. 그가 사막 한가운데서 양식이 떨어져서 거의 굶어죽게 되었을 때 기적적으로 지프차를 타고 지나가는 여행객을 만나서 양식을 얻어 위기를 넘기기도 했습니다. 후에 사람들에게 자기가 저 붉은 모래사막을 자전거로 통과했다고 하면 모두 '크레이지', 미쳤다고 소리쳤다고 합니다. 그런데 그가 그 사막에서 가장 인상적이었던 것은 사막에 비가 억수같이 쏟아지고 그친 후에 보이는 새파란 하늘이었다고 합니다. 그것이 그렇게 아름다울 수가 없었고 그것을 보고 그곳에도 하나님이 계셨다는 고백을 했습니다.

요즘 현대인들은 아파트나 자동차를 만들어서 너무나도 편리하게 생활하고 있는데 그럼에도 불구하고 고장이 나거나 하자가 생길 때가 많이 있습니다. 어느 대도시 바닷가에 60층, 70층 되는 아주 높은 아파트가 세워져서 매우 비싼 가격으로 분양이 되었습니다. 그런데 거기에 입주한 주민들은 그 아파트가 너무나도 불편하다는 것을 곧 알게 되었습니다. 그 이유는 아파트 외벽 전체가 유리로 만들어져서 햇빛이 직접 비치니까 집안이 너무 덥기 때문이었습니다. 그렇다고 해서 주민들이 에어컨을 빵빵하게 틀어서 시원하게 살려고 하니 전기료가 너무 많이 나왔습니다. 그래서 결국 주민들이 생각한 것은 한 방에 식구들이 모두 모여서 살고 낮에는 집을 떠나서 가까운 어린이 놀이터에서 시간을 보내는 것이었습니다. 또 집이 너무 더워서 출입문을 열어놓고 고기를 구우면 전층에서 고기 냄새를 다 맡아야 한다는 것이었습니다. 얼마나 불편했겠습니까.

 만일 우리가 살고 있는 이 지구가 늪으로 되어 있어서 그곳을 밟을 때마다 발이 쑥쑥 빠진다면 노서히 그 땅에 집을 짓고 살 수는 없을 깃입니다. 또 만일 우리가 사는 이 세상에 매일 태풍이 불거나 화산이 터진다면 불안해서 살 수 없을 것입니다. 일본 큐슈 남쪽에 사쿠라지마라는 섬이 있는데 그곳은 늘 화산 폭발의 위험이 있어서 그 부근에 있는 어린이들은 등교할 때 반드시 헬멧을 쓰고 학교를 가는 것을 뉴스로 보았습니다.

 우리는 일본 도호쿠 지방에 쓰나미가 덮쳤을 때 그 소식을 화면으로 보고 그 위력이 얼마나 대단한지 알게 되었습니다. 그 쓰나미는 십 미터짜리 물 벽이 그냥 해변을 덮치는 것이 아니라 엄청난 파고를 이루며 자동차나 배나 온갖 쓰레기를 다 몰고 시속 100킬로미터 이상으로 순식간에 그 지방을 덮쳤습니다. 그리고 곧이어 원전이 폭발하고 방사능 누출로 인해 죽음의 지역으로 변하게 되었습니다. 체르노빌 원전 폭발사고의 통계에 따르면 방사능이 누출되면 당장은 사람들이 별로 죽지 않는 것 같지만 십년 내에 갑상선 암 등으로 백만 명 이상이 죽는다고 합니다. 쓰나미 때 도쿄에도 지진이 일어났는데 그때 정말 아스팔트가 춤을 주고 건물들이 많이 흔들렸다고 합니다. 지금 남미에서는 대기 중의 이산화탄소나 일산화탄소의 영향으로 지구의 오존층이 뚫려서 어린 아이들이나 야생동물들이 자외선에 노출되면서 시력을 잃거나 피부암에 걸릴 확률이 높아져서 외출할 때는 긴 팔이나 선글라스가 필수라고 합니다. 그래서 이제는 야생 토끼나 노루들도 선글라스를 껴야 할지 모르겠습니다.

처음 하나님이 만드신 우주는 생명체가 도저히 살 수 없는 가스층이나 돌덩어리로 되어 있었습니다. 그런데 하나님은 우주를 안정시키시고 특히 지구를 사람들이 안전하게 살 수 있도록 완전한 세상으로 만드셨습니다. 더욱 놀라운 것은 우리가 살고 있는 이 지구가 그렇게 초고속으로 회전을 하면서 움직이는데도 덜덜 떨린다든지, 삐걱거리는 소리를 낸다든지 혹은 회전을 하다가 멈춘다든지 하는 일이 지금까지 한 번도 없었다는 것입니다. 그뿐만 아니라 하나님은 우리가 살고 있는 이 세상에 최고로 멋지고 실용적인 조명시설을 설치하시고, 또 땅이 늪지대같이 쑥쑥 빠진다든지 시도 때도 없이 화산폭발이나 지진이 일어나지 않도록 사람이 살만하게 만드셨습니다.

1. 하나님이 만드신 조명 장치

하나님은 넷째 날에 하늘에 멋진 조명 장치를 만들어 다셨습니다.

> 1:14-15 "하나님이 이르시되 하늘의 궁창에 광명체들이 있어 낮과 밤을 나뉘게 하고 그것들로 징조와 계절과 날과 해를 이루게 하라 또 광명체들이 하늘의 궁창에 있어 땅을 비추라 하시니 그대로 되니라"

여기서 우리가 궁금한 것은 하나님이 첫째 날에 만드신 빛과 넷째 날에 만드신 태양빛은 무엇이 다를까 하는 것입니다. 하나님이 첫째 날에 만드신 빛은 태양빛이 아닌 빛이었습니다. 예를 들어서 아파트를 지을 때 기술자들은 야간에도 공사를 해야 하니까 임시로 전기선을 끌어와서 불을 밝혀서 일을 합니다. 그러다가 아파트를 다 짓고 나면 아파트 안에 많은 전등을 달아서 스위치만 넣으면 전기불이 방을 환하게 비치게 됩니다. 그리고 난 후에 임시로 만든 전기선이나 전등은 더 이상 사용하지 않게 됩니다. 마찬가지로 하나님이 첫째 날에 만드신 빛은 하나님께서 임시로 우주에 가설해 놓으신 빛인데, 이 빛은 하나님이 넷째 날에 태양이나 달이나 별들을 만드신 후에는 더 이상 보이지 않게 되었습니다. 왜냐하면 하나님께서 이 빛을 꺼지게 하셨든지 아니면 보이지 않게 처리를 하셨기 때문입니다. 즉 하나님께서 처음 우주를 만드실 때에는 하나님의 말씀의 능력으로 만드셨지만 다 만드시고 난 후에는 이것들을 감추셔서 보이지 않게 하셨던 것입니다.

예를 들어서 기술자들이 큰 빌딩을 지을 때 철근과 콘크리트로 빌딩을 세우지만 다 만들고 난 후에는 내부를 벽지나 나무판자 같은 것으로 장식을 해서 사람의 눈에는 철근이나 콘크리트는 보이지 않게 됩니다. 마찬가지로 하나님께서 온 우주를 만드실 때에는 하나님의 말씀과 능력으로 만드셨지만 다 만드신 후에는 이런 것들을 자연 법칙이나 피조세계 뒤에 감추셔서 보이지 않게 하신 것입니다. 그러나 여전히 이 우주나 지구를 지탱해나가는 것은 하나님의 기적이고 능력인 것입니다.

예수님은 "하나님이 그 해를 악인과 선인에게 비추시며 비를 의로운 자와 불의한 자에게 내려주심이라"고 말씀하셨습니다(마 5:45).

하나님은 태양이나 비나 바람이나 구름을 통해서 매일 우리에게 사랑의 편지를 보내고 있습니다. 어떤 신랑이 결혼해서 처음으로 신부가 싸주는 도시락을 가지고 점심시간에 도시락을 펼치니 거기에 사랑하는 아내의 편지가 들어 있었습니다. 그 편지에는 "여보, 사랑해요. 오늘도 힘내시고 열심히 일 하세요"라고 적혀 있었습니다. 아마 남편이 사랑하는 아내로부터 이런 사랑의 편지를 매일 받는다면 너무나도 행복할 것입니다.

하나님은 지금도 태양과 달과 별들과 모든 만물들을 통해서 우리에게 매일 사랑의 편지를 보내고 계십니다. "나는 너희들을 사랑한다. 하늘만큼 땅만큼 사랑한다. 너희는 아무 것도 두려워하지 말고 멋진 인생을 살도록 하라."고 말씀하고 계시는 것입니다.

그런데 하나님은 빛을 발하는 발광체를 두 개 만드셨습니다.

1:16 "하나님이 두 큰 광명체를 만드사 큰 광명체로 낮을 주관하게 하시고 작은 광명체로 밤을 주관하게 하시며 또 별들을 만드시고"

인간은 처음에 어떻게 해서 매일 태양이 똑같은 데서 뜨는지 이해하지 못했습니다. 왜냐하면 우리 인간이 생각하기에는 태양이 한번 동쪽에서 떴으면 그 다음에는 서쪽에서 떠서 다시 동쪽으로 돌아가야 하는데, 태양은 언제나 동쪽에서 떠서 서쪽으로 가기 때문입니다. 그래서 옛날 그리스 사람들은 태양이 서쪽으로 갔다가 비밀 통로를 통해서 재빠르게 동쪽으로 이동하는 것으로 생각을 했습니다. 태양이 항상 동쪽에서 뜬다는 것 자체가 인간에게는 이해할 수 없는 신비였는데, 나중에 알고 보니까 지구가 태양을 중심으로 돌고 있는 것이었습니다. 그런데 더 놀라운 것은 도대체 어떤 에너지가 지구를 돌리고 있으며, 지구가 그렇게 빠른 속도로 도는 데도 왜 우리가 어지럽지 않고 왜 도는 소리도 나지 않을까 하는 것입니다. 하나님은 이처럼 이 세상을 한 치의 오차도 없이 완전하게 만드셨습니다.

하나님은 두 개의 큰 광명체 중에서 하나는 더 큰 빛을 내게 하시고 다른 하나는 작은 빛을 내게 하셨습니다. 그런데 사실 작은 빛은 큰 빛을 받아서 반사하는 것이었습니다. 왜냐하면 그렇게 하지 않으면 너무 강한 빛이 나와서 지구의 온도가 너무 올라가기 때문입니다.

여기에 보면 "주관하게 하시고"라고 했습니다. '주관한다'는 것은 '지배한다'는 뜻입니다. 즉 낮의 큰 빛은 모든 것을 활동하게 합니다. 즉 이 큰 빛을 통해 식물이 자라고 짐승들이 활동하며 나중에 인간들이 생활을 하게 됩니다. 그러나 작은 빛은 식물이나 동물이나 인간을 모두 잠들게 하며 모든 것을 현재 그 상태로 지켜주는 역할을 합니다. 단지 하나님은 밤에는 약한 조명을 비추셔서 화장실에 빠지지 않게 하고 물건의 윤곽만 알게 하신 것입니다.

특히 모든 짐승이나 새나 인간은 반드시 잠을 자야 합니다. 왜냐하면 모두 피조물들이기 때문입니다. 사람들은 잠을 자지 않으려고 휘황찬란한 조명들을 만들어서 밤을 낮같이 사용하고 있습니다. 그러나 인간이 절대로 신이 될 수 없는 이유는 하루의 상당한 시간을 잠을 자야 하기 때문입니다. 만일 인간이 잠을 자지 않고 활동을 하면 어느 순간 뇌가 파괴되어서 식물인간이 되든지 죽든지 하게 될 것입니다. 그러나 인간이 잠을 자는 순간에는 아무 것도 할 수 없습니다. 사실 어떤 사람은 잠을 잘 때 죽은 것처럼 자기도 하고 어떤 사람은 업어 가도 모를 정도로 자기도 합니다.

옛날 어느 원주민들은 사람이 잠을 잘 때는 그 사람을 옮기면 안 된다고 했습니다. 왜냐하면 자는 동안 그 사람의 영혼이 떠나게 되는데 옮겨버리면 영혼이 자기 몸을 못 찾아가기 때문이라고 했습니다. 그래서 고대에는 왕이나 귀족 중에서 잠을 자다가 갈에 찔려 죽는 사람들이 많이 있었습니다.

그러나 우리가 잠을 자는 동안에도 하나님은 우리를 소리 없이 지켜주십니다. 사실 달을 나타내는 영어 '루너틱(lunatic)'은 '미치광이'라는 뜻이 있습니다. 아마 옛날 사람들은 밤은 귀신이 활동하는 시간이고, 그때 사람들이 잠을 자지 않으면 미친다고 생각했던 것 같습니다. 그러나 하나님은 밤에도 우리를 지켜주시는 것입니다. 그래서 우리는 밤에 편안하게 잠잘 수 있습니다.

특히 하나님께서는 수많은 별들을 만드셔서 밤이 두렵지 않게 하셨습니다. 밤이 되면 낮에 보이지 않았던 수많은 별들이 나타납니다. 이 수많은 별들이 밤을 더 아름답게 합니다. 만약 밤에 별이 없다면 사람들은 밤을 너무나도 두려워했을 것입니다. 하나님은 밤에 수많은 별들을 빛나게 하심으로 오히려 별이 빛나는 밤이 더 아름답게 하셨습니다. 그래서 옛 시인들은 별이 빛나는 밤을 많이 노래했습니다. 옛날 청소년들이 즐겨 듣던 라디오프로 이름도 〈별이 빛나는 밤에〉였습니다. 푸치니의 오페라 토스카 중에도 '별은 빛나건만'이라는 유명한 노래가 있습니다.

예수님은 이 빛을 영적인 교훈에 적용시키셨습니다.

요 9:4-5 "때가 아직 낮이매 나를 보내신 이의 일을 우리가 하여야 하리라 밤이 오리니 그 때는 아무도 일할 수 없느니라 내가 세상에 있는 동안에는 세상의 빛이로라"

예수님은 자신이 이 세상의 빛이라고 말씀하셨습니다. 즉 우리가 보는 이 태양빛보다 더 강한 빛이 예수님의 빛이며 진리의 빛인 것입니다. 하나님의 말씀이 비치는 동안 사람들은 부지런히 은혜를 받아야 하고 병 고침을 받아야 하고 능력을 받아야 합니다. 그러나 밤이 오리니 그때는 아무도 일할 수 없다고 말씀하셨습니다. 영적인 밤은 우리가 하나님의 말씀을 들을 수 없을 때이고 환란의 때인 것입니다.

우리가 지금까지 살아온 것을 보면 하나님의 말씀 없이 무한정 방황했던 때가 있었습니다. 그때가 바로 영혼의 밤인 것입니다. 그때 우리는 어디를 가는지도 모르고 정신없이 살아왔습니다. 그런데 하나님의 말씀을 들음으로 우리에게 환한 아침이 찾아오게 되었습니다. 이제 우리는 환한 빛 가운데 살아가야 합니다.

2. 징조와 연한을 만드심

14절에 나오는 '징조'라고 하는 것은 우리 주위에서 일어나는 특이한 자연 현상들을 말합니다. 예를 들어서 일 년 중 어떤 때가 되면 건조한 바람이 분다든지, 어떤 때에는 비가 많이 내리거나 혹은 엄청난 바람이 불거나 혹은 낮의 길이나 밤의 길이가 달라지는 현상 등입니다. 인간이 자연에 대한 지식이 없을 때에는 한 해, 한 해 살아가는 것이 엄청나게 어려웠고 너무 큰 위기의 연속이었습니다. 즉 어떤 때는 무서운 태풍이 불다가, 어떤 때는 눈이 오고 엄동설한이 오고, 어떤 때는 엄청난 더위가 오기도 했습니다. 처음에는 이런 자연의 변화를 대처하지 못해서 많이 얼어 죽기도 하고 굶어죽기도 했던 것 같습니다.

그러다가 사람들은 이런 것을 기록할 필요가 있다는 것을 알게 되고 나중에는 자연의 변화에 일정한 때가 있다는 것도 알게 되었습니다. 그래서 부지런한 사람들은 날씨의 변화나 태양이 뜨는 시간이나 위치의 변화, 날씨와 비 또는 바람과의 관계 등을 관찰해서 기록을 해놓고 연구함으로 그런 일에 미리 대비를 할 수 있었습니다.

우리 조상들은 특히 계절에 대한 연구를 많이 해서 음력 달력에 많은 날을 정해놓았습니다. 즉 동지는 밤의 길이가 가장 길기 때문에 이제부터는 낮이 점점 길어지게 될 것이고, 또 귀신을 쫓는다는 의미로 붉은 팥죽을 먹었는데 이제부터 농사를 준비해야 한다는 뜻이었습니다. 그러나 대한이나 소한이 오면 가장 추울 때니까 얼어 죽지 않도록 조심을 해야 하고, 입춘이 되면 날씨는 아직 춥지만 곧 봄이 오기 때문에 씨앗이나 농기구들을 준비해야 하는 시기로 알았던 것입니다. 또 경칩은 개구리가 땅에서 나올 때이니까 땅이 부드러워지고 쟁기질을 할 때가 되었다는 것입니다. 초복이나 말복이 되면 일 년 중 가장 더울 때니까 더위를 이기기 위해서 영양 보충을 해야 했습니다. 그래서 복날이 되면 우리나라 개들은 바짝 긴장을 하면서 친구들에게 이번 위기를 꼭 살아서 넘겨야 한다고 서로 격려를 한다고 합니다.

미국 같은 나라에는 우리나라에는 거의 없는 여름 태풍 같은 눈 폭풍이 있다고 합니다. 옛날 책들을 보면 눈 폭풍이 불면 들소들의 입에 김이 얼어붙어 입이나 코를 막아서 숨을 쉴 수 없기 때문에 들소들이 사람들을 찾아온다고 합니다. 그러면 삽이나 괭이 같은 것으로 코에 붙어 있는 얼음을 떼 주어 보내준다고 합니다. 미국의 인디언들은 날씨를 아는 재주가 있는데, 그들은 댐에 있는 비버들이 아주 두꺼운 집을 짓는 것을 보면 엄청난 추위가 올 줄 알고 미리 대비를 했다고 합니다.

우리는 자연 현상을 통해서 대단히 과학적이면서 합리적인 하나님의 모습을 볼 수 있습니다. 하나님은 신비의 하나님이며 기적의 하나님이시지만 그 모든 도구와 흔적을 지우시고 모든 것이 자연법칙의 지배를 받게 하셨기 때문에 이 세상에 신비와 기적은 보이지 않고 자연법칙과 과학적인 현상만 눈에 보이게 된 것입니다. 그래서 우리 눈에는 자연법칙이 이 세상을 지배하는 것 같습니다. 그러나 우리는 자연법칙 뒤에서 이 모든 것을 정하시고 명령하시는 하나님이 계신 것을 알아야 합니다.

3. 물고기와 새를 만드심

우리가 자연계를 보면 수많은 짐승들과 곤충들이 있는데 그 하나하나가 얼마나 특이하며 또 진지한지 신기하게 느끼게 됩니다. 그래서 아이들은 모든 것에 쉽게 싫증을 내지만 동물원에 가서 동물을 보거나 혹은 동물그림책을 보거나 동물영화를 볼 때는 싫증을 내지 않습니다. 동물 하나하나가 너무나도 특이하게 생겼고 재미가 있기 때문입니다.

사자는 꼭 사자같이 생겼고 표범은 아주 늘씬하게 생겼고 아주 날쌥니다. 기린은 목이 아주 깁니다. 하마는 입이 크고 히프가 엄청나게 큽니다. 악어는 기어 다니는데 입이 크고 무섭게 생겼습니다. 코끼리는 코가 길게 생겼습니다. 하나님이 만드신 많은 동물들은 그 하나하나마다 특징이 있고 또 생존이라는 목적을 위해서 아주 진지하게 살아가고 있습니다. 또 물속에는 수많은 물고기들이 떼를 지어 다니고 있습니다. 대형 아쿠아리움에 가면 큰 수족관 안에 신기한 물고기들을 많이 볼 수 있습니다. 그리고 공중에는 엄청나게 많은 새들이 있는데, 전 세계에 약 이만 종이 넘는 새들이 있다고 합니다. 어떤 새는 계절마다 이동을 하는데 아주 먼 거리를 레이더도 없이 정확하게 이동을 합니다. 어미가 알을 부화해 놓고 오면 새끼는 자라서 거의 지구의 반이나 되는 거리를 정확하게 날아서 찾아온다는 것입니다. 얼마나 신기한 일인지 모릅니다. 사람이 만든 것 중에서 이렇게 다양하면서도 특징 있는 것은 아무 것도 없습니다. 그러나 하나님께서 만드신 동물의 세계는 너무나도 개성이 있으면서도 다양합니다.

하나님은 물에는 물고기를 만드시고 공중에는 새들을 만드셔서 바다와 하늘을 채우셨습니다. 그 하나하나를 세밀하고 꼼꼼하게 만드셨습니다. 그래서 갑자기 새들이 날아가다가 심장마비를 일으켜서 땅에 떨어지는 일도 없고 물고기가 물속을 헤엄치다가 가슴이 답답해서 물 밖으로 뛰쳐나오는 일도 없습니다.

이 수많은 생물들은 우리 인간의 이웃입니다. 하나님은 우리 인간을 이 수많은 생물들의 대표자로서 세워주셨습니다. 그러므로 이런 많은 생명체들에게 가장 불행한 때는 바로 인간이 죄를 지을 때입니다. 그때는 하나님께서 이 세상에 재앙을 내리시므로 이런 생물들은 이유도 모르는 체 무더기로 죽게 되는 것입니다.

그 대표적인 예가 노아 홍수 때였습니다. 죄를 짓기는 우리 인간이 지었는데 하나님은 이 땅에 홍수를 내리셔서 노아의 방주에 들어간 동물들 외에는 코로 숨을 쉬는 모든 생명체를 다 죽게 하셨습니다.

그런데 이런 동물들의 세계를 보면 열등감이 없다는 것을 알게 됩니다. 오직 우리 인간만이 열등감이라는 것을 가지고 자신에게 만족하지 못하고 살아가고 있고, 또 인간만이 낙망하여 자살이라는 것을 하고 있습니다. 악어는 그렇게 못생겼으면서도 한 번도 열등감에 빠지는 법이 없습니다. 기린은 목이 길다고 하나님을 향해 불평하지 않습니다. 하마는 입이 너무 크고 엉덩이가 유난히 크고 전체적으로 너무나도 못생겼지만 아주 당당하게 살아가고 있습니다. 그러나 유독 인간만은 자신의 외모에 불만을 가지고 자신의 처지에 만족하지 못하고 있습니다.

집에서 동물을 키우면 우울증에 걸릴 시간이 없습니다. 시간이 되었는데도 먹이를 주지 않으면 얼마나 울어대는지 시끄러워서 견딜 수가 없습니다. 사람은 하나님이 주신 이웃을 다 쫓아내고 골방에 혼자 쳐 박혀 있으니까 우울증과 정신병에 걸리는 것입니다. 자연은 잠시도 가만히 있지 않습니다. 모든 것이 살아 있고 모든 것이 활동적입니다. 얼마나 재미있는지 모릅니다.

하나님께서 이 많은 생물들을 만드신 목적은 이 지구에서 우리 인간만 산다고 생각하지 말라는 것입니다. 우리 인간은 수많은 이웃들과 함께 살도록 만들어져 있습니다. 우리가 자기 자신만 생각한다면 죄입니다. 오늘 우리는 깊은 자기 안의 세계에 빠져 있습니다.

하나님께서 주신 두 번째 중요한 명령은 모든 생물로 하여금 자기의 종을 지키게 하신 것입니다.

하나님은 이 지구 위에 존재하는 모든 생물들을 그 종류대로, 날개 있는 새도 그 종류대로, 땅에 있는 가축이나 기는 것이나 짐승을 그 종류대로 만드셨습니다. 수만 가지의 생물들을 만드셨습니다. 새의 종류도 수만 가지이고 물고기의 종류도 수만 가지가 됩니다. 그리고 땅에 있는 짐승의 종류도 수만 가지입니다.

그러나 하나님은 이 수많은 생물의 종류마다 경계를 정하셔서 종이 섞이지 않게 하셨습니다. 이것에는 두 가지 의미가 있습니다. 하나는 아무리 시간이 흘러도 하나님이 만드신 이 세상의 다양한 생물들은 그 특성을 유지하게 하신 것입니다. 만일 코끼리나 하마나 기린이 다 섞여버린다면 나중에는 전부 코가 크고 목도 길고 히프가 큰 짐승만 남게 될 것입니다. 그래서 하나님은 모든 생물로 하여금 그 아름다운 특성을 그대로 유지하게 하셨고 이 하나님의 뜻을 거스르는 변종들은 생존할 수 없게 하셨습니다. 가끔 다리가 다섯 개인 송아지가 나오는 경우도 있습니다. 그러나 얼마 살지 못합니다. 왜냐하면 이런 이상한 것은 생존력이 약하여 살아남을 수가 없기 때문입니다. 즉 하나님께서 만드신 그 모습 그대로가 가장 안전하고 가장 강한 생존력을 가지고 있기 때문입니다.

그뿐만 아니라 하나님께서 종의 유지를 명령하신 것은 우리 생각에는 아무리 보잘것없고 약한 동물이라 하더라도 모두 다 이 세상에서 생존할 권리가 있다는 뜻입니다. 하나님께서 종 보존의 명령을 하시지 않았다면 이 세상에는 강한 동물만 살아남을 것입니다. 하늘에는 오직 독수리, 땅에는 사자, 그리고 물속에는 상어만 남아 있게 될 것입니다. 하나님께서 종족 보존의 명령을 하셨기 때문에 아무리 약한 생물이라 하더라도 이 세상에서 살 권리가 있는 것입니다.

이 세상은 강한 동물의 것이 아닙니다. 이 세상은 하나님의 것입니다,

그래서 강한 자가 약한 자를 이 땅에서 몰아낼 권리가 없으며 약한 자도 살 권리가 있습니다. 우리는 때때로 직장을 잃거나 이 세상에서 약자의 위치에 있을 때 자신은 도저히 이 세상에서 살 자격이 없구나 하는 약한 마음을 가질 때가 있습니다. 그러나 자연 속에서 얼마든지 약한 것들도 당당하게 살아가고 있는 것을 보게 되면 힘을 얻게 될 것입니다. 이 세상 어느 누구도 약한 자들을 이 땅에서 쫓아낼 권리가 없는 것입니다.

예수님은 제자들에게 "공중의 새를 보라"(마 6:26)고 말씀하셨습니다. 이 세상에 있는 많은 새들은 하나님이 우리를 먹이신다는 약속의 증표인 것입니다. 그래서 이 세상에 새가 한 마리라도 살아 있는 한 우리는 굶어 죽지 않을 것입니다. 예수님은 참새 한 마리도 하나님의 허락이 없으면 땅에 떨어지지 않는다고 하시면서 하나님은 우리 머리털까지 다 세신다고 말씀하셨습니다(마 10:29-30).

그러므로 아무리 약한 자라 하더라도 하나님 앞에서는 귀한 존재이며 이 세상에서 살 권리가 있습니다. 얼굴이 못 생긴 사람도 행복하게 살 권리가 있고 공부를 못하는 학생들도 얼마든지 행복하게 살 권리가 있습니다. 키 작은 사람도 행복하게 살 권리가 있고 직장이 없는 사람도 행복하게 살 권리가 있습니다. 우리 모두 하나님이 만드신 세상에서 하나님의 사랑으로 행복하게 사시기 바랍니다.

04
만물의 영장 / 창세기 1:24-31

사람들이 창조론을 부정하고 진화론을 믿게 되면서 우리 같은 인류가 처음 이 지구상에 나타난 것이 언제부터일까 하는 것을 아주 궁금하게 생각하게 되었습니다. 그러다가 어떤 과학자들이 중국 북경의 주구점이라는 데서 '북경원인(北京原人)'을 발굴했다고 발표했습니다. 그들은 북경원인을 발견한 주위에 동물들의 뼈가 있는 것을 보고는 이 북경원인이 동물을 사냥해서 육식을 했을 것이라고 주장했습니다. 그런데 이 북경원인은 뼈 두 개만이 발견되었을 뿐이기 때문에 현 인류의 조상이라고 주장하기에는 신빙성이 떨어지는 것이었습니다. 그러다가 프랑스 남부의 어느 동굴에서 거의 현 인류의 두개골과 비슷한 화석을 발견하고 '크로마뇽인'이라고 이름을 붙였습니다. 그리고 과학자들은 우리와 같은 모습을 한 '호모 사피엔스'가 지구상에 나타난 것은 약 20만 년 전이라고 추정했습니다. 과학자들은 우리 인류가 처음에는 지금보다 훨씬 작고 입도 더 튀어나오고 허리도 더 굽혀졌고 돌도끼나 나무 몽둥이 같은 것으로 짐승을 사냥했을 것이라고 추측하고 있습니다.

사실 우리 인간은 야생 동물에 비하면 생존하기에 불리한 점이 너무 많습니다. 그 중의 하나가 인간은 날카로운 이빨이나 발톱이 없고 행동이 그렇게 빠르지 못하다는 것입니다. 코끼리나 들소같이 힘이 세지 못하고 사자나 호랑이같이 빠르지 못하고 몸에 털이 없어서 스스로 추위를 견디지 못합니다. 그런데 인간은 그 뛰어난 머리로 온 세상을 정복했고 놀라운 기술을 발전시켰습니다. 그래서 인간은 비행기나 우주선으로 하늘을 날라 다니고 자동차로 땅을 달리고 백층이 넘는 빌딩을 짓고 하버드나 옥스퍼드 대학 도서관에는 수백만 권의 책들이 소장되고 있는 것을 볼 수 있습니다. 그리고 IT회사인 구글은 전 세계 모든 책을 다 자료에 넣겠다는 계획을 발표한 바가 있습니다.

1. 다양한 인간의 특징

지금 이 세상에는 육십억이 넘는 사람이 살고 있지만 똑같은 얼굴을 가진 사람은 아무도 없습니다. 가끔 보면 똑같이 생긴 쌍둥이가 있지만 성격은 완전히 다릅니다. 이 세상을 아무리 뒤지고 찾아봐도 나와 똑같은 사람은 없습니다. 그래서 우리 인간은 한 사람 한 사람이 특별하고 독특한 가치를 가지고 있습니다. 그 이유는 인간 속에는 영혼이라는 것이 있기 때문입니다. 모든 인간은 그 속에 각각 영혼이 있기 때문에 이 세상에서 어느 누구도 같을 수가 없는 것입니다. 또한 이 세상에 그렇게 많은 사람들이 있지만 손가락에 있는 지문이 똑같은 사람은 아무도 없다는 것입니다. 이것이 자료로 모두 보관되어 죄를 지으면 치명적인 증거가 되는 것입니다. 손의 지문이 물건을 잡을 때 미끄러지지 말라는 용도만 있는 줄 알았는데 이 세상에서 지문이 똑같은 사람이 아무도 없다는 것은 정말 놀라운 일이 아닐 수 없습니다.

특히 인간의 놀라운 특징 중 하나는 표정이 아주 다양하다는 것입니다. 물론 짐승들도 표정이 있지만 그것은 주로 화가 나서 공격할 때나 멍청하게 가만히 있을 때의 표정일 것입니다. 그러나 인간은 얼굴에 수백 개의 근육과 신경이 있어서 기쁠 때나 슬플 때나 우울할 때나 멍청할 때나 수백 개의 표정을 만들 수 있다고 합니다. 그리고 인간은 몸에 털이 거의 없어서 스스로 추위를 견딜 수 없다는 특징이 있습니다. 사실 짐승들의 털이 얼마나 따뜻한지 눈 위에 뒹굴어도 짐승들은 추위를 타지 않습니다. 그러나 인간은 알몸으로 있으면 추워서 견딜 수가 없습니다. 그래서 인간은 처음 만들어지자 말자 옷을 만들기 위해서 연구를 해야만 했습니다. 물론 처음에는 가죽옷을 입었을 것입니다. 성경에도 인간이 처음 입은 옷은 나뭇잎 다음으로 가죽옷이었습니다. 그러나 인간은 나중에 식물 중에서 섬유를 뽑아내어서 옷을 만드는 기술을 개발하게 되었습니다. 이렇게 털이 없기 때문에 얼마나 다양한 옷을 입게 되었는지 모릅니다. 그래서 인간은 옷을 가지고 직업을 나타내기도 하고 소속을 나타내기도 하고 특히 여성들은 다양한 옷으로 마음껏 멋을 부릴 수 있게 되었습니다.

또 인간은 엎드려 기어 다니지 않고 두 발로 설 수 있습니다. 서서 움직이기 때문에 훨씬 큰 두뇌를 가질 수 있게 되었고 팔을 자유롭게 쓸 수 있게 되었습니다. 특히 인간은 엄지손가락으로 물건을 잡을 수 있어서 도구를 사용할 수 있게 되었고 엄청난 기술을 발전시킬 수 있었습니다. 원숭이는 발가락이 발달해서 나무를 잡을 수 있게 되어 있는데, 사실 발가락보다는 손가락이 더 중요합니다. 또 인간은 너무나도 다양한 음성을 가지고 엄청난 것을 의사소통할 수 있게 되었고 노래를 부를 수 있게 되었습니다.

정말 인간이라는 존재는 하나하나가 얼마나 신기하고 놀라운지 모릅니다. 그래서 처음 아기가 태어나게 되면 주위 사람들은 참 신기해하고 또 너무나도 기뻐하고 좋아합니다. 왜냐하면 사람이 이 세상에 태어난다는 것은 너무 신기한 일이기 때문입니다.

그런데 우리 인간이 도대체 어떻게 해서 이렇게 정교하고 뛰어난 머리를 가진 존재가 되었는지 몰랐습니다. 그래서 과학자들은 어느 순간부터인가 인간은 원숭이가 진화되어서 만들어지게 되었다고 믿기 시작했습니다. 결국 이것은 인간이 우연히 생기게 되었다는 것과 다름이 없습니다.

그러나 사실 인간에게 있어서 '우연히 생기게 되었다'고 하는 것보다 더 불쌍하고 비참한 것은 없습니다. 왜냐하면 '우연히 생기게 되었다'는 것은 다른 말로 표현하면 태어나지 말았어야 하는데 무엇인가가 잘못되어서 태어났다고 말하는 것과 같기 때문입니다. 대개 사람들은 불행하게 태어난 사람에 대해서 '우연히 태어나게 되었다' 혹은 '잘못해서 생기게 되었다'라는 말을 합니다. 이것은 그 사람의 존재의 가치를 깎아내리는 것이며 이 세상에 살아야 할 이유가 없는 존재로 만들어버리는 것입니다.

그런데 성경에서 하나님은 인간을 하나님 자신이 만들었노라고 말씀하고 있습니다. 인간은 결코 우연히 만들어진 존재가 아니고 하나님께서 많은 사랑으로 만드신 존재입니다. 한 사람 한 사람을 이렇게 뛰어나고 아름답게 만드신 이유가 바로 하나님께서 우리 인간을 만드신 증거인 것입니다. 그런데 인간은 하나님을 부정함으로 부모가 없는 사생아가 되고 말았습니다.

우리나라 사람들은 오랫동안 하나님을 몰랐습니다. 그러다가 서양 선교사들이 이 나라에 와서 "하나님이 이 세상과 우리들을 만드셨고 하나님의 아들이 우리들의 죄를 위해서 죽었다"는 놀라운 복음을 알려주었습니다. 우리 민족이 이 복음을 듣고 믿었을 때 폭발적인 영적 부흥이 일어나게 되었습니다. 우리 민족은 나라를 잃었지만 그 대신 하나님의 사랑을 찾게 되었습니다. 우리 민족은 그 하나님의 사랑과 축복으로 나라를 찾게 되었고, 동족상쟁의 폐허에서 눈부신 발전을 하게 되었습니다. 지금도 하나님의 사랑을 되찾기만 하면 우리는 또 발전하고 복을 받을 수 있을 것입니다. 하나님의 사랑은 힘이 있고 능력이 있기 때문입니다.

2. 많은 짐승들을 만드심

하나님은 여섯째 날에 드디어 이 지구상에 살아갈 짐승들과 인간을 만드셨습니다. 어떻게 생각하면 하나님이 여섯째 날에 가장 골치 아픈 것을 만드셨다고 말할지도 모르겠습니다.

하나님은 여섯째 날이 될 때까지 땅에서 살아갈 짐승들을 만드시지 않았습니다. 하나님은 다섯째 날에 공중의 새를 만드시고 바다의 물고기를 만드시고 또 여러 가지 식물들도 만드셨는데 땅 위에서 살아갈 짐승들은 아직 만들지 아니하셨던 것입니다. 그 이유는 하나님께서 땅을 가장 중요한 무대로 생각하셨기 때문입니다.

하나님은 드디어 이 땅 위에서 살아갈 짐승들을 만드셨습니다.

1:24-25 "하나님이 이르시되 땅은 생물을 그 종류대로 내되 가축과 기는 것과 땅의 짐승을 종류대로 내라 하시니 그대로 되니라 하나님이 땅의 짐승을 그 종류대로, 가축을 그 종류대로, 땅에 기는 모든 것을 그 종류대로 만드시니 하나님이 보시기에 좋았더라"

여기에 보면 하나님이 짐승과 가축을 아예 처음부터 따로 만드신 것을 알 수 있습니다. 여기에 '짐승'은 모든 야생동물들을 말합니다. 그리고 '가축'은 인간과 가까이 살면서 인간에 의해서 길들여지고 또 인간을 도우면서 사는 짐승들을 말하는 것입니다. 우리는 처음에는 모든 짐승이 야생동물이었는데 나중에 인간이 잡아 길들여서 이렇게 순해지게 되었다고 생각합니다. 그러나 하나님께서는 아예 짐승을 만드실 때에 야생동물은 야생의 기질을 주셔서 끝까지 인간의 말을 듣지 않고 난폭하게 하시고, 가축은 처음부터 인간에게 길들여져서 인간과 함께 살면서 인간에게 종살이 하도록 만드셨다는 것을 알 수 있습니다. 그래서 야생동물과 가축은 처음부터 기질이 달랐던 것입니다.

그런데 하나님께서는 모든 짐승을 만드시면서 종류마다 독특한 모양을 주시고 독특한 개성을 주셨습니다. 그래서 호랑이는 호랑이같이 생겼는데 고양이 같으면서도 엄청나게 덩치가 큰 것을 볼 수 있습니다. 늑대는 개와 비슷하게 생겼는데 하나같이 사나운 성격을 가지고 있습니다.

《야성의 소리》라는 책이 있는데 그 내용 중에 어느 개가 썰매를 끌다가 늑대와 어울려 다니는 장면이 나옵니다. 그 책을 보면 썰매를 끄는 개들이 얼마나 머리가 영리하고 서로 사이에 시기심이나 질서의식 같은 것이 얼마나 강한지 알 수 있습니다. 또 말은 잘 달리도록 만들어져서 사람을 태우고도 바람같이 달릴 수 있습니다. 소는 우직하게 생겼지만 힘이 세서 많은 일을 할 수 있습니다. 그러나 인간과 가장 가까운 짐승은 아무래도 개인 것 같습니다. 옛날에 개가 없으면 외딴 곳에서는 사람들이 밤에 무서워서 살 수 없었을 정도로 개는 인간에게 아주 중요한 짐승이었습니다. 또 하나님은 땅에 기어 다니는 뱀이나 악어 같은 파충류도 만드셨습니다.

사실 인산은 곤충이나 야생동물들로부터 많은 것을 배우고 있습니다. 전쟁에서 꼭 필요한 탱크의 바퀴는 체인으로 되어 있는데 이것은 뱀의 뱃가죽에서 힌트를 얻은 것입니다. 그리고 요즘 군인들이 많이 사용하는 야간 투시경도 뱀의 눈이 낮에는 빛으로 물체를 인식하지만 밤에는 열로 물체를 인식하는 것을 보고 배운 것이라고 합니다. 또 동굴에서 박쥐가 날면서 벽에 부딪치지 않는 것은 어떤 전파를 보내기 때문인데 거기에서 전파의 원리를 배우게 되었습니다. 사람들은 새가 뜨고 땅에 착지하는 것을 통해서 비행기가 뜨고 앉는 원리를 배우게 되었습니다. 또 개구리를 통해서 해병대의 군복 색깔을 본뜨게 되었습니다. 그래서 옛날에는 위장복을 개구리복이라고 부르기도 했습니다. 사람들은 아직도 개똥벌레의 꽁지에서 어떻게 빛이 나는지 잘 알지 못합니다. 또 곰은 겨울이 되기 전에 엄청나게 먹고 살을 찌우는데도 어떻게 동맥경화라든지 고혈압이 생기지 않는지 궁금했는데, 알고 보니까 웅담에서 그런 것을 막는 성분이 있다는 것을 알고 그때부터 곰의 쓸개를 떼어 내게 되었습니다. 요즘 미국에서는 늑대를 자연공원에 풀어 놓고 나서 자연 질서가 많이 회복되었다고 합니다. 늑대가 적당하게 산양을 잡아먹으니까 풀도 많이 자라게 되고 다른 동물들도 더 생기게 되었다고 합니다. 전에 어떤 분이 섬에서 염소를 키우면 돈을 많이 벌 수 있을 것이라고 생각해서 염소를 키웠는데 그 결과는 재앙이었습니다. 왜냐하면 염소가 너무 많아지니까 풀을 다 뜯어 먹어서 풀이 없어지게 되고 그 배설물로 섬이 완전히 황폐하게 되었기 때문이라고 합니다. 그래서 우리는 자연의 질서가 얼마나 중요한지 바로 알아야 합니다. 한때 우리나라에서도 뱀이 몸에 좋다고 하여 너무 많이 잡아먹으므로 그 천적인 들쥐가 엄청나게 많아져서 강의 제방까지 굴을 파는 바람에 대홍수의 피해를 입은 적도 있다고 합니다. 이렇게 이 세상에 별 것 아닌 것 같은 동물들도 모두 다 존재의 이유가 있는 것입니다.

3. 하나님의 형상을 닮은 인간

하나님의 창조의 최고 절정은 하나님의 형상을 닮은 인간을 만드신 것입니다. 어떻게 보면 하나님께서 우리 인간을 만드신 것은 가장 골치 아픈 '판도라의 상자'를 여신 것 같기도 합니다. 왜냐하면 하나님께서 우리 인간을 만드셨기 때문에 하나님의 피조 세계가 너무나도 복잡해지게 되었고, 결국 하나님의 아들이 죽으셔야 했고, 하나님께서 세상을 심판하셔야 하는 일까지 생기게 되었기 때문입니다. 그럼에도 불구하고 하나님은 우리 인간을 만드신 것을 후회하지 않으셨습니다. 왜냐하면 하나님은 우리를 끝까지 사랑하시며 책임지실 수 있기 때문입니다.

우리 인간의 모든 문제는 하나님께서 인간을 '하나님의 형상대로' 만드신 것에서부터 시작됩니다. 다른 말로 표현하면 하나님께서 인간을 만드시는데 너무나도 잘 만들어버리신 것입니다. 하나님은 우리 인간을 너무 지혜롭게 만드셨고 너무 자존심이 강하게 만드셨고 너무나도 감정이 예민하게 만드신 것입니다. 하나님께서 인간을 만드시면서 야생동물 같은 아이큐를 주시거나 혹은 개나 돼지의 자존감을 주셨더라면 전혀 문제가 생길 수 없었을 것입니다. 인간의 몸이나 감정은 그것이 아닌데 머리가 너무 뛰어나고 자존감이 너무 뛰어나니까 결국 사고를 치게 된 것입니다.

그래서 인간의 이 모든 난제를 해결하는 방법은 오직 성경으로 돌아오는 것 밖에 없습니다. 우리 인간은 하나님이 만드셨기 때문에 하나님께 돌아와야 치료를 받고 회복되고 아름다워질 수 있는 것입니다.

하나님께서 인간을 창조하심에 몇 가지 중요한 특징을 볼 수 있습니다.

첫째는 하나님께서 인간을 만드시기 전에 하나님이 서로 의논을 하셨다는 것입니다.

> 1:26 "하나님이 이르시되 우리의 형상을 따라 우리의 모양대로 우리가 사람을 만들고 그들로 바다의 물고기와 하늘의 새와 가축과 온 땅과 땅에 기는 모든 것을 다스리게 하자 하시고"

하나님은 하늘과 바다와 땅을 만드시면서 "이렇게 되라"고 말씀하셨습니다. 그러니까 모든 것이 그 말씀 그대로 되었습니다. 그런데 인간을 창조하시면서 "우리의 형상을 따라 우리의 모양대로 우리가 사람을 만들자"라고 미리 의논하시는 것을 보게 됩니다.

물론 이스라엘 백성들은 이 '우리'라는 표현을 보고서 아마도 하나님께서 천사들과 의논하셨을 것이라고 생각했을지 모릅니다. 그러나 놀라운 것은 이 '우리'가 천사가 아니라는 사실입니다. 사실 천사들은 인간을 만드는 의논에 끼지도 못했습니다. 그러면 결국 이 하나님이 의논하신 '우리'가 누구냐 하는 것이 신약 시대까지 풀리지 않는 숙제였습니다. 결론적으로 하나님의 '우리'는 성삼위 하나님을 가리킵니다.

하나님은 인간을 만드시기 전에 "이런 이런 식으로 사람을 만들어서 이런 이런 일을 하게 하자" 하면서 의논을 하셨습니다. 즉 하나님은 인간을 그냥 즉흥적으로 만드신 것이 아니라 인간의 모든 문제에 대하여 충분히 생각을 하셨고 대비책을 가지고 창조하셨던 것입니다. 하나님은 우리 인간에게 이렇게 뛰어난 지능을 주면 어떻게 될 것이며, 인간이 하나님의 지혜를 잘못 사용해서 타락하게 되면 어떻게 할 것인지 충분히 생각을 하신 것입니다.

사실 하나의 피조물에 불과한 우리 인간에게 하나님에 가까운 지혜를 주신다고 하는 것은 너무나도 위험한 일이었습니다. 그럼에도 불구하고 하나님은 우리 인간에게 최고의 지혜와 자존감을 주셨습니다. 그 이유가 어디에 있습니까? 하나님이 우리를 너무나도 사랑하셨기 때문입니다.

하나님은 이미 우리 인간을 만드시기 전에 인간에게 이렇게 뛰어난 두뇌를 주면 타락할 것이라는 것도 충분히 아셨습니다. 그렇다고 해서 하나님은 우리를 덜 똑똑한 존재로 만드시지 않았습니다. 하나님은 우리 인간이 충분히 하나님께 거역할 수 있다는 것을 아시면서도 인간에게 비겁한 자존감을 주지 아니하셨습니다. 이렇게 하나님은 우리 인간에게 최고의 지능과 최고의 자존감과 최고의 자유를 주셨습니다. 하나님은 인간이 타락하지 않게 하시려면 얼마든지 그렇게 하실 수 있었습니다. 그러나 하나님은 설사 인간이 하나님께서 주신 것을 악용해서 하나님을 대적하고 하나님께 범죄하는 한이 있더라도 최고의 모습으로 만드셨던 것입니다. 이것이 바로 우리 인간에 대한 하나님의 사랑이고 그 사랑의 자신감이었습니다.

다른 사람에 대해서 생각할 때에 그냥 '우연히' 만들어진 사람은 한 사람도 없다는 것을 알아야 합니다. 하나님은 우리를 사랑하셔서 이 세상에 태어나게 하셨고, 우리가 어떤 처지에 있더라도 하나님을 믿기만 하면 우리 인생을 아름답게 하실 준비를 다 하신 것입니다. 하나님은 우리를 아름답게 회복시키기로 결심하시고 만드셨습니다.

인간 창조에 있어서 가장 특별한 점은 인간이 하나님의 형상과 하나님의 모양에 따라 창조되었다는 사실입니다. 우리가 보통 '형상'이라고 하면 사람의 외모, 그 중에서도 특히 얼굴을 생각하게 됩니다. 그러나 하나님은 영이시기 때문에 우리와 같은 몸을 지니고 있지도 않습니다.

여기서 '형상'이라는 말은 원래 '판에서 찍어내었다'는 뜻을 가지고 있습니다. 예를 들어서 어떤 사람이 다른 사람과 너무나도 똑같이 생겼을 때 판으로 찍어낸 것 같다고 말을 합니다. 형상의 가장 대표적인 예가 초상화입니다. 초상화는 어떤 사람의 실물을 보고 그림을 그린 것입니다. 그런데 초상화 자체는 실물이 아니고 종이 위에 그린 그림에 불과합니다. 그러나 거기에 그려진 모습은 실제 주인공을 꼭 닮도록 그려진 것입니다. 예를 들어서 어떤 화가가 영국의 엘리자베스 여왕 초상화를 그린다고 할 때, 그는 여왕의 모습을 상상해서 그리는 것이 아니라 여왕이 정장을 하고 앉아서 직접 모델이 되어줄 때 여왕과 거의 똑같도록 초상화를 그려서 완성을 시킵니다. 그러면 초상화가 여왕입니까? 그것은 아닙니다. 초상화는 어디까지나 종이에 불과합니다. 그러나 그 위에 그려진 그림은 누가 보아도 여왕의 모습입니다. 그러면 초상화는 무엇 때문에 만드는 것일까요? 여왕을 생각하도록 하기 위한 것입니다. 즉 여왕을 아직 보지 못한 사람들에게 여왕은 이렇게 생긴 분이라는 것을 보여줌으로 여왕에 대한 존경심을 가지게 하기 위한 것입니다.

그런데 놀라운 것은 우리 인간은 살아서 움직이는 하나님의 형상이라는 점입니다. 보통 초상화라든지 동상은 움직이지 않고 고정되어 있지만 우리 인간은 살아 움직이는 하나님의 형상인 것입니다. 그래서 하나님은 우리 인간을 만들 때 하나님께서 대충 생각나는 대로 만드신 것이 아니라 하나님 자신이 모델이 되어주신 것입니다.

왕의 초상화를 그리거나 왕의 흉상을 만들려면 왕의 모습을 본떠서 만드는 것처럼 하나님이 우리 인간을 만드실 때 그 모델은 하나님 자신이었던 것입니다. 마찬가지로 우리 인간을 만드는 설계 도면은 하나님께 있고 하나님 자신이 우리 인간의 모델이신 것입니다. 마치 어떤 자동차가 고장이 났을 때 제대로 고치려고 하면 그 자동차를 만든 회사 공장에 가서 고쳐야 하는 것처럼, 우리 인간의 문제를 해결하려고 하면 하나님께 와야만 하는 것입니다. 왜냐하면 하나님 자신이 원형이시기 때문입니다.

인간은 하나님을 원형으로 만들어졌기 때문에 타락하고 난 후에도 인간에게는 하나님의 형상이 남아 있습니다. 예를 들어서 초상화가 망가져도 일부는 원형이 남아 있는 것과 같습니다. 인간은 고장이 나도 하나님의 형상입니다. 그래서 우리 인간은 타락하고 난 후에도 존귀하고 가치가 있습니다. 그러므로 우리 인간을 하나님 앞에 데리고 가서 그 원형과 맞추어서 고치기만 하면 천사보다 더 뛰어난 존재가 될 수 있습니다.

동네 아파트에는 고장 난 텔레비전이나 전자제품을 사러 다니는 장사들이 있습니다. 아마 고장 난 물건이지만 그것을 고쳐서 팔면 수지가 남는 모양입니다. 그러나 이 세상에서 최고로 수지가 남는 장사는 고장 난 사람을 고치는 것입니다. 고장 난 사람은 돈을 쳐 주지도 않습니다. 그리고 우리 주위에는 고장 난 한심한 사람들이 너무나도 많습니다. 그러나 아무리 고장 난 사람이라 하더라도 하나님 앞에서 수리해서 고치기만 하면 천사보다 더 뛰어난 사람이 되는 것입니다.

그래서 기독교는 최고로 가치 있는 일을 하는 것입니다. 그것은 고장 난 하나님의 형상을 고쳐서 천사보다 더 뛰어난 존재로 만드는 귀한 사역입니다.

사람은 누구든지 존귀한 존재입니다. 아무리 무서운 죄에 빠져 있고 짐승 같은 짓을 하면서 살고 있다 하더라도 아직 회복될 가능성이 있습니다. 그러나 사람은 그냥 고장 난 채로 놓아 두면 아무 가치가 없습니다. 왜냐하면 고장 난 하나님의 형상이기 때문입니다. 이것은 마치 고장 난 텔레비전과 같습니다. 전혀 작동이 되지도 않고 화면이 나오지도 않습니다. 그래서 사람은 반드시 하나님 앞에서 고쳐야만 합니다.

4. 남자와 여자의 동등한 가치

그런데 또 하나님이 인간을 만드시면서 특이한 것은 남자와 여자 모두를 하나님의 형상으로 만드셨다는 사실입니다.

> 1:27 "하나님이 자기 형상 곧 하나님의 형상대로 사람을 창조하시되 남자와 여자를 창조하시고"

하나님은 사람을 만드실 때 남자만 하나님의 형상대로 만드신 후 남자를 보고 여자를 만들지 않으셨습니다. 하나님은 남자와 여자 모두 직접 하나님을 모델로 해서 만드셨습니다. 예를 들어서 어떤 화가가 초상화를 그리는데 하나는 모델을 직접 보고 그리고, 다른 하나는 그림을 보고 그린다면 그림을 보고 그린 그림은 모조품이고 가치가 떨어지게 됩니다. 그림의 세계에 있어서 모조품의 가치는 거의 인정을 받지 못합니다. 그런데 두 장의 그림을 그리는데 두 장 모두 직접 모델을 보고 그렸다면 두 장 모두 진품이고 똑같은 가치를 지니게 됩니다. 아마 두 그림이 아무리 똑같은 사람을 보고 그렸다 하더라도 조금은 다른 부분이 있을 것입니다. 이것이 두 장의 그림이 가지는 가치입니다.

그래서 하나님은 남자와 여자 모두를 하나님의 진품으로 만드셨습니다. 그런데 남자의 모습과 여자의 모습은 많이 다르게 생겼습니다. 남자와 여자는 육체적인 모습도 다르고 힘도 다르고 성격도 많이 다릅니다. 이 두 모습이 모두 다 하나님의 모습인 것입니다. 그래서 하나님은 남자나 여자나 어느 쪽도 상대방을 무시하지 못하게 하셨고, 특히 남자와 여자의 사랑을 통해서 더 아름다운 하나님의 모습이 나타나게 하셨습니다.

인간에게 가장 행복한 순간은 남녀 간의 육체적인 사랑의 순간인데, 이 기쁨을 가지려고 하면 자신의 한평생을 상대방에게 바치고 육체적인 사랑을 나누어야 합니다. 자신의 마음과 육체를 상대방에게 바치지 않고 육체적인 사랑만 가지는 것은 하나님의 사랑을 도둑질하는 것입니다.

또한 하나님은 우리 인간에게 바다의 고기와 공중의 새와 가축과 온 땅과 땅에 기는 모든 것을 다스리는 특권을 주셨습니다.

여기서 '다스린다'는 것은 우리 인간이 짐승들을 숭배해서는 안 되는 것을 의미합니다. 우리 인간은 모든 짐승보다 높은 신분이기 때문에 짐승의 말을 들어도 안 되고 짐승을 숭배해서도 안 됩니다. 나중에 여자는 뱀이 말하는 것을 듣고 그 말대로 했다가 죄를 짓게 됩니다. 그래서 애완견을 키우는 것은 좋지만 애완견에게 자기를 '엄마다'라고 하지 마시기 바랍니다. 그러면 개 엄마가 되는 것입니다. 단지 우리는 짐승들을 잘 돌보아주어서 멸종하지 않게 해야 합니다. 그런데 사실 인간은 동물들을 너무 많이 착취하고 그들의 행복을 빼앗았습니다.

마치 하나님께서 우리 인간을 돌보시고 사랑으로 지켜주시듯이 우리 인간도 모든 새나 물고기나 짐승들을 사랑으로 돌보게 하신 것입니다.

그러나 하나님께서 우리 인간에게 주신 최고의 복은 예배의 복입니다. 하나님을 찬송하며 기도하며 말씀으로 은혜 받으면서 하나님께 영광 돌리는 것을 최고의 복으로 주신 것입니다. 아마도 인간은 처음 예배드릴 때 짐승들과 함께 하나님을 예배했을 것입니다.

하나님께서 사람에게 생육하고 번성하여 땅에 충만하라고 명령하셨습니다.

> 1:28상 "하나님이 그들에게 복을 주시며 하나님이 그들에게 이르시되 생육하고 번성하여 땅에 충만하라"

이것은 하나님의 말씀대로 살기만 하면 얼마든지 이 세상에서 멸망하지 않고 복을 받으며 아름답게 살 수 있다는 것을 의미합니다. 결국 인간을 망하게 하는 것은 죄이지, 하나님의 복이 부족하기 때문이 아닌 것입니다. 하나님은 우리 인간이 망하는 것을 계획하지 않으셨습니다. 우리가 이 세상에서 하나님의 말씀대로 살면 얼마든지 생육하고 번성하면서 살아갈 수 있습니다. 우리 성도들은 미래를 걱정하지 마시고 하나님을 믿는 믿음으로 모든 어려움을 정복하시기 바랍니다.

05
최초의 인간 생활 / 창세기 2:8-9

미래 공상과학 영화들을 보면 로봇 같은 기계들이 인간과 싸워 멸망시키고 남은 사람들이 지하 세계에 숨어서 기계에 대항해서 전쟁하는 모습을 볼 수 있습니다. 얼마 전에 마이크로소프트사 회장인 빌 게이츠가 미래에는 인공지능을 가진 기계가 사람들을 해치게 될 것이라는 발언을 하기도 했다고 합니다. 사실 요즘 자동차나 전화기나 텔레비전 등의 여러 장치들을 보면 사람이 할 것을 기계나 컴퓨터가 다 해주는 것을 볼 수 있습니다. 전화를 걸 때에도 일일이 번호를 누르지 않아도 단축키만 누르거나 발신자 번호를 누르기만 하면 자동적으로 전화가 걸리고, 또 먼데 떨어져 있는 사람들을 일일이 찾아가지 않아도 화상으로 대화나 회의가 가능하게 되었습니다. 그러나 아무리 기계가 인공지능을 가지고 사람의 일을 대신해준다고 해도 사람이 늙어가는 것이나 죽는 것을 대신해줄 수는 없습니다. 옛날의 유명한 여배우 엘리자베스 테일러가 젊었을 때에는 얼마나 아름다웠는지 알 수 없지만 그녀도 늙어서 죽었고 허드슨 테일러 같은 미남 배우도 에이즈에 걸려서 피골이 상접한 모습으로 결국 죽고 말았습니다.

그런 의미에서도 본다면 인간은 참으로 불행한 존재인 것 같습니다. 인간이 원시인 때에는 몽둥이를 들고 추위와 가뭄과 맹수와 싸워서 생존을 해야 했는데, 미래에는 인공지능을 가진 기계에 의해서 멸망을 당해야 하니까 말입니다. 그래서 하나님을 믿지 않은 인간의 미래는 허황될 뿐 아니라 허무하기 짝이 없을 것입니다.

역사 교과서에서 나오는 초기 인류를 보면 이마는 앞으로 좀 튀어나오고 팔은 긴데 허리는 조금 꾸부정한 모습으로 짐승의 털옷을 입고 손에 몽둥이를 들고 동굴에 살면서 짐승을 사냥해서 사는 모습을 볼 수 있습니다. 그러면서 이 형태에서 좀 더 진화되면서 입이나 이마가 들어가고 허리도 똑바로 세워져서 지금 같은 현대의 인간이 되었을 것이라고 생각합니다.

본문 성경을 보면 이 지구상에 최초의 인류가 살았던 모습을 설명해주고 있습니다. 성경이 말하는 최초 인간의 모습은 과학자들이 생각하는 것과는 많이 다릅니다. 허리가 굽거나 이마나 입이 튀어나온 것이 아니라 똑바로 섰고 얼굴도 지금과 마찬가지로 잘 생긴 얼굴이었습니다. 그리고 그들은 짐승 털옷을 입고 사냥을 다닌 것이 아니라 알몸으로 살았는데 주로 나무의 열매를 따 먹고 살았습니다. 그때 땅은 너무나도 비옥해서 사람들이 양식을 구하는데 전혀 어려움이 없었던 것 같습니다. 그리고 사람들은 어느 지역을 관리하고 다스리는 책임을 맡고 있었습니다.

우리는 창조에 대하여 창세기 1장과 2장에서 두 가지 다른 면의 기록을 보게 됩니다. 그래서 이것을 놓고 어떤 신학자들은 창세기는 모세가 쓴 것이 아니라 누군가가 옛날 기록들을 수집해서 편집했을 것이라고 주장하기도 했습니다. 그러나 그것은 내용을 잘 몰라서 하는 말입니다.

1장에 나오는 창조에 대한 첫 번째 기록은 하나님이 천지를 창조하신 것을 날짜별로 설명을 한 것입니다. 거기에 비해서 2장에 나오는 두 번째 기록은 하나님과 우리 인간 사이의 아주 중요하고 특별한 관계를 중심으로 설명한 것입니다. 예를 들어서 어떤 중요한 축구 경기나 행사를 할 때 카메라 여러 대를 사용해서 다양한 각도에서 비추어주는 것과 비슷합니다. 이처럼 창조에 대한 두 가지 내용의 기록은 전체를 보여주는 것과 아울러 세부적인 부분을 함께 보여주는 것이므로 우리에게 다 중요하다고 생각합니다.

1. 하나님의 창조 완성

우리가 생각하기에 하나님이 6일 동안에 하늘과 땅과 바다와 그 가운데 있는 모든 것들을 만드셨기 때문에 상당히 급히 만드신 것 같고 공사가 부실할 것 같은 생각이 들 수도 있을 것입니다. 예를 들어서 어떤 사람이 집이나 빌딩을 만드는데 일주일 만에 완성을 했다면 분명히 날림공사일 것이고 부실 투성이일 것입니다. 그러나 하나님은 단 6일 만에 온 세상을 만드셨지만 이 지구나 우주에는 부실한 부분이 전혀 없었습니다. 그래서 하나님은 일곱째 날에는 완전히 창조에서 손을 떼시고 안식하셨습니다.

> 2:1-2 "천지와 만물이 다 이루어지니라 하나님이 그가 하시던 일을 일곱째 날에 마치시니 그가 하시던 모든 일을 그치고 일곱째 날에 안식하시니라"

하나님이 친히 만드신 이 세계는 갑자기 수리해야 하거나 손을 더 봐야 할 필요가 전혀 없을 정도로 완전하게 만들어졌습니다. 아무리 모든 것을 속성으로 만든다고 하더라도 6일 만에 하늘과 땅과 바다와 모든 생물들까지 완벽하게 만든다는 것은 도저히 상상할 수 없습니다. 이미 만들어진 것을 가지고 와서 조립을 한다 하더라도 불가능할 것입니다. 그러나 하나님은 6일 만에 온 세상을 완전하게 만드셨습니다. 이것은 두 가지로 생각할 수 있습니다. 하나는 하나님의 창조의 지혜가 그만큼 완벽하고 탁월한 것을 보여줍니다. 하나님이 만드신 세계는 한 치의 오차도 없이 완벽했습니다. 태양이나 달의 위치나 지구의 모든 회전하는 것들이나 바다나 공기나 모든 것이 조금도 오차가 없었습니다. 그리고 둘째로 하나님은 우연히 이 세상을 창조하신 것이 아니라 이미 충분히 계획을 하시고 설계를 하셨다는 것입니다. 충분한 계획이나 준비 없이 어떤 일을 하면 자꾸 수정을 하고 손을 보게 되는데 하나님이 하신 일은 손을 볼 필요가 전혀 없었습니다.

그래서 본문에 나오는 '안식' 이라는 것은 모든 조건들이 완전한 상태에 있는 것을 의미합니다. 이때 하나님은 복을 주셨습니다. 복을 주셨다는 것은 물질적인 복을 능가하는 말씀의 복과 성령의 복을 주시는 것을 의미합니다. 그래야 모든 것이 완전해질 수 있습니다.

우리는 보통 자신이 원하는 것이 이루어졌을 때 우리에게 더 필요한 것이 무엇인지 모를 때가 많습니다. 학생들은 그렇게 들어가고 싶어 하던 대학에 들어가면 무엇을 해야 할지 몰라서 술을 마시며 방황하기도 하고, 또 청년들은 그렇게 결혼하고 싶어 하던 사람과 결혼했을 때도 무엇을 해야 할지 몰라서 허둥대기도 합니다. 그러나 하나님은 세상을 다 만드셨을 때 영적인 복을 주실 준비를 하셨습니다. 그래서 하나님은 "그 일곱째 날을 복되게 하사 거룩하게 하셨"(2절)다고 했습니다. 그러므로 우리는 6일은 육신을 위해서 살지만 하루는 하나님 앞에 나와서 하나님의 말씀을 듣고 은혜를 받아야 우리의 인생이 아름다울 수 있고 완전해질 수 있습니다.

2. 흙으로 사람을 만드심

하나님이 드디어 흙으로 사람을 만드셨습니다.

> 2:7 "여호와 하나님이 땅의 흙으로 사람을 지으시고 생기를 그 코에 불어넣으시니 사람이 생령이 되니라"

창세기 1장에서 보면 하나님이 사람을 하나님의 형상으로 만드셨다고 했는데, 그것은 인간에 대한 설계도면을 말하는 것입니다. 즉 우리 인간의 모든 성품이나 인격의 원형은 하나님인 것을 보여줍니다. 그러나 창세기 2장에서는 하나님이 구체적인 재료를 가지고 사람을 만드신 것을 보여주고 있습니다.

하나님이 '흙'으로 사람을 지으셨다고 말씀하고 있습니다. 여기서 '지었다'는 것은 우리의 몸의 형체를 만드셨다는 뜻입니다. 하나님께서 이 세상의 흙을 재료로 사용해서 우리 사람을 만드셨다는 것입니다. 학생들이 미술 시간에 점토를 만져서 사람의 몸을 만들 듯이 하나님께서 흙을 이겨서 사람의 육체를 만들었을 수도 있습니다. 그러나 사람의 몸은 외모만 만든다고 해서 되는 것이 아니라 우리 안에는 복잡한 신경 조직들이 있고 기관들이 있습니다. 더 중요한 것은 우리 인간에게는 영혼이 있다는 것입니다. 아마도 하나님은 흙을 소재로 해서 인간의 그 복잡한 몸을 다 만드신 것 같습니다. 그래서 우리 인간의 설계는 하나님의 형상이지만 만든 재료는 우리가 발로 밟고 다니는 땅의 흙인 것입니다.

우리 인간은 살아서 권력을 휘두를 때에는 정말 대단한 것 같고 전능한 신인 것 같습니다. 그러나 아무리 독재자라 하더라도 죽으면 정말 아무 것도 아닙니다. 리비아의 독재자 카다피나 이라크의 독재자 사담 후세인도 죽으니까 아무 것도 아니었습니다. 왜냐하면 우리 인간은 모두 진흙으로 빚어진 질그릇 같은 인생이기 때문입니다. 그릇 중에서 아주 약한 질그릇은 몽둥이로 한번 치면 박살이 나고 맙니다.

아무리 잘 생기고 덩치가 크더라도 사람은 진흙 한 덩이에 지나지 않는 것입니다. 뚱뚱한 사람은 진흙이 좀 많이 붙은 것이고 마른 사람은 진흙이 좀 덜 붙은 것에 불과합니다. 우리 인간이 아무리 하나님의 형상을 닮아서 영광스럽게 만들어졌다 하더라도 그 본질은 보잘것없는 티끌이라는 뜻입니다. 그래서 사람이 죽으면 너무 빨리 썩기 때문에 반드시 땅에 묻어야 하고, 땅에 묻히면 거기에 구더기가 생기고 나중에는 흙이 되어서 없어지게 됩니다. 그래서 성경 본문이 우리에게 말씀하고 있는 것은 우리의 본질이 과연 무엇이냐 하는 것입니다. 우리의 본질은 우리가 밟고 다니는 흙이라는 것입니다. 그 이상 아무 것도 아닙니다. 우리 인간은 불면 날아갈 수밖에 없는 티끌입니다. 우리는 하나님 앞에서 한 줌의 흙에 불과한 자들이며 결국 언젠가 흙으로 돌아갈 수밖에 없는 존재입니다.

하나님이 "생기를 그 코에 불어 넣으"(7절)셨다고 하는 것은 인간의 생명을 하나님이 직접 주셨다는 뜻입니다. 하나님은 우리 한 사람 한 사람에게 직접 생명을 주셨습니다. 그래서 우리 인간은 하나님이 주신 생명을 살아야 할 의무가 있습니다. 그러므로 빨리 죽고 싶다고 해서 죽을 수 있는 것도 아니고 더 오래 살고 싶다고 해서 살 수 있는 것도 아닙니다. 우리는 모두 하나님이 주신 만큼의 생명만 살게 되는 것입니다. 그리고 하나님이 부르시면 하던 모든 일을 다 내려놓고 하나님 앞에 서야 하는 존재입니다.

또 7절에 "사람이 생령이 되니라"고 했습니다. 여기서 '생령' 이라는 것은 살아있는 사람을 말합니다. 우리 인간은 모두 독자적으로 숨을 쉬고 생각도 하고 활동도 하는 산 존재가 된 것입니다. 우리는 모두 하나님 앞에서 티끌과 같은 존재라는 것을 알아야 합니다. 그런데 놀라운 사실은 우리가 하나님 앞에서 티끌이라는 것을 인정할 때 하나님은 우리에게 영생을 주신다는 것입니다. 그러나 우리가 티끌인 줄 모르고 신인 것처럼 행세한다면 하나님은 우리를 비참하게 하시고 버리셔서 멸망시킬 것입니다. 우리가 하나님 앞에서 티끌인 것을 인정하고 겸손하면 하나님께서는 우리를 높여주셔서 하나님의 자녀가 되게 하시며 하나님의 영원한 축복을 유업으로 물려받게 하실 것입니다.

3. 하나님이 세우신 언약

하나님은 온 세상을 만드신 후에 그 안에 에덴이라는 아주 작은 지역을 만드셨습니다. 에덴동산은 단순히 작은 정원이 아니라 하나님이 다스리시는 미니 왕국이었습니다. 하나님은 인간을 흙으로 만드신 후에 우리 인간이 살 수 있는 동산을 만드셨던 것입니다.

> 2:8-9 "여호와 하나님이 동방의 에덴에 동산을 창설하시고 그 지으신 사람을 거기 두시니라 여호와 하나님이 그 땅에서 보기에 아름답고 먹기에 좋은 나무가 나게 하시니 동산 가운데에는 생명 나무와 선악을 알게 하는 나무도 있더라"

여기서 '동산'이라는 것은 어떤 한 작은 지역을 말합니다. 하나님은 야생 상태로 버려져 있는 세상 가운데서 오직 한 지역을 집중적으로 개발하셔서 사람이나 짐승들이 살 수 있는 아름다운 곳으로 만드셨습니다. 하나님께서는 이 동산 이름을 '에덴'이리고 지으셨는데 '에덴'은 '기쁨'이라는 뜻이므로 에덴동산은 '기쁨의 동산'(Garden of Joy)이라는 의미입니다. 얼마나 멋진 이름이며 얼마나 아름다운 이름인지 모릅니다. 여기에는 오직 기쁨만 있는 것입니다. 이 동산의 특징은 과실나무가 너무나도 좋고 풍부했다는 것입니다. 그리고 좋은 나무들이 많아서 그늘이 충분했습니다. 그리고 무엇보다 이 동산은 죄가 없는 곳이었습니다. 이곳은 아직 일체 죄가 들어온 적이 없는 곳이니 죄로부터 청정지역이었습니다.

그뿐만 아니라 하나님은 그곳에 물을 아주 풍부하게 하셔서 물 걱정할 필요도 없게 하셨습니다. 사람은 물이 있어야 마실 수 있고 씻을 수 있고 농사를 지을 수도 있고 물고기를 잡을 수도 있고 생명을 유지할 수 있습니다. 그런데 에덴동산은 너무나도 지하수가 풍부해서 여기서 나오는 물이 무려 네 강의 근원을 이루고 있었습니다.

첫째 강은 비손인데, 지금은 어느 강인지 알 수 없습니다. 그런데 그 비손강은 하윌라라는 곳을 흘렀는데 하윌라에서는 순금이 발견되었습니다. 그리고 하윌라에는 베델리엄과 호마노라는 보석도 발견되었습니다. 아마 인간은 그때부터도 보석의 아름다움을 알았던 것 같습니다.

두 번째 강은 기혼인데, 구스 온 땅을 둘렀다고 했습니다. 구스 땅은 지금의 이집트인데 그곳에 흐르는 강이라면 나일강일 것입니다. 그러나 지금은 지구의 모습이 많이 변형되어서 에덴이 있는 곳과 이집트에서 멀리 떨어져 있습니다. 그러나 지진이나 지각변동이 일어나서 땅이 갈라지기 전에는 아프리카 땅도 아시아와 붙어 있어서 그 강이 흘렀을 것입니다.

세 번째와 네 번째 강은 그 이름이 아직 남아 있습니다. 세 번째 강 이름은 힛데겔인데 이것은 티그리스입니다. 그리고 네 번째 강은 유브라데입니다. 지금도 이라크에 가면 '에덴'이라는 곳이 있습니다. 그 에덴은 유브라데 강과 티그리스 강이 가장 가까이 만나는 곳이라고 합니다. 그러나 이 에덴이 그 옛날 에덴동산은 아닐 것입니다.

하나님이 만드신 동산은 죄가 없는 지역이었습니다. 에덴에 있는 사람들이나 짐승들은 죄를 모르고 살았는데 전혀 죄로 인하여 오염이 되지 않은 순수한 사람들이고 순수한 짐승들이었던 것입니다.

우리가 알아야 할 것은 이 작은 동산이 그냥 동산이 아니라 미니 하나님의 나라라는 사실입니다. 왜냐하면 이 동산에서는 그들이 지켜야 할 하나님의 법이 있었기 때문입니다. 하나님은 이 지역나라의 법을 두 개의 나무를 통해서 선포하셨습니다.

> 2:9 "여호와 하나님이 그 땅에서 보기에 아름답고 먹기에 좋은 나무가 나게 하시니 동산 가운데에는 생명나무와 선악을 알게 하는 나무도 있더라"

하나님은 우선 이 동산에 보기에 좋은 아름다운 나무가 나게 하시고 열매 맺는 과일나무들도 많이 생기게 하셨습니다. 우리가 보통 멋진 나무 한 그루를 키우려면 몇 십 년은 자라게 해야 할 것입니다. 또 과일나무가 열매를 맺게 하는데도 몇 년은 걸려야 할 것입니다. 그러나 최초의 그 땅은 얼마나 생명력이 강했던지 하나님이 심으시고 얼마 되지 않아 큰 나무가 되었고 이미 과일나무에는 과일들이 주렁주렁 맺히게 되었습니다.

그리고 하나님은 우리 사람들에게 만고불변의 법을 주셨습니다. 이 법이 바로 인간의 영원한 생명을 결정하는 법인 것입니다.

하나님께서 먼저 만드신 것은 생명나무였습니다. 하나님이 동산 중앙에 이 생명나무를 세우셨는데 하나님은 이 나무를 통하여 인간에게 영원한 생명을 약속하셨습니다. 즉 하나님은 우리 인간이 죄짓지 않고 하나님의 말씀에 절대적으로 복종하면 죽지 않고 영원히 살 수 있도록 약속을 하셨습니다. 그래서 그때는 우리 인간에게 죽음은 필연적인 것이 아니었습니다. 우리 인간이 하나님의 말씀만 철저하게 지키면 얼마든지 죽지 않고 영생에 들어갈 수 있었습니다.

물론 이 생명나무에도 열매가 있어서 그것을 먹으면 죽지 않을 수 있었던 것 같습니다. 그런데 우리 인간은 이 생명나무 열매는 먹지 못했습니다. 또 우리 인간이 타락했을 때 하나님은 이 생명나무 열매를 먹지 못하도록 에덴동산에서 쫓아내셨습니다. 왜냐하면 이 생명나무 열매는 그냥 먹을 수 있는 것이 아니라 하나님의 말씀을 완전히 지켰을 때 하나님께서 먹으라고 하셔야 먹을 수 있기 때문입니다. 만일 인간이 죄를 짓고 난 후에 이 생명나무 열매를 먹었더라면 아마 죄를 지은 상태에서 영원히 죽지 않고 저주를 받고 사는 벌을 받게 되었을 것입니다.

〈반지의 제왕〉이라는 영화를 보면 저주를 받은 상태에서 죽지 않고 영원히 사는 괴물 같은 존재가 나옵니다. 바로 골룸입니다. 아마 《반지의 제왕》의 저자 톨킨은 인간의 또 다른 모습을 보여주려고 골룸을 만든 것 같습니다. 사실 영화 〈반지의 제왕〉은 기독교의 냄새가 나기는 하는데 너무나도 많은 비유를 사용하는 바람에 누가 누구를 나타내는지 알기가 어렵습니다.

그러나 창세기는 판타지가 아니고 사실입니다. 실제로 지구상 어느 곳에 에덴이라는 곳이 있었고 거기에 실제로 사람이 살고 있었던 것입니다. 그리고 그동안 중앙에는 실제로 생명나무와 선과 악을 알게 하는 나무가 있었던 것입니다.

생명나무는 우리 인간이 하나님의 말씀에 완전히 순종하고 복종하면 영원히 죽지 않는다는 약속인 것입니다. 그래서 우리 인간이 원래 처음 만들어졌을 때에는 반드시 죽어야 하는 존재가 아니었습니다. 우리 인간이 하나님의 말씀에 철저하게 순종했더라면 죽음을 맛보지 않고 영생의 상태에 들어갈 수 있었을 것입니다.

　예수님이 광야에서 마귀에게 시험 받을 때 마귀는 결사적으로 예수님에게 하나님의 말씀에 불순종하도록 유혹했습니다. 그러나 예수님은 절대로 하나님의 말씀을 거역하지 않고 말씀으로 승리하셨습니다. 우리 인간은 타락하기 전에는 하나님의 말씀에 순종할 수 있었습니다. 그러나 범죄하고 타락한 후에는 하나님의 말씀을 완전히 지키는 것은 불가능하게 되었습니다. 그렇지만 우리가 예수님을 믿을 때 하나님은 예수님을 통해서 생명나무 열매를 먹게 하셨습니다. 이것은 죄 용서 받고 믿음으로 사는 것입니다.

　그리고 에덴동산 중앙에는 또 다른 나무가 있었는데 '선악을 알게 하는 나무'였습니다. 우선 우리는 이 나무의 이름이 좀 길 뿐 아니라 무엇을 의미하는 나무인지 잘 이해가 되지 않습니다. 그러나 이 나무는 하나님의 계명의 또 다른 측면을 보여주는 나무라고 할 수 있습니다. 즉 우리 인간이 완전히 하나님의 말씀에 순종하면 생명나무 열매를 먹고 영생의 상태에 들어가지만, 하나님의 말씀을 거역하고 불순종하면 반드시 죽게 된다는 것을 보여주는 나무입니다. 그래서 선악을 알게 하는 나무는 하나님의 말씀을 거역하고 하나님께 반역해서 하나님과 같아지려고 하는 것이 죄라는 것임을 보여주는 것입니다. 물론 인간이 에덴에서 다른 죄도 지을 수 있을 것입니다. 그러나 인간에게 있어서 죄라고 하는 것은 바로 하나님을 대적하고 반역해서 고의로 하나님의 말씀을 거역하는 것임을 보여주는 것입니다. 하나님은 인간이 하나님의 말씀을 거역하고 반역할 때 영원한 죽음이 온다는 것을 보여주셨습니다.

　오늘날 많은 사람들은 선악과나 생명나무는 신화라고 생각합니다. 또 어떤 사람들은 설사 선악을 알게 하는 나무가 실제로 있었다 하더라도 왜 하나님은 선악과를 만드셔서 인간을 타락하게 하셨는가 하는 것을 이해하지 못하는 분들이 많이 있습니다. 즉 하나님께서 선악과만 만들지 않으셨더라도 우리 인간은 행복하게 살 수 있었을 텐데, 이렇게 인간이 타락하게 된 것은 하나님의 책임이라고까지 말을 하는 사람들도 있습니다.

그러나 이것을 '선과 악을 알게 하는 나무'라고 불렀던 이유는 이 나무가 인간의 마음속에 있는 선과 악의 의도를 보여주기 때문입니다. 즉 선은 하나님의 말씀에 기쁨으로 순종하는 것이고, 악은 하나님의 말씀에 거역하는 것입니다.

이 당시에는 아직 문자가 만들어지지 않았습니다. 그래서 하나님은 인간이 하나님의 말씀에 순종하는 여부를 이 나무의 열매를 따 먹는지 따 먹지 않는지로 보신 것입니다.

2:16-17 "여호와 하나님이 그 사람에게 명하여 이르시되 동산 각종 나무의 열매는 네가 임의로 먹되 선악을 알게 하는 나무의 열매는 먹지 말라 네가 먹는 날에는 반드시 죽으리라 하시니라"

선악을 알게 하는 나무는 인간의 마음속에 하나님께 반역하는 마음을 보여주는 나무입니다. 그래서 하나님은 우리 인간이 애매하게 마음속에 생기는 의심을 가지고 처벌하지 않으셨습니다. 하나님은 인간이 혹시 실수로 나무 열매를 만지는 것으로도 처벌하지 않으셨습니다. 하나님은 오직 인간이 의도적으로 열매를 따서 먹는 것을 통해서 하나님을 반역하는 것으로 판단을 하셨던 것입니다.

최초의 인간은 하나님 앞에서 겸손했고 하나님이 주신 역할에 만족했습니다. 그러나 어느 정도 세월이 지난 후에 인간의 마음속에 교만이 들어오게 되었습니다. 즉 자기들이 하나님의 말씀을 거역하면 하나님과 같아져서 하나님에게 매이지 않고 마음대로 살 수 있다고 생각하게 된 것입니다. 이것이 우리 인간에게 가장 위험한 것이었습니다. 그러나 인간은 결국 의도적으로 하나님이 먹지 말라고 하신 선악을 알게 하는 나무의 열매를 따 먹고 하나님을 반역했습니다.

하나님은 선악을 알게 하는 나무 열매를 먹으면 반드시 죽는다고 말씀하셨습니다. 이것을 히브리 성경대로 읽으면 "죽고 또 죽는다"는 것입니다

다. 반드시 죽는다는 의미입니다. 여기서 죽는다는 것은 단지 목숨을 잃는다는 의미만이 아닙니다. 이 죽음은 하나님의 은혜와 생명이 끊어지고 결국 영원한 저주에 빠지는 것을 뜻합니다.

그렇지만 하나님은 그리스도 안에서 우리에게 살 수 있는 기회를 다시 주셨습니다. 하나님은 우리에게 단 한 가지만 요구하십니다. 그것은 우리가 하나님 앞에서 티끌이고 아무 것도 아닌 것을 인정하는 것입니다. 그것이 바로 십자가에 못 박히신 예수를 믿는 것입니다. 이제는 내 야망이나 욕심이나 정욕대로 살지 않고 하나님을 믿는 믿음으로 사는 것입니다. 여러분의 미래에 대하여 하나님께 순종하고 하나님을 믿으시기 바랍니다. 이제는 하나님의 말씀의 길로만 걸어가시기 바랍니다. 그래서 영원히 멸망하지 않는 축복의 삶을 사시는 여러분이 다 되시기를 소망합니다.

06
가장 귀한 축복 / 창세기 2:18-25

사람은 누구나 사춘기가 되고 청년기가 되면 이성에 마음이 끌리게 되고, 이성과 같이 있는 시간이 그렇게 좋을 수가 없습니다. 그 이유는 하나님께서 남자와 여자가 서로 좋아하고 또 서로 사랑하도록 만드셨기 때문입니다. 사람이 사람으로서 존재의 가치를 가지려고 하면 일단 자기를 좋아하고 사랑하는 사람이 있어야 합니다. 그러나 이 받는 사랑이 더 성숙하려고 하면 나도 누군가를 사랑할 수 있어야 합니다. 나도 사랑을 받지만 나도 사랑할 수 있는 대상이 있어야 행복할 수 있습니다. 그래서 대등한 위치에서 사랑을 주고받을 수 있는 것은 이성간의 사랑 밖에 없습니다. 물론 친구간의 사랑도 있지만 조금 더 자라면 가치관이 달라지면서 서로 멀어지게 됩니다. 그리고 친구 사이의 사랑은 자기로 존재하면서 서로 좋아하고 사귀는 것이기 때문에 헤어져도 그렇게 많은 상처를 받지 않습니다. 그러나 이성 교제는 평생 처음 자신의 껍질을 깨고 다른 이성을 내 안에 받아들이는 것이기 때문에 이성간의 교제가 깨어지게 되면 마음에 큰 아픔을 가지게 되고 큰 상처로 남게 됩니다. 그러나 이런 아픔과 상처를 통해서 더 성숙하게 됩니다.

하나님께서는 사람을 남자와 여자로 만드시고 서로 사랑해서 결혼하게 하셨습니다. 그러나 요즘 교회 안의 많은 형제나 자매들이 결혼해야 할 배필 때문에 큰 어려움을 겪고 있습니다. 이것은 교회 부흥의 불길이 식어가는 것과도 관련이 있습니다. 부흥의 시기에는 훌륭한 형제나 자매들이 많이 교회에 몰려오기 때문에 좋은 배필을 구하는 것이 좀 더 유리할 수 있습니다. 그러나 부흥의 불길이 꺼져 가면 많은 남녀들이 세상으로 나가버리기 때문에 배필 구하는 것이 어려워지게 되는 것입니다. 그래서 결혼의 문제는 우리 모두의 문제라고 할 수 있습니다.

1. 동물로 만족할 수 없는 사람

어떤 할아버지가 손자를 데리고 키즈카페에 가서 네 마음대로 놀아라고 한다면 아이는 너무 신이 나서 어쩔 줄 몰라 할 것입니다. 거기에는 기차도 있고 배도 있고 공도 있고 마음에 드는 놀이기구들이 다 있습니다. 그런데 아이는 한참 놀다가 그만 집에 가겠다고 합니다. 왜 그렇습니까? 재미는 있지만 무엇인가 더 필요한 것이 있다는 것을 느꼈기 때문입니다. 그것은 바로 엄마의 사랑입니다. 어린아이에게는 아무리 좋은 음식도 필요 없고 아무리 좋은 장난감도 필요 없고 엄마의 사랑이 가장 중요한 것입니다.

하나님께서 남자와 여자를 하나님의 형상으로 만드셨지만, 실제로는 남자를 먼저 만드셨습니다. 그리고 이 남자로 하여금 에덴동산에서 혼자 살게 하셨습니다. 하나님이 만드신 이 에덴동산에는 수많은 짐승들이 있었고, 수많은 새들이 있었고, 강에는 수많은 물고기들이 있었습니다. 하나님은 이 모든 생물들을 다 아담에게 이끌어 가시고 그들의 이름을 짓게 하셨습니다. 아담이 이 모든 짐승이나 새를 일일이 찾아 쫓아다녀야 했다면 정신이 없었을 텐데 하나님께서 전부 오라고 하시니까 정말 수많은 짐승들과 새와 물고기들이 아담을 중심으로 해서 모여들게 되었습니다

다. 그리고 아담이 이 모든 짐승들과 새와 물고기들을 부르는 것이 그 이름이 되었습니다.

> 2:19 "여호와 하나님이 흙으로 각종 들짐승과 공중의 각종 새를 지으시고 아담이 무엇이라고 부르나 보시려고 그것들을 그에게로 이끌어 가시니 아담이 각 생물을 부르는 것이 곧 그 이름이 되었더라"

우리가 어떤 것의 이름을 지으려고 하면 일단 그것의 특성을 알아야 하고 분류를 해야 합니다. 그래서 생물학에서 가장 중요한 것은 동물이나 식물을 그 특성에 따라서 분류하는 것입니다.

하나님께서 아담에게 가장 먼저 하게 하신 일은 먹고 살기 위해서 열심히 땅을 파고 농사를 짓게 하신 것이 아니라 하나님이 만드신 짐승들을 관찰하게 하고 그 특징을 가지고 분류해서 이름을 짓게 하신 것입니다. 하나님이 만드신 짐승들은 그 하나하나가 독특한 특징을 가지고 있습니다. 호랑이는 호랑이의 모습이 있고 개성이 있으며 하마나 악어는 그 나름대로의 캐릭터를 가지고 있고 개성을 가지고 있습니다. 하나님이 만드신 새는 아마도 몇 만종이 되었을 것입니다. 아담은 그 하나하나를 관찰하고 특징을 기억하면서 이름을 지어주었습니다.

그런데 이름을 짓는 것도 어렵지만 이름을 한번 지으면 그것을 기억해서 계속 그 이름으로 불러야 한다는 것입니다. 만일 사람이 이름을 지어놓고 그 다음에 다른 이름으로 부르면 혼란스러울 것입니다. 그런데 아담은 그 수많은 짐승들이나 새나 물고기들이나 곤충들의 이름을 다 지어주었으며, 물론 그 이름들을 다 기억했을 것입니다. 아마 짐승들도 아담이 자기 이름을 부르면 알아들었던 것 같습니다.

그런데 아담은 혼자서 열심히 하나님이 시키신 일을 하다가 한 가지 중요한 사실을 깨닫게 되었습니다. 그것은 자기 자신이 이렇게 많은 짐승들이나 새나 물고기들과 재미있게 지내는 것만으로는 만족할 수 없었다는 것입니다. 아담은 짐승이나 새들의 이름을 지으려고 관찰하면서 놀라운 사실을 발견하게 되었습니다. 그것은 이 세상에 있는 모든 짐승이나 새는 모두 짝이 있는데 자기만 철저하게 혼자라는 사실을 깨닫게 된 것입니다. 짐승이나 모든 생물들은 서로 사랑을 표현하는데 아담은 자기 마음을 나눌 대상이 없었던 것입니다. 아담은 왜 자기만 혼자 있어야 하는지 알 수가 없었습니다.

아담은 이 세상의 그 아름답고 풍족한 것으로도 채워질 수 없는 마음의 허전함을 느끼게 되었습니다. 하나님은 이런 이름 짓는 과정을 통해서 아담에게 무엇인가 부족함이 있다는 것을 깨닫게 하셨던 것입니다. 그것은 바로 사랑이었습니다. 자기도 무엇인가 자기와 똑같은 사랑을 주고받을 수 있는 대상이 필요하다는 것을 알게 된 것입니다. 즉 남자로서의 아담은 그렇게 많은 짐승들과 같이 있고 뛰어난 머리를 가지고 우월한 지위에 있음에도 불구하고 심각한 외로움과 허전함과 부족함이 있음을 느꼈던 것입니다.

2. 사람이 혼자 사는 것

하나님은 자신이 만드신 이 남자가 혼자 있는 시간을 통해서 자기에게 무엇인가 부족하다는 것을 느끼게 하셨습니다. 그것은 바로 자신의 배필이 없다는 것이었습니다.

> 2:18 "여호와 하나님이 이르시되 사람이 혼자 사는 것이 좋지 아니하니 내가 그를 위하여 돕는 배필을 지으리라 하시니라"

왜 하나님께서 사람을 만드시는데 있어서 여자와 남자를 동시에 만드시지 않고 남자만 먼저 만드셨을까요? 이것은 사람을 만드는 것이 너무나도 급했기 때문에 우선 아쉬운 김에 남자부터 먼저 만드시고 그 후에 여자를 만드시려고 하신 것은 결코 아닐 것입니다.

여기 18절에 보면 하나님께서는 "사람이 혼자 사는 것이 좋지 아니하다"고 하셨습니다. 이것은 짝이 없으니까 그 사랑이 채워지지 않는다는 것입니다. 그리고 아담은 사랑의 대상이 없으니까 이 많은 피조세계 가운데서도 행복하지 않았던 것입니다.

하나님은 그 남자 아담에게 그렇게 똑똑하고 능력 있고 높은 지위를 주셨지만 남자는 자기가 행복하지 않다는 것을 알게 되었습니다. 즉 하나님이 최초로 만드신 남자에게는 혼자만으로는 채워질 수 없는 부분이 있었던 것입니다. 사람은 누구나 꼭 있어야만 할 빈 공간이 있었던 것입니다. 얼마나 긴 시간이 지났는지 모르겠지만 아담은 여자 없이 에덴동산에서 살았습니다.

아담은 동물들의 이름을 짓는 과정에서 무엇인가 자신에게 심각하게 부족한 부분이 있다는 것을 깨닫게 되었습니다. 아담은 하나님의 창조세계에서 다른 어느 것으로도 메울 수 없는 허전함과 부족함을 느끼게 되었던 것입니다.

사람에게 가장 고통스러운 것은 혼자 있는 것입니다. 혼자 있는 외로움과 고독함은 참으로 고통스러운 것입니다. 하나님께서는 사람을 너무나도 멋있고 훌륭하게 만드셨지만 조금 부족하게 만드셔서 사랑의 대상을 찾게 하셨습니다. 그래서 사람은 사랑을 받아야 하고 또 누군가를 사랑할 수 있어야 행복한 것입니다.

그러므로 사람은 혼자서는 외로움을 느끼고 부족함을 느끼는 것이 정상입니다. 그리고 사람은 누구나 이성을 보면 사랑하고 싶고 가까이 하고 싶은 마음이 드는 것도 정상입니다.

3. 돕는 배필로 주심

18절에 보면, 하나님이 여자를 만드실 때 '돕는 배필'로 지으셨다고 말씀하고 있습니다. 이것은 여자가 남자의 보조적인 존재라는 뜻이 아닙니다. 사실 최초의 여성은 절대로 보조적인 존재가 아니었고 남자를 리드해가는 사람이었습니다. 요즘은 다르지만 옛날 결혼식을 할 때 주례 선생님은 주로 신부에게 '네가 죽어야 집이 편안하다'는 식으로 말씀했습니다. 그러나 기독교에서는 그렇지 않습니다. 여기 '배필'이라는 것은 서로가 부족한 것을 채워주는 것을 의미합니다.

우선 남녀 사이는 성격적으로 보완적일 때가 많습니다. 한쪽이 성격이 급하면 다른 한쪽은 좀 느리다든지, 혹은 한쪽이 소극적이면 다른 쪽이 적극적이라든지 해서 전체적으로 균형이 잡히게 되어있습니다. 그래서 부부는 성격이 서로 상반되는 것이 좋다고 합니다. 그래야 덜 싸우게 됩니다. 대개 남자가 무뚝뚝하다면 여자는 친절하고 부드러울 때가 많습니다. 만약 부부가 둘 다 무뚝뚝하다면 그 집은 절간 같을 것입니다.

또 남녀는 신체적으로도 보완이 됩니다. 우선 남자는 골격이 튼튼하고 힘이 있지만, 거기에 비해서 여자는 신체 구조 자체가 임신을 하고 아기를 기를 수 있게 되어 있습니다. 여성이 임신하고 출산을 한다는 것은 얼마나 위대한 일인지 모릅니다. 여성이 하는 위대한 일들이 많지만 인간을 또 하나 만든다는 것은 너무나도 위대한 일이고 이것은 다른 어느 누구도 할 수 없는 일입니다.

그러나 그중에서 가장 중요한 일은 영적으로 서로를 지켜주는 것입니다. 남자나 여자에게 가장 중요한 것은 하나님의 말씀을 듣고 그 영혼이 사는 것입니다. 그래서 진정으로 사랑하는 사람이라면 하나님의 말씀을 듣게 해 주어야 합니다. 남편도 아내가 좋은 말씀을 듣고 신앙생활을 잘 할 수 있도록 도와주어야 하고 아내도 마찬가지입니다. 대개 많은 남편들이 아내의 인도로 교회에 나와서 예수를 믿고 복을 받습니다. 남편은 아내가 무한한 잠재력을 가진 천사라는 것을 알아야 합니다. 그래서 남편은 아내가 더 성령 충만하고 믿음이 더 커질 수 있도록 도와준다면 그 복이 전부 자기에게 돌아오게 될 것입니다. 그리고 아내는 남편이 세상에서 모든 어려움을 이길 수 있도록 기도해주어야 하고 격려해주어야 합니다. 그래서 그런지 세상에서 성공한 남자 뒤에는 믿어주고 격려해준

아내가 반드시 있습니다. 특히 신앙이 좋은 현숙한 여인은 백만 대군보다 더 가치가 있습니다.

그래서 처녀 총각은 결혼할 때 인물이나 가문이나 돈 많은 것이나 학벌을 보기보다는 신앙이 있고 정신이 건강하고 책임감이 있는 것을 보아야 합니다. 왜냐하면 이 세상을 살다보면 반드시 큰 환란과 풍파를 만나게 되는데 외모만 보고 결혼했다가는 실패하기 쉽기 때문입니다. 남자는 결혼하기 전에 이 여자를 죽기까지 책임지고 한평생 상처를 주지 않겠다는 결심을 하고 사랑을 고백해야 합니다.

특히 부부는 어느 한쪽이 죄에 빠지지 않도록 서로 지켜주어야 합니다. 음란에 빠지지 않고 집안에 우상이나 이단이나 죄가 들어오지 못하도록 지켜주어야 합니디. 그리고 다른 사람들이 아내나 남편을 공격하려고 한다면 끝까지 지켜주어야 합니다. 이것이 서로 돕는 배필인 것입니다.

우리가 다른 사람으로부터 선물을 받으면 굉장히 기분이 좋습니다. 내가 그만큼 그 사람에게 가치가 있고 소중한 사람이라는 표현이기 때문입니다. 그런데 하나님은 우리에게 꽃이나 옷처럼 없어질 선물을 주시지 않고 한평생 살면서 서로 사랑하고 아끼고 채워줄 살아있는 사람을 선물로 주셨던 것입니다.

하나님은 남자의 갈빗대로 여자를 만드시고 한 몸이 되게 하셨습니다.

2:21-22 "여호와 하나님이 아담을 깊이 잠들게 하시니 잠들매 그가 그 갈빗대 하나를 취하고 살로 대신 채우시고 여호와 하나님이 아담에게서 취하신 그 갈빗대로 여자를 만드시고 그를 아담에게로 이끌어 오시니"

갈빗대라고 하는 것은 우리 몸에서 덜 중요한 뼈인 것 같습니다. 그러나 갈비뼈 안에는 가장 중요한 기관이 다 들어 있습니다. 인체에서 가장 중요한 심장이 있고 허파가 있고 위도 있고 간도 있습니다. 그래서 결국 갈비뼈라고 하는 것은 생명을 지켜주는 뼈라고 할 수 있습니다. 사람이 자기 아내와 남편을 자기 뼈처럼 사랑한다면 결국 자기 생명을 지키고 자신이 살게 되는 것입니다. 이 세상에서 가장 어리석은 사람은 갈비뼈를 소중하게 생각하지 않고 부러트리는 사람입니다. 그 사람은 결국 자신이 죽게 되는 것입니다.

하나님은 남자와 여자를 결혼시키면서 한 몸이 되게 하셨습니다. 그래서 부부는 반드시 육체적으로 결합하게 되고 성생활을 하게 됩니다. 여기서 한 몸이라고 하는 것은 부속품과 달라서 붙였다 뗐다 할 수 없다는 것입니다. 우리 몸에서 팔이나 다리를 떼려고 하면 칼로 자르든지 도끼로 찍든지 해서 거의 죽게 만들어야 가능합니다. 그래서 이혼이나 사별이 그렇게 고통스러운 것입니다. 거의 한번 죽는 것 같은 고통을 받고 잘라지고 난 후에도 일정 기간 동안은 고통을 느끼면서 살아가게 됩니다. 이것을 교회는 잘 이해해주어야 합니다.

> 2:23 "아담이 이르되 이는 내 뼈 중의 뼈요 살 중의 살이라 이것을 남자에게서 취하였은즉 여자라 부르리라 하니라"

아담은 여자를 보고 내 뼈 중의 뼈요 살 중의 살이라고 고백했습니다. 하나님께서 여자를 남자의 갈빗대로 만드신 것은 여자가 남이 아니라 자기 자신이요 그 중에서도 뼈 중의 뼈요 살 중의 살이라는 것을 깨닫게 하시기 위함이었습니다. 그래서 남자는 여자가 아프면 자기가 아픈 것이고 여자가 행복하면 자기가 행복한 것을 깨닫게 하셨습니다.

그러고 나서 하나님은 결혼의 대원칙을 다음과 같이 선포합니다.

> 2:24 "이러므로 남자가 부모를 떠나 그의 아내와 합하여 둘이 한 몸을 이룰지로다"

첫째로 결혼은 하나님이 정하신 것이고 부부가 한 몸이 되는 것입니다. 남녀의 성관계는 단순한 애정의 표시만이 아닙니다. 남녀의 성관계는 서로를 완전히 소유하는 것이며 인격적으로 하나가 되는 것입니다. 그래서 사랑의 감정이 있다고 해서 아무렇게나 성관계를 가질 수 없습니다. 이 점에 있어서 서양 사회는 너무나도 두려울 정도로 성적으로 부패해 있고 타락해 있습니다.

그리고 둘째로 하나님은 남자에게 부모를 떠나라고 했습니다. 여기서 부모를 떠난다는 것은 육체적으로나 경제적으로나 정신적으로 부모를 떠나는 것을 의미합니다. 어떤 남자는 정신적으로 부모를 떠나지 못한 상태에서 결혼 생활을 하는데, 이것은 건강하지 못한 결혼 생활입니다. 남자가 결혼한 후에도 아내와 결정하지 않고 사사건건 부모에게 물어 보고 결정하는 것은 결코 좋은 모양이 아닙니다. 남자는 반드시 돈을 벌어서 자기 가족을 부양을 해야 합니다. 남자가 결혼할 때 여자가 먹을 것과 입을 것과 사랑에 필요한 모든 것을 책임지기로 하고 결혼하는 것입니다.

사도 바울은 주 안에서 독신의 은사에 대해서 중요하게 언급하고 있습니다. 즉 본인은 결혼을 원하는데 하나님이 허락하지 않으셔서 혼자 살아야 하는 이들도 크리스천 가운데는 많이 있습니다. 또 주님의 일을 위하여 스스로 결혼을 포기하는 경우도 있습니다. 혹은 남편을 사별하거나 아니면 다른 사유로 독신이 된 경우도 있을 것입니다. 이때 사도 바울은 그들에게 하나님의 특별한 은혜가 있다는 것을 생각하라고 권면하고 있습니다. 즉 하나님께서 더 큰 은혜를 주시고 더 불쌍히 여기셔서 친히 부모가 되시고 남편이 되셔서 더 많은 기도를 들어주실 것이라는 말씀입니다. 또 이들은 독신이기 때문에 예배를 드리거나 주님을 섬기는데 더 자유로울 수도 있습니다. 그러나 사람은 혼자서는 외롭고 약하기 때문에 교회가 가정이 되어주어야 합니다.

그래서 예수님은 천국에 가면 남자도 없고 여자도 없다고 말씀하셨습니다. 왜냐하면 천국은 남자 여자가 필요 없을 정도로 모든 것이 너무 기쁘고 행복하기 때문입니다. 즉 젊었을 때에는 남녀 사랑이 전부인 것 같지만 사실은 남녀 사랑보다 영적인 축복이 더 크다는 것을 말씀하는 것입니다. 그리고 천국에서는 모든 성도들이 남녀 관계 이상으로 사랑하기 때문에 굳이 남녀 관계가 필요 없을 것입니다.

　하나님이 우리를 남자로 태어나게 하시고 여자로 태어나게 하신 것은 하나님의 귀한 축복입니다. 먼저 주 안에서 좋은 사람 만나서 행복한 가정을 이루기 바랍니다. 또 독신이 되신 분들은 너무 외로워하지 말고 더 큰 영적인 축복을 받아 마음껏 하나님의 사랑을 나타내시기 바랍니다.

07
최초의 사건 / 창세기 3:1-10

'사 스'(SARS, 중증 급성 호흡기 증후군)는 한때 홍콩에서 발병하여 많은 사람들을 죽음의 공포에 몰아넣었던 치명적인 질병이었습니다. 그런데 도대체 이 사스라는 병이 어떻게 발병했는지 역학조사한 학자들은 그 근원이 들 고양이 요리라고 결론을 내렸습니다. 즉 중국 광동 지역의 한 요리사가 들 고양이 요리를 해서 먹었는데 그 사람에게서부터 사스라는 병이 시작되었다는 것입니다. 병의 시작은 별 것이 아니었는데 나타난 결과는 수많은 사람을 죽음에 이르게 했던 것입니다.

또 얼마 전 다년간 남아프리카에 의료 선교를 다녀오신 의사 분이 계셔서 그곳에서 가장 심한 질병이 무엇이냐고 물었더니 단연코 에이즈(AIDS, 후천성 면역결핍증)라고 대답했습니다. 그 분 말씀으로는 남아프리카에 얼마나 에이즈 환자가 많은지 일 년 후에 가면 마을 하나가 없어져 버린 적이 있다고 했습니다. 에이즈가 어떻게 시작되었는지는 분명히 알 수 없지만 미국에서는 동성연애자들이 많이 걸리는 병으로 알려져 있습니다. 〈필라델피아〉라는 미국 영화가 있는데, 에이즈에 걸린 남자가 (물론 이 사람도 동성연애자였는데) 에이즈 때문에 직장에서 해고당한 것에 대하여 부당하다고 소송해서 결국 이긴다는 내용의 영화입니다. 그러나 그 주인공은 소송에 이기고 난 후에 에이즈로 죽게 됩니다. 동성연애를 하면 이렇게 무서운 병에 걸릴 수 있는데도 불구하고 많은 사람들이 동성애에 빠지는 것을 보면 정말 이해가 되지 않습니다.

이것은 인간의 죄에도 마찬가지입니다. 최초의 인간이 죄를 지었을 때에는 그것이 별 것 아닌 것 같았습니다. 즉 최초의 인간은 하나님의 간단한 명령에 불순종하는 것 같았습니다. 그러나 막상 인간이 죄를 짓고 난 후에 이 죄는 인간을 너무나도 악하게 변형시켰고, 살인과 질병과 모든 악한 짓을 다 하고 결국 비참하게 죽게 만들었던 것입니다.

1. 최초에 일어난 이상한 유혹

하나님이 처음 만드신 사람 아담과 하와는 정말 죄라는 것은 전혀 모르는 순진한 사람들이었습니다. 그런데 어느 날 이 두 사람은 하나님이 만드신 피조물 중 하나인 뱀으로부터 하나님의 말씀을 거역하라는 유혹을 받게 됩니다.

> 3:1 "그런데 뱀은 여호와 하나님이 지으신 들짐승 중에 가장 간교하니라 뱀이 여자에게 물어 이르되 하나님이 참으로 너희에게 동산 모든 나무의 열매를 먹지 말라 하시더냐"

여기에 보면 하나님이 지으신 들짐승 중에 뱀이 가장 '간교했다'고 말하고 있습니다. 여기서 '간교했다'고 하는 것은 아주 지능적이었다는 뜻도 있고, 거짓스러웠다는 뜻도 있습니다. 하나님이 만드신 동산에서는 모든 짐승이 전부 다 순진했습니다. 그래서 아무리 들짐승이라고 해도 전혀 공격적이지 않았고 악하지 않았습니다. 그러나 짐승들은 인간을 무서워하지는 않았지만 아무래도 자기들끼리 어울렸던 것 같습니다. 요즘은 애완견이라는 말보다는 반려동물이라는 말을 많이 쓰는데 반려동물 중에 가장 많은 것이 개와 고양이입니다.

그런데 인간이 타락하기 전에는 인간과 가장 가까운 짐승은 개나 고양이가 아니라 뱀이었습니다. 왜 이 뱀이 특히 인간과 가까이 지냈는지는 알 수 없습니다. 아마도 에덴은 아주 더운 곳이었던 것 같습니다. 뱀은 냉혈 동물이니까 시원한 곳을 좋아하게 되어 있고, 또 사람도 더울 때는 시원한 곳을 찾으니까 가까워질 수도 있었을 것입니다.

남미 계통의 어느 작가가 쓴 소설을 보니까 자기 부인이 애완동물로 구렁이를 키웠다고 합니다. 반려 동물이 구렁이니까 집에 쥐라든지 바퀴벌레를 다 잡아 먹어버리기 때문에 쥐나 바퀴벌레가 일체 없다고 했습니다. 그런데 단점은 구렁이가 밤이나 낮이나 그 혀로 쉭쉭 소리를 내기 때문에 잠을 잘 수 없었다는 것입니다.

아마도 이렇게 뱀은 몸이 부드럽고 차갑기 때문에 여자가 몸을 대고 있으면 아주 시원했을 것입니다. 그런데 뱀도 인간을 아주 좋아했던 것 같습니다.

그런데 문제는 어느 날 뱀이 여자에게 말을 한 것에서 시작됩니다.

> 3:1하 "뱀이 여자에게 물어 이르되 하나님이 참으로 너희에게 동산 모든 나무의 열매를 먹지 말라 하시더냐"

여기에 나오는 뱀은 그냥 뱀이었습니다. 그런데 뱀이 건방지게 인간의 말을 하면서부터 문제는 시작되게 됩니다. 즉 여기서 뱀인 짐승이 말을 한다는 것은 이미 정상적인 뱀이 아닌 것입니다. 하나님은 짐승들에게는 결코 사람의 말을 할 수 없게 하셨습니다. 만일 하나님께서 짐승들에게 말을 할 수 있게 하셨더라면 세상은 너무나도 말이 많게 되었을 것입니다. 그러나 하나님께서는 짐승에게 말할 수 있는 권리를 주지 않으셨습니다. 그런데 어느 날 뱀이 인간의 말을 하면서 여자에게 접근을 한 것입니다. 뱀이 말을 한다는 것은 뱀 이상의 능력을 가지고 있는 것이며 이것은 비정상적인 뱀인 것입니다. 그러므로 이미 사탄이 뱀에게 보통 뱀 이상의 지능과 능력을 주었다는 것을 추리해서 알 수 있습니다. 즉 이것을 다른 말로 표현하면 귀신들린 뱀과 같은 것입니다. 이것을 인간은 분별했어야만 했습니다. 아무리 뱀이 인간과 가깝고 친하다고 하지만 뱀이 자기 분수를 넘어서는 짓을 했다면 인간은 반드시 그것을 지적하고 중단을 시켰어야 했습니다.

여자는 뱀에게 "너 어디서 그런 말을 배웠니? 너 정말 이상하구나. 네가 뱀인 주제에 감히 사람의 말을 하려고 하거든 내 앞에 나타나지마."라고 해야 했을 것입니다. 예를 들어서 자기 아이가 부모가 사주지도 않은 아주 비싼 외제 시계를 차고 있는 것을 보면 반드시 물어야 하고 따져야 하는 것입니다. 주웠으면 돌려주어야 하고 누군가로부터 받았으면 경찰에 신고해야 하는 것입니다.

그런데 여자는 말을 하는 뱀에게 전혀 주의를 주거나 책망을 하지 않았습니다. 왜냐하면 뱀이 말하는 것이 신기했고, 또 말하는 내용이 바로 인간이 가장 알고 싶어 하는 내용이었기 때문입니다. 그것은 왜 하나님은 인간에게 선과 악을 알게 하는 나무의 열매를 먹지 말라고 하셨을까 하는 것입니다.

다시 말해서 여자는 뱀이 말하는 것을 보면 뱀에게 "너는 짐승이기 때문에 짐승답게 행동하라. 너는 그 입을 다물어야 하고 다시는 인간의 말을 흉내 내어서는 안 된다"고 경고해야 했고, 또 뱀이 여자에게 "하나님이 동산 모든 나무의 열매를 먹지 말라고 했느냐?" 물었을 때 "하나님이 사람들에게 동산 나무 전체를 먹게 하셨든지 아니면 일부만 먹게 하셨든지 네가 무슨 상관이냐?"라고 하면서 관심을 갖지 않아야 합니다.

그러나 여자는 뱀이 하는 말이 너무나도 궁금했습니다. 즉 여자는 선악을 알게 하는 나무를 보면서 '왜 하나님은 저 나무 열매를 먹지 말라고 하셨을까? 도대체 선은 무엇이고 악은 무엇일까?' 궁금하게 생각하고 있었던 것입니다.

3:2-3 "여자가 뱀에게 말하되 동산 나무의 열매를 우리가 먹을 수 있으나 동산 중앙에 있는 나무의 열매는 하나님의 말씀에 너희는 먹지도 말고 만지지도 말라 너희가 죽을까 하노라 하셨느니라"

결국 사탄이 뱀을 통해서 여자를 시험하려고 했던 것은 과연 얼마나 철저하게 하나님의 말씀을 믿고 붙들고 있느냐 하는 것이었습니다. 일단은 여자가 아무리 친하다고 해도 뱀을 상대한 것이 잘못이었습니다. 예수님은 복음을 전하시다가 귀신 들린 자들이 무슨 말을 하려고 하면 일체 말을 하지 못하게 하셨습니다. 왜냐하면 귀신들린 자는 말할 자격이 없기 때문입니다. 귀신들린 자가 하는 말은 전부 거짓이고 이간질이고 속임수이기 때문입니다.

그런데 여자는 뱀을 상대하면서 자신의 부족한 믿음을 드러내고 말았습니다. 여자는 뱀에게 하나님께서 동산의 모든 나무 열매를 먹게 하셨다고 했습니다. 이것은 맞는 말입니다. 그런데 여자는 하나님께서 동산 중앙에 있는 나무의 열매는 먹지도 말고 만지지도 말라고 했습니다. 그러나 하나님은 만지지도 말라는 말씀은 하시지 않았습니다. 하나님은 오직 먹는 것만 문제를 삼으신 것입니다. 물론 아담과 하와가 스스로 생각하기를 우리가 선악을 알게 하는 나무 열매를 만지면 혹시 먹게 될지도 모르니까 만지지도 말자고 약속했을지도 모릅니다. 그러나 이것은 어디까지나 인간의 생각이지 하나님의 말씀은 아닌 것입니다. 이처럼 원래 교회에 불필요한 제도나 관습은 처음에는 더 잘 믿으려고 만들었는데 나중에는 걸림돌이 되는 경우가 많습니다. 결국 시간이 흐르면서 이런 불필요한 군더더기가 하나님의 말씀을 왜곡하고 막게 됩니다. 왜냐하면 만지지도 말라는 말을 추가함으로써 괜히 이 과일을 신성시할 수 있기 때문입니다.

더욱이 여자는 뱀에게 "이 열매를 먹으면 죽을까 하노라"고 대답했습니다. 하나님은 "먹는 날에는 반드시 죽으리라"고 하셨는데 여자는 이것을 "죽을까 하노라"고 약화시켰습니다. 물론 우리는 여자의 입장을 충분히 이해할 수 있습니다. 왜냐하면 아직까지 인간은 한 번도 죽어 본 적이 없어서 죽는 것이 어떤 것인지 모르고 있기 때문입니다. 그러니까 '죽을 수도 있겠지'라고 대답할 수도 있습니다. 그러나 이것은 여자가 하나님의 말씀을 백 퍼센트 믿지 않은 것을 보여주는 것이었습니다. 인간은 하나님의 말씀을 절대적으로 믿어야 살 수 있습니다. 그러나 여자는 '죽을 수도 있겠지'라는 식으로 대답을 함으로 하나님의 말씀을 상대적으로 만들었고 평가절하 해버렸던 것입니다. 이것은 하나님의 말씀을 결사적으로 붙들지 않은 것입니다. 이에 뱀은 더 강하게 여자에게 도전을 했습니다.

3:4 "뱀이 여자에게 이르되 너희가 결코 죽지 아니하리라"

뱀은 여자가 하나님의 말씀에 확실하게 서 있지 않은 것을 보고는 완전히 반대되는 확신을 불어 넣었습니다. 그것은 그들이 절대로 죽지 않는다는 주장입니다. 즉 하나님은 얼마나 사랑이 많으신 하나님이십니까? 그렇게 사랑이 많으신 하나님이 인간들이 겨우 어떤 나무 열매를 하나 따먹었다고 해서 죽이지는 않으신다는 것입니다. 그리고는 다른 이유를 갖다 대었습니다. 즉 "하나님께서 따 먹지 말라고 하신 것은 그것을 따먹으면 너희 눈이 밝아져서 하나님과 같아지기 때문이라"고 했습니다.

사실 사탄은 인간의 문제를 정확하게 짚었습니다. 즉 하나님께서 인간을 너무 뛰어나게 만드셨습니다. 인간을 만든 재료는 흙이지만 인간의 영혼이나 지혜는 거의 하나님과 비슷할 정도로 하나님을 닮았습니다. 그러니까 인간이 가장 원하는 것은 이 흙의 한계를 벗어나서 하나님처럼 더 완전한 자가 되고 싶은 것입니다. 하나님께서 사람을 참으로 별 볼일 없게 만드셨다면 사탄의 시험은 시험이 될 수 없었을 것입니다. 그러나 문제는 하나님께서 사람을 너무 지혜롭게 하셨고 너무나도 잘 만드셨다는 것입니다. 인간의 욕망은 자신의 가능성과 잠재력을 개발해서 더 완전한 존재가 되고 싶은 것입니다. 모든 인간의 마음속에는 이 육체의 한계를 벗어나서 완전한 존재가 되고 싶고 최고가 되고 싶다는 욕망이 있습니다. 뱀은 인간의 그 욕망을 자극했던 것입니다. 즉 언제까지나 하나님에게 의존하지 말고 독자적으로 살라고 부추긴 것입니다. 즉 우리는 자신을 무한히 개발하고 싶은데 하나님은 우리에게 하나님만 의지하라고 말씀하시는 것입니다. 이것은 마치 우리를 어린아이처럼 취급하는 것과 같고 우리의 잠재력을 썩히라는 소리로 들리는 것입니다.

이것은 지금도 우리가 신앙 생활하면서 가장 갈등을 많이 겪는 부분입니다. 우리는 무한히 자신을 개발해서 성공하고 싶은데, 하나님은 오직 하나님의 말씀과 능력을 믿으라고 말씀하시는 것입니다. 이것은 우리를 무시하는 것이며 우리의 재능을 썩게 하는 것으로 생각됩니다. 자녀들은 나이가 늘면 부모를 떠나서 독립하는 것이 정상입니다. 그러나 우리 인간은 하나님을 떠나면 죽게 됩니다. 왜냐하면 하나님께서 우리 인간을 만드실 때 하나님에게 의존해야 살도록 만드셨기 때문입니다.

이것이 바로 우리 인간의 아킬레스 근입니다. 하나님은 우리에게 지혜를 주시고 자유의지를 주시고 인격을 주셨는데 하나님을 절대적으로 의지하지 않으면 죽도록 만드셨던 것입니다.

2. 인간의 범죄

뱀은 여자가 하나님의 말씀을 절대적으로 붙들고 있지 않다는 것을 알게 되었을 때 무섭게 덤벼들어서 하나님의 말씀을 거역하게 했습니다.

> 3:4-5 "뱀이 여자에게 이르되 너희가 결코 죽지 아니하리라 너희가 그것을 먹는 날에는 너희 눈이 밝아져 하나님과 같이 되어 선악을 알 줄 하나님이 아심이니라"

사탄이 여자에게 강하게 불어 넣어준 것은 거짓된 확신이었습니다. 즉 우리 인간은 결코 죽지 않을뿐더러 오히려 하나님과 같아진다는 것이었습니다.

"결코 죽지 아니하리라"는 것은 절대로 죽지 않는다는 의미입니다. 뱀은 인간에게 자기중심으로 생각하게 만들었습니다. 즉 "하나님께서 너희처럼 멋있고 훌륭한 존재를 죽일 수 있겠느냐? 하나님은 마음이 약하셔서 너희들이 하나님의 말씀에 불순종해도 절대로 너희들을 죽이지 못하신다."는 것입니다. 또 다른 하나는 너희가 하나님과 같아져서 결국 하나님의 간섭을 받지 않고 이 세상을 차지할 수 있다는 것이었습니다. 사탄이 인간에게 노린 것은 인간이 하나님을 대적해서 이 세상에서 하나님을 몰아내고 세상을 차지하게 만드는 것입니다.

여기에 보면 뱀은 인간이 그 열매를 먹으면 "눈이 밝아진다"고 했습니다. 여기서 눈이 밝아진다는 것은 똑똑해지는 것을 의미합니다. 다른 말로 말하면 나쁜 쪽으로 머리가 트이게 된다는 것입니다.

우리 인간은 죄를 짓기 전에는 정말 순진했습니다. 그 전에는 인간은 하나님을 절대적으로 의지했고 하나님의 말씀에 불순종하면 무조건 죽는 줄 알았습니다. 그런데 우리 인간이 하나님의 말씀에 한번 불순종 해보니까 죽지 않고 얼마든지 살 수 있다는 사실을 깨닫게 된 것입니다. 그런데 사실 우리 인간이 하나님 없이 사는 것이 얼마나 비참한 것입니까? 그러나 사탄은 그런 것까지는 가르쳐주지 않습니다. 사탄이 우리에게 가르쳐주는 것은 모두 다 신기한 것들입니다. 그러나 그것은 전부 나쁜 지식들입니다. 사탄은 그 뒤에 벌어지는 일에 일체 책임을 지지 않습니다. 그것은 모두 너희들이 책임을 지라는 의미입니다.

사탄은 인간에게 죄의 맛을 알게 했습니다. 우리 인간에게 하나님의 말씀을 어기는 짜릿한 맛을 보게 했습니다. 그리고 난 후에 모든 존귀와 영광과 축복을 한 순간에 다 빼앗아 가버렸습니다. 그러나 이것은 눈이 밝아진 것이 아닙니다. 진짜 눈이 밝아지는 것은 영안이 밝아져서 사탄이 하는 속임수를 분별하는 것입니다. 여기 본문에서 눈이 밝아졌다고 하는 것은 죄의 맛을 알게 되었다는 의미입니다.

3:6-7 "여자가 그 나무를 본즉 먹음직도 하고 보암직도 하고 지혜롭게 할 만큼 탐스럽기도 한 나무인지라 여자가 그 열매를 따먹고 자기와 함께 있는 남편에게도 주매 그도 먹은지라 이에 그들의 눈이 밝아져 자기들이 벗은 줄을 알고 무화과나무 잎을 엮어 치마로 삼았더라"

여자는 뱀의 말을 듣고 선악을 알게 하는 나무를 다시 쳐다보았습니다. 뱀의 말을 듣고 선악을 아는 열매를 보았을 때 너무나도 따먹고 싶었습니다. 이것은 마치 어떤 여인이 백화점 진열장에서 너무나도 멋진 드레스를 보았거나 명품 가방을 보았을 때 필이 꽂힌 것과 비슷한 것입니다. 또 학생들이 보고 싶은 책을 서점에서 보았거나 새로 나온 게임 프로그램을 보았을 때 사지 않으면 미칠 것 같은 현상과 비슷한 것입니다. 이미 여인은 강한 욕망을 느끼게 되었습니다. 그러나 아직 행동에 옮기기 전까지는 얼마든지 행동을 포기할 수 있습니다. 그렇지만 여인은 마음에 일어난 욕망을 포기하지 않았고 오히려 자신의 욕망을 합리화시켰습니다. 즉 이 열매는 우리를 지혜롭게 할 것 같고 타락시킬 것 같지 않다고 보았던 것입니다.

아마 이전까지만 해도 선악을 알게 하는 나무는 해로운 나무이고 사람을 죽이는 나무라고 해서 쳐다보지도 않았을 것입니다. 그러나 여자가 마음에 욕심을 가지고 선악을 알게 하는 나무를 보았을 때 그 나무는 너무나도 탐스럽게 보였던 것입니다. 죄라는 것은 죄를 짓기 전에는 너무나도 아름답고 황홀하며 사람을 행복하게 해 줄 것 같습니다. 그러나 한 번 죄를 짓고 나면 이때는 이미 죄의 종이 되어서 죄가 시키는 대로 할 수밖에 없게 됩니다.

결국 여자는 그 열매를 따 먹었습니다. 그리고 여자는 남자에게도 이 열매를 먹게 했습니다. 그런데 남자는 아무 저항도 하지 않고 따지지도 않고 여자가 먹으라고 하는 대로 먹어버립니다. 이것을 보면 에덴동산에서는 여자의 파워가 얼마나 강했는지 알 수 있습니다.

사실은 여자가 일을 먼저 저질렀을 뿐이지, 남자도 죄짓고 싶다는 호기심과 욕망이 있었던 것입니다. 단지 하와가 더 상상력이 뛰어났고 아담보다 대담했던 것뿐입니다.

3. 찾아오신 하나님

인간이 하나님의 말씀에 불순종하고 죄를 지은 결과는 어떠했습니까? 뱀이 말한 대로 그들은 바로 죽지 않았습니다. 그리고 정말 뱀이 말한 대로 눈이 밝아졌습니다. 이것을 보면 너무나도 신기합니다.

> 3:7 "이에 그들의 눈이 밝아져 자기들이 벗은 줄을 알고 무화과나무 잎을 엮어 치마로 삼았더라"

인간은 죽지 않았지만 그 몸에 변화가 오게 되었습니다. 아담과 하와는 죄를 짓기 전에도 벗은 몸이었지만 부끄러운 줄 몰랐습니다. 그것은 두 가지 이유였던 것 같습니다. 하나는 인간의 육체가 너무나도 아름다웠기 때문인 것 같습니다. 그래서 벌거벗은 것이 부끄럽지 않았습니다. 또 다른 하나는 인간이 너무 순수해서 수치심 같은 감정이 아직 생기지 않았기 때문인 것 같습니다. 즉 인간은 어린아이처럼 덩치만 컸지 성적인 수치심은 생기지 않았던 것입니다. 그러나 인간은 죄를 지으면서 그 수치스러운 알몸이 드러나게 되었고 아주 부끄러워하게 되었습니다. 즉 인간의 몸에 이상이 오게 된 것입니다. 즉 죄를 짓기 전 인간의 몸은 죽지 않는 몸이었습니다. 그리고 인간의 몸은 너무나도 아름다웠고 전혀 수치스럽지가 않았습니다. 그러나 같은 몸이라 하더라도 죄짓고 난 후에는 육체도 아주 이상하고 수치스럽게 변하게 되었고, 또 감정적으로도 아주 좋지 못한 성적 수치심이 생기게 되었습니다.

즉 죄를 짓고 난 후 인간의 몸 안에 사망의 기운이 들어오게 되었던 것입니다. 자신들의 몸이 부끄러워졌고 수치스러워졌다는 것을 스스로 느낄 수 있었습니다. 그래서 자신들의 알몸을 가리기 위해서 넓은 무화과 나무 잎으로 치마를 만들어서 입었습니다.

그리고 그들은 이제 하나님을 피하여 숨게 되었습니다. 인간이 죄짓기 전에 가장 즐겁고 기다려지는 시간은 하나님이 찾아오시는 시간이었습니다. 그런데 죄짓고 난 후에는 하나님이 싫어지고 무서워지면서 그 낯을 피하여 숨게 되었습니다.

> 3:8 "그들이 그 날 바람이 불 때 동산에 거니시는 여호와 하나님의 소리를 듣고 아담과 그의 아내가 여호와 하나님의 낯을 피하여 동산 나무 사이에 숨은지라"

예전 개역성경에서는 "그 날 바람이 불 때"를 "날이 서늘할 때"라고 번역했습니다. 이것을 보면 에덴동산의 날씨는 낮에 상당히 더웠던 것 같습니다. 하나님은 한창 날이 뜨거울 때 아담을 찾아오시지 않고 바람이 불어서 서늘할 때 찾아오셨습니다. 그것은 하나님이 그들에게 하나님에 대하여 공포심을 덜 가지도록 하기 위해서 기다리신 것이 아닌가 하는 생각이 듭니다. 즉 아주 더울 때는 사람이 누구를 만나는 것도 짜증이 날 수 있고 귀찮아할 수도 있습니다. 그러나 서늘하게 바람이 불 때는 이성을 찾고 침착할 수 있는 시간이 되기 때문입니다.

아담이 죄를 지었지만 하나님께서는 바람 부는 시간에 찾아오셨던 것입니다. 그러나 아담과 하와는 하나님의 거니시는 소리를 듣고 하나님을 두려워하여 나무 사이에 들어가서 숨어버렸습니다.

여기에 보면 하나님을 대단히 인간적으로 묘사하고 있습니다. 즉 동산에서 하나님이 거니신다고 표현하고 있습니다. 즉 하나님께서 인간의 형상으로 찾아오셔서 인간을 만나려고 하시는 모습입니다. 이 하나님은 성부 하나님이 아닙니다. 성부는 어느 누구도 본 사람이 없습니다. 아담을 찾아오신 하나님은 제이위 즉 성자 하나님이신 것입니다. 이때 성자는 인간의 형상으로 찾아오셔서 에덴에서 거니시면서 아담을 찾으시고 아담을 부르셨습니다. 그런데 보통 때 같으면 아담과 하와는 이 시간이 가장 기쁜 시간이었을 텐데 이때는 하나님의 낯을 싫어해서 숨어버렸습니다. 이것을 보면 이미 하나님과 인간 사이에 죄의 장벽이 생겼고 적대감이 생기게 된 것입니다.

이때 하나님은 "아담아 네가 어디 있느냐?"고 하시면서 찾으셨습니다. 이것은 하나님께서 죄에 빠진 우리 인간을 부르시는 소리입니다. 우리 인간은 하나님을 피하여 어디에도 숨을 수가 없습니다. 왜냐하면 하나님은 어디든지 계시기 때문입니다. 그러나 그들은 나무 뒤에 숨으면 하나님의 낯을 피할 수 있을 것으로 생각했고, 귀를 막으면 하나님의 소리를 듣지 않을 수 있다고 생각했던 것입니다.

> 3:9 "여호와 하나님이 아담을 부르시며 그에게 이르시되 네가 어디 있느냐"

아담은 하나님의 낯을 피하여 숨어 있었지만 하나님은 아담을 부르셨습니다. 아마도 하나님은 아담이 자진해서 나올 때까지 계속 부르셨던 것입니다. 하나님이 아담을 부르신 이유가 무엇입니까? 하나님은 아담을 만나셔서 그가 지은 죄를 해결하고 도와주시기를 원하셨기 때문입니다.

하나님께서 아담을 그 상태 그대로 내버려둔다면 아담은 더욱 더 악한 자가 되고 영원히 멸망할 수밖에 없을 것입니다. 그래서 하나님은 일단 아담을 만나셔서 아담의 죄에 대하여 의논하고 해결 방안을 주시려고 했던 것입니다. 즉 아담을 만나셔서 그들이 저지른 죄가 어떤 것이며 그들이 구원받을 수 있는 소망이 무엇인지 가르쳐주시려고 부르셨던 것입니다.

만약 하나님께서 아담을 멸망시키려고 하셨다면 그냥 내버려 두시면 영원히 멸망할 수밖에 없고 전 인류는 소망이 없게 됩니다. 그러나 하나님은 아담을 부르셔서 그가 자진해서 나왔을 때 구원의 복음을 듣게 되기를 원하셨던 것입니다. 그러므로 하나님께서 우리를 부르실 때에 우리는 숨어 있으면 안 됩니다. 숨어 있던 자리에서 대답을 하고 나와야 하는 것입니다.

하나님은 오늘 우리를 복음으로 부르셨습니다. 우리는 모두 하나님이 부르셨기 때문에 하나님 앞에 나온 것입니다. 하나님은 우리를 영생의 길로 축복의 길로 망하지 않는 길로 인도하실 것입니다.

우리가 생각하기에는 너무나도 어처구니없는 일로 말미암아 인간이 죄를 짓게 되었고 그 후에 무서운 멸망이 찾아오게 되었습니다. 인간이 하나님의 말씀에 목숨을 걸지 않은 것 자체가 엄청난 죄였습니다. 이제 온 세상에 죄가 완전히 퍼지게 되었습니다. 그러나 하나님은 더 크고 강한 소리로 죄인들을 부르고 계십니다. 오늘 우리에게 더 큰 부흥의 바람이 불기를 바랍니다. 그리고 우리는 하나님의 말씀에 생명을 걸어야 합니다. 그래서 우리도 살고 우리의 가족도 살 수 있게 되기를 바랍니다.

08 누가 책임을 지나? / 창세기 3:11

얼마 전 미국에서 한 다큐멘터리 영화가 상영되었는데, 미국의 많은 대학이 겉보기와는 달리 많은 여성신입생들이 성추행당하는 사냥터로 변하고 있고 여성 피해자들이 많이 있지만 학교나 당국이 학교의 이미지나 명성 등을 고려해서 쉬쉬하고 넘어가고 있다는 내용이었습니다. 최근에는 우리나라 여러 대학에서도 신입생 엠티에서 선배가 후배 여학생을 성추행하고 폭행하는 사건이 있었고, 심지어는 교수가 여러 명의 제자들을 성추행을 해서 구속되는 일도 있었습니다. 사람은 누구든지 힘이 있으면 약한 자를 폭행하기도 하고 추행을 하기도 하고 심지어는 살인도 하지만, 법은 다른 사람에게 정신적으로나 육체적으로 피해를 주면 그것에 상응하는 책임을 지도록 하게 합니다. 그러나 사람들은 남에게 피해는 주지만 그 책임은 지지 않으려고 하는 모습을 볼 수 있습니다. 왜냐하면 대개는 남의 인생을 망치는 것은 대수롭지 않게 생각하지만 자기 인생은 망치고 싶지 않기 때문입니다.

예전에는 강한 자가 약한 자를 괴롭히거나 성적인 폭행을 했을 때 약한 자는 그것을 참을 수밖에 없었지만 이제는 사회적으로 정의에 대하여 많이 눈을 뜨게 되어 약한 자에게 가혹행위를 한 자는 자기 자신이 큰 망신을 당하고 대가를 지불해야만 하는 시대가 되었습니다.

하나님은 에덴동산을 만드시고 거기에 최초의 사람들을 살게 하셨는데 그곳에는 하나의 법이 있었습니다. 그것은 동산 중앙에 있는 '선과 악을 알게 하는 나무의 열매를 먹지 않는 것'이었습니다. 하나님은 인간이 "선악을 알게 하는 나무 열매를 먹는 날에는 반드시 죽는다"고 하셨습니다. 그런데 이때 인간은 '죽는다'는 것이 무엇인지 이해가 되지 않았습니다. 왜냐하면 인간은 그때까지 죽는 것을 한 번도 겪어보지 못했기 때문입니다.

인간의 죽음에는 세 가지 종류가 있었습니다. 첫 번째는 영적인 죽음인데 이것은 하나님과의 관계가 끊어지는 것입니다. 우리 인간은 하나님과의 관계가 끊어지면 인간으로서의 가치를 상실하게 됩니다. 물론 육체적으로는 살아 있지만 기억상실증에 걸린 것처럼 되어서 자기 자신이 누구인지 모르게 됩니다. 이것은 마치 부모가 누군지 모르는 자녀처럼 되는 것과 같습니다. 그리고 두 번째는 육체의 죽음이 있는데, 이것은 이 세상을 살다가 언젠가는 이 육체가 죽게 되는 것입니다. 물론 전쟁으로 죽을 수도 있고 사고로 죽을 수도 있고 늙어서 죽을 수도 있지만 인간은 육체적으로 언젠가 죽습니다. 그런데 사람은 육체가 죽으면 그냥 죽는 것이 아니라 엄청난 고통과 함께 죽게 되고 그리고 난 후에 육체는 썩어져 없어지게 됩니다. 그리고 세 번째는 영원한 죽음이 있습니다. 이것은 인간이 육체적으로 죽은 후에 하나님의 말씀에 불순종했기 때문에 영원한 지옥에 버림을 당하는 것입니다.

그런데 인간은 하나님의 말씀에 불순종해도 절대로 죽지 않는다는 뱀의 유혹의 말에 속아서 하나님의 말씀을 불순종해서 선과 악을 알게 하는 나무의 열매를 따 먹었는데 놀랍게도 그들은 정말 죽지 않았습니다. 그러나 그것은 몸만 죽지 않은 것뿐이지 이미 하나님과의 관계는 끊어졌고 모든 인간에게는 지옥의 무서운 저주가 기다리게 되었습니다. 그러나 하나님은 영적으로 다시 살고 영원한 지옥의 죽음을 피하도록 하기 위해서 죄 지은 사람들을 찾아오셨습니다.

1. 죄를 자백하게 하심

　최초의 사람들은 하나님의 말씀에 불순종한 후 하나님께서 자기들을 찾으신다는 것을 알고는 하나님의 낯을 피하여 숲 속에 숨어버렸습니다. 그러나 하나님은 그들이 숲에서 나올 때까지 계속 이름을 부르셨습니다. 드디어 그들이 하나님 앞에 쑥스러워하면서 나타났을 때 하나님은 먼저 아담에게 물으셨습니다. 즉 "네가 이렇게 숨어 있는 것은 누군가가 네가 옷을 입지 않았다는 사실을 알려주었기 때문이냐?" 하고 물으셨습니다. 그리고 혹시 "내가 네게 먹지 말라 명한 그 나무 열매를 먹었느냐?"고 물어보셨습니다.

> 3:11 "이르시되 누가 너의 벗었음을 네게 알렸느냐 내가 네게 먹지 말라 명한 그 나무 열매를 네가 먹었느냐"

　하나님은 아담이 하나님의 말씀에 불순종해서 죄 지은 것을 다 알고 계셨습니다. 그럼에도 불구하고 하나님은 아담을 비난하거나 원망하지 않으시고 너무나도 부드럽게 물으셨습니다. 하나님은 아담에게 "혹시 네가 나를 피하여 숨은 것은 짐승들 중에서 누군가가 네가 털이 없다고 흉을 봤기 때문이냐? 아니면 혹시 내가 먹지 말라고 명한 그 나무 열매를 먹었기 때문이냐?"고 물어보셨습니다. 하나님은 왜 단도직입적으로 아담의 죄를 책망하지 않으셨을까요? 하나님께서는 사람이 죄를 지으면 이상하게 고집스러워지고 마음이 완악해지고 적대적이 되어버린다는 것을 잘 아시기 때문입니다. 그런 마음을 열 수 있는 것은 죄인에 대한 이해와 사랑밖에 없습니다. 그래서 하나님은 범죄한 아담을 윽박지르면서 비난하지 않으셨습니다. 이것이 바로 죄인에 대한 하나님의 사랑입니다. 하나님은 죄인을 참 인격적으로 대하셨습니다.

아담은 자기가 하나님의 말씀에 불순종해서 열매를 먹은 것은 시인했지만, 그 책임을 여자에게 넘겼습니다.

> 3:12 "아담이 이르되 하나님이 주셔서 나와 함께 있게 하신 여자 그가 그 나무 열매를 내게 주므로 내가 먹었나이다"

아담은 분명히 자기가 하나님의 명령을 거역하고 하나님이 먹지 말라고 하신 그 나무 열매를 따 먹었다고 시인했습니다. 하나님은 아담에게서 이 고백을 듣기를 원하셨습니다. 만약 아담이 이것을 시인하지 않으면 공의로우신 하나님은 더 이상 인간을 도우 실 수 없습니다. 아담은 하나님의 명령을 어기고 죄를 지은 것은 시인을 했습니다. 그러나 아담은 자기 책임이 아니라고 변명을 했습니다. 즉 아담은 "하나님이 주셔서 나와 함께 있게 하신 여자"가 주어서 먹었다고 대답했습니다. 이것은 여자가 하라고 했으니까 여자의 책임이고, 또 하나님이 여자를 만드셔서 나와 함께 있게 하셨으니까 하나님에게도 책임이 있다는 의미입니다. 원래 아담은 아주 순진한 사람인데 죄를 짓고 난 후에는 이미 이렇게 교활해져 있었습니다.

그러나 아담이 선악을 알게 하는 나무의 열매를 먹은 것에 대하여 하나님은 아무 책임이 없습니다. 왜냐하면 이것은 인간이 스스로 자발적인 의사에 따라서 먹었기 때문입니다. 사실 죄의 호기심은 누구에게나 다 있지만 그 호기심을 이기지 못하고 죄를 지었을 때 그 죄의 책임은 자기 자신이 져야 하는 것입니다.

이번에 하나님은 여자에게 물으셨습니다.

> 3:13 "여호와 하나님이 여자에게 이르시되 네가 어찌하여 이렇게 하였느냐 여자가 이르되 뱀이 나를 꾀므로 내가 먹었나이다"

"어찌하여 이렇게 하였느냐?"라고 하는 것은 무슨 뜻입니까? 하나님께서 여자를 남자에게 주실 때는 분명히 남자를 돕는 배필로 주셨고, 여자의 책임 중에는 분명히 남자가 죄를 짓지 못하도록 지켜주는 책임도 있는데, 왜 남자를 지켜주지 못하고 오히려 죄를 짓도록 죄에 빠트렸느냐 하는 것입니다. 사실 이것에 대하여 여자는 할 말이 없을 것입니다. 사실 여자도 남자 못지않게 하나님처럼 되고 싶은 야망이 있었던 것입니다. 그 야망과 욕심이 여자의 본분을 잊고 오히려 남자로 하여금 죄를 짓게 했습니다. 그러나 여자는 자기 죄의 책임을 질 수 없었습니다. 그래서 여자는 뱀에게 책임을 돌렸습니다. 즉 뱀이 자기를 꾀었기 때문에 꼬임에 넘어가게 되었다는 것입니다. 결국 아담과 하와 모두 다 죄를 짓기는 했는데 그 죄를 책임질 수는 없었습니다.

2. 하나님의 결정

하나님은 여자의 말을 듣고 뱀에게는 "왜 너는 여자를 꾀었느냐?"고 묻지 않으셨습니다. 하나님은 바로 그 자리에서 뱀을 저주하셨습니다. 그 이유는 사람과 짐승은 분명한 차이가 있기 때문입니다. 하나님은 결코 동물을 인간처럼 인격적으로 대하지 않으셨습니다.

> 3:14 "여호와 하나님이 뱀에게 이르시되 네가 이렇게 하였으니 네가 모든 가축과 들의 모든 짐승보다 더욱 저주를 받아 배로 다니고 살아 있는 동안 흙을 먹을지니라"

하나님은 뱀을 저주하셨습니다. 그런데 여기 뱀은 두 가지 의미가 있습니다. 하나는 실제의 뱀입니다. 하나님은 사탄의 도구로 사용된 뱀을 저주하셔서 짐승들 중에서 가장 낮아지게 하셨습니다. 그래서 배로 기어 다니게 하셨습니다. 아마 하나님께서 저주하시기 전까지만 해도 뱀은 다리가 있었고 기어 다니지는 않았던 것 같습니다. 그러나 하나님이 뱀을 저주한 순간부터 뱀은 배로 기어 다니면서 흙을 먹게 되었습니다. 여기서 흙을 먹는다는 것은 흙이 뱀의 먹이라는 뜻이 아니라 뱀이 기어 다니다 보니까 입에 먼지나 흙이 들어가게 되는 가장 낮은 짐승이 되는 것을 의미하는 것입니다. 그래서 뱀은 짐승들 중에서 가장 천하게 기어 다니고 발톱이나 이빨도 강하지 못하기 때문에 독을 가지게 된 것 같습니다.

그러나 다른 한편으로 하나님은 뱀을 통하여 사람을 유혹한 사탄을 저주하셨습니다. 사탄은 영원한 멸망의 대상이며 절대로 존귀할 수 없는 더럽고 악한 영입니다. 사탄은 원래 인간을 유혹하기 전에 타락했습니다. 그러나 사탄은 하나님의 형상을 닮은 인간을 시기해서 타락시켰기 때문에 하나님은 영원히 사탄을 저주하셨던 것입니다.

그리고 하나님은 여자의 후손과 뱀의 후손이 원수가 되게 하셨습니다.

만일 하나님께서 여자의 후손과 뱀의 후손을 그냥 내버려두셨으면 어떻게 되었을까요? 아마 뱀이나 여자의 후손이 모두 같은 동류의식을 가졌을지도 모릅니다. 그러나 하나님은 여자의 후손과 뱀이 원수가 되게 하셨습니다. 그래서 사람들은 산이나 들에서 뱀을 보기만 하면 돌을 던지거나 잡아서 죽입니다. 그런데 더 중요한 것은 상징적인 의미입니다. 앞으로 태어날 사람들 중에 하나님을 거역하는 불신의 자손과 하나님을 믿는 사람들이 서로 사이가 나빠져서 원수처럼 된다는 것입니다.

> 3:15 "내가 너로 여자와 원수가 되게 하고 네 후손도 여자의 후손과 원수가 되게 하리니 여자의 후손은 네 머리를 상하게 할 것이요 너는 그의 발꿈치를 상하게 할 것이니라 하시고"

하나님은 앞으로 인간의 죄를 해결할 수 있는 방법을 예언하셨습니다. 그것은 여자의 후손으로 누군가가 오게 되는데, 뱀의 후손의 독에 쏘여서 거의 죽게 됩니다. 그러나 여자의 후손은 다시 살아나서 뱀의 후손의 머리를 상하게 되는데 이때 인간의 죄가 완전히 해결 받게 되는 것입니다.

결국 모든 인류가 죄에서 구원 받게 되는 것은 천사의 힘이나 인간의 힘으로 되지 않고 반드시 여자가 낳은 후손이 발꿈치를 뱀에게 물리면서도 그 뱀의 머리를 상하게 함으로 구원 받게 됩니다. 이 여인의 후손은 장차 마리아의 몸에서 태어날 하나님의 아들 예수 그리스도를 상징합니다.

3. 죄가 가져온 고통

하나님은 뱀을 저주한 것만으로는 사람들이 죄를 깨닫지 못하니까 죄를 깨달을 수 있도록 육체의 고통을 더하여주셨습니다. 그래서 여자에게는 해산의 고통을 크게 더하셨습니다.

> 3:16 "또 여자에게 이르시되 내가 네게 임신하는 고통을 크게 더하리니 네가 수고하고 자식을 낳을 것이며 너는 남편을 원하고 남편은 너를 다스릴 것이니라 하시고"

하나님은 여자에게 "네가 하나님의 말씀을 어겼기 때문에 당장 죽어야 한다"고 말씀하시지 않았습니다. 그 대신 하나님께서는 여자가 죄를 지었지만 계속 살 수 있게 하셨습니다. 그러나 하나님은 여자에게 출산의 고통을 더하게 하셨습니다. 원래 여자가 아기를 낳으면 해산의 고통이 있었지만 죄를 짓고 난 후에는 너무나도 심한 출산의 고통을 받게 되었습니다. 여인들은 아기를 해산할 때 거의 한번 죽다시피 하고 잘못하면 죽는 경우도 있습니다. 여인들은 남자의 사랑만 받으면 아무 걱정이 없다고 생각할지 모르지만 사랑은 잠깐이고 그 후에 해산의 고통이 따르게 되는 것입니다.

이것을 통해서 하나님은 여인에게 사람들은 지금 죄 가운데서 살아가고 있고, 특히 하나님은 여자들에게 네가 낳는 아이도 죄 가운데서 태어나는 것이라는 것을 깨닫게 하신 것입니다.

그리고 하나님은 여성들로 하여금 남성에게 의존적이 되게 하셨습니다. 하나님은 여성들이 "남편을 원하게" 하셨는데, 옛 개역성경 번역에는 "사모하게 하셨다"고 했습니다. 여기서 '원한다'는 것이나 '사모한다'는 것은 의존적이 된다는 의미를 가지고 있습니다. 원래 여성은 결코 남성의 소유물이나 남성에게 예속된 존재가 아니었습니다. 처음 여성은 남성과 대등했고 오히려 더 우월한 위치에 있을 수 있었습니다. 여성이 남성을 돕는다는 것은 코치나 카운슬러 같이 대등하거나 높은 지위였습니다. 그러나 인류가 타락하고 난 후에 여성들은 남성들에게 예속되고 의존적이 되고 말았습니다. 그 이유는 일단 여성이 남성보다 힘이 약하기 때문입니다. 여성은 힘은 부족하지만 아름다우니까 결국 아름다움을 가지고 남성에게 예속이 되게 된 것입니다. 그래서 인류는 오랜 세월 동안 여성들을 속박을 했습니다. 어느 문화에서는 여성들을 아이를 낳기 위해서 결혼시키기도 하고 또 어떤 곳에서는 성을 노예화하기도 했습니다. 그러나 최근에 와서는 여성들이 남성중심의 문화에서 많이 해방되게 되었습니다.

그런데 하나님께서 여성이 남성에게 예속되게 하신 이유는 이 세상 행복이 전부가 아니라는 것을 깨닫게 하기 위함이었습니다. 즉 아이들 공부 잘 시키고 남편 사랑을 받는다고 해서 구원받는 것이 아니라는 것입니다. 그래서인지 남편으로부터 미움 받고 가정의 어려움이 있는 많은 여성들이 하나님 앞에 나와서 부르짖음으로 천국의 소망을 갖게 되는 일이 많았습니다. 여성들이 이 세상에서 만족하지 못하는 것이 사실은 더 하나님께 나아가는 길인 것입니다.

하나님이 여성들에게 출산의 고통을 더하신 것은 모든 인간은 아예 잉태되면서부터 죄에 오염이 되었다는 뜻입니다. 인간은 철저히 그 본성에서부터 죄에 오염이 되어 있습니다. 그래서 죄는 우리 인간에게 있어서 피할 수 없는 운명입니다. 결국 여성은 남자의 사랑만으로 만족할 수 없게 되었습니다. 여성들은 하나님을 사모해야 자신이 살게 되는 것입니다.

그리고 하나님은 남자에게 더 큰 벌을 내리셨습니다.

3:17 "아담에게 이르시되 네가 네 아내의 말을 듣고 내가 네게 먹지 말라 한 나무의 열매를 먹었은즉 땅은 너로 말미암아 저주를 받고 너는 네 평생에 수고하여야 그 소산을 먹으리라"

하나님은 남자에게 평생 땀을 흘리면서 일을 하며 살게 하셨습니다. 이것은 죄가 영적인 죽음을 가져왔지만, 하나님은 육체적인 생명을 유예시켜주신 것입니다. 그러므로 인간은 이 살아있는 동안 영생할 수 있는 길을 찾아야 하는 것입니다. 마치 사형수들에게 사형이 확정되었지만 당장 집행하지 않고 살게 하는 것과 같습니다. 결국 우리 인간의 삶은 죽음의 연장인 것입니다.

그동안 하나님은 남자들에게 열심히 일을 해서 먹고살게 하시면서 육체적인 삶을 허용하셨습니다. 그러나 우리 인간은 이 세상에서 먹고사는 것이 얼마나 힘든가 하는 것을 통해서 우리의 죄와 타락을 늘 기억해야 합니다.

여기 17절에서 "땅이 저주를 받는다"는 것은 인간의 타락으로 모든 피조세계가 저주를 받는다는 것을 의미합니다. 인간의 죄로 말미암아 피조세계 전체가 타락하게 되었습니다. 그래서 짐승들은 사나워지게 되었고 맹수들이 생기게 되었으며, 곤충 중에도 나쁜 곤충들이 생기게 되었고, 식물 중에서도 독이 있는 것이 생기게 되었습니다. 그리고 이 세상에는 병이 생기고 죽음이 오게 되었습니다. 그리고 가축들도 예전하고 달리 억지로 잡아서 가두어야 하고 억지로 일을 시키게 된 것입니다. 또 땅이 많이 약해지게 되었습니다. 그래서 과일나무나 채소들이 잘 자라는 것이 아니라 가시나 엉겅퀴나 잡초들이 더 잘 자라게 되었습니다. 그래서 사람들이 제대로 농사를 지으려고 하면 정말 쉴 새 없이 땅을 갈고 잡초를 뽑고 일을 해야 가을에 열매를 간신히 거둘 수 있게 된 것입니다. 그래서 이제는 먹고살기 위해서 남자의 이마에서는 쉴 새 없이 땀이 흘러야만 했습니다.

그러면 하나님께서 인간에게 이런 고통을 주신 이유가 무엇입니까?

우선 하나님은 인간에게 자신들이 죄의 노예 상태에 있다는 것을 깨닫게 하시려는 것입니다. 하나님을 떠난 인간은 죄의 노예입니다. 노예는 쉴 수가 없습니다. 그래서 인간은 죽도록 일을 해야 겨우 입에 풀칠을 할 수가 있는 것입니다. 그래서 우리 인간은 그리스도께 나와야 합니다. 그때 비로소 우리는 일과도 화해하게 되고 먹고살기 위한 몸부림에서 벗어나게 되는 것입니다.

3:19하 "너는 흙이니 흙으로 돌아갈 것이니라"

결국 모든 인간은 이 세상에 어느 정도 살다가 모두 죽어야 합니다. 결국 죄는 우리 인산으로부터 영생을 빼앗아갔습니다. 우리 모든 인간은 죽어야 하는데 이 세상이나 사랑하는 사람들과 영원한 이별을 겪게 됩니다. 우리의 죽음이 두려운 것은 죽는 것 자체가 너무나도 고통스러울 뿐 아니라 죽으면서 우리 육체는 썩어지고 이 세상에서의 존재가 없어져버리기 때문입니다. 인간이 죽어야 하는 이유는 하나님께 죄를 지었기 때문입니다. 하나님은 우리 인간이 죄를 지으면 반드시 죽으리라고 말씀하셨던 것입니다.

우리 인간은 모두 몸에 죽음이라는 시한폭탄을 감고 다니고 있습니다. 지금 당장은 아니지만 한 사람도 빼놓지 않고 하나님의 시간이 되면 다 죽어야 하는 것입니다. 인간이 이 세상에 사는 것은 결코 무의미한 것이 아닙니다. 우리는 모두 너무 중요한 책임이 있는 인생을 살고 있는 것입니다.

이어서 우리는 하나님의 이런 처벌에 대한 아담의 반응을 보게 됩니다. 우리 생각에는 하와 때문에 아담이 신세를 망치게 되었으므로 하와를 미워하거나 싫어했을 것 같은데 그렇지 않았습니다. 그 후에 아담은 여자의 이름을 '하와'라고 지었습니다. 여기서 '하와'는 '생명'이라는 뜻을 가지고 있습니다. 즉 아담은 여인의 후손을 통해서 우리 인류가 살게 된다는 하나님의 말씀을 믿었던 것입니다. 즉 아담은 전반기에는 에덴의 통치자로 교만해서 하나님의 말씀에 불순종했지만, 후반기에는 하나님의 말씀을 믿고 그 말씀의 증거자로 살았던 것을 알 수 있습니다.

그리고 이어서 우리는 죄로 말미암아 타락한 인간을 위해 베푸신 하나님의 사랑을 볼 수 있습니다. 그것은 하나님이 아담과 하와를 위해서 가죽옷을 지어서 입히신 것에서 보게 됩니다. 하나님이 아담과 하와를 위해서 가죽옷을 지어주셨다는 것은 인간의 수치를 가리기 위해서 한 짐승이 죽었다는 것을 의미합니다. 인간의 수치를 가리기 위해서 그리고 생명의 연장을 위해서 이미 한 짐승이 죽임을 당한 것입니다. 이때 하나님께서 인간에게 짐승을 잡아서 죽이는 제사에 대해서도 가르쳐주신 것 같습니다.

이 짐승의 죽음은 바로 이러한 대속의 죽음의 시작이었고, 그들이 입고 있던 옷은 바로 이 대속의 죽음 때문에 산다는 은혜의 표시라고 할 수 있습니다.

아담이 잃었던 생명나무 열매를 그리스도는 우리에게 돌려 주셨습니다. 예수님은 우리에게 "나는 생명의 떡이라"고 말씀하셨습니다. 예수님은 아담이 잃어버렸던 영생을 우리에게 돌려주셨습니다. "진리를 알지니 진리가 너희를 자유롭게 하리라"(요 8:32)고 말씀하셨습니다.

우리는 이 소중한 인생을 살면서 죄의 노예로 살지 마시기 바랍니다. 예수님은 썩는 양식을 위하여 일하지 말고 영생하는 양식을 위하여 일하라고 하셨습니다. 예수님이 오셔서 뱀에게 발꿈치를 물려서 십자가 위에서 죽으시고 다시 살아나셔서 뱀의 머리를 깨셨습니다. 이제 우리는 예수 그리스도를 믿어 모든 죄의 사슬을 끊어버리고 다시 하나님의 말씀만 붙드는 자들이 다 되시기 바랍니다.

09
동생을 지키는 자 / 창세기 4:9

몇 년 전에 우리나라에서 아주 인기 있는 여자 탤런트가 결혼이 잘못 되었는지 어느 날 자살하고 말았습니다. 그때 그의 오빠를 비롯한 가족들은 정말 애통해하면서 지켜주지 못한 것을 슬퍼했습니다. 그뿐만 아니라 가족들은 견디지 못해서 자살을 할 때까지 그 사실을 전혀 알지 못했고 자기 자식을 고통에서 지켜주지 못했던 것입니다. 우리는 어렸을 때 동생이 누구에게 매를 맞거나 괴롭힘을 당하면 쫓아가서 혼내주면서 그 동생을 지켜주었습니다. 그러나 요즘 같은 세상에서는 성인이 되어 자기 동생이나 형이나 어머니가 혹시 우울증으로 고통을 받다가 자살하거나 혹은 빚을 많이 져서 도망을 하면 아무 것도 해 줄 수 없는 경우가 많습니다.

그런데 몇 년 전 미국에서 한 흑인이 위대한 연설을 했습니다. 그것은 '저는 제 동생을 지키는 자입니다' 라는 연설이었습니다. 그는 연설에서 "어느 한 흑인 소년이 시카고 남부에서 전혀 글을 읽지 못해서 따돌림을 당한다면 그는 나에게 중요한 사람입니다. 한 가난한 노인이 돈이 없어서 약값을 내야 할 것인지 집세를 내야 할 것인지 갈등하고 있다면 그는 나에게 중요한 사람입니다. 저에게는 한 믿음이 있습니다. 저는 제 동생을 지키는 자입니다."라고 감동적인 말을 했습니다. 그의 연설은 군중의 마음을 움직이기 시작했습니다. 그는 바로 흑인으로서 최초로 미국 대통령에 당선된 버락 오바마입니다.

하나님은 동생을 죽인 가인에게 "네 동생 아벨이 어디에 있느냐?"고 물으셨습니다. 그런데 가인은 "나는 모릅니다. 내가 내 동생을 지키는 자입니까?"라고 대답했던 것입니다. 우리는 지금 우리 동생들을 폭력이나 사고나 우울증이나 자살로부터 지켜주지 못하고 있습니다. 그런데 하나님은 지금 네 동생 아벨이 어디에 있느냐고 묻고 계십니다. 하나님은 우리에게 고통당하고 있고 잘못하면 자살하거나 떼죽음을 당할 수도 있는 자를 찾아보라고 하시는데, 우리는 우리 문제에 빠져서 "내가 그런 사람을 지켜주는 사람입니까?"라고 대답하고 있는 것입니다.

1. 가인에 대한 기대

하나님은 죄를 지은 아담과 하와를 에덴동산에서 쫓아내셔서 에덴동산 동쪽에서 살게 하셨습니다.

> 3:24 "이같이 하나님이 그 사람을 쫓아내시고 에덴동산 동쪽에 그룹들과 두루 도는 불 칼을 두어 생명나무의 길을 지키게 하시니라"

최초의 사람들이 에덴동산에서 쫓겨난 후에 산 곳은 에덴의 동쪽이었습니다. 그래서 '에덴의 동쪽'이라고 하면 무엇인가 타락한 인간의 생활을 연상하게 합니다. 《에덴의 동쪽》이라고 하면 존 스타인벡이 쓴 유명한 소설이 있고, 그 소설은 나중에 반항적인 연기로 뛰어난 제임스 딘이 주연을 해서 영화로 만들어지게 됩니다. 그 영화에서 제임스 딘은 모범적인 큰 아들을 편애하는 아버지에게 반항하는 둘째 아들로 나옵니다.

이 당시 에덴동산은 인간의 삶과 하나님과의 예배가 함께 있는 곳이었습니다. 그러나 인간은 범죄한 후 하나님과의 영광된 교제를 상실하게 되었습니다. 그래서 그 후에는 예배와 삶이 따로 분리되었습니다. 그때 아담과 하와는 첫 아들을 낳게 되었습니다.

> 4:1 "아담이 그의 아내 하와와 동침하매 하와가 임신하여 가인을 낳고 이르되 내가 여호와로 말미암아 득남하였다 하니라"

아담과 하와는 에덴동산에 있을 때에는 자식을 낳지 않았던 것 같습니다. 그러다가 아담과 하와는 에덴동산에서 쫓겨난 후에 아이를 가지게 되었습니다. 하와는 첫 아이를 임신하여 낳으면서 아이의 이름을 '가인'이라고 지었는데 이것은 '여호와로 말미암아 아들을 낳았다'는 뜻이었습니다. 이것을 보면 하와가 첫 아들 가인을 낳으면서 얼마나 이 아들에게 큰 기대를 가졌는지 알 수 있습니다.

여기서 "여호와로 말미암아"라는 말은 '여호와로부터' 라는 뜻이 있고, '여호와의 도움으로' 라는 뜻도 있습니다. 즉 '여호와로부터' 라고 할 때에는 이 아이는 하나님이 주신 아이라는 뜻으로 볼 수 있습니다. 하나님은 아담과 하와가 범죄했을 때 "여인의 후손은 뱀의 머리를 상하게 할 것이며 이 여인의 후손을 통하여 인간의 구원이 이루어질 것이라"는 약속을 하셨습니다. 아마도 하와는 첫 아들 가인을 낳고 가인이야말로 뱀의 머리를 깨고 인간을 구원할 여인의 후손일 것이라고 믿었던 것입니다. 그만큼 아담과 하와는 첫 아들 가인을 낳으면서 이 아들이야말로 우리 인간의 죄를 해결하는 여자의 후손이 아니겠는가 생각을 해서 엄청나게 기대를 가졌던 것 같습니다. 그리고 실제로 가인은 멋있고 똑똑한 아들이었던 것 같습니다. 가인은 부모가 기대를 많이 했던 아들이었습니다.

그리고 그 후에 아담과 하와는 다시 아이를 낳게 되었는데, 그 아이는 가인의 동생이었습니다. 그런데 하와는 둘째 아이를 낳고 이름을 '아벨'이라고 지었습니다. 여기서 '아벨'이라는 이름의 뜻은 '공허하다' 혹은

'헛되다' '속이 비어 있다'는 뜻으로 볼 수 있는데, 요즘 말로 표현하면 '부실하다'는 입니다. 어쩌면 아담과 하와가 아벨을 낳고, 아벨이 가인보다 잘 생기지 못한 것에 실망을 했는지도 모르겠습니다. 우리가 이것을 통해서 알 수 있는 것은 아담과 하와가 에덴동산에서 쫓겨난 후에 처음 두 아들을 낳게 되었는데 아마 큰 아들 가인에 대해서는 큰 기대를 하였지만, 둘째 아들 아벨에 대해서는 좀 실망을 했는지 '아벨'이라는 이름을 지어주었다는 것입니다. 그리고 성경에는 나오지 않지만 아마 아담과 하와는 딸들이나 다른 아들들도 많이 낳았을 것입니다. 왜냐하면 하나님은 처음 인간에게 생육하고 번성하라고 말씀하셨으므로 많은 후손들을 낳았을 것이기 때문입니다. 세월이 흐르면서 가인과 아벨은 자라서 성인이 되었는데 각자 부모로부터 독립해서 각자의 직업을 가지게 되었습니다.

4:2 "그가 또 가인의 아우 아벨을 낳았는데 아벨은 양 치는 자였고 가인은 농사하는 자였더라"

가인은 자라서 농사를 짓는 사람이 되었습니다. 이것을 보면 인류가 농사를 지은 것은 아주 오래된 일임을 알 수 있습니다. 역사책을 보면 인류는 오래 전에 털옷을 입고 몽둥이나 돌도끼를 들고 사냥을 하면서 식물을 자연 채취한 것으로 되어있는데, 최초 인류는 아주 머리가 좋았기 때문에 이미 식물을 재배하는 방법을 알고 있었을 것입니다. 물론 가인은 지금처럼 철 기구를 사용하여 농사를 지은 것은 아니고 돌이나 나무 작대기 같은 것을 가지고 땅을 파서 농사를 지었겠지만, 일단 농사지었다는 것은 생활이 우리 생각보다는 정착되고 안정되었을 것이라고 생각됩니다.
그리고 아벨은 양을 치는 사람이 되었습니다. 이때까지만 해도 사람들은 동물의 고기를 먹는 것을 배우지 못했습니다. 그러니까 아벨은 양젖을 짜서 마시거나 혹은 그것을 저어서 치즈를 만들거나 혹은 야생 열매

같은 것들을 따서 먹었던 것 같습니다. 아마 가인은 형이기 때문에 먼저 좋은 땅을 차지했던 것 같고 동생 아벨은 좋은 땅이 없으니까 어쩔 수 없어서 산비탈 같은 데서 양을 쳤던 것 같습니다.

> 4:3-4 "세월이 지난 후에 가인은 땅의 소산으로 제물을 삼아 여호와께 드렸고 아벨은 자기도 양의 첫 새끼와 그 기름으로 드렸더니 여호와께서 아벨과 그의 제물은 받으셨으나"

세월이 지난 후에 이 두 아들이 성인이 되었을 때 그들은 자기 스스로 하나님께 제사를 드리게 되었습니다. 그런데 두 아들 모두 하나님을 잊지 않고 제사를 드렸다는 것은 참으로 기특한 일입니다. 그러나 두 아들이 제사를 드리는데 제사 드리는 방법이 각각 달랐고, 그 결과도 달랐던 것입니다.

가인은 농사를 지은 곡식을 제물로 삼아서 하나님께 바치는 제사를 드렸습니다. 아마 가인은 농사를 지었으니까 곡식으로 제사를 드리는 것이 당연하다고 생각했는지 모르겠습니다. 그리고 아벨은 양을 치는 사람이었기 때문에 양의 첫 새끼를 죽여서 그것을 불로 태우는 제사를 하나님께 드렸습니다. 우리는 이 두 아들이 어떤 방식으로 하나님께 제사를 드렸든지 간에 하나님을 잊지 않고 제사 드린 것이 중요하다고 생각하기 쉽습니다. 그러나 제사의 결과는 전혀 달랐습니다. 하나님은 동생 아벨의 제사를 받으셨지만 형 가인의 제사는 거절하셨습니다.

여기서 우리가 알아야 할 것이 있습니다. 성경에 다 기록된 것은 아니지만 아담이 자녀에게 하나님께 제사 드리는 법을 가르쳤던 것 같습니다. 즉 아담은 타락하기 전과 타락한 후에 많이 달라졌음을 알 수 있습니다. 아담은 타락하기 전에는 에덴동산에서 하나님을 대신하는 통치자로서 높은 지위를 가졌습니다. 그때 아담은 하나님의 말씀을 소홀히 생각해서 죄를 짓게 되고 인류가 타락하게 됩니다. 그러나 아담은 죄를 짓고 난 후에는 하나님의 말씀을 믿어서 여인의 후손을 통하여 구원이 올 것을 믿었습니다. 그리고 하나님께서 자신들의 수치를 가리기 위해서 짐승을 죽여 가죽옷을 주셨고 그 후부터 아담은 하나님께 제사를 드리려면 피가 있어야 한다는 것을 자녀들에게 가르쳤던 것 같습니다. 그래서 아담은 아들들에게 양이란 짐승을 키워야 하고 하나님께 제사를 드릴 때에는 반드시 피가 있는 양의 첫 새끼로 불에 태워서 바쳐야 한다는 것을 가르쳤을 것입니다.

그런데 아담의 두 아들은 하나님께 제사를 드리는 방법이 너무 달랐습니다.

가인은 하나님께 제사를 드리면서 자기가 농사를 지은 곡식으로 제사를 드렸습니다. 물론 이것은 하나님께서 자기에게 곡식을 많이 거둘 수 있도록 복을 바라며 비는 제사였습니다. 그러나 중요한 것은 가인의 제사에는 피가 없었다는 사실입니다. 아마도 가인은 하나님께 감사하는 마음만 가지고 제사 드리면 되는 것이지 굳이 짐승을 죽여서 너무 심각하게 제사를 드릴 필요가 없다고 생각했을지도 모릅니다. 이렇게 가인은 하나님의 말씀을 무시했던 것입니다.

사실 모든 인간에게는 하나님께 예배드리고 도움을 받고 싶은 마음이 있습니다. 그래서 인간에게 있어서 가장 중요한 순간에는 누구나 하나님께 기도를 하게 되어 있습니다. 그런데 인간의 기도가 하나님께 받아들여지려면 일단 하나님과의 관계가 열려야 합니다. 그렇게 하려면 하나님의 말씀을 믿고 순종을 해야 합니다. 예를 들어서 우리 집에 수도가 들어오려고 하면 우선 수도관이 개통되어야 하는 것처럼 하나님과 우리 사이에 관계가 개통되려고 하면 나의 열심이나 수고로는 안 되고 하나님의 말씀에 순종을 해야 합니다. 그런데 그 하나님의 말씀에 피의 제사가 있어야 한다고 했던 것입니다.

하나님께 제사가 받아들여지려면 우리의 정성만 가지고는 안 됩니다. 하나님께 드리는 제사는 반드시 하나님의 말씀을 믿고 그 말씀에 순종할 때 하나님과 우리 사이의 관계가 개통되는 것입니다. 이것이 구약 시대에는 양의 제사였고, 신약 시대에는 예수님의 십자가 죽으심을 믿는 것입니다. 그래서 사도 바울은 예수님의 십자가 외에는 구원 얻을 방법을 주지 아니하셨다고 강조했습니다. 우리가 보기에 아무리 종교 의식이 거창하고 제사 드리는 사람이 인격적으로 훌륭해도 하나님 앞에서는 아무 소용이 없는 것입니다.

그러나 아벨은 놀랍게도 양의 첫 새끼를 죽여서 그 피를 흘리고 불로 태워서 하나님께 제사를 드렸습니다. 여기서 하나님의 말씀에 순종했다는 것이 가장 중요한 것입니다.

그런데 가인과 아벨 두 사람이 똑같이 하나님께 예배를 드렸는데 그 결과는 달랐습니다. 하나님께서 아벨과 그의 제물은 받으셨는데, 가인과 그의 제물은 받지 아니하셨습니다. 두 아들이 똑같은 제사를 드렸는데 하나님은 가인의 제사를 받지 않으시고 아벨의 제사만 받으셨던 것입니다. 여기서 하나님께서 제사를 받으셨다는 것은 무슨 의미일까요? 하나님께서 그의 죄를 다 사하여 주시고 마음껏 하나님 앞에서 은혜 받고 복을 받을 수 있는 기회를 주셨다는 의미입니다.

우리가 '의롭다'고 할 때 세상에서는 남들이 하지 않는 희생적인 행동을 하는 것을 뜻하지만, 하나님 앞에서는 우리가 하나님께 당당하게 기도하고 은혜 받고 축복받을 수 있는 자격을 말하는 것입니다. 즉 이 세상 사람들은 이미 하나님이 이 세상에 주신 복을 찾아서 살지만 하나님 앞에서 새로운 복을 달라고 요구할 권리가 없습니다. 그러나 우리 하나님의 백성들은 하나님 앞에서 말씀을 믿고 순종함으로 모든 죄를 다 사함 받았기 때문에 새로운 은혜와 복을 달라고 요구할 수가 있는 것입니다.

오늘도 우리는 예배를 드리면서 예배를 하나님이 받으셨는지 안 받으셨는지 바로 알아야 합니다. 하나님이 기뻐하시는 예배는 감동이 있고 축복이 있고 눈물이 있으며 응답이 있는 것입니다. 그러나 하나님이 받지 아니하시는 예배는 오히려 자기만족에 빠지고 마음이 더 교만해지고 완악해질 것입니다.

2. 가인의 분노

가인은 자신의 제사가 하나님 앞에서 받아들여지지 않았다는 것을 알고 난 후에는 굉장히 분했고 안색이 변했습니다. 이것을 통해 가인은 하나님께 제사를 드린 후에 더 마음이 완악해지고 악하게 되었다는 것을 알 수 있습니다.

> 4:5 "가인과 그의 제물은 받지 아니하신지라 가인이 몹시 분하여 안색이 변하니"

가인은 제사를 드린 후 아벨과 만나서 이야기하는 과정에서 하나님이 자기 제사를 받지 아니하셨다는 것을 알게 된 것 같습니다. 왜냐하면 아벨은 제사를 드린 후 기쁨이 충만했고 하나님이 주시는 감동으로 흥분해 있었기 때문입니다.

가인은 아벨의 이야기를 듣고 시기심과 분노로 얼굴색이 변하게 되었습니다. 가인의 안색이 변하게 되었다는 것은 아마 이후부터 웃음이 없어진 것 같습니다. 그리고 얼굴이 딱딱하고 굳어지면서 언제나 화가 나 있었을 것입니다. 가인이 이렇게 화가 나게 된 것은 하나님께서 자신의 제사를 받지 않으셨다는 것에 대한 분노였습니다. 사람들은 누구나 다른 사람에게 정당하게 대우 받기를 원합니다. 그러나 누구든지 다른 사람에게 무시를 당하거나 어떤 요구가 거절당하게 되면 화가 나게 됩니다. 결국 이것은 자신이 정당하게 대접받고 있지 못하다는 분노의 표현입니다.

아마도 가인은 그때까지 한 번도 부모나 다른 사람에게 무시를 당한 적이 없었던 것 같습니다. 그러다가 처음으로 하나님께 거절을 당하고 난 후부터 가인은 하나님에 대하여 화가 나게 되었습니다. 즉 하나님이 나를 이렇게 업신여길 수 있는가 하는 분노가 생겼던 것입니다. 결국 가인은 하나님을 자신과 똑같은 존재로 생각했고, 결국 이 교만이 나중에 엄청난 범죄로 발전하게 되었던 것입니다.

사실 가인은 하나님께 제사 드렸다가 거절당했다고 해서 그렇게 화를 낼 이유가 없습니다. 왜냐하면 자기가 처음 드린 제사가 잘못되었으면 그 다음에 바른 방법으로 제사를 드리면 되기 때문입니다. 그러나 가인은 분노의 감정을 품고 있었습니다. 이때 하나님이 가인을 찾아오셔서 말씀하셨습니다.

4:6-7 "여호와께서 가인에게 이르시되 네가 분하여 함은 어찌 됨이며 안색이 변함은 어찌 됨이냐 네가 선을 행하면 어찌 낯을 들지 못하겠느냐 선을 행하지 아니하면 죄가 문에 엎드려 있느니라 죄가 너를 원하나 너는 죄를 다스릴지니라"

인간의 죄는 하나님의 말씀에 철저하게 순종하지 않는 것입니다. 즉 하나님의 말씀을 무시하고 업신여기는 것이 죄입니다. 그런데 이 죄가 가장 먼저 나타나게 되는 것은 자기와 생각이 다른 사람에 대한 분노라고 할 수 있습니다.

이때 하나님은 가인을 찾아가셔서 왜 네가 분노하며 안색이 변하느냐고 하시면서 "선을 행하라"고 하셨습니다. 하나님께서 왜 분노하여 안색이 변했느냐고 하셨는데, 안색이 변했다는 것은 가인에게 기쁨이 없어지게 되었다는 뜻입니다. 하나님은 가인에게 "분노하지 마라. 네 제사가 틀렸으면 다시 바로 드리면 될 것 아니냐?"라고 말씀하신 것입니다. 여기서 "선을 행한다"는 것은 분노를 버리고 겸손한 마음으로 하나님의 말씀에 순종해서 다시 제사를 드리면 된다는 뜻입니다.

그러나 가인은 한번 하나님께 대하여 화가 나니까 하나님에 대한 마음을 돌이키지 않았습니다. 그래서 가인은 하나님 앞에서 계속 화를 내고 있었던 것입니다. 아마도 가인은 어렸을 때부터 인정을 받았고 부모의 기대 가운데 컸기 때문에 자기가 아벨보다 못하는 것을 인정할 수 없었던 것입니다. 그러나 하나님이 가인보다 못한 아벨의 제사를 받으셨습니다.

인간은 교만해서 실패했습니다. 그래서 하나님께서 인간을 구원하시는 데 있어서 철저하게 겸손한 자를 찾으시는 것입니다. 왜 하나님께서는 인간에게 십자가에 달리신 예수만 믿게 하십니까? 그것은 겸손한 자를 구원하시려는 목적이 있기 때문입니다.

3. 첫 번째 살인

가인은 자기의 제사가 거절된 것에 분노를 품고 있다가 어느 날 드디어 동생을 들판에서 쳐 죽이게 됩니다.

> 4:8 "가인이 그의 아우 아벨에게 말하고 그들이 들에 있을 때에 가인이 그의 아우 아벨을 쳐 죽이니라"

여기서 가인이 아벨에게 말했다는 것은 이 문제를 두고 가인이 아벨을 말로써 공격했다는 의미입니다. 즉 가인은 아벨을 미워하게 되었습니다. 가인은 아벨이 자기보다 잘 난 체 한다고 생각해서 아벨을 만나서 말로 공격하고 핍박을 했던 것입니다.

하나님은 미리 가인에게 경고를 하셨습니다. 즉 "선을 행하지 아니하면 죄가 문에 엎드려 있느니라"(7절)고 하셨습니다. 여기서 하나님은 죄를 마치 짐승이나 동물처럼 말씀하셨습니다. 마치 집 앞에 개나 사나운 짐승이 엎드리고 있다가 사람이 오면 덤벼들어 무는 것처럼, 죄가 우리를 노리고 있다가 덤벼들어서 죄를 짓게 하는 것입니다. 사실 우리 인간이 타락하고 난 후에 인간의 마음에는 모두 짐승이 하나씩 들어 있게 되었습니다. 그것은 바로 잠재의식 속에 있는 죄성인데, 이것이 어느 날 충동을 받으면 짐승처럼 덤벼들어서 죄를 짓게 하는 것입니다.

그런데 인간의 힘으로는 죄를 이기는 것이 불가능합니다. 오직 우리 자신을 하나님의 말씀에 쳐 복종시킬 때 하나님의 능력으로 죄를 이기게 되는 것입니다. 그러나 가인은 하나님의 말씀을 우습게 생각하다가 실제로 살인을 저지르게 되고 말았습니다.

이것이 바로 인류 최초의 살인 사건입니다. 형이 동생을 쳐 죽인 사건이었습니다. 사실 이 세상에 사는 모든 남자와 여자들은 우리 형제이고 우리 동생들입니다. 그러나 사람들은 마음속에 있는 분노나 정욕 때문에 여성들을 공격하고 힘이 없는 아이들을 괴롭혀서 죽음에 이르게 하고 있습니다. 이것은 모두 하나님과의 관계가 잘못된 결과입니다.

가인은 동생을 쳐 죽이고 땅에 파묻어버렸습니다. 이때 하나님은 가인에게 네 동생 아벨이 어디 있느냐고 물어보셨습니다. 이때 가인은 시치미를 뚝 떼고 "내가 내 아우를 지키는 자입니까?"라고 하면서 하나님께 항의했습니다.

> 4:9 "여호와께서 가인에게 이르시되 네 아우 아벨이 어디 있느냐 그가 이르되 내가 알지 못하나이다 내가 내 아우를 지키는 자니이까"

사실 모든 사람이 항상 자기 동생을 책임질 수는 없습니다. 그러나 하나님께서는 가인으로 하여금 너는 적어도 네 동생에 대하여 관심 가질 책임이 있다고 말씀하시는 것입니다.

물론 우리는 우리 주위에 있는 모든 사람의 영혼이나 생명에 대하여 책임을 질 수는 없습니다. 그러나 오늘날 우리 사회에 사랑이 너무 메말라버렸기 때문에 억울하게 목숨을 잃는 청소년들이나 청년들이 주위에 너무 많이 있습니다. 사람들이 조금만 양심을 지키고 위험을 알렸더라면 살릴 수 있는 생명인데 억울하게 죽고 있는 것입니다. 그들이 바로 우리 동생일 수 있고 여동생일 수 있는 것입니다. 그래서 우리는 우리 한 사람이 잘 사는 것보다 부흥의 불을 먼저 밝혀야 하겠습니다. 그래야 우리는 사탄의 악한 시험을 막을 수 있고 억울한 사람들이 떼죽음 당하는 것을 막을 수 있는 것입니다.

그런데 하나님은 아벨이 죽은 것으로 끝난 것이 아니라고 말씀하셨습니다. 왜냐하면 그의 영혼은 하나님 앞에서 살아 있기 때문입니다. 하나님께서는 "네 아우(아벨)의 핏소리가 땅에서부터 내게 호소하느니라"고 말씀하셨습니다. 즉 아벨의 생명은 죽음으로 끝난 것이 아니라 하나님 앞에서 그의 믿음이 인정되어서 하나님 앞에서 살아있다는 것입니다. 아벨은 이 지상에서는 죽었지만 하나님 앞에 살아 있습니다.

그리고 아벨의 피는 자신의 무죄를 호소하고 있는 것입니다. 그런데 우리가 잘못 생각하면 아벨이 자신의 억울함을 호소하면서 가인에게 그 죄를 갚아달라고 호소한 것으로 생각할 수 있습니다. 그러나 사실은 정반대입니다, 아벨은 자기의 피가 하나님의 은혜로 깨끗할뿐더러 가인도 불쌍히 여겨주시도록 호소하는 것입니다. 그래서 가인은 살인죄를 저질렀지만 죽지 않고 살게 됩니다. 의인의 호소는 살인자를 살게 하는 능력이 있는 것입니다.

우리는 사람의 생애를 지상의 결과로만 생각하려고 합니다. 그렇다면 형에게 맞아 죽은 아벨은 가장 불쌍한 사람입니다. 그러나 성경이 말씀하는 것은 어떤 사람이 얼마나 오래 살거나 빨리 죽는 것이 문제가 아니라 하나님 앞에 의인이냐 하는 것에 있다는 것입니다. 아벨은 하나님께 드린 어린양의 제사로 의롭다함을 받았기 때문에 천국에 가 있습니다. 우리는 죽은 성도들을 불쌍하게 생각해서는 안 됩니다. 우리가 죄를 이길 수 있는 유일한 방법은 하나님의 말씀을 믿고 순종하는 것입니다. 히브리서에서는 아벨은 믿음으로 제사를 드렸다고 했습니다(히 11:4). 오늘 우리 예배가 우리를 살리고 우리 안에 있는 죄를 이기고 죽어가는 사람을 살리는 능력의 예배가 되기를 바랍니다.

10
홍수 이전의 사람들 / 창세기 4:14-16

괴테가 쓴 《파우스트》는 그가 한평생에 걸려서 쓴 작품이라고 볼 수 있을 정도로 내용이 방대하고 복잡하게 되어 있습니다. 이미 학자로서 인기가 한물 간 파우스트 박사는 다시 유명하게 되기 위해서 안간힘을 쓰지만 잘 되지 않았습니다. 결국 그는 마술까지 손을 대다가 드디어 '메피스토펠레스'라고 하는 악마를 만나서 자기 영혼을 팔기로 하고, 자기가 원하는 것은 이 악마가 다 이루어주는 약속을 하게 됩니다. 그 결과 파우스트는 다시 학자로 유명하게 되고 젊어지게 되어서 성공하게 됩니다. 오늘 우리 시대에도 유명하게 되고 인기를 끌며 돈을 많이만 벌 수 있다면 자기 영혼을 팔고 양심을 팔 사람들이 많이 있습니다. 그래서 우리는 우리 사회에서 성공했지만 다른 한편으로는 도덕적으로 실패했거나 여러 가지 좋지 않은 비행들이 드러나서 추락하는 사람들을 많이 보게 됩니다.

성경을 보면 지구에 땅이 만들어지기 전에 지구 전체는 물이었다고 말씀하고 있습니다. 그러다가 땅의 일부가 올라가기도 하고 내려가기도 하면서 물이 한 곳으로 쏠리면서 땅이 드러나게 된 것입니다. 그런데 만일 땅이 원래 상태로 돌아가게 되면 인간에게는 또 다시 타이타닉 같은 파멸의 비극이 일어나게 되는 것입니다. 큰 건물 지하에 보면 반드시 빗물이 고여서 빠지도록 한 장치가 있습니다. 그런 배수펌프는 빗물이 일정 양만 넘으면 자동적으로 모터가 돌아가서 물이 빠지도록 설계가 되어 있습니다. 마찬가지로 이 세상에 인간의 죄가 어느 수준 이상을 올라가면 자동적으로 이 세상에는 쓰나미나 지진 같은 재앙이 터지도록 설계가 되어 있는지 모릅니다. 그런데 이런 재앙을 막을 수 있는 유일한 장치는 하나님의 백성들 가운데 영적인 부흥이 일어나는 것입니다. 하나님의 백성들 안에 영적인 부흥이 일어나면 세상의 죄의 수준이 떨어지면서 엄청난 재앙을 막을 수 있게 되는 것입니다.

1. 두 번째 기회를 주신 하나님

가인은 인류 최초로 살인죄를 저지르게 되었습니다. 인류의 조상 아담은 하나님의 말씀에 불순종하는 죄를 저질렀는데, 그 아들은 드디어 사람을 미워해서 죽이는 살인죄까지 저지르게 된 것입니다. 이런 것을 보면 죄는 처음 시작할 때는 별 것 아닌 것 같지만 무섭게 커가는 것을 볼 수 있습니다. 최초에는 하나님의 말씀을 우습게 생각하고 거역하는 것에서 시작했는데 어느 순간에는 사람을 죽이는 무시무시한 죄로 발전하게 된 것입니다.

하나님은 동생을 죽인 가인을 즉시 심판하지 아니하시고 에덴의 동쪽에서 다시 추방을 해서 돌아다니게 하셨습니다. 이것은 하나님께서 동생을 죽인 가인에게서 예배의 기쁨을 박탈하시려는 것이었습니다. 그렇지만 영구적인 것은 아니었다고 생각합니다. 하나님은 잠시 가인으로 하여금 자신의 죄를 좀 더 심각하게 느끼도록 하기 위해서 예배의 기쁨을 박탈하신 것이지, 그가 다시 회개하고 돌아왔더라면 얼마든지 다시 받아 주셨을 것입니다.

우리나라 사람들도 언제부터인가 세월호 실종자들을 위해서 노란 리본을 많이 착용하고 있습니다. 이것은 어서 돌아오라는 뜻일 것입니다. 원래 이 노란 리본은 죄를 지어서 감옥에 오래 갇혔던 남편이나 아들이 석방 되어 집에 돌아오려고 할 때 가족들이 나무 가지나 문 앞에 노란 리본을 달아놓으면 가족의 일원으로 자신을 받아들이는구나 깨닫고 기쁨으로 집으로 돌아오게 되는 표시라고 할 수 있습니다. 우리나라에서는 북한에 납북된 어부들이나 이번에 세월호사건 같이 돌아오지 못한 분들을 위해서 빨리 돌아오라는 의미로 노란 리본을 다는 것입니다.

사실 사람이 살인죄를 저지른다는 것은 보통 정신으로는 불가능한 것입니다. 제 정신이 아니기 때문에 사람을 죽이는 것입니다. 예를 들어서 사람이 누군가에 대하여 미움의 감정을 가지게 되면 그 사람에 대한 모든 것을 다 싫어하게 됩니다. 그런데 이 미움의 감정이 극도로 심해지게 되면 그 사람을 이 세상에서 없애기 위해서 살인까지 저지르게 되는 것입니다. 물론 우리는 사람을 죽이거나 강간을 하거나 하지 않지만 우리의 잠재의식 속에는 남을 수도 없이 죽이고 악하고 더러운 짓을 수도 없이 많이 했던 것입니다. 우리는 이 무서운 본성 때문에 예수님이 필요한 것입니다. 즉 우리는 그냥 그대로 두면 너무나도 위험하게 된다는 것을 알기 때문에 예수님을 믿어야 하는 것입니다.

하나님은 동생을 죽인 가인을 당장 처벌하지 아니하시고 에덴의 동쪽에서 다시 다른 곳으로 추방하셨습니다.

4:12하 "너는 땅에서 피하며 유리하는 자가 되리라"

사실 동생 살인한 자를 하나님이 당장 심판하지 아니하시고 다시 살려주시는 것만 해도 얼마나 엄청난 일입니까? 아마 가인은 하나님께 수십 번이라도 절을 하며 감사하다고 해야 할 텐데 오히려 가인은 하나님의 처벌이 너무 무거워서 감당하지 못하겠다고 불평을 했습니다.

4:13-14 "가인이 여호와께 아뢰되 내 죄벌이 지기가 너무 무거우니이다 주께서 오늘 이 지면에서 나를 쫓아내시온즉 내가 주의 낯을 뵈옵지 못하리니 내가 땅에서 피하며 유리하는 자가 될지라 무릇 나를 만나는 자마다 나를 죽이겠나이다"

하나님은 동생을 죽인 가인에게 다시 한 번 살 수 있는 기회를 주셨습니다. 그러나 가인은 하나님께서 다시 한 번 주신 이 삶의 기회를 어떻게 사용해야 할지 몰랐습니다. 우리가 이해되지 않는 것은 왜 하나님은 아벨의 피가 나에게 호소를 했다고 하시면서도 가인을 죽게 하시지 않으셨을까 하는 점입니다. 그것은 아벨이 하나님께 자신의 원수를 갚아달라고 호소한 것이 아니라 가인을 용서해달라고 호소했기 때문이라고 생각합니다. 즉 아벨은 가인을 살려달라고 기도를 한 것으로 생각되는 것입니다. 그래서 성경은 의인의 기도는 역사하는 힘이 크다고 했습니다.

우리는 한 번 더 살 수만 있다면, 나에게 한 번 더 기회가 주어진다면 얼마나 좋을까 생각하지만 실제로 다시 한 번 살 기회가 주어져도 사실 우왕좌왕하면서 시간을 다 허비하고 말 것입니다.

빅토르 위고가 쓴《레미제라블》을 보면 장발장은 자신이 다시 한 번 살게 된다면 착한 사람이 되겠다는 결심을 실천에 옮깁니다. 그래서 레미제라블이 아름다운 것 같습니다. 그러나 이것은 절대로 우리 결심으로 되지 않습니다. 하나님이 우리에게 새 힘을 주셔야 하는 것입니다. 그런데 하나님이 가인을 그 땅에서 쫓아내신 것은 다시 한 번 철저하게 자신을 죽이고 새 출발하자는 뜻이었던 것입니다. 그러나 가인은 그동안 일구어놓은 땅에서 떠나야 한다는 것에 불안해했고, 특히 자기를 만나는 사람들이 자신을 떠돌이라고 죽일 것이 두렵다고 했습니다.

아니 이때 사람들은 아담과 하와와 가인 밖에 없었을 텐데, 또 다른 사람이 있었는가 하는 의문을 가지고 있는 이들이 많습니다. 그러나 이미 이때는 가인 외에도 다른 딸이나 아들들이 많이 태어나서 여기저기에 퍼져 살고 있었던 것입니다. 이때 하나님은 가인에게 표를 하나 주셔서 그가 죽임을 당하지 않게 해주셨습니다.

4:15 "여호와께서 그에게 이르시되 그렇지 아니하다 가인을 죽이는 자는 벌을 칠 배나 받으리라 하시고 가인에게 표를 주사 그를 만나는 모든 사람에게서 죽임을 면하게 하시니라"

이때 하나님이 가인에게 주신 표가 무엇인지는 알 수 없습니다. 어떤 사람은 가인의 이마에 하나님이 무슨 표시를 했을 것이라고 말하기도 합니다. 그러나 제 생각에는 요즘 우리들이 다는 노란 리본 같은 것이 아닐까 추측해봅니다. 물론 하나님이 노란 리본을 주셨다고 생각하지는 않지만, 가인에게 너는 언젠가 다시 돌아와도 좋다는 표시를 주신 것이 아닐까 생각을 해봅니다. 하나님은 우리 모두에 대하여 노란 리본이십니다. 하나님은 누구든지 돌아오시면 안아주시고 씻겨주시고 축복해주시는 것입니다. 결국 이것이 우리가 이 세상에서 망하지 않는 길입니다.

그러나 가인은 하나님께 끝내 돌아가지 않았습니다. 왜냐하면 가인의 자존심이 그것을 허락하지 않았기 때문입니다. 그 대신 가인은 성을 쌓고 도시를 만들고 안정을 취하게 됩니다.

4:17하 "가인이 성을 쌓고 그의 아들의 이름으로 성을 이름하여 에녹이라 하니라"

여기서 가인이 '성을 쌓았다'는 것은 다른 사람이나 짐승의 공격으로부터 자기를 지킬 수 있는 튼튼한 성을 가졌다는 뜻입니다. 사람이 성을 쌓고 나면 밤중에 도둑떼들이 공격하는 것이나 들짐승들의 공격을 막고 안전하게 생활할 수 있습니다. 그러니까 가인 전까지는 이렇게 튼튼한 집을 만드는 기술이 없었던 것입니다. 집을 만든다고 해봐야 텐트 정도였는데 가인은 안심하고 살 수 있는 안전한 곳을 만들었던 것입니다. 이것을 보면 가인이 얼마나 실제적이고 머리가 좋았는지 알 수 있습니다.

그런데 여기서 성이라고 한 것은 도시를 말한다고 볼 수도 있습니다. 즉 가인은 여러 사람들이 한 곳에 모여서 살 수 있는 성을 생각해 낸 것입니다. 성이 있으면 사람들은 물물 교환을 할 수 있습니다. 사람들은 서로 필요한 것을 교환할 수 있고, 얼마든지 한 가지 분야에 전문화를 이룰 수 있게 됩니다. 어떤 학자는 오늘 우리들이 이렇게 풍족하게 살 수 있는 것은 분업 때문이라고 했습니다. 즉 그 예전에 자급자족할 때에는 모든 것을 자기 스스로 만들어야만 했습니다. 그런데 사람들이 도시 생활을 하게 되니까 굳이 모든 것을 다 만들 필요가 없게 되었습니다. 각자는 자기가 할 수 있는 한 가지만 잘 만들면 도시에서 서로 물물 교환을 할 수 있었기 때문에 얼마든지 풍족한 생활을 할 수 있었습니다. 이것이 오늘날에는 더욱 더 도시가 대형화되어서 사람들은 전혀 자기 손으로 집을 짓거나 옷을 만들거나 하지 않고 돈을 주면 모든 것을 다 해결할 수 있게 되었습니다. 이런 도시 생활의 원조가 바로 가인입니다. 물론 우리는 도시 생활을 너무 죄악시 할 필요는 없습니다. 그러나 반대로 도시 생활을 너무나도 축복된 것으로 생각해서도 안 됩니다. 도시 생활은 인간이 살아가면서 생각해 낸 아주 편리한 한 방법인 것입니다. 그렇다고 해서 도시 생활만이 내 모든 행복을 다 해결해줄 수 있는 것으로 생각해서는 안 되는 것입니다.

2. 라멕의 고백

가인은 결혼한 후에 여러 자손들을 두었습니다. 이 가인의 후손들은 이 세상에서 많은 것들을 하면서 살았습니다. 그들은 도시를 만들기도 하고 새로운 기계들을 만들기도 하고 음악을 연주하기도 했지만, 하나님 앞에서는 의미가 없는 삶이었습니다. 그런데 가인의 후손 중에서 특징이 있는 사람은 5대손 라멕이었습니다.

> 4:19 "라멕이 두 아내를 맞이하였으니 하나의 이름은 아다요 하나의 이름은 씰라였더라"

남자가 한 여자와 결혼하여 부부가 되는 것은 하나님이 정하신 법칙입니다. 그런데 라멕은 대담하게도 "뭐 굳이 남자가 한 여자에게 매일 필요가 있느냐? 능력이 있으면 몇 명이라도 아내를 취할 수 있다"고 생각해서 두 명의 아내를 취했습니다. 그래서 라멕은 인류 최초로 두 명의 아내(아다와 씰라)를 취한 남자가 되었습니다. 그리고 라멕의 자손들은 이 세상에서 기술이나 예술의 발달에 아주 크게 기여를 했습니다. 라멕은 아다에게서 야발과 유발이라는 두 아들을 낳았는데, 야발은 장막에 거하면서 가축을 치는 자의 조상이 되었습니다. 이것은 이 사람이 단순히 양이나 소를 친 것이 아니라 직업적으로 목축을 해서 성공했다는 것입니다. 그리고 그의 동생 유발은 음악의 발전에 크게 기여를 했습니다. 유발은 음악에 있어서 전문가였습니다. 유발은 아마도 많은 음악을 창작한 것 같고 또 악기를 만들어서 보급하기도 한 사람인 것 같습니다. 또 라멕은 씰라에게서 두발가인이라는 아들을 낳았는데 그는 철붙이로 여러 가지 기구를 만드는 자였습니다. 다시 말해서 이미 쇠를 가지고 쟁기라든지 칼이라든지 여러 가지 필요한 도구들을 만들었던 것입니다.

중국 역사를 보니까 인간이 철을 발견하고 난 후부터 농사가 급격하게 발전하게 되었습니다. 즉 처음에는 인간이 돌에 박혀 있는 보석을 캐내다가 나중에는 금을 찾아서 재련을 하게 되고 그 후에는 철까지 찾아서 녹여서 만들게 되었는데, 인간이 철을 사용하면서 농업도 엄청 발달하게 되지만 비참한 살육 전쟁도 본격화되게 되었습니다.

그러나 본문에 라멕이 나중에 자기 아내에게 남긴 고백이 나옵니다. 그것은 무서운 죄의 고백입니다.

4:23-24 "라멕이 아내들에게 이르되 아다와 씰라여 내 목소리를 들으라 라멕의 아내들이여 내 말을 들으라 나의 상처로 말미암아 내가 사람을 죽였고 나의 상함으로 말미암아 소년을 죽였도다 가인을 위하여는 벌이 칠 배일진대 라멕을 위하여는 벌이 칠십칠 배이리로다 하였더라"

라멕은 겉으로 보기는 성공적인 멋진 삶을 산 것 같습니다. 그는 아름다운 여인과 결혼했는데 두 명과 결혼했고 자식들도 모두 성공한 사람이었습니다. 라멕은 나중에 자기는 사람을 죽인 적이 있다고 자백을 했습니다. 이것은 정말 무서운 자백입니다. 라멕은 한 사람만 죽인 것이 아니라 자기 마음에 들지 않든지 방해가 되는 사람들은 모두 다 죽이면서 성공을 했던 것입니다. 그래서 라멕은 하나님께서 가인을 죽이는 자에게 벌을 칠 배 내리신다면 자기를 죽이는 자에게는 벌을 칠십칠 배나 내려야 한다고 했습니다. 이렇게 라멕은 자기가 가인보다 더 많은 사람을 죽였다는 것을 고백하고 있는 것입니다. 라멕은 다른 사람과 싸웠는지 모르겠는데, 자기도 창으로 상처를 입었지만 사람을 죽였고, 자기도 상처를 입었지만 소년을 죽였다고 했습니다. 이것을 보면 라멕의 인생은 처절한 투쟁의 삶이었던 것을 알 수 있습니다. 그래서 라멕은 자기 죄가 가인보다 더 크다는 것을 인정했습니다.

라멕은 극도로 자기 자신을 분노의 상태에 빠뜨렸고 그 분노에서 분출하는 힘으로 많은 일을 해내었습니다. 그 많은 돈도 음악도 기술도 그의 마음속에 끓어오르는 분노와 죄의식은 다스릴 수 없었습니다. 그 분노 때문에 결국 이 세상에 더 많은 죄를 짓게 되었습니다.

3. 믿음의 사람들

하나님은 이 세상 사람들이 거의 모르는 가운데 믿음의 사람들이 생겨나게 하셨습니다. 이들이야말로 바로 여인의 후손들입니다.

4:25-26 "아담이 다시 자기 아내와 동침하매 그가 아들을 낳아 그의 이름을 셋이라 하였으니 이는 하나님이 내게 가인이 죽인 아벨 대신에 다른 씨를 주셨다 함이며 셋도 아들을 낳고 그의 이름을 에노스라 하였으며 그 때에 사람들이 비로소 여호와의 이름을 불렀더라"

가인은 동생 아벨이 하나님의 말씀에 순종해서 믿음의 제사를 드리고 하나님의 응답을 받았을 때, 그 동생을 시기해서 죽여 버렸습니다. 그래서 이 세상에는 믿음의 사람들이 없어지게 되었습니다. 그러나 하나님은 새로운 믿음의 사람이 태어나게 하셨습니다. 그 사람이 바로 '셋' 입니다. 셋이라는 이름은 '씨' 라는 뜻을 가진 것 같습니다. 그런데 셋의 아들 에노스 때부터 사람들이 비로소 여호와의 이름을 부르기 시작했다고 말씀하고 있습니다.
　여기서 "여호와의 이름을 불렀다"고 하는 것은 하나님께 예배드리는 생활을 시작했다는 뜻입니다.
　에노스의 삶은 예배로 시작되었고, 예배가 그의 삶의 중심이 되었다는 것을 알 수 있습니다. 아벨이 믿음으로 제사를 드렸다가 형 가인에게 죽임을 당한 후에 사람들은 믿음의 제사를 감히 드리지 못했던 것 같습니다. 왜냐하면 언제 또 가인이나 그의 아들들이 쳐들어와서 죽일지 몰랐기 때문입니다. 그러나 이 믿음의 제사가 에노스를 통해서 살아나게 되었습니다. 이것이 바로 에노스 시절에 일어났던 영적인 부흥이었습니다. 즉 아벨이 죽고 난 후에 오랫동안 하지 못했던 믿음의 제사를 에노스가 되살려 놓았던 것입니다. 에노스와 그의 믿음의 식구들은 우리가 하나님의 진노의 심판을 받지 않으려면 그들의 죄를 가릴 수 있는 믿음의 제사가 필요하다는 것을 알고 목숨을 걸고 아벨이 드렸던 그 피의 제사를 회복시켰던 것입니다. 그래서 아무리 어두운 죄악의 시기라 하더라도 영적인 부흥이 일어나면 살게 되어 있습니다.
　오늘도 이 땅에 하나님의 심판이 임하지 않게 막는 방법은 하나님의 말씀을 믿는 믿음의 제사를 드리는 것입니다. 그것은 바로 사람들의 죄를 덮을 수 있는 믿음의 예배입니다. 그래서 우리가 드리는 이 예배를 결코 부끄러워해서는 안 됩니다. 우리는 당연히 이 예배를 뜨겁게 살려야 하며 지켜야 하는 것입니다.
　창세기 5장을 보면 이때 사람들이 얼마나 오래 살았는지 무려 구백 세 가까운 나이를 살았습니다. 그리고 무려 천년에게 가까운 세월을 열 명의 족장들이 커버하고 있는 것을 볼 수 있습니다.

사람이 구백 세나 산다는 것은 오늘 우리가 받아들이기 어려운 사실입니다. 그런데 이스라엘 백성들에게 놀라운 사실은 설사 성경의 기록이 자기들의 머리로는 도저히 받아들일 수 없는 내용이라 하더라도 부정하거나 삭제하지 않고 기록으로 남겨 두었다는 점입니다.

아담은 구백삼십 세를 살았습니다. 이 나이는 노아가 태어나기 전까지에 해당됩니다. 아담은 노아가 태어나기 전까지 살면서 무엇을 했겠습니까? 아담은 살아가면서 후손들에게 하나님의 말씀을 가르쳤을 것입니다. 아담은 후손들에게 최초에 하나님이 어떻게 세상을 창조하셨으며 죄가 어떻게 이 세상에 들어오게 되었는지 그리고 하나님께서 그들에게 주신 약속이 무엇인지 가르쳐주었을 것입니다. 그래서 아담의 생애는 전기의 아담과 후기의 아담으로 나눌 수 있습니다. 전기의 아담은 인류의 대표로서 인류를 타락시킨 장본인이었습니다. 그러나 아담은 에덴동산에서 쫓겨난 후에 하나님의 말씀을 믿었고 복음 전도자로서의 인생을 살았던 것입니다. 그래서 어떤 의미에서는 전기 아담보다는 후기 아담이 더 보람이 있다고 말할 수 있습니다.

아마 노아 홍수 전에 인간은 노화가 정말로 놀라울 정도로 더디게 이루어지고 있었던 것 같습니다. 이들은 자식도 백 살이 넘어서 낳는 것이 예사였습니다. 그런데 이 믿음의 조상들이 낳은 자식들을 보면 거의 백 살이 되어서 한 명씩 낳게 되는데 그것은 그 아들만 낳았다는 것이 아닙니다. 이것은 믿음의 아들이 태어나는데 백년이 걸렸다는 뜻입니다. 이것을 보면 믿음의 자식 하나 낳는다는 것이 얼마나 어려운 일인지 잘 알 수 있습니다.

그런데 이들은 오랜 기간을 살면서 아주 놀라운 일을 하나 경험했습니다. 그것은 바로 에녹의 실종이었습니다.

> 5:24 "에녹이 하나님과 동행하더니 하나님이 그를 데려가시므로 세상에 있지 아니하였더라"

보통 사람이 죽으면 그 시체가 있어야 하는데, 에녹은 어느 날 갑자기 없어졌습니다. 시체도 없고 사람도 없어졌습니다. 즉 하나님은 에녹을 너무 사랑하셔서 갑자기 그를 데려가셨기 때문에 에녹은 죽지 않고 갑자기 없어졌던 것입니다. 이것이 보여주는 것이 무엇입니까? 에녹은 죽지 않고 바로 영광스럽게 없어짐으로 천국과 영생이 있다는 것을 보여주었던 것입니다.

그러면 죽음의 문을 통과하지 않고 바로 영원한 세계로 옮기어진 에녹의 삶은 어떤 것이었습니까? 에녹의 삶은 아주 단순했습니다.

에녹은 육십 오세에 아들 므두셀라를 낳았는데, 에녹의 인생은 아들을 낳고 난 후부터 철저하게 하나님과 동행하며 살았습니다. 에녹은 일어날 때에도 하나님과 함께 일어나고 생활할 때에도 하나님과 함께 생활을 했습니다. 에녹은 절대로 이 세상 사람들의 성공이나 출세를 부러워하지 않았습니다. 즉 에녹은 지금까지 세상을 따라가고 욕심을 따라가던 삶을 버리고 오직 하나님의 말씀에 순종해서 살기 시작했습니다. 그러니까 하나님은 너무 에녹을 사랑하셔서 그가 죽음을 겪지 않고 바로 영생으로 들어가게 하셨습니다.

사람마다 모두 이 세상에서 성공의 목표가 있을 것입니다. 돈을 많이 번다든지 아니면 유명해지는 목표가 있을 것입니다. 그러나 에녹의 목표는 하나님과 동행하는 것이었습니다. 더 정확하게 말하면 에녹은 하나님의 말씀을 붙드는 것이 목표였고 철저하게 하나님의 말씀과 함께 살았던 것입니다.

신약의 유다서를 보면 에녹 당시 사람들이 너무나도 타락하게 살았을 때 에녹은 타락한 당시 사람들을 책망했다고 말씀하고 있습니다. 즉 에녹은 홍수 전 사람들의 그 타락한 인생을 따라가지 않고 세상 욕심을 버리고 전적으로 신앙생활에만 철저 했던 것을 볼 수 있습니다. 결국 어느 시점부터 말씀을 붙드느냐 하는데 따라서 그 인생이 달라지는 것입니다. 우리가 처음부터 하나님과 동행하지 못했다 하더라도 어느 시점부터 하나님을 붙들고 살면 그때부터 우리에게는 영생이 시작되게 됩니다.

우리는 마치 가인과 그의 후손들이 발전시킨 문명의 세계 속에서 살아가고 있습니다. 우리는 이것을 하나님이 주신 선물로 알고 잘 사용하면 좋습니다. 그러나 우리에게 주신 사명은 하나님의 이름을 부르며 영적 부흥을 일으키는 것입니다. 우리도 오늘 이 시점을 계기로 해서 전적으로 하나님과 동행하심으로 영생의 길을 가는 축복의 성도들이 다 되시기 바랍니다.

11
대재앙의 전야 / 창세기 6:1-22

어떤 영화의 장면이 기억납니다. 멋지게 생긴 남녀 젊은이들이 자기 앞에 어떤 운명이 닥칠지 모르고 서로 헤어진 여자 생각을 하거나 직장에서 잘린 것을 생각하거나 앞으로 공부할 것을 생각하면서 버스를 타고 가다가 갑자기 다리가 무너지면서 무참하게 죽는다는 스토리였습니다. 아마 이 젊은이들이 미래를 볼 수 있는 능력을 가지고 있었다면 절대로 그 버스를 타지 않았을 것이고 무슨 수를 써서라도 자기 친구나 애인을 그 버스에서 내리게 했을 것입니다.

그런데 어느 중학교 학생들은 좋은 선생님을 만난 덕분에 모두 목숨을 건지게 되었습니다. 즉 한 반의 학생들이 정비가 안 된 버스를 타고 수학여행을 가는 중이었는데, 그 버스가 내리막길을 내려갈 때 속도가 줄지 않으니까 선생님이 학생들에게 "얘들아! 전부 벨트를 매!"라고 소리를 질렀고, 그 말을 들은 학생들이 전부 벨트를 했기 때문에 버스가 골짜기에 굴러 떨어졌지만 부상자는 있어도 사망자는 없었다고 합니다.

그런데 우리가 이 세상을 살아가면서 이런 재앙이나 사고를 피할 수 있는 방법은 없을까요? 성경은 그 방법이 있다고 말씀하고 있습니다.

우리가 이 세상에서 알지 못하는 수많은 재앙으로부터 살 수 있는 길은 하나님의 말씀을 붙들고 사는 것입니다. 그러나 우리가 하나님의 말씀을 붙들고 살면 이 세상에서 할 수 없는 것이 너무나도 많이 있습니다. 즉 우리는 말씀의 제약을 받아야 하는 것입니다. 그런데 위기의 순간에 하나님의 말씀은 반드시 그 능력을 발휘합니다.

지질학자들은 과거 어느 한 시점에 이 지구상에 대대적인 홍수가 있었다는 사실을 모두 인정하고 있습니다. 왜냐하면 지구의 지층을 보면 한꺼번에 땅이 매몰 된 곳들이 너무나 많이 있고 더욱이 나무나 동물들이 한꺼번에 묻혀버린 지형들도 많이 있기 때문입니다. 특히 과학자들은 지구에서 가장 높은 히말라야 산맥이 옛날에 바다였다는 것을 언급하고 있습니다. 즉 옛날에는 히말라야 산맥도 바다 속에 있었는데 그곳이 솟아올라서 그렇게 높은 산이 되었다는 것입니다. 일본 홋카이도에 가면 소하산이라는 산이 있습니다. 그 산은 1940년에는 평지였는데 조금씩 조금씩 솟아오르기 시작하더니 어느 순간 산이 된 것입니다. 그런데 지금도 그 산의 어느 지역은 너무 뜨거워서 맨 손으로는 올라갈 수가 없다고 합니다.

그러나 지질학자들은 이 엄청난 대홍수가 언제 정확하게 일어났는지 잘 알지 못합니다. 그리고 지질학자들은 이 대홍수가 인간이나 동식물들에게 어느 정도의 피해를 주었는지 알지 못합니다. 그런데 성경은 이 대홍수가 일어났던 정황에 대해서 아주 정확하게 설명을 해주고 있습니다. 아무도 이 홍수를 정확하게 본 사람이 없었을 텐데 어떻게 이런 설명이 가능할까요? 그 이유는 이것을 하나님의 카메라로 보았기 때문입니다. 성경에는 이런 부분들이 있습니다. 즉 아무도 볼 수 없었던 천지 창조 같은 것도 하나님의 카메라로 보고 정확하게 기록을 한 것입니다.

우리가 살고 있는 이 지구는 애당초 처음 설계될 때 인간의 죄가 어느 수준 이상을 올라가면 전혀 예고 없이 재앙이 터지도록 만들어져 있었습니다. 인간이 하나님을 두려워하지 않고 마음껏 죄를 지으면서 살았을 때 지구상에 있는 모든 인류와 짐승들과 새들이 멸망당하는 엄청난 재앙이 터지고 말았던 것입니다. 그런데 사람들이 이 무서운 재앙에서 살 수 있는 유일한 방법은 하나님의 말씀을 붙들고 영적인 부흥이 일어나게 하는 것입니다. 그래서 세상을 따라가지 아니하고 하나님의 말씀을 듣고 예배하는 것이 그렇게 중요한 것입니다.

1. 세상을 따라간 하나님의 백성들

인간의 가장 놀라운 특징 두 가지를 들라고 한다면, 하나는 인간은 무한한 자유를 누릴 수 있다는 것입니다. 인간은 억압이 없으면 자기가 원하는 대로 살 수가 있습니다. 그리고 인간의 또 다른 특성은 모두 엄청나게 머리가 좋다는 것입니다. 그렇지만 인간의 그 좋은 머리와 자유가 결합하게 되면 엄청난 방종과 타락이 나오게 되는 것입니다. 결국 인간은 이 세상에서 문명을 발전시키고 잘 살게 되었을 때 엄청난 방종을 하게 되었습니다. 그런데 이런 방종은 하나님의 백성들까지 오염을 시켜서 그들이 하나님의 말씀을 버리는 지경에까지 이르게 되었습니다.

> 6:1-2 "사람이 땅 위에 번성하기 시작할 때에 그들에게서 딸들이 나니 하나님의 아들들이 사람의 딸들의 아름다움을 보고 자기들이 좋아하는 모든 여자를 아내로 삼는지라"

여기에 보면 이해하기 어려운 표현이 나오는데 바로 '하나님의 아들들이 사람의 딸들과 결혼을 했다'는 내용입니다. 옛날 그리스 신화를 보면 신들이 아름다운 처녀를 보면 납치해서 겁탈을 하기도 하고 결혼해서 아이를 낳는 이야기들이 나옵니다. 그리고 그리스 신들 중에 가장 바람둥이는 최고의 신인 '제우스'입니다. 그래서 어떤 학자는 이 말씀을 보고 성경이 이방 신화의 영향을 받았다고 주장을 하기도 했습니다. 그러나 성경은 일체 그런 사상을 인정하지 않습니다.

여기서 말하는 하나님의 아들들은 믿음을 가진 후손들을 말하는 것입니다. 즉 하나님께서 '셋'을 주셔서 에노스 때부터 하나님의 이름을 부르며 예배를 드렸는데, 그들이 바로 하나님의 아들들인 것입니다. 그러면 왜 성경은 이들을 여인의 후손이라고 하지 않고 하나님의 아들들이라고 부르고 있을까요? 그것은 하나님이 이들을 이만큼 존귀하게 생각하셨다는 뜻입니다. 거기에 비해서 성경은 믿음 없는 사람들을 '사람의 딸'이라고 부르고 있습니다.

그래서 이 당시 믿음의 후손들은 인간의 몸을 가지고 있지만 욕망대로 살지 않고 하나님을 믿는 믿음으로 살았기 때문에 타락하지 않았고 천사같이 존귀한 삶을 살고 있었습니다. 그들에 비해 믿음이 없는 자들은 마음껏 육체를 위한 삶을 살았는데 이것은 그야말로 사람의 딸의 모습이었던 것입니다. 여기서 가장 심각한 것은 믿음을 가진 자들이 신앙 없는 여인들의 육체적인 아름다움에 빠져서 그 여자들과 결혼하기 시작했다는 것입니다. 이것을 보면 상당한 기간 동안 하나님을 믿는 백성들과 세상 사람들은 구별 되어서 살았던 것 같습니다. 즉 아마 꽤 오랫동안 가인의 후손들과 믿음의 후손들은 따로 떨어져서 살았던 것 같습니다. 그래서 가인의 후손들은 마음껏 문명을 발달시키고 결혼하고 이 세상을 즐기면서 살아가고 있었고 믿음의 후손들은 아마 산이나 다른 곳에서 단순하게 살며 하나님께 제사 드리면서 여인의 후손이 오셔서 우리들을 구원하시는 것만 기다리면서 살았던 것 같습니다.

셋 이후의 믿음의 자손들이 상당한 기간 동안 세상과 교류를 멀리하고 자기들끼리 기도하고 하나님께 예배드리면서 살았습니다. 그러다가 어느 날부터 세상에 와보니까 너무 좋은데 자기들은 바보같이 이런 세상 재미를 다 외면하고 오로지 하나님께 믿음의 제사만 드리고 있다는 것을 알게 되었습니다. 그들은 세상이 이렇게 재미있다는 것을 알지 못하고 매일 하는 것이 회개나 하고 피의 제사만 드리고 있었던 것입니다. 그랬던 이들이 가인 계통의 여자들의 육체적인 아름다움을 보았고 이들과 결혼하면서 오랫동안 잘 지켜왔던 경건한 예배와 신앙을 버리게 되었던 것입니다. 즉 그때까지 자신들이 붙들고 있던 믿음을 버렸던 것입니다. 여기서 우리가 충격적으로 받아들여야 할 것은 하나님께서는 이 경건한 자들을 '하나님의 아들들' 이라고 부르고 있다는 사실입니다. 이들은 천사들이 아닙니다. 다른 사람들과 똑같은 죄성을 가진 인간들입니다. 그럼에도 불구하고 하나님께서 이들을 하나님의 아들들로 생각하고 계셨던 것입니다.

노아 홍수 전에 신앙을 가진 자들이 하나님의 예배보다는 아름다운 여인들과 결혼해서 행복하게 사는 것이 더 좋다고 생각했습니다. 그래서 그들은 더 이상 아벨의 피의 제사도 드리지 않았습니다. 아마도 세상 여자들은 짐승을 죽여서 드리는 피의 제사를 아주 끔찍하게 생각했을 것입니다.

사람들이 문명화될수록 죄에 대해 설교하는 것을 싫어합니다. 오히려 사람들은 성공이나 축복만 이야기하는 고상한 신앙을 더 좋아합니다. 그래서 더 이상 아벨의 피의 제사는 없어지고 말았습니다.

그러나 이들이 알지 못했던 것은 아벨의 피의 제사가 이 세상의 심판을 받아주었다는 것입니다. 이 세상이 멸망하지 않고 지탱되는 것은 누군가가 믿음의 제사를 드리기 때문입니다. 후에 이 세상에 무서운 홍수 재앙이 일어나게 된 것은 더 이상 하나님의 진노를 막을 수 있는 진정한 예배가 없어졌기 때문입니다. 경건한 자들이 세상의 여인들과 결혼한 후로는 더 이상 그런 경건한 예배가 없어져 버렸기 때문입니다.

2. 세상을 따라간 결과

하나님의 백성들이 믿음을 지키고 열심히 예배드리는 것이 사람의 눈으로 보면 별 것 아닌 것 같습니다. 하나님의 백성들이 참된 예배를 버리고 세상을 따라갔을 때 세상에는 폭력이 난무하게 되었습니다. 예를 들어서 학교 교사나 의대생들 가운데 크리스천들의 모임이 있습니다. 그들은 모여서 예배도 드리고 수련회도 하고 기도회도 가집니다. 그런데 세상 사람들은 이 작은 크리스천들의 모임이 학교나 사회나 군대에서 폭력과 살인과 성 추행 같은 비행을 상당히 줄이고 있다는 사실을 잘 알지 못합니다. 요즘 우리 사회에는 자살하는 사람들이 너무 많고 직장이나 사회에서도 성 추행이나 폭행이 많이 일어나고 있습니다. 만일 하나님의 백성들이 예배의 감동을 잃어버리고 복음의 기쁨을 잃어버리고 세상을 따라간다면 이 세상은 더 많은 폭력과 성적인 범죄로 가득 차게 될 것입니다.

> 6:3-4 "여호와께서 이르시되 나의 영이 영원히 사람과 함께 하지 아니하리니 이는 그들이 육신이 됨이라 그러나 그들의 날은 백이십 년이 되리라 하시니라 당시에 땅에는 네피림이 있었고 그 후에도 하나님의 아들들이 사람의 딸들에게로 들어와 자식을 낳았으니 그들은 용사라 고대에 명성이 있는 사람들이었더라"

여기서 '네피림'이라는 말은 '영웅'이라는 뜻입니다. 아마도 네피림은 사람들을 많이 쓰러트린 검투사나 격투기 하는 사람들이었던 것 같습니다. 즉 이들은 많은 사람들을 죽이고 이 '네피림'이라는 명칭을 얻었다는 의미입니다. 다시 말해서 이 당시에 영웅이 되려면 수많은 사람들을 쓰러트려야 하고 죽여야 했던 것입니다.

옛날 로마시대 때 로마 황제들은 원형 경기장을 만들어 놓고 검투사들로 하여금 사람을 죽이는 경기를 시켰는데, 사람을 많이 죽이면 죽일수록 영웅이 되었던 것입니다. 〈글레디에이터〉 같은 로마에 대한 영화들을 보면 이런 검투사들이 얼마나 잔인하게 사람들을 죽였고, 사람을 죽일 때마다 로마 사람들이 열광을 했던 것을 볼 수 있습니다.

그런데 이런 일에 하나님의 아들들도 가세했습니다. 믿음의 사람들이 세상의 여인들과 결혼해서 낳은 자식 중에서도 네피림이 나오기 시작했습니다. 이들은 용사였고 고대에 아주 유명한 자들이었습니다. 즉 노아 홍수 이전에 사람들은 아주 폭력적이었습니다. 그 옛날에 마피아가 판을 치고 있었고 조폭들이 세상을 지배하고 있었던 것입니다. 가끔 요즘도 사우나에 가면 온 몸에 아주 징그럽게 문신을 한 사람들을 볼 수 있습니다. 그런 사람을 보기만 해도 얼마나 무서운지 모릅니다. 그런데 여기에 믿음의 자손들도 가세를 한 것입니다. 경건한 자들이 믿음으로 어려움을 해결하려고 하지 않고 세상 사람들과 똑같이 폭력이나 세상의 방법으로 자신들의 문제를 해결하려고 한 것입니다.

하나님은 이 세상의 미래 가능성을 말씀으로 소생할 가능성이 있느냐 하는 것으로 보십니다. 하나님께서는 소돔과 고모라에도 의인 열 명만 있으면 가능성이 있다고 생각하셨습니다. 그런데 이 믿음의 사람들이 세상을 따라가면서 부흥의 불씨가 완전히 꺼지게 된 것입니다.

이것에 대하여 하나님은 한탄하셨습니다.

> 6:5-6 "여호와께서 사람의 죄악이 세상에 가득함과 그의 마음으로 생각하는 모든 계획이 항상 악할 뿐임을 보시고 땅 위에 사람 지으셨음을 한탄하사 마음에 근심하시고"

여기서 하나님께서 "사람 지으셨음을 한탄" 하셨다는 것은 하나님께서 우리 인간의 나타난 결과에 대하여 실망하신 것을 말합니다. 하나님께서는 아무리 이 세상이 타락해도 경건한 믿음의 사람들을 통해서 다시 부흥이 일어날 것을 기대하셨습니다. 그러나 부흥의 가능성은 완전히 없어지고 말았습니다. 그 대신에 살인과 음란이 세상을 가득 채우게 되었던 것입니다.

하나님께서는 도저히 인간들과 함께 하실 수 없다는 결론을 내리고 계십니다. 우리 인간은 몸을 가지고 있기 때문에 죄를 짓지 않을 수가 없습니다. 그러나 우리 인간들이 하나님의 말씀을 붙들면 부흥이 일어나기 때문에 얼마든지 가능성이 있습니다. 그러나 하나님의 말씀을 버린 인간은 앞으로도 가능성이 없는 것입니다.

그래서 하나님께서는 인간에 대하여 실망하셨습니다. 하나님께서는 사람의 연수를 120년으로 정하셨습니다. 이것은 지금부터 홍수의 멸망까지 남은 기간이라고 볼 수 있습니다. 앞으로 인간의 모든 생명은 120년이 지나면 끝이 나게 됩니다. 그러나 사람들은 지구의 멸망을 믿지 않았습니다. 인간은 모두 자기 잘난 맛에 살고 있지만 그들의 멸망의 시간은 점점 다가오고 있었습니다.

3. 노아가 가진 믿음

놀라운 것은 노아 홍수 전에 거의 모든 믿음의 사람들이 세상을 따라갔는데 오직 한 사람 노아만이 바른 믿음을 지키고 있었다는 점입니다.

> 6:8-9 "그러나 노아는 여호와께 은혜를 입었더라 이것이 노아의 족보니라 노아는 의인이요 당대에 완전한 자라 그는 하나님과 동행하였으며"

성경은 노아에 대하여 "의인이요 당대에 완전한 자"고 말씀하고 있습니다. 이것은 노아가 전혀 죄성이 없었다거나 한 번도 실수한 적이 없다는 뜻이 아닙니다. 사실 노아도 우리와 같은 죄인이었습니다. 그러나 그가 하나님을 믿고 하나님의 말씀을 붙들었을 때 하나님은 그로 하여금 의인이 되게 하셨습니다. 즉 노아의 죄를 가져가시고 깨끗한 사람이 되게 하셨던 것입니다. 이것이 바로 노아가 의인이 된 비결이었습니다. 우리가 하나님의 말씀을 믿으면 하나님이 우리 죄를 다 가져가시고 우리를 깨끗케 하셔서 의인이 되게 하십니다.

그런데 중요한 것은 이 모든 것이 하나님의 은혜였다는 사실입니다.

> 8절 "그러나 노아는 하나님께 은혜를 입었더라"

즉 노아가 당시 사람들처럼 죄짓지 않고 의인으로 살았던 것은 그의 윤리의식이 투철했거나 지성이 뛰어나서 그런 것이 아니라, 노아가 하나님을 믿으니까 하나님께서 그로 하여금 죄를 짓지 못하도록 막아주신 것입니다. 그리고 하나님은 노아가 믿음으로 살도록 지켜주셨습니다.

하나님은 어떤 사람에게는 마음껏 죄를 짓도록 내버려 두십니다. 그 이유는 그 사람은 은혜를 받지 못했기 때문입니다. 그런데 하나님은 어떤 사람에게는 사사건건 간섭하셔서 죄를 짓지 못하게 하십니다. 바로 그것이 하나님의 은혜입니다.

그뿐만 아니라 노아는 하나님과 동행하는 사람이었습니다. 하나님과 동행하는 자라는 것은 하나님의 말씀을 붙들고 사는 사람을 말합니다. 우리가 하나님과 동행하는 이유는 우리가 언제나 죄를 지을 수 있다는 것을 잘 알기 때문입니다. 모든 사람의 마음속에는 죄를 지으려고 하는 광기가 있습니다. 그래서 우리는 예수님을 믿는 것입니다. 그러나 자기 자신에 대하여 자신감이 있는 사람은 하나님과 동행하려고 하지 않습니다. 이런 사람은 운전을 하면서 벨트를 매지 않는 사람과 같습니다. 아무 일도 없을 때는 좋은데 사고가 터지면 끝장이 나는 것입니다.

> 6:13 "하나님이 노아에게 이르시되 모든 혈육 있는 자의 포악함이 땅에 가득하므로 그 끝 날이 내 앞에 이르렀으니 내가 그들을 땅과 함께 멸하리라"

하나님은 노아에게 장차 있을 홍수의 대재앙에 대하여 말씀하셨습니다. 그리고 하나님은 노아에게 그 홍수를 대비해서 큰 배를 만들게 하셨습니다. 사실 하나님이 노아에게 시키신 것은 너무나도 번거롭고 귀찮고 힘든 일이었습니다. 즉 하나님은 노아에게 자동적으로 홍수를 피할 수 있는 방법을 가르쳐주신 것이 아니라 자기들의 힘으로 엄청나게 큰 배를 만들어야만 했는데 이 배를 만들려면 다른 일은 일체 할 수가 없었던 것입니다.

이 당시 사람들도 대홍수에 대한 이야기는 들었습니다. 그러나 그들은 아무도 이 홍수를 믿지 않았습니다. 왜냐하면 그때까지 대홍수가 없었을 뿐 아니라 일어날 기미조차 없었기 때문입니다.

　다른 사람들은 이 세상이 그대로 유지된다는 확신을 가지고 마음껏 먹고 마시고 즐겁게 살았지만 노아는 앞으로 있을지도 모를 홍수에 대비해서 배를 만드는데 자신의 인생을 다 소비했습니다. 그래서 그 당시 세상 사람들은 전부 노아가 미쳤거나 바보라고 생각했습니다. 그리고 사람들 중에는 그를 찾아와서 따지거나 미친 짓을 하지 말라고 욕하는 사람도 있었을 것입니다. 그러나 결국 무서운 홍수가 일어나서 사람들이 만든 모든 성이나 집이나 물건 할 것 없이 모든 사람들까지 다 홍수에 쓸려서 죽었습니다.

　노아의 방주는 고페르 나무로 만들어진 아주 튼튼한 배였습니다. 그러나 이 배는 문제가 있었습니다. 즉 이 배는 한번 들어가면 도저히 어디로 가는지 밖을 내다볼 수 없었고 또 배를 저을 수 있는 노도 없었습니다. 만일 이 배가 모르는 사이에 망망대해로 흘러 가버리면 노아나 그 안에 있는 짐승들은 결국 굶어 죽게 될 것입니다. 그리고 한번 들어가면 바깥 세상이 어떻게 돌아가는지 도무지 알 수 없었습니다.

　이것은 오늘 우리의 신앙생활과 비슷합니다. 우리는 때때로 예수 믿고 난 후에 내 인생이 어느 방향으로 흘러가는지 도무지 알 수 없을 때가 많습니다. 우리는 밖을 내다볼 수가 없습니다. 우리는 오직 기도로 숨만 쉬고 있을 뿐입니다. 그러나 이 배는 하나님이 운전하시는 배입니다. 그래서 이 배는 엔진이나 노가 필요 없었습니다. 또한 하나님이 운전하시기 때문에 우리는 밖을 굳이 내다볼 필요가 없습니다. 우리는 그냥 믿음으로 기다려야 하는 것입니다.

　하나님은 노아와 언약을 맺으셨습니다. 여기서 언약을 맺었다는 것이 매우 중요합니다. 우리가 다른 사람의 집을 빌릴 때 집 주인이 그냥 집을 쓰라고 하면 당장은 좋지만 불안할 것입니다. 왜냐하면 주인의 마음이 변하면 언제든지 나가라고 할 수 있기 때문입니다. 그러나 주인과 계약을 맺으면 그 계약 기간 동안은 주인도 함부로 나가라고 할 수 없습니다. 왜냐하면 계약을 세우면 주인이라도 그 계약을 지켜야 하기 때문입니다.

하나님이 노아와 언약을 세우신 이상 반드시 노아와 그 배에 탄 자들의 생명은 지켜 주셔야 합니다. 그래서 언약을 맺은 후 노아는 더 이상 불안해하지 않았습니다. 왜냐하면 하나님이 반드시 그 언약을 지키실 것이기 때문입니다. 갑자기 폭풍이 닥쳐서 배에서 깨어지는 소리가 나거나 아니면 배가 자꾸 이상한 쪽으로 흘러가는 것 같아도 노아는 두려워할 필요가 없었습니다. 왜냐하면 하나님께서 언약을 세우셨기 때문입니다. 하나님은 한번 약속하시면 반드시 지키셔야 합니다. 왜냐하면 하나님은 거짓말을 하실 수 없기 때문입니다.

하나님께서 오늘 우리에게 주신 언약이 무엇입니까? 우리가 하나님의 말씀을 붙들기만 하면 하나님께서 우리의 모든 삶을 책임지시겠다고 하셨습니다. 왜 우리가 무엇을 입을지 염려해서는 안 됩니까? 우리에게 하나님의 언약이 있기 때문입니다. 왜 우리가 결혼 문제를 걱정해서는 안 될까요? 우리에게 하나님의 언약이 있기 때문입니다. 우리가 하나님의 말씀을 붙들기만 하면 하나님은 나의 모든 살고 죽는 것, 나의 삶 전체를 책임지시게 되어 있습니다.

아무리 하나님의 말씀을 듣고 기도하고 예배드리는 것이 시간낭비처럼 보이고 또 어서 속히 이 세상에 나가서 돈을 벌고 싶고 공부해서 성공하고 싶더라도 이 믿음의 예배를 지켜야 하는 것입니다. 아무리 이 세상에 아름다운 여인이 있고 남자가 있고 성공과 출세가 있다 하더라도 제사장의 사명을 지켜야 하는 것입니다. 오늘 우리의 예배가 이 나라를 지키는 예배가 되기를 바랍니다.

12 대 재앙의 날 / 창세기 7:10-11

우리가 사는 이 세상에 도저히 상상할 수 없는 끔찍한 재앙들이 일어나서 도시나 마을들을 폐허로 만들고 수많은 사람을 죽게 하는 사고를 종종 보게 됩니다.

그런데 과거 한때 이 지구상에는 거의 모든 사람이나 생명체가 멸종했던 어마어마한 대홍수가 있었습니다. 이 홍수가 얼마나 대단한 홍수였던지, 당시 지구상에 존재했던 거의 대부분의 사람들과 짐승들과 새나 곤충들이 전부 다 멸망했던 어마어마한 대홍수였던 것입니다.

노아 때 세계 인구는 아마 아무리 적다고 해도 몇 백만 명 정도는 되었을 것입니다. 그때 이 대홍수로 몇 백만 명 중에서 여덟 명만 살았다는 것은 그때 당시 인구의 99.99 퍼센트가 멸종한 것입니다. 그리고 이 당시 사자나 호랑이나 코끼리 같은 맹수들도 적어도 몇 천 마리 이상은 있었을 것입니다. 그런데 이런 맹수들 중에서 딱 두 마리 그것도 암수 한 쌍씩만 살고 전부 다 죽었습니다. 노아 때 발생했던 홍수는 단순한 홍수가 아니라 홍수와 쓰나미가 합쳐진 것이었습니다. 그 무서운 쓰나미로 과거 인간들이나 생명체는 거의 전부가 멸종한 것입니다. 우리는 이것을 아주 심각하게 생각해야 합니다. 왜냐하면 지금도 쓰나미나 지진이나 화산 폭발이 많이 일어나고 있기 때문입니다. 이 엄청난 대재앙을 통해서 무엇이 과연 우리를 살게 했는가 하는 것을 살펴보아야 합니다.

1. 홍수 중에 생명을 살린 것

큰 지진이 일어나기 전에 야생짐승들이나 새들은 그것을 느낄 수 있다고 합니다. 그래서 몇 년 전 인도네시아에서 쓰나미가 발생해서 수십만 명의 사람들이 죽었을 때 야생 새나 동물들의 사체는 단 하나도 없었다고 합니다. 그 이유는 야생동물들에게는 제6감이라는 것이 있어서 지진이 일어나기 전의 변화를 느낄 수 있기 때문이라고 합니다. 그래서 지진이 일어나기 전이나 쓰나미가 일어나기 전에 쥐들이 대이동을 한다거나 혹은 새들이 소리를 지르면서 일제히 날아가는 현상이 일어난다고 합니다. 그러나 인간은 그 뛰어난 두뇌에도 불구하고 지진이 일어나는 것을 미리 알아차릴 수가 없습니다. 그렇지만 지구에서 큰 재앙이 일어날 때에 하나님은 그 모든 것을 아시며 통제를 하십니다.

특히 하나님은 그런 재앙 가운데 하나님의 백성들이 있을 때에는 그들에게 알려주시고 미리 피할 길을 가르쳐주십니다. 그래서 우리는 평소에도 하나님의 음성 듣는 것을 배워야 하고 아주 중요하게 생각을 해야 합니다.

하나님은 먼저 노아에게 그가 지은 방주 안에 들어가라고 명령하셨습니다.

7:1 "여호와께서 노아에게 이르시되 너와 네 온 집은 방주로 들어가라 이 세대에서 네가 내 앞에 의로움을 내가 보았음이니라"

우리가 생각하기에는 믿음으로 사는 것과 큰 재앙을 피하는 것은 아무 상관이 없는 것 같습니다. 예를 들어서 홍수가 터지고 지진이 발생했는데 믿음을 가지고 있다고 해서 그 재난을 피할 수 있는 것은 아닐 것입니다. 홍수가 믿는 자라고 해서 피해가는 것도 아니고, 지진이 의인이라고 해서 일어나지 않는 것도 아닐 것입니다. 그럼에도 불구하고 하나님은 믿는 자들을 통해서 재앙이 발생하지 않도록 하시거나 혹은 믿는 자들로 하여금 미리 피해가게 하십니다.

하나님은 노아에게 "내 앞에 의로움을 내가 보았다"라고 말씀하셨습니다. 여기서 '의'라는 것은 노아의 믿음을 말합니다. 그 믿음은 바로 노아가 하나님의 말씀을 믿고 순종하는 것이었습니다. 노아를 대홍수에서 구원하신 것은 그가 6감이 뛰어났거나 용감했기 때문이 아니었습니다. 노아에게는 하나님의 말씀을 믿고 순종하는 믿음이 있었기 때문입니다.

이때만 해도 지구에는 큰 지진이나 홍수가 없었습니다. 그러나 노아는 하나님의 말씀을 믿었습니다. 그뿐만 아니라 노아는 큰 배를 준비하라는 하나님의 말씀에 순종해서 많은 시간과 노력을 들여서 방주를 만들었습니다. 이것이 바로 노아의 의였고 믿음이었습니다. 이처럼 우리의 믿음은 하나님의 말씀을 믿는 믿음이어야 하고 하나님께서 말씀하셨으면 자기 생각과 달라도 순종하는 실천이 있어야만 합니다. 우리는 이때 이미 많은 영웅들이 있었고 성공한 사람들이 있었으며 믿음의 후손들도 많이 있었던 것을 알고 있습니다. 그러나 그들은 하나님의 말씀을 온전히 믿지 않았고 순종하지 않았습니다.

그리고 하나님은 이 지구상에서 새나 짐승들이 멸종하지 않도록 가능한 한 모든 종류 중에서 한 쌍씩을 챙겨서 배에 실으라고 명령하셨습니다. 그것은 암놈과 수놈 두 마리가 있어야 그 종이 보존될 수 있기 때문입니다. 그런데 하나님은 정결한 짐승이나 새는 일곱 쌍을 배에 태우라고 하셨습니다. 이것은 홍수가 다 끝난 후 하나님께 제사 드리기 위함이었습니다. 그래서 깨끗한 짐승을 일곱이나 태운다는 것 자체가 그들이 홍수에서 살아남을 것을 약속하는 것입니다.

옛날 집에 양식이 전혀 없는데 부모는 자식들을 키워야 할 때가 있습니다. 부모는 식사 시간에 되어서 아이들이 허겁지겁 밥을 먹어치우는 것을 보면 앞으로 이 아이들을 도대체 어떻게 키울까 걱정 될 때가 있습니다. 그러나 그 아이들이 하나님께 기도하는 모습을 보면 하나님이 이 아이들을 끝까지 지켜주시겠구나 하는 확신을 가지게 됩니다. 왜냐하면 하나님은 기도하는 아이들을 절대로 망하게 하시지 않기 때문입니다. 그래서 부모는 아이에게 영어나 운동을 가르치거나 하기 이전에 기도하는 것을 가르쳐야 합니다. 왜냐하면 하나님은 기도하는 아이들을 절대로 망하게 하시지 않기 때문입니다.

어거스틴은 젊었을 때 너무 방탕했기 때문에 그의 어머니 모니카가 암브로스 목사님을 찾아가서 자기 아들을 만나서 권면을 해 달라고 간곡히 부탁했습니다. 그러나 그때 목사님은 그 어머니에게 "당신의 아들은 너무 오만해서 지금 누가 말을 해도 듣지 않습니다. 그러나 이것만은 기억하세요."라고 하면서 "눈물의 자식은 결코 망하지 않습니다."라는 권면을 했습니다. 그래서 어거스틴의 어머니는 기도하기 시작했는데 결국 어거스틴은 회개하고 당대 최고의 신학자가 됩니다. 우리 청년들도 기도하는 청년은 절대로 망하지 않는 것을 믿으시기 바랍니다.

하나님은 앞으로 일어날 홍수에 대하여 노아에게 미리 설명해주셨습니다.

7:4 "지금부터 칠 일이면 내가 사십 주야를 땅에 비를 내려 내가 지은 모든 생물을 지면에서 쓸어버리리라"

하나님은 대홍수의 시작이 노아가 배에 탄지 딱 칠일 후가 될 것이라고 말씀하셨습니다. 그리고 비는 사십 주야를 쉬지 않고 내리는데, 이 비로 땅에 있는 하나님이 지으신 모든 생물이 다 멸절하게 될 것이라고 하셨습니다. 하나님은 대홍수를 알고 계셨고 그 정확한 시기까지 통제하고 계셨습니다. 그런데 우리가 이해가 되지 않은 것은 왜 그 자비롭고 사랑이 많으신 하나님께서 모든 인간이나 짐승을 이렇게 비참하게 멸망시키느냐는 것입니다. 그러나 이것은 하나님께서 멸망시키시는 것이 아닙니다. 오히려 하나님은 이 세상 모든 생물이 망하지 않도록 지금까지 지켜주셨습니다. 그러나 이제는 너무 죄가 차올라서 하나님이 손을 놓아버리시는 것입니다. 하나님은 인간의 죄를 막으시고 재앙을 끝까지 막으시는데 인간이 끝내 회개하지 않고 죄를 계속 지으면 하나님께서 재앙을 막던 손을 치우시게 되는데, 그때 재앙이 터지는 것입니다.

그래서 조나단 에드워즈는 '진노하는 하나님의 손에 붙잡힌 죄인'이라는 제목의 설교를 했습니다. 지금 인간의 발밑에는 지옥의 불이 끓고 있고, 하나님은 진노하셔서 인간의 손만 놓치면 인간은 그 펄펄 끓는 지옥 불에 떨어지게 되는데 그것도 모르고 죄를 짓고 있다는 것입니다. 그때 그 설교를 듣던 교인들은 너무나도 무섭고 괴로워서 소리를 막 질렀다고 합니다.

사실 그 많은 인류가 홍수에 멸망한 것도 놀라운 일이지만, 그렇게 악하고 못된 사람들을 하나님께서 그렇게 오래 지켜주시고 붙들어주신 것은 더 놀라운 일입니다. 그러나 노아는 모든 것을 하나님이 말씀하신 그대로 순종하며 실천했습니다.

7:5 "노아가 여호와께서 자기에게 명하신 대로 다 준행하였더라"

노아가 하나님의 말씀에 순종해서 명하신 그대로 행했다는 것은 우리 생각에 쉬울 것 같습니다. 그러나 하나님의 말씀대로 끝까지 순종하기가 얼마나 어려운지 모릅니다.

우리 생각에도 노아가 그렇게 오랜 기간 동안 전혀 의심이나 갈등 없이 오직 하나님의 말씀만 붙들고 걸어갔다고 생각되지는 않습니다. 아마도 노아도 중간 중간 꼭 이런 식으로 이 쓸모없는 배를 만들어야 하는가 하는 의심도 들었을 것입니다. 또 이런 일 말고 좀 더 가치 있고 남들이 알아주는 일을 해야 하는 것이 아닌가 하는 의구심이 들 때도 있었을 것입니다.

그럼에도 불구하고 노아가 그 긴 세월 동안 하나님의 말씀을 붙들 수 있었던 것은 하나님이 그를 지켜주셨기 때문입니다. 노아가 하나님의 말씀에 의심이 생겨서 세상으로 가고 싶어도 하나님은 노아를 막으셔서 가지 못하게 하셨을 것입니다. 이것은 우리에게도 마찬가지입니다. 우리가 하나님의 말씀을 버리고 세상으로 가고 싶어 해도 하나님께서 철저하게 막으십니다.

우리도 처음에는 하나님의 말씀이 좋아서 그 말씀을 붙들고 살아가겠다고 말을 합니다. 그러나 조금 지나다 보면 자신이 다른 사람들이 가는 길과 전혀 반대되는 길로 가고 있다는 것을 발견하게 됩니다. 만약 하나님의 말씀이 사실이 아니라면 우리의 인생은 정말 이 세상에서 아무 것도 아닌 것을 붙들고 씨름한 셋 밖에 되지 않는 짓입니다. 그래서 우리는 믿음으로 잘 걸어가다가도 '혹시 나 혼자 잘못 알고 가고 있는 것이 아닐까?' 하는 생각에 덜컥 겁이 날 때도 있습니다. 우리가 이런 의심을 이기지 못하면 끝까지 말씀을 붙들고 살아갈 수가 없습니다.

노아가 배가 들어 간 후에도 칠일 동안은 비가 오지 않았습니다. 바로 이 기간은 하나님께서 조용히 기다리시는 기간입니다. 하나님은 무서운 심판을 행하시기 전에 무려 일주일이나 가만히 기다리셨습니다. 이 일주일 동안 하나님은 이 인간들의 마음을 조용히 시험해 보셨습니다. 만약 이 일주일 안에 하나님 앞에 자기 죄를 인정하고 회개하는 자가 있었더라면 하나님은 그 사람도 배에 타게 하셨을 것입니다. 그러나 인간들은 이 일주일 동안 노아의 배에 몰려와서 계속 노아를 조롱하면서 그 배에서 나오라고 했을 것입니다. 하나님께서 칠일 동안 인간들로 하여금 마음껏 하나님을 조롱하게 하셨습니다. 그리고 정말 무서운 비가 내리기 시작했습니다. 그 후에 인간은 모두 다 죽었습니다. 노아와 그 가족만 빼고.

2. 짐승들이 찾아 옴

　노아가 일단 하나님의 말씀대로 큰 배를 만들기는 했지만 짐승들을 일일이 잡아서 배에 싣는다는 것은 쉬운 일이 아니었을 것입니다. 우선 모든 짐승들을 종류대로 암수 한 쌍씩 혹은 일곱 쌍씩 잡아오는 것 자체가 쉬운 일이 아니었을 것입니다.

　제가 어렸을 때 아버지는 저희에게 돼지를 데리고 가서 교배를 시키고 오라고 하셨습니다. 그래서 돼지를 리어카에 태우려고 했을 때 자기를 죽이려는 줄 알고 절대로 리어카에 타려고 하지 않았습니다. 결국 형제들이 다 덤벼들어서 돼지의 귀를 당기고 뒤에서 엉덩이를 밀어서 겨우 리어카에 태워서 수놈이 있는 데까지 데리고 갈 수 있었습니다.

　또 노아나 그 아들들이 악어라든지 하마 같은 것을 잡아오는 것도 쉬운 일이 아니었을 것입니다. 사자나 호랑이 같은 것이나 표범같이 빠른 것들을 잡는 것도 위험했을 것입니다. 그러나 노아 가족들이 짐승들을 배에 태우는 것은 그렇게 힘들지 않았습니다. 왜냐하면 짐승들이나 새들이 각자가 알아서 다 배를 찾아왔기 때문입니다.

　　7:8-9 "정결한 짐승과 부정한 짐승과 새와 땅에 기는 모든 것은 하나님이 노아
　　에게 명하신 대로 암수 둘씩 노아에게 나아와 방주로 들어갔으며"

　이렇게 짐승들은 자기 발로 방주 안으로 걸어 왔습니다. 그리고 모든 것을 자기들이 다 알아서 했습니다. 사람들은 야생동물들에게 이렇게 하라 저렇게 하라 명령을 해도 짐승들이 듣지 않습니다. 그러나 하나님은 짐승들에게 명령을 하셔서 모두 암수 한 쌍씩 자기들이 알아서 노아의 배가 있는 곳으로 오게 하셨고 노아나 그 식구들이 할 일은 짐승들을 배에 넣기만 하면 되는 것이었습니다. 즉 무거운 것이 너무 한쪽으로 쏠리면 안 되니까 배에 골고루 들어가게 하기만 하면 되었던 것입니다. 새들도 자기들이 알아서 배로 날아왔고 또 배 안에 자기들이 들어가야 할 곳

으로 알아서 들어갔습니다. 이것은 바로 성령께서 짐승들에게 노아와 그 가족들에게 순종하는 마음을 주셨기 때문입니다.

교회 안에서도 하나님의 말씀이 충만하고 성령이 충만하면 각자 자기 할 일을 하는데 일체 다툼이 없고 소리가 없습니다. 너무나도 자신이 맡은 일을 충성되게 하고 또 새로 믿는 자들도 자신들이 알아서 교회에 많이 찾아오는 것을 볼 수 있습니다.

놀라운 사실은 배 안에서 야생 동물과 가축들이 전혀 싸우거나 잡아먹거나 하지 않았다는 사실입니다. 하나님께서 야생 동물들을 노아의 배 안에 태우시면서 그들의 야생적인 기질들을 모두 일시적으로 중지시키셨기 때문입니다. 〈노아〉라는 영화를 보면 짐승들이 모두 배에 들어와서 삼사는 것을 볼 수 있는데 그것은 옳지 않습니다. 하나님은 모든 짐승들을 마취상태에서 일 년간 있게 하지 않으셨던 것입니다.

3. 드디어 홍수가 터지다

하나님께서 노아에게 오래 전에 말씀하셨던 대로 드디어 홍수가 터졌습니다.

> 7:11-12 "노아가 육백 세 되던 해 둘째 달 곧 그 달 열이렛날이라 그 날에 큰 깊음의 샘들이 터지며 하늘의 창문들이 열려 사십 주야를 비가 땅에 쏟아졌더라"

이 당시 지구의 형편이 지금과는 많이 달랐던 것 같습니다. 즉 이 당시에는 많은 양의 물이 하늘에 수증기 형태로 있었다는 것입니다. 그러니까 바다는 지금보다도 작았고 오히려 지금 바다에 해당되는 많은 물들이 구름으로 지구를 덮고 있었던 것입니다. 그래서 지구가 일 년 내내 이불을 덮고 있는 것처럼 따뜻했던 것입니다. 거기에다가 이 당시에는 지금처럼 북극이나 남극의 빙하나 얼음 층이 없었습니다. 그리고 이때는 아마도 엄청난 양의 물들이 지하수의 형태로 땅 속에 저장이 되어 있었던 것 같습니다. 그리고 이때만 해도 지금처럼 높은 산은 없었던 것 같습니다. 우리가 이런 사정을 보면 옛날에는 정말 사람들이 오래 살 수도 있었겠다는 생각이 들 것입니다. 하늘에는 엄청난 양의 수증기가 구름의 형태로 있고 지구는 두꺼운 얼음 층이 없었던 것입니다. 그리고 지하에는 엄청난 양의 지하수가 흐르고 있으니까 사실 인간이 살기에는 너무나도 좋은 땅이었습니다. 그러나 하나님이 말씀하신 때가 되었을 때 하늘에 있던 엄청난 물이 땅에 쏟아지기 시작했습니다. 마치 양동이로 물을 들이붓는 것 같은 비가 땅에 쏟아졌고 또 지하수들이 터지면서 땅 속에서 물이 솟구쳐 오르기 시작했습니다. 거기에다가 무서운 것은 쓰나미 같은 것이었는데 바다 속에서 지진이 일어나면서 엄청난 파도가 육지를 덮쳐서 모든 육지를 물로 뒤덮어버렸던 것입니다.

그런데 그때 "큰 깊음의 샘들이 터지며"라고 했습니다. 이것은 땅이 꺼지기 시작한 것입니다. 땅이 꺼지고 갈라지면서 엄청난 바닷물이 육지로 밀려 들어왔던 것입니다. 즉 노아 홍수는 단순한 홍수가 아니었습니다. 노아의 대홍수는 그냥 하늘에서 비가 많이 내리는 홍수가 아니라 하늘과 땅의 대지진이었습니다. 즉 하나님이 진노하시니까 하늘에 있는 물이 땅으로 다 쏟아졌고 땅이 꺼져 내리면서 바닷물이 쓰나미가 되어서 땅 위를 덮친 것입니다.

7:20 "물이 불어서 십오 규빗이나 오르니 산들이 잠긴지라"

십오 규빗은 요즘 길이로 7미터 정도 밖에 되지 않습니다. 어떻게 물이 7미터 정도 더 차오르는데 모든 산들이 다 덮일 수 있습니까? 그것은 아주 무서운 쓰나미였던 것입니다. 바다 속에 있는 땅이 꺼지고 산이 내려가고 평지는 더 밑으로 내려가면서 바닷물이 육지를 뒤덮은 것입니다.

7:16 "들어간 것들은 모든 것의 암수라 하나님이 그에게 명하신 대로 들어가매

여호와께서 그를 들여보내고 문을 닫으시니라"

노아의 방주 문을 닫으신 분은 노아가 아니라 하나님이셨습니다. 구원의 기회는 한번 빼앗기고 나면 다시 열리지 않습니다. 복음이 활동하고 있을 때 구원의 기회를 잡아야 합니다. 복음의 때가 지나면 아무리 하나님께 살려달라고 애원을 해도 살 수가 없습니다. 왜냐하면 이미 시간이 다 지났기 때문입니다.

오늘 사람들은 다른 일에는 적극적이지만 하나님을 믿는 데는 적극적이지 않습니다. 사람들은 다른 일을 다 하고 난 후에 맨 마지막으로 구원을 받으려고 합니다. 그러나 한 번 구원의 문이 닫히고 나면 아무리 두들겨도 문은 열리지 않습니다. 우리 모든 인간에게는 노아 홍수 같은 멸망의 때가 오게 됩니다. 그때는 바로 우리가 죽을 때인 것입니다.

구원의 길은 오직 하나님의 말씀 밖에 없습니다. 하나님의 말씀은 홍수의 심판을 이기고 쓰나미를 이기고 지진을 이기고 지옥불을 이깁니다. 그래서 우리는 자신의 머리나 세상의 성공을 믿으면 안 됩니다. 노아같이 미친 사람 취급당하면서도 하나님의 말씀대로 살아야 합니다.

인간의 머리로 하나님의 심판을 피할 수 있는 방법은 없습니다. 심판을 이길 수 있는 방법은 오직 연단한 믿음뿐입니다. 끝까지 믿음으로 승리하셔서 나도 살고 가족도 다 살리는 성도들이 되시기 바랍니다.

13

절망을 이기고 / 창세기 8:13-14

예전에 컴퓨터 프로그램이 불안정했을 때 학생들이 컴퓨터로 레프트를 거의 다 완성시켰거나 심지어는 학위 논문을 거의 다 썼는데 어느 순간 이유도 모르게 갑자기 프로그램이 몽땅 다 날아가 버리는 경우가 종종 있었습니다. 그럴 때 엄청난 허탈감에 빠지게 됩니다. 저도 설교를 준비하면서 그런 경험이 있었습니다. 거의 다 마쳐가는데 갑자기 설교 내용 전체가 다 날아가 버렸을 때 너무나도 속이 상하고 화도 나지만 '아, 하나님이 설교를 더 좋게 준비하라고 하시는구나.' 라고 생각하고 차분한 마음으로 설교원고를 다시 작성했는데, 정말 처음 준비했던 것보다 더 알차고 좋은 설교가 완성된 경험이 있습니다.

만일 어떤 사람이 야심차게 사업을 시작했는데 갑자기 옆집에서 난 불이 옮겨 붙어서 그 공장을 홀랑 다 태워버렸다면 너무나도 절망이 될 것입니다. 그때 불에 다 타버린 것들을 전부 모아서 버리려고 해도 보통 일이 아닐 것입니다. 하물며 전쟁이 나서 모든 집이나 공장 건물들이 부서지고 폐허만 남았을 때 그 자리에서 다시 일어선다는 것은 보통 어려운 일이 아닐 것입니다. 그런데 우리나라는 바로 이것을 해내었습니다. 즉 우리 바로 위 세대 사람들은 전쟁의 폐허 위에서 살아남은 세대들이었고 지금의 우리는 그 많은 혜택과 열매를 누리고 있습니다. 우리나라가 그 폐허 위에서 다시 일어설 수 있었던 원동력은 우리 민족 안에 하나님을 믿는 믿음이 있었기 때문입니다.

그래서 우리는 절망의 때일수록 하나님을 바라보아야 합니다. 그러면 내 자신이 살아있다는 것이 얼마나 중요하고 특히 내가 하나님을 믿는다는 것이 얼마나 중요한지 잘 알 수 있습니다. 오히려 하나님은 이런 고난을 통해서 우리로 하여금 더 하나님을 세밀하게 체험하게 하시고 더 구체적으로 하나님을 의지하게 하시는 것입니다.

물론 노아가 세계적인 대홍수 가운데 방주를 지어서 살아나게 된 것은 참으로 감사한 일이었습니다. 그러나 홍수가 끝나고 노아기 다시 배에서 나오게 되었을 때 이 세상에 남아있는 것은 아무 것도 없었습니다. 노아와 그 가족들은 모든 것을 밑바닥에서부터 새로 시작해야만 했습니다. 도대체 노아는 어디서부터 일을 시작할 수 있었을까요? 노아는 새로운 세상에서 하나님께 예배드리는 일부터 시작했습니다.

1. 배 안에서 노아의 생활

제가 오래 전 서울에 있을 때에는 한강에 홍수가 자주 났습니다. 홍수가 나면 그냥 물만 넘치는 것이 아니라 집집마다 화장실의 오물들이 넘치므로 그 물에 한번 빠진 물건들은 다시 쓸 수 없게 되고 그 후에는 수인성 질병이나 전염병이 돌게 되는 것입니다. 그런데 요즘은 한강에 댐들이 많이 세워져서 홍수 조절 기능을 하면서 홍수로 인한 피해가 옛날보다 훨씬 줄어든 것을 볼 수 있습니다. 그래도 한강에 홍수가 나면 결국 댐 수문을 열게 되는데 그때 서해안 밀물 시간과 겹치게 되면 피해가 커지게 되는 것입니다. 중국에서는 양쯔강의 범람이 언제나 큰 문제였습니다. 양쯔강에 홍수가 나면 방송에서 물 벽에 어디를 통과하고 있다는 것을 알려줍니다. 어느 해인가 홍수가 나서 하류의 공장지대가 잠기게 될 위기에 처하니까 강의 제방을 폭파해서 농경지를 다 버리면서 그 공장지대를 살린 적이 있습니다. 그리고 요즘은 상류쪽에 산샤댐을 완공해서 자주 일어나던 홍수 피해를 줄일 수 있게 되었다고 합니다. 또한 중국이나 일본에서 지진이 나면 한번으로 끝나는 것이 아니라 여진이라고 해서 계속 이어지는 것을 볼 수 있습니다. 그래서 여진이 무서워서 집에 들어가지 못하고 계속 피난 생활을 하게 되는 것입니다.

노아 때 일어난 대홍수는 그냥 홍수가 아니라 지구의 모든 자연 질서가 다 붕괴된 대재앙이었습니다. 즉 홍수 전까지만 해도 하늘에는 물이 마치 고무풍선에 담은 것처럼 많이 있어서 지구를 인큐베이터처럼 지켜 주었습니다. 그리고 지구에는 그렇게 높은 산도 없었고 평지가 많았고 바다도 지금보다는 면적이 적었던 것 같습니다. 그런데 노아 때 홍수가 나면서 하늘의 물이 거의 다 쏟아졌고 땅에 지진이 일어나면서 땅이 꺼지기도 하고 솟아나기도 했던 것입니다. 사실 노아가 큰 배를 만들어서 일단 홍수의 재앙은 피했다고 하지만, 홍수와 쓰나미와 지각 변동이 일어났던 지구상에서 노아나 그 배에 탄 짐승들의 운명은 아주 위험한 상태였습니다. 그런데 하나님은 노아와 그 배에 탄 사람이나 짐승들이 죽지 않도록 지켜주셨습니다.

8:1상 "하나님이 노아와 그와 함께 방주에 있는 모든 들짐승과 가축을 기억하사"

여기서 하나님이 "노아와 그와 함께 배에 탄 생물들을 기억하셨다"는 것은 하나님께서 특별히 그들을 기억하시고 보살펴 주셨다는 뜻입니다. 예를 들어서 병원 중환자실에 있는 환자들은 의사나 간호사들이 스물네 시간 돌아가면서 특별히 보살펴주고 있습니다. 그렇게 하지 않으면 중환자들은 자칫하면 죽을 수밖에 없기 때문입니다. 마찬가지로 하나님께서는 고난 중에 있는 성도들을 다른 사람들과 달리 특별하게 기억하시고 관리를 하십니다. 우리 눈에는 하나님이 보이지 않지만 하나님은 일분일초도 빠짐없이 고난당하는 성도들을 체크하시고 지켜주시는 것입니다. 왜냐하면 그들이 하나님에게는 가장 중요한 사람들이기 때문입니다. 하나님께서는 노아와 그 배에 탄 생물들이 예기치 못한 사고로 배가 뒤집어지거나 부서지지 않도록 지켜주셨습니다.

사실 배를 만들어서 홍수에서 기적적으로 살아남은 노아와 그 식구들에게 배 안의 형편은 정말 끔찍한 일이 될 수도 있었습니다. 왜냐하면 배 안에는 너무 많은 짐승들이 있었고 그것들을 돌보아주어야 했기 때문입니다. 물론 노아나 그 배에 탄 짐승들은 처음 몇 주 동안은 너무나도 기쁘고 감사했을 것입니다. 왜냐하면 이 지구 위에 갑자기 엄청난 비가 쏟아지면서 방주 밖에 있는 사람들이나 짐승들은 모두 다 물에 빠져 죽었는데 자기들만 살았기 때문에 너무나도 모든 것이 감사했을 것입니다.

그러나 시간이 지날수록 배에 탄 사람이나 짐승들은 점점 스트레스를 받기 시작했을 것입니다. 배라고 하는 공간은 그렇게 넓은 공간이 아니어서 사자나 코끼리나 말 같은 짐승들이 넓은 곳을 달리지 못하고 한 방에 계속 갇혀 있어야 하니까 답답했을 것입니다. 거기에다가 방주 안에서 가장 심각한 것이 양식과 물 사정이었을 것입니다. 아마 노아는 빗물을 받아서 저장해서 식수로 사용했을 것 같은데 빗물을 일 년치씩이나 받아 놓고 마실 수 있는 것은 아닙니다. 그런데다가 큰 짐승들이 물을 많이 마셔버리면 작은 짐승들은 마실 것이 없어지게 됩니다.

거기에다가 배에 탄 짐승들의 배설물의 양은 엄청났습니다. 그것은 모두 노아의 여덟 식구들이 매일 일어나서 치워야만 했던 일이었습니다. 그래서 아마도 특히 노아나 노아의 아들들이나 며느리들이 배에서 생활하는 것이 너무 힘이 들었을 것입니다. 이 여덟 명의 식구들은 매일 아침마다 수천 종이나 되는 동물들의 먹이를 챙겨주어야 하고 그들이 만들어내는 엄청난 양의 배설물을 치우는 일을 해야 하기 때문입니다.

전에 어떤 분은 자기는 도시의 직장을 그만 두고 시골에 가서 소나 키우겠다고 말을 했습니다. 그랬더니 실제로 시골에서 소를 키워본 경험

있는 분이 "당신은 시골에서 소를 키우는 것이 얼마나 어려운 일인지 알고나 하고 그런 말을 하느냐?"고 하면서 "지금 직장 생활하는 것이 훨씬 편한 줄 알아라."고 충고의 말을 했습니다. 왜냐하면 몇 십 마리 되는 소의 먹이를 챙겨주고 배설물을 치우는 일이 얼마나 고된 일인지 모르기 때문입니다. 아마도 노아나 식구들은 이 일을 하면서 너무나도 스트레스를 받았을 것입니다. 그러나 하나님께서는 그때마다 노아와 그 가족들에게 말씀으로 은혜를 주셔서 하나님은 그들의 고통을 이해하고 계시며 얼마 있지 않으면 그들을 배에서 나갈 수 있도록 해주겠다는 위로를 주셨습니다. 이때 노아나 그의 가족들은 하나님의 말씀 때문에 하루하루를 견디어 나갈 수 있었습니다.

어느 날 더 이상 도저히 참을 수가 없어서 스트레스가 폭발하려고 하는데 하나님께서 말씀 가운데 찾아오셔서 "내가 네 수고를 잘 알고 있다. 조금 더 참으면 내가 꼭 도와주겠다."고 하실 때, 우리는 어느 정도 스트레스가 풀리면서 견딜 수 있게 되는 것입니다. 요즘 청년들이나 성도들 중에는 매일 똑같은 일을 하며 스트레스가 거의 폭발하려고 하는 상황에서 살아가야 할 때가 많다고 합니다. 그렇지만 어떻게 하든지 스트레스가 폭발하지 않도록 은혜를 많이 받아야 하고 기도를 뜨겁게 해야 하는 것입니다.

오늘 이 세상에서 마주하는 현실은 우리 성도들을 거의 미치게 만들거나 아니면 폭발하게 만들 때가 많습니다. 특히 아르바이트를 하거나 신입 사원일 때 누군가가 스트레스를 주면 폭발을 하거나 병이 생길 수도 있습니다. 그런데 하나님은 우리가 감당할 시험밖에는 주시지 않고 또 시험당할 때 반드시 피할 길을 주신다고 약속하셨습니다. 특히 우리가 도저히 감당할 수 없다고 생각될 때 이미 하나님은 우리를 위해서 일을 하시고 계신 것입니다.

하나님께서도 노아와 그 배에 탄 짐승들이 거의 견딜 수 없는 상태까지 오게 되었을 때 하나님의 일을 하시기 시작하셨습니다. 그것은 바람을 불어서 땅 위에서 물이 줄어들기 시작한 것입니다.

8:1하-3 "하나님이 바람을 땅 위에 불게 하시매 물이 줄어들었고 깊음의 샘과 하늘의 창문이 닫히고 하늘에서 비가 그치매 물이 땅에서 물러가고 점점 물러가서 백오십 일 후에 줄어들고"

하나님은 노아와 그 배에 탄 짐승들에게 물과 양식이 다 떨어져 가고 있는 것을 알고 계셨습니다. 그래서 하나님이 가장 먼저 하신 일은 바람을 불게 해서 물이 물러가게 하신 것입니다.

여기에 보면 "깊음의 샘과 하늘의 창문이 닫히고"라고 했습니다. 즉 하늘의 창문이 닫혔다고 하는 것은 비가 더 이상 내리지 않고 오히려 하늘이 다시 바다의 수분을 빨아들이기 시작했다는 의미입니다. 그리고 깊음의 샘이 닫혔다는 것은 땅이 내려가 있었는데 다시 일부분이 융기하기 시작했다는 뜻입니다. 그래서 지금 우리가 보는 높은 산들은 홍수 이후에 땅이 융기되면서 생겼을 가능성이 많습니다. 즉 노아나 짐승들이 거의 견디기 어려운 시점이 되었을 때 하나님은 바람을 불게 해서 바닷물이 물러가게 하셨던 것입니다.

3절에 "물이 땅에서 물러가고 점점 물러가서"라고 했습니다. 이것은 물이 계속 빠져나가는 것을 뜻합니다. 그러나 아직 이 지구는 안전하지 못했습니다. 이 세상 많은 곳에는 아직도 지각변동이 일어나고 있었고 쓰나미의 조짐이 있었습니다. 또 많은 곳은 진흙더미나 물웅덩이가 있거나 혹은 여러 곳에서 사람들이나 동물들이 죽어서 썩고 있었을 것입니다. 그런데 하나님께서는 노아나 짐승들이 다시 살아갈 수 있도록 지구나 육지를 안정시키도록 하셨습니다.

2. 새로운 시작

저는 영화 〈쉰들러 리스트〉를 보면서 쉰들러씨가 대단하다고 생각했는데, 최근 영화 〈국제시장〉이 상영되면서 우리나라에서도 그렇게 엄청난 일이 있었다는 것을 알게 되었습니다. 6.25 전쟁 당시 함흥에서 철수할 때 미국의 화물선 메러디스 빅토리호에 원래는 직원 25명이 타는 배인데, 피난민들 만사천명이 올라타서 거제도까지 가는데 성공을 한 것입니다. 그때 얼마나 많은 사람들이 배에 탔는지 화물칸에는 숨을 쉴 수 없었고 배 위에는 얼어 죽을 것 같은 추위 가운데 거의 모두 서다시피해서 며칠에 걸쳐 부산항으로 왔는데 한 명도 죽거나 다치지 않고 오히려 배에서 다섯 명의 어린이가 새로 태어나서 만사천오명이 배에서 내렸다고 합니다. 그 사람들이 국제시장 같은 데서 거의 굶다시피 하면서 아르바이트를 해서 나중에는 성공을 하고 자녀들을 공부시킨 것입니다.

전에 어떤 한 여성의 어머니가 흑인 미군 병사와의 사이에서 아이를 가졌는데, 그 남자는 도망 가버리고 어려움에 처하자 몇 번 죽으려고 했지만 자기가 죽으면 자기 딸도 자기와 똑같은 불행을 겪게 된다고 생각해서 살기로 결심했습니다. 그런데 이 여자가 가진 무기는 미소와 성실이었습니다. 그는 결국 비행기 승무원으로 뽑혀서 열심히 일을 해서 인정받았고, 딸아이는 예쁘게 자라서 톱 모델이 되었습니다. 그 여성은 자기 안에 있는 한국인의 DNA가 대단한 것 같다고 하면서 자기 딸을 한국식으로 교육을 시킨다고 했습니다. 그런데 사실 우리 안에 있는 복음의 DNA가 우리를 끝까지 살게 할 뿐 아니라 아무 것도 없는 폐허에서 살게 하는 것입니다.

노아는 배가 땅에 닿는 느낌이 들었고 또 높은 곳에 있는 창문을 통해서 산봉우리가 보였지만 당장 배의 문을 열고 나가지 않았습니다. 왜냐하면 아직 이 세상은 진흙 덩어리로 되어 있고 여기 저기 웅덩이가 있어서 짐승들이 빠져 죽을 수도 있었기 때문입니다. 노아는 짐승들의 안전을 위해서 배의 문을 열지 않고 기다렸습니다. 그 대신 노아는 하나님의 말씀이 없을 때 자신의 지각을 사용했습니다. 그것은 새를 밖으로 내보내서 안전을 확인하는 것이었습니다.

8:6-7 "사십 일을 지나서 노아가 그 방주에 낸 창문을 열고 까마귀를 내놓으매

까마귀가 물이 땅에서 마르기까지 날아 왕래하였더라"

노아는 이제 밖에 나가서 살 수 있는지 알아보기 위해서 처음에 까마귀를 창문을 열고 내보냈습니다. 그런데 까마귀는 도움이 되지 않았습니다. 왜냐하면 까마귀는 배에서 나가자 야성이 돌아오면서 배로 돌아올 필요를 느끼지 못했기 때문입니다. 까마귀는 이리 저리 돌아다니면서도 방주로는 돌아오지 않았습니다. 여기서 우리는 왜 노아가 문을 열지 않고 창문을 통해서 새를 내보내었는지 알 수 있습니다. 왜냐하면 땅이 마르지 않은 상태에서 방주의 문을 열어버리면 그렇지 않아도 답답해하던 짐승들이 밖으로 뛰쳐나가게 되면 수습할 수가 없었기 때문입니다.

그래서 노아는 다시 비둘기를 내보내어서 물이 얼마나 줄어들었는지 알아보려고 했습니다. 그랬더니 비둘기는 물이 아직 땅을 덮고 있으니까 있을 곳을 찾지 못해서 도로 방주로 돌아왔습니다. 이것을 보면 아직 이 세상이 안전하지 못하며 비둘기가 있을 곳이 없었던 것을 알 수 있습니다. 비둘기가 있을 수 없다면 짐승들은 더 있을 수 없는 것입니다. 노아가 칠일이 지난 후에 다시 비둘기를 밖으로 내보내었더니 이번에는 감람새 잎사귀를 입에 물고 돌아왔습니다. 비둘기는 새로운 소식을 가지고 돌아온 것입니다.

우리는 때때로 인간적인 방법을 사용해야 할 때가 있습니다. 즉 취직이 되는 것이나 결혼 여부를 알아보기 위해서 다른 사람에게 물어 볼 수도 있고 서신이나 메일을 보낼 수도 있습니다. 그러나 어떤 때는 까마귀같이 전혀 먹통일 때도 있습니다. 그래도 너무 실망하지 말아야 합니다. 왜냐하면 우리는 종이므로 시키는 대로 할 수밖에 없기 때문입니다.

이때 비로소 노아는 나무에 새싹이 돋고 있으며 땅에서 풀도 나기 시작하기 때문에 짐승들이 밖에 나가더라도 살 수 있다는 확신이 생긴 것입니다. 그래도 노아는 신중하게 바로 방주 문을 열지 않고 일주일을 기다린 후에 비둘기를 보내었더니 비둘기도 이번에는 살 곳을 찾았는지 방주로 돌아오지 않았습니다.

홍수로 인하여 완전히 폐허가 되었던 이 세상은 거의 만 일 년 만에 다시 마른 땅으로 회복되게 되었습니다. 물론 마른 땅이라고 하지만 살아 있는 것은 아무 것도 없는 철저하게 황폐한 땅이었습니다.

그러나 노아는 서두르지 않고 철저하게 하나님을 기다린 것을 볼 수 있습니다. 노아는 홍수가 끝난 후 물이 줄어드는 것을 확인하기 위해서 매일 물 깊이를 재어보려고 하지 않았습니다. 노아는 하나님의 신실하심을 믿고 끝까지 기다렸습니다. 노아는 하나님보다 결코 앞서지 않았습니다. 이것이 노아의 믿음이었습니다.

3. 무엇부터 시작해야 할까?

노아가 살아야 하는 세상은 아무 것도 없는 곳이었습니다. 특히 노아가 본 세상은 완전히 진흙이 덮인 세상이었고 집이나 밭이 아무 것도 없는 폐허였습니다. 이런 세상에서 도대체 무엇을 가지고 살 수 있겠습니까? 그러나 우리에게 중요한 것은 우리가 살아 있고 우리에게 하나님을 향한 믿음이 있다면 충분히 살 수 있다는 확신입니다. 왜냐하면 하나님의 말씀은 무에서 유를 창조하는 말씀이기 때문입니다.

노아의 대홍수는 거의 만 일 년이 지났을 때 땅에 물이 빠지고 노아와 짐승들은 드디어 배 밖으로 나오게 되었습니다. 그런데 그들이 다시 나온 이 세상의 모습은 옛날 세상이 아니었습니다. 아마도 노아가 홍수 전에 보았던 세상은 아무 것도 없었을 것입니다. 왜냐하면 홍수가 일어나는 과정에서 땅이 꺼지기도 하고 산이 솟기도 했고 쓰나미가 덮치면서 모든 것을 바닷물이 다 휩쓸고 가면서 땅에 파묻어버렸기 때문입니다. 또한 하늘에 있는 물도 지상에 다 쏟아지고 난 후에 다시 돌아가지 않고 바다에 남게 되었습니다. 그래서 홍수 후에 남극과 북극이 아주 두꺼운 얼음 층이 형성되면서 육지 위에 있는 물이 많이 줄어들었을 것입니다.

노아가 방주에서 나온 세상은 완전히 새로운 세상이었습니다. 아마 노아나 식구들은 자기들이 새로운 어느 달이나 별에 온 기분이었을 것입니다. 사람들도 없고 또 그들이 만들었던 그 큰 성들이나 집들도 아무 것도 남은 것이 없었습니다. 노아는 이제부터 모든 것을 다시 시작해야만 했습니다. 이제 노아는 완전히 새로운 세상에서 새로 시작해야만 했습니다.

이때 노아는 다른 어떤 일에 앞서서 하나님께 제사부터 드렸습니다.

> 8:20 "노아가 여호와께 제단을 쌓고 모든 정결한 짐승과 모든 정결한 새 중에서 제물을 취하여 번제로 제단에 드렸더니"

노아와 그 가족들은 이 폐허가 된 세상에서 하나님께 제사 드리는 일부터 시작했습니다. 왜냐하면 노아나 그 가족들은 지금까지 자신들을 살게 한 것은 하나님의 능력이었고 기적이었다는 것을 인정하기를 원했기 때문입니다.

노아는 아무 것도 없는 이 세상에서 가장 먼저 하나님께 제사를 드렸습니다. 이것은 우리는 오직 하나님의 은혜로 살 수밖에 없으며 앞으로도 하나님의 은혜로 살아가겠다는 의미였습니다. 하나님께서는 이 제사를 기쁘게 받으셨습니다.

> 8:21 "여호와께서 그 향기를 받으시고 그 중심에 이르시되 내가 다시는 사람으로 말미암아 땅을 저주하지 아니하리니 이는 사람의 마음이 계획하는 바가 어려서부터 악함이라 내가 전에 행한 것 같이 모든 생물을 다시 멸하지 아니하리니"

하나님께서는 짐승을 죽여서 그 시체를 태우는 냄새를 맡으셨습니다. "향기를 받으셨다"는 것은 아주 기쁨으로 그 냄새를 맡으셨다는 것입니다. 여기서 냄새를 맡는다는 것은 아주 가까운 사람들 사이에서 일어나는 일입니다.

우리들은 원래 하나님 앞에서 악취가 나는 죄인들이었습니다. 그런데 피의 제사를 드릴 때 그 피가 우리 죄와 허물을 가리고 우리로 하여금 하나님 앞에서 향기 나게 합니다. 그래서 하나님은 우리를 좋아하시고 더 우리에게 가까이 오셔서 우리의 기도를 들으시고 우리를 축복하시는 것입니다.

아마 다른 사람들 같으면 배에서 나온 후 아무도 없는 이 세상에서 모든 것을 자기 것으로 만들려고 했을 것입니다. 그러나 노아는 하나님의 약속 없이는 아무리 건물을 쌓고 돈을 벌어도 소용이 없다는 것을 알았습니다. 즉 하나님이 한번 쓸어버리면 아무 소용이 없는 것입니다.

하나님께서는 노아의 제사를 받으시고 다시는 홍수로 인간을 멸망시키지 않겠다고 약속을 하셨습니다. 이것은 우리 인간의 죄에 대하여 앞으로 하나님께서는 어떻게 하시든지 하나님이 책임을 지시겠다는 뜻입니다.

아마 노아는 인간에게는 방주가 영원히 필요할 것이라고 생각했을지 모릅니다. 그러나 하나님께서는 노아에게 두려워하지 말고 방주에서 나오라고 하셨습니다. 왜냐하면 하나님께서 다시는 홍수로 세상을 멸하지 않겠다고 약속하셨기 때문입니다.

하나님께서는 홍수 후에 노아에게 앞으로 어떤 일이 일어도 이런 식으로 인류를 멸망시키지 않겠다는 약속을 하셨습니다. 즉 지구는 혜성과 충돌해서 폭발하거나 아니면 핵폭탄이 터지거나 대홍수로 멸망시키지 않을 것이라고 약속하셨습니다. 즉 지구는 마지막 순간까지 계속될 것이라는 약속입니다.

물론 이 세상에는 크고 작은 재앙들이 계속 일어날 것입니다. 그러나 하나님께서는 온 인류가 이런 식으로 한꺼번에 다 멸망하는 일은 일어나지 않게 하시겠다고 약속하셨습니다. 그래서 인류 역사는 마지막 순간까지 계속 이어질 것입니다. 그 마지막 순간은 바로 그리스도가 이 세상에 오실 때이고 하나님께서 택하신 백성들이 한 명도 빠짐없이 다 구원을 받을 때입니다.

오늘 우리는 이 세상을 살아가는 것이 마치 노아가 방주에서 나오는 것처럼 시간도 오래 걸리고 적응도 힘들 때가 많이 있습니다. 그러나 우리는 노아와 같이 인내하면서 끝까지 기다려야 합니다. 왜냐하면 하나님은 우리를 기억하고 계시기 때문입니다.

  이때 가장 먼저 필요한 것이 영적인 부흥입니다. 하나님께서 노아에게 정결한 짐승으로 제사를 드리라고 하시고 그것을 받으셨던 것처럼 가장 먼저 내 마음에 부흥이 일어나야 합니다. 그러면 하나님이 우리 삶을 지켜주시고 축복해주실 것입니다.

14
무지개 언약 / 창세기 9:1-19

한 청년이 호주 중부 지방에 있는 사막으로 자전거 여행을 떠났는데, 중간에 엄청난 비가 내려서 피하지도 못하고 비를 쫄딱 맞고 부들부들 떨고 있었습니다. 그런데 갑자기 비가 뚝 그치더니 환하게 갠 하늘 저편에 너무나도 아름다운 무지개가 걸린 것을 보게 되었습니다. 그 때 그는 그 무지개를 보고서 '하나님이 여기도 계시는구나' 라는 고백을 했다고 합니다. 아마 이 청년은 아무도 없는 사막에서 폭우가 쏟아지자 얼어 죽을까 걱정했는데 비가 그치고 무지개까지 나타나는 것을 보고서 이제 기온이 따뜻해지리라 생각했던 것 같습니다.

언젠가 병아리 사육장 온도 조절이 1도만 잘못되어도 그 병아리들은 모두 죽는다는 이야기를 들었습니다. 마찬가지로 지구의 해수면 온도가 1도만 올라가도 엘니뇨현상이라는 것이 일어나서 어느 곳에서는 폭염의 더위로 사람들이 죽는가 하면 다른 곳에는 폭우가 쏟아져서 도시가 침수되기도 합니다. 이런 것을 보면 지구가 얼마나 정교한 장치에 의해서 모든 것이 조종되는지 알 수 있습니다.

저희들이 어렸을 때 여름에 엄청난 폭우가 쏟아지면 온 하늘이 시커멓게 되고 밖에 나갈 수도 없는데, 비가 그친 후 맑은 하늘에 무지개가 보이면 사람들은 무지개가 떴다고 하면서 서로 보라고 했습니다. 왜냐하면 비온 후 갠 하늘에 걸려 있는 무지개는 그 색깔이 아름답기도 하지만 미래에 대한 어떤 희망을 가지다 주기 때문입니다.

그런데 요즘 우리나라 청년들의 마음에는 이런 희망의 무지개가 없어진 것을 볼 수 있습니다. 우리나라 많은 청년들은 직장 문제가 잘 해결되지 않으니까 연애를 하지 않고, 결혼을 하지 않고, 아이를 가지지 않는 3불 시대로 빠지고 있다고 합니다. 서울 같은 대도시에서 자기 집 없이 전세나 월세에 사는 사람들은 집값 문제가 장난이 아니라는 말을 하게 됩니다. 전세나 월세로 세 들어 사는데 집값은 자꾸 오르지만 그만한 수입이 없으니 점점 더 집세가 싼 곳으로 이사를 하다보면 결국 허름한 고시촌이나 달동네 같은데 가서 살 수밖에 없다는 것입니다. 그래서 많은 젊은이들에게 있어서 마음속의 무지개라는 것은 안정된 직장을 가져서 자기 집과 자기 차를 가지고 사는 것이라고 생각하게 되는 것입니다.

노아 때 세계적인 대홍수가 터지면서 노아의 가족 말고는 모든 사람과 짐승들이나 새까지 다 멸종을 하고 말았습니다. 노아와 그 배에 탔던 짐승들은 거의 일 년 만에 배 밖으로 나오게 되었는데 그때 지구는 여전히 지진이나 홍수가 일어날 수 있는 아주 불안정한 상태에 있었습니다. 그래서 사람이나 짐승들이 이 세상에서 살아남으려고 하면 지구 자체가 안정이 되어야 하는데 여전히 지구가 불안정하니까 노아도 불안해서 살 수가 없었습니다. 만일 노아가 불안했으면 그 배를 떠나지 못했을 것입니다. 그때 하나님께서는 노아에게 다시는 지구를 이런 식으로 멸절시키는 일은 일어나지 않을 것이라고 하시면서 무지개를 통해서 약속하셨습니다. 그래서 이제 노아는 방주를 버리고 먼 곳까지 가서 얼마든지 새로운 생활을 시작할 수 있게 되었습니다. 다시 말해서 홍수 후에 하늘에 나타난 무지개는 이 세상 생활의 안정을 약속해주는 하나님의 증표였던 것입니다.

1. 하나님의 축복의 필요

이 세상에서 돈이나 기술도 없이 순전히 자기 힘으로 성공하려고 하면 너무나도 어렵지만 누군가가 도와주고 이끌어주면 쉽게 성공하는 경우가 종종 있습니다. 그래서 순전히 자기 힘으로 맨 땅에서부터 성실성 하나만 가지고 성공한 사람도 있겠지만 대개는 어떤 좋은 사장을 만나거나 거래처를 만나서 도움을 받음으로 성공한 경우가 많습니다.

이처럼 이 세상에서 성공할 수 있는 가장 좋은 방법은 자신의 인생을 이끌어 줄 수 있는 좋은 선생을 만나는 것입니다. 그래서 공부하는 학생이나 운동선수나 연주자나 배우는 사람들은 좋은 선생을 만나면서 그의 인생이 완전히 달라지는 것을 볼 수 있습니다. 왜냐하면 좋은 선생은 그들의 장점을 알고 있고 위기를 이길 수 있는 지혜를 가르쳐주기 때문입니다. 그러나 우리 인생의 최고 선생님은 하나님이십니다. 하나님은 그 전체가 복이십니다. 그래서 우리가 하나님을 만나고 하나님의 복을 받으면 아무리 어려운 세상에서도 얼마든지 성공적인 삶을 살 수가 있는 것입니다.

하나님은 폐허가 된 세상을 살아가야 하는 노아에게 복을 주셨습니다. 우리는 이 세상에서 내 힘만 믿고 날뛰면 될 것 같지만 결국에는 하나님이 함께 해주셔야 하고 하나님이 복을 주셔야만 잘 될 수 있는 것입니다.

> 9:1 "하나님이 노아와 그 아들들에게 복을 주시며 그들에게 이르시되 생육하고 번성하여 땅에 충만하라"

우리가 이 세상을 살아가는데 가장 중요한 것은 하나님의 복을 받는 것입니다. 이 세상에 두 가지 복이 있다는 것을 알아야 합니다. 하나는 우리 눈에 보이는 복들입니다. 이 세상에 돈이나 학식이나 권력같이 눈에 보이는 복들이 있습니다. 물론 이 복도 하나님이 주신 복입니다. 그러나 이 복은 세상의 복이기 때문에 모래의 복입니다. 바닷가에 가서 모래를 가지고 성을 쌓고 조각품을 만들어놓아도 파도가 한번 쓸고 지나가면 아무 것도 남지 않습니다. 마찬가지로 사람들은 이 세상에서 모래성을 많이 쌓으려고 하고 있습니다. 그러나 모래의 복은 아무리 많이 쌓아도 영구적으로 내 것이 되지 않습니다.

그런데 이 세상에는 또 다른 복이 있습니다. 이 복은 하나님이 내 마음에 주시는 믿음의 복입니다. 이 믿음의 복은 시멘트와 콘크리트의 복이기 때문에 한번 지으면 웬만해서는 무너지지 않습니다. 요즘 우리나라에서나 외국의 예를 보면 무너지는 기업이나 나라들을 많이 볼 수 있습니다. 그런 큰 기업이나 나라가 무너지는 이유는 모래성을 쌓았기 때문입니다.

요즘은 교회도 모래성을 쌓아서 한창 유명했다가 무너지는 교회들이 있습니다. 그 대표적인 교회가 로버트 슐러가 목회를 했던 〈크리스탈 처치〉일 것입니다. 그는 '하면 된다'고 하는 자신감을 사람들에게 심어주는 설교로 유명했는데 결국 그 교회도 파산되고 말았습니다.

예수님은 "내 말을 듣고 행하지 않는 자는 모래 위에 집을 짓는 자와 같다"고 말씀하셨습니다. 모래 위에 집을 지으면 기둥도 쉽게 박을 수 있어서 빨리 집을 지을 수 있을 것입니다. 그러나 큰 홍수가 나서 그 집에 부딪치면 그런 집은 흔적도 없이 다 부서지고 말 것입니다. 예수님은 "내 말을 듣고 행하는 자는 반석 위에 집을 짓는 자 같아서 처음에는 힘이 들고 늦은 것 같지만 나중에는 큰 홍수가 나고 바람이나 비가 부딪쳐도 무너지지 않는다"고 말씀하셨습니다. 아마 요즘 우리도 마음으로는 빨리 빨리 집을 지어서 성공하고 싶을 것입니다. 그러나 그렇게 빨리 성공하지 못하는 것은 하나님이 모래 위에 집을 짓지 못하게 하시기 때문입니다. 왜 우리가 이 세상에서 빨리 성공하지 못하는 것일까요? 그 이유는 우리의 축복의 길이 이 세상에 있지 않고 수직으로 하나님을 향해 있기 때문입니다. 결국 우리가 하나님의 말씀을 가지고 죽도록 씨름하다가 어느 날 드디어 하늘의 문을 열게 된다면 우리는 성공을 한 것입니다. 즉 우리 안에 뜨거운 부흥이 일어나게 된다면 우리는 반석 위에 집을 세우고 있는 것입니다.

　이 세상 사람들은 모르고 있지만 모든 사람들에게 하나님의 복이 필요합니다. 사실 사람만이 아니라 짐승들이나 식물들 모두에게 하나님의 복이 필요합니다. 그런데 이 세상에 하나님의 복이 임하게 하는 것은 우리 믿는 자들이 제대로 믿음 생활을 하기 때문입니다. 우리가 하나님의 말씀에 순종하면 이 세상에도 복이 임하지만 우리도 복을 받게 됩니다.

　하나님은 하나님의 말씀만 붙들고 고향과 친척과 아버지 집을 떠나 가나안 땅으로 이민을 온 아브라함에게 "동서남북 모든 땅을 보라"고 하시면서 "네가 보는 땅을 다 너와 네 후손에게 주겠다"고 약속하셨습니다(창 13:14, 15). 그리고 하나님은 가나안 땅에 들어간 여호수아에게도 네 발로 밟는 땅은 다 너에게 주겠다고 약속하셨습니다(수 1:3).

　하나님께서 우리와 함께 하시면 우리가 하는 모든 것에 하나님의 복이 나타나게 됩니다. 결국 하나님께 예배드리고 하나님의 말씀을 붙드는 사람들은 이 세상에 하나님의 복이 오게 하는 사람들입니다.

2. 약속의 증표

　아마 청년들이 대기업에 입사 시험을 봤는데 합격 통지서를 받거나, 혹은 외국의 여러 대학에 원서를 내었는데 합격 통지서를 받게 되었다면 그 마음이 아주 느긋할 것입니다. 왜냐하면 진로 문제는 어느 정도 정해졌고 이제 자기가 어느 회사냐 어느 학교냐 결정만 하면 되기 때문입니다. 그런데 막상 그 학교에 가서 공부를 하고 직장에 들어가서 생활해보면 여전히 미래가 불투명하고 불안하다는 것을 깨달을 때가 많이 있습니다. 애굽을 떠난 이스라엘 백성들은 하나님의 말씀을 따라서 광야를 돌아다니는데 그들에게는 정말 미래가 불안했습니다. 광야에서 이스라엘 백성들은 하루라도 만나가 내리지 않으면 굶어죽을 수밖에 없고 하루라도 반석에서 물이 나지 않으면 목말라 죽을 수밖에 없는 위기의 연속이었습니다.

　이처럼 사람들은 미래가 안정되지 않으면 아주 불안하게 살아가게 됩니다. 즉 직장이 계약직이라든지 임시직이라든지 혹은 직장이 없어서 아르바이트를 하고 있다든지 하면 미래가 아주 불안하게 됩니다. 미국에서도 하버드 같은 명문 대학생들은 학비가 비싸서 졸업을 해도 빚으로 사회생활을 시작해야 하니까 중퇴를 하는 경우가 많다고 합니다. 또 이태리나 그리스 같은 데서는 교수들이 학생들에게 여기에 있어봐야 비전이 없으니까 빨리 외국으로 떠나라고 권면을 한다고 합니다. 옛날에 우리나라는 고시에 합격을 하거나 의대를 졸업하면 미래가 보장된 것으로 생각했지만 지금은 그렇지 않다고 말을 합니다. 그래서 미래의 불안정을 극복하기 위해서 대기업에 취식을 하거나 교수나 공무원의 길을 택하려고 합니다. 그래도 우리의 미래는 여전히 불안할 때가 많습니다. 여기서 우리가 알아야 할 것은 이 세상 자체가 원래 불안하다는 것입니다. 우리가 이 세상에 있는 것들을 붙들고 살아가면 불안할 수밖에 없습니다. 결국 우리를 안전하게 하는 것은 하나님의 약속과 약속의 표시인 것입니다.

　그래서 하나님은 노아에게 하나님의 말씀을 약속으로 주셨습니다.

> 9:11 "내가 너희와 언약을 세우리니 다시는 모든 생물을 홍수로 멸하지 아니할 것이라 땅을 멸할 홍수가 다시 있지 아니하리라"

　노아는 홍수 때 갑자기 하늘이 미치는 것을 보았고 땅이 꺼지는 것을 보았으며 온 세상이 물에 뒤덮이는 것을 보았습니다. 노아는 언제든지 또 다른 재앙이 올 수 있다는 것을 알았습니다. 이때 하나님께서는 다시는 홍수로 인류가 한꺼번에 몰살하는 일이 없도록 지켜주시겠다고 약속을 하셨습니다. 물론 때때로 이 세상에는 작은 홍수도 있고 지진도 있고 경제 위기도 닥치겠지만 하나님께서는 노아 때와 같이 자연 질서 자체를 무너지게 하는 비극은 일어나지 않게 하시겠다고 약속하셨습니다. 우리는 하나님의 이 약속이 있기 때문에 이 험한 세상에서 하루하루를 살아갈 수 있는 것입니다.

그런데 우리는 이 하나님의 약속 위에서 무엇을 해야 할까요? 즉 하나님이 이 지구나 세상을 지켜주신다면 우리는 과연 어떻게 살아야 잘 사는 인생이 될 수 있을까요?

사람들 중에는 이 세상에서 경치 좋은 것을 여행 다니는 분들이 많이 있습니다. 사실 외국에 가보면 정말 경치가 뛰어난 곳들이 많이 있습니다. 그런데 우리가 알아야 할 것은 이 세상은 무대 장치와 같다는 사실입니다.

전에 어떤 오페라를 보니까 무대 장치가 얼마나 뛰어난지 마치 실물 같았습니다. 그 무대 장치는 영국에서 비행기로 옮겨온 것이라고 했는데, 무대 장치가 아무리 멋이 있어도 그 무대 위에서 연기하는 주인공이나 노래 부르는 것이 더 중요합니다. 마찬가지로 우리는 이 세상에서 경치 좋은 데를 구경하고 사는 것도 중요하지만 더 중요한 것은 이 세상에서 내가 어떤 삶을 사느냐 하는 것입니다. 하나님의 말씀대로 사는 것이 최고로 위대한 연기이고 삶인 것입니다. 그런 믿음의 삶이 없는 이 세상의 경치나 문명은 아무 소용이 없는 것입니다.

하나님께서는 그 약속의 증표로 무지개를 주셨습니다.

> 9:12-13 "하나님이 이르시되 내가 나와 너희와 및 너희와 함께 하는 모든 생물 사이에 대대로 영원히 세우는 언약의 증거는 이것이니라 내가 내 무지개를 구름 속에 두었나니 이것이 나와 세상 사이의 언약의 증거니라"

하나님께서는 다시는 이 세상을 재앙으로 멸망시키시지 않겠다는 것을 증표로 주셨습니다. 그것은 바로 비가 온 후에 구름 사이에 보이는 무지개인 것입니다. 요즘도 큰 비가 한번 와서 공기 안에 있는 모든 불순물을 다 씻어내고 나면 하늘에 큰 무지개가 보일 때가 종종 있습니다.

우리는 말로 약속을 하는 것도 좋지만 증표를 받으면 훨씬 더 마음이 든든할 것입니다. 예를 들어서 입으로 사랑한다는 고백을 하는 것도 좋지만 약혼반지나 결혼식을 해버리면 사랑은 확정이 되게 되고 취소할 수가 없습니다.

무지개라는 것은 우리가 다 아는 바와 같이 태양 빛이 얇은 수분 층을 통과할 때 햇빛이 굴절되면서 일어나는 현상입니다. 즉 빛이 파장의 길이에 따라 나누어지면서 '빨주노초파남보'로 색깔이 나뉘어서 나타나게 됩니다. 아마도 홍수 전에는 무지개라는 것이 없었는데 홍수 이후에 새로 생긴 현상이 된 것 같습니다. 왜냐하면 홍수 이전에는 하늘 위의 수분 층이 너무 두꺼워서 무지개가 생길 수 없었다고 생각되기 때문입니다. 그런데 실제로 중요한 것은 무지개가 홍수 이후에 처음 생겼느냐 그 전에도 있었느냐 하는 것이 아닙니다. 중요한 것은 하나님께서 무지개를 통하여 우리에게 승표로 주셨다는 사실입니다.

사실 우리가 사는 이 지구는 불안할 때가 너무나도 많습니다. 즉 때때로 하늘이 분노하고 때로는 땅이 분노하고 때로는 바다가 미쳐서 인간이 다 멸망할 것 같을 때가 있습니다. 이때 어느새 비가 그치면서 하늘에 무지개가 나타납니다. 이것은 하나님께서 우리에게 말씀하시는 것입니다. "내가 너희들이 망하지 않도록 지켜준다고 하지 않았어. 겁을 먹을 필요가 없어."라고 위로해주시는 것입니다.

우리에게는 정상적인 삶이 필요합니다. 정상적이라는 말 속에는 수없이 많은 것들이 필요합니다. 마치 일곱 가지의 색들이 모여서 평범한 하나의 흰 색이 되는 것처럼 '정상적'이라는 말 속에는 수없이 눈에 보이지 않는 많은 하나님의 은혜가 합쳐져 있는 것입니다.

그래서 우리가 알아야 하는 것은 이제는 우리 마음속에도 이 무지개가 있어야 한다는 것입니다. 장사를 하다가도 갑자기 망할 것 같고 사업을 하다가도 부도가 날 것 같고 공부를 하다가도 아무 소용이 없을 것 같고 차를 사려고 하면 교통사고가 날 것 같고 잘 살다가 무서운 병에 걸릴 것 같은 두려움이 생길 때마다 우리의 마음속에는 이 약속의 무지개가 필요합니다.

그런데 우리 예수 믿는 사람들에게는 무지개보다 더 확실한 것이 있습니다. 그것은 하나님의 말씀을 들을 때 내 마음에서 일어나는 성령의 감동입니다. 우리 마음에 이 성령의 감동이 없어지지 않는 이상 우리는 절대로 망하지 않습니다.

3. 조심해야 하는 세상

하나님은 노아에게 복을 주셔서 생육하고 번성하라고 하셨지만 그럼에도 불구하고 여전히 이 세상은 죄가 남아 있는 세상이기 때문에 조심해야 한다고 주의를 주셨습니다.

즉 노아가 살아가야 할 세상은 완전한 세상이 아니라는 것입니다. 노아나 그 가족이 살아갈 세상은 맹수들이 사람들을 공격하기도 하고 심지어는 사람들끼리도 서로 죽일 수 있는 불완전한 세상입니다. 그래서 노아나 그 후손들은 여전히 죄가 있는 세상에서 할 수 있는 한 죄의 공격을 피하면서 조심스럽게 살아가야 하는 것입니다.

우선 홍수가 끝난 후 맹수들은 다시 사나워지게 되었습니다.

> 9:2 "땅의 모든 짐승과 공중의 모든 새와 땅에 기는 모든 것과 바다의 모든 물고기가 너희를 두려워하며 너희를 무서워하리니 이것들은 너희의 손에 붙였음이니라"

아마 노아나 그 아들들이 방주 안에 있을 때에는 그 안에 있던 맹수들이 비교적 얌전했던 것 같습니다. 그러나 홍수가 끝나고 난 후 맹수들이 배에서 나오게 되었을 때 야생의 본성이 다시 살아나게 되었습니다. 맹수들은 이상한 소리를 지르고 인간을 싫어하며 공격적인 자세로 변하게 된 것입니다. 옛날에는 맹수들이 인간의 삶에 아주 위험한 존재들이었습니다. 그래서 맹수들이 갑자기 인간을 덮치게 되면 집도 없고 성도 없이 완전 무방비상태에 있던 노아나 가족이나 육축들은 몰살할 수밖에 없었을 것입니다. 그러므로 하나님은 맹수들에게 사람을 두려워하는 마음을 주시겠다고 하셨습니다. 그래서 맹수들은 사람이 두려워서 쉽게 공격하지 못하는 것입니다.

베드로 사도는 말하기를 "근신하라 깨어라 너희 대적 마귀가 우는 사자 같이 두루 다니며 삼킬 자를 찾나니"(벧전 5:8)라고 했습니다. 요즘 우리 사회에는 사자나 늑대 같은 맹수는 없지만 사람이 맹수로 변하는 것을 조심해야 합니다. 요즘은 누구든지 사나운 늑대가 되어서 여자나 약한 자들을 공격할 수 있기 때문에 언제나 기도를 하고 조심해야 합니다.

우리가 더 조심해야 할 것이 있습니다. 우리 안에도 죄가 있고 다른 사람 안에도 죄가 있다는 것입니다. 그래서 우리는 죄에게 발동할 수 있는 기회를 주어서는 안 됩니다. 만약 우리 안에 있는 혈기가 발동하든지 다른 사람 속에 있는 분노가 발동하면 맹수에게 물리는 것 같은 치명적인 타격을 입게 되는 것입니다. 그러나 우리가 하나님의 진리로 충분히 무장되어 있고 또 혼자 돌아다니지 않고 믿음의 형제자매들과 함께 있으면 사탄이나 죄는 우리를 쉽게 공격하지 못할 것입니다.

하나님은 홍수 이후에 인간에게 공식적으로 짐승을 잡아먹을 수 있도록 허용을 하셨습니다. 이것은 아마도 육체의 영양학적으로 엄청난 발전일 것입니다. 옛날 우리나라 사람들은 참으로 먹을 것이 적었습니다. 그래서 늘 채소류만 먹다가 동네에 큰 잔치가 있으면 돼지를 한 마리 잡아서 포식을 하곤 했습니다.

짐승을 잡아먹을 수 있도록 허용했음에도 불구하고 하나님은 짐승의 시체에서 피를 빼라고 하셨습니다. 이것은 인간이 육식을 할 수 있지만 생명에 대한 존엄성을 가지도록 하기 위한 것입니다. 즉 짐승의 몸에서 피를 뽑는 것을 통해서 생명의 소중함은 알아야 한다는 것입니다.

특히 하나님은 절대로 살인자는 용서해서는 안 되고 반드시 처벌을 해야 한다고 명령하셨습니다.

9:6 "다른 사람의 피를 흘리면 그 사람의 피도 흘릴 것이니 이는 하나님이 자기

형상대로 사람을 지으셨음이니라"

하나님께서는 노아 홍수 전에는 살인자도 살게 하셨습니다. 그래서 하나님은 가인이 아벨을 죽였을 때에도 표시를 주셔서 살게 하셨습니다. 그랬더니 이 세상에 살인이 너무 많아져서 사람들은 살인을 너무 쉽게 생각하게 되었습니다. 그래서 하나님은 노아 홍수 후에는 살인을 한 자는 잡아서 처형하게 하신 것입니다. 아마 이때부터 정부라는 것이 생겼다고 생각합니다.

오늘 우리나라 사람들은 나름대로 복을 가지게 되었습니다. 그러나 우리의 복은 너무나도 불안한 복입니다. 우리는 어떻게 하면 망하지 않고 계속 행복하게 살 수 있을까 전전긍긍하고 있습니다. 그러나 하나님은 우리의 행복을 지켜주시겠다고 약속하셨습니다. 그것은 하나님의 말씀이 주시는 확신이고 부흥이 주는 약속입니다. 우리 안에 부흥이 일어나면 우리는 반드시 복을 받게 될 것입니다. 우리는 하나님의 말씀을 가지고 불안해하는 사람들을 위로해야 합니다.

하나님의 말씀은 살아 있는 능력의 말씀입니다. 우리의 마음속에 감동을 주고 깨우침을 주고 있는 이 말씀은 온 우주를 지금 정상적으로 돌아가게 하고 있는 원동력입니다. 하나님의 말씀은 우리에게 능치 못한 것이 없습니다.

하나님의 사람은 절대로 멸망하지 않습니다. 왜냐하면 하나님께서 성령을 우리 구원의 보증으로 주셨기 때문입니다. 젊은이들은 취직이 안 되는 것을 두려워합니다. 청년들은 결혼의 문제로 너무 걱정하고 있습니다. 그러나 하나님은 우리에게 생육하고 번성하여 땅에 충만하라고 하셨습니다. 우리에게는 재앙보다 더 큰 하나님의 말씀이 있습니다. 우리가 하나님의 말씀을 믿고 붙드는 이상 절대로 멸망하지 않을 것입니다. 이 모든 불안과 두려움을 이기고 가장 아름다운 삶을 만들어내시는 성도들이 다 되시기 바랍니다.

15
인종의 편견 / 창세기 9:24-25

세계적으로 가장 인기 있는 육상 단거리 선수는 우리나라에도 온 적이 있는 자메이카 출신의 '우사인 볼트'일 것입니다. 볼트 선수의 달리기를 보면 그 큰 키에 마치 미사일이 발사되는 것 같은 느낌이 듭니다. 그런데 자메이카에 볼트 같이 힘이 센 흑인이 생기게 된 것은 몇 세기 전에 백인들이 아주 못된 짓을 했기 때문이라고 합니다. 백인들이 아프리카에서 흑인들을 노예로 쓰려고 잡아 왔을 때 힘이 센 흑인들만 남기기 위해서 일부러 먹을 것과 물을 적게 주어서 약한 흑인들은 죽게 했다고 합니다. 그리고 남은 흑인 남자들도 아주 튼튼한 여자 흑인들과 강제로 결혼시켜서 볼트와 같이 힘이 센 흑인들이 나오게 되었다고 합니다.

인류 역사상 가장 비참한 역사를 겪은 인종은 흑인종들입니다. 흑인종들은 오직 피부색이 검다는 이유 하나만으로 백인들의 노예가 되었고 많은 치욕을 당해야만 했습니다. 최근에 미국에서는 백인 경찰이 특별한 이유 없이 흑인을 총으로 쏘아 죽이는 바람에 흑인들의 데모가 일어나기도 했습니다.

사실 백인이나 흑인이나 동양인들이 피부색이 다른 것은 몸 안에 있는 멜라닌 색소양이 다르기 때문입니다. 백인이 희게 보이는 것은 멜라닌 색소가 적기 때문이고 흑인이 검게 보이는 것은 멜라닌 색소가 많기 때문입니다. 특히 아프리카 같은 데서 그 뜨거운 태양 빛 아래서 피부가 타지 않고 피부암이 걸리지 않으려고 하면 멜라닌 색소가 많아야 하는데 흑인들은 그런 환경에 맞게 피부가 검은 것입니다. 반대로 유럽은 태양 빛이 아프리카 같이 강하거나 많지 않기 때문에 상대적으로 백인들은 멜라닌 색소가 적어서 희게 보이는 것입니다.

그런데 백인들은 멜라닌 색소가 적어서 피부가 건조해지기 쉽고 또 몸이 많이 가렵기 때문에 일부러 몸을 태워서 검게 만드는 것을 볼 수 있습니다. 그래서 여름에 바닷가에 가보면 백인들은 물에 들어가지 않고 백사장에서 누워서 일광욕을 하는 것을 많이 보게 됩니다. 심지어 영국 같은 데서는 햇빛만 났다고 하면 잔디밭 같은 데서도 옷을 벗고 일광욕을 하는 모습을 심심찮게 볼 수 있습니다. 그것은 백인들이 몸에 멜라닌이 적어서 그런 것입니다.

그런데 왜 흑인들이 이런 학대와 무시를 당해야 하느냐고 물어보면 노아의 저주로 올라가게 됩니다. 즉 노아의 세 아들 셈과 함과 야벳으로부터 황인종, 백인종, 흑인종이 나오게 되었는데, 노아가 함 즉 흑인종을 저주했기 때문에 학대를 받게 되었다고 해석하는 것입니다. 이런 것을 보면 성경 구절 한 절이 잘못 해석될 때 얼마나 많은 사람들이 비참해질 수 있는지 깨닫게 됩니다.

1. 노아의 방심

노아는 정말 무서운 대심판 가운데 기적적으로 목숨을 건지게 되었습니다. 아마 그 동안 노아는 정말 하나님의 말씀대로 순종하려고 엄청 긴장을 했을 것입니다. 그러나 이제 홍수는 끝나고 땅도 어느 정도 안정이 되면서 노아는 마음을 잠시 풀게 되었던 것 같습니다.

9:20-21 "노아가 농사를 시작하여 포도나무를 심었더니 포도주를 마시고 취하여 그 장막 안에서 벌거벗은지라"

큰 위기나 전쟁이나 죽음의 고비에서 살아남게 되면 상당한 기간 트라우마를 겪게 된다고 합니다. 그래서 사람을 죽이고 죽는 전쟁터에서 살아온 제대 군인들이라든지 혹은 많은 사람들이 죽는 사고 현장에서 기적적으로 살아나온 사람들은 그 후에도 밤마다 악몽을 꾸거나 사람들이 살려 달라고 울부짖는 환청을 듣게 되는 경우가 많다고 합니다. 그러다가 어느 정도 정신을 차리고 보면 정신적인 기준이나 생각이 상당히 유치하게 되어서 다시 새 출발을 해야 할 때가 많습니다.

그동안 무시무시한 홍수의 저주는 끝나고 다시 이 세상에는 평화가 회복되었습니다. 아마도 노아의 배에서 나온 맹수들은 자기들이 가고 싶은 대로 멀리 멀리 달아났던 것 같습니다. 노아는 가축들을 키우면서 농사를 짓게 되었습니다. 본문에는 "노아가 농사를 시작" 했다고 했는데 원문의 뜻은 "땅의 사람이 되었다"는 것입니다.

노아는 홍수가 나기 전에 자기가 챙겼던 여러 씨를 가지고 농사를 시작했던 것입니다. 물론 노아는 포도 농사만 지었던 것은 아니고 아마도 자기가 가지고 있던 씨를 가지고 할 수 있었던 농사를 다 지었을 것입니다. 그런데 문제는 그 중에서 포도였습니다. 그 포도 농사가 아주 잘 되었습니다. 노아는 포도 열매를 실컷 따 먹은 후에 그리고도 포도가 많이 남았기 때문에 노아는 이 포도를 저장하기 위해서 술로 담갔던 것 같습니다. 어떤 사람들은 노아가 인류 중에서 가장 먼저 포도주를 만든 사람일 것이라고 하는데 그것은 아닌 것 같습니다. 인류는 홍수 전에 이미 술을 만들어서 마셨고 노아도 그 방법을 알았던 것 같습니다.

그런데 노아는 이 포도주를 실컷 먹고 취하게 되었습니다. 그것도 그냥 취한 것이 아니라 완전히 인사불성이 될 정도로 취하게 되었고 나체가 되어서 벌거벗고 드러누워서 자게 되었습니다.

  사실 인류가 언제부터 술을 마셨는지 알 수 없지만 술이라고 하는 것은 참 묘한 것입니다. 즉 사람은 술만 마시면 감정이 흥분이 되고 기분이 좋아지면서 다른 사람에 대한 경계심 같은 것도 없어지게 됩니다. 그러나 술은 사람의 감정 통제를 방해하고 또 윤리적인 책임감을 없어지게 하기 때문에 많은 사람들이 술 때문에 싸우고 살인을 하고 성적인 죄에 빠지는데도 불구하고 술을 계속 마시게 됩니다. 이러니 술이 인간의 친구냐 원수냐고 물으면 원수라고 대답을 해야 할 것입니다.

  물론 노아가 포도 농사를 지은 것은 죄가 아닙니다. 또 노아가 포도주를 만든 것조차도 죄가 아닐 수 있습니다. 그러나 이미 노아의 마음속에는 포도주를 한번 실컷 마시고 싶은 욕망이 몇 달 이상 꿈틀거리고 있었던 것입니다. 그리고 노아는 드디어 이 욕망을 실천에 옮길 수 있었습니다. 아마 노아는 술에 취하고는 기분이 엄청 좋았을 것입니다. 그러나 술 마실 때는 몰랐는데 나중에 술을 깨면서부터 엄청난 후유증에 고통을 받게 됩니다.

  홍수가 나기 전에 노아는 어떻게 하든지 하나님 앞에서 바로 살려고 몸부림을 쳤습니다. 아마도 노아는 일체 사람들의 죄가 자기 자신이나 가정 안에 들어오지 못하도록 치열한 영적인 전쟁을 했을 것입니다. 또 홍수 기간 내내 노아는 혹시라도 배가 뒤집어지거나 아니면 양식이나 물이 떨어져서 자신이나 모든 짐승들이 다 죽을까봐 초긴장을 했을 것입니다. 그러나 홍수가 끝나고 농사를 지었는데 너무 농사가 잘 되었고 특히 포도 농사가 잘 되었습니다. 이때 노아의 마음속에는 '이제는 긴장을 좀 풀어도 되지 않을까? 이제는 보는 사람도 없는데 한번쯤 실컷 술에 취해보면 어떨까?' 하는 생각이 들었던 것입니다. 결국 노아는 방심을 했던 것입니다.

  아버지가 알코올 중독자인 경우에 자녀들은 '어른 아이'라고 해서 심한 정서적인 장애를 겪게 됩니다. 즉 아버지가 술 마셨을 때와 마시지 않았을 때가 다르니까 아버지의 인격에 대하여 불신을 가지게 된다는 것입니다. 그러면서 그 사람은 어른이 된 후에도 정서적으로 여전히 유치한 상태에 있게 됩니다. 그뿐만 아니라 인간의 살인이나 폭행이나 간음이 벌어지는 거의 모든 사건도 술 취한 상태에서 저질러집니다.

2. 노아가 끼친 영향

노아는 하나님으로부터 의인이라는 인정을 받은 사람이었고 당대에 완전한 자라고 했습니다. 그럼에도 불구하고 이 거룩한 의인인 노아가 술에 만취되었고 벌거벗고 잠을 자기까지 하게 된 것입니다. 이것은 노아가 완전히 죄에 대하여 무방비상태에 빠져 있었다는 것입니다. 즉 누군가가 와서 죽여도 할 수 없고 성적으로 죄를 지어서 어쩔 수 없고 때려도 반항할 수 없는 그런 상태에 빠져 있었다는 것입니다. 결국 노아의 이런 방심이 노아의 아들들로 하여금 죄짓게 만들었습니다.

사실 죄는 언제나 우리를 속입니다. 죄를 짓기 전에는 죄가 너무나도 달콤하고 매력적이며 행복해보이지만 한번 죄를 짓고 나면 완전히 죄에 코가 꿰게 되어서 죄의 비참한 종이 되고 마는 것입니다.

결국 신앙생활에는 휴식이나 방학이라는 것이 있을 수 없습니다. 특히 목회자들 중에서 실컷 목회를 잘한 후에 마지막에 욕심을 부리는 바람에 하나님의 이름에 큰 손상을 주는 일들이 간혹 있습니다. 이렇게 우리가 조금이라도 방심하면 사탄이 기회를 타게 되는 것입니다.

노아는 술에 취해서 벌거벗고 정신없이 잠을 자고 있었는데 아들들 중에서 아버지의 벌거벗은 모습을 가장 먼저 발견한 사람은 함이었습니다.

9:22 "가나안의 아버지 함이 그의 아버지의 하체를 보고 밖으로 나가서 그의 두 형제에게 알리매"

함은 아버지가 술에 취해서 정신을 잃고 벌거벗고 자고 있는 것을 보고 굉장히 아버지를 경멸하고 비판적인 자세를 취했습니다. 일단 자식이 아버지가 방에서 옷을 다 벗고 자고 있는 것을 보았다면 아버지가 술에 취한 것은 추한 것이지만 감기에 걸릴 수도 있고 또 그 집에는 여성들도 있기 때문에 그들이 아버지의 추한 모습을 보고 흉볼 수도 있기 때문에 이불이나 옷으로 아버지를 덮어드리는 것이 옳습니다. 그런데 함은 아버지가 옷을 벗고 자고 있는데 그것을 그냥 그대로 두고 나왔습니다. 이것은 함이 아버지를 업신여기는 행동이라고 할 수 있습니다. 즉 함은 누구든지 와서 아버지의 벗은 꼴을 보고 마음껏 흉을 보고 조롱을 해도 좋다는 식으로 생각해서 술 취한 아버지를 방치했던 것입니다.

함의 마음에는 늘 완전하신 아버지도 이번에는 톡톡히 망신을 당해보라는 못된 마음이 들어 있었던 것입니다. 더욱이 함은 밖에 나와서 두 형제에게 아버지의 추태를 두고 이야기했습니다. 여기서 이야기를 했다고 하는 것은 아버지를 비난했다는 뜻입니다. 즉 '아버지가 평소에는 하나님의 말씀대로 살아야 한다고 말씀을 하시고서는 자기 자신은 저런 추한 꼴을 보여주고 있다'고 비난을 한 것입니다.

또 성경학자에 따라서는 함이 "그의 아버지의 하체를 보았다"고 할 때 '보았다'는 것은 아주 나쁜 의도로 보았다는 뜻으로 생각하기도 합니다. 즉 함은 아버지의 벗은 육체를 상당히 정욕적인 생각을 가지고 보았다고 주장을 합니다.

특히 여기서 우리가 알아야 할 것은 노아는 그냥 평범한 아버지가 아니라 하나님의 말씀을 전하는 선지자였다는 것입니다. 그런데 함은 선지자인 아버지의 이중적인 모습을 보고 아버지를 불신하고 경멸하게 되었던 것입니다. 이것은 함의 신앙에 큰 마이너스가 되었습니다. 즉 함은 이제 아버지의 추태를 보고서 하나님의 말씀을 불신하게 되었던 것입니다.

그러나 셈과 야벳의 행동은 달랐습니다. 셈과 야벳은 아버지의 벗은 모습을 보지 않기 위하여 뒷걸음질을 해서 안으로 들어갔고 어깨에 걸친 옷을 덮어드림으로 자신들은 아버지의 벗은 모습을 보지 않았습니다. 이것은 그들이 아버지의 실수한 모습을 보지 않겠다는 의도적인 행동입니다. 즉 이들도 아버지가 술 취해서 벌거벗은 모습을 보았더라면 아버지를 경멸하거나 무시하게 되었을지도 모릅니다. 그러나 이 두 아들은 아버지의 추한 모습을 스스로 보지 않았기 때문에 그들에게 아버지는 여전히 존경스러운 하나님의 종이요 선지자로 마음속에 새겨져있었습니다.

함은 아버지가 실수한 것을 통해서 아버지를 경멸해도 되는 것으로 생각했습니다. 그런데 함이 아버지를 경멸하는 것은 그것으로 끝나는 것이 아니라 그 후부터는 하나님의 말씀이 제대로 귀에 들리지 않게 되고 하나님도 믿지 않게 되었던 것입니다. 그래서 노아의 실수는 자기 아들 함과 그 후손들에게 신앙의 큰 손해를 끼치게 되었습니다. 즉 함이 아버지의 벗은 추한 모습을 보지 않았더라면 좋을 뻔하였는데 그것을 보고 욕하는 바람에 자기 신앙뿐 아니라 자식들의 신앙까지도 손해를 보게 되었던 것입니다. 즉 함의 자식들은 그렇지 않아도 하나님을 믿지 않으려고 핑계거리를 찾고 있었는데 이번 일을 통해서 완전히 하나님을 떠나 저주의 자식들이 되게 된 것입니다.

그러나 셈과 야벳은 이 한 번의 실수로 아버지를 완전히 거부하지 않기로 했습니다. 그들은 오히려 아버지의 허물을 덮고 여전히 아버지를 존경하기로 했습니다. 이것이 결국 자기 자신들이 사는 길이었습니다.

오늘 많은 사람들이 교회 목사님의 허물이나 죄를 보고 막 떠들고 비난하는데 결국 이런 것이 정의롭기는 하지만 자기 신앙에 마이너스가 될 때가 많습니다. 결국 나중에는 자신이 하나님을 불신하고 교회 전체를 불신하게 되는 것입니다. 그래서 다른 사람의 허물을 캐내고 비난하는 행동은 아주 조심해야 합니다.

하나님은 노아의 실수로 인하여 전혀 비난을 받으실 이유가 없는 분이십니다. 하나님은 허물과 실수가 많은 인간을 통하여 세상을 구원하시고 하나님의 일을 하십니다. 그것을 이해하고 받아들이는 것이 사랑이고 겸손입니다. 다른 사람의 실수를 사랑으로 받아들일 때 자신의 신앙이 더 성숙하게 되고 더 풍성하게 됩니다. 그렇다고 해서 인간의 실수로 인한 불순물이 전혀 그 사람을 오염시키지 못합니다. 왜냐하면 그런 것들은 이미 바른 말씀으로 다 걸러주기 때문입니다.

3. 노아의 예언

　노아는 술에서 깨어난 후에 자식들에게 하나님의 말씀을 전했습니다. 아마 노아는 자주 자녀에게 하나님의 말씀을 전했던 것 같습니다. 그리고 오늘 이 말씀도 노아가 술에서 깨어나자마자 바로 한 것은 아닐 것입니다. 아마도 어느 정도 시간이 흐른 후에 노아는 자식들에게 이 예언의 말씀을 했을 것입니다. 그럼에도 불구하고 노아가 추태를 보인 후였기 때문에 예언이 권위 있는 하나님의 말씀이 되지 못했습니다.

> 9:24-25 "노아가 술이 깨어 그의 작은 아들이 자기에게 행한 일을 알고 이에 이르되 가나안은 저주를 받아 그의 형제의 종들의 종이 되기를 원하노라 하고"

　노아는 하나님의 말씀을 전하면서 함의 아들 가나안을 저주했습니다.
　이 부분의 해석에는 상당한 주의가 필요합니다. 우선 본문을 보면 노아가 술에서 깨어난 후 함이 한 행동을 보고 너무나도 화가 나서 함을 저주한 것처럼 보입니다. 이것이 설교자가 아주 조심을 해야 하는 부분입니다. 즉 교인이 설교자와 사이가 좋지 못하면 강단에서 책망하는 설교를 할 때 자기에게 하는 말로 듣게 되는 것입니다.
　이것은 노아의 예언도 마찬가지입니다.
　성경을 보면 물론 노아가 술에서 깨어난 후에 함이 한 행동을 알았던 것은 사실입니다. 그러나 이상하게도 노아는 함을 저주하지 않고 함의 아들 가나안을 저주했습니다. 그래서 어떤 학자들은 말하기를 처음 노아가 벌거벗은 것을 본 사람은 함이 아니라 함의 아들 가나안이었다고 주장하기도 합니다. 그래서 어떤 사람은 함과 가나안은 공범이었다고 말을 하기도 합니다.

그러나 우리가 성경에서 그런 근거는 찾을 수가 없습니다. 노아는 함을 저주한 대신에 그의 아들 가나안을 저주했습니다.

여기서 저주라고 하는 것이 무엇입니까? 세상에서는 화가 나서 다른 사람에게 욕을 퍼붓고 악담하는 것이 저주입니다. 그러나 성경적인 저주는 어떤 사람이 하나님의 말씀을 벗어나서 잘못된 길을 가고 있는 것을 보고 그대로 가면 망한다고 알려주는 것이 저주입니다. 그래서 성경적인 저주는 거의 축복만큼이나 중요합니다. 왜냐하면 그 말씀을 듣고 돌이키기만 하면 저주에 빠지지 않기 때문입니다. 예를 들어서 어떤 사람이 멀쩡하게 길을 잘 가고 있는데 다리가 부러지라고 말하는 것은 세상적인 저주이지만, 절벽을 향하여 가고 있는 사람에게 네가 계속 그 길을 가게 되면 절벽에서 떨어져 죽는다고 가르쳐주는 것이 성경적인 저주인 것입니다.

노아는 물론 함이 한 행동이 아름답지 않다는 것을 알았습니다. 그러나 노아에게 더 우려되는 것은 함의 막내아들인 가나안이 너무 불신앙적인 행동에 빠져 들고 있다는 것이었습니다. 노아가 보기에는 자기 아들 함도 아버지를 불신하고 자기 멋대로 행동을 하고 있지만 함의 아들 가나안에게는 더 심한 죄성이 나타나고 있었던 것입니다. 즉 함의 아들 가나안에게는 성도착증 같은 증세가 나타나고 있었던 것입니다.

노아의 이 예언은 그대로 실현되었습니다. 나중에 이스라엘 백성들이 정복했던 가나안 족속들이 바로 이 함의 막내아들 가나안의 후손들이었습니다. 가나안 족속은 성적으로 너무나도 부패해 있었고 미신에 오염되어 있었습니다. 그래서 하나님께서는 이스라엘 백성들에게 가나안 족속들은 하나도 남겨두지 말고 다 멸망시키라고 명하신 것입니다. 그러나 그렇다고 해서 이 말씀이 노아가 흑인을 저주한 것은 아닙니다. 이것은 누구든지 지나치게 정욕에 빠지는 자는 조심하지 않으면 저주의 자식들이 되고 만다는 것을 경고한 것입니다.

그러나 노아는 셈을 축복했습니다.

9:26 "또 이르되 셈의 하나님 여호와를 찬송하리로다 가나안은 셈의 종이 되고"

여기에 보면 노아는 그냥 셈을 칭찬한 것이 아니라 '셈의 하나님'을 찬송하고 있습니다. 어떤 사람에게 있어서 가장 존귀한 일은 하나님을 부를 때 그 사람의 이름을 넣어서 '누구의 하나님'이라고 부르는 일일 것입니다. 즉 이것은 하나님이 이 사람을 통해서 일하고 계시며 이 사람이 하는 일은 모두 하나님의 일이라는 뜻입니다. 즉 이 사람이 하는 일은 모두 하나님의 일인 것으로 믿어도 좋다는 뜻입니다.

노아는 "셈의 하나님 여호와를 찬송하리로다"라고 노래하고 있습니다. 하나님께서 셈의 믿음을 이렇게 아름답게 만드셨다는 뜻입니다. 셈은 아버지를 존경했습니다. 셈은 아버지를 아버지로서도 존경했지만 하나님의 말씀의 종으로 더 존경했습니다. 그래서 셈은 아버지에게 추한 모습이 나타났을 때 뒷걸음질을 해서 그 모습을 보지 않았던 것입니다. 즉 셈은 여전히 하나님의 말씀을 사랑하게 되었던 것입니다.

그리고 가나안은 셈의 종이 되어야 한다고 했습니다. 이것은 가나안이 살 수 있는 길을 가르쳐주는 것입니다. 가나안은 셈의 종이 되어서 말씀의 지도를 받아야 죄를 덜 짓게 되고 멸망당하지 않게 된다는 것입니다. 그러나 하나님의 말씀의 지도를 무시하고 자기 멋대로 정욕대로 산다면 망하고 말 것입니다. 이 세상에서 가장 존귀한 것은 하나님이 다른 사람의 하나님이 아니라 나의 하나님이 되는 것입니다. 우리는 하나님의 택함 받고 부름 받은 그것을 가장 귀한 것으로 여겨야 합니다. 그렇지 않으면 하나님의 은혜는 다른 사람에게로 가 버리고 맙니다.

노아는 야벳도 축복했습니다.

9:27 "하나님이 야벳을 창대하게 하사 셈의 장막에 거하게 하시고 가나안은 그의 종이 되게 하시기를 원하노라 하였더라"

여기서 야벳을 창대하게 하셨다는 말은 직역하면 야벳을 '넓게 퍼지게 했다'는 뜻입니다. 아마 이 당시에 세상에서 가장 넓은 지역으로 퍼진 이들은 야벳의 후손이었을 것입니다. 야벳 자손들은 진취적이었고 모험심이 강했기 때문입니다. 그래서 주로 셈의 후손들은 아시아 부근에 남아 있었다면 야벳의 후손들은 흑해를 건너가서 유럽까지 퍼지게 됩니다. 그렇지만 그들은 점점 하나님의 구원의 약속에서는 멀어지게 되었습니다. 그렇게 야벳의 후손은 오랜 세월 동안 하나님을 모르는 자들이 됩니다. 그러나 그들은 때가 되었을 때 다시 셈의 장막에 거하게 됩니다. 이것은 나중에 하나님께서 작정하신 시간이 되었을 때 야벳 족속들이 믿음으로 돌아오는 것을 의미합니다. 이것이 본격적으로 이루어진 것은 신약 교회 때입니다. 사도 바울 같은 사람이 그리스 땅을 넘어감으로써 야벳의 후손들이 복음 안에 들어오게 된 것입니다.

우리는 옛날에 하나님의 백성들이 아니었지만 이제는 셈의 자손이 되었습니다. 우리는 지금 셈의 장막에 들어와 있고 이제 하나님은 우리의 하나님이 되셨습니다. 이 얼마나 존귀하며 놀라운 축복입니까? 그러나 오늘 수많은 사람들이 가나안 사람으로 살고 있습니다. 우리는 가나안 사람들의 타락한 성 문화를 따라가면 안 됩니다. 그것은 종들의 종이 되는 것입니다. 우리가 아무리 하나님의 자녀가 되었다고 하지만 우리 안에는 아직도 노아 같은 가나안적인 기질이 있습니다. 우리는 그것을 하나님께 고백 드리고 하나님이 깨끗케 해주시도록 간구합시다. 우리는 하나님이 우리 하나님이신 것으로 기뻐해야 하겠습니다.

16
끝없는 욕망 / 창세기 11:4

요즘 우리나라에서도 백층이 넘는 고층 빌딩을 짓고 있습니다. 사실 백층이 넘는 빌딩이라고 하면 엄청나게 높은 건물이고 그 자체가 내리누르는 무게만 해도 어마어마할 것입니다. 그래서 어떤 기자가 기술자에게 도대체 어떻게 백층이 넘는 빌딩을 올릴 수 있느냐고 물어보니까 특수 시멘트를 사용하는데 이것을 쓰면 아무리 무거운 무게가 눌러도 견딜 수 있다고 했습니다. 사람은 모두 끊임없이 높아지고 유명해지고 싶은 욕망을 가지고 그 욕망을 실현하기 위해서 끝없이 노력을 하고 있습니다. 히말라야 산맥에는 해발 8,000미터가 넘는 산이 14개가 있다고 합니다. 보통 사람들은 그렇게 높은 산꼭대기는 하나도 올라가는 것이 쉽지 않습니다. 그러나 우리나라 여성 등산가 한 사람이 그 열네 개나 되는 봉우리를 전부 올라갔다는 사실은 참 놀라운 일입니다.

우리 인간은 처음에 작은 집을 마련하면 좀 더 넓은 집을 사고 싶어 하고 작은 회사를 세웠으면 더 큰 회사로 키우고 싶어지는 것입니다. 그래서 인간은 끊임없이 욕망을 하고 그 욕망을 위해서 노력을 함으로 정말 이 세상을 천국과 거의 같을 정도로 만들어놓는데 성공했습니다. 그래서 사람들이 사는 집을 보면 최신 시설을 해 놓았고 자가용을 타고 지하에서 지하로 가서 백화점에서 쇼핑을 하는 것입니다. 또 인터넷이나 위성 TV를 통해 세계의 온갖 뉴스나 영화나 정보를 다 보고 있게 되었습니다. 그럼에도 불구하고 인간은 여전히 인간이고 삶에 대한 불만은 더 많아지고 있으며, 그에 따라 자살은 더 많아지고 있다는 것도 사실입니다. 결국 우리 모든 인간의 마음속에는 가장 높은 곳에 올라가서 최고가 되고 싶은 욕망을 다 가지고 있습니다. 그런데 사람의 이런 욕망이 채워졌다고 해서 모든 것이 다 끝난 것이 아닙니다. 인간은 하나의 욕망이 채워지면 또 다음 것을 욕망하고 다음 욕망이 채워지면 그 다음 욕망을 찾게 되는 것입니다.

왜 우리 인간은 끊임없이 욕망을 해야 하며 왜 주어진 현실에 만족하지 못하는 것일까요? 그것은 우리 인간의 마음속에는 전부 신이 되고 싶은 욕심이 있기 때문입니다. 즉 인간이 신이 되고 싶어 한다는 것은 자기 안에 있는 능력을 다 개발해서 최고의 존재가 되고 싶다는 것입니다. 그런데 인간은 그 욕망이 채워지면 금방 마음이 시들해지면서 또 다른 욕망을 찾게 되는 것입니다.

어떻게 해서 인간은 이렇게 욕망을 위해서 살게 되었을까요? 그것은 인간의 마음속에 하나님을 잃어버리면서 기계가 잘못 작동하게 되었기 때문입니다. 그래서 우리에게 주어진 인생에 만족하지 못하고 최고가 되려고 함으로 인생 전체를 탕진하게 되는 것입니다. 그렇게 최고의 욕망을 위해서 투쟁하면서 인생의 의미 자체를 소진해버리게 됩니다. 그런데 우리 인간이 하나님을 만나게 되면 자기가 티끌인 것을 미리 알게 되고, 나아가 하나님께 영광을 돌리면서 영원히 없어지지 않는 축복을 누리게 됩니다.

1. 인간의 놀라운 발견

우리 인간은 이 세상에 널려져 있는 것들 중에서 잘 사용하기만 하면 거의 무한대로 삶을 아름답고 행복하게 살 수 있다는 것을 발견하게 됩니다. 예를 들어 요즘 우리 인간이 사용하는 것들 중에 전기가 있고 석유 에너지가 있을 것입니다. 또 우리들이 사용하는 합성 섬유도 있습니다. 그리고 쇠도 있습니다. 인간은 이런 것들을 정제하거나 녹이거나 새로 만들어서 거의 무한대로 우리의 삶을 행복하게 하고 있습니다. 이런 것들을 보면 인간의 발명이나 발견이 얼마나 위대한지 알 수 있습니다. 그러나 이 모든 것들은 하나님이 우리를 사랑하셔서 우리에게 주신 것들을 발견해서 우리가 활용하고 있음을 알아야 합니다. 그래서 우리가 사용하고 있는 이 모든 문명의 원 제공자는 하나님이신 것입니다. 그런데 인간은 이미 하나님이 만드신 것을 가용해서 쓰면서도 인간 머리의 위대함만 생각하고 있는 것입니다.

또 옛날에 인간이 참 해결하기 어려웠던 것은 바로 집을 짓는 문제였습니다. 왜냐하면 돌로 집을 만들려고 하니까 너무 무거웠고 통나무를 가지고 집을 지으려고 하니까 나무를 베는 것 역시 쉽지 않았기 때문입니다. 그러다가 노아 홍수 후의 인간은 시날 평지라는 곳에서 아주 쉽게 집을 지을 수 있는 방법을 찾아내게 되었습니다.

홍수가 끝난 후 인간은 아라랏 산에서부터 조금씩 조금씩 동쪽으로 이동하다가 드디어 시날 평지라는 곳에 도달하게 되었습니다. 홍수가 끝난 후 인간이 서쪽이나 남쪽으로 이동을 하지 않고 동쪽으로 이동을 한 이유는 서쪽이나 남쪽이 바다였기 때문에 육지로만 이동을 하게 된 것 같습니다. 이때까지만 해도 인류는 흩어지지 않고 모두 하나의 무리가 되어서 이동을 하고 있었습니다.

11:2-3 "이에 그들이 동방으로 옮기다가 시날 평지를 만나 거기 거류하며 서로 말하되 자, 벽돌을 만들어 견고히 굽자 하고 이에 벽돌로 돌을 대신하며 역청으로

진흙을 대신하고"

옛날 사람들이 사는데 있어서 가장 심각한 문제는 먹는 것과 살 수 있는 집이었습니다. 아마 홍수 전까지만 해도 지구는 전체적으로 온화했던 것 같습니다. 그러나 홍수가 끝난 후부터 지구의 환경은 가혹해지기 시작했습니다. 즉 지구의 날씨는 추워지기도 하고 비가 많이 오기도 하고 또 어떤 때는 태풍 같은 것이 불기도 해서 사람들은 튼튼한 집이 굉장히 필요하게 되었습니다. 그러나 집을 지으려고 하면 기술이 있어야 하는데 집을 짓는 기술이 없었던 것 같습니다.

그러다가 사람들은 바벨론 평지에서 새로운 건축 재료를 발견하게 되었습니다. 그것은 바로 진흙과 역청이었습니다. 우선 시날 평지는 좋은 흙이 무한정으로 많았던 것 같습니다. 거기서 이런 흙들을 물에 이겨서 햇빛에 말리거나 불에 구우면 자신들이 원하는 대로 무한정으로 벽돌을 만들 수 있다는 것을 발견하게 되었습니다. 그리고 이 벽돌과 벽돌 사이에 역청을 바르면 아무리 높은 집을 지어도 집이 무너지지 않는다는 것도 알게 되었습니다. 그래서 인간은 바벨론 평지에서 건축에 있어서 큰 붐을 일으키게 됩니다. 즉 시날 평지에는 벽돌을 구울 수 있는 무한정의 진흙과 또 벽돌끼리 붙일 수 있는 역청이 무한정으로 있었던 것입니다.

사실 인간에게 이렇게 집을 지을 수 있는 재료를 주시고 지혜를 주신 분은 하나님입니다. 하나님은 인간들을 시날 평지까지 오게 하셔서 집 문제를 해결할 수 있는 지혜를 가지게 하셨던 것입니다. 우리 생각에 사람들은 이제 벽돌로 집을 지어서 추위나 더위 그리고 비를 피해서 행복하게 살면 될 것 같습니다. 그러나 안타깝게도 사람들은 거기서 다른 생각을 하게 되었습니다. 그것은 바로 우리가 이 건축술을 가지고 좀 더 위대한 일을 할 수 없을까 하는 생각이었습니다. 거기서 인간은 이 벽돌을 가지고 아주 거대한 도시를 만들기도 했고 거기서 한 걸음 더 나아가 하늘까지 올라갈 수 있는 큰 탑을 만들기로 작정한 것입니다.

11:4 "또 말하되 자, 성읍과 탑을 건설하여 그 탑 꼭대기를 하늘에 닿게 하여 우리 이름을 내고 온 지면에 흩어짐을 면하자 하였더니"

인간은 벽돌을 건축 재료로 개발하면서 두 가지를 생각했습니다. 하나는 아주 큰 성을 만들자는 것입니다. 즉 이 벽돌을 사용해서 개인의 집만 지을 것이 아니라 거대한 성을 만들어서 같이 살자는 것이었습니다. 그리고 또 하나는 이 벽돌을 가지고 탑을 아주 높이 쌓아 올려서 인간의 위대함을 나타내자는 것이었습니다. 이때 인간은 놀라운 한 가지 사실을 발견했습니다. 그것은 바로 인간 한 사람 한 사람은 힘이 없지만 많이 모이면 모일수록 거기에 거의 신과 가까운 능력이 나타난다는 것입니다. 그리고 또 발견한 것은 그냥 평범하게 살면 인간의 이름이 아무 것도 아니지만 보통 사람들은 할 수 없는 엄청난 일을 하면 그 이름이 아주 유명해질 수 있다는 것이었습니다.

즉 인간은 이 새로운 건축 재료인 벽돌을 가지고 인간의 위대함을 나타내고 우리가 하지 못할 일이 없다는 것을 과시할 생각이었습니다. 이제 우리는 이 벽돌을 가지고 아주 큰 성을 만들어서 얼마나 인간이 위대한지 나타내고 또 우리가 아주 높은 탑을 쌓아올려서 하나님보다 더 유명한 사람이 되자는 생각이었습니다.

이 생각의 문제는 어디에 있습니까? 하나님께서 사람들을 너무나도 뛰어나게 만드신 것입니다. 우리 인간 안에 있는 지혜는 거의 하나님의 지혜에 가깝습니다. 그리고 인간의 능력은 일단 힘을 합치게 되면 거의 무한정의 능력이 나오게 됩니다. 우리 한 사람 한 사람의 힘은 별 것이 아니지만 천 명 혹은 만 명의 힘을 합치게 되면 개인으로서는 도저히 상상할 수 없는 위대한 건축물을 만들 수 있는 것입니다. 그래서 옛날 왕들은 수십만 명이나 되는 사람들을 동원해서 피라미드도 만들고 자기의 거대한 무덤도 만들고 만리장성 같은 거대한 성벽도 만들었던 것입니다. 그러나 이 모든 것은 실용적으로 보면 정말 아무데도 쓸모없는 무용지물입니다. 그런데 인간은 오직 허영 하나를 위해서 그렇게 많은 사람들의 노력과 인생을 허비하게 만드는 것입니다.

결국 이 모든 일을 하는 것 가운데는 인간의 권력이 있었습니다. 사탄은 인간의 능력이 합쳐지면 거의 무한한 힘이 나온다는 것을 알고 있었습니다. 그래서 사탄은 권력자를 중심으로 자신의 허영을 위해서 수십만 명의 힘을 이런 쓸데없는데 허비하게 만드는 것입니다. 그러나 하나님께서는 우리 한 사람 한 사람의 가치를 중요하게 생각하십니다. 그래서 우리 한 사람 한 사람이 하나님을 바로 알고 하나님의 말씀에 순종할 때 위대한 삶이 나오게 되는 것입니다. 사탄은 할 수 있는 대로 인간을 권력의 힘으로 묶어서 쓸 데 없는 허영을 위해서 능력을 낭비하게 만들지만 하나님은 우리 한 사람 한 사람이 은혜 받아서 하나님을 위해서 살도록 만드시는 것입니다.

그런데 지금의 우리 인간은 옛날 인류의 조상들이 꿈꾸었던 그 위대한 문명이나 도시를 이미 다 만들어서 살고 있습니다. 즉 현대인들은 인간이 살기에 가장 이상적인 도시를 만들었습니다. 높은 건물을 더 이상 벽돌로 짓지 않고 철근 콘크리트로 거의 백층 이상으로 짓고 그 모든 것을 전기로 다 해결합니다. 그러면 과연 우리 인간은 신이 될 수 있을까요?

인간은 아무리 위대한 것을 만들어도 여전히 인간에 불과합니다. 그 이유가 어디에 있을까요? 우선 첫째로 인간은 아무리 위대한 일을 해도 언젠가는 늙어서 죽어야 할 존재이기 때문입니다. 인간이 늙지 않고 죽지 않으면 신이 될 수 있지만 그것이 마음대로 되지 않습니다. 그리고 두 번째는 인간이 만든 그 위대한 것들도 실제로 별 가치가 없기 때문입니다. 예를 들어서 만리장성이라든지 이집트의 피라미드는 보기에는 거창하지만 실제로는 별 의미가 없는 것들입니다.

우리 인간은 아무리 편하게 살고 아무리 잘 살아도 행복하지가 않습니다. 그 이유는 진정한 행복은 하나님이 우리 마음에 주시는 것이기 때문입니다. 오늘 현대인들은 스스로 굉장히 영리하게 잘 살고 있다고 생각하지만 실제로 하나님 앞에서 엄청난 진노를 쌓아놓고 있습니다. 사실 인류의 기술과 문화는 언제 폭발할지 모르는 화산과 같은 것입니다.

2. 하나님의 반응

하나님께서는 사람들이 시날 평지에서 거대한 성을 건축하고 또 아주 높은 탑을 만든다는 사실을 아시고는 이 세상을 직접 찾아오셨습니다.

11:5 "여호와께서 사람들이 건설하는 그 성읍과 탑을 보려고 내려오셨더라"

하나님께서는 이들이 하고 있는 이 일을 대단히 위험하게 보셨습니다. 사람들이 이렇게 좋은 건축 재료를 찾아서 큰 성을 만들고 높은 탑을 세우는 것이 왜 하나님께서 보시기에 위험한 일이었을까요? 그것은 사람들이 또 교만한 짓을 하고 있는 것을 아셨기 때문입니다. 즉 사람들은 하나님께서 주신 것을 감사하는 마음으로 잘 사용하면 되는데 그것으로 꼭 하나님께 반항하려고 하기 때문입니다. 좋은 음식이 있으면 맛있게 먹으면 되고 또 좋은 옷이 있으면 입고 행복하면 되는 것입니다. 그러나 좋은 음식을 먹으면서 술까지 마시고 행복한 것으로 만족하지 못해서 남을 때리고 폭력을 행사할 때 하나님은 진노하시는 것입니다.

그래서 하나님은 사람들이 공사하는 곳을 직접 찾아오셨습니다. 하나님은 하늘에서도 사람들이 하는 일을 다 아실 수 있을 텐데 왜 직접 공사하는 곳을 찾아오셨을까요? 그것은 사람들이 저지르고 있는 일의 심각성을 아셨기 때문입니다. 하나님께서 직접 사람들을 찾아오셨을 때에는 그들이 하고 있는 일이 엄청나게 위험한 일인 것을 보여주는 것입니다. 하나님은 소돔과 고모라 성을 멸망시키실 때에도 직접 찾아오셨습니다. 하나님은 하늘 위에서도 소돔과 고모라의 타락의 위험성을 잘 알고 계셨습니다. 그럼에도 직접 방문하신 것은 그들의 타락한 모습을 직접 보고 심판하시기 위한 것입니다.

하나님께서 사람들이 시날 평지에 큰 성을 만들고 큰 탑을 세우는 것이 하나님을 대적하고 불신하기 위함이라는 것을 알고 계셨습니다. 즉 사람들이 자신의 기술을 우상으로 생각해서 전체적으로 하나님을 대적하고 하나님을 믿지 않는 불신의 세상을 만들려고 하는 것을 아셨던 것입니다. 그 당시 사람들은 무서운 홍수가 끝난 지 얼마 지나지도 않았는데 다시 옛날 홍수 전으로 돌아가려고 하고 있었습니다. 사람들이 하나님을 높이지 않고 스스로의 기술을 자랑하고 자기 자신을 높이려고 할 때 결국 사람들은 하나님과 격돌하게 되고 다시 멸망할 수밖에 없습니다.

그러나 하나님은 바로 심판하지 않으시고 대신 의논을 하셨습니다. 그 이유는 노아의 홍수가 있은 지 얼마 되지 않아서 사람들을 또 심판하는 것을 원치 않으셨기 때문입니다. 이미 하나님께서는 사람들은 틈만 주면 하나님을 대적하고 자기 멋대로 행동한다는 것을 충분히 아셨습니다. 그리고 노아에게 다시는 사람들을 홍수로 멸망시키지는 않겠다고 약속을 하셨습니다. 그래서 하나님은 심판 대신에 이 일을 막을 수 있는 방법이 있는지 사람들의 입장에서 한번 생각해 보셨습니다. 그랬더니 좋은 계획이 떠올랐습니다. 그것은 바로 언어 문제였습니다.

> 11:6 "여호와께서 이르시되 이 무리가 한 족속이요 언어도 하나이므로 이같이 시작하였으니 이 후로는 그 하고자 하는 일을 막을 수 없으리로다"

하나님께서는 사람들의 공사만 중단하게 하시고 사람들을 이 세상에 흩어지게 해서서 이런 쓸데없는 일에 시간과 노력을 허비하지 못하게 하셨습니다. 이때 하나님께서는 사람들의 언어를 다르게 하셔서 의사소통이 되지 않게 하셨습니다. 지금까지 말이 통하던 사람들이 어느 날부터 갑자기 말이 통하지 않게 되었습니다. 말이 통할 때 서로 친하게 지낼 수 있지 말이 통하지 않으면 이상하게 바보로 보이고 같이 있기가 싫어지게 되는 것입니다.

어렸을 때 동화를 본 것이 생각납니다. 어떤 게으른 사람이 소가죽을 뒤집어쓰고 어느 날 소가 됩니다. 그는 사람의 말을 하려고 하지만 다른 사람의 귀에는 소가 울부짖는 소리로만 들렸기 때문에 사람들은 이 소를 더 멀리하고 싫어하게 되었다는 내용입니다. 이처럼 서로 말이 통하지 않는 사람들과는 같이 있을 수 없습니다. 결국은 멀어질 수밖에 없는 것입니다. 그래서 하나님께서는 사람들의 언어를 서로 불통하게 하셔서 이 쓸데없는 공사를 중단시키시고 그 결과 사람들은 사방으로 흩어지게 되었습니다.

아마 사람들이 서로 의사소통이 되지 않았을 때 그들의 마음속에는 무엇인가 이상한 생각이 들었을 것입니다. 사람들은 말이 통하지 않는 상대방을 보면서 서로 미쳤다고 생각했을 것입니다. 그래서 지금 우리는 크게 무엇인가 잘못되고 있고 신의 진노가 임하고 있으며 이 곳은 하나님이 진노하시는 곳이라는 생각이 들었을 것입니다. 즉 모든 사람들이 우리가 여기에 더 있으면 우리도 미칠 수밖에 없겠다는 생각이 들게 되었을 것입니다. 하나님은 무모하게 하나님을 대적하는 사람들의 마음속에 혼란을 주시고 두려움을 주셔서 공사를 중단하게 하셨습니다. 이것이 하나님의 은혜입니다. 사람이 죄악 된 길로 갈 때 그 길이 막히는 것도 하나님의 은혜입니다.

이때부터 사람들은 언어가 모두 달라졌습니다. 아마도 하나님은 가족이나 부족별로 언어가 다 다르게 하셨던 것 같습니다. 그래서 아무리 사람들을 모아서 무슨 일을 시키려고 해도 더 이상 말을 알아듣지 못했습니다. 그러니까 말을 알아듣는 사람들끼리 무리를 지어서 흩어지기 시작했습니다. 여기서부터 남쪽으로 내려가기도 하고 서쪽으로 가기도 하고 어떤 사람들은 동쪽이나 북쪽으로 가기도 했습니다. 그렇게 세월이 많이 지나가니 사람들은 서로 만나더라도 전혀 언어가 소통되지 않게 되었습니다. 그 이후 더 이상 힘을 합쳐서 어떤 허영이나 하나님을 대적하는 큰 일을 하기보다는 땅을 갈아 먹고 살면서 자녀 키우는 일을 하게 되었습니다.

오늘의 현대인들은 언어 문제로 어려움을 많이 겪고 있습니다. 특히 우리 학생들은 외워지지도 않는 외국어를 배우느라고 얼마나 고생을 하는지 모릅니다. 그것이 모두 바벨탑에서부터 생긴 일입니다. 우리가 외국어만 잘 할 수 있으면 외국 여행도 마음대로 다니고 외국에서 직장 생활도 할 수 있을 텐데 말이 통하지 않아서 죽으나 사나 한국에서 살든지 아니면 외국에 가서 힘들게 적응하면서 생활해야 하는 것입니다. 그것은 하나님께서 언어를 다 다르게 만드셨기 때문입니다. 그 이유는 사람들의 언어가 다 똑같으면 그 엄청난 힘을 가지고 하나님을 대적하는 짓을 하기 때문입니다. 하나님께서는 모든 사람들이 한꺼번에 부패하여 망하는 것을 원치 않으셨습니다. 예를 들어서 상하기 쉬운 음식을 한꺼번에 방치해 두면 모두 다 버리고 맙니다. 그러나 음식을 따로 따로 포장해서 두면 상하는 것도 있고 상하지 않는 것도 있어서 그 중에 일부라도 건질 수가 있게 됩니다.

3. 성령으로 하나 되는 기적

사람들이 그 동안 벽돌의 유익한 점을 발견할 수 있었던 것은 하나님께서 사람들의 주거를 도와주시기 위해서 지혜를 주셨기 때문입니다. 그런데 사람들은 무엇인가 대단한 능력이 하나 생기면 그것을 가지고 하나님을 대적하려고 합니다. 하나님은 사람들에게 벽돌을 선물로 주셨는데 그 벽돌을 쌓아서 하늘까지 올라가려고 했던 것입니다.

하나님께서 사람들에게 병을 치료하는 의학 지식을 주시면 사람들은 그것으로 바로 인간 복제를 하겠다고 합니다. 하나님이 사람들에게 과학의 지식을 주시니까 원자 핵무기를 만들고 우주에 우주선을 쏘아서 다른 생물체가 있는지 찾는다고 합니다. 사람들이 가지고 있는 적응력과 상상력은 정말 뛰어납니다. 그러나 이 모든 것을 가지고 하나님을 부정하는 데 쓰려고 합니다.

오늘 시대에도 사람들은 여전히 바벨탑을 쌓고 있습니다. 조금이라도 더 높은 자리에 올라가기 위해서 스펙을 쌓습니다. 조금이라도 더 유명해지려고 하고 더 높은 자리에 올라가려고 몸부림을 치고 있습니다. 그런데 막상 그 높은 자리에 올라가고 난 후에 보면 남는 것은 허탈감과 허무감밖에 없는 것입니다.

　사람들은 자기가 인간이라는 실체를 바로 알아야 행복하게 살 수 있습니다. 왜냐하면 하나님은 사람들이 하는 일을 조용하게 지켜보시다가 한순간에 무너뜨리시기 때문입니다. 그래서 요즘 세계적인 대기업들이 한순간에 무너지고 있는 것을 보게 됩니다.

　사람들은 올림픽 경기를 통해서 인간의 위대함을 뽐내고 자랑합니다. 그러나 하나님께서 우리에게 원하시는 것은 온 인류가 야망이나 욕심으로 하나가 되는 것이 아닙니다. 그리스도 안에서 하나가 되고 성령 안에서 하나가 되는 것입니다.

　바벨탑 사건에서 나누어졌던 언어가 일시적으로 서로 소통이 되는 일이 일어났습니다. 사도행전 2장에 보면, 예수님이 승천하신 후 성령이 믿는 자들에게 임하셨을 때 사람들은 놀라울 정도로 기쁨에 충만해 있었고 무엇인가 억제할 수 없는 힘이 그들에게 있는 것을 알았습니다. 그들은 무척이나 흥분해 있었습니다. 그때 제자들이 주 예수의 부활을 증언했을 때 전 세계에서 온 사람들이 모두 자기들의 방언으로 말씀이 들리는 것을 체험하게 되었습니다.

　즉 오늘 우리에게 위대한 일은 하나님의 말씀을 들음으로 우리 마음이 하나가 되는 것입니다. 그리고 성공한 것을 통해서 우리의 위대함을 나타내는 것이 아니라 하나님의 위대함을 나타낼 때 하나님은 우리에게 복을 주시며 우리 한 사람 한 사람을 온 우주보다 가치 있게 하시고 천사 같은 마음을 가지게 하십니다. 이것이 최고의 복인 것입니다.

　이것이 의미하는 것이 무엇입니까? 하나님은 여전히 이 세상의 주인이시며 모든 인류가 하나님 앞에 겸손히 무릎을 꿇는 겸손과 신앙으로 하나 되기를 원하고 계신 것입니다. 이것이 우리를 향한 하나님의 뜻입니다.

　인류를 하나 되게 할 수 있는 길이 무엇입니까? 그것은 하나의 영으로 일치되는 것입니다. 바로 예수 그리스도의 영이요 예수 그리스도의 복음입니다. 바로 성령으로 하나 되는 것만이 이 세상에서 전쟁과 심판을 막을 수 있는 유일한 길입니다.

오늘 우리는 너무나도 서로 미워하는 세상에서 살고 있습니다. 우리의 적은 멀리 있는 것이 아니라 함께 살고 있는 사람들입니다. 직장에서 사장과 직원이 적이 되었고 같은 집에서 세를 든 사람과 주인이 적이 되었습니다. 같은 동네에서 누가 빈 공간에 주차를 하느냐 하는 것 때문에 싸우게 되었습니다.

하나님께서 언어의 혼잡을 만드셨지만 지금 사람들은 다시 인터넷을 만들어서 급속하게 서로 연결을 시키고 있습니다. 인간의 유행이라는 것이 얼마나 빨리 전파되는지 모릅니다. 불과 얼마 전에 동경에서 유행했던 청소년들의 복장이 바로 서울이나 대도시에서 유행하게 됩니다. 이 모든 것들이 이야기하는 것이 무엇입니까? 사람들은 또 다시 바벨탑을 쌓아 올라가고 있다는 것입니다. 그러나 이런 인간의 위대함은 우리 인간을 더욱더 비참하게 만들 것이며 더 비인간적인 존재로 만들 것입니다. 성령이 우리 안에 오셔야 인간은 가장 아름답게 하나 될 수 있습니다.

우리는 하나님 안에서 아름다운 자신을 발견하고 이 세상에서 모래성을 쌓는 대신에 영원히 무너지지 않는 믿음의 성을 쌓읍시다. 부흥이 일어날 때 우리 인생은 언제나 아름다울 수 있습니다. 벽돌과 역청 대신에 하나님의 말씀과 사랑으로 아름다운 성전을 지으시기를 바랍니다.

17
위대한 부르심 / 창세기 12:1-2

우리가 다른 사람에게 전화를 거는 것을 영어로 '콜링(calling)'이라고 합니다. 그런데 이 세상에서 여러 가지 종류의 콜링이 있는 것을 볼 수 있습니다. 그 중에서는 친구들끼리 같이 놀자고 부르는 콜링이 있을 것입니다. 미국 청소년들은 부모가 어디 먼 곳에 여행을 떠나면 이때가 기회라고 생각해서 친구들을 불러서 파티를 하는데 그야말로 집을 난장판으로 만들어버리기도 합니다. 혹은 대통령이 어떤 사람을 장관으로 지명하는 전화로 콜링하는 경우도 있을 것입니다. 혹은 부모가 없어서 보육원에 있는 아이들에게는 누군가가 와서 자신을 입양시켜주는 콜링이 그에게 가장 귀한 콜링일 것입니다.

그런데 하나님은 사람들을 축복으로 부르십니다. 아마 우리 시대에 하나님의 이런 축복의 부르심을 받은 사람을 이야기할 때 예를 들게 되는 사람이 있습니다. 그 중에서 첫 번째는 마이크로소프트사 회장이었던 빌 게이츠입니다. 그는 당시에 아무도 중요하게 생각하지 않았던 컴퓨터 소프트웨어가 무한한 잠재력이 있다는 것을 알고는 소프트웨어 프로그램 회사를 차리고 프로그램을 개발한 결과 세계 최고의 부자가 되었습니다.

두 번째는 소설가 조앤 롤랭을 들 수 있습니다. 조앤 롤랭은 술만 마시면 때리던 남편과 이혼하고 아기에게 먹일 우유 값을 벌기 위해서 〈해리 포터〉책을 썼는데 이것이 크게 히트를 해서 전 세계적으로 그 시리즈만 일억 권이 넘게 팔렸다고 합니다.

우리는 이런 이야기를 들으면 너무나도 드라마틱하고 멋이 있어서 부럽기도 하고 이런 인생을 살았으면 좋겠다는 생각도 할 것입니다. 그러나 이런 사람들이 복을 받은 것보다 더 위대한 부르심이 있습니다. 그것은 바로 우리가 하나님의 복의 상속자가 되는 것입니다. 그런데 이 엄청난 복이 당장 우리 눈에 보이지 않기 때문에 너무 시시하게 생각하다가 흘려버리는 경우를 볼 수 있습니다. 우리가 이 세상에서 최고로 복 받은 자라고 부러워하는 사람들이 진짜 복을 받은 사람들이 아니라 하나님의 복에 대한 하나의 예에 불과한 것입니다. 예를 들어서 겨울에 높은 산에 올라갔다가 조난을 당했을 때 가지고 있는 비상식량은 생명을 유지하는 데 중요한 역할을 할 것입니다. 그러나 산 위에서 비상식량을 많이 가지고 있다고 해서 완전히 살아난 것은 아닙니다. 왜냐하면 비상식량은 생명을 연장시켜주는 역할밖에 하지 못하기 때문입니다. 그 사람이 진정으로 살 수 있는 길은 구조대의 도움을 받아서 안전한 곳까지 내려와야 하는 것입니다. 마찬가지로 오늘 우리가 움켜쥐고 있는 돈이나 지식이나 권력은 생명을 연장시켜주는 비상식량이지 진짜 사는 것은 아닌 것입니다. 오늘 이 세상에 주어지는 최고의 복은 하나님이 우리 믿는 자들에게 주시는 믿음입니다.

그런데 우리에게는 하나님으로부터 주어지는 복이 있는데 이것은 재벌들의 돈과는 비교가 되지 않는 재산입니다. 이것을 처음으로 받았고 그 후에는 상속 되게 되었는데 오늘 우리들까지 이어지게 되었습니다. 인류 최초로 하나님의 복을 받은 사람은 오늘 본문의 주인공인 아브라함이었습니다.

1. 하나님의 위대한 부르심

아브라함이 하늘의 복을 받게 된 것은 무엇 때문입니까? 그가 많은 학문을 공부해서 대학자가 되었거나 혹은 땅을 파고 들어가서 어떤 보물을 찾아내었기 때문이 아닙니다. 어느 날 하나님이 그에게 말씀으로 찾아오셨는데 아브라함이 그 하나님의 말씀을 놓치지 않고 붙들었기 때문입니다.

12:1 "여호와께서 아브람에게 이르시되 너는 너의 고향과 친척과 아버지의 집을 떠나 내가 네게 보여 줄 땅으로 가라"

아브라함의 위대한 생애는 어느 날 갑자기 찾아온 하나님의 말씀에서부터 시작되었습니다. 아브라함은 원래 갈대아 우르에 살았는데 아버지를 따라서 하란에 정착하게 되었습니다. 그런데 아브라함은 하란에서 상당히 성공적인 삶을 살고 있었습니다. 아마도 아브라함은 하란에서 목축을 했는지 장사를 했는지 몰라도 사업에 성공을 해서 상당히 넓은 땅도 소유하게 되었고 또 많은 사람들의 인심도 얻어서 사회적인 기반이 탄탄했습니다. 아브라함이 갈대아 우르라는 곳에 살 때에는 하나님을 믿지 않았습니다. 그는 그곳에서 우상을 섬기면서 살았는데 어느 순간 인격적인 하나님을 만나고 하나님을 믿게 되었습니다. 그러나 아브라함이 하나님을 믿는다고 해서 하나님의 말씀에 목숨을 거는 단계는 아니었던 것 같습니다. 단지 우상을 버리고 하나님을 믿는 수준이었던 것 같습니다. 그런데 어느 날 갑자기 아브라함에게 하나님의 강력한 말씀이 임했습니다. 그 말씀이 무엇입니까? 아브라함에게 하나님의 말씀만 믿고 지금까지 네가 살고 있는 곳을 버리고 전혀 새로운 곳으로 떠나라는 말씀이었습니다.

아마 아브라함은 이전에도 하나님의 말씀을 들었고 은혜를 받았을 것입니다. 그런데 이번에 아브라함이 들었던 하나님의 말씀은 아주 강력했습니다. 마치 공중에서 매가 병아리를 채어가듯이 하나님의 말씀이 아브라함을 낚아채어서 가는 강력함이었습니다. 그래서 아브라함의 생애는 바로 이 강력한 말씀의 체험에서 갈라지게 됩니다. 이때부터 아브라함은 자기가 의지하고 있던 모든 것들을 다 버리고 오직 하나님의 말씀 하나 붙들고 미래를 전혀 예측할 수 없는 불안한 삶을 시작하게 되었습니다. 예를 들어서 어떤 분이 우리나라에서 좋은 대학을 졸업하고 또 좋은 직장을 가지고 존경받는 자리에서 살고 있는데 어느 날 하나님께서 갑자기 이 모든 것을 다 포기하고 한 번도 살아본 적이 없는 곳으로 이사를 하라고 말씀하신다면 아마 그는 참으로 당황스러울 것입니다.

그러나 하나님이 아브라함에게 지금 세상에서 누리고 있는 것을 다 버리라고 하신 것은 이 세상에 있는 것 이상의 하늘의 복을 주시기 위함입니다. 사람을 살리고 변화시키고 영원히 살게 하는 하늘의 복을 주시기 위함입니다. 하나님께서는 이 땅의 복이 아니라 하늘의 복을 주시기 위해서 아브라함으로 하여금 그가 땅에서 누리고 있는 복들을 다 버리라고 말씀하셨던 것입니다.

우선 하나님께서 아브라함에게 주시려는 복은 어떤 복입니까? 가장 중요한 것이 하나님을 아는 복입니다. 우리가 하나님을 안다고 하는 것은 그때부터 우리 인생의 눈이 열리는 것을 의미합니다. 우리는 이 세상에서 아무 것도 모르고 그야말로 맹인같이 살아가고 있습니다. 그런데 우리가 하나님을 믿는 순간 인생의 눈이 열리게 되는 것입니다. 그때 우리가 알게 되는 것은 이 세상이 전부가 아니라는 것입니다. 이 세상 외에 하나님의 세계가 있으며 하나님이 이 모든 것의 주인이라는 것을 깨닫게 됩니다. 그뿐만 아니라 하나님은 이 세상 전체에 복을 주시는데 우리에게 믿음의 복을 주시는 것을 알게 됩니다.

사람들은 이 세상에서 앞에 널려진 것만 챙기려고 하지 자기가 왜 살아야 하는지 그 사는 목적을 알지 못합니다. 즉 생존만 하지 진정으로 가치 있는 삶을 살지 못합니다. 그러나 우리가 하나님을 알 때 우리는 눈이 열리게 되어서 모든 것을 바로 볼 수 있게 됩니다. 그리고 내 자신의 가치를 찾을 수 있게 됩니다. 우리 모든 사람들은 마귀에게 종 된 상태에 있는데 하나님을 알게 될 때 그 죄의 종에서 풀려나서 진정으로 가치 있는 사람으로 변하게 됩니다.

　그런데 하나님은 이 엄청난 복을 왜 아브라함에게 그냥 주시지 않고 그로 하여금 지금 살고 있는 고향과 친척과 아버지의 집을 다 떠나라고 말씀하셨을까요? 여기에 하나님의 복의 가장 오묘한 비밀이 있습니다. 그것은 하나님은 이 하늘의 복을 하나님의 말씀에 넣어서 우리에게 주시기 때문입니다. 그런데 우리들은 미련하고 어리석어서 이 하나님의 말씀의 가치를 알지 못합니다. 특히 이 당시 하나님의 말씀은 지금같이 책으로 된 것이 아니라 하나님이 한 번씩 던지시는 말씀이었습니다. 우리는 이 세상에 너무나도 좋은 것들이 많이 있기 때문에 절대로 하나님의 말씀의 가치를 알 수 없습니다. 이것은 마치 어린 아이에게 수억 원짜리의 수표를 주어도 그 가치를 알지 못해서 찢어버리거나 흘려버리는 것과 같습니다. 만일 우리가 이 세상에서 무엇인가 가진 것이 있고 먹고 살 수 있는 것들이 많이 있으면 절대로 하나님의 말씀을 생명처럼 붙들지 않게 될 것입니다. 예를 들어서 어떤 중요한 사람이 어려울 때 전화하라고 자기 전화번호가 적힌 쪽지를 주었을 때 우리에게 돈이나 먹을 것이 많이 있으면 그 쪽지를 아무데나 쑤셔 넣었다가 잃어버릴 것입니다. 그러나 우리가 아는 사람도 없고 돈이나 먹을 것이 전혀 없다면 그 전화번호가 적힌 쪽지를 생명처럼 붙들고 다닐 것입니다. 마찬가지로 하나님은 우리에게 하늘의 복을 하나님의 말씀 즉 성경 안에 넣어서 주시는데 우리가 무엇인가 가진 것이 있고 의지할 것이 있으면 그 하나님의 말씀을 자기 생명처럼 붙들지 않게 됩니다. 그러면 하나님의 복은 우리에게 나타나지 않게 됩니다. 즉 하나님의 복이 진정으로 나의 것이 되기 위해서는 세상에 의지하는 것이 없어야 합니다.

　한 부자 청년이 예수님을 찾아와서 "내가 어떻게 해야 영생을 얻으리이까?"라고 물었을 때 예수님은 먼저 그에게 계명을 다 지켰느냐고 물어보셨습니다. 그 부자 청년이 당당하게 자기는 어렸을 때부터 계명을 다 지켰다고 대답하자 주님은 "네가 한 가지 부족한 것이 있는데 네 가진 것을 다 팔아 가난한 자들에게 주고 너는 나를 따르라"고 말씀하셨습니다. 그러나 그 부자 청년은 재물이 많았으므로 근심하면서 집으로 돌아갔다고 말씀하고 있습니다.

우리는 왜 믿노라 하면서도 기도 응답이나 부흥의 역사가 잘 나타나지 않을까 이상하게 생각할 때가 많습니다. 그것은 교회나 교인들이나 너무나도 가진 것이 많기 때문입니다. 사도행전 4장에 보면 베드로와 요한이 성전 미문에 앉은 장애인 거지를 향해서 "은과 금은 내게 없거니와 내게 있는 이것을 네게 주노니 나사렛 예수 그리스도의 이름으로 일어나 걸으라"고 했습니다. 하나님의 복이 나의 것이 되기 위해서는 하나님 말씀의 가치를 알아야 하는데 사람들은 미련하고 어리석어서 절대로 세상에서 자기가 가지고 있는 것들을 놓치려고 하지 않습니다. 그래서 결국 하나님께서 강권적으로 이 세상의 것을 포기하도록 몰아가셔야 합니다. 결국 가진 것도 없고 의지할 사람도 없게 되면 목숨 걸고 하나님의 말씀을 붙들게 되는데 그때 하나님의 복이 우리에게 나타나게 됩니다. 우선 하나님의 말씀을 들을 때 가슴이 뜨거워지고 기도가 뜨거워지고 영적인 부흥이 일어나게 됩니다. 이렇게 하나님의 놀라운 복이 시작되는 것입니다.

결국 하나님의 말씀대로 사는 사람은 이 세상에서 하나님 외에는 아무 것도 의지할 것이 없는 사람입니다. 하나님 외에는 의지할 곳이 없기 때문에 죽자 살자 하나님만 붙들고 기도하게 되는 것입니다. 그런데 놀라운 것은 하나님의 말씀을 붙들고 기도하면 하늘이 열리게 된다는 것입니다. 무엇보다도 하나님의 말씀이 죽은 말씀이 아니라 살아 있는 말씀인 것을 깨닫게 됩니다. 그리고 그 말씀을 붙들고 기도하면 응답을 받게 됩니다. 어떤 때에는 기적적으로 응답이 되기도 합니다. 더 놀라운 것은 이 믿음이 부흥을 일으키게 되는 것입니다. 그래서 하나님은 우리에게 더 큰 것을 주시기 위해서 세상의 것을 내려놓게 하시는 것입니다.

2. 하늘의 복을 주심

하나님은 아브라함에게 고향과 친척과 아버지의 집을 떠나라고 하시면서 그에게 복이 될 것이라고 약속하셨습니다.

12:2-3 "내가 너로 큰 민족을 이루고 네게 복을 주어 네 이름을 창대하게 하리니 너는 복이 될지라 너를 축복하는 자에게는 내가 복을 내리고 너를 저주하는 자에게는 내가 저주하리니 땅의 모든 족속이 너로 말미암아 복을 얻을 것이라 하신지라"

우선 하나님은 아브라함에게 내가 네게 복을 주어 너를 창대하게 하겠다고 말씀하셨습니다. 우리가 생각하기에 아브라함은 이미 하란에서 복을 많이 받은 것 같은데 하나님은 아브라함에게 또 복을 주시겠다고 말씀하신 것입니다. 그것은 더 이상 이 세상의 복이 아닌 하늘의 복을 주시겠다는 의미입니다. 하나님은 아브라함의 이름이 창대하게 될 것이라고 하셨습니다. 이것은 아브라함의 이름을 위대하게 하시겠다는 뜻입니다. 사실 아브라함은 가나안 땅에서 왕도 아니고 뜨내기 목자로서 살았습니다. 그런데 놀라운 것은 왕도 이길 수 없는 하나님의 능력이 아브라함에게 나타나기 시작했다는 것입니다.

우리는 대개 복이라고 하면 이 세상의 복을 생각하게 됩니다. 즉 돈을 많이 번다든지 유명하게 된다든지 권력을 가지는 것을 복으로 생각합니다. 그러나 이 세상의 복은 진짜 복이 아니라 복의 그림자입니다. 진짜 복은 이 세상에 있는 돈이나 권력이나 명예가 아니라 하나님 자신이고 하나님이 우리 심령에 주시는 복입니다.

하나님은 아브라함에게 '복'이 될 것이라고 말씀하셨는데 우리가 보통 알고 있는 복은 자기 혼자서만 누리는 복입니다. 즉 사업이 잘 되어서 돈을 많이 벌거나 공부를 열심히 해서 세상에서 좋은 직책을 가지는 것입니다. 물론 우리가 이것을 가지고 남을 도와줄 수는 있지만 이것은 사람 자체가 복이 되는 것은 아닙니다. 그러나 하나님이 아브라함에게 주신 복은 아브라함이 하는 모든 말이 다른 사람들에게 직접적인 복이 된다는 것입니다.

그 동안 우리나라나 세계에서 많은 기업들이 무너지거나 부자들이 망하는 것을 수도 없이 보았습니다. 그 이유는 그 복들이 모래의 복이기 때문입니다. 이런 세상적인 복의 특징은 아무리 많이 모아도 영구적인 것이 되지 못한다는 것입니다. 아무리 돈을 모으고 권력을 가지고 놓지 않으려고 몸부림을 쳐도 쥐고 있던 모래는 결국 손에서 빠져 나가게 됩니다. 그러나 하나님의 복은 철근 콘크리트의 복이기 때문에 절대로 무너지지 않고 오히려 더 단단해지게 됩니다. 하나님께서 우리에게 주시는 복은 바로 이런 오리지널 복입니다. 다른 사람을 축복하면 그 복이 이루어지고 다른 사람을 저주하면 그 저주가 이루어지는 복인 것입니다. 하나님은 아브라함이 무엇을 하든지 다른 사람에게 복이 되게 하시겠다고 하셨습니다. 아브라함의 존재 자체가 다른 사람에게는 구원이 되고 복이 되는 것입니다.

그런데 놀라운 사실은 바로 그 아브라함의 복이 오늘 그대로 교회에 전수되고 있다는 것입니다. 저희들이 교회에 복을 받으러 옵니다. 그런데 이 복은 단순히 세상 사람들이 바라는 그런 복이 아니라 하나님께서 아브라함에게 주셨던 그 오리지널 복입니다.

이 복이 교회 어디에 있습니까? 그것은 많은 사람들이나 헌금액수에 있는 것이 아닙니다. 바로 하나님의 말씀이 선포되는 강대상에 있는 것입니다. 우리가 하나님의 말씀을 붙잡을 때 하나님은 우리와 하나가 되겠다고 하셨습니다.

12:3 "너를 축복하는 자에게는 내가 복을 내리고 너를 저주하는 자에게는 내가 저주하리니 땅의 모든 족속이 너로 말미암아 복을 얻을 것이라 하신지라"

"너를 축복하는 자에게는 내가 복을 내리고 너를 저주하는 자에게는 내가 저주하겠다"는 하나님의 말씀은 하나님께서 완전히 아브라함과 하나가 되시겠다는 약속입니다. 즉 사람들이 아브라함에게 잘 해주면 하나님 편이 되고, 사람들이 아브라함을 대적하면 하나님을 대적하는 것이 된다는 의미입니다. 하나님은 아브라함과 완전히 하나가 되는 것입니다. 요즘 세계적인 명품을 파는 회사에서 우리나라에도 지점을 내는데 거기에서도 본사와 똑같은 완전한 명품을 살 수 있습니다. 마찬가지로 하나님은 아브라함을 하나님 나라의 지점으로 만드셔서 그를 통하여 완전한 하나님의 복을 받게 하신 것입니다. 그래서 아브라함을 축복하는 것은 하나님을 축복하는 것이 되고 아브라함을 저주하는 것은 하나님을 저주하는 것이 되는 것입니다. 다른 말로 표현을 하면 하나님께서 아브라함의 편이 되어주실 뿐 아니라 아브라함과 하나가 되신다는 것입니다.

믿음의 놀라운 것은 신적인 능력이 내 안에 들어오는 것입니다. 우리가 이 세상에서 진정한 승리자가 되려고 하면 인간의 힘이나 머리로는 안 됩니다. 신의 능력 신의 지혜가 우리 안에 들어와야 하는 것입니다. 결국 아브라함의 생애는 하나님의 능력이 활동하는 생애가 되는 것입니다. 즉 아브라함의 삶은 아브라함의 삶이 아니라 하나님의 삶이 되는 것입니다. 그래서 하나님은 다른 사람들로 하여금 아브라함을 통해서 하나님을 보게 하시고 아브라함을 통해서 하나님의 복을 받게 하시려는 것입니다. 또 다른 사람들이 아브라함을 대할 때에도 하나님을 대하듯이 하라는 것입니다.

그래서 우리 성도들은 다른 사람을 많이 축복해야 합니다. 왜냐하면 우리는 하나님을 대신해서 이 세상을 축복할 권리가 있기 때문입니다. 우리가 다른 사람들을 많이 축복하면 할수록 더 많은 축복이 세상에 임하게 되는 것입니다. 예수님이 말씀하시기를 다른 사람에게 축복했는데 그가 복을 받을 만하면 그에게 임할 것이요 그가 복을 받기에 부적합하면 그 복이 우리에게 돌아올 것이라고 하셨습니다. 그렇기 때문에 축복을 하고서 손해 볼 것은 아무 것도 없습니다.

그런데 여기서 아주 중요한 것은 사람들이 하나님의 백성들을 만남으로 자신들의 가치를 되찾게 된다는 것입니다. 사람이 어떻게 변할 수 있습니까? 사람이 변하는 것은 죄가 용서되었을 때입니다. 하나님께서 아브라함에게 약속하신 것이 바로 그 축복이었습니다. 이것이 한 나라가 될 것이라고 했습니다. 이것은 바로 이 세상에 있는 하나님의 나라인 것입니다.

우리가 변화되어 하나님의 공동체를 이루게 될 때 이 공동체는 기적의 공동체가 됩니다. 이 안에서 세상의 모든 병들이 치료되고 기도가 응답이 되고 사탄의 모든 시험들이 물러가고 젊은이들에게 살 길이 열리게 됩니다.

3. 아브라함의 순종

하나님의 이 놀라운 명령에 대하여 아브라함은 주저하지 않고 즉각적으로 순종을 했습니다.

12:4 "이에 아브람이 여호와의 말씀을 따라갔고 롯도 그와 함께 갔으며 아브람이 하란을 떠날 때에 칠십오 세였더라"

여기서 중요한 것은 아브라함이 오직 하나님의 말씀을 따라갔다는 것입니다. 이것은 이제부터는 하나님의 말씀이 아브라함 개인의 추진 원동력이 된다는 것입니다. 아브라함은 자기가 정확하게 어디로 간다는 것을 알지 못했습니다. 그런데 하나님은 아브라함이 하나님의 말씀을 따라가다 보면 그 땅이 보일 것이라고 말씀하셨습니다. 그때 아브라함의 집에서 아브라함과 함께 떠난 사람이 있었는데 조카 롯이었습니다. 그런데 롯은 하나님의 말씀을 따라간 것이 아니라 삼촌 아브라함을 따라갔던 것입니다. 즉 조카 롯은 하나님의 말씀에 대한 체험이 없으면서 삼촌이 가니까 그냥 따라간 것입니다. 결국 롯은 너무나도 하나님의 말씀만 믿는 아브라함에게 실망해서 삼촌의 곁을 떠나게 됩니다. 결국 자신이 하나님의 말씀에 대한 체험이 없으면 처음에는 어느 정도 따라가다가 나중에는 실망해서 떠나게 되는 것입니다.

신앙은 단순한 성경공부가 아닙니다. 신앙은 어떤 특별한 체험을 하는 것도 아닙니다. 신앙은 하나님의 말씀을 듣고 그 말씀에 따라가는 것입니다. 어떻게 아브라함이 하나님의 말씀에 순종할 수 있었을까요? 아브라함은 하나님의 말씀을 통해서 인격적인 하나님을 만났던 것입니다. 즉 나에게 이런 말씀을 하실 하나님이라면 무조건 믿고 순종하자는 것이 아브라함의 믿음이었습니다.

"너희가 내 안에 거하고 내 말이 너희 안에 거하면 무엇이든지 원하는 대로 구하라 그리하면 이루리라"(요 15:7)고 하셨습니다. 하나님의 말씀 자체도 복인데 이 말씀을 붙들고 기도하면 다 이루어주신다고 약속하셨습니다.

이때 아브라함의 나이는 칠십오 세였습니다. 즉 우리가 하나님의 부르심을 받는 데는 나이가 중요하지 않다는 것을 알 수 있습니다. 어렸을 때 부름 받을 수도 있고 나이가 들어서 부름 받을 수도 있습니다. 특히 지금의 칠십오 세면 세상에서는 은퇴했을 나이인데 아브라함에게는 새로운 인생이 시작되고 있었던 것입니다.

그러나 막상 아브라함이 하나님의 말씀을 따라서 가나안까지 갔을 때 그 땅에는 이미 가나안 사람이 거주하고 있었고 아브라함의 땅은 따로 마련된 것이 전혀 없었습니다.

> 12:6 "아브람이 그 땅을 지나 세겜 땅 모레 상수리나무에 이르니 그 때에 가나안 사람이 그 땅에 거주하였더라"

아브라함은 세겜 땅에 있는 모레 상수리나무가 있는 곳까지 갔다고 했습니다. 그러나 아브라함이 갔던 약속의 땅은 빈 땅이 아니고 원주민들이 살고 있는 곳이었습니다. 우리가 생각하기에 하나님이 어떤 집을 주

17 위대한 부르심

신다고 하셨으면 빈집이어야 하는데, 주인이 살고 있고 그리고 그들은 나갈 생각이 전혀 없었습니다. 하나님께서 약속하신 땅은 지금까지 살고 있던 하란에 비하여 다른 것이 아무 것도 없었습니다. 그런데 가나안 땅이 하란과 무엇이 달랐을까요? 가나안 땅은 하나님의 말씀이 있는 곳이었습니다. 즉 하나님의 말씀이 임하는 계시의 현장이었습니다. 오늘 우리 식으로 표현하면 세상과 다른 것은 없었는데 말씀으로 부흥이 일어나는 곳이었습니다. 이것이 가장 중요한 것입니다. 하나님께서 우리에게 주시는 최고의 복은 말씀으로 부흥이 일어나는 것입니다. 그래서 하나님은 아브라함에게 이렇게 약속하셨습니다.

> 12:7 "여호와께서 아브람에게 나타나 이르시되 내가 이 땅을 네 자손에게 주리라 하신지라 자기에게 나타나신 여호와께 그가 그 곳에서 제단을 쌓고"

하나님께서 아브라함에게 이 땅을 영원히 아브라함의 자손에게 주시겠다고 약속하셨습니다. 즉 한번 부흥이 일어났던 곳은 앞으로 계속 하나님의 복이 임하는 축복의 땅이 되는 것입니다. 이것은 우리 민족에게 그대로 이루어졌습니다. 일제 강점기 때 아무 데도 의지할 것이 없는 이 민족에게 하나님은 말씀으로 찾아오셨습니다. 그때 이 민족이 하나님의 말씀으로 큰 은혜를 받고 부흥이 일어났습니다. 그리고 반세기가 지난 후에 이 땅은 축복의 땅으로 변하게 되었습니다. 반대로 우상 숭배의 땅은 저주의 땅이 됩니다. 결국 사람들은 허무에 빠지고 헛된 종교에 빠져서 세상에서 가장 미개하고 무지한 민족이 되는 것입니다.

역시 아브라함의 삶에 있어서 중심은 '예배'였습니다. 그리고 예배를 중심으로 믿음으로 살기 시작했습니다. 하나님께서 받으시는 예배는 어떤 것입니까? 예배는 살아있는 하나님과의 만남입니다. 하나님을 만나면서 변하여 새사람이 됩니다. 어떤 어려운 문제나 마음의 상처를 안고 있다고 하더라도 상관없습니다. 온전히 변하여 새사람이 됩니다.

하나님은 우리를 최고의 축복의 상속자로 부르셨습니다. 우리가 온전히 이 복을 가지려고 하면 우리도 아브라함 같은 결단이 있어야 합니다. 이 세상에서 분리되는 고통이 있어야 하고 하나님의 말씀을 붙들고 미래를 알 수 없는 길을 가야 하는 것입니다. 그러면 어느 순간 우리에게 하나님의 복이 임할 것입니다. 우리의 생명은 예배에 있습니다. 우리는 예배를 통해서 하나님을 만나야 합니다. 오늘도 나에게 미움을 준 이들을 용서하고 하나님의 복으로 축복하는 믿음의 사람들이 다 되기 바랍니다.

18
신앙의 실망 / 창세기 12:10-20

우리는 친했던 사람에게 큰 실망을 해서 마음이 아플 때가 가끔 있습니다. 우리는 때때로 아주 친한 친구를 믿었는데 그가 거짓말한 것을 알게 되어서 실망할 때도 있고, 또 돈을 빌려 달라고 해서 빌려줬는데 약속한 때가 되었는데도 돈을 갚지 않을 때 그 친구에게 실망하게 된 적도 있습니다. 어떤 때는 남자 친구가 여자 친구에게 실망할 때가 있는데 어느 날 갑자기 '네가 싫어졌다'고 하면서 다른 사람을 만나든지 하면 굉장한 배신감을 가지게 될 것입니다. 대개 친했던 사람에게 실망을 하게 되면 그때부터는 그 사람과 관계를 끊고 더 이상 만나지 않으려고 할 것입니다.

그런데 우리는 때때로 하나님에게 실망을 할 때가 있습니다. 처음 예수 믿을 때 우리는 마치 다시 이 세상에 태어난 것처럼 모든 것이 새롭고 신선합니다. 그때 우리는 하나님이 나의 미래를 행복하게 해주실 것이며 내가 드리는 기도를 다 들어주실 것이라는 엄청난 기대를 하게 됩니다. 그러나 어느 날 식구 중에서 누군가가 큰 병에 걸렸는데 아무리 기도를 해도 병이 낫지 않고 결국 돌아가시게 되면 '하나님이 기도하면 다 들어

주시겠다고 하셨는데 왜 내 기도는 들어주시지 않으셨을까?' 하는 실망을 하게 됩니다. 혹은 대학 입시나 취직을 앞두고 나름대로 열심히 공부하고 또 기도도 했는데 시험에 불합격 되면 우리는 기도의 능력이나 하나님에 대하여 실망을 하게 됩니다. 아마 우리 중에서 이런 식으로 하나님에 대하여 실망을 해보지 않은 사람은 아무도 없을 것입니다.

　일본을 여행해 보면 자판기 천국이라고 할 정도로 곳곳에 자판기가 많은 것을 볼 수 있습니다. 우선 자판기 종류도 다양한데 도시락이라든지 우산이라든지 라면이라든지 심지어 꽃까지도 팔 수 있는 것은 모두 자판기에서 파는 것을 볼 수 있습니다. 우리는 신앙 생활하면서 마치 알라딘의 램프나 커피 자판기처럼 요구하기만 하면 척척 복이 생기는 것으로 착각하기 쉽습니다. 그러나 신앙이라고 하는 것은 절대로 알라딘의 램프나 커피 자동판매기처럼 누르기만 하면 요구하는 대로 이루어지는 것이 아닙니다.

　하나님은 아브라함에게 하늘의 복을 주시겠다고 하면서 고향과 친척과 아버지의 집을 떠나라고 하셨습니다. 이때 아브라함은 하나님의 말씀을 믿고 하란이라는 곳을 떠나서 가나안 땅으로 오게 됩니다. 그러나 아브라함은 가나안 땅에서 아무 것도 얻을 수 없었습니다. 설상가상으로 가나안 땅에는 큰 흉년이 들어서 그 땅에 살 수도 없었습니다. 결국 아브라함은 약속의 땅을 포기하고 현실적인 필요를 채우기 위해서 애굽으로 내려가게 되었습니다. 그러나 애굽은 하나님을 믿는 곳이 아니었기 때문에 아브라함은 자기 부인 사라를 누이라고 속이게 되었는데, 그 일로 결국 아브라함은 애굽의 바로에게 자기 부인을 빼앗기게 됩니다. 아브라함은 이럴 수도 없고 저럴 수도 없는 난관에 빠지게 되었습니다. 신앙생활을 하면서 이런 경우를 당할 때가 많이 있습니다. 즉 하나님의 말씀으로 은혜를 받았는데 도저히 지금 이곳에서는 생활을 할 수가 없고 그래서 다른 곳으로 옮겼는데 더 심한 최악의 경우를 만나게 된 것입니다. 하나님은 우리에게 하늘의 복을 주시겠다고 하셨는데 왜 이렇게 최악의 경우를 만나게 되는 것일까요?

18 신앙의 실망

1. 아브라함의 실망

아브라함은 하란에서 하나님의 말씀을 듣고 그 말씀에 순종해서 거기에 있는 고향과 동맹한 사람들과 심지어는 가족이나 친척들까지 다 내려놓고 생전 살아본 적도 없는 가나안 땅으로 이주를 했습니다. 아마 아브라함은 처음에 가나안의 생활을 아주 단순하게 생각했던 것 같습니다. 즉 아브라함은 가나안 땅에 가자 말자 복을 받아서 점점 많은 땅을 구입하고 또 많은 종들을 사서 거의 나라를 형성할 정도로 부자가 될 것이라고 생각했을지 모릅니다. 그러나 그 약속의 땅 가나안에서 아무 복도 받지 못했습니다. 그곳에는 아브라함이 소유할 수 있도록 준비된 땅이 전혀 없었습니다. 거기에나가 가나안 땅에 흉년이 드는 바람에 도저히 그곳에서 살 수 없게 되었습니다. 아브라함이 이해할 수 없었던 것이 바로 이것이었습니다.

아브라함이 하나님의 말씀에 순종해서 가나안 땅에 왔는데 어떻게 복이 오지 않고 흉년까지 들어서 도저히 그곳에서 살 수 없게 되었느냐는 것입니다. 여기서 아브라함은 하나님의 말씀에 실망하게 되고 또 의심을 하게 되었습니다. 즉 하나님의 말씀에 순종하면 모든 형편이 더 좋아져야 하는데 어떻게 더 나빠질 수 있으며 심지어는 흉년까지 들어서 굶어 죽을 지경까지 될까 하는 것입니다. 그래서 아브라함은 무엇인가 하나님의 말씀이 잘못되었다고 생각하게 되었습니다. 아브라함은 하나님의 말씀은 현실과는 맞지 않으니까 일단 현실을 붙들어야 한다고 생각했습니다. 그래서 아브라함은 일단 먹고 살기 위해서 양식이 있는 애굽으로 내려가기로 결정했습니다. 그런데 여기서부터 아브라함의 인생은 완전히 내리막길 인생이 되었습니다. 아브라함은 애굽으로 내려가면서 한번 굴러 떨어지기 시작했는데 한순간에 인생 밑바닥, 즉 최악의 지경까지 내려가게 되었습니다.

12:10 "그 땅에 기근이 들었으므로 아브람이 애굽에 거류하려고 그리로 내려갔

으니 이는 그 땅에 기근이 심하였음이라"

아브라함이 하란에서 가지고 있던 모든 것을 포기하고 오직 하나님의 말씀만 붙들고 가나안 땅으로 내려갔을 때 아브라함의 마음속에는 하나님의 축복에 대한 많은 기대가 있었을 것입니다. 하나님께서는 아브라함에게 '네가 복이 될 것이다' 라고 약속하셨습니다. 또 아브라함에게 '너는 큰 나라를 이룰 것이다' 라고 하셨습니다. 그래서 당연히 아브라함은 이제 이 약속의 땅에서 이전보다 더 넓은 땅을 가지게 될 것이며 엄청난 물질적인 복을 받아서 많은 하인을 가지게 될 것이라고 생각했을지 모릅니다. 그리고 아브라함이 무엇이든지 하나님께 기도하기만 하면 하나님께서 그 모든 것을 전부 이루어주시는 축복의 삶을 기대했을 것입니다. 그런데 놀랍게도 아브라함이 가나안 땅에 들어가서 경험했던 것은 그의 기대와는 정반대였습니다.

아브라함은 가나안 땅에서 아무 것도 얻지 못했습니다. 아브라함은 가나안 땅에서 많은 돈을 벌지도 못했고 땅이라고는 한 평의 땅도 가지지 못했습니다. 그리고 가나안 사람들이 아브라함을 싫어하니까 아브라함은 가나안 땅 안에서 여기저기를 떠돌아다녀야만 했습니다. 그런데 결정적인 것은 하나님이 약속하신 가나안 땅에 심한 기근이 들어서 먹을 양식이 없게 된 것입니다. 여기서 아브라함은 마음에 큰 갈등이 생기지 않을 수 없었을 것입니다.

우선 우리가 생각할 수 있는 것은 왜 하나님의 말씀은 현실과 이렇게 다를까 하는 것입니다. 하나님은 분명히 아브라함에게 복을 받아서 다른 모든 민족들도 아브라함의 복으로 살게 될 것이라고 약속하셨습니다. 그러나 아브라함은 가나안 땅에서 아무 것도 얻지 못했습니다. 그런데 가장 이해가 되지 않는 것은 아브라함이 하나님의 말씀에 순종해서 가나안까지 왔는데 왜 하필이면 가나안에 흉년이 드느냐 하는 것입니다.

그 당시 아브라함은 아직 하나님의 축복의 비결을 잘 이해하지 못했습니다. 그래서 아브라함의 생각으로는 내가 하나님의 말씀을 붙들고 순종했는데도 살 수 없게 되었다면, 이것은 무엇인가 하나님의 말씀에 잘못이 있다고 생각한 것입니다. 그래서 아브라함은 하나님의 말씀에 대하여 실망하게 되었습니다. 그래서 아브라함은 이렇게 어려울 때는 잠시 하나님의 말씀을 접어놓고 세상을 따라가서 일단 살고나 봐야겠다고 생각했습니다.

여기서 알 수 있는 것은 우리가 아무리 이론적인 하나님의 말씀을 가지고 현실로 나아가더라도 실제로 말씀의 능력은 잘 나타나지 않고 오히려 현실의 엄청난 벽만 느끼게 된다는 것입니다. 이때 우리는 일단 먹고 살아야 한다고 생각해서 너무나도 쉽게 하나님의 말씀을 뒷전에 둘 때가 많습니다. 그래서 우리 신앙은 현실에서 실패하기 쉽습니다.

여기서 우리가 또 알아야 할 것은 하나님께서는 우리에게 엄청난 복을 약속하셨지만 복부터 먼저 주시지 않는다는 것입니다. 하나님은 먼저 우리로 하여금 믿음의 비밀을 터득하게 하십니다. 그래서 우리로 하여금 이 세상에서 하나님 외에는 소망이 없게 만드십니다. 그 과정에서 우리는 얼마나 많은 눈물을 흘려야 하는지 모릅니다.

여기서 우리가 기억해야 할 것은 내가 하나님의 뜻에 순종해서 살아도 어려움은 올 수 있다는 것입니다. 그러나 그 어려움은 내 믿음이 잘못되어서 그런 것이 아니고 하나님께서 나를 사랑하시지 않아서 그런 것도 아니라는 것입니다. 이것은 하나님께서 나를 위대한 믿음의 사람을 만들기 위해서 연단하시기 위함이라는 것입니다.

2. 인간적인 방법의 결과

아브라함이 하나님의 말씀을 끝까지 붙들지 못하고 애굽으로 내려가기로 했을 때 아브라함에게는 큰 걱정거리가 생기게 되었습니다. 그것은 바로 애굽 사람들의 소행이었습니다.

12:11-12 "그가 애굽에 가까이 이르렀을 때에 그의 아내 사라에게 말하되 내가 알기에 그대는 아리따운 여인이라 애굽 사람이 그대를 볼 때에 이르기를 이는 그의 아내라 하여 나는 죽이고 그대는 살리리니"

아브라함은 여러 사람들과 함께 애굽으로 내려가고 있었던 모양인데, 애굽으로 가는 도중에 너무나도 불안한 소문을 듣게 되었습니다. 그것은 애굽으로 내려간 가나안 사람들이 애굽 사람들에게 부인을 많이 빼앗긴다는 소문이었습니다. 애굽 사람들은 여인들을 노리고 있다가 만약 결혼하지 않은 딸이 있으면 돈을 주고 딸을 데려가고 여인에게 남편이 있으면 그 남편을 죽이고 부인을 빼앗아 간다는 소문이었습니다. 양식이 없어서 다른 나라에 먹을 것을 구하러 가는 난민에게 가장 지키기 어려운 것은 바로 여인들입니다. 그래서 결혼하지 않은 딸 같은 경우에는 부잣집의 첩이나 하녀로 빼앗기는 경우가 많았고 심지어는 남편이 있는 부인들조차도 매춘을 시키기 위해서 납치를 하거나 빼앗아가는 일들이 많이 있었습니다. 지금 북한에서도 먹을 것이 없어서 탈북한 사람들 중에 여성들은 인신매매하는 사람들에게 팔리는 경우가 아주 많다고 합니다.

아마 아브라함은 이 소문을 듣고 너무나도 불안하고 두려워했던 것 같습니다. 그래서 아브라함은 고민하다가 목숨이라도 건지기 위해서 사라에게 자기를 남편이라 부르지 말고 오빠라고 부르라고 요구를 했습니다. 이 말은 설사 우리가 애굽 땅에 가서 애굽 사람들이 사라를 빼앗아간다면 사라를 빼앗기는 일이 있더라도 자기는 죽지 않게 해달라는 것이었습니다.

우리가 이것을 보면 아브라함이 애굽의 소문을 듣고 얼마나 겁을 집어 먹었고 얼마나 두려워하고 있었는지 알 수 있습니다. 만약 아브라함이 하나님의 말씀에 대한 믿음이 있었다면 '다른 사람들은 몰라도 하나님은 우리 부부를 지켜주실 것이다' 라는 믿음을 가지고 있었을 것입니다. 그런데 아브라함이 한번 믿음에서 떠나게 되니까 정신을 차릴 수 없었고 믿음을 지킬 수 없게 되었습니다. 아마 이것도 아브라함이 혼자서 생각한 것은 아닌 것 같고 같이 애굽에 내려가던 가나안 사람들이 그렇게 조언을 했던 것 같습니다. 그들은 아브라함에게 "당신 부인은 상당히 미인인데 당신이 살고 싶으면 부인이라고 하지 말고 누이라고 하시오. 그래야 목숨이라도 건지지, 그렇지 않고 정직하게 당신의 부인이라고 하면 어느 순간에 죽을지 모른다오."라고 했을 것입니다. 그래서 아브라함은 다른 사람들이 하는 대로 자기 부인을 누이라고 하기로 했던 것입니다. 결국 이것 때문에 아브라함은 엄청난 어려움을 겪게 됩니다.

하지만 아브라함은 두 번 현실의 벽에 부딪치고 나서 그 믿음이 산산조각이 나고 말았습니다. 한번은 기근이라는 벽이었고, 다른 한번은 애굽 사람들의 악한 행실이었습니다. 우리는 가끔 사회생활을 하다 보면 믿지 않는 사람들이 너무 쉽게 거짓말을 하고 또 거짓말을 가르쳐주는 것을 배울 때가 있습니다. '이런 것은 모두 다 이렇게 하는 것이라.' 하는 식으로 거짓말을 가르쳐준다거나 혹은 상대방이 뇌물이나 더 악한 것을 요구해 올 때가 있습니다. 그런데 그것을 거부했다가는 완전히 일을 할 수 없게 되는 경우도 있습니다.

아브라함이 하나님을 신뢰하지 못하고 인간적인 생각을 하게 되었을 때 그는 아무 것도 믿을 수 없게 되었고 결국 사라를 포기할 생각까지 하게 되었습니다. 그랬더니 정말 최악의 사태가 벌어지게 되었습니다. 그것은 애굽의 왕인 바로의 귀에 사라가 미인이라는 소문이 들어가면서 바로가 신하를 보내어서 사라를 첩으로 데리고 가 버린 것입니다.

> 12:14-16 "아브람이 애굽에 이르렀을 때에 애굽 사람들이 그 여인이 심히 아리따움을 보았고 바로의 고관들도 그를 보고 바로 앞에서 칭찬하므로 그 여인을 바로의 궁으로 이끌어들인지라 이에 바로가 그로 말미암아 아브람을 후대하므로 아브람이 양과 소와 노비와 암수 나귀와 낙타를 얻었더라"

아브라함이 걱정했던 대로 사라는 아름다운 여인이었던 것 같습니다. 사라를 본 애굽 사람들은 사라를 바로 앞에서 칭찬을 했기 때문에 바로는 사라를 자기 첩으로 데리고 갔습니다. 여기서 바로가 아브라함에게 양이나 소나 노비를 많이 주어서 후대했다는 것은 그냥 선물을 준 것이 아니라 사라를 후궁으로 받아들이는 대가로 준 것입니다. 그러니까 아브라함은 꼼짝도 하지 못하고 사라를 빼앗기고 말았습니다.

여기서 궁금한 것은 이때 아브라함의 나이가 칠십 오세였고 사라가 육십 세가 넘었을 텐데 어떻게 육십이 넘은 여인이 그렇게 매력적으로 보일 수 있었겠느냐 하는 것입니다. 아마도 사라는 나이와 어울리지 않게 젊고 아름다웠다는 것 같습니다. 아마도 사라는 진짜 나이보다 이십 세 이상 젊어 보였던 것 같습니다.

아브라함은 약속의 땅에서 실망해서 애굽으로 내려온 후에 완전히 인생 밑바닥 상태까지 내려가게 되었습니다. 아브라함은 이제 하나님의 복은 고사하고 자기 부인까지 빼앗기고 꼼짝달싹 할 수 없는 상태에 빠지게 되었습니다. 애굽의 바로는 힘을 가지고 있습니다. 아브라함은 무력을 가지고 바로와 전쟁해서 사라를 찾아갈 힘이 없었습니다. 그렇다고 해서 아브라함이 바로를 찾아가서 사실은 내가 거짓말을 했노라고 이실직고할 수도 없었습니다. 그렇다고 해서 사라를 포기하고 혼자 가나안 땅으로 돌아갈 수도 없었습니다. 아브라함이 바로로부터 많은 소와 양과 노비를 받은 것은 좋았는지 모르겠지만 실제로 아브라함의 정신 상태는 최악이었습니다. 현실은 하나님의 말씀과는 너무나도 먼 거리에 있었습니다.

아브라함은 이제 깊은 웅덩이에 빠졌고, 스스로의 힘으로는 도저히 거기에서 빠져 나올 수 없게 되었습니다. 그렇게 된 원인이 어디에 있습니까? 아브라함이 너무 쉽게 하나님의 말씀에 실망하고 포기했기 때문입니다. 우리가 하나님의 말씀을 붙잡았다고 해서 당장 하늘에서 복이 쏟아지는 것이 아닙니다. 하나님의 말씀을 붙잡는 것은 이제 고통스러운 훈련의 시작입니다. 여기서 우리는 세상 어떤 경우에도 하나님의 말씀을 붙드는 믿음의 용사가 되는 훈련을 받아야 하는 것입니다.

우리 예수 믿는 사람들 중에서 세상을 너무 쉽게 생각하는 사람들이 많습니다. 우리가 복음을 들고 나가서 외치기만 하면 베드로가 했던 것처럼 하루 삼천 명씩 회개하게 하고, 사도 바울처럼 능력 있는 전도자가 될 수 있을 것 같습니다. 그러나 막상 현실에 부딪쳐보면 일단 나를 쓰려고 하는 곳이 없다는 것을 알게 됩니다. 왜냐하면 아무 것도 훈련받은 것이 없기 때문입니다.

지금 아브라함이 상대해야 하는 사람은 애굽 왕 바로였습니다. 바로는 애굽을 지배하고 있었고 아브라함의 아내를 강제로 거의 빼앗다시피 데리고 갔습니다. 아브라함은 절대로 바로를 이길 수 없었습니다. 오늘 그리스도인들이 이 세상에 나가보면 싸워야 하는 것들이 모두 다 이런 것들입니다. 거대한 현실 앞에서 우리의 믿음은 너무나도 보잘것없고 초라한 것입니다. 그래서 사람들은 권력을 가지려 하고 돈을 가지려고 히는 것입니다. 돈이 있고 권력이 있어야 이 세상에서 큰 소리를 치지 믿음만 가지고 할 수 있는 것이 없는 것입니다.

3. 하나님의 방법

아브라함은 하나님의 말씀을 저버리고 애굽으로 갔다가 큰 낭패에 빠지고 말았습니다. 이때 애굽에서 아브라함이 할 수 있는 것은 아무 것도 없었습니다. 이때 아브라함이 할 수 있는 유일한 일은 하나님의 말씀 하나 붙들고 죽자고 기도하는 것밖에 없었습니다. 아브라함이 아내를 빼앗기고 나서 그가 한 일은 기도였습니다. 그런데 바로 이것이 하나님의 복을 여는 비결이었습니다. 우리가 하나님의 말씀대로 순종했을 때 현실의 벽에 부딪치게 되고 최악의 지경에 빠지게 되었을 때 그때 하나님 앞에 부르짖으며 기도하면 하늘의 문이 열리게 됩니다. 본문에는 아브라함이 기도했다는 말이 없지만 그가 기도했을 때 하나님은 아브라함을 위해 일하시기 시작했습니다.

12:17 "여호와께서 아브람의 아내 사래의 일로 바로와 그 집에 큰 재앙을 내리신지라"

그런데 바로 이런 어려운 상황 가운데 있을 때 하나님께서 아브라함을 위하여 조용히 일하시기 시작하셨습니다. 바로가 사라를 데려간 그 순간부터 바로의 궁에서는 어떤 질병이 돌기 시작한 것 같습니다. 결국 이 질병 때문에 바로는 사라를 가까이 할 수 없었고 만날 수도 없었습니다. 바로 왕궁의 제사장들이 이 질병의 원인을 나름대로 알아보니까 바로 새로 들어온 사라라는 여자 때문이라는 것을 알게 되었습니다. 그 여자 때문에 바로의 왕궁 사람들은 신의 진노를 입고 있었고 신은 더 진노할 수 있다는 것을 알게 되었습니다.

그래서 바로는 갑자기 아브라함을 불러서 자초지종을 물었습니다. 도대체 이것이 어떻게 된 것이며 어떻게 해서 너는 바로의 왕궁에 재앙이 일어나도록 거짓말을 했느냐고 따졌습니다. 이때 아브라함은 하나님께서 일하신 것을 알게 되었습니다. 아브라함은 계속 실수를 했고 그런 실수 가운데 아무 것도 할 수 없었지만 하나님은 사라와 아브라함을 지키기 위해서 바로의 왕궁에 병을 내리셨던 것입니다. 그래서 아브라함은 자초지종을 바로에게 다 이야기했습니다. 그리고 바로는 사라를 아브라함에게 돌려줄 수밖에 없었습니다.

아브라함은 왕에게 거짓말을 했다고 해서 불려가서 죽임을 당할 줄 알았는데, 바로는 몇 마디 불평을 하고 난 후에는 사라와 아브라함의 머리털 하나 건드리지 못하고 나가게 했습니다. 우리는 이 세상에서 하나님이 보이지 않을 때가 많습니다. 그래서 어려운 현실 앞에서 많은 고민을 하고 좌절합니다. 또 이 세상을 살아갈 때 우리는 하나님을 믿기 때문에 믿지 않는 자들에 비해서 불리할 때가 많다고 생각합니다. 즉 세상 사람들은 자기 목적을 위해서는 얼마든지 거짓말도 할 수 있고 악한 방법도 쓸 수 있지만 믿는 자들은 그런 악한 방법을 쓸 수 없다는 것입니다. 우리는 또 좋지 않은 방법을 썼다가 탄로가 나면 더 큰 망신을 당하게 됩니다. 그러나 하나님은 살아계시며 능력이 많으십니다. 하나님은 우리 편이십니다. 우리가 어려움 가운데 하나님 앞에서 부르짖으면 하나님은 그 위기에서 건져내주십니다. 아무리 바로가 이 세상에서 대단하다고 해도 하나님 앞에서는 전혀 힘을 쓰지 못하는 것입니다.

하나님은 우리 힘으로 모든 어려움을 다 이겨 내라고 이 세상에 살게 하신 것이 아닙니다. 그것은 불가능합니다. 하나님께서 우리의 삶에 계속적으로 개입하시지 않는다면 우리는 늘 실패할 수밖에 없습니다. 누가 감히 바로를 움직일 수 있겠습니까? 바로를 움직일 수 있는 분은 하나님 한 분밖에 없습니다. 하나님께서 움직이셔야 우리는 이 현실의 어려움에서 벗어날 수 있습니다.

그래서 우리는 언제나 말씀을 붙들고 기도해야 합니다. 만약 하나님께서 우리들을 이 세상 사람들의 손에서 지켜 주시지 않는다면 우리가 가지고 있는 모든 것을 다 빼앗기고 말 것입니다. 그래도 우리가 직장과 집을 가지면서 우리의 거처에서 편안하게 살 수 있는 것은 하나님께서 우리를 지켜 주시기 때문입니다.

우리는 처음 예수 믿고 믿음으로 나가기만 하면 모든 것들이 마음먹은 대로 척척 될 줄 압니다. 그러나 이 세상에 쉬운 일은 없습니다. 우리가 한발을 잘못 내디뎠을 때 끝을 알 수 없는 구렁텅이에 굴러 떨어지게 됩니다. 이때 끝까지 하나님의 말씀을 붙들고 죽을 각오를 할 때 하늘 문이 열리면서 기도 응답을 받고 부흥을 일으킬 수 있습니다. 하나님은 아브라함에게 이 비법을 가르쳐주시기 위해서 가나안의 흉년과 부인을 빼앗는 애굽의 악한 풍습과 바로라는 시험을 준비해 놓으셨던 것입니다.

하나님께서 사랑하는 자들은 말씀대로 믿는 것이 가장 경제적이고 가장 편하게 믿는 방법이라는 것을 알게 됩니다. 우리가 이 세상을 이길 수 있는 것은 철저하게 하나님의 말씀을 붙들고 끝까지 하나님을 의지하고 견디는 것 밖에 없습니다. 그러므로 우리가 하나님의 뜻에서 탈선해서 엄청난 구렁텅이에 빠져들었다는 생각이 들면 그때부터는 모든 동작을 그만두고 다시 하나님의 말씀을 붙잡아야 합니다. 그리고 철저하게 하나님께 맡기고 기도하면서 끝까지 견디어야 합니다. 그러면 하나님께서 우리를 그 절망의 구렁텅이에서 건져주시고 다시 믿음의 길을 걷게 하실 것입니다.

아브라함이 애굽으로 내려가는 실패를 통하여 크게 깨달은 것이 무엇입니까? 신앙은 절대로 자동판매기가 아니라는 사실입니다. 오히려 그 실패하는 순간부터 위대한 믿음의 사람이 되기 위한 하나님의 훈련이 시작된다는 것입니다. 그 훈련이 무엇입니까? 하나님의 말씀이 아무리 내 생각과 달라도 철저하게 붙드는 것입니다. 우리는 굶고 고통당하고 아주 심한 절망의 순간이 오더라도 말씀을 포기해서는 안 됩니다. 그래서 그 고난을 겪은 후에 아브라함은 목숨을 걸고 하나님의 말씀을 붙들었던 것입니다. 이 후부터 아브라함은 어떤 일이 있어도 약속의 땅 가나안을 떠나지 않았습니다.

우리는 오직 믿음으로 세상을 이길 수 있습니다. 그리고 하나님이 이기게 하실 때까지 끝까지 견디어야 합니다. 그래서 그리스도인들은 세상 사람들의 말을 들으면 안 됩니다. 우리는 하나님이 한번 약속하셨으면 우리와 가족의 생명을 지켜주실 것을 확실히 믿어야 합니다. 세상에 아첨하거나 비굴하게 굴복하지 말고 끝까지 믿음으로 나아가서 하나님의 복을 받는 성도들이 다 되시기 바랍니다.

19
가족 안의 갈등 / 창세기 13:7

옛날에 대학 선배 중의 한 분이 대학 졸업한 후에도 취직을 하지 않고 어느 선교 단체에 리더로 있으면서 대학원을 다니고 있었습니다. 점심시간만 되면 2호관 건물 앞에서 형제들이 모여서 기타를 치면서 찬송을 불렀는데 제가 거기에 가서 그 선배를 알게 되었습니다. 그 선배는 명문 고등학교를 나오고 당시에 대학원에 다니고 있었습니다. 그런데 그 선배의 아버지는 다리에 장애가 있으셨고 공장의 야간 경비원으로 일하고 계셨습니다. 이 분은 자기 아들이 좋은 고등학교와 대학을 나왔으니까 좋은 직장에 취직해서 돈을 많이 벌어올 줄 기대하고 있었는데 대학을 졸업하고도 취직은 하지 않고 선교 단체에 들어가서 다른 학생들과 공동생활을 하면서 집에는 경제적으로 전혀 도움을 주지 않았습니다. 그래서 너무 화가 나서서 어느 날 경찰서에 아들을 신고했습니다. 즉 '내가 이렇게 장애를 가지고 야간 경비를 해서 가정을 위해 돈을 버는데 아들이라는 놈은 예수 믿는다고 취직도 하지 않고 돈도 벌지도 않고 무슨 선교를 한다고 하니 이런 불효자식은 경찰이 좀 잡아가라'는 신고였습니다. 그리고 세월이 많이 지난 후에 제가 다시 그 선배를 만나게 되었는데, 그때 그는 자신이 청춘을 바쳤던 선교 단체를 나와서 직장 선교를 하고 계셨습니다.

저는 처음 서울에 와서 교회를 개척하면서 생각을 많이 했습니다. 저는 원래 교회에 대하여 좋지 않은 선입견을 많이 가지고 있었습니다. 그러나 주님께서는 긴 시간 성경 말씀을 통하여 저의 교회관을 많이 바꾸어 주셨습니다. 교회가 아주 영광스럽고 또 우리가 생각하지 못하는 하나님의 신비와 축복이 있다는 것을 알게 되었습니다. 그럼에도 저는 서울에 이렇게 교회가 많은데 또 하나의 교회를 개척해야 하는가 하는 생각을 많이 했습니다. 그러면서 개척할 수밖에 없다면 철저하게 성경대로 믿는 교회를 개척하자고 결심했습니다. 그래서 설교도 오직 성경 강해만 하고 교회의 모든 활동도 성경에 맞지 않는 것은 하지 않았습니다. 그 결과 교회가 부흥되기는커녕 이미 다니던 교인들도 많이 떠나는 아픔을 경험했습니다. 성경대로 교회 생활을 하거나 믿는 것을 부담스러워하는 사람들이 많다는 것을 나중에야 알게 되었습니다.

우리가 예수 믿기 전에는 다른 사람들과 생각하는 것이나 사는 것이 전혀 다르지 않습니다. 그러나 예수를 믿고 하나님을 알고 난 후 우리의 눈이 열리게 되면 이전에 보지 못했던 엄청난 세계를 보게 됩니다. 그때부터 우리는 옛날 친구들이나 가족들과 더 이상 좋은 관계가 되지 못하고 서먹서먹한 관계가 되든지 아니면 멀어지게 되는 경우가 허다합니다.

저도 대학 다닐 때 늘 붙어 다니던 단짝 친구들이 있었습니다. 그 중 한 친구는 자신의 인생관은 먹는 문제만 해결된다면 자기 인생을 왜 내가 살아야 하는가 하는 철학적인 문제의 답을 찾는데 다 투자하겠다는 말을 종종 했습니다. 그런데 제가 인격적으로 주님을 만나 신앙에 빠져들게 되면서 그런 친구들과는 점점 멀어지게 되었습니다. 왜냐하면 먹고 사는 것이 바쁘기도 했지만 그들과 생각이 많이 다르다는 것을 알게 되었기 때문입니다.

아브라함은 복이 되게 해주겠다는 하나님의 말씀을 믿고 가나안 땅까지는 왔지만 그 땅에서 복을 받지 못했습니다. 거기에다가 가나안 땅에 기근이 들어서 먹고 살 수 없게 되어 애굽으로 내려갔다가 부인 사라를 빼앗기는 어려움에 처하게 되었습니다. 물론 하나님이 간섭하셔서 부인 사라를 되찾기는 했지만 아브라함은 어디로 가야 할지 모르게 되었습니다. 아마 다른 사람들 같으면 아직 흉년이 끝나지 않았으니까 할 수 있으면 애굽에 더 있으려고 하든지 아니면 옛날 자기가 잘 살았던 하란으로 돌아가려고 했을 것입니다. 그러나 아브라함은 애굽에 있지도 않고 하란 땅으로 돌아가지도 않고 자신이 처음 하나님께 제단을 쌓았던 곳으로 돌아갔습니다. 이것이야말로 아브라함이 바른 길을 찾은 비결이었습니다.

1. 가나안 땅으로 돌아온 아브라함

아브라함은 애굽에서 빼앗겼던 부인 사라를 되찾게 되었을 때 애굽땅에 대한 미련을 조금도 가지지 아니하고 처음 자신이 가나안 땅에서 하나님께 예배드렸던 곳으로 돌아갔습니다.

> 13:1-4 "아브람이 애굽에서 그와 그의 아내와 모든 소유와 롯과 함께 네게브로 올라가니 아브람에게 가축과 은과 금이 풍부하였더라 그가 네게브에서부터 길을 떠나 벧엘에 이르며 벧엘과 아이 사이 곧 전에 장막 쳤던 곳에 이르니 그가 처음으로 제단을 쌓은 곳이라 그가 거기서 여호와의 이름을 불렀더라"

아브라함은 애굽에서 나올 때 많은 재산을 가지고 있었습니다. 가축도 많았고 은과 금도 많이 가지고 있었습니다. 그러나 아브라함은 이런 것들이 아무 소용이 없다는 것을 이미 알았습니다. 왜냐하면 애굽에서 하나님이 함께 하시지 않는 많은 가축이나 은금은 아무 소용이 없다는 것을 경험했기 때문입니다. 즉 아브라함은 자기가 하나님을 잘 믿는다고 생각했지만 흉년이 드니까 하나님의 말씀을 헌신짝 같이 버리게 되는 자신의 연약함을 알았고, 또 애굽이라는 현실 앞에서 자기 부인을 누이동생이라고 거짓말했다가 부인을 바로에게 빼앗기는 경험도 했습니다. 이제 아브라함이 소원하는 것은 오직 하나님 앞에서 바른 신앙을 되찾는 것이었습니다.

그런데 지금 아브라함에게 심각한 문제는 하나님과의 뜨거운 관계를 잃어버렸다는 것입니다. 아브라함은 이제 애굽에서 나오게 되었습니다. 이제 아브라함은 어디로 가야 하겠습니까? 아마 어떤 사람들은 애굽 대신에 리비야에 가자고, 또 어떤 사람은 더 남쪽으로 가야 한다고, 또 어떤 사람들은 아예 바벨론이나 하란으로 돌아가야 한다고 말하는 사람도 있었을 것입니다. 옛날 북부 아프리카는 지금과 달리 아주 농사가 잘 되는 곳이었습니다. 그리고 바벨론은 문명이 아주 발달한 곳이었습니다. 그러나 그때 아브라함이 결심한 것은 이제는 죽어도 하나님의 말씀을 놓치지 않는다는 것이었습니다. 그래서 아브라함은 자기가 가나안 땅에서 하나님께 예배드렸던 곳으로 돌아왔습니다. 이것이 아브라함이 내렸던 결단이었습니다.

아브라함은 자기가 하나님의 약속을 가볍게 생각하고 애굽으로 내려갔다가 혼이 난 후 이제부터는 결사적으로 하나님의 말씀을 붙잡기 위해서 다시 가나안 땅으로 돌아갔습니다. 거기가 바로 벧엘과 아이 사이였습니다. 이곳은 아브라함이 가나안 땅에 처음 들어왔을 때 하나님 앞에 제단을 쌓고 예배를 드렸던 곳이었습니다. 아브라함은 거기까지는 길이 틀리지 않았다고 생각했습니다. 거기서부터 사람들의 말을 듣고 애굽으로 내려간 것이 길을 잃어버리게 된 결정적인 이유가 된 것입니다.

우리도 때때로 길을 잃고 헤맬 때가 있습니다. 사업에는 실패했고 가정은 깨어졌으며 먹고 살 길조차 없게 되었다면 우리는 무엇보다 하나님의 말씀을 도로 찾는 일을 해야 합니다. 인생의 길을 잃었을 때에 거기서 빠져 나오는 것은 결코 쉬운 일이 아니라는 것을 알아야 합니다. 이때 바른 길을 찾을 수 있는 비결은 바른 말씀을 찾아서 영적인 회복을 하는 것입니다. 아브라함에게 있어서 그 곳은 벧엘과 아이 사이였습니다. 아브라함이 그곳에 있을 때에는 하나님의 은혜가 있었습니다. 그래서 아브라함은 이 세상 어느 곳에도 가지 않고 자신이 가나안 땅에서 하나님께 예배드렸던 벧엘과 아이 사이로 돌아갔던 것입니다. 이것은 아브라함의 바른 판단이었습니다.

하나님과 정상적인 관계에 있을 때 우리 마음에는 하나님에 대한 사랑이 끓어올라야 합니다. 우리의 신앙이 뜨겁고 하나님에 대한 사랑이 끓어오르면 정상적인 상태입니다. 그러나 그 신앙의 열정이 식어버리고 하나님에 대해서 냉랭한 상태에 있다면 이것은 길을 잃은 것입니다. 하나님의 은혜가 떠났을 때 그 은혜를 회복하고 싶으면 어떻게 해야 합니까? 우리가 처음 주님을 만났던 그 가난한 마음의 자리로 돌아가야 합니다. 그곳이 어디입니까? 하나님의 말씀이 살아 있고 하나님의 말씀으로 내 영혼에 뜨거운 부흥이 일어났던 그곳을 찾아야 하는 것입니다.

이사야 선지는 이스라엘 백성에 대하여 말하기를 "이 백성이 입으로는 나를 가까이 하며 입술로는 나를 공경하나 그들의 마음은 내게서 멀리 떠났나니"(사 29:13)라고 했습니다. 문제는 우리의 마음이 하나님으로부터 더 멀어져 있다는 것입니다. 그래서 하나님은 이스라엘 백성들의 마음을 더 어둡게 해서 진리를 깨닫지 못하게 하겠다고 하셨습니다. 결국 우리가 바른 길을 찾으려면 대가를 지불해야 하는 것입니다. 즉 우리는 세상 길을 포기하고 하나님의 말씀을 가장 중요시하는 자리로 돌아와야 하는 것입니다.

2. 아브라함과 롯의 갈등

아브라함이 하나님의 은혜를 되찾기 위해서 벧엘과 아이 사이로 돌아온 것은 잘한 일이었습니다. 그러나 아브라함이 아이와 벧엘 사이로 돌아왔을 때 아브라함과 가장 가까운 사이였던 조카 롯 사이에 갈등이 터지게 되었습니다.

13:5-7 "아브람의 일행 롯도 양과 소와 장막이 있으므로 그 땅이 그들이 동거하기에 넉넉하지 못하였으니 이는 그들의 소유가 많아서 동거할 수 없었음이니라 그러므로 아브람의 가축의 목자와 롯의 가축의 목자가 서로 다투고 또 가나안 사람과 브리스 사람도 그 땅에 거주하였는지라"

아브라함과 조카 롯이 함께 목축을 하기에는 땅이 너무 비좁았습니다. 거기에다가 가나안 사람들과 브리스 사람들까지 들어와서 살고 있었기 때문에 물과 풀이 부족했습니다. 그렇지 않아도 물과 풀이 부족한 상태에서 아브라함과 롯이 가축들을 데리고 오게 되니까 서로의 신경이 날카로워지면서 어느 날 대판 싸움이 벌어지게 되었습니다. 그것도 아브라함의 종들이 가나안 사람들과 싸운 것이 아니라 롯의 종들과 싸운 것이었습니다.

그런데 중요한 것은 무엇 때문에 아브라함의 목자와 롯의 목자가 이렇게 싸우게 되었을까 하는 점입니다. 물론 그곳은 장소가 너무 협소했기 때문에 서로 자기 양이나 소에게 좋은 물이나 풀을 먹이려고 경쟁하다보니까 신경이 날카로워져서 싸웠을 것입니다. 그러나 원인은 본질적으로 더 심각한 데 있었습니다. 그것은 바로 아브라함과 롯의 신앙의 차이였습니다.

처음 아브라함이 하나님의 지시에 따라서 하란을 떠날 때 성경은 어떻게 말씀하고 있습니까? 창세기 12장 4절에 "이에 아브람이 여호와의 말씀을 따라갔고 롯도 그와 함께 갔으며"라고 되어 있습니다. 즉 아브라함은 오직 하나님의 말씀을 붙들고 갔다면 롯은 사람인 아브라함을 따라간 것이었습니다. 즉 아브라함과 롯은 생각하는데 차이가 있었던 것입니다. 아브라함은 하나님의 말씀에 붙들려서 하란을 버리고 가나안 땅에 오게 되었고, 또 이 말씀을 되찾기 위해서 다른 좋은 곳을 버리고 이곳 벧엘과 아이 사이로 오게 되었던 것입니다. 그리고 지금 아브라함은 앞으로는 무슨 일이 있어도 하나님의 말씀을 놓치지 않겠다고 결심하고 있습니다.

그러나 롯은 사람을 따라왔기 때문에 하나님의 말씀이 절대적으로 중요한 것은 아니었습니다. 물론 롯은 하나님을 믿고 신앙이 좋은 사람이었습니다. 그러나 롯은 신앙생활을 하는데 있어서 하나님의 말씀만이 전부가 되어야 한다고 생각하지는 않았습니다. 롯은 하나님의 말씀도 중요하지만 사람은 합리적인 판단도 해야 하고 또 세상의 좋은 것이 있으면 얼마든지 받아들여야 한다고 생각하고 있었던 것입니다.

롯은 처음에 삼촌 아브라함은 믿음이 좋기 때문에 삼촌만 따라가기만 하면 모든 것이 잘 될 줄 알았습니다. 그런데 삼촌 아브라함의 신앙에 대하여 실망을 하게 되었습니다. 왜냐하면 롯은 하나님의 말씀을 붙든다고 해서 모든 것이 절대적으로 잘 되는 것은 아니라는 것을 경험했기 때문입니다. 즉 롯은 하나님의 말씀을 따라 가나안 땅에 왔는데 흉년이 드는 것을 보았고, 또 삼촌을 따라 애굽으로 내려갔다가 삼촌이 거짓말하는 바람에 부인을 바로에게 빼앗기는 것도 보았습니다. 그런 후에 삼촌은 겨우 부인을 찾아서 애굽을 떠났는데 그 좁은 가나안 땅으로 다시 돌아오는 것이었습니다. 여기는 물이나 풀도 부족한 왕짜증이 나는 곳이었습니다.

이때 롯은 '하나님의 말씀만 죽어라 붙들고 간다고 해서 모든 것이 잘 되는 것이 아니구나' 라는 것을 깨닫게 된 것입니다. 아브라함이 그 많은 고생을 한 끝에 겨우 돌아온 곳은 옛날 애굽으로 내려가기 전의 바로 그 장소였습니다. 거기에다가 자기들이 없는 동안 이미 가나안 사람과 브리스 사람들이 그 자리를 차지하는 바람에 예전보다 훨씬 더 불편하게 되었습니다. 그러니까 결국 롯의 입에서 삼촌에 대해서 불평이 터져 나오게 되었고 그 소리를 들은 롯의 목자들이 아브라함의 목자들에게 시비를 걸어서 싸우게 된 것입니다. 결국 아브라함의 목자와 롯의 목자 사이의 싸움은 하나님의 말씀만이 전부라는 아브라함의 신앙에 대한 롯의 반발이었던 것입니다. 왜 삼촌은 하나님의 말씀만이 전부라고 하느냐 그리고 그 결과라고 하는 것이 겨우 이것 밖에 안 되느냐 하는 반발이었습니다.

아브라함이 벧엘과 아이 사이로 왔을 때 생긴 어려움은 바로 아브라함과 롯의 신앙의 차이였습니다. 아브라함에게는 하나님의 말씀이 전부였습니다. 그러나 롯은 결코 그렇지 않았습니다. 오히려 롯이 보기에는 아브라함의 신앙이 너무 독선적인 것 같았고 너무나도 비합리적이고 비현실적으로 보였던 것입니다.

우리가 여기에서 알 수 있는 것이 무엇입니까? 하나님을 믿는다고 하지만 그 생각이 다 똑같은 것은 아니라는 것입니다. 즉 어떤 사람에게는 하나님의 말씀만이 가장 중요하고 그것이 전부인 사람이 있는가 하면, 또 다른 사람은 하나님의 말씀만이 전부라고 하는 것은 너무 독단적이고 현실에 맞지 않다고 생각한다는 것입니다. 그런데 사실은 아브라함과 같은 생각을 가진 사람보다는 롯과 같은 생각을 가진 사람이 훨씬 많습니다.

우리가 알아야 할 것은 모든 신자가 아브라함과 같을 수는 없다는 것입니다. 믿는 이들 중에도 하나님의 말씀이 전부라기보다는 자신의 경험과 세상적인 상황을 더 중요하게 생각하는 이들이 많이 있습니다. 이것을 다 나쁘다고 볼 수는 없습니다. 왜냐하면 누구나 다 처음부터 아브라함과 같은 신앙을 가질 수는 없기 때문입니다. 누구든지 처음에는 하나님을 믿기는 하지만 자신의 생각이나 경험이나 세상의 흐름들을 중요하게 생각합니다. 그러다가 은혜를 받을수록 점점 다른 것은 다 포기하고 결국 하나님의 말씀만을 확실히 붙잡게 되는 것입니다.

그래서 결국 아브라함과 롯은 갈라지게 됩니다.

13:8-9 "아브람이 롯에게 이르되 우리는 한 친족이라 나나 너나 내 목자나 네 목자나 서로 다투게 하지 말자 네 앞에 온 땅이 있지 아니하냐 나를 떠나가라 네가 좌하면 나는 우하고 네가 우하면 나는 좌하리라"

결국 아브라함과 조카 롯이 갈라지게 된 것은 단순히 땅이 좁았기 때문만이 아니었습니다. 그들이 생각하는 것이 서로 달랐기 때문입니다. 하지만 롯은 이번 기회에 아브라함의 말씀 중심의 신앙에서 벗어나기로 작정했습니다. 왜냐하면 롯은 아브라함의 신앙이 너무 융통성이 없었고 답답했기 때문에 이번 기회에 내가 하고 싶은 대로 해 보겠다고 생각을 한 것입니다.

그러나 아브라함에게 있어서 롯과의 분리는 엄청난 충격이었습니다. 왜냐하면 아브라함의 생각에 롯은 자기와 가장 가까운 사람이었고 어느 누구보다 자기를 잘 이해해줄 줄 믿었기 때문입니다. 특히 아브라함은 내가 모든 족속에게 복을 주기는커녕 조카 한 사람에게도 인정을 받지 못한다고 자책했을지도 모릅니다. 그러나 믿음의 사람들은 언제나 이런 것을 각오해야 합니다. 그래서 결국 이 세상에서 신앙의 길은 가까운 친척이나 형제나 친구도 이해해주지 못하는 좁은 길인 것입니다.

한번은 예수께서 사람들을 가르치실 때 어떤 사람이 밖에 당신의 어머니와 동생들이 찾으러 왔다고 전했습니다. 그때 주님은 "누가 내 어머니이며 내 동생들이냐?" 하시면서 주위에 있는 사람들을 보시면서 "누구든지 하늘에 계신 내 아버지의 뜻대로 하는 자가 내 형제요 자매요 어머니이니라"(마 12:50)고 하셨습니다.

3. 하나님의 말씀의 회복

> 13:9 "네 앞에 온 땅이 있지 아니하냐 나를 떠나가라 네가 좌하면 나는 우하고 네가 우하면 나는 좌하리라"

이제 아브라함과 롯은 목축이라는 현실적인 문제 때문에 서로 갈라지게 되었습니다. 그때 누가 어느 땅을 차지하느냐 하는 것은 참 어려운 문제입니다. 왜냐하면 이것은 바로 수익과 관계되기 때문입니다. 장사하는 사람에게 중요한 것은 상권 내지는 목입니다. 가게를 차리는데 좋은 목을 잡지 못하면 아무리 가게를 잘 차려놓아도 장사가 잘 되지 않습니다. 그런데 아브라함과 롯은 모두 같은 목축업자였습니다. 목축업자에게 중요한 것은 목초지인데 물이 흐르고 풀이 좋은 곳을 선택해야 목축에 성공할 수 있습니다. 그래서 대개 사람들은 신앙은 신앙이고 현실 문제가 나오면 양보를 하려고 하지 않습니다.

보통 사람처럼 아브라함이 롯에게 "내가 너의 삼촌 아니냐? 일단 좋은 땅은 내가 차지하겠다. 그리고 너는 젊으니까 나쁜 땅에서 좀 고생해서 성공해봐라"라고 한다고 해서 뭐라고 할 사람은 별로 없을 것입니다. 그러나 아브라함은 좋은 땅의 선택권을 조카 롯에게 양보했습니다.

"네 앞에 온 땅이 있지 아니하냐? 나를 떠나가라 네가 좌하면 나는 우하고 네가 우하면 나는 좌하리라."

아브라함은 조카 롯에게 먼저 원하는 땅을 선택하라고 했습니다. 아브라함이 조카 롯에게 자신의 권리를 주장하지 않은 이유가 무엇일까요?

그것은 우선 아브라함은 목초지 문제를 가지고 조카와 다투지 않기로 이미 마음에 작정되어 있었기 때문입니다. 즉 우리는 다 같이 하나님의 위대한 축복을 바라보고 이곳까지 왔는데 목초지를 가지고 다툰다는 것은 옳지 않다고 믿었기 때문입니다. 즉 아브라함에게는 목초지보다 더 중요한 것이 있었습니다. 그것은 바로 하나님이 아브라함에게 약속하신 것이었습니다. 하나님은 아브라함에게 복이 되게 하시겠다고 약속하셨습니다.

하나님께서 아브라함에게 하란의 좋은 땅을 버리고 애굽 땅에서 쫓겨나서 여기까지 오게 하신 것은 목초지 때문이 아니었습니다. 하나님께서 아브라함에게 가나안 땅을 떠나지 말라고 하신 것은 가나안 땅에 하나님의 말씀이 임하고 있었기 때문이었습니다.

우리는 때때로 눈앞에 있는 이익 때문에 다른 사람들과 경쟁하거나 다투어야 할 때가 있을 것입니다. 이때 우리가 그 사람에게 좋은 것을 양보하면 큰 손해를 볼 수도 있습니다. 그러나 이때 생각해 보아야 합니다. 내가 지금까지 인내하고 기다린 것이 겨우 이 이익을 챙기기 위해서인가 생각해보시기 바랍니다. 그리고 작은 이익에 눈이 멀지 말고 큰 것을 붙잡아야 합니다. 오늘 우리는 너무 사소한 것에 목숨을 걸고 싸우려고 합니다. 그러나 사소한 일에 목숨을 걸 필요가 없습니다. 왜냐하면 우리에게는 더 큰 복이 기다리고 있기 때문입니다.

그러나 롯은 눈에 보이는 것을 붙잡았습니다.

13:10 "이에 롯이 눈을 들어 요단 지역을 바라본즉 소알까지 온 땅에 물이 넉넉하니 여호와께서 소돔과 고모라를 멸하시기 전이었으므로 여호와의 동산 같고 애굽 땅과 같았더라"

이 당시 팔레스타인 땅에서 가장 이상적인 목초지는 소돔 들판이었습니다. 그곳은 물도 넉넉하고 풀도 풍부해서 여호와의 동산 같았다고 했습니다. 또 가까운 곳에 소돔 같은 대도시가 있어서 물건을 사기도 좋고 양털 같은 것을 매매하기도 좋았습니다. 롯은 하나님을 믿기는 하지만 현실을 중요하게 생각하는 사람이었습니다. 그래서 롯은 자기에게 기회가 주어졌을 때 얼른 소돔 들판을 선택했습니다. 그러나 롯이 알지 못한 것이 하나 있었습니다. 그것은 바로 소돔 사람들의 죄악이었습니다.

13:13 "소돔 사람은 여호와 앞에 악하며 큰 죄인이었더라"

롯은 목축하기에 좋은 것만 생각했지 자기가 가고 있는 곳 사람들이 얼마나 하나님 앞에서 무서운 죄인들인지 생각하지 않았습니다. 한 걸음 더 나아가서 롯은 자신의 신앙이 어디를 향하여 가고 있는지 깨닫지 못했습니다. 즉 롯은 자기 신앙이 하나님께 가까이 가고 있는지 아니면 하나님으로부터 멀어지고 있는지 몰랐다는 것입니다.

롯은 믿음의 눈으로 자신의 위치를 보지 못했습니다. 만일 롯이 믿음의 눈으로 자신을 보았다면 하나님으로부터 점점 멀어지고 있으며 세상의 죄악에 점점 가까워지고 있다는 것을 깨달았을 것입니다. 하나님의 백성이 가장 예민하게 체크해야 할 것은 바로 자신이 지금 어디에 가까워지고 있느냐 하는 것입니다. 만일 하나님으로부터 멀어지고 있다면 그것은 좋은 결정이 아닙니다. 만일 내가 죄와 가까워지고 있다면 그것은 잘못 결정하고 있는 것입니다. 아무리 보수가 좋다고 해도 기도할 시간이 없고 예배도 자꾸 빠지게 되고 술을 가까이 하게 되는 일이라면 좋은 결정이 아닌 것입니다. 우리는 지금 나의 영적 상태가 올라가고 있느냐 아니면 내려가고 있느냐 아니면 곤두박질치고 있느냐 하는 것을 분별할 수 있어야 합니다.

아브라함은 무슨 일이 있어도 가나안 땅을 떠나지 않았습니다. 그 이유가 무엇입니까? 아브라함은 이제 아무리 어려워도 영적으로 탈영을 하지는 않겠다고 작정했습니다.

그런데 놀라운 것은 롯이 떠난 후에 아브라함에게 하나님의 말씀이 회복되기 시작했다는 점입니다.

> 13:14 "롯이 아브람을 떠난 후에 여호와께서 아브람에게 이르시되 너는 눈을 들어 너 있는 곳에서 북쪽과 남쪽 그리고 동쪽과 서쪽을 바라보라"

롯이 아브라함을 떠난 후에 하나님의 말씀이 아브라함에게 임했다고 해서 롯과 함께 있을 때는 하나님의 말씀이 임하지 않았다는 뜻은 아닙니다. 단지 하나님께서는 아브라함이 이런 갈등을 어떻게 처리하는지 지켜보신 것입니다. 아브라함이 현실적인 문제로 조카 롯과 다툰 시간은 아브라함에게는 또 다른 하나의 시험이었습니다. 우리가 시험에 빠졌을 때에는 이것이 시험이라는 생각이 들지 않습니다. 단지 왜 내 생각이 이렇게 혼란스럽고 복잡하고 답답한지 모든 것이 너무 힘이 드는 것입니다. 그런데 아브라함이 조카 롯에게 자기 신앙을 강요하지 않고 오히려 현실적인 문제를 인정하여 좋은 목초지를 주어서 보내었을 때 다시 하나님의 말씀이 임하기 시작했던 것입니다. 이것은 다른 말로 표현하면 영적인 부흥이 일어나기 시작한 것입니다.

하나님은 아브라함에게 동서남북을 바라보라고 하셨습니다. 그러면 하나님이 그 모든 땅을 그와 그 후손들에게 주시겠다고 약속하셨습니다. 그러니까 아브라함은 그 땅을 가지려고 애쓸 필요 없이 바라보기만 하면 되는 것입니다. 할 수 있는 대로 더 멀리 그리고 더 멀리 보기만 하면 하나님께서 주시는 것입니다. 우리는 사실 약속만 가지고 있어도 충분합니다. 왜냐하면 사람은 적은데 땅이 많으면 관리도 어렵고 빼앗길 가능성도 많기 때문입니다.

하나님께서는 아브라함에게 명령하셨습니다.

13:17 "너는 일어나 그 땅을 종과 횡으로 두루 다녀 보라 내가 그것을 네게 주리라"

아브라함은 그 땅을 가로 세로로 다니기만 하면 되는 것입니다. 그런데 여기서 중요한 것은 '일어나' 입니다. 아브라함이 침체되어 있으면 가로 세로로 다니려고 하지 않을 것입니다. 그런데 왜 롯은 이 말씀을 듣지 못했을까요? 그는 눈에 보이는 것을 먼저 붙잡았기 때문입니다. 롯은 하나님의 말씀을 붙잡지 않았기 때문에 현실적으로는 유리한 것 같았고 성공한 것 같았으나 하나님의 말씀의 소유자는 되지 못했습니다.

그러나 아브라함은 침체되지만 않으면 되는 것입니다. 부지런히 그 땅을 동서남북으로 바라보고 가로 세로로 다니기만 하면 되는 것입니다. 침체되지 않고 하루하루를 열심히 살기만 하면 하나님께서 이 모든 것을 아브라함에게 다 주시는 것입니다.

하나님께서 우리에게 이 세상의 것을 주시지 않는 이유가 무엇입니까? 하나님의 진정한 복을 우리에게 주시기 위함입니다. 그런데 우리는 이 세상의 것을 놓쳐버리면 낙심해서 그냥 주저앉아 있기 쉽습니다. 하나님께서는 우리에게 주저앉아 있지 말고 일어나서 동서남북을 바라보라고 말씀하십니다.

이제 그 동안 잃어버렸던 은혜를 되찾고 그 동안 놓치고 있었던 하늘의 복을 되찾고 큰 부흥이 마음속에서 일어나는 성도들이 다 되시기 바랍니다.

20
전쟁의 발생 / 창세기 14:8

우리나라 남자들은 누구든지 만 이십 세가 되면 군에 입대해서 이년 가까이 국방의 의무를 감당해야 합니다. 그러나 한창 공부를 해야 할 시기에 집을 한 번도 떠나보지 않고 부모 밑에서 자라왔던 젊은이들에게는 이년 가까이 하는 군대 생활은 엄청난 고통입니다. 이 기간이 하고 싶은 것은 전혀 하지 못하는 인생의 공백처럼 생각들 때도 있습니다. 그래서 군대 가지 않기 위해서 외국에 이민을 가든지 부상을 이유로 해서라도 가지 않으려고 하는 것을 볼 수 있습니다. 그럼에도 불구하고 지금은 평화의 때이니 군에 가더라도 거의 온전한 몸으로 다시 집에 돌아올 수 있습니다. 하지만 만일 전쟁이라도 터지게 되면 군인들은 살아서 집에 돌아오지 못하는 경우가 많게 됩니다. 영화나 소설을 보면 전쟁이 참 아름답고 멋진 것 같지만 전쟁은 결코 멋지고 아름다운 것이 아닙니다. 전쟁이 터지면 결국 많은 사람들이 투입되어서 수없이 죽어야 하고 민간인들이 피난 가다가 죽임을 당하고 나라 전체는 잿더미로 변하게 되는 것입니다. 특히 전쟁이 터지면 여자들은 남편을 잃거나 자식을 잃고 먹을 것이 없어서 비참한 생활을 하게 될 것입니다.

우리나라는 60여 년 전에 피비린내 나는 동족상잔의 무서운 전쟁을 치르고 무려 60년 동안이나 평화가 지속되고 있습니다. 이것은 전 세계가 놀라는 일입니다. 6.25 때 참전했던 한 외국 병사는 그때 잠시 전쟁을 쉬는 줄 알았는데 이렇게 우리나라에 평화가 지속되고 그리고 눈부시게 경제가 발전할 줄은 정말 몰랐다고 놀라워했습니다. 오늘 우리에게 중요한 것은 정부가 아무리 계획을 세우고 우리가 아무리 머리를 잘 써서 세상에서 성공을 한다고 해도 전쟁이 한번 터지면 모든 것을 다 잃어버릴 수 있다는 점입니다. 그렇게 호전적인 북한을 북쪽에 두고서도 우리나라에 전쟁이 터지지 않는 것은 신기한 것입니다. 이것은 지금까지 하나님께서 전쟁이 터지지 않도록 지켜주셨기 때문입니다.

결국 신앙이라는 것은 일이년의 짧은 기간을 통해서 보아서는 안 되고 좀 더 긴 시간을 두고 보아야 합니다. 왜냐하면 우리 인생에는 인간의 힘으로는 도저히 예측할 수 없는 의외의 일들이 일어나기 때문입니다. 조카 롯이 기름진 목초지인 소돔 들판을 차지해서 목축에 성공해서 소돔성 안에서 인정받으면서 사는 것을 보면 롯은 성공한 사람처럼 보입니다. 반면에 아브라함은 헤브론 골짜기에 들어가서 목축에 크게 성공하지도 못하고 사람들이 알아주지도 않고 거의 숨어서 살다시피 하는 것을 보면 인생에 실패한 사람 같은 생각이 듭니다. 그런데 갑자기 전쟁이 터지면서 모든 것이 달라집니다. 소돔에 살던 사람들은 전쟁에 지는 바람에 모두 노예로 붙들려가고 모든 재물들을 다 빼앗겼습니다. 그런데 아브라함은 전쟁이 일어난 것조차 알지 못했습니다. 왜냐하면 하나님께서 아브라함을 지켜주셨기 때문입니다. 이런 것을 보면 짧은 기간 동안에 사람의 머리를 의지해서 처세에 성공하는 것이 잘 사는 것 같지만 길게 내다보면 하나님의 말씀을 붙들고 살아가는 것이 지혜이고 능력인 것을 알게 됩니다.

1. 인간의 오만함의 결과

우리가 사는 이 세상에서 별 다른 변수 없이 모든 것이 우리의 생각대로 돌아간다면 신앙 없이 자기 힘이나 머리를 믿고 살아가는 것이 훨씬 유리할 것입니다. 그러나 이 세상에는 우리 인간의 힘으로는 전혀 예측할 수 없는 재난이나 위기가 늘 있기 마련입니다. 그때 인간의 모든 성공과 실패는 갈라지게 됩니다. 즉 사람은 조금 성공하거나 출세를 하면 반드시 오만하게 되어 있는데 어느 순간 사람의 힘으로 예측할 수 없는 어려움이 터지면 그 모든 인간의 꾀나 성공은 완전히 실패를 하게 됩니다.

옛날 아브라함 시대에 요즘으로 치면 중동 전쟁에 해당하는 큰 전쟁이 일어나게 되었습니다. 그것은 엘람과 그 주위에 있는 네 나라의 왕과 소돔과 그 주위에 있는 다섯 나라가 함께 붙어서 전쟁을 한 것이었습니다.

롯은 삼촌 아브라함과 갈등이 생기면서 서로 헤어지기로 하면서 소돔 들판을 택하게 됩니다. 그런데 성경은 "소돔 사람은 여호와 앞에 악하며 큰 죄인이었더라"고 했습니다. 그러나 롯은 '나는 그런 것을 상관하지 않는다. 세상에서 돈 잘 벌고 성공하는 길을 택하겠다'고 해서 소돔으로 갔습니다. 롯은 소돔 사람이 아무리 동성애를 하고 하나님 앞에서 악한 죄인이어도 자기는 상관하지 않는다고 생각했습니다. 그래서 실제로 롯은 목축에 성공해서 돈을 많이 벌게 되었고 그 돈으로 소돔 성 안에 들어가서 집도 사고 높은 직책에도 올라갈 수 있었습니다. 그러나 어느 한 순간 생각지도 못했던 전쟁이 터지면서 롯은 모든 것을 다 빼앗기고 전쟁 포로로 붙들리게 되었습니다.

이 전쟁이 일어난 원인은 소돔과 그 다섯 도시가 엘람 왕 그돌라오멜에게 바치던 조공을 끊었기 때문입니다.

> 14:4 "이들이 십이 년 동안 그돌라오멜을 섬기다가 제십삼년에 배반한지라"

소돔과 고모라는 십이 년 동안 엘람 왕 그돌라오멜에게 조공을 바쳐 왔습니다. 그동안 소돔과 고모라에 전쟁이 나지 않고 평안할 수 있었던 것은 그들이 엘람 왕 그돌라오멜에게 조공을 바쳤기 때문입니다. 즉 그들이 바쳤던 조공은 그들의 평화의 비용이었습니다. 사람들은 평화가 공짜인 줄로 생각하기 쉬운데 결코 평화는 저절로 주어지거나 공짜로 누릴 수 있는 것이 아닙니다.

그런데 소돔과 고모라 왕은 어느 순간부터 마음이 오만해지면서 조공을 바치지 않아도 될 것 같다는 생각이 들었습니다. 왜냐하면 그들이 조공을 바친다고 해서 그돌라오멜이 잘해주는 것 같지도 않고 또 이제는 자기들도 힘이 강해져서 조공을 바치지 않아도 될 것 같은 자신감이 들었기 때문입니다. 그래서 소돔과 고모라 사람들은 드디어 조공을 바치지 않고 일 년 이상 평화롭게 잘 지냈습니다. 그러나 일 년이 지난 후에 그돌라오멜은 주위에 있는 여러 나라들의 왕과 군인들을 모아가지고 수많은 군대를 몰고 가나안 땅으로 쳐들어와서 재산과 사람들을 모두 다 빼앗고 약탈을 했던 것입니다.

우리 생각으로는 소돔이나 고모라 왕이 차라리 조공을 계속 바치는 것이 전쟁을 해서 모든 것을 다 잃어버리는 것보다는 나을 것 같습니다. 그러나 사람들의 마음이 오만해지면 절대로 고개를 숙이게 되지 않습니다. 즉 자존심을 조금 포기하고 머리를 숙이면 많은 것을 건질 수 있음에도 불구하고 끝까지 대결해서 모든 것을 다 잃어버리는 것을 자주 보게 됩니다. 그런데 참 이상한 것은 망하려고 하면 그렇게 자존심이 세어지면서 고집을 부리고 끝까지 싸우다가 망하게 되는 것입니다.

우리가 알아야 할 것은 한 가정이 평화스러울 수 있는 것은 가정 안에서 누군가가 희생을 하기 때문입니다. 제가 어렸을 때 저희 집은 가난했지만 언제나 행복했습니다. 그 이유는 어머니께서 언제나 저희들을 위해서 희생을 하셨기 때문입니다. 그런데 어머니가 돌아가신 후 가족들은 어느 누구도 희생을 하려고 하지 않았습니다. 그때부터 우리 가족의 마음은 뿔뿔이 흩어지고 너무나도 불행하게 되었습니다.

이것은 교회에서도 마찬가지입니다. 교회가 은혜 넘치는 것은 교회 안에서 누군가가 말없이 희생을 하고 있기 때문입니다. 교회는 절대로 저절로 은혜스러운 법이 없습니다. 교회 안에서 어떤 사람들이 이름도 없이 빛도 없이 어려움을 묵묵히 참고 견디면서 수고하기 때문에 은혜롭고 평화스러울 수 있습니다. 그런데 교인들이나 직분자들이 아무도 참으려고 하지 않고 다 똑똑하다고 생각해서 떠들기 시작하면서 교회는 혼란스러워지게 되고 나중에는 모두 엄청난 마음의 상처를 받으면서 깨어지게 되는 것을 보게 됩니다. 결국 평화는 공짜가 아닌 것입니다.

여기서 중요한 것은 소돔과 고모라 사람들이 하나님 앞에서 무서운 죄인이었다는 점입니다. 하나님께서 소돔과 고모라에 대하여 참고 계시던 것을 어느 순간 거두게 되었을 때 갑자기 소돔 사람들이 겁이 없어지면서 더욱 오만하게 된 것입니다. 그래서 소돔에서는 엘람 왕에게 조공을 바치는 것이 아깝다고 하면서 우리의 힘으로 얼마든지 엘람 왕을 물리칠 수 있기 때문에 조공을 바칠 필요가 없다는 강경파가 이기게 된 것입니다. 사람들이 강경하게 되면 다른 사람에게 고개 숙이는 것을 수치스럽게 생각하면서 자존심이 더 세어지게 되고 자신들의 힘을 과대평가하면서 전쟁을 하자고 하는 쪽이 아주 강해지게 됩니다.

마찬가지로 우리나라는 평화를 유지하기 위하여 일 년 예산의 막대한 비용을 국방비로 지출하고 있습니다. 또 우리나라 모든 청년들이 나이가 되면 군대에 들어가서 나라를 지켜야 합니다. 이것은 막대한 비용입니다. 그러나 우리는 이 비용을 지불해야 합니다. 우리가 이것을 아까워하면 절대로 우리나라의 평화를 지킬 수 없습니다. 우리나라 사람들이 하나님 앞에서 교만해지면 군대의 기강은 해이해져서 총기 사고나 성 추행 사고가 생기고 심지어는 군 물자에 대한 엄청난 부정이 생기고 사회적으로는 전쟁이 절대로 일어나지 않는다는 평화론자들이 목소리를 높이게 되는데 이러면 정말 위험한 지경에 이르게 됩니다.

지금 우리나라는 죄악의 수위가 너무 높습니다. 도대체 얼마나 많은 고등학생들이 학교 폭력으로 투신자살을 하고 있으며 또 얼마나 많은 성추행이 이루어지고 있습니까? 얼마나 많은 사람들이 자살을 선택하고 있습니까? 이 모든 것이 이 땅의 평화를 위험하게 만드는 교만이고 죄인 것입니다. 그래서 이 땅에 있는 하나님의 백성들의 역할은 매우 중요합니다. 이 땅의 죄를 낮출 수 있는 유일한 방법은 하나님의 백성들 안에 영적 부흥이 일어나는 것입니다. 그런데 우리나라 교계 지도자들은 영적 부흥을 교회가 커지는 것으로 착각하고 있습니다. 예수님은 "하나님은 영이시니 예배하는 자가 영과 진리로 예배할지니라"고 말씀하셨습니다. 우리 안에 영적 부흥이 일어나려면 하나님의 백성들이 세상의 모든 자랑이나 의지하는 것들을 다 버리고 하나님의 말씀에 목숨을 걸고 매달려야 합니다. 그런데 한 손은 세상을 쥐고 있고 다른 한 손은 스스로 잘 믿는다는 오만에 빠져 있으니까 죄와 부패는 점점 더 깊어지고 있는 것입니다.

하나님의 백성들이 세상의 성공에 배가 부르게 되면 예배드리거나 기도하는 시간을 아까워하게 되고 하나님께 헌금하는 것을 아까워하게 됩니다. 그들은 자신들을 위해서는 무한정으로 시간을 쓰면서 예배는 건성으로 드리려고 합니다. 그러면 이 세상은 민족주의를 주장하는 사람들이 일어나게 되고 강경파들이 목소리를 높이면서 많은 사람들이 정상적인 분별력을 잃고 목소리가 큰 사람들을 따라가게 됩니다. 우리는 평화를 위한 비용을 부담해야 합니다. 그것은 내가 하고 싶은 대로 하지 않고 나의 삶을 내 욕심이 이끄는 대로 살지 않는 것입니다. 오늘날 많은 크리스천들이 자기 자신을 위해서는 무한정으로 돈이나 시간을 쓰면서 막상 하나님을 위해서나 다른 사람들을 위해서는 너무나도 아까워합니다. 그러나 그들은 결국 작은 것에는 이익을 보겠지만 큰 것을 놓치게 될 것입니다. 결국 전쟁이나 지진이 터지면 사람들은 가족이나 자신의 아까운 생명을 잃게 되고 모든 것이 다 잿더미로 변하게 되고 마는 것입니다.

14:11-12 "네 왕이 소돔과 고모라의 모든 재물과 양식을 빼앗아 가고 소돔에 거주하는 아브람의 조카 롯도 사로잡고 그 재물까지 노략하여 갔더라"

롯은 하나님의 말씀을 버리고 세상 속에서 성공적으로 살기를 원했습니다. 그러나 그 결과는 완전한 파멸이었습니다. 롯은 하나님의 말씀보다는 자기 판단을 더 믿었고, 하나님의 말씀보다는 소돔이라는 현실을 더 중요하게 생각했습니다. 그러나 롯은 생각지도 못한 전쟁이 터지면서 그 동안 쌓았던 모든 부나 명성을 한 순간에 다 빼앗겨버리고 노예의 신세가 되고 만 것입니다.

2. 아브라함의 승리

우리가 본문을 보면 가나안 땅 전체가 전쟁에 휩싸여서 모두 죽거나 노예가 되었는데 오직 아브라함만 전쟁을 피한 것을 보게 됩니다. 아니 아브라함은 전쟁이 터진 줄도 몰랐습니다.

이 당시 팔레스타인 땅 중에서 전쟁의 피해를 입지 않은 곳이 없었습니다. 그돌라오멜의 연합군은 가나안 땅 전체를 돌아다니면서 불을 지르고 사람들을 포로로 붙들어 가고 재산을 약탈했습니다. 그런데 놀라운 것은 그돌라오멜의 군대가 팔레스타인의 다른 곳은 다 공격해서 약탈하면서도 아브라함이 있는 헤브론만은 공격하지 않았습니다. 그 이유가 무엇입니까? 그것은 하나님께서 눈에 보이지 않는 손으로 아브라함을 가려주셨기 때문입니다. 사실 아브라함은 전쟁이 일어난 지도 몰랐습니다. 소돔에서 겨우 도망친 사람이 와서 아브라함에게 알려주었을 때에야 비로소 전쟁이 난 줄을 알았습니다.

우리가 살아가는 이 세상은 너무나도 많은 위기나 시험이 있습니다. 그러나 우리가 하나님의 말씀을 붙들고 살아가는 동안 사실 우리도 모르는 사이에 이런 위기들을 비켜가거나 이기고 지나갈 때가 많습니다. 우리가 여호와를 의뢰하는 것이 위기를 이기는 큰 힘인 것입니다.

14:13상 "도망한 자가 와서 히브리 사람 아브람에게 알리니 그 때에 아브람이 아모리 족속 마므레의 상수리 수풀 근처에 거주하였더라"

아브라함은 전쟁에서 도망친 사람을 통해서 전쟁이 나서 온 세상에 난리가 났다는 것을 알게 되었습니다. 그리고 아브라함은 조카 롯이 전쟁에 포로가 되어서 끌려가고 있다는 소식을 듣게 되었습니다. 이때 아브라함은 자기 조카를 구하기 위해서 가야 할까요, 말아야 할까요? 그돌라오멜의 연합군은 소돔의 다섯 왕도 이기지 못한 강대국 군대였습니다. 아브라함이 그돌라오멜 군대를 따라가 봐야 롯을 건져낸다는 것은 불가능한 일이었습니다. 그리고 롯이 소돔에 살다가 붙들려간 것은 롯이 아브라함의 말을 듣지 않고 자기가 좋아서 선택한 일이었습니다. 그러나 아브라함은 그렇게 속이 옹졸한 사람이 아니었습니다. 아브라함은 전쟁을 할 줄도 몰랐고 집에 군인도 없었지만 집에서 길리고 훈련된 일꾼 318명을 데리고 롯을 찾으러 길을 떠났습니다.

아마도 아브라함은 엘람 왕이 포로로 끌고 가는 사람들이 워낙 많기 때문에 조용히 따라가서 할 수 있으면 조카 롯만이라도 빼낼 생각이었던 것 같습니다. 그런데 좀처럼 그런 기회를 얻지 못해서 계속 엘람의 군대를 몰래 따라갔습니다. 그러다가 단이라는 곳에 이르게 되었을 때 아브라함은 그 기회를 얻게 되었습니다. 아마도 그때 엘람 군대는 방심을 해서 밤에 술을 마시면서 경비를 소홀히 했던 것 같습니다. 그때 아브라함은 밤에 공격을 하게 되었는데 사실은 엘람 군대가 너무 당황해 하는 바람에 엘람 연합군 전체가 무너지게 되었고 이런 대혼란을 통해서 아브라함은 생각지도 못하게 엘람 군대 전체를 무찌르게 되었습니다. 그래서 아브라함은 엘람 왕에게 빼앗겼던 모든 재물들을 되찾고 사람들도 모두 되찾게 되었습니다.

우리가 여기서 알 수 있는 것은 하나님의 백성들은 위기의 순간에 강하다는 것입니다. 하나님을 의지하는 사람들도 처음에는 길이 보이지 않고 전혀 속수무책일 때가 많습니다. 그러나 낙심하지 않고 끝까지 믿음으로 따라가다 보면 기회가 생기게 되는데 이때 온 힘을 다해서 싸우면 이기게 되는 것입니다. 그래서 우리는 끝까지 따라가 봐야 하고 바늘구멍 같은 찬스를 놓치지 말아야 합니다.

3. 아브라함을 높이신 하나님

아브라함은 가나안 땅에서 전혀 별 볼일 없는 떠돌이 목자였습니다. 가나안 땅에서 아브라함을 알아주는 사람은 아무도 없었습니다. 그런데 엘람의 군대를 이기고 돌아왔을 때 아브라함은 졸지에 유명한 사람이 되었고 영웅이 되었습니다.

> 14:17 "아브람이 그돌라오멜과 그와 함께 한 왕들을 쳐부수고 돌아올 때에 소돔 왕이 사웨 골짜기 곧 왕의 골짜기로 나와 그를 영접하였고"

가끔 우리나라에서도 이름이 없던 선수가 예상을 깨고 올림픽에서 금메달을 차지하게 되면 나라 전체가 떠들썩하고 졸지에 유명 인사가 되는 경우가 많습니다.

아브라함이 생각지도 않게 전쟁에서 이기고 돌아왔을 때 소돔 왕이 친히 나와서 아브라함을 영접했습니다. 아마도 소돔 왕이 상당히 먼 곳까지 나와서 아브라함을 영접했던 것 같습니다.

하나님께서는 한순간 아브라함의 지위를 높여주셨습니다. 하나님께서 아브라함의 지위를 얼마나 높여주셨는가 하면 일개 무명의 뜨내기 목자에서 한순간 소돔 왕의 영접을 받는 영웅이 된 것입니다. 하나님은 자기 말씀에 순종하는 자들을 언제나 이런 식으로 높여주십니다.

아브라함은 하나님의 말씀에 붙들린 사람입니다. 아브라함은 하나님의 말씀을 붙든 후에 모든 것을 다 잃고 정처 없이 방황하는 사람이 되었습니다. 이때 아무도 아브라함을 인정해주지 않았습니다. 심지어는 그의 조카조차도 아브라함을 비현실적인 사람이라고 생각해서 그를 떠났습니다. 그러나 하나님은 아브라함을 한순간에 높이셔서 유명한 사람이 되게 하셨습니다. 왜냐하면 하나님께서는 말씀에 순종하는 자들을 높이시기 때문입니다.

그러나 아브라함에게 있어서 가장 복된 일은 그 당시 유명했던 하나님의 종 멜기세덱이 나와서 아브라함을 축복한 일이었습니다.

14:18 "살렘 왕 멜기세덱이 떡과 포도주를 가지고 나왔으니 그는 지극히 높으신 하나님의 제사장이었더라"

우리가 보기에는 아브라함이 훨씬 더 유명한 사람이고 멜기세덱은 별로 유명하지 않은 사람인 것 같습니다. 그러나 이 당시에는 멜기세덱이야말로 아주 유명한 하나님의 종이었고 아브라함은 무명의 평신도였다고 보는 것이 옳을 것입니다. 멜기세덱은 이 당시 살렘이라는 곳의 왕인 동시에 거룩한 하나님의 제사장이었습니다. 놀라운 것은 이 당시에도 하나님의 제사장이 있었고 거룩한 믿음의 왕이 있었다는 사실입니다.

그런데 이 전쟁의 승리로 멜기세덱도 아브라함의 소문을 들어서 알게 되었고 그 존귀한 하나님의 종이 아브라함을 축복하기 위해서 떡과 포도주를 가지고 나와서 아브라함을 영접하였던 것입니다. 요즘식으로 비유하면 아브라함은 별로 이름이 없는 평신도라면 멜기세덱은 그 당시 왕이고 하나님의 제사장으로서 아주 유명하고 존귀한 신분이었던 것 같습니다. 그런데 하나님께서는 이 존귀한 종을 보내서서 전쟁에서 이기고 돌아온 아브라함을 떡과 포도주로 위로하게 하시고 또 말씀으로 그를 축복하게 하셨습니다. 어떤 사람은 멜기세덱이 떡과 포도주를 가지고 나왔기 때문에 이것이 성찬식의 기원일 것이라고 주장하는 분들이 있는데 그것은 성급한 것입니다. 아브라함과 그의 부하들은 밤새 전쟁을 하느라고 지쳐있었습니다. 그런데 아브라함의 군대는 정식 군대가 아니기 때문에 음식을 공급해줄 사람이 없었습니다. 그런데 하나님은 멜기세덱을 통해서 먹을 것과 마실 것을 주시고 또 말씀을 주셨던 것입니다.

우리에게 가장 기쁠 때는 세상에서 인정을 받을 때가 아니고 귀한 믿음의 종들의 칭찬과 위로를 받을 때입니다. 그리고 하나님의 거룩한 종이 나와 함께 시간을 보내어 주고 나를 위해서 진심으로 기도를 해 주고 축복해줄 때 우리는 하나님 앞에서 인정을 받게 되는 것입니다.

아마도 하나님께서 멜기세덱에게 지시를 하신 것 같습니다. 이번에 아브라함이 전쟁에 이기고 돌아오는데 네가 나가서 영접하고 말씀으로 축복하라고 하셨을 것입니다. 이것이 하나님께서 아브라함에게 주신 최고의 선물이요 상급이었습니다.

멜기세덱은 아브라함을 축복했습니다.

14:19-20 "그가 아브람에게 축복하여 이르되 천지의 주재이시요 지극히 높으신 하나님이여 아브람에게 복을 주옵소서 너희 대적을 네 손에 붙이신 지극히 높으신 하나님을 찬송할지로다 하매 아브람이 그 얻은 것에서 십분의 일을 멜기세덱에게 주었더라"

멜기세덱은 말씀을 통하여 아브라함에게 중요한 사실을 깨닫게 해 주었습니다. 그것은 이번 전쟁에 이기게 된 것은 아브라함이 잘 해서 이긴 것이 아니라 하나님께서 힘을 주셔서 이기게 하셨다는 사실입니다. 아브라함도 인간이기 때문에 자기에게 일어난 일이 우연히 일어난 것인지 하나님의 놀라운 능력인지 헷갈릴 수도 있었습니다. 그런데 아브라함은 자기에게 일어난 일이 멜기세덱이라는 위대한 종에 의해서 하나님의 뜻으로 확인되었을 때 말할 수 없는 기쁨을 얻게 되었을 것입니다. 이것은 우리도 마찬가지입니다. 물론 우리가 기도를 함으로 어려운 일이 해결되었지만 인간이기 때문에 하나님의 은혜를 금방 잊어버릴 때가 많습니다. 그러나 우리에게 일어난 일이 하나님의 말씀에 의하여 확인될 때 말할 수 없는 기쁨을 누리게 됩니다. 즉 하나님이 정말 나와 함께 하셨고 하나님이 나를 축복하셨구나 하는 것을 깨닫게 되는 것입니다.

하나님은 위기의 순간에 우리의 가장 확실한 도움이 되십니다. 우리는 모든 불안을 떨쳐버리고 더 확고하게 하나님을 의지하는 신앙을 가지시기 바랍니다.

21
너의 방패와 상급 / 창세기 15:1-21

옛날 장군이나 중세 기사들이 큰 방패와 칼이나 창을 가지고 전쟁을 하는데 이기면 상을 받게 됩니다. 그런데 전쟁을 할 때 가장 무서운 것은 상대방이 쏘는 화살과 던지는 창인데 그 중에는 불화살도 있고 독화살도 있습니다. 아무리 전쟁에서 용감한 군인이나 기사라 하더라도 맨 몸으로 전쟁터에 나가면 창이나 화살에 쏘여서 다치거나 죽게 됩니다. 그러나 아주 든든한 방패가 있으면 그런 불화살이나 창을 다 막아낼 수가 있습니다. 요즘 군인들은 방탄 헬멧을 쓰거나 혹은 방탄 조끼를 입게 되는데 그런 것도 없이 전쟁터에 뛰어 들었다가는 폭탄의 파편이나 어디서 날아온 지도 모르는 총알에 맞아서 목숨을 잃게 됩니다. 그래서 군대 표시나 대학 배지를 보면 방패가 들어 있는 것이 많이 있습니다. 이것은 군대가 적의 공격을 물리치고, 대학은 거짓된 진리를 물리친다는 의미가 있는 것입니다.

요즘 우리는 사회생활을 하면서 정당한 자격을 가지는 것이 자기를 방어하는데 얼마나 중요한지 피부로 느낄 때가 많이 있습니다. 예를 들어서 법정에서 옳고 그른 것을 다툴 때에는 변호사나 판사 자격이 중요하고, 대학에서 강의를 할 때나 세미나를 할 때에는 박사 학위나 교수 자격이 중요할 것입니다. 또 병원에서 환자의 병을 치료할 때에는 정식 의사 자격을 가진 자가 아니면 아예 거기에 들어가지도 못할 것입니다. 그런데 어떤 사람이 그런 자격을 가졌을 뿐만 아니라 세계적으로 알아주는 큰 상을 받았다면 더욱 더 그를 인정해줄 것입니다.

얼마 전 신문에 영화 〈뷰티풀 마인드〉의 실제 인물인 존 내시가 교통사고로 죽었다는 기사가 났습니다. 존 내시는 프린스턴 대학을 다닐 때 교수도 풀지 못하는 수학 문제를 너무 쉽게 풀어서 천재라는 소리를 들었고 이십 대에는 게임 이론으로 박사 학위까지 받습니다. 그러나 그는 정신 분열증으로 오랫동안 고통을 받다가 부인과는 이혼을 하고 정상적인 생활을 하지 못했습니다. 그런데 나중에 정신 분열증이 치료가 되어서 노벨상도 받고 부인과도 재결합을 하고 MIT교수로 있다가 수학의 노벨상이라 불리는 아벨상을 수상하고 돌아오다가 교통사고로 부인과 함께 죽게 됩니다. 존 내시는 정신분열증 환자였지만 수학의 천재였고 나중에 노벨상이라는 큰 상을 받았습니다.

만약 우리에게 어느 누구도 무시할 수 없는 학벌이나 자격이나 실력이 있다면 이 세상을 당당하게 살아갈 수 있을 것입니다. 그런데 거기에다가 만약 세상에서 알아주는 큰 상을 받게 된다면 더 유명한 사람이 될 수 있을 것이며 그야말로 이 세상에서 성공한 사람으로 인정받게 될 것입니다. 그러나 세상에서 자랑할 만한 자격도 없고 학위도 없으면 마치 맨 땅에 헤딩하는 심정으로 살아가야 하는 것입니다.

제가 나이가 들어서 신학교에 입학했는데 좋은 교수들이 많이 들어와서 공부를 재미있게 했습니다. 그러다가 졸업할 때 제가 일등으로 졸업하게 되었다는 것을 알게 되었습니다. 그래서 졸업식을 하면서 총회장으로부터 수석졸업이라는 증서를 받고 상품을 하나 받았는데 묵직하고 종이로 싼 것이었습니다. 그래서 이것이 돈이구나 생각하고 기대를 잔뜩 하고 집에 와서 풀어보니까 엄청나게 무거운 성경책 한 권이 들어 있었습니다. 저는 처음에 좀 실망했습니다. 아니, 상을 주려고 하면 돈이나 줄 것이지, 집에 다 있는 성경책, 그것도 무거운 것을 주면 무슨 도움이 되나 하는 생각이 들었지만 기쁨으로 받아들였습니다. 그런데 그때 저는 성경책을 받은 것이 저에게 참 유익했다고 생각합니다. 왜냐하면 그 성경 안에 모든 축복이 다 들어 있었기 때문입니다.

아브라함은 복을 주시겠다는 하나님의 약속을 받고 하란에서의 안정된 생활을 버리고 가나안으로 왔지만 얻은 것이 아무 것도 없고 고생만 했습니다. 아브라함은 가나안 땅을 침략해서 노략질을 해서 돌아가는 그돌라오멜의 연합군을 추격해서 그들을 이기고 조카 롯을 빼내서 돌아오는 데 성공했지만 그렇다고 해서 아브라함에게 무슨 도움이 된 것은 없었습니다. 소돔 왕은 아브라함에게 재물은 다 가지라고 했지만, 아브라함은 자기가 소돔의 재산을 가져서 부자가 되있다는 소리를 듣고 싶지 않아서 실 한 타래, 신발 하나 가지지 않았습니다. 아브라함이 자기 자신을 보니까 너무나도 한심해서 낙심이 되고 침체가 되려고 했습니다. 그때 하나님은 아브라함에게 나타나셔서 "나는 너의 방패 너의 큰 상급"이라고 말씀하셨습니다. 지금 아브라함은 자기를 지킬 수 있는 자격이나 군대나 힘이 없는 상태였고 이 세상에서 아무 것도 상으로 받은 것이 없었습니다. 그러나 아브라함에게 눈에 보이지 않는 하나님이 너의 방패요 상급이라고 말씀하셨습니다.

하나님의 백성들에게는 언제나 두 개의 자신의 모습이 있습니다. 하나는 하나님의 말씀을 듣고 은혜가 충만할 때의 모습입니다. 이때 우리에게는 하나님의 영광이 있고 축복이 있기 때문에 이 세상에서 아무도 부럽지 않은 당당하고 멋진 모습의 자신입니다. 그러나 또 다른 하나의 모습은 우리가 세상 속으로 들어갔을 때 아무도 알아주지 않고 무시당하고 업신여김을 당하는 초라한 자신의 모습이 있습니다. 즉 세상 속에서 돈이 많은 것도 아니고 신분이 높은 것도 아니고 그렇다고 해서 무엇인가 미래가 보장된 것도 아닌 초라한 자신의 모습입니다. 우리에게는 세상의 방패가 더 유리할까요, 아니면 하나님의 방패가 더 유리할까요? 우리에게는 세상의 상이 더 좋을까요, 아니면 하나님의 상이 더 좋을까요?

1. 아브라함의 상급

아브라함 당시만 해도 치안이라는 것이 없었기 때문에 모든 사람들의 생활은 군대가 없으면 아주 불안했습니다. 아브라함은 하늘의 복을 주시겠다는 하나님의 약속을 믿고 자기를 지켜줄 수 있는 든든한 모든 기반을 다 버리고 아무도 알지 못하는 가나안 땅으로 오게 되었습니다. 그런데 가나안 땅에서 아브라함은 하나님의 복을 받지 못했습니다. 아브라함은 가나안 땅에서 넓은 땅이나 성을 차지한 것도 아니고 많은 돈을 번 것도 아니었습니다. 거기다가 졸지에 흉년이 오는 바람에 애굽으로 내려갔다가 부인을 빼앗기기도 하고 심지어는 가나안 땅에 전쟁이 일어났는데도 모르고 있었습니다. 아브라함은 졸지에 포로로 붙들려가는 조카 롯을 건지기 위해서 전쟁을 해서 예상치 못한 큰 승리를 거두었지만 아브라함 자신에게 돌아온 유익은 아무 것도 없었습니다.

아마도 어느 날 아침 아브라함은 혼자 자신의 신세를 생각하면서 도대체 내가 하나님의 말씀을 믿고 가나안 땅에 와서 얻은 것이 무엇인지 생각해보았을 것입니다. 즉 나는 가나안 땅에 와서 무엇을 얻었으며 나는 과연 어떤 사람인가 하는 것이었습니다. 그때 아브라함의 머릿속에는 나는 여기서 얻은 것이 아무 것도 없다는 생각을 하게 되었습니다. 즉 아브라함은 자신에 대하여 나는 정말 아무 것도 아니라는 생각을 하면서 엄청나게 침체되었던 것 같습니다. 그때 하나님은 아브라함에게 찾아오셔서 위로해 주셨습니다.

> 15:1 "이 후에 여호와의 말씀이 환상 중에 아브람에게 임하여 이르시되 아브람아 두려워하지 말라 나는 네 방패요 너의 지극히 큰 상급이니라"

여기서 '이 후에'라는 것은 아브라함이 전쟁에 뛰어들어서 적을 물리치고 큰 승리를 거둔 후를 말합니다. 아브라함이 막상 전쟁할 때에는 하나님의 손에 붙들려서 아무 것도 겁나는 것이 없었는데, 다시 조용하게 자기 자신으로 돌아와 보니 자기에게는 아무 것도 없다는 것을 발견하게 되었습니다. 즉 아브라함은 하나님의 복을 차지하기는커녕 완전 빈털터리나 마찬가지였던 것입니다. 이때 하나님께서 아브라함의 마음을 잘 아시고 찾아오셔서 "아브람아 두려워하지 말라"고 말씀하셨습니다.

아브라함은 전쟁에서 이겼는데 왜 두려움에 빠져 있었을까요? 아브라함이 전쟁에서 이긴 것은 자기 힘이 아니었기 때문입니다. 아브라함이 그돌라오멜의 연합군을 이긴 것은 정말 어떻게 이겼는지 모를 정도로 정신없이 이긴 것이었습니다. 그 후에 아브라함이 조용히 자신의 집에 돌아와서 자신에 대해서 생각을 해보았더니 자신은 정말 아무 것도 아니라는 것을 알게 되었습니다. 아브라함은 군대가 있는 것도 아니고 성을 가진 것도 아니고 이 세상에서 유명한 것도 아니고 정말 아무 것도 아니라는 생각이 들게 되었습니다. 그래서 아브라함은 세상을 사는 것이 두려웠고 또 다시 자신이 없어지게 되었습니다.

가끔 연주자들 중에는 십대에 겁도 없이 일등을 해서 상을 받는 사람들이 있습니다. 그런데 이런 연주자들 중에 대중의 칭찬을 듣고 유명하게 되면서 실수를 하지 말아야 하겠다, 나는 더 잘해야 한다고 생각하게 되면서 강박증에 빠져서 나중에는 집 밖에도 나가지 못하는 정신병에 걸리는 경우가 많이 있다고 합니다.

하나님의 백성들은 하나님의 힘으로 사는 사람들이기 때문에 사실 자기 자신의 힘은 아무 것도 아닌 것입니다. 그러다가 어느 날 갑자기 자기 자신을 보았을 때 아무 것도 되어 있지 않은 처지를 보고 깊은 침체에 빠지게 됩니다. 이때 하나님은 우리를 찾아오셔서 "내가 너의 방패요, 큰 상급"이라고 말씀하십니다.

우선 방패는 어떤 것입니까? 방패는 모든 공격을 다 막아내는 무기입니다. 즉 옛날에 전쟁 할 때 창을 던지고 활을 쏘는데 방패가 없으면 창에 맞거나 활에 쏘여서 죽게 됩니다. 그러나 큰 방패가 있으면 얼마든지 그런 공격을 막아낼 수 있습니다. 그런데 믿는 우리를 공격하는 것은 단순히 눈에 보이는 활이나 창이 아니라 눈에 보이지 않는 사탄의 정신적인 공격도 많이 있습니다. 요즘은 다른 사람으로부터 좋지 못한 악성 루머에 시달려서 자살을 하는 경우도 많이 있습니다. 즉 사람들의 분노에 찬 악담이나 저주라든지 뒤에서 흉보는 것들도 모두 화살이 될 수 있습니다. 그런데 하나님은 믿는 자들에게 완전한 방패가 되어주셔서 머리털 하나 상하지 않도록 지켜주시는 것입니다.

여기서 한 걸음 더 나아가서 하나님은 자신이 우리의 지극히 큰 상급이라고 말씀하셨습니다. 우리는 보통 상급이라고 하면 우등생이라든지 아니면 노벨상이라든지 큰 명예와 돈이나 부상을 주는 것으로 생각을 합니다. 그런데 어떻게 눈에 보이지 않는 하나님이 우리의 상급이 될 수 있을까요? 우리가 어떻게 눈에 보이지 않는 하나님을 자랑할 수 있을까요? 차라리 돈이라든지 아니면 집이라든지 큰 감투를 상으로 받는 것이 더 낫지 않을까요? 그러나 하나님은 하나님 자신을 우리에게 상으로 주시기를 기뻐하십니다. 하나님은 하나님의 모든 것을 우리에게 다 주고 싶어 하시는 것입니다.

옛날 엘리사는 아람군대가 자기가 있는 성을 포위했을 때 사환에게 그 성을 에워싸고 있는 하나님의 불말과 불병거를 보게 했습니다. 그리고 베드로와 요한은 성전 문에서 구걸하는 장애인 거지에게 "은과 금은 내게 없거니와 내게 있는 이것을 네게 주노니 나사렛 예수 그리스도의 이름으로 일어나 걸으라"고 명했고 장애인 거지는 그 자리에서 일어나게 되었습니다. 출애굽 때 바로는 눈에 보이는 신하들이나 군인들을 힘으로 삼았지만 모세는 여호와의 능력으로 열 가지 재앙을 내리게 했습니다. 하나님은 아브라함에게 실제적인 능력이 되셨습니다. 하나님은 우리에게도 실제적인 능력이 되시기를 원하십니다. 우리 성도들은 노벨상을 받거나 올림픽 금메달 받는 것보다 하나님을 나의 상으로 받으시기 바랍니다.

2. 아브라함의 미래

우리들은 현재의 고통은 참을 수가 있지만 미래에 아무 것도 보장된 것이 없으면 불안해 할 때가 많습니다. 그런데 아브라함에게 중요한 미래는 자식이었지만 그에게는 상속자인 아들이 없었습니다. 물론 재산이나 가축은 상당히 있는 편이었습니다. 그러나 그에게 가장 문제가 되는 것은 미래가 없는 것이었고 안정되어 있지 않다는 것이었습니다. 그래서 아브라함은 하나님께 물었습니다.

> 15:2, 3 "아브람이 이르되 주 여호와여 무엇을 내게 주시려 하나이까 나는 자식이 없사오니 나의 상속자는 이 다메섹 사람 엘리에셀이니이다 아브람이 또 이르되 주께서 내게 씨를 주지 아니하셨으니 내 집에서 길린 자가 내 상속자가 될 것이니이다"

하나님께서 아브라함에게 많은 자손을 주시겠다고 하셨는데 아브라함에게는 단 한 명의 아들도 없었습니다. 하나님은 아브라함에게 하나님의 모든 복을 다 주시겠다고 하시는데 실제로 아브라함은 아무 것도 없었습니다. 그 중에서도 아브라함은 후계자 문제가 가장 급한 문제라고 생각했습니다. 그래서 아브라함은 하나님께 솔직히 후계자 문제는 이제 포기를 하겠다고 말씀드렸습니다. 아브라함이 하나님께 "주 여호와여, 무엇을 내게 주시려 하나이까?"라고 질문한 것은 '이렇게 중요한 문제가 되어 있지 않은데 다른 무슨 복이 필요하겠습니까?' 라는 의미가 있습니다. 즉 아브라함은 이제 자기 집의 종 다메섹의 엘리에셀을 상속자로 삼고 하나님의 약속을 포기하겠다는 의미로 말을 했습니다.

우리는 이처럼 하나님의 말씀과 현실 사이에 너무나도 큰 괴리가 있는 것을 발견할 때가 종종 있습니다. 우리가 하나님의 말씀을 들으면 모든 것이 다 될 것 같은데 실제 현실에 부딪쳐보면 아무 것도 안 되는 것입니다. 그래서 우리는 때때로 하나님의 복을 포기하고 다른 사람들처럼 평범하게 살고 싶을 때가 있습니다. 그때 우리는 어떻게 해야 합니까? 나의 실망이나 현실적인 어려움을 하나님 앞에 그대로 이야기해야 합니다. 그래야 현실을 이길 수 있는 새로운 하나님의 말씀을 받게 되는 것입니다. 우리는 한번 이 세상 현실에 한번 부딪쳐 본 후에 안 되더라고 생각하고 포기해서는 안 됩니다. 하나님의 말씀과 이 세상 현실이 다른 것을 하나님께 말씀드려야 하는 것입니다. 그러면 새로운 말씀을 듣게 됩니다. 이 말씀이 현실을 이기는 비결인 것입니다.

15:4 "여호와의 말씀이 그에게 임하여 이르시되 그 사람이 네 상속자가 아니라 네 몸에서 날 자가 네 상속자가 되리라 하시고"

그러나 하나님은 그 사람은 너의 상속자가 아니라고 강하게 말씀하셨습니다. 왜냐하면 아브라함의 재산은 양이나 소나 재산만이 아니라 하나님의 복이기 때문입니다. 즉 하나님의 복을 상속할 자는 사람 마음대로 정할 수가 없는 것입니다. 아브라함의 재산은 하나님의 복인데 이 복은 다른 사람을 축복하면 복이 임하고 저주하면 저주가 임하는 복을 상속할 자를 말하는 것입니다. 하나님은 그 상속자는 아브라함의 종은 안 된다고 하시면서 아브라함의 몸에서 날 아들이어야 한다고 하셨습니다. 이것이 나중에 엄청나게 중요한 것이 됩니다. 왜냐하면 지금 우리가 바로 그 아브라함의 복의 상속자가 되었기 때문입니다. 아브라함의 상속자는 아브라함 마음대로 정할 수 있는 것이 아니었습니다. 이것은 하나님이 정하시고 하나님의 말씀을 믿는 자가 받는 것입니다. 하나님은 우리에게 세상의 복을 상속시키려고 하는 것이 아니라 하나님 나라의 복을 상속하게 하시려는 것입니다.

그런데 지금 아브라함에게는 하늘의 복도 보이지 않고 영적인 상속자도 보이지 않았습니다. 그래서 하나님은 아브라함을 밤에 밖으로 데리고 나가셨습니다.

15:5 "그를 이끌고 밖으로 나가 이르시되 하늘을 우러러 뭇별을 셀 수 있나 보
라 또 그에게 이르시되 네 자손이 이와 같으리라"

하나님은 아브라함에게 밤하늘의 별을 헤아려보라고 하셨는데 도저히 헤아릴 수가 없었습니다. 아브라함은 별을 헤아리다가 문득 생각을 하게 되었습니다. 처음에 하늘에는 별이 하나도 없었는데 하나님은 오직 말씀으로 저 많은 별들을 만드셨다는 것입니다. 하나님께서 능력으로 저 많은 별들을 만드셨으면 능히 내 자손들을 만드실 것이라고 생각했습니다. 심지어 하나님은 없는 데서 이 모든 것을 만드셨다면 죽은 자도 능히 살리실 수 있다고 믿었습니다. 바로 이것이 아브라함의 믿음이었습니다. 아브라함의 믿음은 이 세상에 있는 것을 누가 더 많이 가지느냐는 것이 아니라, 내가 하나님의 말씀을 믿으면 하나님은 없는 데서도 내 아들을 생기게 하실 것이고 죽은 사람도 살리실 수 있다는 것이었습니다.

우리가 하나님의 말씀을 붙들면 이런 일이 일어나게 됩니다. 즉 하나님은 우리에게 가족이 전혀 없는데 가족이 생기게 하시고 길이 전혀 없는데 길이 생기게 되는 것입니다. 하나님은 우리가 죽게 되었는데 살게 하시고, 살아도 그냥 사는 것이 아니라 너무나도 많은 복을 받으면서 살게 되는 것입니다.

15:6 "아브람이 여호와를 믿으니 여호와께서 이를 그의 의로 여기시고"

아브라함은 여호와를 믿었습니다. 여기서 여호와를 믿었다는 것은 하나님의 모든 것을 다 믿었다는 뜻입니다. 즉 아브라함은 하나님의 말씀과 인격과 그의 능력과 그의 신실하심과 그의 자비하심 등등 모든 것을 다 믿었던 것입니다. 아브라함이 하나님을 보니까 모든 것이 믿어졌습니다. 하나님은 그것을 보시고 아브라함을 의롭다고 인정하셨습니다. 그래서 하나님은 아브라함의 모든 죄를 다 사하시고 그에게 무한정으로 하나님 앞에 나올 수 있는 자격을 주셨습니다.

우리 인간은 아무리 종교적인 체험을 많이 하고 기도를 많이 하고 선행을 많이 한다고 해도 절대로 하나님 앞에서 의인이 될 수 없습니다. 그런데 우리가 하나님의 말씀을 믿고 그 인생을 하나님 손에 맡기면 하나님께서 내 모든 죄를 가져가시고 의인으로 인정을 하십니다. 이때부터 우리는 마음껏 하나님 앞에 나아가서 기도해서 응답받고 무한정의 축복을 받을 수 있게 됩니다. 여기서 '의'라고 하는 것은 하나님 앞에 무한정으로 나아갈 수 있는 자격을 말합니다. 그때부터 우리의 삶에는 부흥이 일어나고 기도 응답이 일어나게 되는 것입니다.

3. 하나님의 맹세

아브라함이 안정된 삶을 살기 위해서 필요한 것은 땅이었습니다. 아브라함은 가나안 땅에서 단 한 평의 자기 땅도 가지지 못했습니다. 이번에는 하나님께서 먼저 아브라함에게 말씀하셨습니다.

> 15:7 "또 그에게 이르시되 나는 이 땅을 네게 주어 소유를 삼게 하려고 너를 갈대아인의 우르에서 이끌어 낸 여호와니라"

그러니까 아브라함이 하나님께 묻습니다.

> 15:8 "그가 이르되 주 여호와여 내가 이 땅을 소유로 받을 것을 무엇으로 알리이까"

이때 아브라함은 하나님께 이 땅을 당장 달라고 요구하지 않았습니다. 왜냐하면 가나안 땅이 너무 커서 지금 가져도 소용이 없다는 것을 알았기 때문입니다. 아브라함은 하나님께서 지금 가나안 땅을 자기에게 주셔도 소용이 없다는 것을 알았습니다. 그 대신에 하나님께서 그의 자손들을 밤하늘의 별처럼 많게 하신 후에 이 땅을 차지하게 하시면 더 좋을 것임을 알았습니다. 그래서 아브라함은 지금은 약속만 받고 앞으로 하나님께서 확실하게 자기 후손에게 이 땅을 주시는 표시만 달라고 했습니다. 이스라엘 백성들이 축복의 백성이 되는 이유는 바로 이런 조상을 두었기 때문입니다. 어떤 조상들은 살았을 때 하나님 앞에서 죄라는 죄는 다 지어서 자손들이 태어나기도 전부터 영원한 멸망이 상속되는 백성들이 있습니다. 그런데 이스라엘 백성들은 조상이 하나님 앞에서 일찍감치 중요한 약속들을 받아두어서 이스라엘 자손들은 태어나기도 전부터 복이 상속되어 있는 것입니다.

하나님께서는 아브라함에게 아주 중요한 의식을 하나 행하셨습니다. 이것이 바로 하나님의 맹세의 의식이었습니다.

15:9 "여호와께서 그에게 이르시되 나를 위하여 삼 년 된 암소와 삼 년 된 암염소와 삼 년 된 숫양과 산비둘기와 집비둘기 새끼를 가져올지니라"

여기 있는 제물들은 이스라엘 백성들을 의미합니다. 왜 하나님께서 3년 된 암소와 암염소와 숫양으로 준비하라고 하셨는지는 잘 알 수 없습니다. 그러나 일단 3년 된 암소나 암염소는 이제 막 성인이 되기 시작한 청년시기입니다. 결코 늙은 소도 아니고 어린 소도 아니며 이제 막 성인으로 들어가려고 하는 한창 젊은 암소나 암염소인 것입니다. 여기 3년 된 암소와 암염소는 이제 막 번창하려고 하는 이스라엘을 나타낸다고 생각할 수 있습니다. 그리고 산비둘기는 야생에서 잡아온 비둘기입니다. 이것은 순수한 이스라엘이 아니고 밖에서 종으로 데리고 온 사람들을 의미할 것입니다. 그리고 집비둘기 새끼는 그야말로 작습니다. 비둘기만 해도 체격이 작은데 비둘기 새끼는 너무나도 작은 몸집을 가지고 있습니다. 이것은 앞으로 태어날 이스라엘 백성들, 혹은 장차 생겨날 하나님의 백성들을 의미한다고 봅니다. 그런데 3년 된 암소나 암염소나 숫양은 완전히 몸을 쪼개어서 둘로 만들었습니다. 그러나 산비둘기나 비둘기 새끼는 너무 작아서 쪼개지 않고 마주 대하게 했습니다. 이것은 이 하나님의 축복이 이루어지기 위해서는 이스라엘 전체가 쪼개어지든지 하나님이 죽든지 해야 하는 것을 의미합니다.

그런데 하나님이 금방 나타나지 않으셔서 아브라함은 애를 먹고 있었습니다. 왜냐하면 낮에는 하늘에서 솔개가 날라 다니면서 시체를 가져가려고 했습니다. 그리고 저녁 해질 무렵에는 갑자기 하늘이 캄캄해지면서 아브라함이 잠이 드는데 너무나도 무서운 느낌이 들었던 것입니다. 이것은 하나님의 뜻이 이루어지는 것을 방해하는 사탄의 시험이 있고 또 하나님의 백성들이 절망 가운데 고통 받는 때가 있다는 것을 보여주는 것입니다. 이 체험이 가깝게는 이스라엘 백성들이 애굽에서 종살이하면서 받게 될 고통이기도 하지만, 멀리는 하나님의 아들이 십자가 위에서 당하실 고통이기도 했습니다. 예수님이 십자가에 달리셨을 때 큰 어둠이 임했습니다. 그리고 사람들은 예수님에게 "네가 하나님의 아들이라면 거기서 내려오라"고 하면서 조롱했습니다. 그러나 예수님은 끝까지 참으시고 죽으셨기 때문에 우리가 살게 된 것입니다.

우리에게는 아직 나타나지 않은 엄청난 축복이 있습니다. 이 세상에 아무리 돈이 많은 부자라 하더라도 그때 우리가 받을 축복에 비하면 정말 비교가 되지 않을 것입니다. 그러나 그때까지 우리는 인내하면서 이 믿음을 지켜나가야 합니다. 오늘 하나님이 우리에게 주신 방패는 성경 말씀입니다. 그리고 눈에 보이지 않는 하나님의 보호망이 우리를 지켜주고 있습니다. 그리고 우리에게는 예수 그리스도의 위대한 이름이 있습니다. 우리가 그리스도인이라는 것은 하나님 앞에서 엄청난 상급입니다. 우리는 이것만 가지고 있으면 언제 어디서나 살아남을 수 있습니다.

때로는 아브라함처럼 무서운 어둠의 장막이 우리를 덮을 때도 있을 것입니다. 때로는 하늘에서 솔개가 나타나서 하나님 앞에 바쳐진 우리 인생을 뜯어 먹으려고 덤벼들 때도 있을 것입니다. 또 아무리 하나님의 약속을 믿고 기다려도 하나님의 응답이 나타나지 않을 때도 있을 것입니다. 그러나 아무 것도 두려워할 것이 없습니다. 왜냐하면 하나님이 우리의 상급이 되시기 때문입니다.

우리는 이 세상에서 어떤 어려움이나 환란을 당해도 믿음으로 승리할 것입니다. 우리는 성령 안에서 무한히 기도할 수 있으며 하나님의 모든 좋은 것으로 공급받을 수가 있습니다. 하나님의 위대한 축복을 바라보고 믿음의 선한 싸움에서 승리하시는 성도들이 다 되시기 바랍니다.

22 인간의 방법 / 창세기 16:1

우리가 이 세상을 살다보면 인간적인 방법이 쓸모가 있고 실제적일 때가 많이 있습니다. 옛날 고대 그리스에 콜레라가 퍼졌을 때 이것은 신의 진노라고 생각해서 아무 대책 없이 기도만 할 때가 많았습니다. 그러나 히포크라테스 같은 사람은 병에 걸린 사람들을 일일이 조사해보았더니 그들이 모두 같은 우물물을 사용하는 것을 알게 되었습니다. 그래서 히포크라테스는 콜레라는 신의 진노가 아니라 물에 의해서 전염되는 전염병이라고 주장했는데 그 당시 그리스 사람들은 히포크라테스가 미쳤다고 조롱했다고 합니다. 이와 같이 인간은 신의 영역이라고 생각되던 것을 파헤치고 연구를 해서 인간에게 유익한 지식을 많이 제공할 수 있었습니다. 또 다른 예를 들어보면 옛날에는 아기들의 출산을 돕는 것은 산파들이 했었는데 이제는 시험관 시술이라든지 제왕절개 같은 방법을 통해서 많은 아기들이 태어나기도 하고, 또 옛날에는 죽을 수도 있었던 많은 산모와 아기들을 살리기도 하고 있습니다.

그럼에도 불구하고 여전히 인간의 머리로는 이해할 수 없는 하나님의 영역이 있는 것은 사실입니다. 미국의 유명한 한 암 센터에서 일하는 한국인 의사는 말하기를 한국 사람들은 암에 걸리면 꼭 앞으로 자기가 얼마나 살 수 있느냐고 물어본다는 것입니다. 그러면 앞으로 얼마나 오래 살 수 있는지는 사람으로서는 알 수 없다고 대답했다고 합니다. 그것은 하나님만이 아시는 것이지 의사가 말할 수 있는 영역이 아니라는 것입니다. 그리고 병원에서 환자들을 치료해보면 의학적으로는 전혀 이해되지 않는 기적으로 치료되는 사람들이 더러 있는데 크리스천 중에 그런 사람들이 많다는 이야기를 했습니다.

그러나 하나님께서 인간적인 방법을 절대로 허용하지 않는 부분이 있습니다. 그것은 바로 우리의 구원에 대한 영역입니다. 하나님은 우리의 구원은 오직 하나님의 말씀과 성령의 능력으로 이루어지도록 하셨습니다. 그러나 최근에 우리 한국 교회는 인간적인 방법으로 교회가 커지고 부흥되는 것을 많이 볼 수 있습니다. 그래서 인간적인 방법으로 사람들을 전도하게 하거나 혹은 인간적인 방법으로 헌금을 많이 내게 해서 예배당을 크게 지어서 교인들의 수를 늘리거나 하는 것입니다. 그런데 이런 인간적인 방법을 쓰면 부흥의 효과는 빠르고 교인들의 수가 빨리 증가하는 것은 사실이지만 교인들의 마음속에 진정한 변화가 일어나지 않습니다. 그래서 미국에서 유명한 시카고에 있는 빌 하이벨스 목사의 윌로크릭 교회의 사역자들은 어느 날 성명서를 발표했는데 거기서 '우리가 틀렸다'는 것을 인정했습니다. 즉 그들이 그동안 해왔던 교인 훈련 프로그램이나 제자 삼는 사역이 진정한 교인들의 변화를 가져오지 못했다고 인정한 것입니다. 그러나 이것은 아브라함에게도 있었습니다. 아브라함은 하나님이 아들을 주시겠다고 하셨는데 주시지 않으니까 사라의 말을 듣고 여종을 첩으로 받아들여서 아이를 가지게 되는데 그 아이는 전혀 믿음이 없는 들 나귀같이 제멋대로 행동하는 아이였던 것입니다.

1. 좀처럼 이루어지지 않는 약속

　하나님은 아브라함에게 밤하늘의 별처럼 많은 자손을 주시겠다고 약속하셨습니다. 밤하늘의 별처럼 많은 자손이라고 하면 아마도 수만 명이나 수십만 명 되는 후손을 말할 것입니다. 그러나 실제로 아브라함은 나이 팔십 오세가 되도록 단 한 명의 자식도 생기지 않았습니다. 이것이 하나님의 말씀과 현실의 차이인 것입니다. 아브라함과 사라는 가나안에서 산지 이미 십년이 되었을 때 아마 이 십년을 하나님의 약속이 이루어지는 데드라인으로 생각했던 것 같습니다. 아브라함과 사라는 십년이 되면 아이가 생기겠지 하고 기대를 했던 것입니다. 그러나 무려 십년을 기다렸지만 자식이 생기지 않으니까 그들의 마음속에는 하나님의 약속에 대하여 의심이 생기기 시작했습니다. 혹시 우리가 하나님의 약속을 좀 잘못 알아들은 것이 아닐까 하는 것입니다. 오늘 우리도 나름대로 하나님의 약속을 기다리면서 마음속으로 데드라인을 정해 놓고 기다릴 때가 많이 있습니다. 그러나 그 기간이 지나도 아무 소식이 없으면 믿음이 흔들리게 되는 것입니다.

　이때 더 참지 못했던 쪽은 아브라함의 부인 사라였습니다. 그래서 사라는 남편 아브라함에게 "여호와께서 내 출산을 허락하지 아니하셨으니 나의 여종과 동침해서 아이를 얻자"고 제안을 했습니다. 그 이유는 사라가 이미 여자로서 임신을 할 수 없게 되어버렸기 때문입니다. 그리고 조금 더 있으면 남편 아브라함도 아이를 가질 수 있는 능력을 상실하게 될지도 모릅니다. 그래서 사라는 아브라함에게 더 늦기 전에 "나의 여종과 동침해서 아이를 가지자"라고 제안을 했던 것입니다.

　여기서 우리가 생각해 보게 되는 것은 왜 하나님께서는 아브라함에게 하늘의 별처럼 많은 자손을 주시겠다고 약속을 해 놓고서 이렇게 늦도록 아이를 주시지 않으셨을까요? 그것을 우리가 당장은 알 수 없습니다. 단지 하나님께서 아브라함이나 사라가 얼마나 잘 견디는지 인내심을 테스트 해보기 위해서 이렇게 오래 기다리게 하지는 않으셨을 것입니다. 아마도 아브라함과 사라도 이 부분이 가장 이해가 되지 않았을 것입니다. 하나님께서 아브라함에게 주실 자식은 믿음의 자식을 말하는 것이고 이 믿음의 자식은 반드시 하나님의 말씀으로 만들어져야만 했던 것입니다.

우리가 여기서 생각하게 되는 것은 인간적인 방법으로 아이를 가진다고 해서 전혀 죄가 되는 것이 아니라는 것입니다. 사라가 말했던 것처럼 본 부인이 임신이 되지 않을 때 주인이 여종을 첩으로 삼아서 아이를 낳게 하는 것은 그 당시에는 얼마든지 할 수 있는 방법이었습니다. 우리는 세상을 살아가면서 인간적인 방법들을 많이 쓰고 있고 또 그것이 유익할 때도 있습니다.

16:2 "사래가 아브람에게 이르되 여호와께서 내 출산을 허락하지 아니하셨으니 원하건대 내 여종에게 들어가라 내가 혹 그로 말미암아 자녀를 얻을까 하노라 하매 아브람이 사래의 말을 들으니라"

우리는 이 세상에 살면서 그 사회의 일반적인 관습을 전혀 무시할 수는 없습니다. 그렇지만 우리는 이미 이 세상에 살고 있고 하나님께서는 이 세상에 있는 많은 관습이나 문명의 방법을 사용할 수 있게 하셨습니다. 그러나 하나님께서 어떤 부분에서는 세상적인 방식을 절대로 인정하시지 않는 부분이 있습니다. 그것이 바로 우리의 구원에 관한 것입니다. 하나님께서는 우리를 구원하는데 있어서는 인간적인 방법이 개입되는 것을 일체 허락하지 아니하시고 우리의 구원이 백퍼센트 하나님의 능력으로 이루어지게 하십니다. 그래서 구약 율법에 보면 구원과 관계되는 부분에는 모두 기름을 바르셔서 거룩하게 구별하셨는데, 이것은 적어도 여기에는 인간의 방법이 개입될 수 없다는 것을 의미합니다.

2. 인간적인 방법의 결과

아브라함은 사랑하는 아내가 더 늦기 전에 인간적인 방법을 써서 아기를 가지자고 했을 때 선뜻 그 말에 동의해서 실천에 옮겼습니다. 이때 사라에게는 하갈이라는 여종이 있었는데 아주 젊고 튼튼한 여성이었습니다. 놀라운 것은 아브라함과 사라가 하나님이 해주실 것을 기다릴 때에는 무려 십년을 기다려도 응답이 없었는데 인간적인 방법을 쓰니까 전혀 기다리지 않고 즉시 응답이 나타났습니다. 즉 하갈은 아브라함의 첩이 되자 말자 바로 임신을 하게 되었던 것입니다. 이것을 보면 인간의 눈으로 볼 때 하나님의 방법을 기다리는 것이 얼마나 미련하며 얼마나 어리석게 보이는가 하는 것을 알 수 있습니다. 우리가 상식적으로 생각을 해보아도 젊은 여자를 첩으로 얻으니까 바로 즉시 임신이 되는데 이것을 하나님의 약속을 기다린다고 하여 무려 십년을 질질 끌어도 응답이 없었던 것입니다. 이때 아브라함과 사라가 얼마나 기뻤고 좋았겠습니까? 아마 아브라함이나 사라나 모두 이젠 우리 집에서 아기 우는 소리가 들리겠구나 하면서 기뻐했을 것입니다. 그러나 이것이 그렇게 간단한 문제가 아니었습니다. 왜냐하면 이 문제를 두고 사라와 하갈 사이에 갈등이 생기기 시작했기 때문입니다.

> 16:4 "아브람이 하갈과 동침하였더니 하갈이 임신하매 그가 자기의 임신함을 알고 그의 여주인을 멸시한지라"

여기에 보면 두 가지 현상이 나타나게 됩니다. 하나는 아브라함이 사라의 말을 듣고 인간적인 방법을 썼을 때 너무나도 쉽게 원하는 것을 가질 수 있게 된 것입니다. 첩 하갈은 오래 기다리지도 않고 즉시 임신을 했습니다. 그러나 다른 하나는 아브라함의 가정 안에서 평화가 깨어지고 갈등이 생기게 되었다는 것입니다.
　하갈이 자기가 임신을 했다는 것을 알게 되었을 때 늙도록 아이를 가지지 못하는 여주인 사라를 업신여기게 되었습니다. 아마도 하갈은 자기가 임신하게 되니까 자기가 사라를 제치고 아브라함의 정식 부인 노릇을 하려고 했던 것 같습니다. 그래서 하갈은 사라를 무시하거나 업신여겼던 것입니다. 이것은 사라의 마음을 굉장히 아프게 했고 결국 사라는 이것을 참지 못해서 남편 앞에서 분노를 터트리게 되었습니다.

참으로 이해가 되지 않는 것이 바로 이것입니다. 아브라함과 사라는 서로 의논을 해서 이 일을 했고 그 결과 자신들이 원하던 것을 얻을 수 있었습니다. 아마 자기들 생각으로는 하갈이 임신을 하게 되면 하갈의 배를 만져가면서 부부가 서로 기뻐할 줄 알았습니다. 그런데 결과는 전혀 그렇지 않았습니다. 지금까지는 아무 말 없이 여주인이 시키는 대로 고분고분하던 하갈이 임신을 하자 말사 싹 태도가 달라진 것입니다. 하갈은 여주인을 무시했고 눈에 뜨일 정도로 사라를 멸시하는 행동을 했던 것입니다.

아브라함과 사라는 자기들이 원하는 것은 가질 수 있게 되었지만 가정의 평화가 깨어지게 되었습니다. 그 이유는 그들이 지금 하고 있는 것이 하나님이 기뻐하시는 믿음의 방법이 아니었기 때문입니다. 하나님의 종들이 하나님의 방법을 쓰지 않고 인간적인 방법을 써서 자기들이 원하는 것을 가지려고 했을 때 이상하게 주위 사람들로부터 존경심을 잃어버리고 가장 가까운 사람으로부터 멸시를 당하게 됩니다.

> 16:5 "사래가 아브람에게 이르되 내가 받는 모욕은 당신이 받아야 옳도다 내가 나의 여종을 당신의 품에 두었거늘 그가 자기의 임신함을 알고 나를 멸시하니 당신과 나 사이에 여호와께서 판단하시기를 원하노라"

왜 사라가 자기 여종으로부터 멸시를 당하게 되었을까요? 그것은 사라가 아브라함에게 하라고 한 것이 하나님의 말씀을 멸시한 것이었기 때문입니다. 하나님께서는 분명히 아브라함에게 네 몸에서 네 상속자가 태어날 것이라고 말씀하셨습니다. 하나님께서 말씀을 하셨다면 사라는 아무리 사람의 머리로 불가능해 보여도 그 말씀을 믿었어야만 했습니다. 즉 그 시기나 방법은 알 수 없지만 좌우간 하나님이 아브라함의 몸에서 상속자가 난다고 했으면 난다고 믿었어야만 했습니다. 그런데 사라가 하나님의 말씀을 끝까지 믿지 못하고 인간적인 방법을 생각하고 그것으로 원하는 것을 얻으려고 했을 때 사라는 생각지도 못하게 여종에게 무시를 당하고 업신여김을 당하게 된 것입니다. 결국 이것은 하나님께서 사라를 멸시하는 것이었습니다.

사라는 다시 아브라함을 찾아가서 그 무시당한 것을 분풀이 했습니다. "내가 받는 모욕은 당신이 받아야 옳도다"라고 했습니다. 결국 사라는 자기 남편 아브라함에게 분풀이를 했는데 아브라함이 모욕을 받은 이유는 무엇입니까? 그가 하나님의 종으로서 부인이 아무리 인간적인 방법을 제안했더라도 중심을 잡고 안 되는 것은 안 된다고 했어야 하는데 아내의 인간적인 방법의 말을 들었기 때문입니다.

결국 하나님의 말씀을 붙들지 않고 인간의 말을 들은 하나님의 종은 자신도 멸시를 당하게 되는 것입니다. 왜냐하면 하나님의 종이 인간적인 방법으로 자기가 원하는 것을 얻는다면 이때는 하나님의 종이나 세상 사람이나 차이가 없어지기 때문입니다. 여기서 우리가 알게 되는 것은 물론 인간적인 방법을 쓴다고 해서 죄가 되는 것은 아닙니다. 그러나 인간적인 방법으로 이루어지는 것은 이 세상 것을 얻는 것입니다. 그러나 우리가 끝까지 기다려서 하나님의 말씀으로 응답받는 것은 하나님의 축복을 가져오게 됩니다. 그래서 하나님의 기적으로 응답받고 믿음의 큰 축복을 받게 되는 것입니다.

하나님께서 남자에게 부인을 주신 이유가 어디에 있을까요? 무조건 남편이 자기 부인의 말을 들으라고 하신 것이 아닙니다. 남편을 신앙적으로 조언해주고 또 위해서 기도해주라고 주신 것입니다. 그리고 남편은 부인의 말을 분별하고 결정을 해야 합니다. 아무리 부인이 하는 말이 세상적으로는 맞는 말이라 하더라도 하나님의 말씀과 맞지 않으면 안 된다고 해야 하고, 또 마음 상하지 않도록 설득을 해야 하는 것입니다.

이것은 교회도 마찬가지입니다. 목회자가 인간적인 방법으로 교회를 이끌어 가고 자신이 원하는 것을 다 가진다면 교인들의 마음속에는 목회자에 대한 존경심이 없어지게 됩니다. 왜냐하면 그것은 하나님의 종의 자세라기보다는 기업체 사장이나 세상 사람들이 하는 방법이기 때문입니다. 그러나 목회자가 아무리 누가 뭐라고 해도 끝까지 하나님의 때를 기다려서 응답을 받는다면 교인들은 목회자에게 말할 수 없는 신뢰를 하게 됩니다. '아, 우리 목사님은 하나님의 때를 기다릴 줄 아는 분이구나. 그렇다면 다른 모든 일도 하나님의 때를 기다리면 다 해결될 것이다' 라는 믿음이 생기게 되는 것입니다. 교회는 아주 다양한 사람들의 모임이기 때문에 하나님의 말씀에 대한 믿음이 없으면 세상과 다를 바가 없게 됩니다. 그렇게 되면 교회는 세상의 믿지 않는 사람들의 모임보다 훨씬 무질서하고 예의 없는 집단이 되고 마는 것입니다. 그래서 우리가 인간적인 방법을 썼는데 일이 형통하지 않을 때 어떻게 해야 합니까? 먼저 자기가 하던 일을 중단하고 하나님 앞에 회개해야 합니다.

사라가 남편 아브라함 앞에서 여종 하갈의 문제를 두고 분통을 터트리니까 아브라함은 모든 것을 사라에게 다 떠넘겨버렸습니다.

16:6 "아브람이 사래에게 이르되 당신의 여종은 당신의 수중에 있으니 당신의 눈에 좋을 대로 그에게 행하라 하매 사래가 하갈을 학대하였더니 하갈이 사래 앞에서 도망하였더라"

대개 남편들은 집에서 자기 어머니와 아내 사이에 다툼이 생기면 뒤로 빠져 버리는 경우가 많습니다. 즉 어머니를 편들려고 하니까 자기 부인이 섭섭해 할 것이고 자기 부인을 편들려고 하니까 어머니가 배신감을 느낄 것 같으니까 뒤로 빠져 버리게 됩니다. 이런 행동은 남자로서 무책임한 것입니다. 일단 남자는 어느 쪽에서 와서 울고불고 하소연을 하면 일단 양쪽 이야기를 다 들어본 후에 지나치다고 생각되는 쪽을 타이르든지 해서 어느 한 쪽도 마음의 상처를 입지 않도록 해야 합니다.

아브라함은 두 여자 사이에 중재하는 것을 포기하고 아내 사라에게 '알아서 하라'는 식으로 떠넘겨버렸습니다. 그랬더니 아마도 사라가 어느 날 하갈을 불러서 심하게 야단을 쳤던 것 같습니다. 그런데 하갈은 사라의 말을 듣지 않고 화가 나서 임신을 한 채로 도망쳐버렸습니다.

하갈이 도망쳤다는 것은 아브라함과 사라의 권위를 전혀 인정하지 않고 제멋대로 행동을 했다는 것입니다. 즉 아브라함과 사라가 하나님의 말씀을 붙잡지 않았을 때 이들은 한 여종에 의해서 무시를 당하고, 업신여김을 당하고, 그들이 원하던 것마저도 잃어버리게 되었던 것입니다. 아브라함과 사라는 인간적인 방법을 써서 자신들이 원하던 것을 얻은 것 같았지만 결국은 엉망진창이 되고 말았습니다. 아브라함의 집은 여종의 도주로 완전히 수습이 불가능한 상태에 빠지게 되었습니다.

이때 하나님께서는 아브라함과 사라를 내버려두시지 아니하시고 개입해주셨습니다. 왜냐하면 하나님께서는 아브라함을 사랑하셔서 이 가정이 더 이상 파괴되고 상처 입는 것을 원치 않으셨기 때문입니다. 그래서 하나님의 천사가 도망을 치는 하갈에게 나타났습니다.

> 16:7-8 "여호와의 사자가 광야의 샘물 곁 곧 술 길 샘 곁에서 그를 만나 이르되 사래의 여종 하갈아 네가 어디서 왔으며 어디로 가느냐 그가 이르되 나는 내 여주인 사래를 피하여 도망하나이다"

이 사자의 질문은 우리 모든 인생에게 하시는 하나님의 중요한 질문입니다. 즉 하나님은 우리 모든 인생에게 네가 어디서 왔으며 어디로 가고 있는지 아느냐고 질문하시는 것입니다. 우리는 어디서 왔는지는 알지만 어디로 가고 있는지는 모르고 있습니다.

하갈은 사라를 피해서 임신한 무거운 몸을 이끌고 열심히 도망치고 있었습니다. 그런데 하갈에게는 갈 수 있는 곳이 없었습니다. 하갈은 여주인의 야단을 듣고 너무 화가 나서 대책도 없이 가출을 했던 것입니다. 그런데 하갈은 자기가 이런 식으로 계속 가면 어떻게 될지 전혀 알지 못하고 있었습니다. 아마도 하갈이 이런 식으로 계속 간다면 분명히 어느 남자에게 붙들려서 더 무시무시한데 종으로 팔려가게 되거나 죽도록 두들겨 맞거나 매춘부로 팔리게 될지도 모릅니다. 지금 하갈이 가고 있는 길은 애굽으로 가는 길인데 그 샘물부터는 무서운 죽음의 사막이 시작되게 됩니다.

하나님의 사자가 광야 샘 곁에서 하갈을 만나서 말씀하십니다. "사래의 여종 하갈아, 네가 어디서 왔으며 어디로 가느냐?"

하나님의 사자는 하갈이 아직 위험 지역에 들어가기 직전에 하갈을 만나서 그의 이름을 부르셨습니다. "사래의 여종, 하갈아!"

하갈은 아무도 자기를 모르는 줄 알고 있었는데 자기 이름을 정확하게 아시는 분이 계셨습니다. 그런데 그 분은 하갈로 하여금 생각하게 하셨습니다. "네가 어디서 왔으며 어디로 가느냐?" 이것은 이 세상을 빠르게 살아가고 있는 모든 인생에 대한 하나님의 질문이기도 합니다. "너는 어디서 왔으며 어디로 가고 있느냐?" 다시 말해서 '너는 지금까지 어떻게 살아왔으며 앞으로 어디로 가려고 하느냐?' 하는 질문입니다. 이것은 하나님께서 우리 인생을 향하여 던지시는 질문입니다. 이 질문에 대답을 해야 우리는 생명을 건질 수 있습니다. 대개 사람들은 이 세상을 살아가면서 많은 위기의 순간을 겪습니다. 하나님께서는 이때 우리에게 물으십니다. "너는 어디서 왔으며 어디로 가고 있느냐?"

아마 우리는 이 세상에 있는 많은 행복을 위해서 살아왔으며 또 그 야망을 위해서 살아가려고 할 것입니다. 그러나 그것은 바로 신기루를 좇는 인생입니다. 광야에서 신기루를 따라가다가는 결국 목말라 죽든지 강도를 만나든지 할 것입니다.

하나님의 사자는 하갈에게 자신의 인생에 대하여 객관적으로 진지하게 생각해보게 하셨습니다. "너는 지금 무엇 때문에 이렇게 생명의 위험을 무릅쓰고 가출을 해서 도망치고 있으며 이대로 가면 어떻게 될 것 같으냐?" 하는 것입니다.

지금 사라가 도망치는 이유는 두 가지였습니다. 하나는 아이를 빼앗기기 싫은 것이고 다른 하나는 화가 났던 것입니다. 하나님의 사자는 그러면 이렇게 계속 가면 아이를 빼앗기지 않고 목숨을 건질 자신이 있느냐고 질문하고 있는 것입니다. 그것은 결코 아니었습니다.

하나님의 사자는 하갈에게 가장 안전한 방법을 가르쳐주셨습니다. 이것은 하갈이 아브라함에게 돌아가는 것이었습니다.

> 16:9, 10 "여호와의 사자가 그에게 이르되 네 여주인에게로 돌아가서 그 수하에 복종하라 여호와의 사자가 또 그에게 이르되 내가 네 씨를 크게 번성하여 그 수가 많아 셀 수 없게 하리라"

하나님의 천사는 하갈에게 현실을 인정하고 최선을 다하는 것만이 그가 살 수 있는 가장 안전한 길이라고 말씀하고 있습니다. 물론 언젠가는 하갈이 아브라함의 집을 떠날 것입니다. 그러나 지금은 그 때가 아닌 것입니다. 지금은 하갈이 성질을 죽이고 그 집에서 복종하는 것이 자신이나 아기를 위한 최선의 방법이었던 것입니다.

하갈이 자존심만 조금 버리면 얼마든지 살 수 있고 복을 받을 수 있습니다. 하나님은 하갈에게 교만을 버리고 살라고 말씀하시는 것입니다.

3. 아브라함의 첫 아들

아브라함은 하나님의 말씀이 아닌 인간적인 방법으로 해서 드디어 그렇게 기다리던 아들을 낳게 되었습니다. 이 아이는 분명히 아브라함의 아들이었습니다. 그러나 이 아들은 이상하게도 하나님에 대한 믿음이 전혀 없었습니다.

> 16:11, 12 "여호와의 사자가 또 그에게 이르되 네가 임신하였은즉 아들을 낳으리니 그 이름을 이스마엘이라 하라 이는 여호와께서 네 고통을 들으셨음이니라

그가 사람 중에 들나귀 같이 되리니 그의 손이 모든 사람을 치겠고 모든 사람의 손이 그를 칠지며 그가 모든 형제와 대항해서 살리라 하니라"

하나님의 천사는 이스마엘이 마치 '들나귀' 같은 기질을 가지고 이 세상을 살게 될 것이라고 말씀하고 있습니다. 들나귀는 우리나라에서는 볼 수 없지만 팔레스타인에는 야생마와 같이 들판에 자주 있었던 것 같습니다. 그런데 들나귀의 특징은 너무나도 고집이 세고 기질이 강해서 어느 누구도 잡아서 길들이지 못한다는 것입니다.

이스마엘은 아무리 하나님의 말씀을 들어도 말씀으로 길들여지지 않았습니다. 그리고 이스마엘은 말씀의 틀에 매이는 것을 견디지 못했습니다.

호세아 선지는 이스라엘 백성들에 대하여 이렇게 말씀하고 있습니다.

"그들이 홀로 떨어진 들나귀처럼 앗수르로 갔고 에브라임이 값 주고 사랑하는 자들을 얻었도다" (호 8:9)

하나님께서 이스라엘 백성들에게 아무리 말씀을 주시고 고난을 주셔도 이스라엘 백성들은 길들여지지 않았습니다. 결국 이스라엘은 앗수르에 의해 망할 수밖에 없었습니다.

하나님께서는 우리 스스로 하나님의 뜻을 찾아서 거기에 복종하는 것을 원하십니다. 그러나 우리 인간은 하나님의 틀에 매이는 것을 너무 싫어합니다. 그 대신 자신들의 목표나 야망을 따라서 끝없이 가보는 것을 좋아합니다.

예수님은 "수고하고 무거운 짐 진 자들아 다 내게로 오라 내가 너희를 쉬게 하리라" (마 11:28)고 말씀하셨습니다. 우리는 모두 들나귀같이 길들여지지 않는 기질을 가지고 자기 하고 싶은 대로 다 하면서 살아갑니다. 그러나 그 결과는 허무이고 인생의 피곤입니다. 예수님은 우리에게 진정한 만족을 주시기 위해서 오셨습니다. 그렇게 하려면 우리는 예수님의 멍에를 매어야 합니다. 그것은 바로 하나님의 말씀의 멍에인데 이 멍에는 결코 무거운 것이 아니라고 하셨습니다.

　이 세상에는 평안이 없습니다. 사람들이 그리스도인들에게 가장 부러워하는 것이 무엇입니까? 이 미친 광란의 춤을 추지 않는다는 것입니다. 세상 사람들이 그리스도인들에게서 이해할 수 없는 것이 있는데, 그들에게는 평안이 있다는 것입니다. 예수님이 말씀하시기를 "나의 평안을 너희에게 주노라 내가 너희에게 주는 것은 세상이 주는 것과 같지 아니하니라"(요 14:27)고 하셨습니다. 우리가 예수 믿고 하나님의 말씀을 듣는 것은 기적입니다. 하나님께서 이제 우리에게 만족을 주시고 평안을 주실 것입니다. 이 시간 하나님으로부터 충만한 은혜와 위로를 받는 성도들이 다 되시기 바랍니다.

23
언약의 발전 / 창세기 17:9-10

우리나라에서 맹인으로서 미국에 유학 가서 박사 학위도 받고 미국 백악관 장애인 보좌관을 지낸 분이 있습니다. 그 분이 바로 故 강영우 박사입니다. 그 분이 자신의 일생 중에 가장 가슴 아팠을 때는 자기가 시력을 잃으면서 부모님이 돌아가시고 남은 누나가 동생을 돌보느라고 공장에서 너무 열심히 일하다가 과로로 죽었을 때였다고 합니다. 결국 그 분과 동생들은 서로 다른 시설에 맡겨지게 되었습니다. 그러나 이 분은 절망하지 않고 열심히 공부해서 대학을 졸업하고 미국에 유학까지 간 후에 동생들을 미국에 다 불러서 함께 생활을 하게 됩니다. 그는 성공했고 어느 누구도 이룰 수 없는 아름다운 삶을 사셨습니다. 만일 어떤 형제들이 부모가 없어서 입양되어야 하는데 서로 다른 나라로 입양되어야 한다면 같이 데려가 달라고 간곡히 부탁을 할 것입니다.

하나님은 아브라함에게 하늘의 복을 주시겠다고 약속하셨습니다. 그런데 아브라함이 그 복을 받는데 조건이 있었습니다. 그것은 바로 믿음으로 아들을 낳아야 한다는 것이었습니다. 그런데 아브라함은 아무리 기다려도 아들이 생기지 않으니까 더 이상 기다릴 수 없어서 부인 사라의 여종을 첩으로 얻어서 아들 이스마엘을 낳아버렸습니다. 그러나 이 아들은 하나님의 약속의 아들이 아니었습니다. 그래서 하나님은 아브라함에게 "너는 지금 믿음에서 많이 벗어나 있다"고 하시면서 "너는 다시 바른 믿음으로 돌아와야 한다"고 말씀하셨습니다. 그때가 바로 아브라함의 나이 구십구 세 때였습니다.

우리가 하나님의 복을 받으려고 한다면 바른 길을 찾아야 하고 바른 위치에 있어야 합니다. 하나님의 길이 아닌 다른 길을 가면서 아무리 복을 달라고 부르짖고 아무리 열심을 내어서 종교 활동을 해도 소용이 없습니다. 하나님은 아브라함에게 방향 수정을 요구하셨습니다. 오늘 우리도 하나님 앞에서 바른 위치에 있어야 하나님의 복이 임하고 부흥이 일어날 수 있습니다. 그런데 본문 말씀에는 더 중요한 내용이 있습니다. 그것은 하나님께서 이스라엘 자손이 아닌 이방인도 이 복을 받을 수 있도록 포함시키는 내용입니다. 우리는 하나님의 약속이 이렇게 발전하는 바람에 어마어마한 복의 상속자가 되었습니다.

1. 아브라함의 방향 수정

우리는 모두 하나님으로부터 복 받기를 원하고 있습니다. 사실 우리 교회는 이런 점에서 좀 점잖은 편입니다. 서울에 있는 어떤 교회를 보면 새벽 기도 때 하나님의 복을 받기 위해서 얼마나 많은 교인들이 교회로 몰려가는지 그 발자국 소리가 대부대가 지나가는 것 같고 또 예배드릴 때에도 먼저 은혜 받고 축복받기 위해 서로 앞자리로 달려 가는 것을 볼 수 있습니다. 이런 것을 보면 정말 대단한 열심이라는 생각이 듭니다. 그런데 예수님의 말씀을 들으면 열심도 중요하지만 바른 믿음의 자세가 훨씬 더 중요한 것을 알 수 있습니다. 하나님은 아브라함에게 하늘의 복을 주시기를 원하셨습니다. 그리고 또 하나님은 아브라함에게 복이 되게 하시겠다고 약속하셨습니다. 그런데 하나님의 이 복에는 가장 중요한 핵심이 하나 있는데 아브라함은 그만 그것을 놓쳐버리고 말았습니다. 하나님은 아브라함에게 나타나셔서 "너는 내 앞에서 완전해야 한다"고 말씀하셨습니다.

> 17:1 "아브람이 구십구 세 때에 여호와께서 아브람에게 나타나서 그에게 이르시되 나는 전능한 하나님이라 너는 내 앞에서 행하여 완전하라"

하나님은 아브라함의 나이 구십구 세 때 다시 아브라함에게 나타나셨습니다. 여기서 구십구 세라는 것은 아브라함이 이스마엘을 낳고 13년이 지난 후입니다. 이 13년 동안 아브라함은 처음 이스마엘이라는 아들을 낳고 너무나 행복한 나날을 보내었던 것 같습니다. 그리고 아브라함은 지금 꿈에 부풀어 있었습니다. 이제 이스마엘이 13세가 되었으니까 곧 성인이 되게 될 것이고 곧 결혼하게 될 텐데, 그렇게 되면 아브라함은 하나님께서 네 후손이 하늘의 별처럼 많게 될 것이라는 약속을 믿었던 것 같습니다. 그런데 아브라함이 구십구 세가 되었을 때 하나님은 아브라함에게 나타나셔서 "나는 전능한 하나님이라 너는 내 앞에서 행하여 완전하라"고 하셨습니다. 이 말씀은 아브라함의 지금까지의 삶이 전혀 하나님의 뜻과 맞지 않고 또 전능하신 하나님을 믿는 신앙이 아니라는 뜻입니다. 즉 하나님께서는 지금까지 무려 13년 동안 아브라함이 이스마엘을 낳고 열심히 살아온 것을 전혀 인정하시지 않는다는 것입니다. 하나님은 아브라함에게 "나는 전능한 하나님이니까 지금까지 네가 엉터리로 했던 것은 다 버리고 새로 시작하자"고 말씀하시는 것입니다.

하나님은 아브라함에게 두 가지를 말씀하셨습니다. 하나는 하나님 자신을 "나는 전능한 하나님"이라고 소개하고 있습니다. 이것은 히브리 원어로 〈엘 샤다이〉입니다. 하나님은 이 세상에서 못하실 것이 없는 분이십니다. 하나님은 없는 데서도 모든 것을 만드실 수 있고 죽은 자도 살리실 수 있는 분이십니다. 하나님은 모든 능력과 축복을 다 가진 분이십니다.

다른 하나는 하나님께서 아브라함에게 "너는 내 앞에서 행하여 완전하라"고 하셨습니다. 하나님이 아브라함에게 너는 내 앞에서 완전하라고 하신 것은 하나님 앞에서 조금도 죄를 짓지 않는 완전한 성자가 되라는 뜻이 아닙니다. 이 말씀은 지금 아브라함은 하나님이 원하시는 길에서 완전히 벗어나서 잘못된 길로 가고 있다는 뜻입니다.

모든 인간의 숙제는 직장이나 결혼이나 건강의 문제 이전에 하나님과 바른 관계에 있지 못한 것입니다. 즉 모든 인간은 하나님과의 관계가 막혀 있고 단절되어서 하나님의 복을 받지 못하고 있다는 것입니다. 그래서 하나님은 아브라함에게 하나님의 온전한 복을 받을 수 있도록 말씀을 주셨는데, 아브라함은 이 하나님의 말씀을 잘 믿고 따라오다가 어느새 그 말씀을 팽개치고 딴 길로 가고 있었던 것입니다.

하나님께서는 아브라함이 하나님의 말씀을 믿고 하나님을 믿었을 때 그의 모든 죄를 다 덮어주시고 의인이 되게 하셨습니다. 그렇다면 앞으로도 아브라함은 자기 자신의 처지나 세상의 형편들을 보지 말고 전능하신 하나님만 믿고 살아가야 하는 것입니다. 즉 우리가 하나님을 믿음으로 죄 용서 받고 새 사람이 되었다면 이 세상 살아가면서 겪는 모든 어려움도 전능하신 하나님을 믿는 믿음으로 이겨내야 하는 것입니다. 결국 하나님이 우리에게 원하시는 것은 우리의 완전한 삶이 아닙니다. 우리는 아무리 완전하게 살려고 해도 절대로 완전하게 살 수 없습니다.

하나님께서 우리에게 요구하시는 것은 우리가 실수하고 잘못을 저질러도 하나님께서 다 용서해주신다는 것까지 믿어야 합니다. 그러면 우리가 해야 할 것은 무엇입니까? 우리는 끝까지 하나님의 말씀을 믿으면 되는 것입니다. 그런데 아브라함은 자신이 너무 늙었기 때문에 하나님의 말씀을 믿지 못하고 인간적인 방법으로 아이를 낳았습니다. 이것이 불신앙이었던 것입니다.

그리고 지금 아브라함은 지금 구십구 세에 아들 이스마엘을 데리고 너무나도 만족스러운 생활을 하고 있습니다. 이제 아브라함의 소원이 이루어졌고 아브라함은 더 이상 자식 문제로 걱정할 것이 없다고 생각하고 있습니다. 그러나 하나님에게는 이스마엘이 하나님이 주실 아들이 아닌 것입니다. 그래서 하나님께서 아브라함에게 "내 앞에서 행하여 완전하라"고 하신 것은 지금까지 13년 동안 네가 이스마엘을 얻은 것은 엉터리 응답이니까 이제부터 다시 시작해야 한다는 뜻으로 말씀하시는 것입니다.

예를 들어서 어떤 분이 수술을 받아서 상처를 다 꿰매고 아물기까지 했는데 그것이 엉뚱한 쪽을 잘못 수술한 것이라면 수술을 다시 할 수 밖에 없을 것입니다. 마찬가지로 아브라함은 자기 나름대로는 하나님의 응답을 받았고 모든 것이 다 해결되었다고 생각하고 있었지만 이것은 하나님 앞에서는 잘못된 것이기 때문에 다시 시작해야 하는 것입니다. 그래서 하나님은 아브라함에게 지금 내 앞에서 잘못된 것을 바로 잡으라고 말씀하신 것입니다. 아브라함의 신앙에 있어서 위대한 것은 아무리 자기 생각이 옳다 하더라도 하나님이 아니라고 하시면 자기 뜻을 버리고 다시 시작하는 것에 있습니다.

2. 언약의 발전

하나님께서는 아브라함이 구십구 세 되었을 때 나타나셔서 "내 언약을 나와 너 사이에" 세우겠다고 말씀하셨습니다.

17:2 "내가 내 언약을 나와 너 사이에 두어 너를 크게 번성하게 하리라 하시니"

즉 하나님께서 아브라함에게 주시는 언약의 결과는 엄청난 복인 것입니다. 여기서 번성하게 한다는 것은 영적으로나 세상적으로 모든 것이 풍성한 것을 말합니다. 우선 자손도 많아질 것이며 이들이 하나님의 복도 받고 세상적인 복도 많이 받게 될 것입니다. 그러나 이 언약은 이스라엘 백성만이 아니라 오늘 우리에게도 아주 중요한 것입니다.

하나님께서 원래 인간에게 요구하신 것은 완전한 말씀의 순종입니다. 우리 인간이 하나님 앞에서 절대적으로 말씀에 순종할 때 죽음을 경험하지 않고 영생에 들어가는 것입니다. 그러나 인간은 하나님의 말씀에 불순종함으로 이미 이 자격을 아담 때 상실해버렸습니다. 그리고 우리 인간의 힘으로는 다시는 이 자격을 회복할 수가 없었습니다. 그런데 하나님께서는 우리 인간에게 새로운 축복을 제안하셨습니다. 그것은 우리 인간의 모든 죄를 하나님이 책임지시기로 하고 우리는 하나님의 말씀을 믿는 것입니다. 즉 우리가 하나님을 믿을 때 하나님께서 우리를 의롭다고 인정하시는 것입니다. 결국 성경 전체와 기독교 사상을 한 마디로 요약하면 우리가 하나님의 말씀을 믿으면 하나님은 우리를 의인으로 인정하시는 것입니다.

그리고 하나님께서 아브라함에게 약속하신 것은 무엇입니까? 아브라함이 하나님을 믿었을 때 하나님께서 아브라함의 자손들까지도 모두 자동적으로 하나님의 백성이 되는 자격을 주신 것입니다. 즉 이스라엘 백성들은 모두 아브라함의 언약 안에서 의인이 되고 하나님의 백성의 자격을 가지고 태어나는 것입니다. 이스라엘 백성들이라고 해서 모두 태어나면서 자동적으로 의인이 될 수 없습니다. 그러나 하나님께서는 아브라함에게 약속하시기를 이스라엘 백성들은 모두 태어나면서 전도가 된다고 믿으신 것입니다. 그래서 모든 이스라엘 백성들은 태어나면서 자동적으로 하나님의 백성의 자격을 가지고 태어나게 됩니다. 단지 그들이 하나님의 율법을 어기지 않는 이상 결코 하나님으로부터 버림받지 않습니다.

이것을 비유로 들자면 우리가 한국 부모 밑에서 태어나면 자동적으로 대한민국 국민이 되는 것과 같습니다. 우리는 우리나라 안에서 계속 살았기 때문에 이 중요성을 잘 모를지 모르지만 중국이나 동남아 같은 데서 우리나라에 들어오려고 하면 시민권이 없어서 굉장히 어렵습니다.

이스라엘 백성들은 그야말로 조상 한 분을 잘 두는 바람에 엄청난 복을 받았습니다. 그것은 하나님 앞에서 믿음으로 의인이 되는 자격을 얻은 것입니다. 그리고 그 복의 결과는 '크게 번성하게 되는 것' 입니다. 즉 하나님께서 이들에게 하늘의 복을 부어주셔서 이 세상에서 최고의 복을 받는 사람이 되게 하실 뿐 아니라 세상적인 복도 모두 다 주시는 것입니다.

하나님의 말씀을 들은 아브라함은 땅에 엎드렸습니다. 이것은 아브라함이 이 모든 것을 인정한다는 것입니다. 아브라함은 하나님의 말씀 앞에 엎드렸습니다. 아브라함은 하나님의 말씀 앞에 따지거나 논쟁하지 않았습니다. 즉 내가 이 아들을 13년 동안 키웠고 또 하나님께서 나의 아들로 태어나게 하셨는데 지금 와서 이 말씀을 하시면 어떻게 하느냐고 반박하지 않았습니다. 아브라함은 하나님이 말씀하실 때 그 앞에 엎드렸습니다. 그 이유는 아브라함도 마음속으로는 그 동안 은혜를 받지 못해서 컬컬하고 답답했기 때문입니다. 그래서 이제는 내 모든 생각은 버리고 하나님의 말씀 앞에 전폭적으로 복종하겠다는 뜻을 보인 것입니다. 이것이 신앙인의 아름다움입니다. 신앙인의 아름다움은 아무리 자기 생각이 옳고 하나님의 뜻이 납득할 수 없더라도 일단 하나님의 말씀 앞에는 무릎 꿇는 것입니다. 이제 아브람은 하나님께서 무엇을 말씀하시든지 거기에 전적으로 복종할 뜻을 보입니다. 하나님께서는 아브람에게 '아브라함' 이라는 새로운 이름을 주셨습니다.

17:5 "이제 후로는 네 이름을 아브람이라 하지 아니하고 아브라함이라 하리니 이는 내가 너를 여러 민족의 아버지가 되게 함이니라"

어떤 사람에게 새로운 이름을 주는 것은 지금까지 살아온 것은 다 무효로 하고 새로운 인생을 시작한다는 것을 의미합니다. 우리는 주위에서 가게 이름을 바꾸는 것을 자주 볼 수 있습니다. 이것은 이제 새로운 가게로 새로 시작하겠다는 뜻입니다. 하나님께서 아브라함에게 새로운 이름을 주신 것은 아브라함이 구십구 세에 다시 출발한다는 뜻입니다. 아브라함은 지금까지 이스마엘을 자기 아들로 삼고 만족했지만 하나님께서는 그것을 다 무효로 하고 새로 시작하게 하셨습니다.

'아브람' 이라는 이름의 뜻은 '존귀한 아버지' 라는 뜻입니다. 아마 원래 발음은 '아비람'이었을 것입니다. 왜냐하면 히브리어로 '아비'가 아버지의 뜻이기 때문입니다. 그런데 '아브라함'이라는 말은 '많은 사람들의 아버지'라는 뜻입니다. 아람어에서 '루함'이라는 말은 큰 숫자를 의미합니다. 그래서 '아비-루함'이라고 하면 '아주 큰 무리의 아버지'라는 뜻이 됩니다. 하나님은 아브라함에게 아주 큰 무리의 아버지가 될 것이라고 약속하셨습니다.

그런데 여기서 아브라함의 이름을 바꾼 것이 우리에게 아주 중요합니다. 아브라함은 '여러 민족의 아버지'라는 뜻인데 이것은 문자 그대로 해석하면 아브라함에게서 많은 민족이 나온다는 뜻입니다. 즉 아브라함은 단일 민족의 조상이 아니고 복수 민족의 조상이 된다는 뜻입니다. 여기에서 말하는 여러 민족은 아브라함과 상관이 없는 자들이 아브라함의 가족 안으로 들어오게 된다는 것입니다. 어떻게 들어오게 됩니까? 믿음을 통해서입니다. 우리 같은 이방인들이 예수님의 복음을 듣고 믿을 때 우리는 하나님의 자녀로 다시 태어나게 됩니다.

이것을 사도 바울은 로마서 11장에서 감람나무를 접붙이는 것으로 설명한 바가 있습니다. 우리는 먹을 수 없는 돌감람나무인데 복음을 들음으로 하나님의 참감람나무에 접붙임이 되어서 천국의 진액을 먹게 됩니다. 우리가 그 동안 받아들였던 진액은 이 세상의 진액이었는데 하나님의 말씀을 들을 때 천국의 진액에 들어와서 천국의 열매가 맺히게 됩니다.

3. 언약의 표시

우리는 대개 언약을 세울 때 말로 하지만 말로 하는 언약은 쉽게 잊어버릴 수 있습니다. 그래서 중요한 언약은 예식을 통해서 하고 증서를 만들어서 도장을 찍습니다. 예를 들어서 결혼의 언약은 결혼식을 함으로써 확증이 되는 것입니다. 짐승 같은 경우에는 자기 짐승이라는 표시를 낙인을 찍어서 표시했습니다. 소나 말에 낙인을 찍으면 아무리 도둑질을 해도 어느 집 소인지 표시가 나게 됩니다. 하나님께서는 아브라함에게 모든 이스라엘 백성들은 난지 팔 일만에 몸에 할례를 받도록 하셨습니다. 이 할례가 하나님의 백성이라는 표시인 것입니다.

> 17:10, 11 "너희 중 남자는 다 할례를 받으라 이것이 나와 너희와 너희 후손 사이에 지킬 내 언약이니라 너희는 포피를 베어라 이것이 나와 너희 사이의 언약의 표징이니라"

우선 할례라고 하는 것은 남성의 성기 표피를 자르는 것입니다. 요즘으로 치면 포경수술과 같은 것입니다. 그런데 왜 하나님은 하필 하나님의 거룩한 언약의 표시로 남자들의 성기 표피를 자르게 하셨을까요?

하나님은 우리 몸에서 성기 표피가 불결하다고 보신 것 같습니다. 그래서 모든 남자의 성기 표피를 자르게 하심으로 우리 안에 있는 정욕과 혈기와 타락한 본성을 하나님 앞에서 자르는 의식을 행하게 하신 것입니다. 물론 성기 표피를 자른다고 해서 혈기나 타락한 본성 자체가 없어지는 것은 아니지만 그것을 하나님 앞에서 인정하는 것이 중요합니다. "우리는 태어날 때부터 악한 죄인이지만 오직 하나님의 은혜로 거룩함을 받습니다"라는 것을 인정하는 뜻입니다.

그런데 하나님께서 진심으로 원하신 것은 마음의 할례였습니다. 이 것은 내 안에 있는 혈기나 정욕이나 타락한 본성에 깊이 실망하고 하나님 앞에서 내 가슴에 칼을 찔러서 나의 옛 사람을 죽이는 것입니다. 그리고 예수님과 함께 새 사람으로 태어나는 것입니다. 그래서 할례는 일종의 세례의 전신입니다. 세례도 정확한 의미는 우리가 한번 죽는 것입니다. 십자가에 못 박히신 예수를 믿을 때 우리는 예수님과 함께 죽게 됩니다. 그리고 우리의 옛 사람을 완전히 청산하고 이제는 새 사람으로 다시 태어나게 됩니다. 우리가 예수를 믿을 때 우리의 옛 사람은 죽게 됩니다. 그리고 완전히 새 사람으로 다시 태어나게 됩니다. 실제로 우리는 새 사람이 됩니다. 그 이유는 우리가 하나님을 믿을 때 우리의 생각과 가치관과 사는 모든 방식이 완전히 변하게 되기 때문입니다.

그러나 이 할례는 이방인에게도 해당되는 약속이었습니다.

> 17:12, 13 "너희의 대대로 모든 남자는 집에서 난 자나 또는 너희 자손이 아니라 이방 사람에게서 돈으로 산 자를 막론하고 난 지 팔 일 만에 할례를 받을 것이라 너희 집에서 난 자든지 너희 돈으로 산 자든지 할례를 받아야 하리니 이에 내 언약이 너희 살에 있어 영원한 언약이 되려니와"

하나님은 이스라엘 백성들 가운데 있는 이방인들도 바로 이 할례를 받을 수 있게 하셨습니다. 이들은 모두 빚을 갚지 못해서 이스라엘에 노예나 종으로 팔려온 사람들입니다. 하나님은 이들도 하나님의 이 귀한 언약에 동참하게 하셨습니다.

요즘 한국으로 유학을 온 중국 학생들이나 동남아 학생들 그리고 한국에 시집온 베트남 여성들이나 중국 여성들, 그리고 한국에 온 동남아시아 근로자들에게 그 나라에서는 들을 수 없었던 복음을 듣고 그들이 예수 믿는 것을 자주 볼 수 있습니다. 이들이 바로 여기에 나오는 나그네들인 것입니다.

요엘 선지는 하나님께서 남종과 여종에게 내 영을 부어 주겠다고 약속하셨다고 했습니다. 이들은 모두 원래 이방인인데 하나님을 알게 되어 성령을 받게 됩니다. 하나님께서 우리에게 기대하시는 것이 무엇입니까? 완벽하고 세련된 신앙생활이 아닙니다. 오직 하나님의 은혜에 감사하고, 부족하지만 하나님의 말씀을 붙들고 사는 것입니다.

누구에게 하나님의 능력이 나타납니까? 자기가 완전하지 않다는 것을 인정하고 실수를 두려워하지 않고 믿음대로 행하는 사람들입니다. 하나님은 그런 사람을 참으로 사랑하셔서 성령의 역사가 나타나게 하시고 하나님의 능력이 나타나게 하십니다.

하나님께서는 아브라함의 자손들과 접촉하는 모든 사람들이 이 복 안으로 들어오기를 원하셨습니다. 즉 자기가 원해서 들어 왔건 원하지 않아서 들어 왔건 결과적으로 큰 복이 되게 하셨습니다.

하나님은 아브라함 부인 사라에게도 새로운 이름을 주셨습니다. 사라의 원래 이름은 '사래'인데 '사라'로 바꾸게 하신 것입니다. 사래는 아브라함의 부인이었는데 이제는 '모든 사람의 어머니'가 된다는 의미입니다.

그러나 아브라함은 아직도 자기 나이에 자신이 없었습니다. 그래서 아브라함은 웃으면서 백 세 된 사람이 어떻게 새로 아이를 가지겠느냐고 하면서 이스마엘이 아들이 되기를 바란다고 했습니다.

17:17, 18 "아브라함이 엎드려 웃으며 마음속으로 이르되 백 세 된 사람이 어찌 자식을 낳을까 사라는 구십 세니 어찌 출산하리요 하고 아브라함이 이에 하나님께 아뢰되 이스마엘이나 하나님 앞에 살기를 원하나이다"

하나님께서 아브라함에게 사래의 이름을 사라라고 고치라고 하시면서 이제 사라가 그에게 아들을 낳아 줄 것이라고 말씀하셨을 때 아브라함은 엎드려 웃었습니다. 아브라함이 하나님의 말씀 앞에서 웃은 것에 대하여 어떤 분은 그가 너무 기뻐서 웃은 것이라고 해석합니다. 그러나 여기서 아브라함이 웃은 것은 기뻐서 웃은 것이 아니라 너무 기가 막혀서 웃은 것입니다. 아브라함은 일단 하나님의 말씀 앞에서는 무릎을 꿇었고 엎드렸습니다. 그러나 아들의 문제에 있어서만은 자기 나름대로의 강한 고집이 있어서 하나님의 말씀을 받아들이기가 어려웠습니다. 그래서 아브라함은 하나님이 아들에 대하여 하시는 말씀을 들으니까 너무 현실적이지 않아서 웃음이 나왔던 것입니다. 그러나 이것은 분명히 아브라함의 불신앙이었습니다.

그러나 하나님은 분명히 말씀하셨습니다.

17:19 "하나님이 이르시되 아니라 네 아내 사라가 네게 아들을 낳으리니 너는 그 이름을 이삭이라 하라 내가 그와 내 언약을 세우리니 그의 후손에게 영원한 언

약이 되리라"

그런데 놀라운 것은 이 하나님의 말씀이 늙은 사라의 몸을 치료해서 아이를 낳을 수 있게 했습니다. 하나님의 말씀을 듣는 가운데 놀라운 치료가 일어나게 되는 것입니다. 하나님의 말씀을 들으면서 병이 낫고 기적이 일어날 것을 믿으시기 바랍니다.

우리는 모두 하나님의 복을 받기를 원합니다. 그러나 우리가 복을 받는 데는 열심만 중요한 것이 아니라 바른 위치에 있는 것이 더욱 중요합니다. 우리가 하나님의 말씀을 믿고 예수를 믿었으면 바른 축복의 길로 들어선 것입니다. 이제부터 우리가 해야 할 것은 더 이상 자신도 보지 않고 세상도 보지 않고 의사의 말도 너무 믿지 말고 끝까지 전능하신 하나님을 믿는 것입니다.

오늘도 하나님이 우리를 깨끗케 하시며, 우리의 부족하고 깨어지고 상처 난 부분을 다 고쳐주셔서 다시 믿음으로 새 힘과 능력을 얻게 되기를 바랍니다.

24 초대 받지 않은 손님 / 창세기 18:1-33

식사나 파티를 할 때는 대개 잘 알고 또 친한 사람들만 불러서 음식을 먹으면서 좋은 시간을 가지려고 합니다. 그런데 그런 파티 하는 곳에 알지도 못하고 초대하지도 않은 사람이 들어와서 행패를 부리거나 난동을 부리면 분위기도 엉망이 되고 기분도 잡치게 될 것입니다. 아주 옛날에 흑백 문제를 다룬 영화 중에 〈초대받지 않은 손님〉이라는 영화가 있었습니다. 백인 여자가 흑인 남자를 사귀어서 자기 집으로 초대하는 내용이었습니다. 그러나 백인 집에서는 딸이 흑인과 사귀는 것은 전혀 생각하지 못했기 때문에 이 흑인 남자 친구는 초대받지 않은 손님이 된 것입니다.

요즘 사람들은 아침 일찍이 혹은 밤늦게 누군가가 전혀 예고도 없이 불쑥 집으로 찾아오는 것을 좋아하지 않습니다. 특히 여성들은 외부인들을 만나려고 하면 얼굴을 꾸미고 머리도 손 봐야 하는데 한참 잠을 자고 있는 시간에 누군가가 전화를 하거나 찾아와서 벨을 누르면 엄청 싫어할 것입니다.

그런데 우리는 가끔 예고도 하지 않았는데 유명한 분을 만날 때가 있습니다. 어떤 대학 교수는 자신이 미국 유학시절에 너무나도 가난해서 병원에서 아르바이트를 할 수밖에 없었다고 합니다. 그때 병원에서 한 할아버지를 만나서 서로 친밀하게 대화를 나누었던 적이 있는데 나중에 알고 보니까 그 분이 어느 큰 회사 회장이어서 그에게 도움을 받고 또 공부할 수 있도록 장학금까지 받았다고 합니다. 또 외국의 한 십대 소녀는 불치병에 걸려서 늘 병원에 있고 휠체어를 타야 움직일 수 있었는데, 그 소녀의 소원은 우리나라 어느 십대 가수들을 만나는 것이었습니다. 이 소식을 들은 그 십대 가수들은 아무 예고도 없이 그 병원을 방문해서 그 외국 십대 소녀를 만나서 노래를 불러주었습니다. 그 소녀는 너무나도 기뻐서 자기도 이 병을 꼭 이기고 건강하게 되어서 좋은 사람이 되겠다고 약속했다고 합니다.

본문 말씀을 보면 아브라함이 자기도 모르는 사이에 유명한 분 중의 한 분을 만나게 됩니다. 아브라함은 바로 자기를 찾아온 하나님을 만나게 되었던 것입니다. 그러나 하나님은 자신의 신분을 숨기고 불쑥 아브라함을 찾아오셨기 때문에 아브라함은 이 분이 하나님이신 줄 전혀 몰랐습니다. 그러나 아브라함은 자기를 찾아온 줄도 모르는 손님들을 극진하게 대접했다가 하나님과 천사들을 대접하게 되었고, 놀라운 축복의 말씀을 듣게 되었습니다.

1. 예기치 못한 방문

우리는 가끔 전혀 생각하지도 못했던 손님의 방문을 받을 때가 있습니다. 그 분이 아주 오랫동안 만나지 못했던 귀한 친구라면 더 기쁘고 반가울 것입니다. 우리에게도 전혀 생각하지도 못한 순간에 하나님께서 우리를 방문하실 때가 있는 것입니다.

18:1, 2 "여호와께서 마므레의 상수리나무들이 있는 곳에서 아브라함에게 나타

나시니라 날이 뜨거울 때에 그가 장막 문에 앉아 있다가 눈을 들어 본즉 사람 셋이 맞은편에 서 있는지라 그가 그들을 보자 곧 장막 문에서 달려나가 영접하며 몸을 땅에 굽혀"

하나님은 전혀 예고 없이 아브라함을 찾아오셨습니다. 하나님께서 아브라함을 찾아오신 시간은 "날이 가장 뜨거울 때"였습니다. 팔레스타인에서 정오는 태양이 가장 뜨거운 시간이고 이때는 너무 더워서 아무도 움직이지 않고 낮잠을 자게 됩니다. 그래서 팔레스타인이나 스페인 같은 곳에서는 정오에 엄청 더울 때에 다른 사람을 방문하지 않습니다. 그러나 하나님은 바로 이 시간에 아무 예고도 없이 아브라함을 찾아오셨습니다. 이것은 아브라함의 믿음을 시험해 보시기 위함입니다. 하나님께서는 우리에게 가장 귀한 복을 주시기 전에 반드시 우리의 믿음을 시험해 보십니다. 그래서 때때로 짜증스럽고 모든 것이 귀찮을 때 하나님께서 은혜 주시려고 우리를 찾아오실 때가 있습니다. 이때 신경질을 낸다든지 문을 닫아버리면 그 복을 놓치게 되는 것입니다. 그래서 우리는 개인적으로 가장 짜증나는 시간에도 하나님이 찾아오실 수 있다고 생각하고 아무에게나 신경질을 부리거나 화를 내어서는 안 됩니다. 왜냐하면 그때가 은혜의 시간일 수도 있기 때문입니다.

하나님께서 아무 예고 없이 아브라함을 찾아오신 시간은 아브라함에게는 가장 피곤하고 성가신 시간이었습니다. 내 자신이 피곤하고 몸이 지쳐서 잠을 자야 할 때 다른 사람이 찾아오면 반갑지 않을 것입니다. 그러나 하나님께서는 일부러 그런 시간에 우리를 찾아오실 수 있습니다. 교인들 중에 수험생이 있다든지 혹은 암 환자가 있으면 언제나 마음이 무거울 것입니다. 그러나 하나님의 은혜를 받으려면 개인적으로 피곤하고 짜증스러운 때라도 하나님이 은혜주실 수 있다는 것을 기대해야 합니다. 우리가 여러 가지 인생의 무거운 짐을 지고 있으면 자꾸 자기 생각이나 자기 문제에 빠지는데 그것은 좋지 못합니다.

아마 그때는 아브라함도 아침 일찍 일어나서 짐승들을 돌아보고 먹을 것을 먹이고 이제 잠시 텐트에 누워 쉬려고 하는 순간이었을 것입니다. 이때 장막 건너편에 평소에 보지 못하던 세 사람이 서 있는 것을 보게 되었습니다. 아브라함은 낯선 이 세 사람을 보았을 때 마치 자기 집을 찾아온 반가운 손님인 것처럼 자리에서 벌떡 일어나서 그들을 자기 집으로 모셔 들었습니다. 아브라함은 가장 정중한 자세로 이 낯선 분들을 영접했습니다. 성경에 보면 그가 그 세 사람에게 달려 나가서 몸을 땅에 굽히고 '주'라고 하면서, 은혜를 입었으면 지나가지 마시고 제발 와서 물로 발을 씻고 음식을 잡수시고 기분을 좀 쾌활하게 하신 후에 가시라고 권했습니다. 결국 이 세 사람은 아브라함의 초대에 응해 그렇게 하라고 하면서 아브라함의 집으로 들어왔습니다.

  이때 아브라함은 자려고 하고 있는 사라나 하인들을 다 깨워서 열심히 음식을 준비해서 이 손님들을 정성껏 대접하게 됩니다. 성경을 보면 고운 가루 세 스아를 반죽해서 떡을 굽게 하고 짐승 중에서 기름지고 좋은 송아지를 한 마리 잡아서 요리를 하고 버터와 우유를 가지고 와서 정성껏 그 손님들을 대접했습니다. 우리가 이것을 보면 아브라함이나 그의 가족들이 얼마나 친절하고 부지런한지 알 수 있습니다. 대개 심술궂은 사람들이라면 주인이 귀찮은 시간에 일을 시키면 불평을 하거나 욕을 할 것입니다. 그러나 아브라함의 집에는 그런 사람이 한 명도 없었습니다.

  우리가 보다 더 큰 하나님의 복으로 나아가려면 반드시 자신의 벽을 허물고 다른 사람을 만나서 새로운 이야기를 들어야 합니다.

  본문에서 더 놀라운 점은 아브라함을 찾아온 세 사람 중 한 분이 여호와라는 사실입니다.

> 18:1 "여호와께서 마므레의 상수리나무들이 있는 곳에서 아브라함에게 나타나시니라"

본문 성경을 보면 세 사람이 아브라함을 찾아왔는데 다른 두 사람은 천사라고 하면서 한 분은 여호와라고 분명히 기록하고 있습니다. 즉 하나님 자신이 아브라함을 찾아오신 것입니다. 그러나 놀라운 것은 하나님께서 아브라함을 찾아오신 방식입니다. 지금까지 하나님은 수없이 아브라함에게 나타나셨고 대화도 주고받았습니다. 그러나 이번에 하나님은 거의 완전한 사람의 형태로 찾아오셨습니다. 그래서 하나님은 아브라함의 텐트에서 발도 씻으시고 아브라함이 준비한 음식도 잡수셨습니다. 천사는 영이기 때문에 음식을 먹지 않습니다. 또 천사는 발을 씻지 않습니다. 이것은 하나님도 마찬가지입니다. 하나님께서도 물론 사람의 형상으로 나타나실 수는 있지만 발을 씻거나 음식을 잡수시지 않습니다. 그럼에도 불구하고 아브라함을 찾아오신 하나님과 천사들은 발도 씻고 음식도 잡수시면서 아브라함과 교제를 나누셨습니다. 이것은 놀라운 일입니다.

이곳 밀고는 구약성경 어디에도 하나님이 사람의 몸으로 찾아오셔서 발을 씻고 음식을 잡수신 곳이 없습니다. 그러나 이번에 하나님이 아브라함을 찾아오셨을 때에는 거의 완전한 사람의 육체로 찾아오셨습니다. 이것은 두 가지 의미가 있습니다. 하나는 하나님께서 아브라함을 그만큼 가깝게 생각하신다는 뜻입니다. 하나님은 전혀 예고도 아니하시고 불쑥 찾아오셔서 함께 음식을 나누실 정도로 친하게 아브라함을 생각하신다는 뜻입니다. 우리도 아주 친한 친구에게는 전혀 미리 약속을 하지도 않고 불쑥 찾아와서 같이 식사를 하기도 합니다. 하나님께서는 아브라함을 이 정도로 친하게 생각하셨던 것입니다. 하나님은 말씀을 붙드는 종을 종으로 생각하시지 않고 친구로 생각하십니다. 그래서 예수님은 제자들에게 내가 너희를 종으로 생각하지 않고 친구로 생각한다고 말씀하셨습니다(요 15:15). 그래서 하나님의 말씀을 사랑하는 것이 얼마나 존귀한 것인지 알아야 합니다. 그러면 하나님의 친구가 되어서 전혀 격의 없이 하나님과 모든 이야기를 다 나눌 수 있게 되는 것입니다.

그리고 또 하나는 앞으로 하나님께서 직접 사람으로 오실 가능성을 미리 보여주신 것입니다. 여기에 아브라함을 찾아오신 하나님은 성부가 아닙니다. 성부는 인간이 볼 수 없습니다. 여기에 찾아오신 하나님은 성자이십니다. 여기에 하나님이 아브라함을 찾아오신 것이 성육신은 아니지만 거의 성육신에 가까운 모습으로 찾아오셨던 것입니다. 이것은 앞으로 하나님이 완전히 인간이 되실 가능성을 보여주는 것입니다. 즉 하나님께서 궁극적으로 원하시는 것은 직접 사람이 되셔서 직접 그 입으로 하나님의 말씀을 전하시고 우리와 함께 하시는 것입니다.

우리는 몸을 가지고 있기 때문에 귀찮거나 힘들 때가 많이 있습니다. 우리는 몸을 가지고 있어서 음식을 먹어야 하고 잠을 자야 하고 화를 내기도 하고 병들면 또 아프기까지 합니다. 그러나 우리가 이 몸으로 예배드리고 이 몸으로 찬양하고 이 몸으로 하나님의 말씀을 듣는 것은 최고로 가치가 있는 것입니다.

하나님이 원하시는 것은 천사의 순종이 아닙니다. 천사들은 늘 하나님의 뜻에 순종하게 되어 있습니다. 왜냐하면 몸이 없기 때문입니다. 우리에게 가장 중요한 것은 몸을 가졌음에도 불구하고 우리의 혈기나 정욕대로 살지 아니하고 하나님의 뜻에 자신을 자발적으로 쳐 복종시키는 것입니다. 이것보다 더 귀한 것은 없습니다.

2. 사라에게 주신 말씀

하나님께서 이렇게 아브라함을 특별히 찾아오신 것은 사실 사라에게 무엇인가 중요한 말씀을 전하시기 위해서였습니다. 그래서 하나님은 아브라함에게 사라가 어디 있느냐고 물으셨습니다.

> 18:9 "그들이 아브라함에게 이르되 네 아내 사라가 어디 있느냐 대답하되 장막에 있나이다"

하나님이 아브라함에게 사라가 어디 있느냐고 물으신 것은 사라가 어디 있는지 몰라서가 아닙니다. 하나님께서 이제부터 사라에게 말씀하시려고 사라를 찾으시는 것입니다. 사람은 다른 사람이 대화를 하는 중에 자기 이름이 나오면 주의를 기울여서 듣게 됩니다. 아마 아브라함 당시의 문화에서는 외간 남자가 찾아왔을 때 주인 여자가 직접 대면해서 대화를 나누는 것이 금지되었던 것 같습니다. 그래서 사라는 장막 뒤에서 자기 남편과 이 사람들이 나누는 대화를 엿듣고 있었습니다. 즉 사라도 모르는 사람들이 와서 남편과 대화를 나누는데 그들이 나누는 내용을 엿듣고 싶었던 것 같습니다.

이때 하나님은 아브라함에게 정말 놀라운 말씀을 하셨습니다.

18:10 "그가 이르시되 내년 이맘때 내가 반드시 네게로 돌아오리니 네 아내 사라에게 아들이 있으리라 하시니 사라가 그 뒤 장막 문에서 들었더라"

하나님은 드디어 사라가 아이를 낳게 되는 구체적인 시기를 분명하게 말씀하셨습니다. 하나님은 일 년 만에 다시 아브라함에게 돌아오게 될 텐데 그때 사라는 이미 아이를 낳았을 것이라고 분명하게 말씀하셨습니다. 이것은 무려 사라가 구십 세가 될 때까지 들을 수 없었던 말씀이었습니다. 그런데 전혀 모르는 세 사람이 와서 발을 씻고 식사를 하더니 갑자기 일 년 뒤에 사라에게 아이가 있게 될 것이라고 이야기를 합니다. 이 얼마나 반가운 이야기입니까? 그러나 사라는 이 말을 받아들일 수가 없었습니다.

18:11, 12 "아브라함과 사라는 나이가 많아 늙었고 사라에게는 여성의 생리가 끊어졌는지라 사라가 속으로 웃고 이르되 내가 노쇠하였고 내 주인도 늙었으니 내게 무슨 즐거움이 있으리요"

사라는 하나님이 하시는 말씀을 듣고 웃었습니다. 그리고 사라는 속으로 말하기를 나도 늙었고 내 남편도 늙었으니 어떻게 이런 기쁜 일이 있겠느냐고 속으로 웃으며 말을 했습니다. 이때 하나님은 사라가 속으로 하는 말을 들으시고 책망하셨습니다.

18:13 "여호와께서 아브라함에게 이르시되 사라가 왜 웃으며 이르기를 내가 늙었거늘 어떻게 아들을 낳으리요 하느냐"

하나님은 사라가 장막 뒤에서 하나님의 말씀을 듣고 속으로 웃는 것을 아셨습니다. 그리고 사라가 마음속으로 이것을 인정하지 못하는 것도 아셨습니다. 그리고는 책망하셨습니다. 그러나 사라는 자기가 웃었다는 것을 인정하지 않고 웃지 않았다고 말을 합니다. 그러나 하나님은 네가 분명히 웃었다고 말씀하셨습니다. 여기서 사라는 과연 웃었을까요, 웃지 않았을까요? 아마도 하나님께서 웃었다고 하셨으니까 사라는 분명히 웃었을 것입니다. 그러면 사라는 그렇게 원했던 아기를 가지게 된다는데 왜 웃으면서 인정을 하지 않았을까요? 이것이 바로 나이가 든 여자의 마음인 것입니다. 사라에게 있어서 아이를 가지는 것은 한평생 소원이었습니다. 그리고 평소에도 수도 없이 아기를 가지는 것에 대하여 기대를 가졌습니다. 그러나 이제는 나이가 많이 들어서 인간적으로는 아기를 가지는 것이 불가능하게 되었습니다. 물론 사라에게 이 말은 너무나도 기다렸던 말이고 너무나도 기쁜 말입니다. 그러나 사라는 지금까지 너무나도 많이 실패했기 때문에 이번에 이 말도 인간적인 기대에 불과할까 싶어서 감히 '아멘' 이라고 할 수 없었던 것입니다.

하나님은 장막 뒤에서 마음으로는 너무나도 기쁘지만 입으로는 시인하지 못하는 사라의 마음을 아셨습니다. 그래서 하나님은 사라가 웃었다고 말씀하셨습니다. 이것을 다른 말로 표현하면 '나는 네 마음을 다 알고 있다' 는 뜻입니다.

때로는 여성들이 자기 생각이나 감정을 말로 다 표현하지 못할 때가 많이 있습니다. 그런데 누군가가 그것을 잘 알아서 인정을 해줄 때 말로 표현할 수 없는 행복감과 신뢰를 가지게 되는 것입니다. 하나님은 사라의 마음을 너무나도 잘 알아주셨습니다.

그런데 거기에다가 하나님은 결정적으로 폭탄 같은 말씀을 하셨습니다. 그것은 "여호와께 능하지 못한 일이 있겠느냐" 라는 말씀이었습니다.

우리 인간은 다른 사람들에게 희망 사항 밖에 말해줄 것이 없습니다. 왜냐하면 인간의 능력은 모두 다 한계가 있기 때문입니다. 그러나 하나님의 말씀은 결코 희망 사항이 아닙니다. 하나님께서 말씀하시면 반드시 이루어지게 됩니다. 그것이 아무리 불가능한 일이고 도저히 일어날 수 없는 일이라 하더라도 하나님에게는 능하지 못한 것이 없는 것입니다. 하나님은 사라에게 지금 말씀하시는 분이 사람이 아니라 하나님이시란 것을 결정적으로 말씀하셨습니다. 그것은 "여호와께 능하지 못한 일이 있겠느냐?"라는 말씀입니다. 결국 하나님께서 말씀하시면 반드시 그대로 이루어지게 된다는 것입니다. 오늘 사람들은 교회에 와서도 자꾸 인간의 위로의 말을 들으려고 합니다. 그러나 사람이 하는 위로의 말은 그 당시에는 듣기 좋은 격려의 밀 같지만 반드시 그대로 된다는 보장이 없습니다. 그래서 우리는 교회에 와서 하나님이 나에게 하시는 말씀을 들어야 하고 하나님이 하시는 말씀을 붙들어야 합니다.

사도 바울은 데살로니가 교인들을 향하여 "이는 우리 복음이 너희에게 말로만 이른 것이 아니라 또한 능력과 성령과 큰 확신으로 된 것임이라"(살전 1:5)라고 강조했습니다.

3. 하나님의 계획

하나님은 앞으로 이루어질 중요한 일을 말씀하신 후에 아브라함에게 미래 계획을 말씀하셨습니다.

> 18:16, 17 "그 사람들이 거기서 일어나서 소돔으로 향하고 아브라함은 그들을 전송하러 함께 나가니라 여호와께서 이르시되 내가 하려는 것을 아브라함에게 숨기겠느냐"

사람들은 자기가 하려고 하는 아주 중요한 일을 아주 가까운 사람과 의논합니다. 아이들은 자기 계획을 부모와 의논하고 아내는 자기가 하려고 하는 것은 남편과 의논합니다. 정치인들은 자신의 중요한 문제를 아주 친한 친구나 믿을 수 있는 참모와 미리 의논합니다. 하나님께서도 바로 아브라함에게 이렇게 하셨습니다. 즉 아브라함에게 자신의 속을 털어 놓으시면서 하나님의 계획을 말씀하셨습니다. 하나님은 자신이 하려고 하는 아주 중요한 일들을 하나님의 말씀을 사랑하는 자에게 미리 알려주시거나 의논하십니다. 이렇게 하나님은 자신의 중요한 계획을 사랑하는 자기 백성에게 알게 하십니다.

하나님은 하나님의 말씀을 사랑하는 자들을 친구로 생각하십니다. 그래서 천국에 가지 않아도 이 세상에서 이미 하나님의 뜻을 다 듣게 됩니다.

겉으로 보기에는 이 세상 사람들이 참으로 약삭빠른 것 같습니다. 세상 사람들은 이 세상에서 좋다는 것은 다 움켜쥐는 것 같습니다. 그러나 이 세상 사람들은 하나님의 계획을 알지 못합니다. 그래서 가장 안전하다고 생각할 때에 갑자기 멸망이 찾아오게 됩니다. 그러나 하나님은 중요한 것을 믿는 우리에게 반드시 알려주시고 의논해 주십니다. 하나님께서 이런 식으로 자신의 생각을 종들에게 알려 주시는 이유가 무엇입니까? 그들로 하여금 우연이라는 것은 없으며 모든 것이 하나님의 뜻대로 이루어진다는 것을 깨닫게 하기 위해서입니다.

하나님은 아브라함에게 소돔과 고모라에 대한 계획을 알려주셨습니다. 소돔과 고모라는 그 다음 날 하늘에서 내린 유황불로 완전히 멸망하게 됩니다. 그러나 하나님은 아브라함에게 그것이 우연히 일어난 것이 아니라 하나님이 내리시는 심판인 것을 아브라함에게 알려주셨습니다. 그랬더니 아브라함은 오히려 더 놀라면서 하나님과 논쟁하기 시작했습니다. 즉 아브라함은 갑자기 소돔과 고모라가 멸망하는 것이 우연한 자연 재해라면 아무 말할 것도 없는데 이것이 하나님이 내리시는 심판이라면 이해가 안 되는 것이 너무 많았습니다. 그 중에서 가장 이해 안 되는 것이 하나님은 멸망할 사람들을 살리시는 분인 줄 알았는데 심판도 하신다는 것이 이해가 되지 않았던 것입니다. 그래서 아브라함은 하나님께 항의를 했습니다.

> 18:25 "주께서 이같이 하사 의인을 악인과 함께 죽이심은 부당하오며 의인과 악인을 같이 하심도 부당하니이다 세상을 심판하시는 이가 정의를 행하실 것이 아니니이까"

아브라함이 보기에는 소돔과 고모라 사람들이 그렇게 악한 것 같지 않았습니다. 그래서 하나님께서 소돔과 고모라 전체를 멸망시키겠다고 하니까 아브라함은 하나님께 "어떻게 의인을 악인과 함께 멸망시키시려고 하십니까?"라고 하면서 항의를 했습니다. 아브라함이 보기에 소돔과 고모라 사람들은 겉으로 보기에는 전혀 문제가 없는 것 같았고 의로운 사람들인 것 같았습니다. 그러나 그들은 속으로 너무나도 악한 사람들이었고 음란한 사람들이었고 도저히 하나님의 용서를 받을 수 없는 사람들이었습니다. 이것은 오늘 우리 시대와도 비슷합니다. 우리도 다른 사람들의 외모만 보면 너무나도 멋있는 것 같고 깨끗한 것 같고 믿음이 좋은 것 같습니다. 그러나 사람들의 실제적인 상태는 우리가 생각하는 것과 너무나도 다른 것입니다. 조금만 속을 파고 들어가 보면 너무나도 죄가 심각한 것을 알게 될 것입니다. 현대인들은 겉으로 보는 것과 완전히 또 다른 모습을 가지고 살아가고 있습니다.

아브라함은 하나님께 "적어도 소돔과 고모라에 의인이 오십 명은 살고 있을 텐데 하나님께서는 의인 오십 명이 있어도 소돔과 고모라를 멸망시키겠습니까?"라고 하면서 따지듯이 물었습니다. 이때까지만 해도 아브라함은 하나님에 대하여 화가 나 있었고 하나님은 너무 하시다는 생각을 가지고 있었던 것입니다. 그러나 아브라함은 하나님으로부터 너무나도 놀라운 대답을 들었습니다. 하나님께서는 아브라함에게 소돔과 고모라에 의인이 오십 명만 있어도 멸망시키지 않으시겠다고 대답하셨습니다. 하나님은 절대로 이유 없이 사람들을 멸망시키시는 분이 아니신 것입니다. 이때 아브라함은 또 생각을 하게 되었습니다. 만일 소돔성에 내가 생각한 것보다 의인이 조금 적으면 어떻게 될까 하는 것이었습니다. '만약 소돔이나 고모라에 내가 말한 오십 명보다 의인이 다섯 명이 적으면 어떻게 될까?' 그래서 아브라함은 다시 하나님께 기도를 했습니다. "하나님, 만일 소돔이나 고모라에 제가 말씀드린 것보다 의인이 다섯 명이 적어도 멸망시키시겠습니까?" 이때 하나님은 놀라운 대답을 하셨습니다. 소돔과 고모라에 의인이 사십오 명만 있으면 멸망시키지 않으신다는 것입니다.

여기서 과연 의인은 어떤 사람을 말합니까? 하나님을 두려워서 죄를 짓지 못하는 사람입니다. 그런 사람들이 사십오 명만 있으면 하나님은 다른 악인들이 아무리 많아도 아무 소리 하지 않고 그대로 이 성을 내버려두시겠다는 것입니다. 여기서 아브라함은 소돔과 고모라가 망하지 않을 수 있는 비결을 알게 되었습니다. 그것은 바로 의인의 숫자였습니다. 의인의 숫자만 있으면 성 전체가 살 수 있었습니다. 이때부터 아브라함의 과감한 협상이 시작됩니다. 아브라함은 소돔과 고모라를 살리기 위해서 하나님 앞에서 숫자를 가지고 협상을 하기 시작했습니다. 처음에는 하나님 앞에 화를 내듯이 말을 던졌지만 이제는 겸손하게 소돔과 고모라를 위해서 협상을 했습니다.

나중에 결국 아브라함은 하나님과 협상을 하는데 의인 열 명까지 내려가게 됩니다. "주는 노하지 마옵소서. 이번만 말씀드리겠습니다. 만약 의인 열 명을 찾으면 어떻게 하시겠습니까?" "내가 의인 열 명만 있어도 멸망시키지 않겠다." 하나님과 아브라함은 의인 숫자 열 명을 끝으로 협상을 끝내었습니다. 그런데 결국 소돔과 고모라에는 의인 열 명이 없어서 전부 다 멸망을 당하고 맙니다. 여기서 우리에게 궁금한 것은 왜 아브라함은 좀 더 깎지 않고 의인 열 명에서 그쳤을까 하는 점입니다. 우리가 두 가지 가능성을 생각할 수 있는데 하나는 설마 소돔과 고모라에 의인 열 명이 없겠느냐 하는 생각을 했을 가능성이 있습니다. 그러나 소돔과 고모라는 아브라함이 생각한 것보다 더 썩어 있었고 더 타락해 있었던 것입니다. 즉 아무리 아브라함이 소돔과 고모라 사람들이 불쌍하다 하더라도 의인이 최소한 열 명도 없으면 가능성이 없는 곳으로 보았다는 것입니다. 우리는 왜 아브라함이 열 명까지만 협상하고 더 이상 하나님 앞에서 숫자를 내리지 않았는지는 알 수 없습니다. 그러나 하나님은 아브라함의 중보 기도를 아주 중요하게 생각하셨고 할 수만 있으면 그의 기도대로 소돔과 고모라를 살려주시려고 했던 것입니다. 그러나 소돔과 고모라의 죄는 이미 정도를 넘어서서 막을 수 없게 되어 있었습니다. 이렇게 의인의 숫자가 어느 도시나 나라를 지진이나 홍수나 전쟁으로부터 지키는 근거가 됩니다.

그래서 이 세상이 타락해서 하나님의 심판이 임박해 있다 하더라도 우리가 하나님께 기도하고 기회를 달라고 하면 하나님은 살려주시는 것입니다. 하나님은 정말 이 세상 사람이 할 수만 있으면 한 사람이라도 멸망하지 않기를 원하십니다. 누구든지 조금이라도 변화될 가능성이 있으면 하나님은 얼마든지 기다리십니다.

아브라함이 소돔과 고모라에서 의인 열 명의 명단만 작성할 수 있었다면 그 성 전체가 사는 것이었습니다. 그러나 어느 누구도 그 성에서 의인 열 명의 명단을 제시할 수 없었습니다.

오늘 하나님께서 우리에게 원하시는 것이 무엇입니까? 우리 하나님의 백성들이 자기 문제에 빠지지 말고 이 세상의 죄인들을 살리기 위하여 중보 기도하는 것입니다. 그리고 하나님의 백성으로 부흥을 일으키는 것입니다. 그렇게 하기만 해도 이 세상에 임하는 하나님의 대재앙은 막을 수 있습니다.

아무리 악한 죄인이라 하더라도 그를 위하여 기도해 주는 사람이 있으면 그에게는 아직 소망이 있습니다. 하나님은 아무리 멸망할 수밖에 없는 자라 하더라도 누군가가 그를 위하여 기도하고 전도하기를 원하시는 것입니다. 그러나 하나님의 말씀이 전혀 없을 정도로 사회가 영적으로 죽어 있다면 하나님은 그 사회를 심판하실 것입니다.

예수님은 제자들에게 주검이 있는 곳에 독수리가 덮친다고 말씀하셨습니다. 즉 하나님의 진리가 죽어 있고 아무리 복음을 증언해도 반응이 없는 곳에는 하나님의 심판이 임하는 것입니다.

오늘 하나님 앞에서 의인이 되기를 바랍니다. 우리는 자신의 문제에만 빠져 있지 말고 이 나라와 다른 민족을 위해 기도해서 재앙을 이기고 멸망을 이기는 성도들이 다 되시기 바랍니다.

25

불 쓰나미 / 창세기 19:1-38

로마 시대에 가장 끔찍했던 재앙은 베스비우스 화산의 폭발이었는데, 이것을 목격하고 글을 남긴 사람이 있습니다. 플리니라는 사람이었는데 그는 삼촌 집에 갔다가 화산 폭발을 목격하게 되었습니다. 이때 폼페이라는 한 도시가 완전히 화산재에 파묻히게 되었는데, 그때의 기록들을 보면 갑자기 바다가 출렁거리기 시작하면서 화산의 유독 가스가 뿜어져 나왔다고 합니다. 그리고 돌이 날아들고 화산재가 떨어지기 시작했는데 사람들은 우왕좌왕하면서 제대로 피하지 않았다고 합니다. 그런데 남아 있던 사람들은 가장 먼저 유독 가스에 질식되고 그 다음에는 화산재가 덮었습니다. 화산재의 높이는 2미터에서 3미터 이상 되었는데 거기에 비가 쏟아지는 바람에 이 화산재가 결국 콘크리트처럼 단단하게 굳어져서 온 도시가 돌무덤처럼 되고 말았던 것입니다.

아브라함 당시에도 하늘에서 유황과 불이 비같이 쏟아지면서 소돔을 위시해서 그 부근에 있던 네 개 도시가 완전히 폭발하듯이 불타고 모든 사람들은 죽고 말았습니다. 그런데 소돔의 멸망에서 중요한 것은 여기서 살아남은 목격자가 있었다는 것입니다. 그 사람이 바로 아브라함의 조카 롯이었습니다.

소돔과 고모라의 멸망에서 특이한 것은 하늘에서 유황과 불이 쏟아졌다는 것입니다. 소돔과 고모라가 멸망한 것은 지진이나 화산 폭발이나 홍수가 아니었습니다. 도저히 우리의 머리로써는 상상할 수 없는 유황과 불이 하늘에서 쏟아져서 멸망한 것입니다. 이것은 너무나도 분명한 하나님의 진노의 심판을 보여줍니다. 그런데 성경은 소돔과 고모라가 멸망할 수밖에 없는 이유를 보여주는데, 다른 것이 아니라 딱 하나 동성애자들이 부린 난동입니다. 하나님은 소돔 성을 방문한 천사들을 향한 동성애자들의 난동을 통해서 소돔이 얼마나 썩었으며 하나님의 진노를 받을 수밖에 없는 도시인가를 보여주셨습니다. 그리고 그 직후 하늘에서 유황불이 쏟아지면서 소돔과 고모라와 주위 도시는 잿더미가 되어서 이 지구상에서 영원히 사라지고 말았습니다.

1. 동성애자들이 부린 난동

최근 우리나라에서도 동성애자들이 '퀴어 축제'를 한다고 난리 치는데 기독교인들은 이것을 막아야 한다고 몰려가서 반대데모를 벌이기도 했습니다. 기독교인들의 반대 이유를 들어보면 동성애자들이 이렇게 공개적으로 날뛰게 되면 우리나라가 소돔처럼 망하게 된다는 것입니다. 이것을 보면 아직 우리나라에서는 성경의 기록을 믿고 하나님을 두려워하는 신자들이 많이 있다는 것을 알 수 있습니다. 물론 소돔 사람들 전부가 동성애자는 아니었을 것입니다. 그러나 적어도 소돔에서 동성애자들이 그렇게 마음대로 난동을 부릴 수 있었다는 사실 자체가 소돔과 고모라는 하나님 앞에서 용서받을 수 없는 죄악의 도성이라는 것을 보여줍니다. 이런 관점에서 볼 때 우리나라에서 동성애자들이 마음대로 날뛰고 설치는 것이 소수의 인권을 존중하는 것이며 민주주의라고 생각하는 것은 굉장히 위험한 발상입니다.

하나님은 소돔과 고모라를 멸망시키기 전에 소돔의 형편을 보시기 위해서 두 천사를 보내셨습니다.

> 19:1 "저녁때에 그 두 천사가 소돔에 이르니 마침 롯이 소돔 성문에 앉아 있다가 그들을 보고 일어나 영접하고 땅에 엎드려 절하며"

세상은 애당초 만들어질 때부터 죄가 어느 정도 이상 차면 전혀 예고 없이 자동적으로 재앙이 터지도록 설계가 되어 있습니다. 그래서 죄가 넘쳐서 재앙이 터져버리면 죄가 많든지 적든지 거기에 있던 사람은 다 죽게 되는 것입니다. 그러므로 하나님께서 마음껏 자유를 주실 때 아주 조심해야 합니다.

하나님께서 천사를 보내실 때 롯과 아무 상관없는 여행객의 신분으로 보내셨습니다. 이것은 하나님께서 롯의 믿음을 시험해보시는 것이었습니다. 아무리 하나님이 롯을 유황불 심판에서 건지시려고 해도 롯 자신이 천사들에게 관심이 없었더라면 그는 구원을 받지 못하게 될 것입니다.

천사들이 소돔을 찾아왔을 때에는 해질 무렵이었습니다. 롯은 성문에 앉았다가 이 여행객들이 성 안에 들어오는 것을 보고서는 벌떡 일어나 그들을 영접했습니다. 그 이유는 이 늦은 시간에 여행하는 사람은 집으로 데리고 가서 도와주어야 한다는 것을 롯은 어렸을 때부터 배웠기 때문입니다. 더욱이 소돔 성은 거리에서 자는 것이 안전하지 않았습니다.

롯의 집에는 손님을 맞을 준비가 되어 있지 않았습니다. 그럼에도 불구하고 롯은 낯선 손님들에게 절을 하면서 자기 집으로 모셔갔습니다. 결국 이것이 자기 자신과 가족이 사는 길이었습니다. 하나님의 백성들은 남을 도우면서 살게 되어 있습니다. 하나님의 백성들은 자기 혼자 살려고 하면 이상하게 살지 못합니다. 그런데 자기도 어렵지만 다른 사람을 도우려고 하면 이상하게 살게 됩니다. 롯의 이런 자세가 어디서 나왔을까요? 롯은 이것을 어렸을 때부터 아브라함에게 보고 배웠던 것입니다. 이렇게 어렸을 때부터 눈으로 보고 배운다는 것은 굉장히 중요하고 무서운 것입니다. 왜냐하면 위기의 순간에는 어렸을 때 보고 배웠던 것이 자기도 모르는 사이에 나오게 되기 때문입니다.

천사들이 소돔을 방문한 것은 두 가지 목적 때문이었습니다. 하나는 아브라함이 기도했던 롯을 구원하려는 것과 또 다른 하나는 소돔 성의 타락한 모습을 직접 확인하고 심판하기 위해서였습니다. 소돔 사람들은 두 천사가 롯의 집에 들어가는 것을 보면서 나타나기 시작했습니다.

19:4, 5 "그들이 눕기 전에 그 성 사람 곧 소돔 백성들이 노소를 막론하고 원근에서 다 모여 그 집을 에워싸고 롯을 부르고 그에게 이르되 오늘 밤에 네게 온 사람들이 어디 있느냐 이끌어 내라 우리가 그들을 상관하리라"

"그들이 눕기 전에"라고 하는 것은 자는 시간이 되기 전이라는 뜻입니다. 요즘은 늦게 잠을 자지만 옛날 사람들은 해가 지고 얼마 있지 않으면 잠자리에 들었습니다. 그래서 그렇게 늦지 않은 시간에 소돔 사람들이 대거 롯의 집에 몰려 왔습니다. 그리고 밖에서 그 많은 사람들이 소리 지르기를 "네게 온 사람들을 이끌어 내라 우리가 상관하리라"고 했습니다. 여기서 '상관한다'는 말은 성 관계를 가지겠다는 뜻입니다.

소돔 사람 전체가 동성연애자였다고 생각하지는 않습니다. 그러나 소돔의 많은 사람들이 동성연애자들이었고 동성애가 예사로 이루어지고 있었던 것 같습니다. 소돔 사람들은 노소를 막론하고 동성애를 했던 것입니다. 영어로 동성연애자를 '소도마이트'(sodomite)라고 하는데 소돔 사람들이라는 뜻입니다.

원래 우리나라에서는 동성연애가 무엇인지 몰랐습니다. 이것은 도대체 말도 되지 않는 것이고 보통 사람들은 이해를 하지도 못했습니다. 그러나 서구의 영향이 밀고 들어오면서 동성연애자들이 부쩍 많아지고 있다는 것을 알 수 있습니다. 〈왕의 남자〉라는 영화가 있는데 동성애적인 내용을 담은 영화입니다. 그런데 이런 영화가 우리나라에서 천만 명 가까운 관객을 모았다는 것은 이해가 안 됩니다. 최근에 서구 사회에서는 아예 동성끼리 내놓고 부부 생활을 하거나 동성애를 예사로 나타내는 드라마를 흔히 볼 수 있습니다. 하나님께서는 이미 동성연애자들을 에이즈라는 무서운 병으로 치셨습니다. 그러나 동성애는 줄어들거나 없어지기는커녕 더 많아지고 있습니다. 그 이유는 이들의 정신 상태가 정상이 아니기 때문입니다. 그런데 최근에는 우리나라에서도 갑자기 동성애자들이 퀴어 축제를 한다고 하고 공공연하게 동성 결혼식까지 하고 있습니다. 이것은 굉장히 무서운 일입니다. 왜냐하면 이것이 우리 사회의 죄악의 수준을 나타내고 있는데 굉장히 위험한 수준까지 올라간 것을 보여주기 때문입니다.

그런데 소돔 사람들이 벌인 짓은 자기 성을 방문한 여행객을 대상으로 동성 강간하려는 행동이었습니다. 아마도 이것은 한 번 두 번 이루어진 일이 아니었습니다.

이때 롯은 집 밖에 혼자 나가서 이 사람들을 설득하려고 했습니다.

> 19:6, 7 "롯이 문 밖의 무리에게로 나가서 뒤로 문을 닫고 이르되 청하노니 내 형제들아 이런 악을 행하지 말라"

롯이 동성애자들을 설득하려고 한 것은 좋은데, 소돔 사람들을 달래면서 자기 두 딸을 내어주겠다고 제안한 것입니다. 참으로 이해가 되지 않는 내용입니다. 롯은 자기 집에 온 손님을 보호하기 위해서 자기 두 딸을 희생시켜도 된다고 생각한 것입니다. 이것을 보면 롯이 여자들을 어떻게 생각했는지 알 수 있습니다. 롯은 자기 집에 온 손님을 보호하는 것은 중요하고 자기 두 딸이 밖에 있는 사람들에게 욕을 보든지 죽든지 괜찮다고 하는 것입니다. 이것을 보면 롯이 소돔 성에 살면서 얼마나 도덕 수준이 해이해졌는지 알 수 있습니다.

그런데 소돔 사람들은 이미 정욕에 미쳐서 롯의 말은 귀에 들어오지도 않았습니다. 그래서 롯에게 욕설을 퍼부으면서 롯을 밀치고 문을 부수고 들어와서 두 손님을 잡아내려고 했습니다. 이때 하나님의 천사들은 문

밖으로 손을 내밀어서 롯을 집안으로 끌어들이고 몰려온 사람들의 눈을 멀게 했습니다. 그런데도 그 사람들은 자기 욕망을 채우기 위해서 문을 찾느라고 더듬었다고 했습니다. 이것을 보면 이미 완전히 제정신이 아닌 것을 알 수 있습니다. 이때 천사는 롯에게 더 이상 지체하지 말고 소돔 성 밖으로 나가라고 명령했습니다.

하나님께서 아브라함과 협상하셨던 인원은 의인 열 명이었습니다. 하나님은 아브라함에게 의인 열 명만 있으면 소돔과 고모라를 손도 대지 않고 그대로 두시겠다고 약속하셨습니다. 그러나 소돔과 고모라에는 의인 열 명이 없었습니다. 그 대신 동성애자들이 난동을 부리고 있었습니다.

천사는 먼저 롯에게 하나님의 계획을 이야기하면서 가족들을 빨리 소돔 성 밖으로 이끌어내라고 했습니다. 하나님은 할 수 있는 대로 한 사람이라도 더 구원하기 위해서 롯에게 하나님의 계획을 알려주었습니다. 즉 우리가 여기에 온 것은 그냥 성을 구경하기 위해서 온 것이 아니라 멸망시키기 위해서 온 것이기 때문에 네가 알만 한 사람은 다 데리고 여기서 나가라고 했습니다. 여기서 롯의 영향력이 나타나게 됩니다.

만일 롯이 소돔 성에서 진정으로 영향력이 있고 하나님의 말씀에 대하여 준비되어 있었더라면 이 말씀을 듣자 말자 많은 사람들을 데리고 소돔 성을 떠났을 것입니다. 그러나 그곳에서 롯의 말을 믿어주는 사람은 아무도 없었습니다. 왜냐하면 평소에 롯에게 하나님의 말씀이 없었기 때문입니다. 만약 롯이 평소에 하나님의 말씀을 붙들고 살았고 그 말씀을 가지고 사람을 가르쳤더라면 그 말씀의 영향을 받은 사람들이 분명히 있었을 것입니다. 그래서 롯이 하나님의 심판을 이야기하면서 소돔을 버리고 나가자고 했더라면 아마도 그의 말을 들은 사람들은 거의 따라서 나갔을 것입니다. 그러나 롯이 평소에는 전혀 하나님의 말씀이 없다가 갑자기 하나님의 말씀이라고 하면서 이야기를 하니까 아무도 그 말을 믿어주지 않았던 것입니다. 심지어 롯의 사위될 사람들까지 롯이 하는 말을 농담으로 알았더라고 했습니다. 평소에 하나님의 말씀을 열정적으로 가르치는 것이 중요한 이유는 위기의 순간에 사람들이 하나님의 말씀을 믿고 따르게 되기 때문입니다. 그러나 롯은 평소에 하나님의 말씀을 붙들지 않고 인간적으로 살았기 때문에 많은 사람들을 살릴 수 있는 기회를 얻었지만 아무도 건질 수 없었습니다. 결국 롯의 두 딸도 천사가 양손으로 붙잡고 억지로 끌어냈습니다.

2. 소돔과 고모라에 임한 불 쓰나미

이제 하나님이 소돔과 고모라를 멸망시키실 시간이 다 되었습니다. 하나님께서 소돔과 고모라를 멸망시키는 방법은 지금까지 그 어느 곳에서도 없던 방법이었습니다. 그것은 바로 하늘에서 불과 유황이 쏟아지면서 거의 폭발하다시피 불에 타서 없어지게 하는 것이었습니다. 유황은 폭탄의 성분이 되는 것입니다. 옛날 우리가 사용하던 성냥의 주성분도 유황이었습니다. 그런데 과연 하늘 어디에 그렇게 많은 유황이 있어서 소돔과 고모라 위에 쏟아지게 되었을까요? 그것은 우리 인간이 아무리 머리를 짜내어서 연구를 해도 알 수 없는 하나님의 신비입니다. 이렇게 하나님께서 소돔과 고모라를 유황불로 심판하신 것은 단순한 자연재해가 아니라 하나님의 진노의 심판이었다는 것을 보여주는 것입니다.

마침내 하나님의 천사들은 소돔과 고모라를 심판해야 하는데 롯은 동이 틀 때까지도 소돔을 떠나지 못하고 성 안에서 우왕좌왕하고 있었습니다.

큰 재해를 당했을 때 사람을 살릴 수 있는 시간을 '골든타임'이라고 합니다. 정신을 차리면 얼마든지 많은 사람을 살릴 수 있을 것 같은데 대개 밤에 정신이 없거나 우왕좌왕하느라고 그 골든타임을 놓쳐버리는 경우가 많습니다. 롯은 천사들의 말을 듣고서도 동이 틀 때까지 소돔을 떠나지 못하고 있었습니다. 그 이유는 우선 '설마'라는 생각 때문입니다. 또 마음속으로 소돔을 떠날 준비가 되어 있지 않았기 때문입니다. 아마도 롯은 자신의 전 재산을 소돔에 투자했던 것 같습니다. 그런데 갑자기 소돔이 망한다고 하니까 그 아까운 재산을 두고서 떠날 수가 없었던 것입니다.

  소돔과 고모라에는 수많은 사람들이 살고 있었습니다. 그런데 하나님은 유독 롯에게만 엄청난 사랑과 긍휼을 보여주시는 것을 볼 수 있습니다. 그 이유가 무엇일까요? 롯은 기도해주고 있는 사람이 있었기 때문입니다. 하나님은 아브라함의 기도가 살아있는 이상 롯을 멸망시킬 수가 없었습니다. 그래서 우리가 다른 사람을 위해서 기도하는 것은 너무나도 중요한 것입니다.

  천사는 롯에게 들에 머무르지 말고 산으로 도망하라고 했습니다. 이것은 유황불의 쓰나미가 평지를 다 덮친다는 뜻입니다. 그런데 롯은 자기는 죽어도 산까지는 못 가겠다고 했습니다. 아마 롯이 저녁에 소돔에서 출발했더라면 아침 해 뜰 때까지는 산까지 갈 수 있었을 것입니다. 그러나 롯은 밤새도록 주저하면서 성을 떠나지 못했기 때문에 시간상으로도 산까지는 갈 수가 없었습니다.

  천사는 롯에게 산까지는 도망 쳐야 안전하다고 하는데 롯은 산까지는 못 가겠다고 하면서 죽어도 옆에 있는 작은 성으로 도망치겠다고 고집을 부렸습니다. 그래서 하나님은 다시 한 번 계획을 변경해서 작은 성 소알을 심판에서 제외시키시고 롯에게 거기로 도망치라고 허락을 하셨습니다. 그 이유는 아브라함 때문이라고 했습니다. 그러면서 하나님이 롯에게 네가 거기 갈 때까지 하나님은 아무 것도 하실 수가 없다고 말씀하셨습니다. 즉 롯 한 사람 때문에 하나님의 엄청난 계획이 지연되는 것입니다. 그 이유는 하나님은 멸망 중에도 아브라함의 기도를 기억하셨기 때문입니다.

  19:29 "하나님이 그 지역의 성을 멸하실 때 곧 롯이 거주하는 성을 엎으실 때에 하나님이 아브라함을 생각하사 롯을 그 엎으시는 중에서 내보내셨더라"

  그래서 구원받은 사람 옆에는 그를 위해서 기도해주는 사람이 반드시 있습니다. 누군가 그를 위하여 기도해 주는 사람이 있다는 것은 하나님께서 그를 사랑하신다는 증거입니다. 이것을 볼 때 믿는 자의 기도가 얼마나 힘이 있고 능력이 있는지 알 수 있습니다.

그리고 드디어 소돔과 고모라에 하나님의 심판이 임했습니다.

> 19:24, 25 "여호와께서 하늘 곧 여호와께로부터 유황과 불을 소돔과 고모라에 비같이 내리사 그 성들과 온 들과 성에 거주하는 모든 백성과 땅에 난 것을 다 엎어 멸하셨더라"

결국 하늘에서 억수 같은 불과 폭탄 성분인 유황이 쏟아지면서 소돔과 고모라와 인근 성들은 완전히 불바다 되어 멸망하고 말았습니다. 거기에 남은 것은 아무 것도 없었습니다.

천사는 롯에게 가면서 일체 뒤를 돌아보지 말라고 했습니다. 이는 두고 떠나는 것에 대하여 미련을 가지지 말고 완전히 포기하라는 뜻입니다. 그러나 미련한 롯의 아내는 소돔에 두고 가는 재산을 완전히 포기할 수 없었습니다. 그래서 너무나도 아까워서 뒤를 돌아보았다가 소금 기둥이 되고 말았습니다. 아마 하나님께서 치셔서 돌같이 굳어져버렸던 것 같습니다.

우리가 세상을 포기할 때에는 과감하게 버릴 것은 버려야 살 수 있습니다. 결국 하나님을 두려워하지 않고 정욕의 노예가 되어서 살던 소돔과 고모라 사람들은 가장 처참한 방식으로 멸망을 당했습니다.

3. 멸망 이후의 롯의 생활

사람들이 어떤 큰 재앙에서 살아남게 되면 두 가지 반응이 나타나는 것을 볼 수 있습니다. 어떤 사람은 그 재앙의 심한 후유증 때문에 정상적으로 생활하지 못하는 경우가 있습니다. 다른 사람들이 죽는 악몽을 꾼다든지 아니면 환청을 듣는다든지 해서 정상적인 생활을 하지 못하는 것입니다. 거기에 비해 어떤 사람들은 위기에서 살아남은 것이 너무 감사해서 다른 사람에게 봉사하면서 기쁨에 넘쳐서 사는 사람도 있습니다. 이것은 결국 그 사람의 믿음에 따라서 차이가 나는 것입니다.

롯은 하나님의 말할 수 없는 자비하심으로 멸망 직전에 소돔에서 살아나왔습니다. 롯이나 그의 딸들이 조금만 지체하였더라면 그 유황불 바다에서 멸망하고 말았을 것입니다. 우리가 롯이라면 이 엄청난 멸망에서 구원받았으니 너무나도 기쁘고 감사한 마음으로 살아갈 것 같습니다. 그러나 롯이나 그의 두 딸들은 그렇게 살지 못했습니다. 그들은 소돔과 고모라 멸망의 충격에서 벗어나지 못해서 너무나도 고독하고 비참하게 살아야만 했습니다.

우선 롯과 두 딸들은 소돔과 고모라가 멸망한 후 소알이라는 곳에 가서 살았습니다. 그리고 하나님은 롯에게 약속하시기를 소알은 멸망시키지 않겠다고 하셨습니다. 그런데 롯이 소알에 가보니까 그곳 사람들 역시 규모만 작았지 실제로 살아가는 것은 소돔이나 고모라와 마찬가지였습니다. 그래서 롯은 다시 하나님의 심판이 임할 것이 두려워서 소알을 떠나 산에 올라가서 살았습니다.

> 19:30 "롯이 소알에 거주하기를 두려워하여 두 딸과 함께 소알에서 나와 산에 올라가 거주하되 그 두 딸과 함께 굴에 거주하였더니"

이것을 보면 하나님의 말씀을 믿지 못하면 구원 받은 후에도 얼마나 불안하게 살아야 하는지 알게 됩니다. 즉 하나님은 롯에게 "네가 산으로 도망치지 못하고 소알로 가야 하겠다면 가라. 내가 지켜주겠다"고 약속하셨습니다. 만약 롯이 하나님의 말씀을 믿었더라면 소알에서 다시 산으로 도망칠 필요가 없습니다. 그러나 롯은 소알 사람들이 여전히 소돔 사람들이나 마찬가지로 사는 것을 보고 다시 산으로 가기로 했습니다. 왜냐하면 소알도 유황불로 멸망할까 두려웠기 때문입니다. 우리에게 가장 중요한 것은 내 생각이나 기분이 아니라 하나님의 말씀입니다. 하나님의 말씀이 멸망당하지 않는다고 했으면 그렇게 믿어야 하는 것입니다.

롯은 소돔의 멸망에서 유일하게 살아남은 사람이었습니다. 롯은 소돔 사람들이 과연 어떻게 살다가 멸망했는지 또 무엇으로 멸망했는지 모든 것을 다 증언해줄 수 있는 사람이었습니다. 그러나 롯과 그 두 딸은 그 증인 노릇을 하지 못했습니다. 죽는 위기에서 살아난 사람들의 증언은 설득력이 있습니다. 요나 선지는 하나님의 명령을 거역하여 바다 밑바닥까지 내려갔던 사람입니다. 그런데 그가 다시 니느웨에 돌아와서 하나님의 말씀을 외쳤을 때 그곳 사람들은 요나의 증언을 듣고 하나님 앞에 무릎 꿇고 회개했습니다. 그리고 온 니느웨에 대부흥이 일어나게 되었습니다.

그러나 롯은 소알에 가서 전혀 증인의 역할을 하지 못했습니다. 롯은 오히려 자기 혼자 살기 위해서 소알을 버리고 더 깊은 산으로 올라가서 땅에 굴을 파고 거기서 생활을 했습니다.

이때 롯이 살 수 있는 길은 말씀이 있는 곳으로 찾아가는 것입니다. 즉 아브라함에게는 말씀이 있었습니다. 롯이 말씀이 있는 곳을 찾아가서 거기서 함께 신앙의 공동체를 이루어서 살았더라면 롯과 두 딸은 너무나도 아름답게 살 수 있었을 것입니다. 사람들이 세상을 피해서 무조건 다른 곳으로 간다고 해서 잘되는 것은 아닙니다. 우리가 이 세상에서 타락하지 않는 방법은 하나님의 말씀이 있는 교회를 찾아서 거기서 다시 신앙생활을 시작하는 것입니다. 그렇지 않으면 어디를 가더라도 죄가 찾아오게 될 것입니다.

하나님은 가장 비참한 자리에서 하나님의 은혜를 찾는 자들을 사랑하십니다. 자기는 도저히 하나님의 은혜를 받을 자격이 없지만 하나님께서 은혜의 부스러기라도 주시기를 원하는 자들을 하나님은 높여주십니다.

하나님의 은혜를 구걸하는 것은 결코 못난 것이 아닙니다. 하나님께서는 그런 자들에게 은혜를 주시지 않는 법이 없습니다. 롯이 아브라함을 찾아 갔더라면 아마 롯은 참으로 놀라운 영광과 풍성한 삶을 얻을 수 있었을 것입니다. 왜냐하면 롯은 그 멸망에서 구원받은 영웅이었기 때문입니다. 그러나 롯은 자신의 구원이 얼마나 엄청난 구원인지 생각하지 못했습니다. 그래서 구원받고 난 후에 믿음으로 살지 못하고 더 추악한 삶을 살고 말았습니다. 우리 성도들은 오직 믿음으로 살아가시기를 바랍니다. 롯의 두 딸도 멸망에서 살아났으면 결혼 같은 것은 하나님께 맡기고 철저하게 믿음으로 살았더라면 참으로 아름다운 믿음의 어머니들이 되었을 것입니다. 그러나 믿음이 없었기 때문에 불신앙의 어머니가 되고 말았습니다.

우리가 받은 구원이 얼마나 큰 구원이었는가를 바로 깨닫고 오직 하나님의 영광만을 나타내는 성도들이 되시기 바랍니다.

26
신앙인의 강박증 / 창세기 20:2

〈외디푸스 콤플렉스〉라고 하는 것은 그리스 신화에서 나온 이야기에서 만든 용어입니다. 그리스 신화에서 외디푸스는 자기도 모르는 가운데 아버지를 죽이고 자기 어머니와 결혼을 하게 됩니다. 그래서 아들이 아버지를 미워하고 어머니를 좋아하는 성향을 외디푸스 콤플렉스라고 부릅니다. 그런데 사실 아버지가 권위적일 때 아버지에 대한 분노 때문에 사회생활에 적응하지 못하고 권위에 대하여 도전하는 사람들을 많이 볼 수 있습니다. 외국에서는 자녀가 청소년이 되었을 때 부모와 엄청나게 갈등을 하게 되는데 자녀 중에서는 가출을 한 후 죽을 때까지 아버지나 어머니를 만나지 않는 경우도 많이 있다고 합니다. 나중에 아버지가 암에 걸리든지 해서 아들이나 딸을 보려고 해도 서로 용기가 없어서 만나지 못하다가 죽기 전에 결국 정 때문에 만나서 화해하기도 합니다. 우리가 이런 것을 보면 사람들이 이 세상을 살아가면서 얼마나 많은 분노와 콤플렉스로 고통을 받으면서 살아가는지 모릅니다. 요즘 기독교 상담학이 많이 발달하면서 '어른 아이'라는 용어를 많이 쓰고 있는데, 이것은 자녀가 어렸을 때 아버지가 알코올 중독자인 경우 자녀가 성인이 된 후에도 정서적으로 유치한 상태에 있는 것을 말하는 용어입니다. 그런데 아마도 모르기는 몰라도 이런 어른 아이의 상태를 경험한 사람들이 많이 있을 것입니다.

신앙이 좋은 사람은 이런 마음의 상처나 열등감이 없을 것 같지만 사실은 아무리 신앙이 좋은 사람도 이런 콤플렉스는 다 가지고 사는 것을 볼 수 있습니다. 그 중에 몇 가지를 정리해보면 같은 형제나 부모 자식 사이이지만 신앙이 달라서 서로 원수처럼 되는 경우가 있는데 그것을 '야곱 콤플렉스'라고 부를 수 있습니다. 야곱과 에서는 쌍둥이지만 서로 신앙이 달라서 원수처럼 미워하면서 지냈습니다. 그러다가 야곱과 에서는 이십년이 지난 후에 화해하게 됩니다. 또 하나님의 백성 중에 장점이 많지만 한 가지 약점이 있어서 늘 열등감을 가지고 살아야 하는 경우가 있는데 그런 것을 '사라 콤플렉스'라고 부를 수 있습니다. 사라는 여성으로는 누구나 부러워할 젊음과 미모를 가지고 있었지만 아이를 낳지 못하는 단점 때문에 늘 열등감을 가지고 살아야만 했습니다. 크리스천 형제나 자매 중에서 많은 것을 잘하지만 한 가지가 되지 않아서 열등감에 빠지는 경우입니다. 하나님은 나중에 그 한 가지도 해결해주셔서 진정으로 풍성한 삶을 살게 하시는 것을 볼 수 있습니다. 또 다른 하나는 오늘 본문의 아브라함에게서 보게 되는 것입니다. 평소에는 하나님을 잘 믿고 신앙생활도 잘 하는데 다른 곳으로 옮겨가든지 아니면 감당할 수 없는 큰 시련이 오게 되면 분노하고 절망하는 콤플렉스가 있습니다. 이것을 '아브라함 콤플렉스'라고 부를 수 있을 것입니다.

보통 사람의 마음에는 강박증이라는 것이 있어서 정상적이지 않은 이상한 행동을 하게 될 때가 있습니다. 예를 들어서 예전에는 집에서 빨래를 불에 올려놓고 삶을 때가 많았는데 시장에 가거나 혹은 외출한 후에 가스 불 위에 빨래를 그냥 두고 온 것 같아서 부랴부랴 집으로 달려가 보면 빨래를 불에서 잘 내려놓은 것을 보고 안심할 때가 간혹 있습니다. 그런데 경우에 따라서 자기와 상관이 없는 일에 어떤 암시를 받고 그것을 믿어버릴 때가 있습니다. 예를 들어서 어떤 사람은 차를 운전하다가 속도 제한 30이라는 팻말을 보고는 자기가 30일에 죽을 것이라는 암시를 받고 믿는 경우가 있습니다. 그런데 어느 정도까지는 정상적인 사람들에게도 이런 충동이나 강박증은 나타날 수 있습니다. 그러나 이런 일이 너무 심하게 되면 정신과 치료를 받아야 합니다.

보통 사람의 마음속에는 감정이 있어서 평소에 이상한 공상이나 충동이 생겨도 그것을 막아낼 수가 있습니다. 그러나 사람이 너무 오래 긴장 상태에 있거나 분노를 하게 되면 이런 감정이 다 없어져서 평소의 공상이나 충동이 사실로 믿어지게 됩니다. 이때 이 사람은 사실 아닌 공상이나 충동이 자기에게는 너무나도 분명한 사실로 마음에 와 닿기 때문에 그것을 확인하기 위하여 어떤 행동을 하게 되는데 그때부터 다른 사람들은 이 사람을 이상한 사람으로 생각하게 됩니다.

믿음의 조상 아브라함은 하나님을 잘 믿었기 때문에 콤플렉스나 강박증 같은 것은 전혀 없었을 것 같지만 실제로는 그렇지 않았습니다. 아브라함은 이미 자기가 살고 있는 곳에서는 아무 문제가 없지만 새로운 곳으로 이사를 하기만 하면 거기에 있는 사람들이 사라의 아름다움을 보고 사라를 빼앗기 위해서 자기를 죽일 것이라는 강박증을 지니고 있었습니다. 그래서 아브라함은 다른 사람들을 너무나도 두려워한 나머지 자기 부인 사라를 부인이라고 하지 못하고 누이라고 거짓말을 하게 되었습니다. 그리고 꼭 부인을 다른 남자에게 빼앗기게 되는 큰 곤욕을 치르곤 했습니다. 아브라함이 그랄 지방에 갔을 때 이것이 또 나타나게 되었습니다.

1. 아브라함의 심리적 두려움

20:1, 2 "아브라함이 거기서 네게브 땅으로 옮겨가 가데스와 술 사이 그랄에 거류하며 그의 아내 사라를 자기 누이라 하였으므로 그랄 왕 아비멜렉이 사람을 보내어 사라를 데려갔더니"

아브라함은 목축업자였기 때문에 한 지방에 오래 있지 못하고 이곳저곳을 떠돌아다녀야만 했습니다. 즉 팔레스타인은 우기나 건기가 있어서 건기 때에는 풀을 아무 데서나 구할 수 없기 때문에 풀이 있는 곳으로 이동해야만 했습니다. 그런데 한번은 아브라함이 가데스와 술 사이에 있는 그랄 땅에 가게 되었습니다. 거기서도 아브라함은 자기 부인 사라를 부인이라 하지 않고 누이라고 속인 것입니다. 아브라함이 자기 부인을 누이라고 거짓말한 것은 흉년이 들어서 애굽땅으로 내려갈 때부터였습니다. 즉 아브라함은 사라에게 애굽으로 내려가면서 그곳 사람들은 하나님을 두려워하지 않기 때문에 당신을 부인이라고 하면 나를 죽이고 당신을 차지할 것이라고 했습니다. 그래서 아브라함은 애굽에서 자기 부인 사라를 누이라고 했다가 애굽의 바로가 사라를 후처로 데려가는 일이 발생했습니다. 그러나 하나님께서 사라 때문에 바로 왕궁에 병을 주셔서 결국 바로는 아브라함을 불러서 사라를 데리고 가게 했습니다. 그런데 아브라함은 이런 엄청난 일을 겪은 후에도 다른 곳에 가기만 하면 사라는 자기 부인이 아니고 누이라고 거짓말을 자꾸 했던 것입니다. 아브라함은 이번에 그랄 땅에 왔을 때에도 사라가 부인이 아니고 누이라고 거짓말을 하는 바람에 그랄 왕이 사라를 자기 부인으로 데려가게 되었습니다.

여기서 우리는 당시 팔레스타인 사람들이 타지에서 온 사람들에 대하여 아주 적대적이었음을 알 수 있습니다. 그래서 아브라함은 새로운 곳에 옮겨가기만 하면 그 지방 사람들이 자기를 죽이고 사라를 빼앗아갈 것 같은 두려움을 가지게 되었습니다.

그러나 더 중요한 것은 아브라함의 마음속 깊은 곳에 자리 잡은 불안입니다. 원래 아브라함은 하란 땅에서 안정적인 생활을 하던 사람이었습니다. 그러나 아브라함이 하나님의 말씀을 따라서 하란을 떠나 가나안으로 온 후에도 아브라함의 생활은 계속 불안의 연속이었습니다. 물론 하나님께서 아브라함과 늘 함께 하셔서 아브라함을 건드리지 못하게 하셨고 또 시시때때로 복을 받게 하셨습니다. 그럼에도 불구하고 아브라함의 마음 한구석에는 혹시 하나님께서 나를 지켜주시지 않으면 나는 망할 수밖에 없다는 불안한 마음이 있었습니다. 이 불안이 결국 아브라함에게는 하나의 강박증이 되어서 새로운 곳으로 가게 되면 누군가가 자기 부인 사라의 아름다움을 보고 사라를 차지하기 위하여 자기를 죽일 것이라는 두려움에 빠졌던 것입니다. 이것을 보면 아무리 신앙이 좋은 아브라함이라고 하더라도 결코 완전한 사람은 아니라는 것을 알 수 있습니다. 아브라함이 하나님에 손에 붙들렸을 때에는 능력 있는 사람이지만 평상시에는 현실에 적응을 잘 하지 못해서 불안해하고 두려워한 나머지 부인에 대해서 거짓말을 해야 하는 약한 사람이었던 것입니다.

이처럼 하나님의 백성들에게는 언제나 이 두 가지 양면성이 있습니다. 그 하나는 성령 충만하고 하나님의 손에 붙들려 있을 때에는 빈틈없는 능력의 사람이지만, 혼자 있을 때에는 다른 사람들이 공격할 것을 두려워해서 인간적인 생각에 빠질 수밖에 없는 연약한 사람인 것입니다. 결국 이 두 가지를 잘 조화시킬 수 없는 것이 우리의 연약한 모습입니다. 결국 우리는 하나님 앞에서는 아름다운 자신감을 가지고 있지만 내 신앙에 대하여 모르는 세상 사람들 가운데 가면 갑자기 위축되어서 아무 소리도 하지 못하고 주눅이 들고 마는 것입니다.

하나님의 백성들은 자기 자신은 힘이 없는데 하나님의 능력은 나타나는 사람들이기 때문에 굉장히 불안한 사람들입니다. 그러다가 우리가 새로운 직장으로 옮겨가거나 새로운 도시로 이사를 하게 되었을 때 그곳에 적응하지 못하고 직장에서는 쫓겨나고 굶어죽을 것 같은 최악의 경우를 생각하게 되는 것입니다.

아브라함이 그랄 땅에 와서 사라를 누이라고 거짓말을 했을 때 정말 최악의 결과가 나타나게 되었습니다.

우리 생각에는 아브라함이 자기 부인 사라를 누이라고 거짓말해도 하나님께서 지켜주셔서 그냥 넘어가게 하셨으면 아무 문제가 없었을지 모릅니다. 그런데 일이 터지려고 하니까 그런지 몰라도 하필이면 그랄 왕 아비멜렉이 사라를 좋아하게 되고 그만 덜컥 사라를 자기 부인으로 데리고 가버린 것입니다.

이것은 아브라함에게는 어느 누구에게도 말할 수 없는 위기였습니다. 아브라함이 아비멜렉을 찾아가서 사실을 말하기에는 너무 늦어버렸습니다. 그렇다고 해서 아브라함이 아비멜렉과 전쟁을 해서 사라를 도로 찾을 수도 없는 형편이었습니다.

이것이 우리들의 이중적인 모습입니다. 우리가 하나님의 은혜를 받고 하나님의 말씀으로 충만할 때에는 어느 누구도 우리를 이길 수 없는 능력의 사람이 되지만 잠시라도 하나님의 손에서 벗어나게 되면 자기 자신도 지키지 못하는 너무나도 연약하고 겁쟁이가 되는 것입니다.

2. 하나님이 하신 일

아브라함은 애굽에서도 사라를 누이라고 해서 바로에게 빼앗겼었는데, 그랄 땅에서도 사라를 누이라고 했다가 또 빼앗기게 되었습니다. 사정도 모르는 사람들은 이 말을 들으면 '와, 사라가 예쁘긴 예뻤던 모양이다. 사라는 어떻게 두 번씩이나 왕에게 스카우트 될 정도로 아름다울 수 있을까?'라고 생각할지 모르겠습니다. 그러나 이 부부에게는 그야말로 죽고 싶을 정도로 절망스러운 일이 또 일어나게 된 것입니다. 아브라함이 부인을 뺏기고 난 후에 할 수 있는 것은 아무 것도 없었습니다. 오로지 아브라함은 자신의 무기력과 한심한 모습을 원망할 수밖에 없었을 것입니다. 그러나 이때부터 하나님은 아브라함 편에 서서 일하기 시작하셨습니다. 그것은 그랄 왕의 왕궁에 여자들에게 무슨 일이 생기고 그랄 왕도 사라를 가까이 하지 못하는 일이 계속 일어났던 것입니다.

20:3, 4 "그 밤에 하나님이 아비멜렉에게 현몽하시고 그에게 이르시되 네가 데려간 이 여인으로 말미암아 네가 죽으리니 그는 남편이 있는 여자임이라 아비멜렉이 그 여인을 가까이 하지 아니하였으므로 그가 대답하되 주여 주께서 의로운 백성도 멸하시나이까"

이 당시 아무리 하나님을 믿지 않는 이방 민족이라도 신의 존재는 믿고 있었습니다. 그리고 아무리 왕이라 하더라도 남편이 있는 부인을 관계하면 죽는다는 의식을 가지고 있었습니다. 아브라함은 차마 아비멜렉을 찾아가서 사라가 자기 부인이고 자기가 거짓말했다는 것을 말할 수 없었습니다. 왜냐하면 이 당시 왕에게 거짓말을 하면 그 즉시 죽음을 당했기 때문입니다. 그런데 하나님은 아브라함을 그냥 두지 아니하셨습니다.

하나님은 아브라함과 사라를 지키기 위해서 아무도 모르는 가운데 여러 가지 일을 하셨습니다. 첫째는 사라가 아비멜렉의 왕궁에 들어가면서 그 왕궁 모든 여자들의 태가 닫혀버린 것입니다. 이것을 보면 사라가 아비멜렉의 왕궁에 들어가 있었던 기간은 적어도 몇 달인 것을 알 수 있습니다. 즉 사라가 아비멜렉의 왕궁에 들어간 후부터는 아비멜렉 왕궁의 여자들에게는 일체 임신이 없었기 때문입니다. 그뿐만 아니라 이상하게도 아비멜렉은 전혀 사라를 가까이할 수가 없었습니다. 그 동안 밤마다 계속 무슨 일이 생기면서 아비멜렉은 사라를 가까이하지 못했습니다. 그리고 급기야는 하나님이 아비멜렉에게 나타나셔서 최후통첩을 하셨습니다. 그것은 결국 네가 다른 사람의 아내를 취했기 때문에 죽을 수밖에 없다는 것이었습니다. 하나님은 아비멜렉이 가장 잘 알아들을 수 있는 방법인 꿈을 통해서 그에게 직접 말씀하셨습니다. "너는 이제 죽어야 한다. 왜냐하면 네가 데리고 있는 여자는 남의 부인이기 때문이다."

그때 비로소 아비멜렉은 하나님 앞에서 적어도 한 가지는 큰 소리 칠 수 있는 것이 있었습니다. 그것은 자기는 이 여자를 결코 건드리지 않은 의인이라는 것이었습니다. 그러면서 아비멜렉은 꿈에 하나님 앞에서 엄청나게 자기 자신을 변명했습니다. 즉 그 사람이 이 여자를 자기 누이라고 했고 이 여자도 그 남자를 자기 오빠라고 했기 때문에 자기는 정말 그런 줄 알고 데리고 왔다고 했습니다. 아마 아비멜렉이 꿈에 자신을 하나님 앞에서 이렇게 많이 변명해 본 적은 없었을 것입니다. 그때서야 하나님도 아비멜렉에게 "네가 모르고 이렇게 한 줄 알고 내가 너를 막아서 범죄하지 못하게 했다"고 말씀하셨습니다. 그리고 하나님은 이방 왕 앞에서 아브라함의 정체성을 분명하게 말씀하셨습니다.

> 20:7 "이제 그 사람의 아내를 돌려보내라 그는 선지자라 그가 너를 위하여 기도하리니 네가 살려니와 네가 돌려보내지 아니하면 너와 네게 속한 자가 다 반드시 죽을 줄 알지니라"

아마도 모든 그랄 사람들은 아브라함이 자기 왕에게까지 거짓말했다는 사실을 듣게 된다면 모두 아브라함은 거짓말쟁이라고 손가락질 했을 것입니다. 그러나 하나님은 아브라함이 어떤 사람인지 친히 말씀하셨습니다. 아브라함은 거짓말쟁이가 아니라 하나님의 선지자라는 것이었습니다. 여기서 하나님의 선지자라고 하는 것은 하나님의 대변인이요, 하나님의 축복의 사자를 말하는 것입니다. 이것이 바로 아브라함 자신이 잃어버렸던 자신의 정체성이었습니다. 우리는 이 세상에서 자주 우리의 정체성을 잃어버릴 때가 있습니다. 우리는 이 세상에서 하나님을 떠나서 생각해보면 아무 것도 아닌 사람처럼 생각이 될 때가 많습니다. 그래서 우리는 나름대로 이 세상에서 무엇인가 인정받으려고 엄청 머리를 쓰게 됩니다. 그래서 생각해 낸 것이 전혀 어처구니없는 엉터리 같은 생각인 것입니다. 그러나 하나님께서 우리가 어떤 사람인지 분명하게 말씀을 해 주십니다. 우리는 하나님의 축복의 사자들이라는 것입니다.

이 세상에서 할 수 있는 가장 위대한 일은 하나님의 말씀을 듣고 하나님께 기도하는 일입니다. 우리는 이 세상에서 가장 위대한 일을 하는 사람들입니다. 그런데 막상 우리 자신은 세상적인 기준만 가지고 '나는 아무 것도 하지 않고 있다' 든지 혹은 '나는 지금 계속 놀고 있다' 라고만 생각하는 것입니다. 하나님은 우리가 이 세상에서 하나님의 축복의 사자인 것을 말씀하십니다. 우리가 세상을 위해서 기도를 해 줄 때 세상은 비로소 복을 받게 되는 것입니다. 그래서 하나님은 아비멜렉에게 아브라함을 청해서 기도를 받으라고 말씀하셨습니다. 하나님은 아비멜렉에게 그 여자와 아브라함에게 속한 것을 다 돌려보내고 기도를 받지 않으면 너와 네 집안사람들이나 네 부하들은 전부 다 죽을 줄 알라고 경고하셨습니다. 얼마나 두려운 말씀인지 모릅니다.

3. 아브라함의 실상

우리가 보통 하나님의 위대한 종들에 대하여 너무나도 완전하고 흠이 없는 하나님의 사람이라고 생각합니다. 그래서 보통 사람들은 하나님의 종들에게 아예 가까이 하려고 하지도 않습니다. 또 어떤 분들은 하나님의 종을 가까이 하면 자기 죄가 다 드러나게 된다고 해서 더 멀리하거나 조심하기도 합니다. 심지어 어떤 사람은 자기가 어떤 사람을 위해서 기도를 하면 그 사람의 마음 상태를 알 수 있다고 하면서 겁을 주기도 합니다. 그러나 아무리 위대한 하나님의 종이라 하더라도 다른 사람들과 똑같은 연약한 본성을 가진 인간입니다. 하나님은 오히려 이렇게 연약한 인간을 들어서 사용하십니다. 믿음의 조상 아브라함도 참으로 연약한 사람이었습니다.

아비멜렉은 잠에서 깨어난 후 즉시 모든 신하들을 불러서 회의를 했습니다.

> 20:8 "아비멜렉이 그 날 아침에 일찍이 일어나 모든 종들을 불러 그 모든 일을 말하여 들려주니 그들이 심히 두려워하였더라"

아마도 그랄 사람들은 아브라함이 자기 부인을 누이라고 속여서 아비멜렉으로 하여금 걸려들게 한 후 그 약점을 잡아서 나라를 저주하고 빼앗으려고 하는 아주 무시무시한 무당이나 점쟁이 같이 생각했을지도 모릅니다. 그러나 이것은 그랄 사람이 아브라함에 대하여 가지는 엄청난 오해였습니다. 그래서 그랄 왕은 날이 밝자 말자 아브라함을 불러서 심문을 했습니다.

20:9 "아비멜렉이 아브라함을 불러서 그에게 이르되 네가 어찌하여 우리에게 이렇게 하느냐 내가 무슨 죄를 네게 범하였기에 네가 나와 내 나라가 큰 죄에 빠질 뻔하게 하였느냐 네가 합당하지 아니한 일을 내게 행하였도다 하고"

아비멜렉은 아주 말이 많고 변명이 많은 사람이었던 것 같습니다. 그래서 아비멜렉은 꿈에 하나님 앞에서도 열심히 자기변명을 하더니, 이제 아브라함을 불러 놓고서도 열심히 따졌습니다. 즉 도대체 내가 네게 무슨 원한을 졌기에 네가 우리나라를 망하게 하려고 부인을 속여서 나로 하여금 장가들게 했느냐 하는 것입니다. 이때 아브라함의 입에서 나온 말은 상상을 초월할 정도의 솔직하고 너무나도 순진한 말이었습니다. 아브라함은 그랄 땅 사람들이 하나님을 믿지 않기 때문에 자기를 미워해서 죽일 줄 알았다고 하면서, 그랄 땅에 와서 자기가 너무 겁을 집어 먹었기 때문에 감히 부인을 부인이라고 하지 못했고, 그 바람에 사실 이런 어처구니없는 오해와 실수가 일어나게 되었다고 시인을 했습니다.

아브라함이 그랄 땅에서 어처구니없는 큰 실수를 저지르게 된 것은 너무나도 자신이 없었기 때문입니다. 즉 하나님을 믿지 않는 사람들에게는 아무리 하나님 이야기를 해 봐야 소용이 없기 때문에 자기는 아예 하나님의 선지자의 자아상을 내어놓지도 못했던 것입니다. 그리고 더 중요한 것은 아브라함의 마음속에 자리 잡고 있는 불안이었습니다. 즉 하란 땅을 떠나서 방황하는 동안 아브라함의 마음속에 늘 불안이 자리를 잡고 있었습니다. 이것이 은혜가 충만할 때에는 나타나지 않아서 몰랐는데 자기가 생각한 것보다 더 큰 어려움이 생기게 되면 도저히 통제가 되지 않을 정도로 불안해지게 되는 것입니다.

우리는 감당할 수 없는 시험이 오면 갑자기 믿음이 굳어져버리면서 신앙이 없는 사람들보다 훨씬 못하게 됩니다. 이것이 바로 신앙 좋은 사람들이 가진 강박증인 것입니다. 우리가 평소에 감당할 수 있는 범위 안에 돈 문제나 다른 어려움들이 생기면 잘 감당하게 되는데 그것을 넘어서는 큰 문제가 터지면 그만 믿음이 멈추어 서거나 타버리는 것입니다.

예수님의 제자들이 예수님과 함께 갈릴리 호수를 건너가는데 자기들의 힘으로 감당할 수 없는 풍랑이 덮치게 되었을 때 제자들이 당황해 하면서 소리를 지르고 두려움에 빠졌던 것과 같습니다. 신앙생활을 할 때 가끔 우리 힘으로는 도저히 감당할 수 없는 것 같은 어려움이 찾아올 수 있습니다. 그때 우리 자신의 아름다운 자아상이나 축복은 다 잃어버리고 신앙적으로 부도가 난 사람들처럼 절망하기 쉽습니다. 그러나 하나님은 그때도 여전히 우리의 자아상은 하나님의 선지자라고 말씀하십니다. 그리고 그때 우리가 할 일은 우리도 얼마든지 약할 수 있다는 것을 다른 사람들에게 설명해주는 것입니다. 즉 아브라함도 그랄 왕에게 우리가 이렇게 한 것은 너무나도 믿음이 없고 불안해서 그렇게 한 것이라고 설명해주었습니다. 그때 아비멜렉이 놀랐던 것은 하나님의 선지자도 이렇게 약한 면이 있구나 하는 것이었습니다. 아비멜렉이나 그랄 사람들은 아브라함의 설명을 듣고서 아브라함에 대한 오해나 두려움을 완전히 버리게 되었습니다. 즉 하나님의 종들도 얼마든지 약할 수 있고 또 자기들의 도움이 필요하다는 것을 깨닫게 된 것입니다. 그래서 아비멜렉은 아브라함이 전혀 자신들에게 해를 끼칠 사람이 아니라는 것을 알고 그랄 안에 어디든지 살 수 있도록 허락해주었습니다.

아비멜렉은 자기가 살기 위해서 사라가 아무 수치가 없다는 것을 은 천 개로 증거를 삼아 공포했습니다. 그리고 그때 아브라함이 아비멜렉을 위해서 기도하니까 하나님께서 아비멜렉의 아내와 여종들을 치료하셔서 아이를 가질 수 있게 되었습니다. 결국 하나님은 아브라함으로 하여금 아비멜렉을 축복하게 하시고 아브라함이 축복했을 때 아비멜렉이나 그 집에 있는 모든 사람들이 하나님의 재앙으로부터 풀려나게 되었습니다.

하나님은 아브라함을 통하여 다른 사람들이 복을 받게 하셨습니다. 아브라함은 자신이 과연 하나님을 모르는 그랄 사람 가운데 제대로 살 수 있을까 두려워했지만 하나님은 아브라함을 높이셔서 그 사람들에게 복이 되게 하셨습니다. 아브라함이 아비멜렉을 위하여 기도했을 때 그의 몸의 병든 부분이 낫게 되었습니다. 그리고 아비멜렉의 왕궁에 있는 모든 여성들의 불임의 병도 치료가 되었습니다.

우리가 아브라함의 경험을 통하여 깨달을 수 있는 것이 무엇입니까?

우리는 이 세상에서 너무나도 쉽게 우리 자신의 존귀함을 잊고 오직 세상만 바라보면서 살려고 애를 쓸 때가 있습니다. 때로는 믿는다고 하면서도 세상의 방법을 써보기도 하고 편법을 쓸 때도 있습니다. 그러나 이런 모든 노력들은 결국 실패하게 되고 더욱 더 어려운 코너로 몰리게 됩니다. 결국 그것은 믿지 않는 사람들 가운데서도 우리가 축복의 사람들인 것을 인정하지 못하는 것입니다. 우리가 하나님 앞의 아름다운 정체성을 세상에서 포기하면 너무나도 못난 자아상을 가지게 되고 결코 세상 사람들에게도 복이 되지 못합니다.

결국 우리가 세상에서 복이 되려고 하면 하나님 앞에서의 아름다운 모습을 되찾아야 하는 것입니다. 그렇게 하기 위해서는 우리 안에 고질적인 병 덩어리를 한번은 터트려야 합니다. 그것이 돈이든 학벌이든 언제나 나를 비참하게 만들고 하나님을 불신하게 만드는 그 쓴 뿌리를 캐내어야 하는 것입니다. 그래야 우리는 어느 곳에 가든지 하나님의 축복의 사람들이 될 수 있습니다.

그리고 하나님은 과연 우리의 어떤 모습을 사랑하실까 하는 것입니다. 물론 우리는 자주 우리의 못난 모습을 보일 때가 많습니다. 그러나 하나님은 우리의 그런 모습을 이해하시고 우리를 어려움에서 건지시기 위해서 많은 일을 하십니다.

하나님은 우리의 연약하고 부족한 모습을 사랑하십니다. 그래서 우리는 이것을 너무 수치스럽게 생각하거나 감추려고 할 필요가 없습니다. 우리는 결점이 많지만 하나님은 우리를 축복의 사람으로 생각하십니다. 그래서 나의 부족한 부분에 열등감 가지지 마시고 마음껏 사람들을 축복하시기 바랍니다.

27

웃게 하시는 하나님 / 창세기 21:3

사람의 얼굴에는 수많은 근육들이 있어서 기쁜 일이 있으면 안면 근육을 움직여서 웃게 됩니다. 특히 좋은 일이 있으면 입을 벌리고 웃게 되는데 그때 치아도 같이 웃게 됩니다. 여성들이 고른 치아를 보이면서 웃는 것은 아주 좋은 매력의 포인트가 될 수 있습니다. 여러 가지 이유로 웃게 되는데 옆에 있는 사람이 웃기는 이야기를 해서 웃는 경우도 있고 또 자기에게 좋은 일이 생겨서 웃는 경우도 있습니다. 그런데 여인들에게 가장 아름다운 웃음은 너무 행복해서 눈물을 흘리면서 웃는 모습일 것입니다. 이것은 오랫동안 만나지 못했던 사랑하는 사람을 만났거나 혹은 오랫동안 힘들어 하다가 드디어 하나님의 은혜로 그 어려운 문제가 해결되었을 때 기뻐하는 웃음입니다.

아주 오래 전 제가 평신도였을 때 어떤 목사님이 교회에서 "크리스천이 기뻐하지 않는 것은 잘못된 신앙이다"라고 말씀하는 것을 들었습니다. 그런데 저는 그 말씀에 별로 동의할 수가 없었습니다. 왜냐하면 그때 저는 믿음이 침체되어 있어서 마음에 기쁨이 없었기 때문입니다. 그런데 사실 크리스천 중에는 여러 가지 환란과 고통 때문에 웃음 없이 살아가는 분들이 많이 있습니다. 우리가 얼굴에 기쁨이 전혀 없이 그리고 웃음 없이 살아간다면 자신도 많이 힘들고 그런 모습을 보는 사람들도 마음이 좋지 않을 것입니다. 우리가 고난 중에 웃음이 없어지게 된 이유는 병이 오래 되고, 가난이 오래 되고, 환란과 고통이 오래 지속이 되었기 때문입니다. 그런데 어느 날 하나님께서 이 모든 고통을 다 가져가시고 우리에게 웃음을 회복시켜주실 때가 있습니다. 아마 그때 우리는 하나님 앞에서 실컷 웃을 수 있을 것입니다. 우리에게는 이런 기쁨의 순간이 기다리고 있습니다.

사라는 아름다웠지만 웃음이 없는 여인이었습니다. 왜냐하면 아이를 낳지 못하여 마음이 많이 힘들었기 때문입니다. 어떤 여성이 굉장히 미인인데 웃음이 전혀 없다면 아마 모든 사람들이 그 여인을 차갑다고 느끼게 될 것입니다. 레오나르도 다빈치가 그린 〈모나리자〉는 그래도 희미한 미소라도 지을 수 있는 여인이었습니다. 사라는 그 옅은 웃음도 잃어버린 여인이었습니다. 그런데 하나님은 아브라함이 백 세가 되었을 때 드디어 사라로 하여금 아이를 낳게 하셨습니다. 구십 세 된 할머니가 아이를 낳는다는 것은 정말 웃기는 이야기입니다. 드디어 사라는 구십 세에 아이를 낳고는 실컷 웃었습니다. 사라는 그동안 웃지 못했던 것을 이삭을 낳고 다 웃었던 것입니다. 그러면서 사라는 "하나님이 나를 웃게 하시니 듣는 자가 다 나와 함께 웃으리로다"라고 기뻐하며 소리쳤습니다. 하나님은 끝까지 하나님을 기다리는 자들을 웃게 하시는 분이십니다. 지금 고난 중에 있는 성도나 청년들도 언젠가는 하나님 앞에서 실컷 웃을 때가 있을 것입니다.

1. 웃게 하시는 하나님

우리는 좋은 일이 있으면 기뻐하면서 웃게 됩니다. 그런데 고난 중에 있는 성도는 웃을 수가 없습니다. 그러나 지금은 웃지 않는 성도들도 고통이 끝나고 하나님의 복이 회복되면 웃게 됩니다. 그런데 하나님의 뜻이 다 이루어져서 웃을 때에는 다른 사람의 눈치를 보면서 웃는 것도 아니고, 또 기쁨을 빼앗길까봐 불안해하는 웃음도 아니고 더 이상 아무 근심 걱정할 필요가 없어서 마음껏 웃는 승리의 웃음입니다.

하나님은 사라가 아들을 낳을 것이라고 하셨는데 실제로 사라는 구십 세가 되도록 아이를 낳지 못했습니다. 반대로 상속권이 없는 여종은 아들을 낳아서 이제 성인이 다 되어 가는데 하나님의 약속을 믿은 사라는 아이가 없었습니다. 그래서 사라는 기뻐할 수 없었습니다. 그런데 드디어 하나님의 때가 되었을 때 사라는 임신을 해서 아이를 낳게 되었습니다.

> 21:1, 2 "여호와께서 말씀하신 대로 사라를 돌보셨고 여호와께서 말씀하신 대로 사라에게 행하셨으므로 사라가 임신하고 하나님이 말씀하신 시기가 되어 노년의 아브라함에게 아들을 낳으니"

여기에 보면 "여호와께서 돌보셨다"라는 말씀이 나옵니다. 이것은 드디어 하나님의 때가 되어서 하나님이 허락하셨다는 뜻입니다. 하나님께서 한번 허락하시니까 그 동안 절대로 이루어질 수 없었던 일들이 이루어지기 시작했습니다. 즉 하나님의 말씀이 불가능한 것을 가능하게 해서 사라의 몸이 젊어지더니 임신이 되어서 아이를 낳게 된 것입니다.

그런데 이 세상에 자연적으로 태어난 모든 인간은 하나의 중요한 결함을 가지고 있습니다. 요즘 우리식으로 표현하면 모두 '리콜'이 필요한 것입니다. 그 중요한 결함은 하나님을 알지 못하고 하나님의 말씀을 들을 능력이 없다는 것입니다. 우리 인간은 하나님의 존재도 모르고 하나님을 믿지도 않습니다. 그리고 아무리 하나님의 말씀을 전해도 알아듣지도 못합니다. 우리 인간에게 가장 필요한 것은 그 안에 바로 고장 난 부분이 치료되는 것입니다.

이것은 마치 텔레비전 수상기 자체가 고장이 나서 화면 자체가 나오지 않는 것과 같습니다. 지금은 위성파까지 합치면 수백 개의 방송이 전파를 타고 있는데 텔레비전 수신기 자체가 고장이 나면 아예 화면이 잡히지 않습니다. 자연 상태의 사람들은 바로 고장 난 텔레비전과 같습니다. 그러면 하나님이 아무리 말씀을 하셔도 알아듣지 못하고 아무리 좋은 복을 주셔도 받을 수가 없습니다. 하나님께서 예수 그리스도를 보내신 것은 바로 우리 안에 고장 난 이 부분을 고치기 위해서입니다.

하나님의 말씀이 사라의 늙은 몸을 기적적으로 치료해서 임신할 수 있게 만들었습니다. 사람의 머리로써는 이해할 수가 없습니다. 이것이 바로 말씀의 능력인 것입니다. 이것은 우리가 믿음을 가지는데도 동일하게 나타나게 됩니다. 우리가 원래는 전혀 믿음이 없는 사람들이었습니다. 그런데 이상하게 하나님의 말씀을 듣는 가운데 믿음이 생기게 됩니다. 어느 순간부터 말씀이 마음에 와 닿기 시작하고 하나님이 살아계신 것이 믿어지고 하나님이 나를 사랑하는 것도 믿어지게 됩니다. 이것이 바로 새 사람으로 태어나는 것입니다.

그래서 우리는 눈에 보이는 이 세상만이 전부라고 생각해서는 안 됩니다. 우리 눈에 보이지 않는 무궁무진한 하나님의 나라와 축복이 있습니다. 이것은 오직 하나님의 말씀을 믿고 거듭난 자만 상속할 수 있는 것입니다. 사실 아브라함의 복은 오늘 우리에게까지 상속되는데 이 복이 엄청 커지게 되었습니다. 이 복을 하나님의 말씀을 믿는 자만 상속할 수 있습니다.

아브라함은 사라가 낳은 이 아들의 이름을 '이삭'이라고 지었습니다.

> 21:3 "아브라함이 그에게 태어난 아들 곧 사라가 자기에게 낳은 아들을 이름하여 이삭이라 하였고"

'이삭'이라는 이름은 히브리식 발음으로는 '이스학'인데 '웃음'이라는 뜻을 가지고 있습니다. 이삭의 이름을 '웃음'으로 지은 데는 두 가지 뜻이 있습니다. 하나는 하나님께서 아브라함 부부에게 아이를 주겠다고 하셨을 때 아브라함은 기가 막혀서 웃었습니다. 이것은 부정적인 웃음입니다. 그러나 다른 하나는 나중에 하나님께서 약속하신 대로 아이가 태어났을 때 너무 기쁘고 감사해서 웃게 되었습니다. 이것은 모든 어려움을 이기고 승리한 기쁨의 웃음입니다.

6절에 사라가 이렇게 말을 하고 있습니다.

"사라가 이르되 하나님이 나를 웃게 하시니 듣는 자가 다 나와 함께 웃으리로다"

하나님이 고난을 주실 때 믿는 자들이라도 웃을 수가 없습니다. 오히려 너무나도 많은 시간 동안 하나님의 뜻을 몰라서 한숨을 쉬기도 하고 밤에 잠을 이루지 못하기도 하고 눈물을 흘릴 때도 있습니다. 그러나 하나님의 때가 되어서 모든 고난이 끝나게 되었을 때 이때는 너무나도 기뻐서 실컷 웃게 되는 것입니다. 그때 우리는 하나님께서 웃게 하시니 실컷 웃을 수 있는 것입니다.

우리가 신앙 생활하면서 이런 웃음을 웃을 때가 많이 있습니다. 하나는 인간적으로 불가능한 것을 하나님이 말씀하셔서 기가 막혀서 웃는 것이고, 다른 하나는 그런 가운데도 하나님이 기적적으로 이루게 하시는 복을 받고 기뻐하는 웃음입니다.

예수님은 부자가 하늘나라에 들어가기가 얼마나 어려운지 낙타가 바늘귀로 들어가는 것보다 어렵다고 하셨습니다. 이것은 인간으로서는 불가능한 것입니다. 그러나 주님은 하실 수 있습니다. 즉 우리가 정말 하나님의 말씀을 믿고 하나님께 맡겼을 때 하나님께서는 정말 그 웃게 하시는 일을 해내시는 것입니다.

우리의 생애에 이럴 때가 반드시 옵니다. 처음에는 너무나도 어려워서 웃을 수가 없었습니다. 늘 주눅이 들어 있고 나의 꿈을 이야기할 수도 없었습니다. 그러나 모든 환란과 시험이 끝난 후에 하나님께서 우리를 축복하셨을 때 어느 누구 앞에서도 나의 믿음을 당당하게 말할 수 있게 됩니다.

그리스도인들은 미래의 소망이 있어야 살 수 있는 사람들입니다. 우리는 현재의 어려움은 견딜 수 있지만, 미래에 대한 소망이 없거나 그 소망을 실현할 수 있는 방법이 없을 때 절망하게 됩니다. 그러나 하나님의 말씀은 치료하는 능력이 있습니다. 하나님의 말씀은 불가능한 것을 가능하게 하는 능력이 있습니다. 하나님의 말씀은 기적을 만들어내는 능력이 있습니다. 그래서 하나님은 우리로 하여금 웃게 하시고 기뻐하게 하십니다.

2. 이삭이 당한 고통

옛날에는 유아사망률이 높아서 아이가 살 수 있을지 못할지 첫돌이 지나기 전에는 안심할 수 없었습니다. 그래서 아이가 첫돌이 지나고 나면 어른들은 이제 부터는 아이가 살겠구나 생각해서 큰 돌잔치를 배설했습니다. 그러나 유목민들은 아이가 첫돌이 되는 것보다는 엄마로부터 젖을 떼는 것을 중요하게 생각했습니다. 그래서 유목민들은 아이가 엄마의 젖을 떼고 어른의 음식을 먹을 수 있을 때부터 제대로 된 사람으로 취급했습니다.

아브라함이 백 세에 낳은 아들 이삭이 드디어 자라서 젖을 떼게 되었습니다. 이삭이 젖을 뗀 시기가 언제인지는 정확히 알 수 없지만 아마 4, 5세가 되었을 때가 아닐까 생각을 합니다.

이삭이 젖을 떼게 되었을 때 아브라함은 관습에 따라 아주 큰 잔치를 배설하고 사람들을 초청했습니다. 그러나 이삭이 젖을 뗀 이 날 이삭에게는 안타까운 날이 되었습니다. 이삭이 젖을 뗄 때 어떤 일이 있었습니까?

> 21:8, 9 "아이가 자라매 젖을 떼고 이삭이 젖을 떼는 날에 아브라함이 큰 잔치를 베풀었더라 사라가 본즉 아브라함의 아들 애굽 여인 하갈의 아들이 이삭을 놀리는지라"

이삭이 젖을 뗀 날 잔치를 하고 난리를 치는 동안 아이들에게는 도저히 상상할 수 없는 일들이 벌어지고 있었습니다. 그것은 큰 아이 이스마엘이 이제 젖을 뗀 이삭을 놀리는 것이었습니다. 이것을 이삭의 어머니 사라가 보게 되었습니다.

여기서 '놀린다'로 사용된 히브리 단어는 '메사학'입니다. 이 '메사학'이라는 단어는 단순히 장난을 친다는 의미보다는 '애무하다'라는 뜻을 가지고 있습니다. 가끔 학교에서 학생들 사이에 왕따나 집단 따돌림으로 자살하는 일들이 많이 일어난다는 뉴스를 듣게 됩니다. 그런데 이런 집단 폭행 못지않게 심각한 것이 성폭력입니다. 그런데 이스마엘이 이삭에게 한 것은 집단 괴롭힘의 단계를 넘어서서 일종의 아동 성추행이었습니다.

이스마엘과 이삭은 같은 아버지 밑에서 태어난 이복형제입니다. 그런데 이 둘의 신분은 엄청난 차이가 있습니다. 옛날 아이들의 신분은 아버지에 의해서 결정이 되는 것이 아니라 어머니의 신분에 의해서 결정되었습니다. 이스마엘은 아브라함의 큰 아들이었지만 여종의 아들이었기 때문에 정식 아들이 아닙니다. 그러나 이삭은 이제 겨우 젖을 뗐지만 정식 부인에게서 태어난 합법적인 아들입니다. 이스마엘은 이삭이 태어남으로 자신의 지위가 흔들려버린 것을 알고 이삭을 미워했습니다. 그래서 이스마엘은 이삭에게 가장 중요한 날 즉 이삭이 젖을 떼는 날 어른들이 보지 못하는 곳에 아이를 끌고 가서 성추행 하는 못된 짓을 했던 것입니다.

가나안은 성적으로 아주 타락한 곳이었습니다. 그런데 그 중에서도 아브라함의 집은 그런 것이 없었습니다. 왜냐하면 아브라함의 집은 하나님의 백성들의 집이었기 때문입니다. 오늘로 치면 아브라함의 집은 교회였습니다. 그래서 가나안의 죄악 된 풍습이 들어올 수 없었습니다. 그런데 이스마엘은 그 나쁜 짓을 밖에서 배워가지고 와서 자기 동생 이삭에게 써 먹고 있었던 것입니다.

사도 바울은 이것을 예로 들면서 교회 안에서 진정으로 거듭나지 못하고 율법적으로 믿는 자들이 복음으로 거듭난 자들을 괴롭히고 있다고 말을 한 적이 있습니다. 즉 교회는 이리가 양으로 변하는 곳인데 변하지 않은 자가 있다면 그가 약한 자들이나 복음적인 자들을 정죄하며 고통스럽게 할 수 있는 것입니다. 그래서 교회는 언제나 복음이 살아있어야 합니다.

율법적인 사람들은 자꾸 더 완전하고 더 형식적이고 더 열정적인 것을 요구하기 때문에 자기처럼 하지 못하는 자들을 정죄하고 핍박하게 되는 것입니다. 교회는 이것을 바로 잡아야 진정한 복음의 부흥이 일어날 수 있습니다.

그런데 이삭은 힘으로는 도저히 이스마엘을 당할 수가 없었습니다. 왜냐하면 이삭은 이제 젖을 겨우 뗐는데 비하여 이스마엘은 청년에 가까웠기 때문입니다. 그런데 다행히도 마침 사라가 이스마엘이 이삭을 괴롭히는 장면을 보게 되었습니다. 이것을 사라는 도저히 그냥 넘어갈 수가 없었습니다. 왜냐하면 이삭은 어리고 자기가 사랑하는 아들이며 적법한 아들이었기 때문입니다.

사라는 이 문제를 정식으로 아브라함에게 이야기했습니다.

> 21:10 "그가 아브라함에게 이르되 이 여종과 그 아들을 내쫓으라 이 종의 아들은 내 아들 이삭과 함께 기업을 얻지 못하리라 하므로"

우리가 자칫 잘못 생각하면 사라가 여종과 그 아들을 내쫓는 것을 보고 너무 자기 아들만 감싼다고 생각하기 쉽습니다. 그러나 사라가 생각한 것은 이스마엘에 대한 복수가 아니었습니다. 사라는 어린 이삭을 보호해야 한다는 것을 알았고 그것을 위해서 이삭의 법적인 권리를 주장했던 것뿐입니다. 이 당시 법은 여종의 아들은 재산을 상속할 수가 없었습니다. 그 대신 종으로 팔지 않고 자유인으로 내보낼 수 있었습니다.

원래 사라는 이스마엘이 자신이 종으로 만족하는 한 그를 내쫓을 생각이 없었던 것 같습니다. 그러나 사라는 이스마엘이 자신의 한계를 지키지 않고 이삭을 도리어 자기 종으로 만들려고 하는 것을 보고서는 이삭을 보호하기 위하여 이스마엘을 내보내어야 한다는 것을 알게 되었습니다. 이스마엘을 내쫓지 않는다면 이삭은 절대로 상속자의 특권을 행사할 수 없었습니다. 결국 이스마엘은 자기 교만 때문에 아브라함의 집에 있을 수 없게 되었습니다.

오늘도 하나님은 우리에게 아브라함의 복을 주셨습니다. 이 복은 진정으로 거듭난 자 즉 하나님의 말씀을 붙잡는 자들이 가져야 합니다. 그러나 세상의 성공만 믿고 진정으로 거듭나지 못한 자들이 교회에서 약한 자들을 정죄하거나 많이 괴롭힐 수 있는데 이것은 옳지 않습니다.

그러나 아브라함은 사라의 말을 듣고 매우 근심을 했습니다.

21:11 "아브라함이 그의 아들로 말미암아 그 일이 매우 근심이 되었더니"

아브라함은 이스마엘에게도 좋은 점이 많고 굳이 그 아이를 쫓아낼 필요까지는 없다고 생각했습니다. 그리고 이스마엘은 아브라함이 사랑하는 아들이었고, 아브라함은 아직 이스마엘을 포기하지 못하고 집착하고 있었습니다. 그러나 하나님은 말씀으로 아브라함에게 이 아들을 포기하게 하셨습니다.

21:12 "하나님이 아브라함에게 이르시되 네 아이나 네 여종으로 말미암아 근심하지 말고 사라가 네게 이른 말을 다 들으라 이삭에게서 나는 자라야 네 씨라 부를 것임이니라"

하나님은 아브라함에게 사라의 말대로 이스마엘을 포기하라고 하셨습니다. 그 이유는 무엇입니까? 이스마엘은 하나님의 축복의 상속자가 아니었기 때문입니다. 사라가 아브라함에게 이스마엘을 내보내라고 한 것은 단순히 이스마엘이 미워서가 아니었습니다.

하나님의 복은 인간적인 정에 끌려서 줄 수 있는 것이 아닙니다. 이것은 하나님께서 자신이 택한 자에게 주시는 것입니다. 그런데 사람은 자꾸 이 하나님의 복을 인간적으로 자기가 좋아하는 사람에게 주려고 하는 경향이 있습니다. 그래서 아브라함은 이스마엘에게 미련을 가졌고, 또 이삭은 에서에게 이 복을 주려고 했던 것입니다. 그러나 하나님의 복은 하나님이 택하신 자에게 주어야지 내가 마음이 드는 사람이라고 해서 줄 수 있는 것이 아닙니다. 이 점에 있어서 사라는 분명했습니다. 그리고 아브라함의 멋진 점도 바로 여기에 있었습니다. 아브라함은 이스마엘에 대하여 미련을 많이 가지고 있었지만 하나님이 아니라고 하니까 바로 결단을 내렸습니다.

> 21:14 "아브라함이 아침에 일찍이 일어나 떡과 물 한 가죽부대를 가져다가 하갈의 어깨에 메워 주고 그 아이를 데리고 가게 하니 하갈이 나가서 브엘세바 광야에서 방황하더니"

아브라함은 무엇인가 결단해야 할 때에는 아침 일찍이 해버리는 습관이 있었습니다. 그래서 아브라함은 하갈과 이스마엘을 내보내는 것이 하나님의 뜻임을 알게 되었을 때 이른 아침에 하갈과 이스마엘에게 떡과 물 한 부대만 주고 집을 떠나게 했습니다.

3. 이스마엘에 대한 사랑

아브라함의 집에서 나온 하갈과 이스마엘은 길을 잃고 방황했습니다. 그러다가 결국 가지고 있던 물이 다 떨어져서 목이 말라서 죽게 되었습니다.

> 21:15-16 "가죽부대의 물이 떨어진지라 그 자식을 관목덤불 아래에 두고 이르되 아이가 죽는 것을 차마 보지 못하겠다 하고 화살 한 바탕 거리 떨어져 마주 앉아 바라보며 소리 내어 우니"

얼마 가지 않아서 이스마엘은 쓰러져 버리고 말았습니다. 그리고 하갈은 이제 아들이 죽는다고 생각해서 조금 떨어진 곳에 가서 마주 보고 앉아서 통곡을 했습니다. 그때 하나님은 하갈에게 나타나셔서 위로해주시고 그의 눈을 떠 샘물을 발견할 수 있게 해주셨습니다.

하나님께서는 이스마엘의 부르짖는 소리를 들으셨습니다. 그 이유는 그들도 아브라함의 가족이었기 때문입니다. 하나님은 믿음의 식구 아브라함 때문에 집에서 쫓겨난 자들까지도 지켜주시고 보호해 주셨습니다.

때로는 우리의 가족 중에서 끝까지 예수 믿지 않는 자들이 있습니다. 그들은 늘 마음의 걱정거리입니다. 그러나 하나님은 우리의 믿지 않는 부모나 형제자매들도 다른 사람들과는 달리 지켜주시고 보호해주십니다. 그래서 믿는 자들 때문에 믿지 않는 가족이 복을 받습니다. 물론 이것은 영적인 복이 아니라 세상적인 복입니다. 아무리 이스마엘이라 하더라도 부르짖으면 하나님께서 그 소리를 들어주십니다. 때로는 우리 부모나 형제가 예수를 믿지 않지만 우리가 믿는 하나님의 이름을 부르면서 부르짖으면 하나님께서 그 기도를 들어주시고 그들을 도와주십니다. 이것은 하나님께서 우리 믿는 자들 때문에 믿지 않는 가족까지 지켜주심으로 하나님이 얼마나 자비로우시며 은혜가 풍성한지 보여주시는 것입니다.

사람들이 하나님을 믿지 않을 때 극단적인 어려움을 당하면 자살하려고 합니다. 아마도 하갈도 자살하려고 했는지 모릅니다. 그런데 그때 하나님은 그를 보고 계십니다. 그래서 세상에서 자살하려고 하는 자들에게 하나님을 전하면 살 수 있습니다.

사람이 죽고 사는 문제는 우리 인간이 결정할 수 있는 것이 아닙니다. 우리는 아무리 고통스럽고 절망스러워도 죽는 것은 생각하지 말아야 합니다. 왜냐하면 하나님께서 이스마엘의 소리를 듣고 계시기 때문입니다.

하나님은 하갈에게 특별한 명령을 하셨습니다. 그것은 쓰러져 있는 이스마엘을 붙들고 세우라는 것입니다. 그리고 이 아이로 아주 큰 민족을 이루게 하겠다고 약속하십니다.

이것은 하나님께서 이스마엘에게 비전을 주시고 꿈을 주시는 것입니다. 그러나 그 비전이나 꿈은 하나님 나라의 꿈이나 비전이 아니라 인간적인 꿈이었고 야망이었습니다. 오늘날로 치면 큰 사업가들의 꿈과 같은 것입니다. 그리고 실제로 이스마엘은 이 때 하나님께서 약속하신 것처럼 아주 큰 사람이 되었습니다.

이때 하나님께서 하갈의 눈을 밝게 하셔서 한 샘물을 보게 하셨습니다.

21:19 "하나님이 하갈의 눈을 밝히셨으므로 샘물을 보고 가서 가죽부대에 물을 채워다가 그 아이에게 마시게 하였더라"

하나님께서 우리에게 말씀하실 때에는 반드시 살 길을 주십니다. 하나님은 말씀만 하시고 우리를 절망 가운데 버리지 아니하십니다. 그래서 우리는 아무리 어려운 지경이 처했다 하더라도 하나님의 말씀이 들리면 살아난 것입니다. 하나님은 다른 어떤 특별한 일을 하시지 아니하시고 하갈의 눈을 밝혀 주셨는데 살 길이 생겼습니다.

아주 가까운 곳에 많은 하나님의 복이 있는데 우리는 그것을 보지 못하는 것입니다. 많은 사람들은 아주 가까운 곳에 있는 샘물을 보지 못해서 목말라 죽어가고 있습니다.

하나님은 이미 우리에게 필요한 모든 것을 주셨습니다. 우리 주위에는 하나님이 주신 복들이 가득합니다. 그러나 눈이 어두워서 그런 것들을 보지 못하고 있습니다. 이것은 마치 숨은 그림 찾기와 같습니다. 어떤 때에는 아무리 눈을 부릅뜨고 봐도 보이지 않던 것이 어느 순간 숨은 그림이 보이기 시작하는 것입니다.

하나님이 우리 가까운 데 두신 샘물이 무엇입니까? 그것은 바로 말씀의 샘물이고 은혜의 샘물입니다. 이스마엘의 샘물은 어느 곳에나 있습니다. 운수만 좋으면 발견할 수 있습니다. 그러나 아브라함의 샘물은 이 세상 어느 곳에도 없습니다. 이것은 오직 하나님의 말씀이 있는 곳에만 있습니다.

오늘 우리에게 성령의 샘물이 터지기를 바랍니다. 우리가 그것을 눈으로 보고 마실 수 있어야 하겠습니다. 그리고 이 세상 모든 사람을 향해서 하나님이 그들을 보고 계시며 그들을 사랑하신다는 것을 이야기해 줄 필요가 있습니다.

28
최고의 시험 / 창세기 22:2

수험생들이 치는 시험 중에는 한번쯤 망쳐도 되는 시험이 있는가 하면 절대로 망쳐서는 안 되는 시험이 있습니다. 예를 들어서 요즘은 어떤지 모르겠지만 옛날에는 한 달에 한 번씩 치는 모의고사가 있었는데 그런 시험은 한번쯤 망쳐도 다음에 잘 치면 상관이 없습니다. 그러나 학생들이 몇 년을 벼루어온 수능 시험이라든지 혹은 박사학위 논문시험 같은 것은 떨어지면 안 되는 아주 중요한 시험입니다. 마찬가지로 우리 신앙에도 자주 겪는 사소한 시험이 있는가 하면 절대로 실패해서는 안 되는 아주 중요한 시험이 있습니다. 특히 우리 자신은 잘 모르지만 하나님은 우리가 가장 중요하게 생각하는 것으로 우리의 믿음을 시험해보실 때가 있습니다. 우리는 이런 시험에 이겨야 신앙이 훨씬 더 성숙하게 되고 큰 믿음의 사람이 됩니다.

하나님께서는 때때로 우리의 믿음도 시험을 해보십니다. 그런데 하나님은 우리 신앙이 진짜인지 가짜인지 구별하려고 시험하시는 것이 아니라 고난을 통해서 모든 불순물이 빠져 나가고 목숨 걸고 하나님을 사랑하는 보석 같은 믿음이 되도록 하기 위해서 우리를 시험하시는 것입니다. 하나님은 때때로 우리를 시험하실 때 나에게 가장 소중한 것을 가져가심으로 우리를 연단하십니다.

만일 우리가 가장 아끼고 소중하게 생각하는 것을 잃어버리게 된다면 너무나도 마음이 아프고 고통스러울 것입니다. 또 하나님을 원망하는 마음도 가지게 될 것입니다. 하나님께서는 왜 이렇게 소중한 것을 우리에게서 빼앗아가는 것일까요? 우리는 그것을 이해하지 못해서 너무나도 고통스러워하다가 결국 나중에 원래 내 것은 아무 것도 없었다는 것을 알게 됩니다. 즉 이 모든 것은 하나님이 주셨고 우리가 잃어버려서 고통스러워하기보다 지금까지 이것을 주신 하나님께 감사해야 한다는 것을 깨닫게 되는 것입니다.

오래 전에 우리나라에 아주 머리가 좋은 경제학자가 있었습니다. 이 분은 그 명석한 머리로 우리나라 경제 발전에 크게 기여했습니다. 그러나 아쉽게도 그는 버마에 갔다가 아웅산 테러로 목숨을 잃었습니다. 그때 딸이 한 말이 기억이 납니다. 그녀는 아버지를 잃은 것은 너무나도 가슴이 아프지만 그동안 좋은 아버지를 주신 하나님께 감사한다고 했습니다.

하나님은 이런 소중한 것들을 가져가심으로 우리에게 가장 중요한 질문을 하고 계십니다. 그것은 "나도 너를 위해서 가장 소중한 아들을 죽게 했는데 너는 그 심정을 이해할 수 있겠느냐?"고 물으시는 것입니다.

하나님은 이것을 통해서 네가 가장 좋아하는 돈이나 직장이나 남편이나 아이나 네 자신보다도 나를 더 사랑하느냐고 물으시는 것입니다. 물론 입으로는 하나님께 "이 모든 것보다 하나님을 더 사랑합니다."라고 말할 수 있지만 실제로 우리는 나의 것을 더 사랑하고 있습니다.

하나님께서 아브라함에게 주신 시험은 너무 가혹한 것이었습니다. 하나님께서 아브라함에게 요구하신 것은 그의 재산을 바치라는 것도, 그의 시간을 바치라는 것도 아니었습니다. 그의 가장 사랑하는 아들, 그것도 백세에 낳은 아들을 자기 손으로 죽여서 번제로 바치라는 것이었습니다. 이것은 완전히 정신이 나간 미친 아버지가 아니면 불가능한 것입니다. 그런데 아브라함은 이 말도 되지도 않는 하나님의 말씀에 순종하려고 이삭을 데리고 모리아 산으로 갔습니다.

1. 하나님께서 주신 시험

하나님께서 아브라함에게 주신 시험은 이 세상에서 가장 사랑하는 것을 하나님께 바치라는 것이었습니다. 아브라함이 이 세상에서 가장 사랑하는 것은 그가 백세에 낳은 하나밖에 없는 아들입니다.

> 22:1 "그 일 후에 하나님이 아브라함을 시험하시려고 그를 부르시되 아브라함아 하시니 그가 이르되 내가 여기 있나이다"

학교에서는 학생들의 실력을 알아보기 위해서 시험을 칩니다. 학생들의 외모나 머리가 좋다고 해서 꼭 공부를 잘하는 것은 아니라는 것을 알게 됩니다. 그런데 기독교에서는 그리스도인들이 당하는 모든 어려움들을 '시험 당했다' 혹은 '시험에 빠졌다' 라는 말로 표현합니다. 물론 영어로는 test라고 하기도 하고 temptation이라고 하기도 하는데, 혼용하는 경우도 있습니다. 우리는 때때로 자기 스스로 유혹에 빠지는 경우가 있는데 이것은 좋지 않은 시험입니다. 그러나 하나님은 때때로 고난을 주셔서 우리 안에 있는 불순물을 다 빼내시고 순결하게 하는 시험을 받게 하십니다. 이런 시험이 물론 우리에게는 고통이 되지만 결국 큰 유익이 됩니다.

하나님께서 아브라함을 시험하신 것은 아브라함의 생각과 믿음을 확인해보기 위해서 주신 어려움입니다. 그런데 우리에게 이해가 잘되지 않는 것은 하나님께서는 사람의 중심을 보시기 때문에 굳이 아브라함에게 이런 시험을 주시지 않아도 얼마든지 아브라함의 믿음을 알 수 있을 텐데 왜 이런 시험을 주셨을까 하는 점입니다. 그 답은 우리로서는 그 이유를 알지 못한다는 것입니다.

막상 어려운 시험을 당했을 때 왜 하나님께서 나에게 이렇게 어려운 시험을 주셨을까 라고 생각하는 경우가 많지만 왜 하나님이 이런 시험을 주셨는지 우리는 당장은 알지 못합니다. 오히려 우리가 그것을 생각하면 할수록 이해가 되지 않고 오히려 거의 미치게 되기 때문입니다. 이런 시험을 당했을 때 우리가 생각해야 할 것은 왜 이런 시험이 왔는지 알지 못한다는 것이고 우리는 이 시험을 이길 것이며 이긴 후에는 정금같이 된다는 것만 생각해야 한다는 것입니다. 하나님께서 우리에게 어려운 시험을 주시는 것은 우리 안에 있는 모든 불순물을 다 제거하셔서 정금과 같은 믿음이 되게 하시려는 것입니다. 그러나 우리는 그 당시에는 너무 고통스럽기 때문에 이해하지 못합니다. 그러므로 우리는 이 시험을 무조건 믿음으로 이겨내야 하는 것입니다.

22:2 "여호와께서 이르시되 네 아들 네 사랑하는 독자 이삭을 데리고 모리아 땅으로 가서 내가 네게 일러 준 한 산 거기서 그를 번제로 드리라"

아브라함에게 있어서 이 하나님의 명령은 너무나도 순종하기 어려운 것이었습니다. 우선 하나님께서 이삭을 바치라고 하시면서 그 이유는 전혀 말씀하시지 아니했습니다. 하나님께서 아브라함에게 그 이유라도 설명해주셨더라면 조금은 생각할 여유를 가졌을 것입니다. 그러나 하나님의 말씀에는 그런 설명이 전혀 없었습니다. 무조건 하나님은 "네 아들 네 사랑하는 독자 이삭을 데리고 내가 네게 일러 준 산 거기서 그를 번제로 드리라"고 명령하셨습니다. 도대체 하나님께서 이삭을 요구하시는 그 이유가 무엇인지 알 수가 없습니다.

또한 하나님의 이 요구는 지금까지 보여준 하나님의 성품과 너무나도 일치하지 않습니다. 이방 족속들 가운데는 자기 자식을 죽여서 제물로 바치는 의식이 있었습니다. 그러나 하나님께서는 한 번도 그런 것을 요구하신 적이 없으셨습니다. 더욱이 하나님은 살아있는 아들을 죽여서 제물로 바치기를 원하시는 그런 잔인한 분이 아니셨습니다. 하나님은 결코 살인자가 아니십니다. 하나님께서는 사람을 바치게 하는 야만적인 신들과는 완전히 다른 분이십니다. 그런데 그 하나님께서 이런 야만적인 요구를 하시는 것입니다.

그리고 가장 중요한 문제는 하나님의 이 요구가 지금까지 말씀하신 약속과 전혀 맞지 않다는 것입니다. 하나님께서 아브라함에게 분명히 약속하시기를 "이삭에게서 나는 자라야 네 씨라 부를 것임이니라"고 하셨습니다. 그렇다면 이삭은 어른이 되어서 자손을 낳아야 합니다. 그런데 하나님은 아직 성년이 되지도 않은 아이를 죽이라고 명령하시는 것입니다.

성경에는 하나님의 이 말도 되지도 않는 요구에 대하여 아브라함은 하나님의 말씀대로 순종하기 위해서 아들과 종들을 데리고 아침 일찍 집을 떠났다고 했습니다.

> 22:3 "아브라함이 아침에 일찍이 일어나 나귀에 안장을 지우고 두 종과 그의 아들 이삭을 데리고 번제에 쓸 나무를 쪼개어 가지고 떠나 하나님이 자기에게 일러 주신 곳으로 가더니"

아브라함에게는 백세에 낳은 외아들 이삭을 포기하는 것이 그렇게 간단하지 않았을 것입니다. 아브라함은 지금까지 자기에게 중요한 모든 것을 다 포기했습니다. 그런데 이제 하나님은 아브라함에게 하나 남은 가장 소중한 것을 내놓으라고 하십니다. 아마 아브라함에게 있어서 다른 것은 몰라도 외아들 이삭만큼은 절대로 포기할 수 없었을 것입니다. 그럼에도 불구하고 아브라함은 이 외아들을 포기하기로 했습니다.

아마도 우리 같으면 하나님을 불신하고 하나님으로부터 도망치든지 아니면 하나님의 말씀에 귀를 막아버리고 내 마음대로 모든 것을 해 버렸을 것입니다. 광야의 이스라엘 백성들은 그렇게 했습니다. 애굽에서 나온 이스라엘 백성들은 자기들이 기대한 것과 다른 어려운 상황에 봉착하면 그때마다 하나님을 부정하고 자기 마음대로 행동을 해버렸습니다. 그때마다 성경은 이스라엘 백성들이 하나님을 시험했다고 표현하고 있습니다.

우리가 생각하기에 아브라함이 가장 쉽게 빠질 수 있는 위험은 하나님을 시험하는 것입니다. 즉 아브라함이 하나님의 신실하심을 부정하고 지금까지 하나님의 모든 인도하심과 보호하심을 거부하고 하나님과의 관계를 끊어버리고 자기 멋대로 행동해버리는 것입니다. 그러면 아브라함이 하나님을 시험하는 것이 됩니다. 그러나 아브라함은 그렇게 하지 않았습니다.

아마도 아브라함도 인간이었기 때문에 하나님의 이 무리한 요구에 엄청나게 고민도 하고 분노도 했을 것입니다. 그럼에도 불구하고 아브라함은 하나님을 의심하지 않고 순종하기로 했습니다. 그 이유가 어디에 있습니까? 하나님의 말씀에 대한 믿음이 있었기 때문입니다.

하나님은 아브라함에게 "이삭에게서 나는 자라야 네 씨라 부를 것임이니라"고 약속하셨습니다. 그렇다면 다른 것은 몰라도 이 말씀이 이루어지려고 하면 이삭은 죽어서는 안 됩니다. 만일 이삭이 죽는다 해도 하나님은 살려내실 것입니다. 왜냐하면 하나님은 밤하늘의 별을 헤아리라고 하신 분이시며, 없는 것을 있게 하시고, 죽은 자도 살리시는 전능하신 하나님이시기 때문입니다.

아브라함은 다른 것은 몰라도 하나님의 말씀만은 믿었습니다. 그랬더니 하나님이 믿어졌고 하나님이 원망되지 않았습니다. 우리가 시험에서 이길 수 있는 길은 하나님의 말씀을 믿는 것 밖에 없습니다.

그러면 이제 하나님께서 아브라함을 시험하신 핵심이 무엇인지 알 수 있습니다. 그것은 아브라함이 얼마나 철저하게 하나님의 말씀을 믿느냐 하는 것입니다. 다시 말해서 하나님은 아브라함이 가장 소중한 것을 잃는 순간에도 하나님의 말씀을 붙들고 고통과 불신을 이기는 것을 보기 원하셨던 것입니다.

예수님은 "나는 부활이요 생명이니 나를 믿는 자는 죽어도 살겠고 무릇 살아서 나를 믿는 자는 영원히 죽지 아니하리니 이것을 네가 믿느냐"(요 11:25, 26)고 말씀하셨습니다. 결국 우리의 신앙은 끝에 가서 죽음을 한번 극복을 해야 참된 신앙으로 인정받을 수 있습니다.

2. 모리아로 가는 길

가장 힘들고 어려운 일이 있었던 날을 보통 '자신의 생애에서 가장 길었던 날' 이라고 합니다. 아마 아브라함의 생애에서 가장 길었던 날은 모리아로 가는 길이었을 것입니다.

일단 아브라함은 하나님의 말씀에 순종하기로 결심한 후 일사천리로 일을 진행시켰습니다.

> 22:3 "아브라함이 아침에 일찍이 일어나 나귀에 안장을 지우고 두 종과 그의 아들 이삭을 데리고 번제에 쓸 나무를 쪼개어 가지고 떠나 하나님이 자기에게 일러 주신 곳으로 가더니"

우선 아브라함은 일찍 일어났습니다. 아브라함은 어떤 순종하기 어려운 문제가 있을 때마다 아침 일찍 일어났습니다. 아브라함은 이스마엘을 내보낼 때에도 아침 일찍이 일어나서 하갈과 이스마엘을 내보내었습니다. 그 이유는 아브라함은 하나님의 말씀에 시간을 질질 끌고 주저할수록 마음이 변할 수 있다는 것을 알고 있었기 때문입니다. 그래서 아브라함은 하나님의 말씀에 순종할 마음이 있었을 때 무조건 순종해버렸습니다. 이것이 우리가 스스로를 다스려나가는 방법입니다. 아브라함은 하나님의 말씀에 순종하는데 가장 큰 걸림돌은 자기 자신이라는 것을 잘 알았습니다. 그래서 스스로 핑게 대지 못하도록 아예 아침 일찍 결심을 하고 집을 떠났습니다.

우리가 하나님의 뜻에 순종하려고 하면 가장 먼저 해야 할 것은 여러 가지 이유를 대면서 핑계하는 자기 자신을 두들겨 잡는 것입니다. 우리는 모두 뱀처럼 간사하고 어떻게 해서라도 하나님의 뜻에서 빠져나가려고 몸부림을 치는 미꾸라지와 같습니다. 우리가 하나님의 손에 꽉 잡혀서 꼼짝 달싹 못할 때 그때부터 하나님의 말씀에 순종하게 됩니다.

아브라함은 이삭을 하나님께 바쳐야 한다는 것에 대해 아내 사라에게도 말하지 않았습니다. 왜냐하면 아브라함은 이 시험이 자기의 시험이지 사라의 시험이 아니라는 것을 알았기 때문입니다. 사라에게는 이삭을 바친다고 하는 것이 시험이 될 수 없습니다. 왜냐하면 사라는 그런 믿음을 가지고 있지 못하기 때문입니다. 사라에게 살아있는 아들을 바치는 것은 시험이 아니라 미친 짓밖에 되지 않기 때문입니다. 아브라함은 자기에게 찾아 온 시험을 사라에게 미루지 않았습니다.

아브라함에게는 함께 데리고 가는 종들도 걸림돌이 될 수 있었습니다. 만약 아브라함이 이삭을 죽이려고 하는데 종들이 아브라함의 팔을 붙들어서 죽이지 못하게 할 수도 있습니다. 그래서 아브라함은 종들을 모두 산 밑에 두고 이삭만 데리고 올라갔습니다. 이것을 보면 하나님의 말씀에 순종한다는 것은 생각만 가지고 있다고 해서 되는 것이 아니라 반대되는 모든 것을 다 제거해야 겨우 순종할 수 있다는 것을 알게 됩니다.

아브라함이 시험을 이길 수 있었던 것은 이미 많은 훈련이 되어 있었기 때문입니다. 사람이 한꺼번에 큰 바다를 헤엄쳐서 건널 수 없습니다. 작은 강이나 풀장에서 수없이 건너는 훈련을 했을 때 큰 바다도 건널 수 있게 되는 것입니다.

하나님께서 아브라함에게 이삭을 바치라고 한 것은 불쑥 주어진 것이 아닙니다. 지금까지 아브라함은 수없이 버리는 훈련을 해 왔습니다. 그 동안 아브라함은 고향과 친척과 아버지의 집을 버리는 훈련을 했습니다. 또 아브라함은 비옥한 소돔의 초장을 버리는 훈련을 했고, 전리품으로 얻은 소돔과 고모라의 재물을 포기하는 경험도 했습니다. 아브라함은 큰 아들 이스마엘과 첩 하갈을 버리는 훈련도 받았습니다. 이제 하나님은 아브라함에게 최종적으로 가장 사랑하는 아들을 버리게 하시는 것입니다.

지금까지 수없는 시험 가운데서 하나님은 한 번도 아브라함을 버리신 적이 없었습니다. 그래서 아브라함은 무조건 그 하나님의 말씀만 믿고 길을 가는 것입니다.

그런데 아브라함이 이삭과 함께 가는 중에 전혀 생각하지 못했던 충격의 순간이 찾아왔습니다.

> 22:7 "이삭이 그 아버지 아브라함에게 말하여 이르되 내 아버지여 하니 그가 이르되 내 아들아 내가 여기 있노라 이삭이 이르되 불과 나무는 있거니와 번제할 어린 양은 어디 있나이까"

이삭은 지금까지 아버지가 제사 드리는 것을 많이 보았습니다. 제사를 드리는데 있어서 가장 중요한 것은 제물로 바쳐질 짐승이었습니다. 이삭은 죽을 짐승이 없는 제사를 본 적이 없었습니다. 그런데 이번에 아버지는 하나님께 바칠 제물을 잊고 자기만 데리고 가는 것입니다. 그래서 이삭은 아버지께 물었습니다. "아버지, 나무와 불은 있는데 제사드릴 어린 양은 어디에 있습니까?"

하나님께 바쳐질 어린 양은 바로 이삭 자신이었습니다. 아마 아버지가 아들의 입에서 나오는 이 말을 들었을 때 견디기가 너무 어려웠을 것입니다. 아들은 지금 아버지만 믿고 따라오고 있는데 실제로 아버지는 자기를 믿고 따라오는 이 아들을 죽이려고 계획하고 있는 것입니다. 이 사실이 아브라함에게는 견딜 수 없는 고통이었습니다. 이때 아브라함은 이삭에게 바로 네가 제물이라고 이야기를 해 주어야 합니까? 그러나 아브라함은 아들에게 진실을 다 이야기하지 않았습니다. 왜냐하면 아들은 그것을 감당할 수 없었기 때문입니다. 그 대신 아브라함은 모든 것을 하나님께 돌렸습니다.

> 22:8 "아브라함이 이르되 내 아들아 번제할 어린 양은 하나님이 자기를 위하여 친히 준비하시리라 하고 두 사람이 함께 나아가서"

아브라함은 "나는 잘 모른다. 그러나 하나님이 준비하실 것이다"라고 대답했습니다. 아브라함은 자기가 대답할 수 없는 모든 것을 하나님께 돌렸던 것입니다.

자기 아들을 죽이기 위하여 산으로 데려 가는 아브라함의 심정이 바로 하나님의 심정이었습니다. 하나님은 아브라함을 통해서 하나님 자신의 모습을 보여주고 싶으셨던 것입니다.

아버지는 이 사랑하는 아들을 죽이기 위하여 한 손에는 불을 들고, 다른 한 손에는 칼을 잡고 아들을 몰아가고 있습니다. 그의 얼굴에는 말할 수 없는 고민과 갈등이 나타나 있습니다. 그는 엄청나게 번민하고 있습니다. 그는 할 수 있으면 아들을 살릴 길이 없을까 궁리하고 있습니다. 그러나 결국 아들은 죽어야 했습니다. 이것이 바로 하나님의 모습이었습니다.

그리고 자기가 죽을 나무를 등에 짊어지고 순종해서 산으로 올라가는 이 아들의 모습은 바로 예수 그리스도의 모습입니다. 예수님은 자기를 죽일 십자가 나무를 등에 짊어지고 골고다 언덕을 올라가셨던 것입니다.

하나님은 고난당하는 성도들을 통하여 하나님과 자신의 아들 그리스도를 보여주시기를 원하십니다. 그래서 구약 시대 제물로 사용되었던 소나 양은 모두 소리를 지르지 않고 묵묵하게 죽어가는 짐승들이었습니다. 오늘 사람들은 조금이라도 자기 생각과 다르면 너무나도 소리를 질러댑니다. 조금이라도 손해를 보면 더 큰 소리를 지르면서 울부짖습니다. 그러나 그런 짐승은 제물이 될 수가 없습니다. 우리는 하나님을 믿고 묵묵히 가야 합니다.

3. 승리한 아브라함

하나님은 자기 아들을 바치기 위하여 모리아 산까지 온 아브라함을 위해서 다른 제물을 준비해두셨습니다. 아브라함은 하나님의 말씀대로 아들을 잡기 위해서 아들을 묶어서 나무 위에 올려놓고 칼을 들어서 찌르려고 했습니다. 아마 그때 아브라함은 아들의 눈에 드러난 두려움과 놀란 눈빛에 가슴이 아팠을 것입니다. 그러나 아브라함이 무조건 하나님의 말씀에 순종해서 아들을 칼로 찔러 죽이려고 했을 때 하나님은 천사를 보내어서 다급하게 아브라함을 불러서 아들을 죽이지 못하게 하셨습니다.

> 22:11 "여호와의 사자가 하늘에서부터 그를 불러 이르시되 아브라함아 아브라함아 하시는지라 아브라함이 이르되 내가 여기 있나이다 하매"

하나님은 천사를 보내어서 아주 다급한 소리로 아브라함을 부르셨습니다. 왜냐하면 아브라함은 진짜 하나님의 말씀대로 아이를 죽일 사람이었기 때문입니다. 아브라함같이 너무나도 무식하게 하나님의 말씀에 순종하려고 하면 하나님이 다급해지시게 됩니다. 우리의 믿음이 이 정도가 되어야 성공입니다. 하나님을 다급하게 해드려야 하는 것입니다. 하나님은 아브라함에게 네 아들에게 손을 대지 말고 아무 일도 하지 말라고 하셨습니다.

이제 드디어 아브라함은 믿음으로 승리한 사람이 된 것입니다. 하나님께서는 이제야 네가 네 독자라도 아끼지 않고 바친 것을 보니 나를 사랑하는 줄 알겠다고 하셨습니다. 그 대신 하나님은 뿔이 나뭇가지에 걸려 있는 숫양을 보게 하셔서 이삭 대신에 그 양을 하나님께 바치게 하셨습니다.

하나님께서는 예배를 통하여 우리가 가장 포기하기 힘든 것을 포기하게 하십니다. 즉 우리가 가장 아끼고 사랑하는 것 위에 칼로 내리치는 것입니다. 그러면 하나님께서는 그것을 우리에게 도로 돌려주십니다. 그러나 이것은 더 이상 내 것이 아니요 하나님의 것이 됩니다.

내가 나의 젊음을 하나님 앞에 끌고 가서 그 위에 칼로 내리치려고 할 때 하나님은 나의 젊음을 완전히 망치시는 것이 아니라 도로 나에게 돌려주십니다. 내가 나의 야망을 하나님의 제단 앞에서 칼로 내리칠 때 하나님은 나에게서 새로운 소망이 생기게 하십니다.

우리의 가장 소중한 것을 하나님께 바치면 하나님은 그것을 도로 돌려주십니다. 그러나 나의 것으로 돌려주시는 것이 아니라 하나님의 것으로 돌려주십니다.

하나님께서 이삭 대신에 다른 제물을 준비해주셔서 이삭을 살게 하셨기 때문에 아브라함은 그곳 이름을 '여호와 이레'라고 지었습니다. 그것은 하나님께서 우리에게 필요한 모든 것을 준비해주신다는 뜻입니다.

> 22:14 "아브라함이 그 땅 이름을 여호와 이레라 하였으므로 오늘날까지 사람들이 이르기를 여호와의 산에서 준비되리라 하더라"

아브라함은 하나의 숙제를 가지고 하나님의 산으로 찾아 왔습니다. 그 숙제가 무엇입니까? 그것은 어떻게 이삭을 죽인 후에 다시 살려서 이 산을 내려가느냐 하는 것이었습니다. 아브라함은 하나님의 말씀의 능력을 믿었습니다. 그래서 아브라함은 하나님이 말씀하신 이상 이삭은 반드시 살아서 자기와 함께 이 산을 내려가야 한다는 것을 믿었습니다. 그러나 구체적으로 어떻게 하나님께서 이삭을 살리실지는 전혀 몰랐습니다. 그런데 하나님께서는 다른 제물을 준비해주셨습니다.

여기서 우리는 두 가지를 생각하게 됩니다. 하나는 하나님께서 주신 시험은 하나님께 그 답이 반드시 있다는 것입니다. 우리는 이 세상에서 풀리지 않는 많은 숙제를 안고 살아가고 있습니다. 그런데 그 모든 답이 하나님의 말씀 안에 있고 하나님 안에 있습니다. 우리가 하나님을 찾기만 하면 답을 얻을 수 있습니다. 제사를 드리고 돌아오는 것과 제사를 드리지 않고 돌아오는 것은 엄청난 차이가 있습니다. 만일 제사를 드리지 않고 돌아온다면 그것은 시험이 연기된 것 밖에 되지 않고 이삭은 하나님께 바쳐지지 못한 것입니다. 그러나 아브라함은 거기서 하나님께서 준비하신 제물로 하나님께 제사를 드렸습니다. 아브라함은 시험을 연기 받은 것이 아니라 시험에서 승리한 것입니다.

하나님은 우리에게 필요한 것이 무엇인지 알고 계십니다. 하나님은 그것을 준비하여 주십니다. 어디서 준비하여 주십니까? 하나님의 산에서 준비하여 주십니다. 하나님께서 나의 모든 것을 다 빼앗아 가시고 실패와 절망의 시험에 빠지게 하신 그 산에서 나의 가장 필요한 그것을 준비하여 주셔서 나를 축복하시는 것입니다.

하나님은 아브라함에게 네 독자까지도 아끼지 않았다고 하시면서 그의 믿음을 칭찬하셨습니다. 우리의 믿음은 내가 가장 아끼는 것보다 하나님을 더 사랑하는 신앙이 되어야 합니다. 그때 하나님은 아브라함에게 지금까지 주신 축복을 다시 재확인하셨습니다.

하나님은 시험을 이긴 아브라함을 축복하셨습니다. 하나님은 아브라함에게 큰 복을 주시고 그 씨가 번성하여 하늘의 별처럼 많아지고 그 후손이 대적의 문을 얻으리라고 하셨습니다. 옛날에는 적과 싸울 때 문을 빼앗으면 대적하는 적은 모두 포로가 되었습니다.

아브라함이 가장 아끼는 것을 하나님 앞에 내놓았기 때문에 하나님께서도 하늘의 모든 능력으로 사탄의 모든 시험을 이기는 승리를 약속하셨습니다. 하나님 앞에서 내가 가장 아끼고 집착하는 것을 칼로 찔러서 바치면 그때부터는 세상의 모든 적들을 이기는 능력을 주시는 것입니다.

오늘 우리는 하나님 앞에서 정금 같은 믿음이 되어 여호와 이레의 응답을 다 받으시기 바랍니다.

29
사라의 장례 / 창세기 23:1-2

모든 목회자들이 교회를 섬기면서 가장 많이 하게 되는 예식 중의 하나가 돌아가신 성도들의 장례를 치르는 일입니다. 전에 어떤 여전도사는 교회에서 몇 주 동안 계속 장례식만 다니니까 나중에는 우울증이 생기더라고 했습니다. 사실 계속 울고 슬퍼하는 사람들을 위로하는 일은 쉬운 일이 아닙니다. 그러나 기독교가 다른 종교와 가장 다른 점은 바로 이 장례식 때 나타나게 됩니다. 기독교의 장례식에는 소망이 있고 기쁨이 있고 성령의 위로가 있는 것을 볼 수 있습니다.

교회 중고등부 때 같이 교회 다니던 친구가 있었는데 이 친구가 고등학교 졸업 후에 교회를 나오지 않았습니다. 그러다가 나중에 소문을 들어보니 다른 종교에 빠져들게 되었다가 그 종교에서 하는 금식 집회를 다녀온 후에 배가 아프다고 하더니 갑자기 죽어버렸다고 합니다. 우리 친구들이 그의 장례식에 갔더니 그 형이 저희들을 나무라면서 내 동생이 아무리 교회에 안 간다고 했어도 너희들이 강제로 끌고 갔어야 했다고 책망한 일이 기억납니다. 청년에게는 아직 이 세상에서 살 날이 많이 남아 있기 때문에 자신이 죽는다는 것은 별로 실감나지 않습니다. 그럼에도 불구하고 죽음의 문제가 우리에게 심각하게 와 닿을 때가 있습니다. 그 하나는 세월호 사건 같이 많은 청소년들이 죽임 당하는 사고가 나는 것입니다. 그리고 또 다른 하나는 아버지나 형이나 가까운 친구의 부모님이 돌아가시는 것을 통해서 죽음이 나에게서 결코 멀리 있는 것이 아니구나 하는 것을 느끼게 되는 것입니다. 사람들은 할 수 있으면 죽음의 문제를 생각하지 않고 뒤로 미루고 미루다가 나중에 어쩔 수 없게 되면 준비가 되지 않은 상태에서 갑자기 죽음을 맞이하게 됩니다. 우리는 지금 시간이 있을 때 죽음에 대하여 미리 준비가 되어 있어야 합니다.

나라들마다 장례 시 매장하는 방법이 많이 다른 것을 볼 수 있습니다. 우리나라는 사람이 죽으면 무덤을 주로 산에 만듭니다. 왜냐하면 우리나라에서는 죽은 사람을 별로 좋아하지 않아서 할 수 있으면 집에서 멀리 떼어 놓으려고 했기 때문입니다. 그래서 우리나라 산에는 마치 구멍이 뚫린 것처럼 무덤이 많은 것을 볼 수 있습니다. 그러나 일본에 가보면 산에 무덤을 만들지 않고 동네 한 옆에 묘지를 만들어놓은 것을 볼 수 있습니다. 그리고 일본에서는 집 안에 사당을 두고 아침에 출근하기 전에 손뼉을 두 번 치고 절을 하는 것을 볼 수 있습니다. 또 일본 만화를 보면 귀신 이야기가 빠짐없이 나오는 것을 볼 수 있습니다. 이런 것을 보면 산 자와 죽은 자가 함께 있는 나라라는 것을 알 수 있습니다. 베트남에 가보면 무덤을 논이나 밭 한 가운데 만들어 놓은 것을 볼 수 있습니다. 영국에 가면 무덤이 교회 마당에 있는 것을 볼 수 있는데, 유명한 사람들은 아예 웨스트민스터 사원 안에 모신 것을 볼 수 있습니다.

이집트는 죽은 후의 삶에 관심이 많았습니다. 그래서 사람이 죽으면 살아 있을 때처럼 만들어야 한다고 해서 미라를 만들었습니다. 고왕조 때에는 바로의 무덤을 피라미드로 만들었는데 얼마나 큰지 모릅니다. 큰 것은 길이가 백 미터가 넘고 큰 돌도 팔십만 개씩 쌓아서 만들었다고 합니다. 그러나 중왕조에 오면서 바로의 세력이 약해지니까 피라미드의 규모가 작아지다가 나중에는 도굴이 너무 심하니까 아예 비밀 계곡에 무덤을 만들어서 감추었습니다. 거의 모든 바로의 무덤은 도굴이 다 되었는데 투탕카멘이라는 소년 바로의 무덤은 도굴이 되지 않고 보존되었다가 이십세기에 발견되었습니다. 그 무덤이 얼마나 찬란하고 금이 많이 들었는지 놀라게 됩니다. 그리고 중국 시안에 가면 진시황릉의 병마용이 발견되었는데 이것은 사람 실물 크기의 흙을 구워 만든 수많은 군인들을 세워서 땅 속에 파묻은 것이었습니다. 그러다가 어떤 농부가 밭일을 하다가 이 병마용의 파편을 꺼내면서 알려지게 되었는데 아직 발굴되지 않은 것이 지금의 수백 배가 땅 속에 그대로 파묻혀 있다고 합니다.

물론 이 세상에 새로 태어나는 사람들도 많지만 매일 수많은 사람들이 죽어가고 있습니다. 에릭 시걸이 쓴 《러브 스토리》라는 소설을 보면 젊은 연인들이 부모의 반대를 무릅쓰고 사랑해서 결혼하지만 여자 주인공이 암으로 죽습니다. 그때 남자는 하나님께 항의를 합니다. "스물여덟 살 된 여자가 이렇게 빨리 죽어야 한다는 것은 너무하지 않습니까?" 어떤 부부는 연애결혼을 했는데 서로 오래 살자고 약속을 했던 것 같습니다. 그런데 남자가 병으로 죽으니까 부인이 남편의 영정을 향해서 "너 반칙이야!"라고 소리를 지르더라는 것입니다.

우리에게는 지금 현재 하루하루 살아가는 것이 현실이듯이 죽음도 언젠가는 우리에게 찾아올 현실입니다. 우리가 죽음에 대하여 정리되어 있어야 사는 것도 두렵지 않고 헛된 인생을 살지 않을 수 있습니다. 죽음에 대하여 생각한다고 해서 반드시 멜랑꼴리해지거나 염세적이 되어야 하는 것은 아닙니다. 죽음은 우리 인생의 한 과정이며 우리를 더 아름답게 완성시키는 통로이기 때문에 무조건 회피하거나 생각하지 않는 것이 좋은 것은 아닙니다.

1. 사라의 죽음

우리나라에서는 죽은 후에도 존경받는 종교계의 어른들이 있습니다. 우리나라에 이런 어른들이 있다는 것은 한국 종교계로서는 큰 복이라고 할 수 있습니다. 우선 천주교에는 김수환 추기경이 계시고, 불교에는 성철 스님이 계시고, 기독교에는 한경직 목사님이 계십니다. 이 분들의 공통된 특징은 자신의 위치를 이용해서 얼마든지 치부할 수 있었음에도 불구하고 정말 청빈하게 사셨다는 점입니다. 김수환 추기경은 스스로를 바보라고 하시면서 남긴 것은 낡은 안경과 지팡이뿐이었고, 성철 스님은 얼마나 옷을 기워 입었든지 누더기를 만들어서 입었습니다. 그리고 한경직 목사님은 남한산성에 있는 그 작은 집에서 아무 것도 가진 것 없이 빈손으로 살다가 돌아가셨습니다. 이런 분들은 돈보다 자신들의 사명을 더 중요하게 생각해서 청빈하게 사시다가 돌아가셨습니다.

그런데 중요한 것은 정말 사람이 죽은 후에 무엇이 우리를 기다리고 있을까 하는 것입니다. 우리가 이것을 분명히 해야 인생을 헛살았다는 후회를 하지 않게 될 것입니다.

23:1 "사라가 백이십칠 세를 살았으니 이것이 곧 사라가 누린 햇수라"

사라는 아름다운 여인이었고 좀처럼 늙지 않는 여인이었습니다. 그러나 이 아름다운 여인 사라도 나이가 많아 늙어서 죽었습니다.

어떤 의미에서 사라는 이 세상에서 참으로 평범하게 살았던 것 같습니다. 우리가 보기에도 사라의 삶에서 무엇인가 대단하다거나 위대한 것을 찾아볼 수 없습니다. 그럼에도 불구하고 사라는 참으로 위대한 믿음의 삶을 살았습니다. 우선 사라는 남편 아브라함이 하나님의 말씀을 붙들고 안정된 삶을 다 버리고 하란을 떠났을 때 남편을 믿고 함께 떠났습니다. 사라는 하나님께서 아브라함과 자기 사이에 태어나는 후손을 통해서 이 세상을 크게 축복하실 것이라는 말씀을 들었습니다. 그러나 사라는 이 말씀과는 너무나도 상반되는 위기를 몇 번씩이나 겪었습니다. 그 하나는 남편 아브라함과 함께 애굽으로 내려갔다가 바로의 후궁으로 들어가게 된 것입니다. 이것은 하나님의 말씀과는 정반대되는 일이었습니다. 하나님은 분명히 아브라함과 사이에서 후손을 얻을 것이라고 하셨는데 잘못하면 바로의 아들을 낳을 판이었습니다. 그러나 하나님은 사라를 지켜주셔서 바로가 손가락 하나 건드리지 못하게 하셨습니다. 또 사라는 아브라함과 함께 흉년을 피해서 그랄 땅에 갔을 때에도 아비멜렉의 후궁으로 붙들려가는 일을 당했습니다. 그러나 이번에도 하나님은 사라를 지켜주셔서 사라에게 손가락 끝 하나 대지 못하게 지켜주셨습니다. 사라의 또 다른 위기는 자신들이 늙어가는 것을 기다리지 못해서 자기 여종 하갈을 남편의 첩으로 주어서 아이가 생기게 했을 때였습니다. 이때 사실 사라도 이 이상 아이를 낳는 것을 포기했습니다. 그러나 하나님은 꼭 사라가 아이를 낳아야 하고 그 아이가 아브라함의 후손이 될 것이라고 하셨습니다. 사라는 이 말씀을 믿었는데, 하나님의 말씀이 늙은 사라의 몸을 치료해서 아이를 낳을 수 있게 만들었습니다.

사라는 하나님의 말씀을 믿었지만 어떤 때는 흉년도 있었고 전쟁도 있었으며 옆에 있는 도시가 유황불로 멸망하는 큰일도 겪었습니다. 더욱이 사라는 한평생 아이를 낳지 못하는 설움 때문에 멸시와 천대를 받기도 했습니다. 그럼에도 불구하고 사라는 하나님을 믿었고 하나님은 사라를 끝까지 지켜주셨습니다. 그래서 사라는 드디어 팔십 구세에 아브라함으로 인해서 임신하게 되었고 구십 세에 드디어 아들을 낳았습니다. 사라는 하나님의 말씀을 믿기는 했지만 실제로 자기가 아브라함의 아이를 낳아서 젖을 먹일 수 있으리라고는 기대하지 못했다고 고백을 했습니다. 사라는 기적적으로 구십 세에 약속의 아들 이삭을 낳고 마음껏 웃을 수 있게 되었습니다.

사라가 위대한 믿음의 삶을 살 수 있었던 것은 사실 사라가 위대한 것이 아니라 하나님께서 그녀를 오직 믿음의 길로만 몰아가셨기 때문입니다. 하나님은 사라가 딴 길을 가려고 했을 때마다 막으셨습니다. 그리고는 드디어 구십 세에 말씀의 능력을 체험하게 하셨습니다. 사라는 여인들 중에서 가장 믿음이 좋은 여인이었습니다. 왜냐하면 끝까지 하나님의 말씀을 믿었기 때문입니다.

우리가 이것을 보면 믿음은 고정된 것이 아니라 역동적인 것을 알 수 있습니다. 우리가 이 세상에 사는 것은 모든 좋은 것을 다 누리고 호의호

식하기 위해서 사는 것이 아니라 마치 무대 위에서 연기하는 것과 같은 것입니다. 우리가 이 세상에 사는 것은 그냥 출세하고 돈 벌고 아이를 키우는 것이 아니라 하나님의 말씀을 가지고 믿음의 연주를 하는 것입니다. 우리는 모두 연기를 하는 배우인 것입니다. 그 중에는 주연도 있고 조연도 있고 엑스트라도 있습니다. 아브라함 당시에도 세상에는 아브라함이나 사라보다 권세 있고 잘 사는 사람들이 많았습니다. 그러나 주연 배우는 역시 아브라함과 사라였습니다. 그 이유는 그들은 하나님의 말씀을 붙잡은 자들이었기 때문입니다.

사라는 '백이십칠 세'를 살았습니다. 사라가 이삭을 낳고 삼십칠 년을 더 살면서 사랑하는 아들 이삭의 보호자가 되어주었던 것입니다. 나중에 사도 바울은 갈라디아서에서 사라를 '복음의 어머니'로 비유하고 있습니다. 이스마엘도 아브라함의 아들이고 이삭도 아브라함의 아들인데 무엇이 다르냐는 것에 대해서 사도 바울은 어머니가 다르다고 증언하고 있습니다(갈 4:22-24). 옛날에는 우리나라에서도 아들들이 아버지는 같아도 신분은 어머니에 의해서 달라졌는데, 본부인의 아들은 정식 아들이 되고 첩의 자식은 서자라고 해서 아무 권리가 없었습니다.

이삭은 오늘 우리가 믿는 복음과 같습니다. 사라는 이삭을 오직 사랑으로 양육했습니다. 그러나 이스마엘은 그렇지 못했습니다. 어머니가 여종의 신분이었기 때문에 이스마엘은 사라의 사랑이나 돌봄을 받지 못하고 종의 자식으로 자랐던 것입니다. 그래서 모든 것을 눈치를 봐야 했고 잘못을 저질렀을 때에는 처벌을 받을 수밖에 없었습니다. 사라는 복음의 어머니였습니다. 아들을 오직 말씀으로 낳았고 그리고 사랑으로 키웠습니다. 그리고 아들이 삼십칠 세가 되어서 충분히 클 때까지 아들의 보호자로 지켜주었습니다. 또 이삭이 젖을 떼는 날 형 이스마엘이 이삭에게 희롱했을 때 사라는 아들을 보호하기 위해서 이스마엘을 내쫓았습니다.

오늘 우리는 예수를 믿어도 종으로 믿는 것이 아니라 아들로 믿습니다. 하나님은 우리가 종으로 완전하게 행하는 것보다는 좀 실수를 하더라도 아들로서 진실하게 하나님을 사랑하는 마음으로 하는 것을 기뻐하십니다.

우리가 믿을 때 무엇을 믿느냐 하는 것은 매우 중요합니다. 복음을 믿지 않고 다른 행위라든지 기적이라든지 율법을 듣고 믿으면 잘 믿어도 한평생 종의 신분에서 벗어나지 못합니다. 왜냐하면 어머니가 여종 하갈이기 때문입니다.

2. 사라의 무덤

아브라함은 사라의 죽음에 애통했습니다. 어떤 사람의 죽음에 대하여 애통한다는 것은 그가 한평생 하나님을 믿고 산 것에 대하여 존경의 의미를 나타내는 것입니다.

> 23:2 "사라가 가나안 땅 헤브론 곧 기럇아르바에서 죽으매 아브라함이 들어가서 사라를 위하여 슬퍼하며 애통하다가"

우리 믿는 자들에게는 놀라운 약속이 있습니다. 그것은 우리가 결코 죽지 않는다는 것입니다. 예수님은 "나는 부활이요 생명이니 나를 믿는 자는 죽어도 살겠고 무릇 살아서 나를 믿는 자는 영원히 죽지 아니하리니"(요 11:25-26)라고 하셨습니다. 이 세상 모든 사람은 언젠가는 다 죽게 되어 있고 죽은 후에는 더 이상 생명이 없습니다. 그러나 예수를 믿는 자들은 죽는 순간 바로 하나님의 완전한 축복과 은혜 가운데로 들어가게 됩니다. 이것이 믿는 자와 믿지 않는 자의 너무 큰 차이입니다. 그래서 예수님은 믿는 자가 죽었을 때 죽은 것이 아니라 '잔다' 라고 말씀하셨습니다. 이것은 육체적으로 가만히 누워있는 것이 자는 것과 같다는 것이지 그 영혼은 더 활기 있게 살아있다는 의미입니다. 그럼에도 불구하고 부모나 믿음의 형제자매들이 돌아가셨을 때 눈물 흘리는 것은 결코 부활을 믿지 못해서가 아닙니다. 부활을 믿지만 그가 한평생 믿음으로 사신 것에 대해 존경을 나타내는 것입니다. 그리고 인간적으로 잠시 헤어져 있어야 하는 것에 대한 아쉬움을 나타내는 것입니다. 그래서 그리스도인들은 사람이 돌아가셨을 때 결코 경박한 행동을 해서는 안 됩니다.

그러나 사람이 죽으면 일단 그 시신은 장사를 지내야 합니다. 왜냐하면 사람이 죽으면 급속하게 썩기 때문입니다. 그러나 믿는 자의 영혼은 모두 하나님 앞에 살아 있습니다. 그래서 하나님은 죽은 자의 하나님이 아니요 산 자의 하나님이시기 때문에 믿음으로 죽은 자는 하나님 앞에서 다 살아 있다고 예수님은 말씀하셨습니다. 그래서 예수 믿는 자는 죽는 것이 죽는 것이 아닙니다.

어떤 사람들은 "사는 것이 사는 것이 아니라"고 말하는데 우리에게는 '죽는 것이 죽는 것이 아닌 것' 입니다. 하나님의 백성들은 죽는 것이 영생에 들어가는 것입니다. 그래서 하나님의 백성들에게 죽음은 영생에 들어가는 문인 것입니다.

예수님이 높은 산에서 변화되셨을 때 오래 전에 죽었던 모세와 엘리야가 산 채로 나타났습니다. 이것을 보면 우리 인간의 삶은 죽는 것으로 끝나는 것이 아닙니다. 반대로 우리가 이 세상에서 사는 것은 모든 것을 누리기 위해서 사는 것이라 아니라 믿음으로 사는지 시험을 치는 것과 같습니다.

아브라함은 이제 사라의 시신을 장사 지내야만 했습니다. 그는 어떻게 장사를 지내야 하는지 곰곰이 생각을 했습니다. 이때 아브라함은 지금까지 하나님의 때를 기다리면서 단 한 평의 땅도 소유하지 않았지만 최초로 땅을 가지기로 결심하게 됩니다. 그것이 바로 사라의 묘실이었습니다. 아브라함이 아무 생각 없이 사라를 장사하려고 했으면 아브라함이 살던 헷 족속의 묘지를 사용하면 아무 문제가 없었을 것입니다. 또 헷 족속도 아브라함에게 얼마든지 그렇게 하라고 했습니다. 그러나 아브라함은 헷 족속에게 사라의 묘지를 사게 해 달라고 아주 정중하게 부탁했습니다.

23:3-4 "그 시신 앞에서 일어나 나가서 헷 족속에게 말하여 이르되 나는 당신들 중에 나그네요 거류하는 자이니 당신들 중에서 내게 매장할 소유지를 주어 내가 나의 죽은 자를 내 앞에서 내어다가 장사하게 하시오"

원래 사람들은 자기 나라 혹은 자기 고향에서 죽는 것을 가장 행복한 죽음이라고 생각합니다. 그래서 외국에서 가족이나 친척이 죽었을 때 고향으로 모셔 와서 장사를 지냅니다. 왜냐하면 외국에 묻히는 것은 왠지 버리는 것 같고 포기하는 것 같은 느낌이 들기 때문입니다. 그러나 선교사들은 죽었을 때 자기 나라에 묻히기보다는 선교했던 곳에 묻힙니다. 왜냐하면 선교사는 복음 전하는 그곳이 자기 고향이기 때문입니다.

아브라함과 사라는 원래 하란 사람이었습니다. 그래서 원칙적으로 생각하면 사라는 하란에 묻혀야 할 것입니다. 왜냐하면 하란에 사라의 친척들이 있었기 때문입니다. 그러나 아브라함은 사라의 시신을 자신들이 떠났던 하란으로 가져가지 않았습니다. 왜냐하면 그곳은 이미 자신들이 떠났던 곳이기 때문입니다. 그리고 아브라함은 사라를 헷 족속의 방식으로 장례지내는 것을 원치 않았습니다. 왜냐하면 헷 족속은 공동묘지를 만들어서 거기에 한꺼번에 다 장사를 지냈으므로 만약 사라가 헷 족속의 공동묘지가 묻힌다면 사라는 헷 족속으로 죽는 것이 되기 때문입니다. 그래서 아브라함은 사라가 영원한 하나님 나라를 바라보며 죽었다는 것을 자손들이 기억하도록 하기 위해서 독립된 묘실을 사려고 했습니다.

헷 족속은 아브라함이 하나님의 방백 즉 천사와 같기 때문에 헷 족속 어느 누구 무덤에 장사를 지내더라도 싫어할 사람이 없다고 했습니다. 이것은 일종의 미신적인 생각입니다. 아브라함이 하나님의 방백이기 때문에 자기 묘실에 그 부인이 묻히면 하나님의 복이 올 것이라고 생각했기 때문입니다. 그래서 헷 족속은 서로 자기 무덤에 사라를 장사지내기를 원하고 있기 때문에 아무 무덤이든지 택해서 장사 지내라는 것이었습니다. 그런데 만약 아브라함이 사라를 헷 족속의 묘실에 장사지내면 사라는 헷 족속 밖에 되지 않는 것입니다.

아브라함은 사라의 죽음이 장차 후손이 가나안 땅으로 돌아오는 징검다리가 되기를 원했습니다. 그래서 아브라함은 사라를 위해서 따로 땅을 사서 거기에 장사 지내려고 했습니다. 왜냐하면 따로 묘실이 있어야 나중에 아브라함이 죽었을 때에도 자손들은 아브라함을 거기에 장사지내게 될 것이기 때문입니다. 그리고 후일 거기에 이삭이 들어가게 됩니다. 나중에는 애굽에 내려갔던 야곱도 애굽에서 죽었지만 시체는 아들들이 가나안 땅까지 모셔 와서 거기에 장사를 지내게 됩니다. 그리고 사백년 후에 이스라엘 백성들은 드디어 출애굽 해서 가나안땅을 차지하게 됩니다.
아브라함이 이렇게 한 것은 자손들에게 가나안 땅을 절대로 포기하지 말라는 뜻이었습니다. 왜냐하면 가나안땅은 약속의 땅이고 하나님의 말씀이 임하는 현장이었기 때문입니다. 우리가 하나님의 나라에 들어가려고 하면 이 세상에서 아무리 성공하고 많은 것을 가져도 소용이 없습니다. 우리는 하나님의 말씀을 믿어야 하고 그 말씀대로 살아야 하고 나의 삶을 하나님의 말씀이 임하는 현장으로 만들어야 하는 것입니다.

3. 헷 족속과의 거래

본문 말씀을 보면 아브라함 당시에 헷 족속과 어떤 식으로 토지 매매를 했는지 생생하게 볼 수 있습니다. 우리는 처음 성경을 읽으면 무엇 때문에 아브라함이 굴 하나 사는 일을 그렇게 자세히 설명하고 있는지 이해되지 않을 것입니다. 그러나 중요한 것은 아브라함이 샀던 이 막벨라 굴이야말로 이스라엘 백성이 가나안 땅에서 최초로 소유했던 땅이었다는 사실입니다. 우리가 생각하기에는 겨우 무덤 한 개를 가지고 뭐가 대단한 것처럼 말하느냐고 할지 모르지만 끝까지 하나님의 말씀을 붙들고 산 사람의 무덤은 그야말로 부흥의 원자폭탄인 것입니다. 우리가 하나님의 말씀을 붙들고 죽으면 그것이 죽는 것으로 끝나는 것이 아니라 어마어마한 능력으로 나타나게 됩니다. 그래서 이스라엘 백성들은 이미 이 막벨라 굴을 통해서 하나님의 원자폭탄 같은 능력을 가지게 되는 것입니다.

그리고 또 중요한 사실은 분명히 이 굴은 아브라함이 헷 족속 누구에게서 얼마를 주고 샀다는 증거가 되는 것입니다. 본문에 보면 아브라함에게 이 굴을 판 사람의 이름이 에브론이라고 나오고 있습니다. 그리고 그 굴을 산 가격이 은 사백 세겔이라고 했습니다. 결국 본문에 기록된 것은 아브라함이 그 굴을 산 매매 영수증이 되는 것입니다. 아브라함은 모든 헷 족속이 보는 앞에서 공개적으로 대금을 치르고 이 밭을 산 것입니다. 그렇게 해야 나중에 세월이 흘러도 딴 소리를 하지 못하게 되기 때문입니다.

우선 아브라함은 에브론의 밭머리에 있는 막벨라 굴이 사라를 장사하는데 적합하다고 생각해서 모든 헷 족속이 보는 앞에서 소할의 아들 에브론의 밭머리에 있는 굴을 사게 해 달라고 요청합니다. 그때 에브론이 자기 동족 중에 있다가 아브라함이 이 말을 하니까 나와서 그 굴을 거저 주겠다고 대답했습니다. 우리가 에브론의 이 말을 들으면 에브론이 아브라함에게 매우 관대하며 사람이 좋다는 생각이 듭니다. 그러나 과연 우리가 에브론이 하는 이 말을 믿을 수 있을까요?

본토인이 외국인인 아브라함에게 굴과 밭을 그냥 공짜로 주겠다는 말을 믿어도 될까요? 아마 아브라함이 이 말을 곧이듣고 공짜로 밭과 굴을 얻어서 사라를 장사 지냈다면 어떻게 되겠습니까? 에브론은 분명히 뒤에서 딴 소리를 했을지 모릅니다. 아브라함은 에브론의 본심을 다 알고 있었습니다. 에브론이 밭과 굴을 공짜로 주겠다고 말하는 것은 허풍이요 진심이 아니었던 것입니다. 그래서 아브라함은 헷 족속이 보는 앞에서 그렇게 하지 말고 땅값을 줄 테니까 받으라고 말합니다.

아브라함은 이제 그 막벨라 굴에 사라를 장사하기로 결정했다고 하면서 에브론에게 돈을 받으라고 했는데 그때 우리는 에브론의 본심을 보게 됩니다.

23:14-15 "에브론이 아브라함에게 대답하여 이르되 내 주여 내 말을 들으소서

땅 값은 은 사백 세겔이나 그것이 나와 당신 사이에 무슨 문제가 되리이까 당신의 죽은 자를 장사하소서"

이 당시 거의 쓸모없는 밭과 굴 하나를 은 사백 세겔에 판다는 것은 엄청난 바가지였습니다. 그럼에도 불구하고 에브론은 땅값은 은 사백 세겔이지만 어떻게 당신과 나 사이에 돈 거래를 하겠느냐고 하면서 바가지를 씌워버리는 것입니다. 사실 아브라함에게 있어서 이 굴 하나를 은 사백 세겔에 산다는 것은 너무나도 억울한 일이었습니다. 아마 에브론이 아브라함에게 제시했던 땅값은 당시 시세의 열배 이상 되는 가격이었던 것 같습니다. 그러나 아브라함은 아무 소리도 하지 않고 그곳 사람들이 보는 앞에서 은 사백 세겔을 저울에 달아서 에브론에게 주고 그 밭을 정식으로 샀습니다. 그러나 사실 에브론은 엄청난 손해를 본 것입니다. 왜냐하면 앞으로 그 밭과 그 굴 때문에 아브라함의 자손들은 가나안 땅을 기억하게 되고 결국은 가나안 땅에서 헷 족속을 몰아내고 그 땅을 차지하게 되기 때문입니다. 그래서 짧은 기간 동안에는 이해에 밝고 돈 계산이 빠른 사람이 돈도 많이 벌고 성공하는 것 같지만 결국은 하나님의 말씀을 붙들고 기다리는 사람이 모든 좋은 것을 다 차지하게 되는 것입니다.

아브라함은 하나님의 큰 복을 약속받은 사람이었습니다. 그러나 그는 아주 먼 미래를 내다보고 그 복을 다 허비하지 않았습니다. 오히려 아브라함은 이제부터 후손들이 하나님의 복을 찾아낼 수 있도록 하나씩 징검다리를 만들고 있었습니다. 그 첫 번째 징검다리가 엄청난 바가지를 쓰고 산 굴이었습니다. 그러나 그 굴은 결코 바가지 쓴 것이 아니었고 어마어마한 축복의 원자폭탄이 들어 있는 곳이었습니다. 하나님께서는 끝까지 하나님의 말씀을 붙들고 가면 우리의 후손들에게도 이 복을 주십니다.

하나님이 이 세상을 만드셨으면 또 새로운 세상을 만드실 것이며 우리에게 한 번의 인생을 주셨으면 또 다시 한 번 새로운 인생을 주실 것입니다. 예수님은 너무나도 억울하게 죽으셨고 너무나도 바보스럽게 죽으셨지만 죽음에서 부활하셔서 우리의 인생을 죽음 그 너머까지 연장시키셨습니다. 우리가 지금 사는 것은 믿음의 연기를 하는 것이지 진짜 모든 것을 다 누리고 가지라는 것이 아닙니다. 지금이라도 하나님의 영생을 믿고 남은 인생을 멋지게 사셔서 영생을 얻는 성도들이 다 되시기 바랍니다.

30 신부 찾기 / 창세기 24:3-4

이 세상에서 참으로 나에게 가치 있는 것을 찾기 위해서라면 땅 끝까지 가서 찾으려고 할 것입니다. 그래서 우리나라 젊은이들은 미국이나 영국 혹은 이태리나 독일 심지어는 중국이나 러시아까지 유학 가서 공부하는 것을 볼 수 있습니다. 또 사업하는 사람들은 이슬람이나 공산국가 심지어는 남미까지 가서 사업해서 돈을 버는 것을 볼 수 있습니다.

그런데 아마도 자기 배우자를 찾기 위해서 땅 끝까지 가야 한다고 생각하는 사람들은 그리 많지 않은 것 같습니다. 그러나 본문에서 크리스천에게 배우자를 찾아서 아름다운 결혼을 하는 것은 유학이나 사업보다 더 중요한 일임을 볼 수 있습니다. 요즘 크리스천 젊은이에게 있어서 배우자를 찾는 것이 점점 어려워지고 있습니다. 그 이유는 교회에서 부흥이 식어지니까 예수 믿는 좋은 젊은이들이 점점 적어지고 있기 때문입니다. 거기에다가 남녀 모두 결혼의 기준이 아주 까다로워지게 되었고 결혼할 연령의 남성이나 여성들의 숫자가 잘 맞지 않게 되었습니다. 거기에다가 신앙이 없는 사람들 중에도 배우자를 찾는 것이 쉽지 않은데 신앙이 좋은 사람을 구하려니까 배우자를 구하기가 더욱 어렵게 되었습니다.

본문 말씀은 이삭이 나이 마흔 될 때까지 신부를 구하지 못하니까 아버지 아브라함이 드디어 집에서 가장 충성된 종을 불러서 땅 끝까지 가서 이삭의 신부를 찾아오라고 맹세를 시키는 내용입니다. 도대체 이름도 모르고 사진도 없고 어디에 사는지도 모르고 실제로 그런 사람이 있는지 없는지도 모르는데 어디에 가서 이삭의 신부를 찾을 수 있을까요? 아브라함은 자기 종에게 하나님의 사자가 앞서서 네 길을 인도하실 것이라고 하면서 '무조건 가라'고 했습니다. 그런데 아브라함의 종은 기적적으로 이삭의 신부를 찾는데 성공하게 됩니다. 이것을 보면 바른 배우자를 찾고 자기 자신을 찾는 것이 얼마나 어려운 일인지 알아야 합니다.

1. 가장 중요한 임무

아주 귀중한 복은 쉽게 이루어지지 않는 법입니다. 하나님은 아브라함에게 하늘의 별처럼 많은 자손을 주시고 큰 나라를 이루게 하시겠다고 약속하셨지만 그 중요한 약속은 아브라함이 아주 늙을 때까지 이루어지지 않고 있었습니다.

어느 날 아브라함이 드디어 자기가 가장 믿는 종을 불러서 이제 자신의 허벅지 밑에 손을 넣고 맹세하라고 하면서 이삭의 신부감을 찾아 나서라고 명령했습니다. 지금까지 조용하게 기다리기만 하던 아브라함이 이제 움직이기 시작한 이유가 무엇입니까? 이제 아브라함의 나이가 너무 늙어서 더 이상 기다릴 수 없었기 때문입니다. 아브라함은 자기의 건강이 허락하는 한 최대한으로 하나님께서 이삭의 신부를 구해주실 것을 기다렸습니다. 그러나 이삭의 나이 마흔이 될 때까지 이삭이 배우자를 구하지 못하니까 아브라함은 더 이상 기다릴 수 없게 되었습니다. 그래서 아브라함은 자기 집의 모든 소유를 관리하는 종을 불러서 가장 중요한 임무를 맡기게 되었습니다. 그것은 바로 이 세상 끝까지 가서 이삭의 신부감을 구해오는 것이었습니다.

24:2 "아브라함이 자기 집 모든 소유를 맡은 늙은 종에게 이르되 청하건대 내 허벅지 밑에 네 손을 넣으라"

아브라함이 자기 종에게 허벅지 밑에 손을 넣고 맹세하라고 한 것은 아주 중요한 의식이었습니다. 이것은 다른 말로 하면 이 종은 자기가 죽을 때까지 이 맹세의 약속을 지키든지 아니면 주인이 죽고 난 후에도 이 맹세를 지켜야 한다는 의미였습니다. 아브라함은 자기 죽을 때가 멀지 않았다는 것을 알고는 자기가 죽고 난 후에도 종이 끝까지 이삭의 신부를 찾도록 맹세를 시키고 있는 것입니다. 그러므로 이 종은 아브라함이 죽었다고 해서 이삭의 신부감을 찾는 것을 그만두어서는 안 되는 것입니다. 즉 이 종은 아브라함의 허벅지 밑에 손을 넣고 맹세함으로 아브라함이 살았든지 죽었든지 상관없이 어떻게 해서든지 이삭의 신부를 구해 와야 하는 것입니다.

이 종이 이 맹세에서 벗어나는 길은 두 가지 밖에 없었습니다. 하나는 이삭의 신부를 찾아서 데리고 오는 것입니다. 그러면 당연히 이 종은 자신의 사명을 다했기 때문에 이 맹세에서 벗어나게 됩니다. 그렇지 않으면 이삭의 신부를 발견하기는 했지만 신부가 종을 따라오지 않겠다고 거절했을 경우입니다. 이때에도 이 종의 책임은 면제되는 것입니다. 그렇지 않고 이 종이 이삭의 신부를 못 찾았을 경우에는 몇 달이 걸리든 몇 년이 걸리든 끝까지 전 세계를 뒤져서라도 이삭의 신부를 찾아내어야 하는 것입니다.

아마도 아브라함의 재산 전체를 책임지는 종이라면 그렇지 않아도 할 일이 많이 있었을 텐데 아브라함은 이 바쁜 종을 불러서 자기가 죽고 난 후에도 끝까지 이삭의 신부를 찾아서 돌아오라는 명령을 내리고 맹세하게 했던 것입니다. 그 이유가 무엇일까요? 이제 아브라함 자신에게나 다른 모든 사람에게 있어서 이삭의 신부를 구하는 일보다 더 중요한 일은 없었기 때문입니다. 왜냐하면 아브라함의 집에는 하나님의 복이 있는데 이 복의 상속자를 만들어내야 했고 더 멀리 내다보면 결국 인류를 구원할 자손이 이 신부를 통해서 태어나야 했기 때문입니다. 그래서 아브라함이나 종에게는 이삭의 신부를 구하는 일이 이 세상 어떤 일보다 더 중요한 일이 된 것입니다.

아브라함은 자기 종을 보내면서 "이삭의 아내를 찾기 전에는 절대로 집에 돌아오지 말라"고 명령하며 종에게 맹세시키면서 보냅니다. 즉 아브라함의 종은 아브라함이 죽든 살든 이 종은 무슨 일이 있어도 이삭의 신부를 찾아야만 돌아올 수 있는 것입니다.

우리의 생애에도 이런 것이 있을 것입니다. 한평생 나의 삶을 두고 추구해야 할 것이 있습니다. 그것이 무엇이라고 생각합니까? 우리가 그 목적을 달성하기 전까지는 절대로 돌아올 수 없는 가장 중요한 것이 무엇입니까? 우리가 반드시 찾아야 할 가장 중요한 것은 자신의 가치를 찾는 것입니다. 예수님은 온 천하를 얻고도 자기 생명을 잃으면 무슨 소용이 있느냐고 말씀하셨습니다. 우리가 온 천하를 얻고도 자신을 찾지 못하면 아무 소용이 없습니다.

그리고 아브라함은 자기 종에게 이삭의 신부를 찾는 대전제를 말해주었습니다. 아브라함은 이삭의 아내를 구하는 데 있어서 중요한 기준을 제시했습니다. 아브라함이 제시한 조건 중 하나는 가나안 족속의 여자는 안 된다는 것이었습니다.

> 24:3 "내가 너에게 하늘의 하나님, 땅의 하나님이신 여호와를 가리켜 맹세하게 하노니 너는 내가 거주하는 이 지방 가나안 족속의 딸 중에서 내 아들을 위하여 아내를 택하지 말고"

이삭의 결혼이 이토록 늦어진 이유가 어디에 있을까요? 그것은 가나안 땅에서는 순결한 여자를 구할 수가 없었기 때문입니다. 아브라함은 이삭의 아내는 성적으로 문란해서는 안 되고 순결한 여자이어야 한다고 생각했습니다.

아브라함은 가나안 여자들이 아름답고 매력적이기는 하지만 성적으로 문란함을 보게 되었습니다. 아브라함이 부자였고 이삭도 멋있었기 때문에 그 땅에서 신부감을 구하려고 하면 얼마든지 구할 수 있었지만 가나안 여자는 안 된다고 했습니다. 왜냐하면 이삭의 신부는 정절이 있고 깨끗한 여자여야만 했기 때문입니다.

그리고 아브라함이 그의 종에게 두 번째로 요구한 것은 절대로 이삭을 데리고 가서는 안 된다는 것이었습니다.

> 24:6 "아브라함이 그에게 이르되 내 아들을 그리로 데리고 돌아가지 아니하도록 하라"

아브라함이 둘째로 요구한 것은 신부 될 여자의 믿음이었습니다. 즉 이삭의 신부가 될 사람은 이삭을 보지도 않고 오직 말만 믿고 따라와야 한다는 것이었습니다.

이삭의 신부는 아브라함의 종의 말만 듣고 따라올 수 있는 믿음을 가진 여자여야 했습니다. 왜냐하면 하나님의 나라는 모두 눈으로 보이는 것이 아니라 눈에 보이지 않는 말씀으로 되어 있기 때문입니다. 믿음이 없는 사람은 하나님의 나라를 얻을 수 없습니다. 그래서 아브라함은 이삭의 신부는 보지 않고 말만 듣고 따라올 수 있는 여자여야 한다는 것이었습니다.

오늘 이 땅에 하나님의 나라가 임하게 하는데 가장 중요한 문제가 무엇입니까?

그것은 역시 그리스도의 신부를 찾는 것입니다. 그리스도의 신부만 찾기만 하면 왕의 결혼식은 벌어질 것입니다. 지금까지 이삭의 결혼이 이토록 늦어졌던 것은 이삭의 신부를 그 땅에서 찾지 못했기 때문입니다. 그러나 사실 이삭이 기다리는 동안에 이삭의 신부는 막 자라고 있었던 것입니다.

참으로 하나님께서 그 모든 종에게 내리신 가장 중요한 명령은 그리스도의 신부를 찾으라는 것입니다. 신부의 자격은 두 가지입니다. 하나는 그리스도의 신부는 순결해야 한다는 것입니다. 하나님의 백성들은 그리스도 외에는 아무 것도 바라보지 않는 자여야 합니다. 결코 이 세상을 사랑하는 자는 안 됩니다. 그리고 그리스도의 신부는 모두 사도들이 전하는 말만 듣고서도 따라올 수 있는 자이여야 합니다. 우리는 그리스도를 보지 못했지만 오직 말씀만 믿고 따라갈 수 있어야 합니다. 그래서 요한은 계시록에서 구원받은 자들에 대하여 "이 사람들은 여자와 더불어 더럽히지 아니하고 순결한 자라 어린 양이 어디로 인도하든지 따라가는 자며"(계 14:4)라고 말했습니다. 즉 누구든지 그리스도의 신부가 되려고 하면 다른 어느 것도 보지 않고 말씀만 붙들고 따라올 수 있는 사람이어야 합니다.

아브라함은 종에게 이삭의 신부는 네가 찾는 것이 아니라 하나님의 사자가 너를 인도하실 것이라고 했습니다.

24:7 "하늘의 하나님 여호와께서 나를 내 아버지의 집과 내 고향 땅에서 떠나게 하시고 내게 말씀하시며 내게 맹세하여 이르시기를 이 땅을 네 씨에게 주리라 하셨으니 그가 그 사자를 너보다 앞서 보내실지라 네가 거기서 내 아들을 위하여 아내를 택할지니라"

아브라함은 누가 이삭의 아내이며 또 언제 어떻게 해서 그 여자를 찾을지 모르고 있습니다. 그러나 아브라함이 하나님의 말씀만 붙들고 있으면 하나님께서 그 사자를 먼저 보내어서 신부를 만나게 해주신다는 것을 믿었습니다. 아브라함의 종은 믿음으로 순종해서 가기만 하면 되는 것입니다. 우리에게도 이런 믿음이 중요합니다. 하나님의 말씀만 붙들고 있으면 하나님께서 우리의 길을 준비해주시는 것입니다.

2. 아브라함의 종의 순종

아브라함의 종은 너무나도 막연한 임무를 지니고 집을 떠났습니다. 아브라함의 종이 도대체 이 넓은 세상 어디에서 한 번도 본 적이 없는 이삭의 신부감을 찾아내겠습니까? 주인 아브라함은 하나님의 사자가 먼저 길을 인도하신다고 했지만 하나님의 사자는 눈에 보이지 않았습니다. 그러나 아브라함의 종은 믿음을 가지고 아주 먼 길을 떠났습니다. 그런데 본문에서 놀라운 것은 아브라함의 종이 하나님의 구체적인 인도하심을 받아서 정확하게 그 신부를 만났다는 것입니다. 우리가 상식적으로 생각해 볼 때 아브라함의 종이 이삭의 신부를 만나는 것은 태평양에서 바늘을 줍는 것보다 더 어렵고 막연한 것이었습니다.

그런데 아브라함의 종은 두 가지 방향에서 하나님의 인도하심을 찾았습니다. 하나는 아무 방향이나 가지 않고 큰 전제를 하나 가지고 갔는데, 그것은 아브라함의 친척을 먼저 찾자는 것이었습니다. 왜냐하면 아브라함의 친척은 가나안 사람들과는 달리 하나님도 알고 경건한 사람들이었기 때문입니다.

그래서 아브라함의 종은 메소포타미아로 가서 나홀의 성으로 가게 되었습니다.

> 24:10-11 "이에 종이 그 주인의 낙타 중 열 필을 끌고 떠났는데 곧 그의 주인의 모든 좋은 것을 가지고 떠나 메소보다미아로 가서 나홀의 성에 이르러 그 낙타를 성 밖 우물 곁에 꿇렸으니 저녁때라 여인들이 물을 길으러 나올 때였더라"

아브라함의 종은 일단 옛날 아브라함이 살았던 메소포타미아에 있는 나홀의 성까지 가서 성 밖 우물곁에 낙타의 무릎을 꿇리게 되었습니다. 자 이제부터 어떻게 신부를 찾아야 할까요? 이때 아브라함의 종은 여러 사람들을 만나거나 처녀마다 만나서 결혼하고 싶지 않느냐고 물어보지 않고 하나님께 간절히 기도했습니다.

아브라함의 종은 어렴풋하게 자신이 목표한 곳에 다 왔다는 것을 알았습니다. 그러나 그는 결정적으로 이삭의 신부를 찾아낼 수 없었습니다. 그때 이 종은 하나님께 이삭의 신부를 알 수 있게 해 달라고 기도를 드렸습니다.

24:13-14 "성 중 사람의 딸들이 물 길으러 나오겠사오니 내가 우물 곁에 서 있다가 한 소녀에게 이르기를 청하건대 너는 물동이를 기울여 나로 마시게 하라 하리니 그의 대답이 마시라 내가 당신의 낙타에게도 마시게 하리라 하면 그는 주께서 주의 종 이삭을 위하여 정하신 자라 이로 말미암아 주께서 내 주인에게 은혜 베푸심을 내가 알겠나이다"

아브라함의 종은 하나님께 대담한 조건을 제시했습니다. 자기는 도저히 이곳의 처녀들을 일일이 조사할 수도 없고 조사한다고 해도 판단할 수 없다는 것입니다. 그래서 오늘 물 길러 나온 여자 중에 자기에게 물을 마시게 할 뿐 아니라 낙타에게 물까지 주겠다고 하는 처녀가 있다면 이 사람을 이삭의 신부인 줄 알겠다고 기도를 드렸습니다.

그런데 지금 아브라함의 종은 처음부터 아무 처녀나 붙들고 물을 달라고 하겠다는 것이 아닙니다. 아브라함의 종은 지금까지 착실하게 하나님의 말씀의 인도하심을 따라왔습니다. 이 종의 생각에 목적지에 거의 다 온 것 같습니다. 그런데 가장 중요한 신부를 알 자신이 없는 것입니다. 이것을 하나님께서 가르쳐달라는 것입니다. 그런데 아브라함의 종이 이렇게 기도한 것은 근거가 없는 것이 아니었습니다.

왜 아브라함의 종은 이삭의 신부될 사람을 물 마시는 것으로 시험을 하려고 했을까요? 일단 고대 사회에서 외간 남자가 여인들을 만날 수 있는 곳은 우물밖에 없었습니다. 그리고 적어도 아브라함의 종은 이삭의 아내가 될 사람이라면 모르는 사람에게 친절해야 한다고 생각했던 것입니다.

아마 저녁 시간에 물을 길으러 나온 여자들이라면 모두 바쁜 여자들일 것입니다. 그들은 모두 빨리 물을 길어 가서 집안일을 해야 할 것입니다.

그리고 낙타 한 마리가 하루 종일 사막을 걸은 후에 마시는 물의 양은 약 한 드럼 정도입니다. 그러니까 낙타 열 마리라고 하면 열 드럼의 물을 길어야 하는 것입니다. 여자 한 사람이 열 마리의 낙타에게 그것도 자기 낙타도 아닌 다른 사람의 낙타에게 이 많은 양의 물을 준다는 것은 보통의 열정과 사랑으로는 할 수 없는 일입니다. 아브라함의 종이 보기에 아브라함의 가족들은 모두 사랑에 넘치는 자들이었습니다. 그래서 아브라함의 종은 내 주인의 아내가 될 사람이라면 적어도 남을 사랑하는데 있어서는 적극적인 사람이어야 한다고 생각했던 것입니다. 이삭의 신부가 다른 것은 최고가 아닐지 몰라도 다른 사람을 사랑하는데 있어서는 최고인 여자여야 한다고 생각했습니다. 이 종은 이삭의 신부될 사람이 남을 사랑하는데 있어서 이등, 삼등 하는 여자라면 신부 자격이 없다고 생각했습니다.

예수님이 안식일에 병자들을 고쳤을 때 유대인들은 예수님을 비난했습니다. 그때 예수님은 이렇게 말씀하셨습니다.

> 요 5:17 "예수께서 그들에게 이르시되 내 아버지께서 이제까지 일하시니 나도 일한다 하시매"

하나님의 가족의 특징이 무엇입니까? 하나님 아버지나 아들은 남들을 돕는데 있어서 시간을 가리지 않는 분들이었습니다.

우리가 다른 부분에서는 다른 사람들에게 뒤질 수 있습니다. 공부는 좀 못하더라도 다른 사람을 사랑하는데 뒤진다면 곤란합니다.

3. 드디어 발견한 신부

아브라함의 종의 이 무모한 기도는 어떻게 나타나게 되었을까요? 하나님은 아브라함의 종의 수준에 맞추어서 응답을 해주셨습니다. 아브라함의 종이 기도를 마치기도 전에 하나님이 준비하신 이삭의 신부가 나타났던 것입니다.

> 24:15-16 "말을 마치기도 전에 리브가가 물동이를 어깨에 메고 나오니 그는 아브라함의 동생 나홀의 아내 밀가의 아들 브두엘의 소생이라 소녀는 보기에 심히 아리땁고 지금까지 남자가 가까이 하지 아니한 처녀더라 그가 우물로 내려가서 물을 그 물동이에 채워가지고 올라오는지라"

리브가는 마치 기다렸다는 듯이 가장 먼저 물 길러 나오고 있었습니다. 아브라함의 종이 리브가에게 물을 좀 달라고 하니 리브가는 조금도 망설이지 않고 종에게 물을 줄 뿐만 아니라 더위에 지친 낙타들을 보고 낙타에게도 물을 주겠다고 하면서 부지런히 물을 길어서 구유에 물을 붓고 또 우물로 달려가서 물을 긷고 있습니다. 여기서 리브가는 아무 것도 모르고 있었지만 하나님의 놀라운 사랑이 나타나고 있었습니다. 이미 하나님은 오래 전부터 리브가를 아셨고 아름답게 키워 오셨던 것입니다. 그리고 이제 하나님은 리브가를 드디어 모든 사람 앞에 나타내셨습니다.

하나님께서 우리에게 주시는 것은 이상한 것이 아닙니다. 이삭의 아내라고 해서 기도원에서 몇 년 씩 수도만 하는 그런 여자가 아니었습니다. 리브가는 아주 아름답고 건강하며 사랑에 넘치는 처녀였습니다.

오늘 우리는 그리스도의 신부들입니다. 그리스도의 신부는 이 세상에서 누가 봐도 가장 아름답고 매력적이며 건강해야 합니다. 그리스도의 신부는 결코 광신자가 아닙니다. 우리는 하나님의 뜻이라고 하면서 더럽고 추한 자기 욕심으로 달려가서는 안 됩니다. 우리의 신앙은 어느 누가 보아도 아름다운 것이 되게 해야 합니다. 믿지 않는 사람들이 볼 때 신앙은 이 세상에서 가장 아름답고 합리적이며 매력적이구나 하는 생각이 들 수 있어야 합니다.

아브라함의 종은 리브가의 식구들을 만나서 다른 것을 설명하지 않았습니다. 자기 주인 이삭이 얼마나 재산이 많은 부자인지 그리고 얼마나 똑똑한 사람인지 자랑스럽게 말하지 않았습니다. 아브라함의 종이 설명한 것은 오직 하나님께서 지금까지 자신을 인도하셨다는 것이었습니다. 그때 리브가의 가족에게 놀라운 일이 일어났습니다. 그것은 그들이 모두 이 종의 말을 믿고 하나님의 뜻에 따르기로 작정을 한 것입니다.

> 24:50-51 "라반과 브두엘이 대답하여 이르되 이 일이 여호와께로 말미암았으니 우리는 가부를 말할 수 없노라 리브가가 당신 앞에 있으니 데리고 가서 여호와의 명령대로 그를 당신의 주인의 아들의 아내가 되게 하라"

리브가의 식구들은 아브라함의 종의 말을 듣고 이 모든 것이 하나님의 인도하심이라는 것을 인정했습니다. 그들이 아브라함의 종의 말을 의심하려고 하면 얼마든지 할 수 있었을 것입니다. 또 아무리 하나님이 인도하셨다 하더라도 자기들이 하기 싫으면 얼마든지 싫다고 우길 수도 있었을 것입니다. 그러나 그들은 결코 이삭을 데리고 와야 결혼을 시키겠다고 떼를 쓰지 않았습니다. 그리고는 한 번도 본 적이 없는 이삭에게 신부로 주기로 결정했습니다. 왜냐하면 하나님의 뜻이기 때문에 우리가 왈가왈부해서는 안 된다고 믿었기 때문입니다.

사실 리브가의 식구들은 믿음이 그렇게 좋은 사람들이 아니었습니다. 그럼에도 불구하고 그들의 마음속 깊은 곳에는 하나님이 결정하신 것은 거부해서는 안 된다는 믿음이 있었습니다. 이것은 하나님의 복을 받는데 굉장히 중요한 것입니다.

말씀을 대하는 태도에는 여러 가지가 있습니다. 하나님의 말씀이 떨어지자 말자 순종하는 사람들이 있습니다. 이런 사람들에게 기적이 일어납니다. 그런데 어떤 사람들은 잘 받아들여지지 않지만 그래도 순종하려고 애를 쓰는 사람들이 있습니다. 그런데 자기 마음에 들지 않는다고 끝까지 반대하고 방해하는 사람들이 있습니다. 이런 사람들은 패역한 사람들입니다. 우리가 하나님의 뜻을 우리의 짧은 머리로 다 이해할 수 없습니다. 우리는 이루어진 과정을 보고 하나님이 하셨다고 믿어지면 무조건 믿어야 합니다.

　아브라함의 종은 당장 내일 날이 밝자 말자 주인에게로 돌아가야 한다고 말했습니다. 너무나도 지나친 요구가 아닌가요? 그러나 이 종의 자세는 대단히 신중했습니다.

　우선 이 종은 리브가의 모든 식구들이 한 마음으로 하나님의 뜻에 순종하기로 한 것은 하나님의 특별한 간섭으로 된 것이며 이런 것은 이 일이 중요하고 급하다는 것을 잘 알았습니다. 믿음이 좋지 않은 사람들의 마음이 하나가 되는 것은 쉬운 일이 아닙니다. 이럴 때에는 한 시간이라도 빨리 하나님의 뜻을 완성시켜야 합니다. 왜냐하면 시간이 지나면 사람들의 마음은 변하게 되기 때문입니다.

　우리는 하나님께서 기회를 주실 때 여유를 가져서는 안 됩니다. 왜냐하면 사람의 마음은 시간이 지나면 얼마든지 변할 수 있기 때문입니다. 그래서 우리는 좋은 기회가 주어졌을 때 최선을 다해서 그 일을 끝마쳐야 합니다. 이 종은 신부를 또 무사히 집에까지 데리고 가야 자기가 한 맹세에서 풀려나게 되는 것입니다.

　아브라함의 종이 받을 수 있는 유혹은 지금까지 수고한 것에 대하여 스스로 보상을 받고 싶은 것입니다. 아브라함의 종은 지금 여기에 오기까지 너무나도 많은 고생을 했고 또 신부를 기적적으로 잘 찾아냈습니다. 쉽게 말해서 이 종은 이삭의 결혼의 일등공신인 것입니다. 그러나 종은 어디까지나 종이어야 합니다. '나는 무익한 종이라 할 일을 했을 뿐입니다'라는 자세를 가지고 있어야 끝까지 충성할 수 있습니다. 그래서 하나님의 사람은 자기를 붙들고 늘어지는 자들에 대하여 냉정할 수 있어야 합니다. 인정이 하나님의 뜻을 망칠 때가 너무나도 많습니다.

　리브가의 식구들은 아브라함의 종을 설득하기 어려우니까 리브가 본인의 의사를 물어보자고 했습니다.

24:57-58 "그들이 이르되 우리가 소녀를 불러 그에게 물으리라 하고 리브가를 불러 그에게 이르되 네가 이 사람과 함께 가려느냐 그가 대답하되 가겠나이다"

가족들이 리브가에게 묻겠다고 한 것은 리브가에게 물으면 여자들은 거의 다 가족과 더 있다가 가겠다고 말할 것이 뻔하기 때문입니다. 그러나 리브가는 단호하게 이 종을 따라 가겠다고 했습니다. 즉 리브가는 아브라함의 종의 말을 들은 후부터 변하기 시작했던 것입니다. 리브가는 아브라함의 종의 말을 듣기 전까지는 하나님께서 자기를 이렇게 사랑하시는 줄 몰랐습니다. 그러나 아브라함의 종의 말을 들으면서 리브가는 성숙한 여인으로 변하기 시작했습니다. 그래서 더 이상 가족에게 매달리지 않고 기꺼이 하나님의 뜻에 순종할 마음이 되어 있었던 것입니다.

여인들은 남자의 사랑을 받으면서 변하게 됩니다. 마찬가지로 우리가 하나님의 사랑을 받는 순간부터 성숙한 사람이 되기 시작합니다. 어느 정도로 변했는가 하면 전혀 알아볼 수 없을 정도로 변하게 됩니다. 하나님의 사랑은 한순간에 우리를 다른 사람으로 만들어버립니다.

우리는 이 넓은 세상에서 우리가 가야 할 길을 알지 못합니다. 우리가 배우자를 만나고 평생 자신의 할 일을 찾아서 간다고 하는 것은 이삭이 리브가를 찾는 것만큼이나 막연하고 어려운 일입니다. 그러나 하나님은 우리 먼저 천사들을 보내어 길을 준비해 놓고 계십니다. 우리가 하나님의 기준을 가지고 따라가기만 하면 하나님은 준비해놓은 복을 주실 것입니다. 리브가가 하나님의 사랑을 깨닫고 어린아이 같은 유치한 생각을 다 버린 것처럼 우리도 성숙한 사람이 되기를 바랍니다. 그리고 아브라함의 종처럼 끝까지 충성하는 귀한 성도들이 다 되시기 바랍니다.

31
서로 다른 두 아들 / 창세기 25:22-23

우리 인간에게 가장 가까운 관계는 부모 자식이고 또 형과 동생의 관계입니다. 물론 사람이 어렸을 때에는 부모보다 더 신뢰하는 사람이 없을 것이고 형제보다 더 허물이 없는 사이도 없을 것입니다. 그러나 아이들이 자라면서 어느 정도 자기 생각이 생기게 되면 부모와 자식 사이에도 갈등이 생기게 되고 형제 사이도 갈라지게 되는 경우도 많습니다. 특히 식구들 중에 유독 한 아들이나 딸이 다른 종교를 가지게 되면 부모와 자식의 관계 또는 형제 사이의 관계도 달라지게 됩니다. 심지어는 쌍둥이도 신앙에 있어서는 생각이 다를 때가 많이 있습니다.

저희 집에는 형제들이 많은 편인데 우리 형제들은 모두 개성이 강하고 독립성이 강한 편이었습니다. 그래도 어렸을 때는 모두 사이가 좋은 편이었는데 어른이 되면서 거리가 멀어지게 되었고, 특히 제가 신앙을 확실히 가지게 되면서 다른 형제와 너무 가치관이나 살아가는 목적이 달라지면서 나중에는 잘 만나지도 않게 되었습니다.

〈흐르는 강물처럼〉이라는 영화가 있는데, 두 형제에 대한 이야기입니다. 이 두 형제의 아버지는 철저한 장로교 목사였는데 아버지는 두 아들을 학교에 보내는 대신 집에서 가르쳤습니다. 그리고 아버지는 그들에게 플라이 낚시를 가르쳐주기도 하고 두 아들이 주위에 있는 자연에서 마음껏 뛰놀 수 있게 해 주었습니다. 이 형제는 사이가 좋았는데 형이 다른 아이와 싸움이 붙으면 동생이 도와주기도 했습니다. 심지어는 한밤중에 친구들과 함께 다른 집의 보트를 훔쳐서 이 보트로 폭포를 타고 내려오다가 배가 다 깨어지기도 했습니다. 그런데 자라면서 이 두 아들의 길은 달라집니다. 형은 공부를 열심히 해서 다트마우스 대학을 졸업하고 시카고 대학의 강사가 됩니다. 그런데 동생은 신문사 기자가 되었지만 노름에 빠져서 나중에 노름꾼들에게 무참하게 두들겨 맞고 죽게 됩니다.

우리 모든 인간은 야생동물의 습성이 있어서 하나님으로부터 도망치려고 합니다. 그러나 우리가 아무리 하나님으로부터 도망을 쳐도 이상하게 자꾸 하나님을 만나게 되고 나중에는 결국 하나님의 은혜에 붙들려서 예수를 믿게 됩니다.

본문 말씀은 이삭이 오래 기다렸던 아내 리브가를 통해서 드디어 자식을 낳게 되는데 쌍둥이 아들을 낳게 됩니다. 이 쌍둥이 아들은 외모도 달랐고 성격도 완전히 달랐는데 결국 하나님에 대한 신앙까지도 달라지게 되었습니다. 그런데 놀라운 것은 하나님께서는 이 두 쌍둥이 아들에 대하여 각각 다른 계획을 가지고 계셨던 것입니다.

하나님께서는 어떤 자식은 은혜 주셔서 하나님을 믿고 구원받게 하시고, 어떤 자식은 내버려두셔서 자기 멋대로 살다가 망하게 하시는 것입니다. 결국 우리가 예수 믿고 하나님의 자녀가 된 것은 우리가 믿고 싶어서 된 것이 아니라 태어나기도 전부터 하나님이 우리에 대한 계획을 가지시고 우리를 붙잡으셨기 때문입니다. 그래서 우리는 세상 사람들과 다르게 살아갈 수밖에 없는 것입니다.

1. 아이를 위하여 기도하는 이삭

하나님께서는 아브라함에게 하늘의 별처럼 많은 자손을 주시겠다고 약속하셨는데 백세가 되어서야 겨우 이삭 한 명을 낳게 하셨습니다. 또 이삭은 자기 부인 리브가를 만나는데 무려 사십년의 세월이 걸렸습니다. 그런데 이삭은 늦어서 결혼을 했는데도 불구하고 상당한 시간이 지나도록 아이를 갖지 못했습니다. 우리가 잘 이해되지 않는 것이 바로 이런 부분입니다. 즉 하나님께서 아브라함에게 하늘의 별처럼 많은 자손을 주시겠다고 약속하셨으면 자식도 빨리빨리 결혼을 해서 아이를 많이 낳아야 할 것 같은데 현실은 그렇지 못하다는 것입니다. 이삭은 결혼도 늦고 아이도 잘 생기지 않았습니다. 우리는 그 이유를 잘 알지 못합니다. 그럼에도 불구하고 하나님께서는 우리에게 좋은 것을 주시기 전에 오래 기다리게 하십니다. 그 이유는 하나님이 좋은 것을 너무 빨리 주시고 너무 쉽게 주시면 우리는 그것이 귀한 줄 모르기 때문입니다.

그래서 하나님께서는 때때로 우리로 하여금 자식이나 건강이나 직장이나 교회를 위해서 오래 기도하게 하십니다. 특히 교회의 부흥을 위해서는 오래 기도하지 않으면 결코 주시지 않습니다. 왜냐하면 그것은 가장 소중한 것이기 때문입니다. 그래서 결국 이삭은 자식의 문제를 두고 하나님께 기도를 드렸습니다.

25:21 "이삭이 그의 아내가 임신하지 못하므로 그를 위하여 여호와께 간구하매 여호와께서 그의 간구를 들으셨으므로 그의 아내 리브가가 임신하였더니"

아브라함이 외아들 이삭을 모리아 산에서 제물로 바치려고 했을 때, 이삭이 체험한 하나님은 '여호와 이레'의 하나님이었습니다. 하나님께서는 우리에게 필요한 것은 모두 다 준비해 주신다는 것입니다. 그럼에도 불구하고 이삭은 아무리 기다려도 자식이 생기지 않았습니다.

하나님께서 우리를 사랑하심에도 불구하고 우리로 하여금 오래 기다리게 하시는 것은 기도하게 하시려는 목적입니다. 그래서 우리는 필요한 모든 것을 기도해서 응답받는 것이 좋습니다. 그렇지 않으면 우리는 그 가치를 모르거나 내가 잘나서 된 줄로 생각하게 될 것입니다.

결국 이삭은 아들이 생기도록 기도를 하게 되었습니다. 그러자 하나님은 이삭의 기도를 들으시고 리브가로 하여금 임신이 되게 하셨습니다. 그런데 리브가가 어느 정도 배가 부르게 되었을 때 배가 격동하기 시작하는데 밤낮의 구별이 없었습니다. 보통 임산부들은 배가 어느 정도 부른 후에 뱃속에 있는 아이가 발로 배를 찰 때 그것을 느끼고 아주 좋아합니다. 그런데 리브가는 아기가 뱃속에서 발길질을 하는 정도가 아니라 요동을 치는데 도저히 불안해서 견딜 수가 없었습니다.

그래서 리브가는 견디다 못해서 하나님께 기도를 해서 물어보았습니다. "하나님, 제 배가 너무나도 요동을 치고 무슨 난리가 나는 것 같은데 도대체 무슨 일이 있는 것입니까?" 요즘 같으면 산부인과에 가서 초음파로 찍어보면 쌍둥이를 임신했으며 쌍둥이들이 매일 뱃속에서 치고 박고 싸운다는 것을 알았을 것입니다. 그러나 그때는 초음파라는 것이 없어서 리브가는 이 요동질의 원인을 알지 못해서 자기가 죽는 줄로 알고 깊이 근심을 했습니다.

리브가는 속으로 "이럴 경우에는 내가 어찌할꼬?"(22절)라고 했는데 다른 번역에는 "이러면 도대체 내가 어떻게 살꼬?"로 되어 있습니다. 다시 말해서 리브가는 자기 몸 안에서 일어나고 있는 엄청난 격동으로 인하여 죽을 지경이 되었습니다. 리브가는 이 문제를 놓고 하나님께 나아가서 물었을 때 하나님은 놀라운 응답을 주셨습니다.

> 25:23 "여호와께서 그에게 이르시되 두 국민이 네 태중에 있구나 두 민족이 네 복중에서부터 나누이리라 이 족속이 저 족속보다 강하겠고 큰 자가 어린 자를 섬기리라 하셨더라"

하나님은 리브가의 기도를 하나님의 말씀으로 응답해주셨습니다. 그런데 이것은 아주 중요한 말씀이었습니다. 하나님께서는 리브가에게 "네 배가 쉴 새 없이 격동을 하는 것은 뱃속에 쌍둥이가 있는데 이 쌍둥이가 계속 싸우고 있기 때문이라"고 했습니다. 하나님의 말씀은 리브가의 상태를 정확하게 진단해주었습니다. 리브가의 뱃속에는 쌍둥이가 있다는 것입니다. 그런데 뱃속에 있는 쌍둥이는 무엇을 아는지 세상에 태어날 때까지 서로가 서로를 밀어내고 서로 이기려고 발로 차고 싸운다는 것입니다. 이것은 정말 이상한 일이었습니다. 어떻게 쌍둥이가 뱃속에서부터 서로 싸우게 될까요? 하나님은 이 쌍둥이의 미래에 대한 말씀을 주셨던 것입니다.

하나님은 이 쌍둥이 사이에 민족이 갈라지게 될 것이며 더 중요한 것은 큰 자가 어린 자를 섬길 것이라고 하신 것입니다. 결국 하나님께서 축복하시는 사람은 형이 아니라 동생인 것입니다.

보통 형제는 아무리 성격이 달라도 서로 형제우애를 가지고 살아가게 됩니다. 그런데 때때로 아무리 형제 사이라고 하지만 돈 때문에 서로 멀어지는 경우도 있고 심지어 고대왕족 같은 경우에는 형제 사이에 피비린내 나는 살인이 벌어지기도 합니다. 그리고 더 나아가 하나님은 리브가에게 뱃속의 아이가 서로 민족이 달라질 것이라고 말씀하셨습니다. 지금 우리나라는 이데올로기 때문에 민족이 갈라진 상태에 있습니다. 지금 우리나라와 북한은 같은 민족이지만 두 나라나 마찬가지입니다.

하나님은 이삭의 두 아들은 하나님을 믿는 신앙 때문에 서로 민족이 갈라지게 될 것이라고 했습니다. 그런데 하나님은 큰 자를 택하시는 것이 아니라 작은 자를 택하실 것이라고 말씀하셨습니다. 그래서 큰 자가 은혜 받을 수 있는 길은 작은 자를 섬기는 것입니다. 그래서 하나님은 큰 자가 작은 자를 섬기리라고 말씀하신 것입니다.

이것을 통해서 우리가 알 수 있는 것은 우리가 하나님을 믿게 되는 것은 우리의 노력이나 우연으로 이루어지는 것이 아니라는 것입니다. 즉 우리가 태어나기도 전에 하나님께서 선택하시고 예정하신 것에 따라 되는 것입니다.

예수 믿지 않는 사람들이 기독교에 대하여 가장 싫어하는 것이 바로 이 선택의 교리입니다. 이 교리는 하나님께서 우리를 택하신 것은 아직 태어나기도 전에 우리를 일방적으로 선택하셨다는 것입니다. 이런 말을 들으면 당장 태어나기도 전에 하나님께서 우리의 운명을 결정하셨다면 우리 인간의 의사는 도대체 무슨 소용이 있느냐고 반발을 합니다.

그러나 우리의 본성을 바로 안다면 이 하나님의 선택에 대하여 감사드리게 됩니다. 왜냐하면 우리 인간 중에서 그냥 두면 구원을 받을 수 있는 자가 한 사람도 없기 때문입니다.

다윗은 이렇게 고백하였습니다.

"내가 죄악 중에서 출생하였음이여 어머니가 죄 중에서 나를 잉태하였나이다" (시 51:5)

우리 인간은 모두 뼈가 만들어질 때부터 죄에 오염된 존재입니다. 사람은 어느 누구나 처음부터 죄 가운데서 만들어집니다. 그래서 우리 인간 중에서 자동적으로 하나님의 백성이 될 수 있는 사람은 단 한 명도 없습니다. 이삭의 두 쌍둥이 아들은 둘 다 모두 죄인이었습니다. 그럼에도 불구하고 하나님은 그 중에 하나를 택하셔서 한평생 설득하시고 감동을 주셔서 결국 하나님의 백성이 되게 하셨던 것입니다. 그래서 야곱이 하나님의 백성이 된 것은 그가 처음부터 경건했거나 착실했기 때문이 아닙니다. 오직 하나님께서 야곱이 나기도 전에 그를 주목하시고 붙잡으셔서 결국 변화시키셨기 때문에 믿음의 사람이 된 것입니다.

그러면 우리에게는 또 다른 하나의 의문이 생기는데, 그것은 왜 하나님께서는 쌍둥이 모두를 선택하시지 않으셨느냐 하는 것입니다. 하나님께서 공평하게 둘 모두를 선택했거나 버리셨다면 우리는 아무 소리도 하지 않을 것입니다. 그런데 왜 하나님께서는 불공평하게 하나는 택하시고, 하나는 버리셨을까 하는 의문입니다.

이것이 바로 하나님의 주권입니다. 하나님께서는 우리 모든 인간을 구원하셔야 할 책임이 없습니다. 만일 하나님께서 모두를 구원하셔야만 하는 책임이나 의무를 가지셨다면 인간은 구원에 대하여 모두 당연하게 생각할 것입니다. 그러나 하나님은 어떤 자들은 구원하셔서 영생을 누리게 하시고, 어떤 자들은 자기 욕심대로 살아서 멸망하게 하심으로 구원이 얼마나 엄청난 축복인지 깨닫게 하십니다.

그래서 우리는 사람의 겉모습만 봐서는 택한 자와 택하지 않은 자를 알 수 없습니다. 그러나 택함 받지 않은 자는 하나님의 말씀을 경멸합니다. 그리고 자기 자신이 하나님보다 더 똑똑하고 능력이 있다고 생각합니다. 그래서 택함 받지 못한 자는 이 세상에서 자기가 하고 싶은 대로 다 하면서 삽니다. 그러나 하나님의 택함을 받은 자들은 결국 하나님의 손에 붙들려서 하나님의 말씀을 믿고 믿음으로 살아가게 됩니다.

2. 두 아들의 성장

25:24-26 "그 해산 기한이 찬즉 태에 쌍둥이가 있었는데 먼저 나온 자는 붉고 전신이 털옷 같아서 이름을 에서라 하였고 후에 나온 아우는 손으로 에서의 발꿈치를 잡았으므로 그 이름을 야곱이라 하였으며 리브가가 그들을 낳을 때에 이삭이 육십 세였더라"

결국 리브가는 하나님의 말씀대로 쌍둥이 아들을 낳게 되었습니다. 그런데 이 쌍둥이 아들은 태어나면서부터 너무나도 달랐습니다. "먼저 나온 자는 붉고 전신이 털옷 같다"고 했습니다. 큰 아들 에서는 온 몸이 붉어서 일단 혈기가 넘쳤고 아기임에도 불구하고 몸에 털이 많았습니다. 어떻게 보면 거의 아기 짐승 같은 모습이었을 것입니다. 거기에 비해서 둘째 아들은 몸이 매끈매끈하고 붉지도 않았는데 나오면서 형의 발꿈치를 잡고 나왔습니다. 아마 아기지만 속으로 '어디 네게 먼저 나가려고 해!' 라고 하면서 형의 발꿈치를 잡았던 것 같습니다. 우리는 아기들이 무슨 힘이 있기에 발꿈치를 잡느냐고 말할지 모릅니다. 그러나 엄마나 이모가 아이에게 머리카락을 한번 붙잡히면 쉽게 빼내기가 어렵습니다. 아기들도 손으로 잡는 힘이 얼마나 센지 모릅니다.

그래서 두 아이의 이름을 짓기를, 큰 아이는 붉다고 해서 '에서'라고 지었고 둘째 아이는 발꿈치를 잡았다고 해서 '야곱'이라고 했습니다.

고대인들은 씨름을 자주했습니다. 그런데 씨름에서 넘어지는 체 하면서 상대방의 발꿈치를 잡고 상대방을 쓰러트리는 기술이 있었던 것입니다. 그래서 발꿈치를 잡는다는 것은 상대방을 속이는 의미로 사용되었습니다. 야곱이라는 이름은 '발꿈치 잡다'를 뜻하는 말에서 나왔습니다.

태어난 두 아이는 모두 좀 특이했습니다. 하나는 들짐승에 가까울 정도의 털이 덮여 있었고 혈기 덩어리였습니다. 원래 아기들은 악을 쓰면서 울 때 전신이 빨갛게 됩니다. 그래서 일본어에서도 아기를 '아카짱'이라고 하는데 빨갛다는 뜻입니다. 거기에 비해서 작은 아이는 태어나면서부터 형의 발꿈치를 잡아 쓰러트리려고 하는 사기꾼의 모습이었습니다.

우리가 하나님 같으면 짐승같이 미련한 형이 더 좋겠습니까, 아니면 속이기 잘 하는 사기꾼 같은 동생이 더 좋겠습니까? 아무래도 우리가 하나님이라면 사기꾼 같은 동생보다는 짐승 같은 큰 아들 에서가 더 좋을 것입니다. 그러나 하나님께서는 야곱을 택하셔서 믿음의 사람이 되게 하셨습니다.

이것을 통해서 성경이 우리에게 말씀하시려고 하는 것은 우리가 예수 믿고 하나님의 자녀가 된 것은 우리의 공로나 재능이 아니라는 것입니다. 오직 우리가 이 세상에 태어나기도 전에 하나님이 우리를 택하시고 수없이 설득하셔서 우리로 하여금 예수 믿고 축복의 자녀가 되게 하신 것입니다.

우리는 하나님의 선택의 교리를 들을 때에 하나님이 불공평하시다고 불평할 것이 아니라 우리를 이토록 변화시킨 하나님께 감사해야 할 것입니다. 또 우리는 우리 자신이 변화된 것을 생각할 때 다른 어느 누구도 변할 수 있다는 것을 인정해야 할 것입니다. 그러나 하나님은 모든 사람을 다 구원하셔야 하는 의무를 가진 것이 아닙니다. 가장 가까운 가족 중에서 끝까지 하나님을 거부하고 예수를 믿지 않는 것을 볼 때 왜 하나님께서는 저 사람들을 구원하시지 않으실까 원망해서도 안 됩니다. 그것은 오직 자신의 미련한 고집 때문에 멸망하는 것이지 하나님의 책임이 아닙니다. 그러나 그들은 일단 이 세상 사는 동안은 자유롭게 살았습니다. 그것으로 만족해야 하는 것입니다.

또 에서와 야곱은 서로 다른 성격을 가졌을 뿐 아니라 자라면서 서로 다른 방식으로 살아가게 되었습니다.

25:27 "그 아이들이 장성하매 에서는 익숙한 사냥꾼이었으므로 들사람이 되고 야곱은 조용한 사람이었으므로 장막에 거주하니"

에서는 상당히 남성적인 사람이었습니다. 고대 사회는 힘이 지배하는 사회였기 때문에 남자로서 가장 우대받고 인기 있는 사람은 힘이 있고 남성적인 사람이었습니다. 그래서 에서의 직업은 그 당시에 가장 남성적인 직업인 사냥꾼이 되었습니다. 우선 사냥꾼은 힘이 있고 행동이 아주 재빨랐으며 결단성이 있었습니다. 사냥꾼들은 사슴이나 노루나 곰을 찾아서 며칠이나 몇 주 동안 뒤를 추격해서 결국 단 한발의 총알과 화살로 짐승을 거꾸러뜨려 잡아서 돌아오게 됩니다. 세상 사람들은 이런 사냥 잘하는 사람들을 영웅으로 생각했고, 또 이런 사냥꾼들이 전쟁도 잘 했기 때문에 무슨 큰 일이 있으면 가장 필요한 사람들이기도 했습니다.

야곱은 조용한 사람이었고 언제나 집에 있는 사람이었습니다. 그래서 야곱은 집안일을 잘했고 양들을 잘 돌보았습니다. 그러나 이 당시 사회에서는 남자가 집안일을 잘하는 것은 별로 인정해주지 않았습니다. 오히려 그런 사람은 너무 여성적이라고 무시를 하는 편이었습니다. 그러나 야곱은 자연스럽게 아버지의 텐트에서 많은 시간을 보내면서 자기 집의 비밀을 알게 되었습니다. 그것은 이 집이 하나님의 어마어마한 복이 상속되는 집이란 것이었습니다. 야곱은 반드시 이 하나님의 복을 가지려고 결심하게 되었는데 어떻게 해야 이 놀라운 복을 자기 것으로 만들 수 있는지는 알지 못했습니다.

3. 에서와 야곱의 거래

어렸을 때 부모님께 용돈을 받으면 당장 무엇을 사 먹어야 직성이 풀리는 아이가 있는가 하면, 나중을 대비하여 착실하게 아껴두는 아이가 있습니다. 그래서 나중에 보면 당장 사 먹어버린 아이가 용돈을 아껴 모은 아이에게 돈을 좀 빌려 달라고 사정하는 것을 보게 됩니다. 사실 우리의 삶에 있어서 지금 모든 것을 다 써버리느냐 아니면 미래를 위하여 아껴두어야 하는지는 언제나 우리의 딜레마입니다.

어느 날 야곱이 집에서 죽을 쑤고 있는데 에서가 사냥으로 대단히 지치고 피곤한 상태에서 집으로 돌아왔습니다. 에서는 야곱이 팥죽을 쑤는 것을 보자 말자 당장 야곱에게 "그 붉은 것을 좀 달라"고 했습니다.

> 25:29-30 "야곱이 죽을 쑤었더니 에서가 들에서 돌아와서 심히 피곤하여 야곱에게 이르되 내가 피곤하니 그 붉은 것을 내가 먹게 하라 한지라 그러므로 에서의 별명은 에돔이더라"

에서는 너무나도 배가 고픈 상태에서 돌아왔기 때문에 죽을 달라는 소리도 나오지 않았습니다. 에서는 오직 '저 붉은 것'을 좀 달라고 했습니다. 너무 배가 고프면 '밥을 좀 달라'는 소리도 나오지 않습니다. '제발 저 흰 것을 좀 달라'고 할 것입니다. 우리가 본문을 보면 형은 지금 배가 고파서 거의 숨이 다 넘어갈 지경인데 동생은 눈 하나 깜짝하지 않고 깐죽대면서 자기의 요구 사항만 말하고 있는 모습을 보게 됩니다.

야곱은 드디어 오랫동안 마음속에 감추고 있었던 비장의 카드를 꺼냈습니다. 그것은 형에게 이 팥죽을 줄 테니까 형의 장자의 명분을 자기에게 팔라는 것이었습니다.

25:31 "야곱이 이르되 형의 장자의 명분을 오늘 내게 팔라"

다시 말해서 야곱은 이 팥죽과 장자의 명분을 바꾸자는 것입니다. 여기서 장자의 명분을 판다는 것은 단순히 형과 동생의 순서를 바꾸자는 뜻이 아닙니다. 에서에게 장자의 모든 권리를 포기하라는 것이었습니다. 사실 야곱은 이것이 두고두고 억울했을 수도 있습니다. 형과 자기는 쌍둥이인데 단지 나올 때 순서가 늦었을 뿐입니다. 그래서 비록 아기이지만 너무 원통해서 발꿈치를 잡고 나왔던 것입니다. 그런데 이 말에 대한 에서의 대답은 전혀 뜻밖이었습니다. 에서가 이 말을 들으면 화를 내면서 당장 집어치우라고 야단을 칠 줄 알았는데 당장 장자권을 주겠다고 했습니다. 즉 지금 배가 고파서 죽게 되었는데 그런 장자권 같은 것은 가지고 있어서 무엇을 하겠느냐고 하면서 당장 팥죽이나 달라는 것입니다. 그래서 야곱이 맹세를 하라고 하니까 에서는 기꺼이 맹세까지 했습니다.

옛날에 장자는 다른 형제들에 비해 유산의 갑절을 상속하게 되어 있었습니다. 그러나 진짜 중요한 것은 영적인 장자권이었습니다. 영적인 장자권은 하나님의 복을 가질 수 있는 권한이었습니다. 하나님께서 아브라함에게 "네가 복이 될지라"고 말씀하셨는데 바로 그 말씀과 기도의 축복권을 가지게 되는 것입니다. 사실 아브라함의 집에서 가장 중요한 것은 바로 이 하나님의 축복권이었습니다. 이 세상에 있는 복은 먼저 가지는 사람이 임자이지만 이것은 진짜 복이 아닙니다.

하나님의 장자에게는 하나님의 말씀이 임했습니다. 이것이 엄청나게 중요한 것입니다. 그리고 예배의 복이 있었습니다. 예배 가운데 하나님과 교제하는 감동이 있었습니다. 그리고 거기에는 죄 용서가 있었고 모든 시험을 이기는 능력이 있었습니다. 그리고 하나님의 이 장자권은 돈으로 사거나 팔 수 있는 것이 아니었습니다. 특히 팥죽으로는 더더욱 살 수 없었습니다. 그러나 이 장자권을 포기할 수는 있었습니다.

25:34하 "에서가 장자의 명분을 가볍게 여김이었더라"

　물론 하나님의 이 복은 자기가 가지고 싶다고 해서 얻는 것은 아닙니다. 그러나 하나님의 복을 업신여기는 자는 결코 가질 수가 없습니다.
　에서가 이 하나님의 축복을 소홀히 생각한 이유는 너무 현실적인 생각의 사람이었기 때문입니다. 에서는 당장 먹고 당장 편하고 당장 재미있게 지내는 것을 좋아했습니다. 에서는 기회주의자였고 철저하게 미래의 복을 믿지 않았습니다. 그 결과 에서는 너무나도 적은 팥죽 한 그릇으로 장자의 축복권을 포기하고 말았습니다.
　하나님의 백성에게는 반드시 축복된 미래의 약속이 있습니다. 우리가 에서같이 이 세상에서 모든 것을 다 가지려고 하면 결코 하나님의 큰 복을 가지지 못할 것입니다. 하나님께서 지금 여기서 우리에게 주시는 것은 앞으로 하나님께서 우리에게 주실 축복과 비교할 수 없습니다. 우리에게 중요한 것은 모두 다 미래의 약속의 형태로 남아 있습니다. 그래서 위대한 신앙의 인물들은 이 세상에서 모든 것을 다 가지려고 하지 않았습니다. 왜냐하면 그들은 하나님의 더 큰 축복을 믿었기 때문입니다.
　우리에게는 말씀과 기도와 성령의 위대한 복이 있습니다. 너무 이 세상의 적은 것에 눈이 어두워 이 엄청난 복을 버리지 마시고 지금 참고 인내하여 미래에 큰 복을 받으시기를 바랍니다.

32
이삭의 순종 / 창세기 26:1-2

우리나라에서도 여우라든지 반달곰 같은 희귀 야생동물을 키우다가 자연 상태로 돌려보내는 일들을 하고 있습니다. 그러나 자연 상태로 돌려보낸 여우나 반달곰은 밀렵꾼에 의해서 죽임을 당하거나 스스로 스트레스를 이기지 못해서 죽는 경우가 많이 일어나고 있습니다. 아프리카 같은 경우에도 부상을 입거나 어미를 잃은 새끼 사자나 하이에나를 보호하고 있다가 어느 정도 자라고 나면 자연에 돌려보내는데, 일단 한번 사람의 도움을 받은 동물들이 야생 상태에서 살아가는 것은 너무나도 어렵다고 합니다. 왜냐하면 사람의 손에 길러진 짐승은 사람에게 적응이 되어서 사냥을 할 수 없기 때문입니다. 그럼에도 불구하고 야생동물들이 생존하게 하기 위해서는 그들을 자연 상태로 보내는 일은 계속해야 합니다.

예수님은 너희를 세상에 보내는 것은 "어린 양을 이리 가운데로 보내는 것과 같다"(눅 10:3)고 말씀하셨습니다. 우리도 옛날에는 야생동물의 기질을 가지고 있었는데 예수를 믿고 완전히 변하게 되었습니다. 우리는 예수를 믿기 전에 스스로 이 세상에서 살아남아야 하니까 야생동물의 기질을 다분히 가지고 있었지만 예수를 믿음으로 너무나도 하나님에게 의존적인 사람이 되어버렸습니다. 마치 우리를 짐승을 비유해서 말한다면 야생동물이 사람에게 길들여져서 가축이 되어버린 것과 같은 것입니다. 만일 야생 상태에서의 순수한 야생 동물과 사람의 손에 길들여진 짐승이 같이 있다면 사람의 손에 길들여진 짐승은 절대로 살아남을 수 없을 것입니다.

그런데 이것이 바로 오늘 이 시대를 살아가는 우리의 모습입니다. 예수님을 믿을 때 예수님은 우리에게 "무엇을 먹을까, 무엇을 입을까?" 조차도 하나님께 의지하라고 하셨고, 심지어는 "원수까지 사랑하라"고 하시면서 "누군가가 오른편 뺨을 때리면 왼뺨도 돌려 대고 속옷을 달라고 하면 겉옷까지 벗어주라"고 하셨습니다. 그래서 우리는 예수를 믿고 난 후에 절대적으로 하나님께 의존적인 사람들이 되었습니다. 그런데 하나님께서는 우리를 다시 야생 상태로 돌려보내십니다. 이것은 마치 어린 양과 이리가 같이 경쟁할 때 어린 양이 이리를 절대로 이길 수 없는 것과 같은 이치입니다. 결국 우리는 이 세상에서 실패할 수밖에 없고 낙오할 수밖에 없습니다.

그런데 놀라운 것은 하나님께서는 이렇게 경쟁이 치열한 세상에서 우리가 살 수 있게 하시는 것입니다. 하나님은 우리가 그냥 살 수 있게 하시는 것이 아니라 복을 받게 하시고 나중에는 세상의 인정을 받게까지 하십니다. 이것을 너무나도 생생하게 보여주는 예가 오늘 본문에 나오는 이삭이 그랄 땅에서 경험한 복입니다. 그랄 땅은 지금의 블레셋 땅이고 하나님을 믿지 않는 곳이었습니다. 이삭은 가나안 땅에 흉년이 들어서 먹고 살기 위해 애굽으로 내려가다가 하나님의 내려가지 말라고 하시는 말씀을 듣고 그랄 땅에 주저앉게 됩니다. 이삭은 거기서 실제로 거친 성격을 가진 그랄 사람들 가운데서 살아남게 됩니다.

1. 애굽으로 내려가려는 이삭

이삭은 아버지 아브라함이 나이 많아서 돌아가시고 이제는 자신의 믿음으로 이 세상을 살아가야만 했습니다. 그런데 이삭도 아버지 아브라함이 가나안 땅에 와서 겪었던 것과 똑같은 흉년을 겪게 되었습니다. 이때 이삭도 먹을 것을 구하기 위해서 그랄로 내려가게 되었습니다.

26:1 "아브라함 때에 첫 흉년이 들었더니 그 땅에 또 흉년이 들매 이삭이 그랄로 가서 블레셋 왕 아비멜렉에게 이르렀더니"

가나안 땅은 하나님이 살라고 해서 사는 곳인데 이곳에도 흉년이 들었습니다. 왜 하나님이 가라고 하셨고 또 살라고 하신 땅에 흉년이 들게 될까요? 우리는 그 이유를 알지 못합니다. 그러나 좌우간 예수님이 제자들과 함께 탔던 배에도 폭풍은 몰아쳤고 하나님이 살라고 명령하신 가나안 땅에도 사람이 살 수 없는 흉년이 찾아왔습니다.

아브라함이 처음 가나안 땅에 와서 겪었던 어려움도 바로 이 흉년이었습니다. 하나님께서 아브라함에게 가나안 땅에 살라고 하셨으면 적어도 흉년은 오지 말아야 하는데 현실은 그렇지 못했습니다. 그래서 아브라함은 살기 위해서 어쩔 수 없이 하나님의 말씀을 뒤로 하고 애굽으로 내려갔는데, 그곳에서 부인을 애굽의 바로에게 빼앗기는 수모를 당했습니다. 그런데 그 후 아브라함은 죽는 일이 있어도 하나님의 말씀을 버리지 않았습니다.

이삭도 가나안 땅에 흉년이 드니까 아버지가 했던 그대로 가나안 땅을 버리고 애굽으로 가려고 길을 떠났습니다. 아버지가 애굽에서 그만큼 고생을 하고 겨우 약속의 땅으로 돌아왔으면 적어도 이삭 같으면 "나는 아버지의 실수를 반복하지 않겠다. 나는 죽는 한이 있어도 하나님의 약속의 말씀을 붙들겠다!"라고 해야 하는 것이 맞는 것 아닙니까? 그런데 이삭도 아버지가 했던 것과 똑같이 애굽으로 가려고 합니다. 이것을 통해서 신앙이라는 것은 말로 배운다고 해서 되는 것이 아니라 자기 자신이 실제로 겪고 깨달아야 한다는 것을 알 수 있습니다.

그런데 이번에는 하나님께서 이삭에게 나타나서서 이삭이 애굽으로 내려가는 것을 막으셨습니다.

> 26:2 "여호와께서 이삭에게 나타나 이르시되 애굽으로 내려가지 말고 내가 네게 지시하는 땅에 거주하라"

하나님은 이삭이 가나안 땅에 흉년이 들었다고 해도 애굽으로 가는 것을 원치 않으셨습니다. 왜냐하면 가나안 땅은 여전히 죄가 많은 곳임에도 불구하고 그곳은 하나님의 말씀이 임하고 있는 곳이기 때문입니다. 그래서 하나님은 이삭에게 먹을 것이 당장 없고 어려움이 생겼다고 해서 하나님의 말씀이 임하는 현장을 떠나지 못하게 하신 것입니다.

많은 성도들이 많은 어려움을 통해서 신앙을 가지게 되었음에도 또 성도들에게 경제적인 어려움이 닥칠 때가 있습니다. 그때 그들은 "하나님 아버지, 이번에는 정말 제가 제대로 믿으려고 했는데 경제 때문에 안 되겠습니다. 그래서 어쩔 수 없이 잠깐 신앙을 방학하고 나중에 다시 먹고 살만하면 신앙생활을 다시 하겠습니다."라고 말하는 분들이 있는 것입니다. 그때 하나님은 무엇이라고 말씀하시겠습니까? 애굽으로 내려가지 말고 약속의 땅에서 끝까지 견디어 보라고 하실 것입니다.

어떻게 보면 하나님의 말씀은 모순된 것 같습니다. 우리가 신앙 생활 하려면 적어도 먹고 살 수 있는 길은 마련되어 있어야 하는데, 하나님은 그것도 되어 있지 않은 상태에서 하나님의 말씀만 붙잡으라고 하십니다. 이것은 결국 신앙을 위해서 굶어 죽을 각오를 하라는 것과 같은 것입니다. 그래서 지금 많은 성도들이 겪고 있는 이 생계와 신앙의 갈등은 우리만의 문제가 아니라, 그 옛날 아브라함과 이삭도 겪었던 문제들입니다. 그런데 놀라운 것은 똑같은 어려움이 생길 때마다 이들은 똑같이 세상으로 내려가려고 했다는 것입니다. 그래서 우리 성도들은 직장에 어려움이 생기고 먹고 살 것이 없다고 해도 너무 세상으로 가면 안 됩니다. 왜냐하면 하나님에게는 많은 길이 준비되어 있기 때문입니다.

2. 이삭의 거짓말

이삭은 하나님의 말씀에 순종해서 애굽으로 내려가지 않고 중간에 있는 블레셋 땅 그랄에 주저앉게 됩니다. 그러나 이삭은 그랄 땅의 아주 고약한 풍습 때문에 가정이 깨어지는 것은 물론이고 생명의 위협까지 느끼게 되었습니다.

이곳 사람들은 공공연하게 나그네가 오면 그 부인을 빼앗고 남편을 죽이는 일을 했던 것 같습니다. 그러나 결혼하지 않은 사람들이 오면 자기 땅에 정착할 사람이라고 해서 받아들였던 것 같습니다. 이삭도 아버지 아브라함이 했던 것과 같이 똑같은 거짓말을 했습니다.

> 26:6-7 "이삭이 그랄에 거주하였더니 그 곳 사람들이 그의 아내에 대하여 물으매 그가 말하기를 그는 내 누이라 하였으니 리브가는 보기에 아리따우므로 그 곳 백성이 리브가로 말미암아 자기를 죽일까 하여 그는 내 아내라 하기를 두려워함이었더라"

이삭은 그랄 땅에서 총각행세를 하는 것이 더 유리하다고 생각해서 리브가를 자기 누이라고 거짓말을 했습니다.

이삭은 그랄 사람들이 자기에게 텃새 부릴 것이 두려워서 리브가를 자기 부인이 아니라 누이라고 거짓을 말했습니다. 그리고 이삭은 숫총각인 체 하고 지내는 상당한 기간 동안 별 일 없이 넘어갔습니다. 그러다가 우연한 일로 인하여 이삭과 리브가가 부부라는 것이 들통 나게 되었습니다.

> 26:8 "이삭이 거기 오래 거주하였더니 이삭이 그 아내 리브가를 껴안은 것을 블

레셋 왕 아비멜렉이 창으로 내다본지라"

여기서 이삭이 리브가를 껴안았다고 했는데 '껴안았다' 는 말은 히브리어로 '메사학' 이라는 단어입니다. 이것은 부부 사이에 서로 애무하는 것을 말하는 것입니다. 그랄 땅은 더워서 그런지 창문이 제대로 되어 있지 않았던 것 같습니다. 그런데 그랄 왕 아비멜렉이 창문으로 이삭이 무엇을 하나 보다가 부부가 서로 껴안고 있는 것을 보게 되었던 것입니다. 그래서 아비멜렉은 당장 이삭을 호출했습니다.

26:9-10 "이에 아비멜렉이 이삭을 불러 이르되 그가 분명히 네 아내거늘 어찌 네 누이라 하였느냐 이삭이 그에게 대답하되 내 생각에 그로 말미암아 내가 죽게 될까 두려워하였음이로라 아비멜렉이 이르되 네가 어찌 우리에게 이렇게 행하였느냐 백성 중 하나가 네 아내와 동침할 뻔하였도다 네가 죄를 우리에게 입혔으리라"

아비멜렉은 자기가 도덕적인 사람인 것처럼 허세를 부리면서 이삭을 책망했습니다. "네 여자가 분명히 네 부인인데 왜 너는 누이라고 거짓말을 하였느냐? 자칫 잘못했으면 백성 중 하나가 네 부인과 동침할 뻔하였다."고 하면서 책망을 했습니다. 이것은 아브라함이 애굽에서 당한 것과 똑같은 일이었습니다. 이것을 보면 하나님의 백성들이 이 세상에서 살아가는 것이 얼마나 어려운지 알 수 있습니다. 이삭처럼 아버지가 당한 어려움을 아들도 당하고, 아버지가 했던 거짓말을 아들도 똑같이 해야 하는 세상입니다. 그래서 이삭도 아버지 아브라함이 했던 것같이 그랄 왕 아비멜렉 앞에 불려가서 꾸중을 들어야만 했고, 왕 앞에서 어쩔 수 없어서 사실 그대로 이야기했습니다. 여기 사람들에게 결혼했다고 하면 텃새를 부려서 자기를 죽이고 부인을 빼앗을까 두려워했기 때문이라고 했습니다. 그랬더니 의외로 아비멜렉은 이삭에게 호의를 베풀어서 어느 누구든지 이삭이나 그 부인을 건드리지 못하도록 하는 특별 명령을 내렸습니다.

32 이삭의 순종

26:11 "아비멜렉이 이에 모든 백성에게 명하여 이르되 이 사람이나 그의 아내를 범하는 자는 죽이리라 하였더라"

이것이 바로 하나님께서 하시는 일입니다. 우리 생각에는 이 세상에서 하나님의 말씀대로 살면 아무 것도 못하고 굶어죽을 것 같은데 하나님은 세상 사람들로 하여금 하나님의 백성들을 해치지 못하게 하십니다. 그래서 우리는 너무 이 세상에서 사는 것을 두려워할 필요가 없습니다.

하나님은 그랄에 주저앉은 이삭을 축복하셨습니다.

26:12-14 "이삭이 그 땅에서 농사하여 그 해에 백 배나 얻었고 여호와께서 복을 주시므로 그 사람이 창대하고 왕성하여 마침내 거부가 되어 양과 소가 떼를 이루고 종이 심히 많으므로 블레셋 사람이 그를 시기하여"

이삭의 장점은 하나님이 하지 말라고 하면 그 자리에서 순종하는 것이었습니다. 그래서 이삭은 아무 계획도 없이 그랄 땅에서 살게 되었지만 하나님은 이삭에게 놀라운 복을 주셨습니다. 이삭이 농사를 지었는데 백 배의 소출을 거두게 되었습니다. 이것은 농사가 무지무지하게 잘 된 것을 의미합니다. 원래 이삭은 농사를 짓는 사람이 아니었습니다. 이삭이 자기 전공도 아닌 농사를 하게 된 것은 아마도 그때 양식을 구하기가 너무나도 어려웠기 때문인 것 같습니다. 그런데 하나님은 이삭에게 백배나 결실하게 하셨습니다. 그뿐만 아니라 그의 목축도 잘되어서 양이나 소가 떼를 이루게 되었고 종들도 많아지게 되었습니다.

하나님께서 그랄 땅에서 이삭을 이렇게 축복하신 이유가 무엇일까요? 그것은 이삭이 하나님의 말씀에 순종하여 자신의 고집을 꺾고 중간에 주저앉은 것을 하나님이 기뻐하신다는 것을 보여주시는 것입니다. 좌우간 이삭은 한 번도 지어보지 않는 농사를 지었을 때 백배의 결과를 얻었고 목축은 너무나도 잘 되었습니다. 물론 우리가 처음부터 하나님의 뜻을 잘 깨달아서 백퍼센트 순종할 수 있으면 그것보다 더 좋은 일은 없을 것입니다. 그러나 우리 인간은 결코 그렇게 하나님의 뜻을 잘 알 수 없습니다. 그래서 우리가 하나님의 뜻이 아닌 일들을 할 때 하나님이 아니라고 하면 기분이 나쁘고 자존심이 상해도 중간에 포기하는 것이 좋습니다. 여기서 말씀을 배운 자와 배우지 않은 자가 확연하게 달라집니다.

평소에 하나님의 말씀의 가르침을 받은 자는 아무리 자기가 계획을 세웠고 또 어떤 일을 추진하고 있는 중에 있다 하더라도 하나님이 하지 말라고 하시면 자존심을 꺾고 줏대가 없는 것 같아보여도 중간에 포기를 합니다. 하나님은 이렇게 자기 고집을 꺾고 하나님의 뜻에 순종하는 자를 너무나도 사랑하셔서 포기한 이상의 복을 주실 것입니다. 그래서 하나님의 말씀에 순종했다가 우리는 생각지도 않게 엄청난 복을 받을 때가 있습니다. 이것은 하나님이 우리를 사랑하시기 때문입니다. 그래서 우리는 언제나 모든 것이 내 생각이나 내 계획대로 되지 않을 수 있고 최악의 경우가 되더라도 그 후에 얼마든지 하나님의 복은 나타날 수 있다는 것을 믿어야 합니다.

3. 그랄 사람들의 텃세

이삭이 그랄 땅에서 하나님의 복을 받은 것이 전부 다 좋은 일은 아니었습니다. 왜냐하면 그랄 사람들이 이삭을 시기해서 결국 이삭을 더 괴롭게 했고 이삭을 그랄 땅에서 쫓아내게 되었기 때문입니다. 우리가 하나님의 축복으로 어느 정도 세상에서 성공하게 되면 그것을 시기하고 미워하는 반대 세력을 많이 만나게 됩니다. 이때 우리는 굉장히 마음이 답답해지게 됩니다. 왜냐하면 이제 겨우 살만하게 되었는데 사람들의 시기심 때문에 또다시 옛날같이 망하게 되었기 때문입니다. 그러나 이때 우리는 넓은 마음을 가지고 끝까지 도우시는 하나님을 믿어야 합니다.

26:15-16 "그 아버지 아브라함 때에 그 아버지의 종들이 판 모든 우물을 막고

흙으로 메웠더라 아비멜렉이 이삭에게 이르되 네가 우리보다 크게 강성한즉 우리를 떠나라"

이삭은 그랄 땅에서 농사와 목축 모두 성공했지만 그랄 사람들은 이삭을 시기해서 다른 방면에서 텃새를 부렸습니다. 즉 너는 나그네이고 이 땅은 우리 땅이니까 여기를 떠나서 다른 데로 가라는 것입니다. 이것이 바로 나그네로 있는 사람에게 가장 불리한 경우입니다. 주인이 텃새를 부려서 얼마든지 쫓아낼 수가 있는 것입니다.

블레셋 사람들은 이삭의 우물을 다 흙으로 메워버려서 농사를 짓지 못하게 하고, 너는 우리보다 더 잘 사니까 다른 데로 가서 농사를 짓든지 목축을 하든지 하라고 하면서 쫓아냈습니다. 이 당시 가장 가치 있고 비싼 것이 우물이었습니다. 그런데 그랄 사람들은 이삭이 농사나 목축을 하지 못하도록 아예 우물을 흙으로 메워버렸습니다.

이것이야말로 이삭에게는 너무나도 억울한 일이었습니다. 이삭은 하나님께서 축복하셔서 부자가 된 것이지 조금이라도 그랄 사람들에게 피해를 준 것이 없었습니다. 그리고 이삭의 우물은 아버지 아브라함 때 판 것이고 전임 왕이 그 권리를 보장한 것이었습니다. 그런데 이삭은 나그네이기 때문에 다른 선택의 여지가 없었고 주인이 나가라고 하면 나갈 수밖에 없었습니다. 그 때 우리에게는 도저히 가야 할 곳이 보이지 않습니다.

이에 대해 야고보 사도는 이렇게 말을 했습니다.

"너희 중에 누구든지 지혜가 부족하거든 모든 사람에게 후히 주시고 꾸짖지 아니하시는 하나님께 구하라 그리하면 주시리라" (약 1:5)

우리가 이유는 알 수 없지만 하나님은 이런 어려움을 풀 수 있는 지혜를 우리에게 반드시 주십니다. 이럴 때 필요한 것은 사고의 전환인데 생각을 완전히 다른 각도에서 해보는 것입니다.

만약 이삭이 농사짓던 땅이나 아브라함이 판 우물에 대해 집착했더라면 굉장히 어려워지게 되었을 것입니다. 아마 그랄 사람들과 전쟁을 했을지도 모릅니다. 그런데 이삭은 과감하게 농사짓는 땅이나 우물에 대한 집착을 버렸습니다.

그러니까 해답이 간단하게 나왔습니다. "그래, 나는 원래 농사꾼이 아니었잖아. 나는 원래부터 목축업자였어. 그리고 아버지 우물은 아깝지만 아버지가 판 우물은 이것말고도 또 있어." 하는 것이었습니다.

이삭이 자기가 붙들고 있던 것을 놓았을 때 그 마음에 자기 앞에는 또 다른 땅도 있고 또 다른 우물도 있다는 새로운 지혜가 떠올랐습니다. 하나님께서 이삭에게 깨닫게 하신 것이 무엇입니까? 이삭은 땅이나 우물 때문에 그랄 사람들과 싸울 필요가 전혀 없다는 것이었습니다. 왜냐하면 이삭 자신이 하나님 앞에서 너무나도 존귀한 자였기 때문입니다. 만약 이삭이 그 땅과 우물을 지키기 위해서 그랄 사람들과 싸운다면 너무나도 존귀한 자신이 깨어지게 되는 것입니다.

하나님은 이삭으로 하여금 아버지 아브라함이 팠던 다른 우물들을 생각나게 하셨습니다. 그랄 땅에는 옛날 아버지 아브라함이 살면서 판 우물이 또 있었습니다. 이삭이 깨달은 것은 자기가 여기에 살기 전에 이미 아버지 아브라함이 살았었고 아버지가 이 땅에 살면서 남긴 믿음의 유산이 있다는 것입니다.

우리가 성경을 보면서 믿음의 사람들로부터 얻는 유익이 무엇입니까? 그 믿음의 사람들이 하나님을 찾았던 것처럼 찾으면 우리도 하나님을 만날 수 있고 우리도 동일한 하나님의 은혜를 체험할 수 있다는 것입니다.

그래서 이삭은 과감하게 결단을 내렸습니다. 이삭은 자기가 농사짓던 땅과 우물을 포기하고 그랄 사람들이 가라고 하니까 그랄 골짜기에 가서 우물을 팠습니다. 그랬더니 거기서도 물이 나왔습니다.

이삭은 그랄 사람들과 싸우는 대신에 그랄 골짜기로 가서 새 우물을 팠습니다. 이것은 옛날 아버지가 팠던 우물이었습니다. 그런데 그랄 사람들의 시기심은 끝이 없었습니다. 그랄 사람들은 이삭이 농사짓는 것을 포기한 것으로 만족하지 않고 그랄 골짜기까지 몰려와서 우리 땅에서 우물을 파지 말라고 하면서 그 우물을 또 메워버렸습니다.

26:19-20 "이삭의 종들이 골짜기를 파서 샘 근원을 얻었더니 그랄 목자들이 이삭의 목자와 다투어 이르되 이 물은 우리의 것이라 하매 이삭이 그 다툼으로 말미암아 그 우물 이름을 에섹이라 하였으며"

'에섹'은 '분쟁'이라는 뜻입니다. 이삭은 참으로 어려운 지경에 빠졌습니다. 이삭은 그랄 사람들과 싸우지 않으려고 골짜기로 갔는데 그랄 사람들은 거기까지 쫓아와서 이삭이 힘들게 판 우물을 자기들의 우물이라고 하면서 빼앗아버렸습니다.

그런데 이삭의 마음에는 이미 하나의 원칙이 있었습니다. 그것은 절대로 그랄 사람들과 싸워서는 안 된다는 것이었습니다. 이삭은 그랄 사람들과 싸우지 않기로 했습니다. 왜냐하면 이런 일로 분노하면 자기 안에 있는 존귀함이 손상된다는 것을 알았기 때문입니다. 물론 이삭에게는 우물도 귀하지만 더 귀한 것은 자신의 가치였습니다.

그래서 이삭은 또 다른 곳에서 새로운 우물을 팠습니다. 그랬더니 이번에도 똑같은 일이 일어났습니다.

26:21 "또 다른 우물을 팠더니 그들이 또 다투므로 그 이름을 싯나라 하였으며"

여기서 '싯나'는 '반대'라는 뜻입니다. 그랄 사람들은 이제 이삭에 대하여 무조건 반대하고 나섰습니다. 그러나 이삭은 끝까지 그랄 사람들과 다투지 않았습니다.

26:22 "이삭이 거기서 옮겨 다른 우물을 팠더니 그들이 다투지 아니하였으므로 그 이름을 르호봇이라 하여 이르되 이제는 여호와께서 우리를 위하여 넓게 하셨

으니 이 땅에서 우리가 번성하리로다 하였더라"

이삭도 인간이기 때문에 그럴 사람들이 해도 너무한다는 분노가 있었을 것입니다. 그러나 이삭은 절대로 그럴 사람들과 싸우지 않았습니다. 그래서 다시 새로운 우물을 팠을 때에는 그럴 사람들도 양심이 있었는지 다시 몰려와서 야단을 치지 않았습니다. 이것을 보면 인간이 하는 반대나 방해도 한계가 있는 것을 알 수 있습니다. 그 고비만 넘기면 아무리 악랄한 사람들도 인간이기 때문에 낯이 부끄러워서 더 이상 반대하거나 괴롭히지 못하게 됩니다. 그래서 이삭은 하나님이 넓은 장소를 주셔서 다투지 않게 되었다고 해서 그 우물 이름을 '르호봇'이라고 했습니다. 그러나 사실은 장소가 넓었던 것이 아니라 하나님이 이삭에게 넓은 마음을 주셨기 때문에 여기까지 오게 된 것입니다.

결국 이삭의 믿음은 무엇이었습니까? 이 세상에 있는 것을 가지고 그럴 사람과 다투거나 경쟁하지 않겠다는 것이었습니다. 그 결과 그는 계속 우물을 팠고 또 그 판 우물을 빼앗겼습니다. 결과적으로 그랄에는 이삭의 양보심 때문에 우물이 많아지게 되었습니다.

우리에게는 남들이 가지고 있지 않은 엄청나게 풍부한 유산이 있습니다. 그것은 성경 안에 있는 믿음의 사람들이 산 체험입니다. 우리는 남들이 하는 짓을 그대로 똑같이 따라 하지 않아도 얼마든지 풍성하게 잘 살 수 있는 길이 있습니다. 결국 사람들은 모두 다 쉬운 길을 택해서 걷고 있습니다. 그 결과 어려움이 왔을 때 결국 자기들끼리 경쟁하고 똑같은 사람들끼리 다투게 됩니다. 그러나 우리는 보다 넓은 마음을 가져서 더 넓은 지평을 개발해야 합니다. 결코 우리는 좁은 땅덩어리 안에서 한정된 돈을 가지고 싸울 필요가 없습니다. 하나님에게는 무궁무진한 지혜와 능력과 축복이 있습니다. 하나님의 이 능력과 지혜를 가지고 백배의 복을 받는 성도들이 되시기 바랍니다.

33

축복의 쟁탈전 / 창세기 27:2-4

우리나라에서 재벌 랭킹 5위에 드는 엄청난 대기업이 회사의 주도권 문제를 가지고 두 아들이 공식적으로 대결했을 때 동생이 형을 제치고 그 큰 대기업을 차지하게 되었습니다. 형은 아버지 사인까지 받아서 경영권을 차지하려고 했지만 결국 동생에게 밀리고 말았습니다. 우리는 이와 비슷한 일들이 대기업체의 경영권 상속 문제에서 왕왕 나타나는 것을 볼 수 있습니다. 그런데 사실 어느 누구라도 똑같은 아버지의 아들인데 그 엄청난 회사의 경영권을 차지할 수만 있다면 차지하려고 할 것입니다.

그런데 옛날에는 이런 대기업의 경영권보다 더 큰 것이 있었는데 그것은 나라의 왕위였습니다. 왕에게 자식이 여러 명 있을 때 왕이 나이가 많아서 늙게 되면 이 왕위를 차지하기 위해서 왕자들끼리 서로 치열하게 싸우게 되는 것입니다. 그래서 심지어는 같은 배에서 나온 형제들끼리 피비린내 나는 살육을 저지르는 경우도 있었습니다. 이것이 바로 '왕자의 난'인 것입니다. 우리가 이런 것을 보면 과연 돈이나 권력이 엄청나구나 하는 것을 느낄 수 있습니다.

그런데 사람들은 알지 못하지만 이 세상에 대기업의 경영권이나 국가의 왕위보다 더 중요한 복이 상속되고 있었습니다. 그것이 바로 하나님의 복입니다. 그런데 사람들은 이 복의 실체를 잘 알지도 못하고 그 가치도 몰라서 그렇게 치열하게 싸우지 않는 것을 보게 됩니다.

하나님은 아브라함에게 귀한 믿음을 주시면서 "네가 복이 될 것이다"(창 12:2)라고 약속하셨습니다. 아브라함의 이 엄청난 복은 그 자손에게 상속이 되었고 오늘 교회까지 내려오게 되었습니다. 오늘 사람들은 하나님의 복을 받기 위해서 교회에 옵니다. 그런데 이 하나님의 복이 어떤 것인지도 잘 모르고 어떻게 해야 받게 되는지도 모릅니다.

아브라함의 아들 이삭은 하나님의 복을 상속받아서 백배의 복을 받았고 위기 가운데서도 많은 하나님의 능력을 체험할 수 있었습니다. 그런데 이삭에게는 쌍둥이 아들이 있었는데 큰 아들은 사냥하러 돌아다닌다고 늘 밖으로 돌아다니는 바람에 자기 집의 비밀을 잘 알지 못했습니다. 그러나 그 동생 야곱은 집에 늘 있었기 때문에 자기 집에 내려오는 이 엄청난 축복의 비밀을 알았습니다. 야곱은 어떻게 해서든지 이 복을 자기가 받아야 되겠다고 생각해서 형이 사냥하고 돌아와서 엄청 배가 고픈 틈을 타서 팥죽을 가지고 장자권을 샀습니다. 그런데 놀랍게도 하나님의 복은 임하지 않았고 하늘이 열리는 기적도 일어나지 않았습니다. 그래서 드디어 이번에는 아버지 이삭이 형 에서를 축복하려고 할 때 야곱은 자기가 형인 것처럼 아버지를 속이고 아버지의 축복을 가로채 받았습니다. 그런데 또 하나님의 복은 불발이었습니다. 우리가 이것을 통해서 알 수 있는 것은 하나님의 복은 하늘을 열 수 있는 능력인데, 이것은 열심으로도 안 되고 인간적인 조건으로도 안 된다는 것입니다. 도대체 어떻게 해야 하나님의 복을 내 것으로 만들 수 있을까요?

1. 이삭의 욕심

오직 이삭의 집에만 있고 다른 집에 없는 것이 있었는데 그것은 바로 하나님의 복이었습니다. 이 하나님의 복은 하늘이 열리면서 하나님의 말씀이 임하고 기도가 응답되며 하나님의 능력과 축복이 임하는 기적의 복이었습니다. 이삭은 나이가 들어서 눈이 보이지 않게 되었을 때 이 복을 큰 아들 에서에게 물려주려고 했습니다.

27:1-4 "이삭이 나이가 많아 눈이 어두워 잘 보지 못하더니 맏아들 에서를 불러 이르되 내 아들아 하매 그가 이르되 내가 여기 있나이다 하니 이삭이 이르되 내가 이제 늙어 어느 날 죽을지 알지 못하니 그런즉 네 기구 곧 화살통과 활을 가지고 들에 가서 나를 위하여 사냥하여 내가 즐기는 별미를 만들어 내게로 가져와서 먹게 하여 내가 죽기 전에 내 마음껏 네게 축복하게 하라"

이삭은 이제 나이가 많아 늙어서 앞을 잘 보지 못하게 되었습니다. 그래서 이삭은 큰 아들 에서를 불러서 내가 네게 축복을 할 테니까 들에 가서 사냥을 해서 맛있는 요리를 해 오면 실컷 먹고 너를 축복하겠다고 말을 했습니다. 우리가 이삭의 말을 들으면 상식적으로 크게 잘못된 것이 없는 것 같습니다. 그러나 성경을 자세히 보면 이삭이 크게 몇 가지 부분에서 잘못을 하고 있다는 것을 알 수 있습니다.

첫째는 이삭이 축복한 시기가 잘못된 것입니다.
이삭이 에서에게 복을 물려주어야 하겠다고 생각하게 된 것은 갑자기 그의 시력이 약해졌기 때문입니다.

27:1상 "이삭이 나이가 많아 눈이 어두워 잘 보지 못하더니"

이삭은 이제 늙어서 백내장 같은 것이 생겨서 앞이 잘 보이지 않았던 것 같습니다. 그래서 이삭은 이제 자기가 죽을 때가 다 되었구나 생각해서 이 하나님의 복을 자식에게 물려주려고 생각하게 되었습니다. 그런데 이삭은 눈이 보이지 않은 채로 이 후로도 40년 이상 더 살게 됩니다. 그러니까 이삭이 눈만 보이지 않는다고 해서 곧 죽을 것이라고 생각한 것은 너무나도 조급한 생각이었던 것입니다. 그리고 이삭이 정말 죽을 때가 되었다면 입맛이 없어져야 했을 텐데 입맛은 더 당기고 있었습니다.

여기서 축복권을 물려준다는 것은 영적인 후계자를 세우는 것과 같습니다. 이것은 모세가 여호수아에게 후계자 자리를 물려주는 것과 같으며 엘리야가 엘리사를 후계자로 세우는 것과 같습니다. 이것은 하나님 나라를 대표하는 종을 바꾸는 것과 같은데 이삭은 자기 눈이 보이지 않는다고 해서 서둘러서 이 복을 물려주려고 했던 것입니다. 다윗은 자기가 늙었음에도 불구하고 솔로몬이 자랄 때까지 왕위를 지키고 있었습니다. 이것을 볼 때 하나님의 사람들은 몸이 조금 아프거나 힘이 없다고 해서 함부로 하나님의 일을 그만 두고 다른 사람에게 물려주려고 하는 것은 잘못입니다. 이삭은 눈이 보이지 않아서 이 복을 자식에게 물려주어야 하겠다고 생각했지만 사실 에서나 야곱이나 아직 이 복을 받을 준비가 되어 있지 않았습니다. 그럼에도 불구하고 이삭이 억지로 복을 물려주려고 했을 때 이것이 자식들에게 복이 되지 못했고 오히려 큰 시험거리가 되었습니다. 단지 이삭이 지금 영적으로 상당히 약해진 것은 사실입니다. 이럴 때 이삭은 다시 하나님 앞에서 힘을 달라고 기도를 해야지, 때도 되지도 않았는데 좋아하는 자식에게 영권을 물려주려고 한 것은 잘못이었습니다. 이 축복권을 물려줄 때에는 하나님께서 준비하신 사람이 나타나야 하고 또 하나님께서 그 짐을 벗겨주셔야 하는 것입니다.

두 번째는 축복의 대상을 잘못 선택했다는 것입니다.
하나님의 복을 받을 자는 미리 하나님께서 말씀으로 정해 놓으셨습니다. 하나님께서는 리브가가 아이들을 낳기도 전에 "큰 자가 어린 자를 섬기리라"고 말씀하셨습니다. 이것은 하나님의 축복을 상속할 사람은 모든 부분에서 뛰어난 형이 아니라, 부족한 점이 많은 동생이라는 뜻이었습니다. 그런데 이삭은 이 하나님의 말씀을 무시하고 굳이 에서에게 이 복을 물려주려고 생각했습니다. 그 이유는 큰 아들이 마음에 들었기 때문입니다. 우선 아버지가 보기에는 큰 아들의 남성적인 것도 마음에 들었고, 특히 이삭은 늙어가면서 사냥한 고기 맛을 좋아했는데 에서는 사냥을 잘해서 그것을 아버지에게 자주 드렸기 때문입니다. 그러나 하나님의 복은 하나님이 원하시는 사람에게 주는 것이지 사람의 마음에 들거나 외모나 세상적인 조건이 좋다고 해서 마음대로 줄 수 있는 것이 아닙니다.

그리고 이삭은 세월이 흐르면서 하나님이 주셨던 말씀을 잊고 있어서 소홀히 생각하고 있었던 것을 알 수 있습니다. 하나님의 말씀은 아무리 세월이 흐른다고 해서 효력이 없어지지 않습니다. 그런데 이삭은 하나님의 말씀은 무시하고 자기가 큰 아들 에서를 좋아한다고 해서 에서에게 몰래 이 하나님의 복을 주려고 했던 것입니다.

세 번째는 축복하는 방법이 잘못되었던 것입니다.

하나님의 종이 자신의 복을 후계자에게 물려 줄 때에는 하나님을 두려워하는 마음으로 기도를 많이 하고 금식하면서 세워야 합니다. 왜냐하면 우리는 인간이기 때문에 사람의 겉모습만 보고 잘못 판단할 때가 많기 때문입니다. 그런데 이삭은 이 중요한 일을 하면서 에서가 사냥한 요리를 실컷 먹고 배가 부른 상태에서 복을 주겠다고 생각했습니다. 이것은 잘못된 자세입니다. 왜냐하면 이 축복권은 이삭의 것이 아니기 때문입니다. 이 복은 하나님께서 이삭에게 맡기신 것입니다. 이삭은 두렵고 떨리는 마음으로 하나님이 정하신 사람에게 이 복을 물려주어야 했습니다. 그런데 이삭은 마치 이 복이 자기 개인 것인 양 생각해서 실컷 고기를 먹고 배부른 상태에서 복을 물려주겠다는 것입니다. 이 모든 것이 의미하는 것이 무엇입니까? 이 믿음의 사람 이삭도 세월이 흐르면서 자기도 모르는 사이에 세상적으로 많이 변질되었고 자기도 모르는 사이에 가나안 사람들의 사고방식에 물이 들었던 것입니다. 그래서 이삭은 하나님의 복을 세상의 복과 혼동하고 있었고 하나님의 복을 물려주는 것도 그렇게 신중하게 생각하지 않고 있었습니다.

이런 것을 생각할 때 우리는 아무리 옛날에 잘 믿었다 하더라도 지속적으로 하나님의 말씀에 도전을 받지 않으면 얼마든지 세상의 타락한 사고방식에 오염될 수 있다는 것을 알아야 합니다. 자기도 모르는 사이에 조금씩 하나님의 말씀에서 멀어져서 자기는 가장 성경적으로 믿는다고 큰 소리를 치는 경우가 있는데 결국 보면 엉뚱한 자기 생각을 믿고 있는 것입니다.

이삭은 하나님의 복을 물려주면서 가장 중요한 하나님의 말씀을 무시하고 있었습니다. 하나님의 말씀은 큰 자가 어린 자를 섬기리라고 했지만 이삭은 이 말씀을 지키지 않았던 것입니다. 이것은 이삭이 하나님의 복을 짓밟는 것이며 부흥의 불을 꺼트리는 것입니다. 그런데도 불구하고 이삭은 그 귀중한 것을 사냥한 고기에 팔려서 엉뚱한 에서에게 도매금으로 그냥 넘겨주려고 했던 것입니다. 대개 이스라엘이나 교회에서 부흥의 불씨가 꺼지는 것은 하나님의 말씀을 무시하고 사람의 생각대로 행할 때입니다.

2. 이삭의 집에서 생긴 속임수

하나님의 백성에게 가장 중요한 미덕은 겸손입니다. 그래서 남을 나보다 낮게 여기고 스스로 다른 사람의 권위에 복종하는 것이 하나님의 백성의 특징입니다. 전 세계에서 이렇게 하는 사람들은 하나님의 백성들밖에 없습니다. 누가 뭐라고 하지 않는데도 자발적으로 다른 사람 앞에서 스스로를 낮추고 복종합니다. 그러나 이스라엘이나 교회에서 하나님의 말씀이 없어지게 되면 사람들마다 자기 생각이나 주장을 가지고 떠들어대기 시작합니다.

이삭이 하나님의 말씀을 무시하면서 자기가 개인적으로 좋아하는 맏아들 에서에게 하나님의 복을 물려주려고 했을 때 이삭의 집안에서는 갈등이 생기게 되고 속임수가 난무하게 되었습니다.

이삭은 일단 자기 생각을 야곱이 모르게 큰아들 에서에게만 말했습니다.

왜 이삭은 이렇게 중요한 일을 밀실에서 두 사람이 결정해야 했을까요? 그것은 이삭의 마음속에도 자신의 이 생각이 떳떳하지 못하고 또 하나님의 말씀을 거역하는 것이라는 생각이 들었기 때문입니다. 그래서 이삭은 마치 장난치는 것처럼 에서에게 맛있는 것을 많이 만들어오라고 하면서 내가 실컷 먹고 축복해주겠다고 약속을 했을 것입니다.

그러나 모든 것은 생각대로 되지 않는 법입니다. 이삭이 에서에게 복을 몰래 물려주려고 하는 말을 이삭의 부인 리브가가 듣게 되었습니다.

27:5 "이삭이 그의 아들 에서에게 말할 때에 리브가가 들었더니 에서가 사냥하여 오려고 들로 나가매"

이삭은 에서에게만 몰래 이 비밀을 전한 줄 알았는데 부인 리브가가 이 엄청난 비밀을 듣게 되었습니다. 그리고 리브가는 절대로 이 복이 에서에게 가서는 안 된다고 생각해서 자기 아들 야곱을 불렀습니다.

이때 리브가가 생각하고 계획한 것은 무엇입니까? 큰아들 에서가 아버지의 말씀대로 사냥하러 간 동안에 남편 이삭을 속이고 작은아들 야곱에게 이 복을 받게 해야 하겠다고 생각한 것입니다.

지금 리브가는 자기 남편 이삭을 완전히 무시하고 그의 뜻을 정면으로 대적하고 있는 것입니다. 어떻게 해서 이런 일이 일어날 수 있을까요? 그것은 바로 이삭이 하나님의 말씀을 무시하고 자기 생각을 가지고 하나님의 일을 결정하려고 했기 때문입니다. 그렇다고 지금 리브가가 남편을 속여야 하겠다고 생각한 것도 잘한 일은 아니었습니다.

우선 리브가는 이 쌍둥이를 낳기 전부터 하나님께서 동생을 축복하시기로 했다는 것을 알았습니다. 그러나 만일 리브가가 하나님의 말씀을 믿었더라면 정정당당하게 남편에게 당신의 생각은 하나님의 말씀과 다르다고 말해야 하는 것입니다. 그런데 리브가가 남편을 속이려고 한 행동은 리브가도 말씀을 믿은 것이 아니기 때문입니다. 만일 리브가가 하나님의 말씀을 믿었더라면 굳이 남편을 속이지 않고서도 하나님께서 남편의 마음을 바꾸시리라는 것을 믿어야 했습니다. 리브가가 이렇게 행동한 것은 남편에 대한 반발과 또 작은아들에 대한 맹목적인 사랑 때문이었습니다.

그러나 중요한 것은 지금 리브가 집에는 영적인 혼란이 일어나고 있었다는 점입니다. 하나님께서 이삭의 집에서 은혜를 거두어가시니까 이제 사람들이 더 이상 다른 사람의 뜻을 존중하지 않고 자기 생각을 가지고 밀어붙이기 시작하고 거짓말도 하고 편을 나누기도 하고 억지를 부리기도 하게 된 것입니다.

원래 하나님의 백성들이 하나님과 정상적인 관계에 있을 때에는 늘 은혜가 충만하기 때문에 거짓말도 통하지 않고 억지를 부릴 필요도 없습니다. 은혜가 충만할 때에는 모든 것이 물 흐르듯이 소리 없이 흘러가게 되어 있습니다. 그래서 하나님의 백성들은 굳이 다른 사람을 권위로 누르지 않아도 서로 사랑하고 있기 때문에 자발적으로 복종하게 됩니다. 그러나 하나님의 백성들 가운데 특히 지도자가 하나님의 말씀을 무시하고 인간적인 생각을 가지고 밀어붙이면 세상 사람들보다 더 악하게 됩니다.

이삭이 영적으로 분별력이 어두워지면서 하나님의 말씀을 무시하고 인간적인 생각대로 행했을 때 가장 가까운 부인 리브가부터 남편을 속이는 일이 일어나게 되었습니다. 이것은 바로 하나님께서 이삭으로 하여금 수치를 당하게 하시는 것입니다. 하나님은 사무엘에게 "나를 존중히 여기는 자를 내가 존중히 여기고 나를 멸시하는 자를 내가 경멸하리라"(삼상 2:30)고 하셨습니다. 교회나 이스라엘 안에서 혼란과 속임수와 분쟁이 생기는 것 자체가 하나님의 말씀을 업신여겼기 때문에 하나님도 그들을 경멸하시는 것입니다.

하나님의 종들은 아무리 사람들이 말이 많고 자기를 인정해주지 않아도 말씀대로만 하면 저절로 존경하고 따르게 되어 있습니다. 그런데 하나님의 종들이 하나님의 말씀을 믿지 않고 인간적인 생각으로 밀고 나가면 결국 자신이 배척을 당하고 다른 사람에게 속게 되는 것입니다.

우리가 이것을 통해서 깨닫게 되는 것이 무엇입니까?

우선 하나님께서 복을 물려주실 때에는 사람을 외모를 보지 않으신다는 사실입니다. 인간적으로 보기에 에서는 야곱보다 월등하게 훌륭한 사람이었습니다. 그러나 에서는 하나님이 좋아하는 사람이 아니었습니다. 왜냐하면 에서는 하나님의 말씀의 가치를 모르는 사람이었기 때문입니다. 하나님은 우리가 보기에 보잘것없는 사람을 사랑하시며 복의 주인공이 되게 하기를 기뻐하십니다. 그래서 우리도 사람을 외모로 보지 않으려면 기도를 많이 해야 합니다.

선지자 사무엘도 이와 똑같은 실수를 할 뻔 했습니다. 사무엘은 사울을 대신할 왕을 세우기 위해서 이새의 집에 갔을 때 첫째 아들, 둘째 아들, 셋째 아들을 보고 얼마나 반했던지 그들의 머리에 기름을 부으려고 했습니다. 그러나 하나님은 이미 그들을 버리셨다고 말씀하셨습니다. 왜냐하면 하나님은 사람의 외모를 보시지 않고 중심을 보시기 때문입니다. 하나님은 그 대신 들판에서 양을 치고 있는 막내 다윗에게 기름을 붓게 하셨습니다. 그래서 누구든지 하나님의 말씀을 미친 듯이 사랑하기만 하면 축복의 주인공이 될 수 있습니다. 누구든지 믿음만 있으면 하나님의 말씀을 사랑하는 것은 할 수 있습니다. 바로 그 사람이 이 세상에서 가장 중요한 축복의 주인공이 되는 것입니다.

두 번째는 하나님의 백성 가운데서 하나님의 말씀이 무시되었을 때 얼마나 큰 혼란과 미움과 거짓이 난무하게 되는가 하는 점입니다. 하나님은 분명히 "큰 자가 어린 자를 섬길 것이다"라고 말씀하셨습니다. 이삭이 이 하나님의 말씀을 무시하고 자기 마음대로 맛있는 사냥한 고기를 갖다 주는 에서에게 축복하려고 했을 때 그의 부인 리브가가 반발했습니다. 리브가는 그냥 반발한 것이 아니라 작은아들 야곱과 짜고 아버지를 속이려고 했습니다. 그리고 이것은 나중에 에서와 야곱 사이에 평생 미움과 다툼의 원인이 되었습니다.

중세 교회에서 "사람이 믿음으로 의롭다 함을 얻는다"는 말씀이 무시되었을 때 무려 천년 동안 교회에 암흑기가 오게 되었고 미신과 우상 숭배가 교회를 가득 채우게 되었습니다. 우리는 사소한 하나님의 말씀이라도 무시해서는 안 됩니다.

3. 야곱의 속임수

본문에서 야곱은 드디어 아버지 이삭을 속여서 아버지의 복을 가로채는 것을 볼 수 있습니다. 물론 야곱이 거짓말을 해서라도 아버지의 축복을 받으려고 하는 자체는 나쁜 일이 아닐 수도 있습니다. 그러나 야곱은 아버지를 속이기 위해서 어머니 리브가와 공모를 했고 철저하게 위장까지 해서 하나님의 종 이삭을 속였습니다. 이것은 리브가와 야곱이 하나님께 죄를 지은 것입니다.

우선 이삭의 부인 리브가는 자기가 싫어하는 큰아들 에서가 남편의 복을 받지 못하게 하려고 둘째 아들 야곱을 불렀습니다. 그리고 남편이 큰아들 에서에게 한 말을 전해주면서 내가 형이 사냥한 것처럼 염소를 잡아가지고 아버지가 좋아하는 요리를 해줄 테니까 너는 형이라고 속이고 아버지 방에 들어가서 복을 받으라고 시켰습니다. 처음에 야곱은 어머니 리브가의 말을 듣고 안 된다고 하면서 내가 아버지에게 거짓말하는 것이 들통이 나면 축복은커녕 저주를 받게 될 것이라고 했습니다. 그러나 리브가는 이미 결심을 했기 때문에 저주는 내가 다 받을 테니까 너는 내가 시키는 대로 하기만 하면 된다고 시켰습니다. 그래서 리브가는 야곱이 에서처럼 보이도록 꾸몄습니다. 그에게 에서의 옷을 입히고 심지어는 야곱은 털이 없기 때문에 털이 없는 살에는 염소 털까지 붙였습니다. 그리고 이삭이 좋아하는 요리를 가지고 방에 들어가게 했습니다.

더욱 심각한 것은 무엇입니까? 이삭은 야곱이 자신을 속이러 들어왔을 때 무엇인가 수상한 눈치를 챘으면서도 끝까지 속고 말았다는 사실입니다. 이삭은 자기에게 축복을 받기 위하여 온 이 아들이 정말 에서인지 몇 차례나 확인을 하려고 물어보았습니다. 이삭이 생각해도 무엇인가 이상했던 것입니다. 그러나 이삭은 끝내 분별을 하지 못하고 속고 맙니다. 그 이유가 무엇입니까? 하나님께서 이삭을 미련하게 만드셔서 부인과 아들에게 업신여김을 받게 하셨기 때문입니다.

27:18-19 "야곱이 아버지에게 나아가서 내 아버지여 하고 부르니 이르되 내가 여기 있노라 내 아들아 네가 누구냐 야곱이 아버지에게 대답하되 나는 아버지의 맏아들 에서로소이다 아버지께서 내게 명하신 대로 내가 하였사오니 원하건대 일어나 앉아서 내가 사냥한 고기를 잡수시고 아버지 마음껏 내게 축복하소서"

야곱이 음식을 가지고 아버지 방에 들어갔을 때 이삭은 무엇인가 이상한 생각이 들었습니다. 그것은 우선 야곱의 음성 때문이었습니다. 사람이 아무리 옷을 바꿔 입고 손에 염소 털을 발라도 음성만은 쉽게 바꿀 수가 없습니다. 그래서 이삭은 "내 아들아 네가 누구냐?"고 묻습니다. 그랬더니 야곱은 천연덕스럽게 "나는 아버지의 맏아들 에서입니다"라고 대답했습니다. 그런데 이삭에게 더 이상한 것은 보통 사냥하려면 몇 시간이 아니라 며칠씩 돌아다녀야 하는데 이번에는 너무 빨리 사냥을 해서 들어온 것입니다. 그래서 이삭은 다시 물었습니다. "어떻게 이렇게 빨리 오게 되었느냐?" 그러니까 야곱은 하나님의 이름을 팔면서 대답을 했습니다. "아버지의 하나님 여호와께서 순조롭게 사냥할 짐승을 만나게 하셨다"는 것입니다. 하나님께서 순조롭게 짐승을 만나게 하셔서 사냥을 했다고 하는데 이삭은 더 이상 할 말이 없었습니다. 이삭은 그래도 안심이 되지 않으니까 야곱을 가까이 오게 해서 직접 그를 만져 보았습니다.

27:21-22 "이삭이 야곱에게 이르되 내 아들아 가까이 오라 네가 과연 내 아들

에서인지 아닌지 내가 너를 만져보려 하노라 야곱이 그 아버지 이삭에게 가까이 가니 이삭이 만지며 이르되 음성은 야곱의 음성이나 손은 에서의 손이로다 하며"

이삭은 무엇인가 이상해서 아들을 만져 보았습니다. 그러나 리브가나 야곱은 아버지가 손이나 등을 만져볼 것을 충분히 예상하고 있었습니다. 그래서 야곱은 몸에 노출되는 부분에는 염소 털을 붙여서 들어갔던 것입니다. 그래서 이삭은 더 이상 야곱인지 에서인지 구별할 수 없게 되었습니다. 그래서 이삭은 아주 유명한 말을 남기게 됩니다. "음성은 야곱의 음성이나 손은 에서의 손이로다." 이 말은 도무지 헷갈려서 모르겠다는 뜻입니다.

이삭은 하나님의 선지자였습니다. 선지자는 하나님의 영이 있는 사람이며 하나님의 영이 그에게 모든 것을 말씀하시기 때문에 사람에게 속을 수 없습니다. 그러나 선지자가 영안이 어두워지면 뻔한 거짓말에 속게 되어 망신을 당하게 됩니다. 그것은 이삭이 하나님의 말씀보다도 에서가 가져다주는 요리를 더 좋아해서 이미 그에게서 하나님의 영감이 떠나 있었기 때문입니다.

우리가 이 세상을 살아가는 데는 수없는 거짓의 구렁텅이가 있습니다. 한 번 이 구렁텅이에 빠지면 엄청난 피해를 보게 됩니다. 그러나 하나님은 우리에게 영감을 주셔서 거짓을 분별하게 하십니다. 그런데 만일 우리가 욕심에 빠지게 되면 영적 분별력이 어두워져서 속으면서도 분별하지 못하게 되는 것입니다. 이삭은 지금 아들이 자기를 속이고 있는데도 분별하지 못합니다. 그 이유가 무엇입니까? 하나님의 영이 그에게 말씀해 주시지 않기 때문입니다. 리브가와 야곱은 최근 이삭의 삶에서 하나님의 영감이 떠난 것을 보았습니다. 지금 그들은 이삭의 입에서 하나님의 말씀을 들을 수 없었으며 그들이 보기에 이삭은 단지 앞을 보지 못하는 눈먼 노인에 불과했던 것입니다. 이삭이 하나님의 말씀을 존중하지 않고 자기 고집에 따라서 행할 때 그에게는 하나님의 영감이 없어지게 되었습니다. 이것이 하나님의 백성들에게는 가장 큰 손실입니다. 우리가 세상의 좋은 것을 아무리 많이 가져도 하나님의 영감이 떠나면 망한 것입니다. 그때부터는 하나님의 종들은 다른 사람들의 발에 밟히게 되는 것입니다.

이럴 때에 이삭은 어떻게 해야 했을까요? 이삭은 하나님께 물어보아야 했습니다. 이삭이 "하나님, 지금 내 아들이라고 하면서 한 명이 들어 왔습니다. 그런데 어느 아들인지 도무지 분간이 가지 않습니다. 이 아들이 도대체 누구입니까?" 하고 물어 보았더라면 하나님이 "지금 네 앞에 있는 것은 에서가 아니라 야곱이며, 너는 내 말을 거역하고 에서를 축복하려고 했기 때문에 이렇게 된 것이다. 이제부터 네 고집대로 하지 말고 하나님의 말씀에 순종해서 야곱을 축복하라"고 말씀해주셨을 것입니다. 그러나 이삭은 이미 하나님의 영감이 떠났기 때문에 이런 기도를 할 수 없었습니다.

우리의 삶에 있어서 하나님을 기다린다는 것이 얼마나 귀한 믿음인지 모릅니다. 우리가 하나님의 말씀을 믿고 끝까지 붙들면 누가 무슨 짓을 하든지 하나님의 복을 상속받게 됩니다. 이 놀라운 하나님의 복을 받아서 다른 사람들을 살리고 복주는 사람들이 다 되시기 바랍니다.

34
불발된 축복 / 창세기 27:42-44

가끔 군대에서는 대포 쏘는 훈련을 하기도 하고 실제로 실전 상황에 처하면 우리나라나 북한이나 대포 공격을 주고받을 때가 있습니다. 이때 가장 문제 되는 것은 대포를 쏘았을 때 대포알이 터지지 않고 불발탄이 되는 것입니다. 대포알이 불발탄이 된다는 것은 소리만 요란하지 아무 타격을 주지 못하고 쇳덩어리 하나만 날아가는 것 밖에 되지 않는 것입니다. 마찬가지로 하나님께서 우리에게 많은 복을 주시는데 그 복들이 불발탄이 되어버린다면 우리에게는 아무 유익이 없을 것입니다. 불발탄이 된 복으로는 우리가 능력을 받을 수 없고 사탄의 나라를 이길 수도 없기 때문입니다.

우리가 예수를 믿는 것은 결정적인 순간에 하나님의 복을 받고 하나님의 능력을 받기 위해서입니다. 그런데 아무리 기도하고 성경 공부를 해도 하나님의 복이 오지 않고 능력이 오지 않는다면 이것은 그 축복이 불발탄이 된 것입니다. 그런데 사실 하나님의 복이 불발탄이 될 때가 너무나도 많습니다.

엘리야 선지자가 바알의 제사장들과 대결할 때 바알의 제사장 450명은 하늘에서 불이 떨어지도록 하려고 소리를 지르고 춤을 추고 심지어는 자기들의 몸을 상하기까지 했지만 불발되었습니다. 그러나 엘리야는 소리도 지르지 않고 춤도 추지 않고 오히려 사람들이 불을 붙이지 못하도록 물을 떠와서 제단에 물을 부어서 흥건하게 만들었습니다. 그런데 엘리야가 기도했을 때 하늘에서 불이 떨어지면서 제물과 제단과 물까지 다 태우고 흩어버렸습니다. 이런 것을 보면 기도가 폭발한다는 것이 얼마나 놀라운지 알 수 있습니다.

야곱은 자기 집의 비밀을 알게 되었는데 그것은 자기 집에는 엄청난 하나님의 복이 상속되고 있다는 사실이었습니다. 그래서 이 하나님의 복을 차지하기 위해서 쌍둥이 아들 에서와 야곱이 서로 경쟁을 하는데 형은 아버지를 등에 업고 동생은 엄마를 등에 업고 서로 속고 속이려고 했습니다. 그런데 중요한 것은 이삭의 축복은 정작 불발탄이 되었다는 것입니다. 야곱이 형 에서가 사냥하러 간 동안 살진 염소를 잡아서 맛있는 요리를 해서 형의 옷을 입고 아버지 방에 들어가서 받은 축복은 불발탄이었던 것입니다. 그리고 야곱이 아버지 방을 나간 후 즉시 돌아와서 맛있는 요리를 해서 아버지에게 들어온 에서도 하나님의 복을 받지 못했습니다. 이것을 통해서 알 수 있는 것은 우리가 예배를 통해서 은혜를 받을 수 있고 힘을 얻을 수도 있지만 정작 하나님의 복의 상속자가 되는 것은 쉬운 일이 아니라는 것입니다. 요즘은 하나님이 주시는 힘으로 세상에서 성공하기를 바라는 세태를 볼 수 있습니다. 그래서 한때는 진정으로 성공한 크리스천이라고 하면 하나님의 복과 세상의 복을 다 가진 사람들을 생각할 때가 많았습니다. 그러나 하나님의 복은 따로 있습니다. 이것은 하늘을 열어서 하나님의 복이 우리에게 임하게 하는 것인데 바로 부흥의 복이 일어나는 것입니다.

1. 이삭의 불발탄 축복

앞을 잘 볼 수 없었던 아버지 이삭은 동생 야곱이 형인 체 아버지가 좋아하는 요리를 만들어가지고 방에 들어왔을 때 이상한 낌새를 눈치 채게 됩니다. 왜냐하면 아무리 야곱이 에서의 흉내를 낸다 하더라도 음성이 달랐기 때문입니다. 그러나 야곱은 철저하게 거짓말을 했기 때문에 아버지 이삭은 야곱에게 결국 속고 말았습니다. 그런데 이삭이 야곱에게 축복하려고 하는데 문제는 영 감동이 오지 않는 것이었습니다. 우리가 하나님의 말씀을 전하고 들을 때에 놀라운 것은 전하는 자나 듣는 자 모두에게 성령의 감동이 일어나면서 마음이 뜨거워지게 된다는 것입니다. 그런데 이런 감동이 일어나지 않으면 전하는 자나 듣는 자나 모두 힘들어지게 됩니다.

오래 전에 제가 어느 교회에서 '성령의 능력에 대한 설교'를 하게 되었습니다. 그런데 설교 전에 갑자기 마음에 어떤 의심이 들었는가 하면 만일 이 설교를 하는데 성령의 능력이 임하지 않으면 어떻게 될까 하는 것이었습니다. 성령의 불같은 능력에 대하여 설교하는데 너무나도 설교가 냉랭하고 감동이 없으면 그것보다 더 비참한 것은 없을 것이기 때문입니다. 그래서 설교 전에 하나님께 솔직하게 걱정하고 있는 것을 기도드렸습니다. 그리고 우리 모두에게 뜨거운 성령의 불을 주시기를 원한다고 기도했습니다. 그런데 다행히도 설교를 하는데 뜨거운 감동이 임해서 모두가 성령 충만을 받게 되었습니다.

그런데 그때 이삭은 아들에게 가장 중요한 복을 주려고 하는데 감동이 임하지 않는 것이 문제였습니다. 그 이유는 이삭이 하나님의 말씀을 무시하고 복을 주려고 했기 때문입니다. 우리가 금고의 문을 열려고 하면 번호나 열쇠가 정확하게 맞아야 합니다. 마찬가지로 우리가 예배드리면서 가장 기쁘고 은혜로울 때는 성경이 정확하게 해석되고 적용될 때입니다. 일단 성경이 바로 해석되면 성도들의 마음은 뜨거워지게 됩니다.

우선 이삭은 아들을 축복하려고 하는데 감동이 오지 않아서 애를 먹었습니다.

> 27:26 "그의 아버지 이삭이 그에게 이르되 내 아들아 가까이 와서 내게 입맞추라"

축복이라고 하는 것은 내 안에 기쁨이 있고 감동이 있어야 줄 수 있는 것입니다. 마찬가지로 다른 사람에 대하여 미움이나 분노가 있어야 저주가 나옵니다. 화가 나지 않았는데 다른 사람을 저주할 수 없습니다. 다른 사람에 대하여 화가 나 있고 미움이 있기 때문에 욕이 나오고 저주가 나오는 것입니다. 마찬가지로 사람은 자다가 그냥 일어나서 다른 사람을 축복하는 것이 되지 않습니다. 그것은 그저 횡설수설일 뿐입니다. 우리가 다른 사람에게 축복하려고 하면 감사의 마음과 기쁨이 솟아올라야 합니다. 그런데 이삭에게는 그런 기쁨이나 감동이 없었습니다. 왜냐하면 이삭의 마음속에 하나님이 주시는 감동이 없었기 때문입니다. 이삭의 마음속에는 하나님의 말씀이 없었습니다. 그래서 감동이 없는 가운데 복을 주려고 하니까 축복의 말이 나오지 않았습니다.

그래서 이삭은 일단 야곱이 가져다주는 음식을 먹었습니다. 그런데도 감동이 일어나지 않았습니다. 그러니까 이번에는 야곱에게 가까이 와서 입을 맞추라고 해서 했는데도 기분이 허전했습니다. 이삭은 그래도 안 되니까 이번에는 아들을 가까이 오라고 해서 옷 냄새를 맡고 겨우 감동이 생기게 되었습니다. 물론 이삭이 에서의 옷에서 맡은 냄새는 매캐한 땀 냄새였을 것입니다. 이삭은 에서의 옷 냄새를 맡는 순간 '내 아들이 나를 위하여 이렇게 땀을 흘리면서 짐승을 사냥하려고 애썼구나' 하는 생각이 들면서 감동이 되었던 것입니다. 그러나 이것은 하나님이 주신 감동이 아니라 인간적인 감동이었습니다. 이삭에게는 하나님이 주신 감동이 없었습니다. 그래서 이삭은 감동이 없는 억지 축복을 하고 말았던 것입니다.

이것은 목회자가 설교할 때도 마찬가지입니다. 목회자의 설교는 하나님의 말씀을 가지고 교인들을 축복하는 것입니다. 그런데 설교하기 전에 맛있는 음식을 많이 먹으면 감동이 생겨서 좋은 설교가 나올 것 같아도 실제로 그렇게 하면 세상적인 성공 이야기나 혹은 대접받은 이야기만 실컷 하게 될 것입니다. 그러면 어떻게 해야 능력이 있는 설교가 나옵니까? 그것은 성경이 바로 해석되어지고 성령이 마음속에서 역사하셔야 합니다. 그러면 아무리 부족한 설교자가 설교를 해도 감동이 있고 능력이 임하게 됩니다.

본문에서 이삭이 야곱을 축복한 내용을 보면 표현은 아름답지만 전혀 핵심을 찌르지 못하고 있는 것을 볼 수 있습니다.

27:28 "하나님은 하늘의 이슬과 땅의 기름짐이며 풍성한 곡식과 포도주를 네게 주시기를 원하노라"

사실 이삭이 야곱에게 준 축복은 너무나도 아름다운 복이었습니다. 특히 팔레스타인에서 이슬이 내리고 땅이 기름지다는 것은 성공적인 농사에 아주 필수적인 것이었습니다. 그러나 이삭이 야곱에게 한 축복은 이 세상의 복이었습니다. 하나님이 우리에게 주시는 복은 세상의 복이 아니라 하나님의 복입니다. 그 복이 하나님의 복인지 세상적인 복인지 분별하려면 그 안에 두 가지 내용이 있는지를 확인해야 합니다. 하나는 가나안 땅의 약속이고 다른 하나는 자손이 하늘의 별처럼 많아지는 것입니다. 이것은 결국 영적 부흥이 일어나는 복입니다. 그런데 이삭이 야곱에게 한 축복에는 이 두 가지가 빠져 있습니다. 물론 이슬과 땅의 기름짐이 있으면 좋고 풍성한 곡식과 포도주가 있으면 좋습니다. 그러나 이것은 하나님의 복에 따라오는 결과입니다. 이것으로는 하늘 문을 열 수가 없습니다. 우리가 받아야 하는 복은 하나님의 보물 창고를 열 수 있는 열쇠를 받는 것입니다. 그것이 바로 하나님의 말씀이며 성령의 역사입니다.

그런데 이삭의 축복에는 이것이 빠져 있고 후반부에 가서 "만민이 너를 섬기고 열국이 네게 굴복하리니 네가 형제들의 주가 되고"라고 축복하고 있습니다. 이것은 하나님의 복에 가깝기는 하지만 정확한 핵심이 아닙니다. 아라비안나이트에서처럼 '열려라 참깨!' 하며 돌문을 열어야 하는데 오늘 사람들은 귀에 듣기에 번지르르한 것을 복인 줄 알고 돌아가는 것입니다.

목회자가 교인을 사랑하는 방법은 정확한 하나님의 말씀을 전해주는 것이고 교인들이 이 말씀을 붙들고 기도할 때 영적 부흥이 일어나면서 하나님의 복이 부어지게 됩니다. 그 대신 세상의 아무리 좋은 미사여구나 좋은 내용으로 떠들어대도 하늘 문을 열 수 없습니다. 결국 하나님의 말씀이 바로 선포되면 하늘의 이슬이나 땅의 기름진 것은 저절로 따라오게 되는 것입니다.

그러므로 우리는 하나님의 말씀을 업신여겨서는 안 됩니다. 옛날에 잘 믿었던 것만 생각하고 하나님의 말씀을 무시하면 하나님의 복을 받을 수가 없습니다. 그러면 결국 우리는 이 세상에서 이리 같은 사람들에게 속을 수밖에 없는 것입니다.

2. 이삭에게 임한 두려움

야곱에게 축복을 하고 보낸 후에 또 다른 아들이 이삭의 방에 들어와서 자기가 에서라고 하면서 축복해 달라고 했습니다. 이때 이삭은 무엇인가가 크게 잘못되고 있다는 것을 알고 심히 두려워하게 되었습니다.

> 27:30 "이삭이 야곱에게 축복하기를 마치매 야곱이 그의 아버지 이삭 앞에서 나가자 곧 그의 형 에서가 사냥하여 돌아온지라"

야곱이 아버지를 속이고 하나님의 복을 받고 방을 나가자말자 사냥에 성공한 에서가 집으로 돌아왔습니다. 참으로 아슬아슬한 순간이었습니다. 에서가 이렇게 빨리 사냥을 해서 돌아온 것을 보면 에서가 아버지의 복을 받기 위하여 얼마나 많은 노력을 했는지 알 수 있습니다. 그러나 그 때는 이미 야곱이 아버지의 복을 받고 아버지의 방에서 나간 후였습니다.

이삭은 분명히 맏아들 에서에게 축복했다고 생각했는데 또 다른 에서가 복을 받으러 들어오자 심히 크게 떨었다고 했습니다.

> 27:33 "이삭이 심히 크게 떨며 이르되 그러면 사냥한 고기를 내게 가져온 자가 누구냐 네가 오기 전에 내가 다 먹고 그를 위하여 축복하였은즉 그가 반드시 복을 받을 것이니라"

여기서 이삭이 "심히 크게 떨며"라는 것은 이삭이 엄청난 충격을 받아서 정신을 차릴 수 없을 정도로 놀란 것을 말해줍니다. 우리는 이런 것을 심리적인 '공황 상태'에 빠졌다고 합니다. 이삭이 또 다른 에서가 방에 들어온 것을 보고 너무 놀랐던 것입니다.

이삭이 이렇게 놀란 이유가 무엇입니까? 그것은 이삭이 단지 야곱에게 속았다는 사실 때문만이 아니었습니다. 이삭에게 있어서 아들을 축복하는 것은 매우 중요한 일이었습니다. 그런데 이삭은 가장 중요한 이 일이 하나님 앞에서 너무나도 잘못되고 있다는 것을 그제야 비로소 깨닫게 되었던 것입니다.

이삭은 지금까지 하나님께서 자기와 함께 하시는 줄 알았습니다. 그러나 두 사람의 에서가 나타나게 되었을 때 이삭은 비로소 하나님이 자기와 함께 하시지 않는다는 것을 깨닫게 된 것입니다. 이삭은 지금까지 자신이 모든 것을 하나님의 뜻대로 잘 하고 있다고 생각했습니다. 이삭은 이제 아들에게 축복을 해주는 이 일도 성공적으로 잘 끝냈다고 생각했습니다. 그런데 분명히 에서를 축복한 후에 다른 에서가 방에 들어왔을 때 이삭은 비로소 하나님이 자기와 함께 하시지 않고 자기 혼자 실컷 엉뚱한 짓을 하고 있었다는 것을 깨닫게 되었던 것입니다. 이때 이삭은 갑자기 자기가 하나님에게서 떠났으며 하나님의 은혜를 잃어버렸다는 것을 알고는 엄청 두려워하게 되었던 것입니다.

하나님의 백성들은 하나님과 정상적인 관계에 있을 때 하나님께서 모든 일에 함께 하시며 복을 주십니다. 그러나 우리는 인간이기 때문에 아주 조금씩 하나님의 말씀에서 멀어지게 됩니다. 그렇다고 당장 눈에 표시가 나도록 나쁜 일이 일어나는 것이 아니기 때문에 자신이 하나님으로부터 멀어진 것을 깨닫지 못합니다. 그러다가 어느 순간 자신이 하나님으로부터 떠났으며 상당히 위험한 상태에 있다는 것을 알게 되면 심히 당황하게 되는 것입니다.

하나님은 정상적인 경우에는 우리 믿는 자들에게 어려운 일이 생기기 전에 미리 알려주셔서 대비하게 하십니다. 그러나 이번의 경우에는 하나님께서 이삭에게 아무 말씀도 하지 않으셨습니다. 하나님은 이삭을 완전히 버리셨고 완전히 물을 먹이신 것입니다. 사실 이삭은 그동안 조금씩 하나님으로부터 멀어지고 있었는데 그것을 깨닫지 못하고 있었던 것입니다.

이런 경우에 이삭은 어떻게 해야 합니까? 그러나 이삭은 역시 이삭이었습니다. 아마 다른 사람들 같으면 야곱을 불러서 욕을 하거나 저주하면서 자기 자신은 책임을 지지 않는다고 소리 질렀을 것입니다. 그러나 이삭은 바로 이 순간에 하나님의 말씀을 붙들었습니다. 이삭이 이 무서운 곤경에서 살 수 있는 유일한 길은 하나님의 말씀을 붙잡는 것밖에 없었습니다. 그래서 이삭은 원래 하나님의 말씀대로 돌아갔습니다.

그 말씀이 무엇입니까? "큰 자가 어린 자를 섬기리라"는 하나님의 말씀이었습니다. 그래서 이삭은 비록 야곱에게 속아서 에서인 줄 알고 야곱을 축복했지만 야곱을 불러서 야단을 치거나 저주하지 않았습니다. 오히려 야곱에게 축복한 것을 옳은 것으로 인정했습니다.

이삭은 에서에게 이렇게 말을 했습니다.

27:33하 "네가 오기 전에 내가 다 먹고 그를 위하여 축복하였은즉 그가 반드시 복을 받을 것이니라"

이삭은 비록 속아서 축복했다 하더라도 야곱이 축복 받은 것은 정당하다는 것을 인정했습니다. 이것이 바로 이삭이 가진 신앙의 힘이었습니다. 이삭은 가장 혼란스럽고 두려움에 빠졌을 때 하나님의 말씀을 굳게 붙들었습니다. 이것이 바로 이삭이 사는 길이었습니다.

이것은 우리에게도 마찬가지입니다. 우리의 삶에서 무엇인가가 잘못되어서 직장도 잃고 사업에도 실패하고 꼼짝달싹 하지 못하게 되었을 때 사람을 원망하거나 과거를 후회해봐야 아무 소용이 없습니다. '그때 내가 그 사람의 말을 믿었던 것이 잘못이었다'는 식으로 후회해봐야 아무 소용이 없습니다. 우리는 지금까지 된 것이 모두 하나님의 뜻인 것을 인정하고 이제 다시 하나님의 말씀으로 돌아가기만 하면 되는 것입니다.

하나님께서 앞을 보지 못하는 이삭을 완전히 홀로 내버려두셨던 순간이 있었습니다. 하나님은 이삭으로 하여금 자기 부인과 아들에게도 속게 하셨습니다. 이것은 하나님께서 이삭에게 '네가 아무리 까불어도 너는 내 앞에서 아무 것도 아니다'는 것을 나타내신 것입니다. 이때 이삭은 크게 두려워하면서 바로 하나님의 말씀에 무릎을 꿇었습니다.

우리는 때때로 우리의 삶 가운데서 나름대로 신앙생활을 잘하고 있다고 생각하고 있었는데 실제로 그것이 믿음이 아니었다는 것이 드러날 때가 있습니다. 그때 우리가 해야 할 것은 다른 사람을 원망하거나 과거를 후회하는 것이 아니라 바로 그 순간 하나님의 말씀을 붙드는 것입니다.

3. 복을 거절당한 에서

에서는 자기 동생 야곱이 아버지를 속여서 자기의 복을 가로채갔다는 사실을 알았을 때 방성대곡을 했습니다.

> 27:34 "에서가 그의 아버지의 말을 듣고 소리 내어 울며 아버지에게 이르되 내 아버지여 내게 축복하소서 내게도 그리하소서"

우리가 생각하기에 에서는 아버지의 축복에 별로 관심이 없는 것 같았습니다. 그런데 막상 축복을 빼앗기니까 대성통곡했습니다. 그 이유가 무엇일까요? 자기의 노력이 아버지에게 인정받지 못했고 동생이 자기보다 더 하나님 앞에서 인정받는 것에 분통이 터졌던 것입니다.

물론 에서가 하나님의 복을 귀하게 생각했던 것은 아니었습니다. 그럼에도 불구하고 에서는 자기 자신의 노력이나 자신의 자격에 있어서는 엄청난 자부심을 가지고 있었습니다. 그리고 에서는 적어도 자기가 모든 면에서 야곱보다는 나아야 한다고 생각을 했습니다. 특히 에서는 당연히 자기가 아버지의 인정을 받고 하나님의 복을 받아야 한다고 생각했습니다. 그러나 에서는 자기 자신의 노력이나 자신의 자격이 아버지에게 인정받지도 못하고 하나님 앞에서도 인정받지 못한다는 사실을 알았을 때 분통이 터졌던 것입니다.

여기서 이삭이 통곡하는 에서에게 위로한 말은 좋은 말이 아닙니다.

27:35 "이삭이 이르되 네 아우가 와서 속여 네 복을 빼앗았도다"

이삭은 야곱이 와서 속여서 네 복을 빼앗아갔다고 말을 했습니다. 옛날 개역성경에는 "네 아우가 간교하게 와서"라고 했는데 이 말은 참으로 야곱이라는 놈이 기가 막힐 정도로 머리가 좋다는 뜻이 있습니다. 이삭은 야곱이 기가 막히게 자기를 속였다고 말하고 있습니다. 그러면서 '네 복을 빼앗아 갔다'고 말하고 있습니다. 이 말은 '원래 이 복은 네 복인데 빼앗겼다'는 뜻입니다.

그러나 이삭이 정말 하나님의 말씀으로 에서를 위로하려고 했다면 야곱을 비난해서는 안 되는 것입니다. 이것은 전적으로 이삭 자신의 책임이었던 것입니다.

이 복은 결코 에서의 것이 아니었고 하나님의 말씀에 불순종한 것은 이삭 자신과 에서였습니다.

에서는 아버지가 야곱을 비난하는 말을 듣고 더 야곱을 비난했습니다.

27:36 "에서가 이르되 그의 이름을 야곱이라 함이 합당하지 아니하니이까 그가 나를 속임이 이것이 두 번째니이다 전에는 나의 장자의 명분을 빼앗고 이제는 내 복을 빼앗았나이다 또 이르되 아버지께서 나를 위하여 빌 복을 남기지 아니하셨나이까"

에서는 다시 한 번 야곱을 비난하면서 그 이름을 야곱이라고 부르는 것이 맞다고 했습니다. 야곱은 사기꾼이고 거짓말쟁이라는 것입니다. 그러면서 야곱이 이번까지 두 번이나 자기를 속였다고 했습니다. 한번은 팥죽으로 장자권을 빼앗았고 이번에는 아버지의 복을 빼앗았다고 강조했습니다.

여기서 에서가 잘못 생각하고 있는 것이 무엇입니까? 에서는 자기가 장남이고 또 인간적으로 야곱보다 훨씬 더 성공적인 삶을 살고 있기 때문에 하나님의 복도 당연히 자기가 받아야 한다고 착각을 했던 것입니다. 그러나 어느 누구도 당연히 하나님의 복을 받을 수는 없습니다. 하나님의 복은 누구든지 겸손한 마음으로 하나님의 말씀을 붙드는 자에게 하나님이 주시는 것입니다.

우리는 이런 에서의 모습을 통해서 예수님 당시 유대인들의 모습을 볼 수 있습니다. 유대인들은 자기들이 하나님을 믿고 있기 때문에 하나님은 당연히 유대인들만 구원하실 것이라고 생각했습니다. 유대인들은 하나님께서 유대인들을 구원하시지 않으면 도대체 누구를 구원하시는가라고 생각하고 있었습니다. 그러나 하나님은 유대인들을 버리시고 아무 것도 자랑할 것이 없는 우리 같은 이방인들을 택하셨습니다.

에서는 야곱의 이름을 "야곱이라고 하는 것이 옳다"고 하면서 야곱이 두 번씩이나 자기를 속였다고 비난을 합니다. 이것은 마치 바리새인이 하나님 앞에서 자기를 자랑하는 것과 같습니다. "나는 저 세리와도 같지 않음을 감사하나이다."

그러나 하나님은 이미 그들을 버리셨습니다. 왜냐하면 하나님께서 사람들이 자기를 자랑하고 높이기 위해서 그들을 구원하시는 것이 아니기 때문입니다. 하나님은 하나님 자신을 높이고 하나님께 감사하게 하기 위하여 우리를 구원하시는 것입니다.

하나님은 뛰어난 자를 더 뛰어나게 하시는 분이 아니십니다. 하나님은 도저히 사람의 생각으로는 불가능한 자를 변화시켜서 새 사람 되게 하심으로 하나님의 영광을 나타내시려고 하십니다. 에서는 자기가 그토록 열심히 사냥을 했으면 당연히 그 축복이 자기에게로 와야 한다고 생각했습니다. 그러나 하나님 앞에서 그런 열심은 아무 소용이 없었습니다.

우리는 하나님 앞에서 자랑할 것이 아무 것도 없어야 합니다. 내가 가지고 있는 모든 것은 다 하나님이 주신 것입니다. 머리가 좋은 것이나 운동을 잘 하는 것이나 사업이 잘 되는 것도 다 하나님께서 주신 복입니다. 우리는 아무 것도 자랑할 것이 없습니다.

교회는 때때로 이삭과 같을 수 있습니다. 교회는 사람을 잘못 보고 축복의 대상이 아닌 자를 축복의 사람인 줄 알고 인간적으로 축복할 때가 있습니다. 그러나 그것은 바른 축복이 아닙니다. 오직 철저하게 하나님의 말씀을 가지고 가르치는 것만이 진정한 위로를 받게 만들 것입니다.

에서는 아버지 이삭에게 자기도 똑같은 복을 달라고 조릅니다. 그러나 이삭이 깨달은 것은 비록 야곱이 자기를 속여서 복을 받았다 하더라도 하나님의 이름으로 축복한 것은 취소할 수 없다는 것입니다. 그리고 더 놀라운 것은 이삭이 에서에게 모든 복을 야곱에게 다 주었기 때문에 에서에게 줄 것이 없다고 했다는 점입니다.

> 27:38 "에서가 아버지에게 이르되 내 아버지여 아버지가 빌 복이 이 하나 뿐이리이까 내 아버지여 내게 축복하소서 내게도 그리하소서 하고 소리를 높여 우니"

에서는 아버지 앞에서 떼를 쓰면서 또 다른 복을 달라고 소리를 내면서 울었습니다. 우리는 이 모습만 보면 불쌍해서라도 복을 주어야 할 것 같은데 이삭은 그에게 축복하지 않았습니다. 왜냐하면 하나님의 복은 겸손한 자가 받는 것이지 교만한 자는 저주 외에는 받을 것이 없기 때문입니다. 그래서 이삭은 에서를 저주했습니다.

> 27:39-40 "그 아버지 이삭이 그에게 대답하여 이르되 네 주소는 땅의 기름짐에서 멀고 내리는 하늘 이슬에서 멀 것이며 너는 칼을 믿고 생활하겠고 네 아우를 섬길 것이며 네가 매임을 벗을 때에는 그 멍에를 네 목에서 떨쳐버리리라 하였더라"

이삭은 에서가 땅의 기름짐에서 멀고 내리는 이슬과도 상관이 없고 칼을 믿고 살 것이라고 했습니다. 그리고 더 중요한 것은 네 아우를 섬기리라고 했다는 점입니다. 이것은 이삭이 에서를 저주한 것입니다. 그러나 사실 이 저주는 에서가 살 수 있는 길이었습니다. 이삭이 에서에게 저주의 말을 한 것은 너는 겸손해야 한다는 뜻입니다. 그리고 동생 야곱을 네 영적인 스승으로 모시고 그의 가르침을 받고 그의 기도와 축복을 받아야 네가 살 수 있다는 것입니다. 성경에서 저주하는 것은 저주가 아닙니다. 이것은 미리 주의를 주는 것이고 조심하기만 하면 얼마든지 복을 받을 수 있습니다. 그러나 에서는 자기가 야곱보다는 수십 배 더 훌륭하고 성공했다고 생각하기 때문에 동생의 종이 될 생각이 전혀 없었습니다. 그래서 결국 에서는 하나님의 복을 받지 못합니다. 아무리 아버지 이삭이 저주를 하더라도 이것이 하나님의 복인 줄 알고 받아들이면 에서도 야곱 못지않은 복을 받을 수 있었을지 모릅니다. 그런데 에서는 하나님의 책망을 욕으로 생각하고 저주로 생각했기 때문에 복을 받지 못했습니다.

이 이삭의 예언은 단지 에서에게만 하는 것이 아니라 우리 먼저 믿는 자들에게 주시는 경고인 것입니다. 에서는 하나님의 은혜 가장 가까운 데 있었습니다. 그러나 에서는 하나님의 말씀에 매이는 것보다는 자기 욕심대로 살았습니다. 결국 이런 사람들이 다시 부흥을 일으킬 수 있는 방법은 자기보다 못한 사람에게서 하나님의 말씀을 배우고 순종하는 길입니다.

에서가 하나님의 축복을 누릴 수 있는 길은 기꺼이 야곱의 멍에를 매는 것입니다. 그것은 바로 말씀의 멍에입니다. 하나님의 은혜를 얻기 위하여 이스라엘의 종이 되는 자는 결코 무시하지 못합니다. 이들은 종은 종이지만 가장 귀한 종이 됩니다.

결국 신앙생활이라는 것은 내가 원한다고 할 수 있는 것이 아닙니다. 하나님께서 은혜를 주셔야 감당할 수 있는 것입니다. 그 은혜라는 것이 무엇입니까? 그것은 내가 더 낮아져서 하나님 앞에서 내가 아무 것도 아니구나 하는 것을 깨닫고 겸손히 하나님의 말씀을 배우는 것입니다.

오늘 우리는 에서를 통하여 자신의 신앙을 한 번 점검해 보아야 할 것입니다. 나의 신앙은 자기 열심에 도취되어 울며 떼를 쓰면서 복을 달라고 몸부림치는 신앙은 아닙니까? 그러면서도 우리는 자신이 교회에서 최고가 되어야 한다고 생각합니다. 그렇다고 해서 야곱의 신앙이 옳다는 것은 아닙니다. 이제 야곱은 말로 표현할 수 없는 연단을 받아서 그 거짓말하고 남을 속이는 기질이 변화되어야 하는 것입니다.

하나님의 복은 열심이나 열정으로 받을 수 없습니다. 하나님의 말씀에 목숨을 걸고 붙들 때 하나님이 주시는 것입니다. 이제 우리는 그 비결을 알았고 하늘의 복을 받고 있습니다. 온 성도들이 이 엄청난 하나님의 축복의 상속자가 되어서 세상을 축복하고 하나님의 살아계심을 나타내는 성도들이 다 되시기 바랍니다.

35
돌베개의 체험 / 창세기 28:11-12

이 세상을 살다보면 인생 밑바닥을 경험할 때가 있습니다. 예를 들어서 사업하는 분들 중에는 부도가 나서 야반도주 했던 경험이 있는 분도 있을 것입니다. 처음에는 사업이 잘 되어서 좋은 집에서 잘 살다가 갑자기 부도가 나고 도저히 빚을 갚을 처지가 되지 못하니까 모든 것을 그대로 두고 중요한 것만 챙겨서 밤에 몰래 집을 빠져나와 도망 쳐버리는 것입니다. 그때 자신의 신세가 얼마나 비참한지 눈물이 비 오듯이 쏟아지는 것을 체험하게 됩니다. 또 어떤 사람은 나름대로 열심히 산다고 했는데 갑자기 뇌경색이나 심근경색 같은 질병으로 쓰러져 병원 중환자실에 한 달 이상 누워 있는 신세가 될 때 자신의 비참한 처지를 실감하게 되는 것입니다. 청년들 중에서는 직장에서도 나오게 되고 알바도 안 되고 갈 데는 없어서 고시촌 같은 다리만 겨우 뻗을 수 있는 작은 공간에 누워 있을 때 자신의 처지가 기가 막히게 비참한 것을 느끼게 됩니다. 그런데 하나님의 백성들은 바로 이런 인생 밑바닥에서 하나님을 만나는 경우가 많이 있습니다.

저명한 역사학자 토인비는 "어떤 사람이 진정한 리더가 되려고 하면 그 사회에서 쫓겨나서 광야에서 인생 밑바닥의 경험을 해 보아야 한다"고 했습니다.

지금은 고인이 된 남아공의 넬슨 만델라 대통령은 남아공의 지긋지긋한 인종 차별 문제를 해결한 탁월한 지도자였습니다. 그런데 그는 젊은 변호사 시절 무장폭동 단체에 들어갔다는 이유로 감옥에서 거의 30년 가까이 있게 됩니다. 그러나 그는 감옥에서 철저한 용서와 화해의 정신을 배워서 나온 후 대통령이 되어 그동안 백인들이 흑인들에게 저질렀던 모든 학대를 용서하고 화해의 나라가 되게 했습니다.

모세 같은 경우에도 잘 나가던 애굽 공주의 아들이었지만 히브리 노예들을 도우려고 나섰다가 애굽의 노예 감독을 죽이고 사십년 도피 생활을 하게 됩니다. 이런 낮아지는 경험을 통해서 철저하게 자신을 부인하게 되고 나중에 하나님의 손에 붙들려서 이스라엘 백성들을 애굽에서 인도해내는 일을 감당하게 됩니다. 그래서 젊은 시절 인생 밑바닥을 경험하는 것은 반드시 나쁜 일이 아닙니다. 오히려 그런 비참한 경험을 통해서 자신이 하나님 앞에서 아무 것도 아닌 존재임을 깨닫고 하나님의 손에 붙들리게 되는 것입니다.

1. 쫓겨나는 야곱

야곱은 성격적으로 돌아다니는 것을 별로 좋아하지 않았기 때문에 늘 집에 있는 것을 좋아했고 그 바람에 자기 집 안에 있는 엄청난 비밀을 알게 되었습니다. 그 비밀은 자기 집에 하나님의 복이 상속되고 있다는 것입니다. 야곱은 어떻게 해서든지 이 하나님의 복을 차지하고야 말겠다고 결심을 해서 형 에서로부터 이 복을 빼앗으려고 했습니다. 그래서 야곱은 일차적으로 형 에서가 사냥하다가 피곤해서 돌아왔을 때 팥죽 한 그릇을 주고 형의 장자권을 샀습니다. 그런데 하나님의 복은 야곱에게 오지 않았습니다. 그 다음에 야곱은 아버지 이삭이 맛있는 요리를 먹고 형 에서를 축복하려고 한다는 것을 알고는 자기가 형 에서인 것처럼 아버지를 속여서 이 복을 가로챘습니다. 그렇다면 당연히 야곱은 하나님의 복을 받아야 하는데 하나님의 복은 불발이었습니다.

　이것을 통해서 알 수 있는 것은 야곱이나 에서나 모두 이 하나님의 복을 가지기를 원했지만 어느 누구도 이 복을 받는 바른 방법을 알지 못했다는 것입니다. 야곱은 머리가 좋고 집착하는 성격이 있어서 한번 마음먹은 것을 무슨 일이 있어도 해내고야 말았습니다. 그러나 야곱은 아무리 애를 써도 하나님의 복을 받는데 실패했습니다. 그 대신 야곱은 형 에서로부터 미움을 받아서 잘못하면 맞아 죽게 되었습니다. 에서는 기회만 있으면 주위 사람들에게 곧 아버지가 돌아가실 텐데 아버지가 돌아가시기만 하면 야곱을 죽여서 원수를 갚고야 말겠다고 공공연히 큰 소리를 치고 다녔습니다. 야곱은 하나님의 복을 받는 것은 고사하고 형에게 맞아죽지 않기 위해서 먼 곳으로 도망을 쳐야 하는 형편에 처하게 되었습니다.

　결국 야곱은 형 에서에게 맞아죽지 않기 위해서 집에서 야반도주하듯이 도망치게 됩니다. 야곱은 지금까지 자기에게 벌어진 일을 도무지 이해할 수 없었습니다. 왜냐하면 야곱은 지금까지 모든 것은 자기 뜻대로 잘 되는 것 같았는데 갑자기 모든 것이 틀어지면서 도망을 쳐야 하는 처지가 되고 말았기 때문입니다.

　다른 말로 표현하면 야곱은 지금까지 잘 나가던 청년이었습니다. 그런데 어느 순간 무엇이 삐꺽하면서 한순간에 인생 밑바닥으로 굴러 떨어지고 말았습니다. 본문을 보면, 이때 야곱은 손에 쥔 것 하나 없이 완전히 맨손으로 들판을 가로질러 도망하는 도망자 신세입니다. 야곱은 경제적으로 집에서 아무 것도 지닌 것이 없이 철저하게 망한 상태였고 그를 도와주거나 지켜줄 하인 한 사람 없이 위험하고 먼 길을 혼자 여행하고 있었습니다. 이때 야곱은 그 낯선 곳에서 하나님을 만나게 됩니다.

28:10-11 "야곱이 브엘세바에서 떠나 하란으로 향하여 가더니 한 곳에 이르러는 해가 진지라 거기서 유숙하려고 그 곳의 한 돌을 가져다가 베개로 삼고 거기 누워 자더니"

"한 돌을 가져다가 베개로 삼고 거기 누워 자더니"라는 것은 야곱이 정말 여벌의 옷이나 아무런 침구도 없이 입고 있던 옷 하나만 입은 채로 달아난 것을 의미합니다. 야곱은 동행하는 사람도 없고 가지고 있는 짐도 하나 없이 완전히 빈털터리가 되어서 돌을 베고 들판에 그대로 누워서 잠을 자게 된 것입니다. 전혀 방어할 능력이 없는 무기력한 상태에서 들판에 지쳐서 쓰러져 자고 있었습니다. 야곱의 이 모습은 마치 갑자기 부도를 만나서 야반도주하는 사람의 모습과 같습니다.

하나님께서 야곱을 만나주신 것은 바로 그때였습니다. 하나님께서는 야곱이 가장 어렵고 가장 비참할 때 만나주셨습니다. 왜 하나님께서는 야곱이 하나님의 복을 받기 위해 열심히 노력할 때 만나주시지 않고 이처럼 인생 밑바닥에 누워 있을 때 만나주셨을까요?

우선 평소에는 세상의 여러 가지 자랑들 때문에 진정한 자기 자신을 보지 못할 때가 많이 있습니다. 또 세상적으로 돈이 있거나 높은 지위에 있으면 하나님 앞에서도 그것이 통할 줄로 생각합니다. 그래서 우리는 하나님 앞에서 전혀 낮아질 생각을 하지 못하고 자기 마음대로 하나님을 만들어서 만나려고 생각할 때가 많습니다. 그러나 우리가 이 세상에서 실패해서 아주 낮은 자리에 내동댕이쳐 있을 때 비로소 하나님 앞에서 자신이 아무 것도 아니라는 사실을 깨닫게 됩니다. 결국 인간은 하나님 앞에서 하나의 진흙덩이에 불과한 것입니다. 우리들은 어떤 존재입니까? 단지 코로 호흡하는 피조물일 뿐입니다. 모두 코만 막으면 그 자리에서 죽을 수밖에 없는 존재입니다. 그래서 하나님께서는 어느 한 순간 우리를 바닥으로 내동댕이치셔서 진정한 자신의 모습을 보게 하십니다. 이때 비로소 하나님을 두려워하게 되고 조심하게 되는 것입니다.

이때 비로소 하나님께 은혜를 애걸하게 되며 '한번 살려주시기만 하면 이제는 모든 것을 하나님의 뜻대로 살겠습니다' 하는 고백이 나오게 됩니다. 그때 하나님께서 우리를 만나주십니다.

2. 야곱이 만난 하나님

야곱은 들판에서 돌을 베개하고 자다가 꿈에 하나님을 만나게 되었습니다. 이 꿈은 그냥 평범한 꿈이 아니었습니다. 거의 환상에 가까운 꿈이었고 이것은 진정한 하나님의 체험이었던 것입니다.

> 28:12-13상 "꿈에 본즉 사닥다리가 땅 위에 서 있는데 그 꼭대기가 하늘에 닿았고 또 본즉 하나님의 사자들이 그 위에서 오르락내리락 하고 또 본즉 여호와께서 그 위에 서서 이르시되"

야곱이 아무도 없는 허허벌판에서 체험한 것은 그동안 야곱이 그렇게 하려고 애를 써도 결코 할 수 없었던 하늘이 열리는 광경이었습니다. 그런데 야곱은 하늘이 열리는 것만 아니라 하늘과 땅 사이에 사닥다리가 서 있고 그 위에서 천사들이 내려오기도 하고 올라가기도 하는 것을 보았습니다. 더 중요한 것은 사닥다리 위에 서 계신 하나님을 직접 보게 되는 체험을 하게 된 것입니다. 하나님과 이 세상은 죄로 인하여 분리되어 있고 원수 되어 있는데 이 사이를 사닥다리로 연결시키고 천사들이 왔다 갔다 하는 모습을 보았던 것입니다. 지금까지 야곱에게는 머릿속에만 존재하는 하나님이었는데 그 분이 실제로 계셨고 야곱에게 말씀하셨던 것입니다.

우리가 여기서 먼저 알아야 할 것은 이때 꿈은 하나님이 말씀을 주시는 방법이라는 것입니다. 지금은 설교로 하나님이 말씀을 주시는 것과 같습니다.

"또 본즉 여호와께서 그 위에 서서 이르시되"

야곱은 지금까지 언제나 간접적인 하나님을 만났습니다. 즉 야곱은 자기 하나님을 믿은 것이 아니라 언제나 아버지의 하나님 혹은 할아버지의 하나님을 믿었던 것입니다. 그러니까 지금까지 야곱이 믿었던 하나님은 자신의 하나님이 아니었습니다. 그런데 이번에는 자기가 직접 살아계신 하나님을 만나게 되었습니다.

우리가 보통 하나님을 믿는 것은 그림책의 호랑이를 보는 것과 같습니다. 그림책의 호랑이는 전혀 무섭지 않고 오히려 재미가 있습니다. 아이들은 그림책에서 호랑이를 좋아하고 재미있어 합니다. 그러나 만일 우리가 등산을 가거나 소풍을 갔는데 동물원에서 뛰쳐나온 호랑이를 일대일로 직접 만나게 된다면 그 호랑이는 절대로 재미있지 않을 것입니다. 이것은 바로 그 사람이 죽느냐 사느냐 하는 문제입니다.

마찬가지로 거의 대부분의 사람들이 알고 있는 하나님은 자기가 체험한 하나님이 아닙니다. 그들이 믿는 하나님은 부모의 하나님이든지 아니면 자기 부인이 믿거나 어려서부터 교회에서 들어왔던 하나님을 믿는 것입니다. 그래서 이들은 하나님에 대한 이야기를 많이 들었지만 아직 자신은 체험해 보지 못한 것입니다. 그래서 그들은 교회에 와서 예배를 드리지만 그 신앙이 절대로 진지하지 않습니다. 이들은 다른 사람을 위해서 예배를 드려주러 오는 것 같습니다. 그래서 예배를 드리면서도 전혀 긴장감을 찾아볼 수 없고 사람을 만나러 오듯이 교회를 올 때가 많은 것입니다. 그래서 설교가 좀 길어도 불평이 많고 예배 순서가 재미없으면 신경질을 부리고 자기를 알아주지 않으면 화를 냅니다.

그러다가 한번 인생의 큰 어려움을 겪고 하나님을 체험할 때가 있습니다. 그때는 하나님 앞에서 완전히 죽은 자처럼 됩니다. 그리고 지금까지 자기가 하나님을 인정하지 않고 자기 멋대로 살아온 것 자체가 너무 큰 죄였다는 것을 깨닫게 됩니다. 그제야 하나님 앞에서 완전히 낮아져서 자신이 아무것도 아니라는 것을 고백하게 됩니다.

이제 야곱은 살아계신 하나님을 만나게 되었습니다. 야곱은 그 하나님 앞에서 철저하게 거짓말쟁이요, 사기꾼이었습니다. 이때가 바로 야곱이 새 사람으로 태어나는 순간이며 천국의 영광을 처음으로 경험하는 순간입니다. 우리 인간에게 가장 놀라운 순간은 처음으로 살아계신 하나님을 만나는 체험입니다.

야곱이 본 것은 사닥다리를 통해서 이 세상에 내려오려고 하시는 하나님이셨습니다. 하나님이 오시기 전에 먼저 하나님의 사자들이 오르락내리락 하고 있었습니다. 그러나 야곱이 궁극적으로 보았던 하나님은 이 세상에 내려오셔서 사람들을 만나고 구원하기를 원하시는 분이었습니다. 야곱이 본 이 하나님은 성부 하나님이 아닙니다. 성경에서 어느 누구도 성부 하나님을 본 사람은 없습니다. 야곱이 보았던 그 하나님은 나중에 마리아의 몸에서 태어나신 성자 하나님이신 것입니다.

야곱이 지금까지 원했던 것은 이 세상의 복을 차지하는 것이었고 아버지의 그 많은 재산을 가지고 형 에서를 이기는 것이었습니다. 그러나 하나님께서 야곱에게 보여주신 것은 하나님의 아들이 직접 이 세상에 오셔서 우리 죄를 용서하시고 하나님과 화해시키는 모습이었습니다. 결국 그 천사들이 오르락내리락했던 사닥다리는 야곱과 그 후손들인 것입니다.

하나님은 야곱에게 하늘과 땅이 갈라져 있는 모습을 보게 하셨고 하나님과 세상의 원수 된 모습을 보게 하셨습니다. 결국 이 세상에서 가장 심각한 것은 에서 같은 사람이 아니라 죄가 문제였습니다. 이 세상의 가장 심각한 문제는 하나님과 원수된 것입니다. 하나님은 야곱을 통해서 이 세상에 오시기를 원하셨습니다. 하나님은 야곱의 후손들을 사닥다리로 삼으셔서 이 세상에 오셔서 이 세상과 하나님을 화해시키기를 원하셨습니다. 하나님은 야곱에게 인간의 근본적인 문제를 보게 하셨던 것입니다. 그리고 하나님은 야곱을 축복하셨습니다.

그 복이 어떤 복일까요?

바로 하늘의 복을 주시기를 원하셨던 것입니다. 야곱은 아버지 집에서 헤게모니를 가지고 자기가 모든 것을 다 차지하는 복을 원했지만 하나님께서는 야곱에게 온 세상 사람들이 야곱과 그 후손을 통해서 하나님과 화해하기를 원하셨고 하나님의 복을 받기를 원하셨습니다. 이렇게 하나님은 야곱과 그 후손이 하나님의 은혜의 통로가 되기를 원하셨던 것입니다. 그리고 이 일을 이루기까지 하나님은 야곱을 떠나지 않을 것이라고 약속하셨습니다.

하나님께서는 야곱과 그 후손들에게 하나님의 말씀을 주셔서 대부흥을 주시고 사람들의 영혼을 살리기를 원하셨습니다. 이것이 바로 이스라엘의 복이었습니다. 하나님께서 야곱에게 주시는 복은 온 세상 사람들이 그를 통하여 하나님을 알고 그래서 영원한 멸망에서부터 구원을 받는 것입니다.

사닥다리 위에서 야곱에게 말씀하셨던 그 하나님이 바로 우리 주 예수 그리스도이십니다. 예수님은 이스라엘 백성들을 사닥다리로 삼으셔서 이 세상에 오셨습니다. 예수님은 친히 사람이 되어 우리에게 오셨고 사닥다리로 하늘에 올라가신 것이 아니라 부활의 능력으로 죽음에서 일어나서 사셨고 영광의 몸으로 하늘에 오르셨습니다. 야곱에게 나타나셨던 그 하나님은 다시 하늘에 계십니다.

이제 우리는 하나님과 사닥다리로 연결된 것이 아니라 도저히 나눌 수 없는 한 몸으로 하나님과 연결되어 있습니다. 오늘 우리들이 모이는 모임 위에 주님이 계십니다. 바로 이곳이 성전이요 이곳에서 하나님은 우리의 과거 모든 죄와 우리 안에 있는 모든 죄를 다 씻어주십니다.

이 세상은 마치 서서히 침몰하는 배와 같습니다. 배가 침몰하기 전까지는 일등석에 있는 것과 삼등석에 있는 것이 큰 차이가 있습니다. 그러나 일단 배가 침몰하면 그런 차이는 아무 소용이 없습니다. 일단 그 배에 탄 사람들은 모두 물에 다 빠져 죽을 것입니다. 예수님께서 이 세상에 오신 것은 우리를 영원한 멸망에서 건지시기 위함입니다.

야곱의 사닥다리 위에 서 계시던 하나님이 이 세상에 내려오신 이유가 무엇입니까? 그분이 굳이 십자가의 저주와 지옥의 고통을 마다하지 않은 이유가 무엇입니까? 우리 인간의 영혼이 너무 귀하기 때문입니다. 그리고 주님은 우리에게 너무 귀한 것을 주시기를 원하셨습니다. 그것은 바로 영원한 생명입니다.

3. 야곱의 반응

야곱은 꿈에서 깨어난 후 심히 두려워했습니다.

> 28:17 "이에 두려워하여 이르되 두렵도다 이 곳이여 이것은 다름 아닌 하나님의 집이요 이는 하늘의 문이로다 하고"

야곱이 심히 두려워한 것은 이 꿈이 그냥 보통 꿈이 아니라는 것을 보여줍니다. 구약 시대 하나님은 꿈을 통해서 하나님의 말씀을 들려주셨습니다. 그런데 오늘날은 우리에게 꿈이 아니라 설교를 통하여 말씀하십니다. 그런데 우리가 아주 특별하게 하나님의 말씀으로 은혜 받을 때가 있습니다. 그때는 설교 한 말씀 한 말씀이 너무나도 또렷하고 능력이 있는데 그 말씀에 사로잡혀서 시간이 가는 것도 모르고 다른 사람의 존재 자체도 전혀 의식을 하지 못할 정도로 말씀에 몰두할 때가 있습니다. 그것이 바로 살아계신 하나님을 만나는 것입니다. 그리고는 너무나도 그 말씀에 감동되어서 그 후에 계속 그 말씀만 생각하고 혼자 웃기도 하고 다른 사람을 만나도 그 이야기만 하게 됩니다.

야곱은 잠에서 깨어난 후 자기가 베개하고 잤던 돌을 세우고 그 위에 기름을 부었습니다.

> 28:18-19 "야곱이 아침에 일찍이 일어나 베개로 삼았던 돌을 가져다가 기둥으로 세우고 그 위에 기름을 붓고 그 곳 이름을 벧엘이라 하였더라 이 성의 옛 이름은 루스더라"

왜 야곱이 꿈을 꾸고 난 뒤에 자기가 베고 잤던 돌을 세웠을까요? 이것은 일종의 고대인들이 약속을 맺는 방법 중 하나였습니다.

옛날 사람들이 언약을 세우면서 돌을 세우는 것은 이 언약을 영원히 취소하지 않겠다는 뜻이 있습니다. 야곱은 하나님께서 나타나셔서 말씀하신 것을 자기에게 언약하신 것으로 믿었습니다. 다시 말해서 야곱은 하나님께서 야곱의 하나님이 되시며 그가 어디 가든지 함께 하시겠다고 하신 말씀을 자신에게 준 약속으로 받아들인다는 것입니다. 이 말씀은 하나님이 나에게 주신 약속이며 절대로 다른 사람에게 빼앗기지 않겠다는 뜻입니다.

야곱은 이 돌 위에 기름을 부었습니다. 나중에 이스라엘 백성에게는 기름을 붓는 의식이 많이 생기게 됩니다. 그것은 특히 하나님께 구별하여 바쳤다는 뜻입니다. 그리고 일단 무엇이든지 하나님께 구별해서 바친 것은 다른 용도로 쓸 수가 없었습니다. 그러나 야곱 때에는 아직 기름을 붓는 의식은 흔치 않았던 것 같습니다. 야곱은 자기가 베개하고 잤던 돌 위에 기름을 부음으로 자신의 모든 인생을 하나님께 다 걸었던 것 같습니다. 아마도 기름은 야곱이 지금 가지고 있던 소유 전부였을지 모릅니다. 길을 가다가 배가 고프면 이 기름을 팔아서 빵을 사기도 하고 혹은 길에서 벌레에게 물리거나 상처를 입으면 이 기름을 발라서 치료를 하려고 했을 것입니다. 그런데 야곱은 자기가 가진 기름을 그 돌에 부어 버렸습니다. 그것은 이제부터 자기 인생 전부를 하나님께 다 맡긴다는 의미입니다. 이제부터는 먹는 것이나 입는 것이나 살아남는 모든 것을 벧엘의 하나님께 맡기겠으니 하나님께서 알아서 하시라는 뜻입니다.

야곱은 하나님께서 말씀으로 은혜 주셨을 때 자기 모든 것을 다 그 은혜에 부었습니다. 야곱은 자기가 가지고 있는 모든 것을 하나님의 은혜에 부었고 자기가 가지고 있는 모든 염려나 자신의 미래도 하나님께 다 맡겼습니다. 이제부터 나는 살든지 죽든지 나의 모든 것이 하나님의 것이며 하나님께서 알아서 하신다는 것을 믿어야 합니다. 이제부터는 나의 미래라고 하는 것이 따로 없습니다. 이제는 나의 모든 걱정과 근심을 하나님께 쏟아 버려야 합니다.

성경이 우리에게 누누이 말씀하시는 것이 무엇입니까? 우리가 내 힘으로 무엇인가 하려고 하다가 실패해서 인생 밑바닥에 떨어져 있을 때 우리는 은혜를 받을 때이고 하나님을 나의 하나님으로 만날 때라는 것입니다.

우리는 이 세상의 성공에도 기뻐하고 좋아서 흥분하지만 하나님의 말씀을 통해서 천국의 영광을 체험하는 것과는 비교할 수 없습니다. 이 하나님의 말씀을 나의 약속으로 만드시기 바랍니다. 지금 우리 위에 하늘이 열리고 하나님의 복이 임하는 것을 체험하시기 바랍니다. 그리고 이제는 나의 모든 걱정과 근심을 하나님께 맡기고 놀라운 능력으로 변화되어 세상을 이기며 사시기 바랍니다.

36
야곱의 현실 / 창세기 29:1-2

우주선을 타고 우주 공간에 나가서 우주나 지구를 본다는 것은 정말 짜릿한 경험일 것입니다. 그런데 우리 인간은 무한정으로 우주에 있을 수는 없고 반드시 지구로 돌아와야 살 수 있는데 그 과정이 엄청나게 위험합니다. 마찬가지로 하나님의 은혜를 받는 것은 마치 우주에 나가 있는 것이나 공중에 떠 있는 것과 같은 황홀한 경험이라고 할 수 있습니다. 어떤 청년은 수련회에서 은혜를 받았는데 얼마나 성령의 역사가 강력했는지 산에서 밤새도록 울면서 기도하기도 했습니다. 또 어떤 분은 직장을 잃어버리고 빈털터리가 되어서 교회 골방에서 기도하는 가운데 성령이 강하게 역사하는데 얼마나 좋은지 미친 사람처럼 찬송을 부르고 길에 나가서 전도하기도 했습니다. 문제는 우리가 아무리 은혜를 받았다 하더라도 인간인 이상은 현실로 돌아와야 한다는 것입니다. 그런데 우리가 은혜 받고 막상 현실로 돌아온 후에 보면 세상은 달라진 것이 아무 것도 없고 자신은 도무지 이 세상 현실에 적응이 되지 않는 것입니다.

이때 우리는 우주에는 잘 나갔지만 이 세상 현실에는 적응하는 방법을 찾지 못해서 불시착한 우주선과 같은 것입니다. 불시착이라고 하는 것은 정상적으로 착륙하지 못하고 땅에 동체로 부딪치는 것을 말합니다. 그러면 그 안에 많은 이들이 다치거나 죽게 되는 것입니다.

야곱은 벧엘 빈들에서 돌을 베개 하고 잠을 자다가 하나님을 만나고 하나님의 말씀을 듣는 엄청난 체험을 했습니다. 야곱은 이 체험을 통해서 하나님을 나의 하나님으로 모시게 되었고, 이제는 하나님이 네가 어느 곳에 가더라도 함께 하시겠다는 약속을 가지고 살게 되었습니다. 그러나 야곱이 막상 현실로 돌아왔을 때 아무 것도 달라진 것이 없었습니다. 야곱이 하나님을 만난 것이나 하나님을 만나지 않은 것이나 아무 것도 달라지지 않았습니다. 그래서 야곱은 외지에서 먹고 살고 결혼하기 위해서 노예 계약을 맺게 되었습니다.

그리고 야곱은 하나님의 종이 아니라 사람의 종으로 살아가게 됩니다.

1. 정확하게 인도하신 하나님

야곱은 형 에서를 피해서 얼마나 다급하게 도망을 쳤는지 가지고 있는 돈도 없었고 보물도 없었고 가진 것은 오직 기름 병 하나 밖에 없었습니다. 그런데 벧엘 빈 들판에서 하나님을 만난 후 자기가 베고 잤던 돌에 그 기름을 다 부어버렸습니다. 이것은 야곱이 이제부터 완전히 빈털터리가 되었다는 것을 의미합니다.

그런데 어떻게 되었든 야곱은 무사히 가려고 했던 목적지 하란까지 오게 되었습니다. 그러면 어떻게 하란까지 갈 수 있었을까요? 그것은 야곱이 요즘으로 치면 무임승차를 한 것입니다. 야곱은 가는 곳마다 양식을 얻어 먹어가면서 여행을 한 것입니다. 그런데 이상하게도 굶어죽지 않고 다른 사람들로부터 거지 취급당하지 않고 무사히 목적지까지 오게 되었던 것입니다. 이것은 눈에 보이지 않는 하나님의 사자가 야곱을 지켜주시고 인도해주셨기 때문입니다. 야곱에게는 눈에 보이지 않는 동행하는 분이 계셨던 것입니다. 우리는 때때로 우리 눈에 보이지 않는 분이 나와 동행하는 것을 느낄 때가 있습니다.

야곱은 드디어 어느 곳에 갔을 때 외삼촌 라반을 아는 목자들을 만나게 되었습니다.

> 29:1-2 "야곱이 길을 떠나 동방 사람의 땅에 이르러 본즉 들에 우물이 있고 그 곁에 양 세 떼가 누워 있으니 이는 목자들이 그 우물에서 양 떼에게 물을 먹임이라 큰 돌로 우물 아귀를 덮었다가"

야곱은 하란이라는 곳에 한 번도 가 본 적이 없었습니다. 또 유목민들은 한 장소에 머물러 있지 않고 언제나 돌아다녔기 때문에 야곱이 라반을 찾는다는 것은 굉장히 어려운 일이었습니다. 그럼에도 불구하고 하나님께서 얼마나 야곱의 걸음을 정확하게 인도하셨는지 야곱은 한 우물가에서 라반을 아는 목사들을 만나게 되었습니다. 그 넓은 들판에서 라반이라는 사람을 찾는다는 것은 짚더미에서 바늘을 찾는 것만큼 어려운 일이었습니다. 야곱은 길을 몰라서 실컷 헤매고 있다고 생각했는데 실제로는 가장 정확한 길로 오고 있었던 것입니다. 그러나 야곱이 자기도 모르는 가운데 하나님의 인도하심을 받아서 외삼촌을 잘 찾게 된 것보다 더 중요한 일은 여기서 이제부터 야곱이 무엇을 해야 하느냐 하는 것이었습니다.

이 하란 땅은 아브라함이 하나님의 부르심을 받아서 떠난 곳인데 백년 후에 그의 손자가 다시 돌아온 것입니다. 그렇다면 야곱이야말로 하나님께서 아브라함을 부르신 그 은혜의 열매였던 것입니다. 백년 전에 야곱의 할아버지 아브라함은 고향과 친척과 아버지의 집을 떠나 하나님의 말씀 하나만 붙들고 가나안으로 이민을 갔습니다. 그리고 백년 후에 바로 그 아브라함의 손자가 다시 하란 땅으로 돌아온 것입니다. 그렇다면 야곱은 바로 이 하란 땅에서 아브라함의 믿음을 가지고 부흥을 일으킬 사명이 있는 것입니다. 그러나 야곱은 그런 생각이 전혀 없었습니다. 야곱은 하란 땅에 오자 말자 도대체 무엇을 먹으며 어떻게 살아야 할 것인가 하는 문제에 빠지게 되었습니다.

이것을 보면 인간이 은혜를 받았다고 하면서도 얼마나 이기적이고 얼마나 연약한지 알 수 있습니다. 야곱은 벧엘에서 살아계신 하나님을 만나는 체험을 했고 하나님은 야곱이 어디에 가든지 지켜주시겠다고 약속을 하셨습니다. 그러나 막상 야곱은 하란 땅에 오자말자 먹고 사는 문제에 빠지고 말았습니다.

야곱은 하란 가까운 어느 우물가에서 하란에서 온 목자들을 만나게 되었습니다.

> 29:4-5 "야곱이 그들에게 이르되 내 형제여 어디서 왔느냐 그들이 이르되 하란에서 왔노라 야곱이 그들에게 이르되 너희가 나홀의 손자 라반을 아느냐 그들이 이르되 아노라"

사실 야곱의 외삼촌 라반은 떠돌아다니는 목축업자였기 때문에 야곱이 그를 만난다는 것은 기적과 같은 일이었습니다. 그런데 놀라운 것은 야곱이 우물가에서 어떤 목동들을 만났는데 그들은 라반을 알고 있을 뿐 아니라 그의 딸 라헬이 지금 양들을 몰고 바로 그곳으로 오고 있다는 것이었습니다. 이것이 의미하는 것이 무엇입니까? 야곱은 자기가 방황하는 것으로 생각했을지 몰라도 하나님은 야곱의 걸음을 정확하게 인도하셨다는 사실입니다. 하나님은 한 치의 오차도 없이 야곱의 걸음을 인도하셨고 또 라반의 딸이 자기도 모르는 사이에 야곱이 있는 그 우물을 향해서 오고 있었던 것입니다. 우리가 하나님의 말씀을 붙들고 가면 하나님은 놀랍게도 우리를 가장 빠른 길로 인도하시는 것입니다. 야곱은 이것을 통해서 하나님께서 얼마나 신실하시며 하나님께서 자기와 함께 하시는 것을 믿었어야만 했습니다.

야곱이 이렇게 쉽게 라반을 찾게 된 것은 단지 하나님께서 야곱도 모르는 사이에 그의 발걸음을 바른 길로 인도하셨기 때문입니다. 그렇다면 야곱은 이 하란 땅에서 벧엘에서 만났던 그 하나님을 가장 먼저 찾는 것이 옳습니다. 야곱은 그곳에서 하나님의 제단부터 쌓아야 하고 기도부터 하면서 하나님의 말씀을 듣는 일을 가장 먼저 했어야만 했습니다. 그렇다면 야곱은 더 많은 시간을 줄일 수 있었을 것이며 할아버지 아브라함 같은 위대한 믿음의 사람이 될 수 있었을 것입니다. 그러나 여기서 야곱은 먹고 사는 문제, 특히 결혼의 문제에 매이게 되면서 그 많은 시간을 허비하게 됩니다.

2. 야곱의 성실함

야곱이 보니까 우물이 있기는 한데 그 입구를 돌로 덮어 놓았습니다. 이것은 우물을 사용하지 않는 동안에 흙먼지 바람 같은 것이 불어서 우물이 막히는 것을 막기 위한 것이었습니다. 그래서 목자들이 그 우물을 사용하려면 먼저 돌을 치워야만 했습니다. 그런데 지금 그곳의 목자들은 돌을 치우지 않고 다른 양들이 다 모일 때까지 아무 것도 하지 않고 가만히 있었습니다. 우리 생각에 목자들이 다른 양들이 다 모일 때까지 기다린 것은 의리 때문이나 돌이 너무 무거워서 그런 것 같지만 그것이 아니었습니다. 이것은 일종의 관행이었습니다. 하란의 목자들은 무책임하고 게을러서 자기 양들이 아닌 양을 애써서 잘 먹이려고 하지 않았습니다.

이것이 하란의 목자와 야곱의 차이점이었습니다. 하란의 목자들은 양을 치는 것을 자기 일처럼 하지 않았습니다. 이 목자들은 이렇게 하든 저렇게 하든 시간만 때우려고 했습니다. 그러나 야곱은 천성 자체가 부지런하고 책임감이 있어서 아무리 작은 것도 소홀히 넘어가려고 하지 않고 최선을 다하려고 했습니다. 야곱은 모든 것을 세밀하게 관찰했고 그 원인을 파고들어서 최선의 방법을 찾아내었습니다. 그래서 야곱은 나중에 양들 사이의 우생의 법칙을 찾아내게 됩니다.

그러나 하나님께서 야곱에게 원하신 것은 이런 지식이 아니었습니다. 하나님께서 야곱에게 원하셨던 것은 하나님의 말씀만 붙들고 몸부림을 치는 가운데 하늘의 복을 가져오는 자가 되는 것입니다. 하나님이 야곱의 꿈에 하늘 꼭대기에 서 계셨던 것은 야곱에게 이 세상의 복이 전부가 아니라는 사실을 보여주셨던 것입니다. 우리가 진정으로 이 세상에 복이 오게 하려면 먼저 하나님의 말씀을 붙들고 씨름을 해서 하늘 문을 여는 법을 배워야 합니다. 그것이 바로 부흥의 복이며 영적인 복입니다. 그러나 야곱은 하나님의 말씀의 복보다는 양치는 비법을 통해서 부자가 되려고 했습니다.

야곱은 이 세밀함과 부지런함 때문에 라반의 집에 당장 고용이 되지만 그 뛰어난 재주 때문에 십 수 년간 라반에게 종노릇하고 이용당하게 됩니다. 그래서 하나님의 종에게는 하나님의 말씀이 있어야 합니다. 야곱이 하란 땅에서 양을 잘 치지 못했다 하더라도 하나님의 말씀을 붙들고 기도했더라면 나중에 존경과 신뢰를 받을 수 있었을 것입니다.

드디어 야곱은 라반의 식구들을 만났습니다.

29:9-10 "야곱이 그들과 말하는 동안에 라헬이 그의 아버지의 양과 함께 오니 그가 그의 양들을 치고 있었기 때문이더라 야곱이 그의 외삼촌 라반의 딸 라헬과 그의 외삼촌의 양을 보고 나아가 우물 아귀에서 돌을 옮기고 외삼촌 라반의 양 떼에게 물을 먹이고"

야곱은 참 성실하고 부지런한 사람이었습니다. 야곱은 지금 하란에 손님의 신분으로 와 있고 당장 일할 필요가 없었습니다. 그러나 야곱은 라헬이 양떼를 끌고 오니까 먼저 우물 입구를 막은 돌을 치우고 양들에게 물을 먹였습니다. 그리고 야곱은 그 후에 라헬에게 자기가 라반의 조카라는 것을 알리고 입 맞추고 소리를 내어 울었습니다. 라헬은 이 말을 듣자 말자 바로 아버지 라반에게 달려가서 이 소식을 전했습니다.

라반의 집 식구들은 리브가가 시집간 후 처음으로 아브라함 집의 소식을 듣게 되었습니다. 이것은 너무나도 감격스러운 것이었습니다. 아브라함 집의 소식이라는 것은 하나님께서 어떻게 아브라함과 함께 하셨으며 어떻게 아브라함에게 복을 주셨는가 하는 것이었습니다. 이것이 바로 복음입니다. 하나님에 대하여 가장 잘 알 수 있는 것은 아브라함 집의 이야기를 듣는 것입니다.

오늘도 하나님에 대하여 알 수 있는 가장 좋은 길은 우리 믿는 자들을 통해서 하나님께서 일하시는 것을 듣는 것입니다. 우리 성도들이 고난을 받았지만 그것을 통해서 하나님께서 우리를 어떻게 연단하셨고 그 후에 얼마나 복을 주셨는가 하는 것을 듣는 것이 복음인 것입니다.

라반은 이 모든 말을 듣고 "너는 참으로 나의 혈육이다"라고 말을 했습니다. 라반이 이 말을 한 이유는 처음에는 야곱이 자기 조카인 것을 반신반의했다는 뜻입니다. 누군가 조카라고 해서 찾아오기는 했는데 옷도 남루할 뿐 아니라 가진 것이 아무 것도 없었습니다. 결혼하러 왔다면 분명히 돈이나 보석을 가지고 왔을 텐데 야곱은 빈손이었습니다. 사실 어떻게 보면 야곱은 거지나 다를 바가 없었던 것입니다. 그런데 라반이 야곱의 말을 자세히 들어보니까 그 모든 이야기가 하나님의 이야기였고 틀림없는 리브가의 아들이었던 것입니다.

하나님은 이런 식으로 해서 자신의 종들을 보내십니다. 주님은 말씀의 종들을 보내시는데 아무 것도 가지지 않고 오직 하나님의 말씀 하나만 가지고 가게 하십니다. 그러나 그의 말을 들어보면 하나님이 지금까지 일하셨고 지금도 일하신다는 것을 분명히 알 수 있는 것입니다.

3. 야곱의 노예 계약

우리는 가끔 매스컴에서 연예인들의 노예계약 이야기를 들을 때가 있습니다. 무명의 연예인 지망생들이 아무 힘이 없으니까 이름 있는 에이전트 회사에 아무 보수 없이 십년이면 십년, 이십년이면 이십년 시키는 대로 노래를 하고 춤을 추겠다고 계약을 맺는 것입니다. 그런데 이 아이들이 아주 유명하게 되었을 때 그들은 엄청나게 돈을 벌 것 같은데 실제로는 돈을 한 푼도 받지 못하는 것입니다. 왜냐하면 그들은 무명 시절에 노예계약을 맺었기 때문입니다.

야곱은 형 에서를 피하여 주소도 없고 약도도 없이 정말 막연하게 외삼촌이 하란에 산다는 것만 알고 떠났는데 정확하게 라반을 찾아오게 되었습니다. 그렇다면 야곱은 이제 하란에서 무엇을 하면서 살아야 하겠습니까? 바로 이것이 야곱의 문제였습니다. 야곱은 지금 수중에 돈도 없고 아무 것도 없었던 것입니다. 이때 야곱은 자기 머리를 굴려서 외삼촌 라반에게 엄청난 약속을 해버렸습니다.

야곱은 외삼촌 라반의 집에 와서 한 달을 지냈습니다. 라반은 야곱과 함께 한 달을 지내면서 야곱이 얼마나 성실하고 부지런한 사람인지 알게 되었습니다. 그래서 라반은 야곱에 욕심을 내어서 야곱에게 아예 자기 집에서 품삯을 정해놓고 일을 하자고 제안합니다.

> 29:15 "라반이 야곱에게 이르되 네가 비록 내 생질이나 어찌 그저 내 일을 하겠느냐 네 품삯을 어떻게 할지 내게 말하라"

야곱은 라반 집에 손님의 자격으로 와 있었습니다. 그러면서 야곱은 무보수로 외삼촌을 위하여 양치는 것을 도와주고 있었습니다. 지금 야곱은 매인 것이 아무 것도 없었고 하나님께서 하란을 떠나라고 하시면 언제든지 떠날 수 있는 처지였습니다. 그런데 라반이 야곱과 함께 지내보니까 그가 보통 일을 잘 하는 것이 아니었습니다. 그래서 외삼촌 라반은 야곱에게 이런 식으로 어정쩡하게 있지 말고 정식으로 고용계약을 체결해서 자기 집을 위해서 일을 해달라고 부탁했습니다.

이때 야곱은 어떻게 해야 합니까? 속된 말로 하면 야곱은 이제 하란에서 드디어 취직을 하게 된 것입니다. 지금까지 야곱은 라반의 집에서 먹고 자고 하면서 무료로 도와주고 있었는데 이제는 라반이 아예 야곱을 정식 목자로 고용을 하겠다는 것입니다. 물론 외삼촌 라반에게 능력을 인정받아서 취직을 하게 된 것은 아주 좋은 일이고 바람직한 일인 것 같습니다. 그러나 이것은 어디까지나 우리 인간적인 생각이고 하나님이 원하시는 것은 아니었습니다. 하나님께서는 야곱이 하란에서 외삼촌 라반의 일꾼이 되는 것을 원하시지 않았습니다. 하나님께서는 분명히 벧엘에서 꿈에 나타나셔서 야곱과 함께 하시며 그를 축복하시겠다고 하셨습니다. 그것은 하나님께서 야곱을 하나님의 사람으로 삼겠다는 약속입니다. 그렇다면 야곱은 사람의 종이 되어서는 안 되고 하나님의 종이 되어야 하는 것입니다. 야곱은 계속 품삯 없이 시간이 나는 대로 라반의 일을 도와주면서 계속 하나님께 기도하고 하나님의 말씀 붙들고 하나님의 능력이 나타나는 것을 체험했어야만 하는 것입니다.

만일 야곱이 라반의 제안을 두고 하나님께 기도를 드렸더라면 하나님은 분명히 야곱에게 '안 된다'고 말씀하셨을 것입니다. 그러나 야곱은 하나님께 묻지 않았습니다. 왜냐하면 자기 생각이 있었고 자기 욕심이 있었기 때문입니다.

그런데 야곱은 외삼촌 라반에게 역으로 더 놀라운 제안을 했습니다. 야곱의 입에서는 더 놀라운 말이 나왔습니다. 그것은 야곱이 라반의 딸 라헬과 결혼하기 위하여 7년 동안 종살이를 하겠다는 것이었습니다.

라반에게는 장성한 두 딸이 있었는데 큰 딸 레아는 시력이 좋지 못했다고 했습니다. 요즘은 웬만한 사람들은 안경을 끼고 있어서 안경을 낀 것이 흠이 아니지만 저희들이 어렸을 때만 해도 안경을 낀 학생들이 그렇게 많지 않았습니다. 그래서 시력이 좋은 아이들은 안경을 너무나도 끼고 싶어서 일부러 어두운데서 책을 읽기도 했습니다. 그런데 옛날에도 여자가 안경 끼는 것은 좋지 않게 생각했습니다. 그런데 레아는 아주 심한 근시였던 것 같습니다. 그러니까 레아는 표정 자체도 밝지 못하고 사물도 잘 분별하지 못했던 모양입니다.

거기에 비해서 라헬은 곱고 아리따웠다고 했습니다. 여기서 아리땁다는 것은 몸매가 좋다는 뜻입니다. 아무래도 레아는 눈이 좋지 못해서 주로 집안에 있는 시간이 많고 비활동적이어서 몸매도 별로 좋지 않았던 것 같은데, 라헬은 아주 활발하고 건강미가 넘쳐서 매력적이었던 것 같습니다. 야곱은 당연히 라헬을 좋아했습니다.

야곱은 하란에서 가정을 이루고 싶었습니다. 야곱은 라헬과 결혼하고 싶은데 그렇게 하려고 하면 일단 집에 가서 돈을 가져와야 했습니다. 그러나 그동안 라헬이 딴 데 시집갈지도 모르고 또 집에 가면 형에게 맞아 죽을지도 모르니까 그냥 칠 년을 일꾼으로 노력 봉사한 후에 라헬과 결혼하겠다는 제안이었습니다. 즉 야곱은 자기가 좋아하는 라헬과 결혼하기 위하여 앞으로 칠 년 동안 하나님의 종이 아니라 라반의 종이 되겠다는 것이었습니다.

물론 라헬이 매력적이기 때문에 라헬을 사랑하는 것 자체는 잘못이라고 말할 수 없습니다. 사람은 누구나 자기가 좋아하는 사람과 결혼할 수 있습니다. 그러나 야곱은 전혀 하나님의 뜻을 생각하지 않고 자기 멋대로 자신의 미래를 결정해버렸던 것입니다. 야곱이 진정으로 하나님을 의지한다면 라반과 고용계약도 해서는 안 되고 더욱이 결혼을 담보로 해서 칠 년 동안 종살이를 하겠다고 해서는 안 되는 것입니다.

우리는 보통 결혼을 위해서 기도한다고 하면서도 하나님의 결정에 맡기려고 하지 않습니다. 왜냐하면 배우자를 하나님께 맡기면 하나님은 못생기고 신앙이 좋은 여자와 결혼하라고 할지도 모르기 때문입니다. 또 우리의 미래를 하나님께 맡기지 못합니다. 왜냐하면 미래를 하나님께 맡기면 하던 공부 그만 두고 먼 나라에 선교사로 가라고 할지도 모르기 때문입니다. 그러나 하나님은 우리에게 좋은 것을 주시기 원하십니다. 하나님은 결코 우리가 싫어하는 것을 억지로 떠맡기시지 않습니다. 그러나 우리는 하나님이 얼마나 우리에게 좋은 것을 주기를 원하시는지 믿지를 못하는 것입니다.

29:20 "야곱이 라헬을 위하여 칠 년 동안 라반을 섬겼으나 그를 사랑하는 까닭에 칠 년을 며칠 같이 여겼더라"

야곱은 칠 년 동안 종살이하면서도 매일 연애를 했기 때문에 세월이 얼마나 빨리 가는지 마치 며칠이 지나간 것 같았다고 했습니다. 그러나 사실은 이 칠 년을 야곱은 하나님과 연애를 했어야만 했습니다. 우리가 은혜 받고 말씀으로 속사람이 채워지는 기간은 하나님과 연애하는 기간입니다. 물론 이 기간 동안 사람과 연애하지 말라는 뜻이 아닙니다. 하나님과 연애하면서 사람과도 더 잘 연애할 수 있습니다. 그러나 야곱은 하나님의 말씀이나 약속은 다 까먹어버리고 연애를 한다고 정신이 없었던 것입니다. 그래서 하나님께는 이 칠 년이 너무 답답한 칠 년이었습니다. 야곱이 이 칠 년 동안 하나님을 찾지 않았습니다. 그리고 하나님은 야곱을 위하여 아무 것도 하실 것이 없으셨습니다.

이제 야곱이 그토록 기다렸던 칠 년이 다 되었습니다. 야곱은 라반에게 가서 약속한 칠 년이 다 찼기 때문에 결혼을 하게 해 달라고 했습니다. 그러나 라반은 그 머리 좋은 야곱을 속여서 라헬 대신 레아를 신방에 넣어서 야곱을 무려 십사 년 동안 종으로 부려 먹게 됩니다.

놀라운 것은 그 머리 좋은 야곱이 외삼촌 라반에게는 꼼짝하지 못하고 속았다는 사실입니다. 야곱은 아버지를 속였던 것처럼 이번에는 자신이 그대로 속고 있었습니다. 결국 야곱은 십사 년의 인생을 결혼 때문에 붙들리게 됩니다. 야곱은 라헬과 결혼하기만 하면 행복하게 살 수 있을 것으로 생각했습니다. 그러나 모든 것은 야곱의 생각대로 계획대로 이루어지지 않았습니다. 라반의 사기 결혼으로 야곱의 종살이는 7년에서 14년으로 늘어나게 되었습니다.

하나님은 우리에게 귀중한 자유를 주셨습니다. 우리는 이것으로 먹고 사는데 다 허비할 것이 아니라 속사람을 하나님의 말씀으로 채우고 영적인 부흥을 일으키는 데 써야 합니다. 결혼이나 직장 문제나 모든 것을 하나님께 맡기고 더 하나님을 찾으며 말씀으로 큰 부흥을 일으키는 성도들이 다 되시기 바랍니다.

37

속입수 인생 / 창세기 29:25

얼마 전에 우리나라에서 꽤 유명한 변호사가 인터뷰한 것을 보니까 자신은 다시는 고시공부를 하지 않겠다고 했습니다. 사시도 합격하고 행시도 합격해서 누구나 다 부러워하는 성공한 인생을 살았지만 자신이 알고 보니까 자기에게 가장 적합한 일은 청소년들을 선도하는 일이었는데 그 일을 위해서 그렇게 많은 법을 공부할 필요가 없기 때문이라고 했습니다. 그는 괜히 성공하고 싶다는 욕망 때문에 그렇게 많은 시간과 노력을 허비했다는 것입니다. 우리가 이 세상을 살아가는 것은 사막을 걸어가는 것과 같습니다. 분명히 눈앞에 오아시스가 보여서 그곳으로 갔는데 가보니까 오아시스는 없고 또 모래요 맨땅인 것입니다. 그가 보았던 오아시스는 사실 신기루였던 것입니다.

우리도 때때로 행복인 줄 알고 달려갔는데 막상 가보니까 행복이 아닌 것들을 많이 보게 됩니다. 명문대학에 합격하면 행복할 줄 알았는데 가보니까 그곳도 사람이 사는 곳이고 외국의 좋은 대학에 유학을 가면 낭만적일 줄 알았는데 낭만은커녕 생사람 잡는 지옥일 때가 많은 것입니다. 또 비행기 일등석을 타면 너무나도 행복할 것 같았는데 일등석을 타

봐도 도착하는 시간은 같고 사실은 똑같은 비행기를 타고 가는 것입니다. 그런데 아주 잠시 동안 일등석이나 이코노미석 같은 차별을 가지고 행복해 하는 것입니다.

그런데 이 세상에서 절대로 우리를 실망시키지 않는 것이 하나 있습니다. 그것은 바로 하나님을 만나는 것이고 영적인 부흥을 경험하는 것입니다.

우리에게 부흥이 없을 때에는 마치 무거운 수레를 혼자서 끌고 산을 넘어가야 하는 것과 같습니다. 이때는 공부를 해도 힘들고 직장생활을 해도 힘들고 결혼 생활을 해도 힘이 들 것입니다. 영적인 부흥이 없을 때에는 무엇을 해도 의미가 없고 내면이 자꾸 고갈되는 것을 느끼게 될 것입니다. 그런데 우리 인생에 영적인 부흥이 일어나게 되면 마치 하나님께 첫사랑에 빠진 것과 같이 될 것입니다. 혼자 힘으로 무거운 수레를 끌고 가는 것이 아니라 하나님께서 내 인생을 끌고 가시기 때문에 무엇을 해도 힘이 들지 않고 춤을 추는 것처럼 신바람이 나게 됩니다. 이때는 모든 것이 행복하고 그 행복했던 감정은 아무리 시간이 흘러도 없어지지 않게 됩니다.

야곱은 하란에 와서 자기가 원하던 여인과 결혼을 하고 아이들을 많이 낳았습니다. 그러나 하란에서 야곱의 인생은 결코 행복하지 않았습니다. 왜냐하면 하란에서 야곱의 영적인 부흥이 죽어버렸기 때문입니다. 처음에 야곱은 하란에서 처음에 연애하느라고 영적인 불이 꺼진지도 알지 못했습니다. 그러나 야곱이 결혼을 하고 보니까 그 달콤했던 연애시절은 허상이었고 결혼한 그 순간부터 너무나도 고통스러운 현실이 야곱의 인생을 고통스럽게 하기 시작했습니다.

이 기간은 야곱의 인생에서 가장 비참한 기간이 되었습니다. 그러나 이 기간 동안에도 하나님은 눈에 보이지 않는 손으로 야곱을 지켜주시고 인도하셨습니다. 야곱은 하나님을 보지 못했지만 하나님은 야곱을 언제나 보고 계셨던 것입니다.

1. 결혼에 사기 당하는 야곱

젊었을 때 자기가 좋아 하는 사람과 결혼하는 것보다 더 행복한 일은 없을 것입니다. 그러나 결혼하고 며칠 지나지 않아서 남자나 여자는 모두 돈을 벌어야 하고 시집 식구나 새로운 가족에게 적응해야 하는 현실을 겪게 됩니다. 특히 옛날 우리나라 여성들은 신혼이 끝나기도 전에 무시무시한 시집생활을 시작해야 했습니다.

우리나라에 한 여성 신학자가 있었습니다. 이 분은 대학생이 되면서 자기를 길러준 어머니가 친모가 아니라는 사실을 알게 됩니다. 자기는 아들을 낳기를 바라는 집에서 대리모를 통해서 태어난 아기였던 것입니다. 그리고 자기의 생모가 딸을 낳았다는 이유로 아기를 빼앗기고 정신적인 충격을 받아서 정신병원에 있다는 사실을 알게 되었습니다. 그래서 이 분은 한국 여성의 한(恨)을 주제로 신학을 연구했고 나중에는 이름도 불교식으로 바꾸고 절에 가서 참선을 했습니다. 또 그는 미국의 신학교 교수로 있었는데 커리큘럼에 참선이라는 과목이 있다고 했습니다.

결혼을 통해서 정말 하나님이 준비하신 배필을 만날 수도 있지만 많은 경우 외모만 보고 배우자를 택하다가 실패하는 경우도 있습니다. 그래서 결혼에 속지 않기 위해서 영적인 부흥이 일어나는 것이 참으로 중요합니다. 왜냐하면 영적인 부흥이 일어났을 때 남자나 여자가 가장 아름답고 그때 가장 진실한 마음이 되기 때문입니다. 그러나 야곱은 전혀 부흥이 없는 가운데 육체적으로만 사랑을 해서 결혼하려고 하다가 속게 됩니다.

> 29:21 "야곱이 라반에게 이르되 내 기한이 찼으니 내 아내를 내게 주소서 내가 그에게 들어가겠나이다"

야곱은 라반에게 가서 약속한 칠 년이 다 찼기 때문에 라헬과 결혼을 하게 해달라고 했습니다. 라반은 그렇게 하겠다고 해 놓고는 무서운 음모로 야곱을 속였습니다.

우선 외삼촌 라반은 야곱에게 결혼시켜준다고 하면서 동네 사람들을 다 모아서 잔치를 하고 밤에 야곱의 침소에 신부를 넣었는데 그 신부는 라반이 주기로 약속한 인물이 좋은 라헬이 아니라 시력이 나빠서 아무도 결혼하지 않으려고 하는 레아였습니다. 야곱은 그것도 모르고 기쁘게 첫 날밤을 보내었는데 아침 밝을 때 보니까 신부가 바뀌어 있었습니다. 진짜 신부는 밤새 어디에 갇혀서 울고 있었고 시력이 나쁜 언니가 동생 대신에 들어와서 신부가 된 것입니다. 야곱은 보기 좋게 외삼촌 라반에게 사기결혼을 당하고 말았습니다. 바로 이것은 외삼촌 라반의 신부를 끼어 팔기였습니다. 라헬은 건강하고 아름답기 때문에 누구든지 좋아해서 얼마든지 결혼을 시킬 수 있었습니다. 그러나 언니 레아는 시력이 좋지 못하고 인물이나 몸매도 좋지 못해서 아무도 레아와 결혼하려고 하지 않았습니다.

상인이 잘 안 팔리는 물건을 잘 팔리는 것 사이에 끼워서 파는 것을 볼 수 있는데, 신부를 이렇게 끼워서 파는 것은 그 누구도 생각하지 못할 일입니다. 야곱은 외삼촌을 위해서 칠 년을 실컷 일해주고 결정적인 순간에 사기 결혼을 당하고 만 것입니다. 신부가 바뀌어서 야곱이 싫어하던 언니가 신부가 되어있는 것이었습니다. 아침에 야곱은 신부가 바뀐 것을 보고 너무 놀라서 외삼촌 라반에게 달려가서 어떻게 이렇게 나를 속일 수 있느냐고 따졌지만, 외삼촌은 여기 풍습은 언니보다 동생을 먼저 결혼시키지 않는다고 변명했습니다. 그러면서 외삼촌은 기왕 엎질러진 물이니까 네가 라헬을 사랑하면 지금이라도 결혼시켜 줄 테니까 다시 칠 년을 종으로 일하라고 했습니다. 그래서 야곱은 라헬과 결혼하기 위해서 다시 칠 년을 일해야만 했습니다. 이런 것을 보고 '뛰는 놈 위에 나는 놈이 있다' 라는 것입니다. 야곱은 자신이 가장 머리가 좋고 똑똑한 줄 알았지만 라반은 야곱보다 한 수 위에 있었습니다.

2. 경쟁적 자녀 출산

　원래 아브라함의 집안은 자식이 귀했습니다. 그 중에서 믿음의 자손은 더 귀했습니다. 그런데 야곱은 자신의 의사와 상관없이 자식을 많이 낳게 되었습니다. 그러나 야곱은 이 귀한 자식들을 낳으면서도 행복하지 못했습니다. 왜냐하면 야곱의 집에 부흥이 없었기 때문입니다.
　이제 야곱에게는 레아와 라헬, 두 명의 부인이 있게 되었습니다. 물론 야곱은 원래 자기가 좋아했던 라헬을 레아보다 더 좋아했습니다. 그러나 하나님은 언니 레아를 더 사랑하셔서 먼저 아이를 낳게 하셨습니다.

> 29:31-32 "여호와께서 레아가 사랑 받지 못함을 보시고 그의 태를 여셨으나 라헬은 자녀가 없었더라 레아가 임신하여 아들을 낳고 그 이름을 르우벤이라 하여 이르되 여호와께서 나의 괴로움을 돌보셨으니 이제는 내 남편이 나를 사랑하리로다 하였더라"

　레아는 남편 야곱의 사랑을 받지 못했습니다. 그럼에도 불구하고 이 당시 풍속으로 남편은 아무리 부인을 사랑하지 않더라도 의무적으로 부인의 방에 들어가야 하는 규칙이 있었던 것 같습니다. 그런데 하나님은 이런 레아를 사랑하셔서 먼저 태의 문을 열어 주셨습니다.
　과거에 우리나라에도 믿지 않는 남편과 결혼해서 많은 핍박과 고통 가운데서 신앙 생활하던 어머니들이 있었습니다. 이때 남편들은 자기 부인이 신앙을 가졌다는 이유만으로 아내를 사랑하지 않고 구박을 많이 했습니다. 부인이 제사도 거부하고 교회에 가지 말라고 해도 결사적으로 가니까 더 미워할 때가 많았습니다. 그래서 신앙을 가진 부인들은 남편으로부터 사랑을 받지 못하고 특히 시부모로부터 학대를 많이 받았습니다. 그러나 하나님은 이 믿음의 어머니들을 축복하셔서 자녀들을 많이 생산하게 하셨는데 이 자녀 중에 유명한 목사도 되고 교수도 되고 정치인도 되는 등 훌륭한 사람들이 많았습니다. 이것은 하나님께서 학대 받는 여성들을 위로해주시는 방법이었습니다.

레아는 아버지가 남편을 속여서 결혼했고 외모도 동생보다 아름답지 못했기 때문에 남편의 사랑을 받지 못하는 처지였지만 그 대신에 하나님을 가까이 하게 되었고 하나님을 붙들게 되었습니다. 하나님은 레아를 불쌍히 여기셨고 그의 태를 먼저 열어 주셨습니다.

레아는 첫 아들을 낳고 너무 신기해서 그 이름을 '르우벤' 이라고 지었습니다. '르우벤' 이라는 이름은 '보라, 아들이다' 라는 뜻입니다. 레아는 첫 아들을 낳고 너무 감격해서 '보라' 라고 했습니다. 하나님께서 나를 사랑하셔서 첫 아들을 주셨는데 모두 한번 보라는 뜻이었습니다. 하나님은 레아에게 계속적으로 아들을 낳게 해주셨습니다. 그래서 두 번째 아들을 낳고 이름을 '시므온' 이라고 했는데 이것은 '들었다' 는 뜻입니다. 레아는 남편에게는 큰 소리도 치지 못하고 오직 자기 마음을 하나님께 기도하면서 털어놓았는데 두 번째 아들을 낳고는 하나님께서 내 기도를 들으셨다는 뜻으로 '시므온' 이라고 지은 것입니다. 그리고 레아는 세 번째 아들을 낳고는 이름을 '레위' 라고 지었습니다. '레위' 라는 이름은 '연합하다' 는 뜻입니다. 그러니까 레아는 둘째 아이를 낳았을 때까지도 남편과의 연합을 확신하지 못했던 것 같습니다. 레아의 마음속에는 언제 자기가 남편으로부터 버림을 받을지도 모른다는 불안한 마음을 늘 가지고 있었습니다. 이것이 바로 사랑받지 못하는 여인의 아픔입니다. 그런데 세 번째 아들을 낳고 난 후에는 남편이 아이를 셋이나 낳은 나를 버리지 않고 나와 연합할 것이라는 믿음을 가졌던 것입니다.

그리고 네 번째 아들을 낳았을 때 그 이름을 '유다' 라고 지었는데 '찬송' 이라는 뜻입니다. 이제 나는 더 이상 부족한 것이 없고 이제 너무너무 행복하기 때문에 하나님을 찬송하겠다고 고백한 것입니다. 그래서 야곱의 첫 신혼생활에서 가장 행복했던 사람은 레아였던 것을 알 수 있습니다. 왜냐하면 레아는 자신의 부족함을 알았고 야곱에게 쫓겨나지 않는 것만으로도 복이라고 생각했는데 하나님께서 자꾸 아들을 낳게 하셔서 결혼생활에 자신감을 갖게 하셨기 때문입니다. 그러나 반대로 동생 라헬은 아이를 낳지 못하고 언니만 아이를 넷이나 낳은 이 기간이 지옥보다 더 고통스러운 끔찍한 기간이었을 것입니다. 그 이유는 라헬이 자기에게 아이가 생기지 않는 것에 대하여 너무나도 분노를 느꼈기 때문입니다. 그래서 라헬은 아이 낳는 문제로 남편과 대판 싸움을 벌이게 되었습니다.

30:1 "라헬이 자기가 야곱에게서 아들을 낳지 못함을 보고 그의 언니를 시기하여 야곱에게 이르되 내게 자식을 낳게 하라 그렇지 아니하면 내가 죽겠노라"

물론 부부 사이에 아이가 생기지 않으면 그 문제를 가지고 걱정하기도 하고 의논을 하다가 때로는 말다툼이 일어날 때도 있습니다. 그러나 라헬은 남편과 대판 싸움을 벌였습니다. 자식을 낳지 못하는 문제를 두고 야곱과 라헬이 벌인 언쟁은 걱정하는 수준이 아니었습니다. 라헬은 야곱에게 "아이를 낳게 하라! 그렇지 않으면 죽어버리겠다!"고 하면서 화를 내었습니다. 그랬더니 야곱은 야곱대로 화가 나서 "아이를 낳지 못하게 하시는 분은 하나님이신데 나에게 하나님을 대신하라는 말이냐?"라고 하면서 화를 내게 됩니다. 이것을 보면 야곱은 야곱대로, 라헬은 라헬대로 마음에 기쁨이 없었던 것을 알 수 있습니다. 이들의 결혼생활은 죽고 싶을 정도로 최악이었던 것입니다. 그 이유는 부흥이 없었기 때문이고 하나님의 은혜를 잃어버렸기 때문이었습니다. 부흥이 일어나는 곳에는 아이가 없어도 기쁘고 서로를 너무나도 사랑하기 때문에 부족한 것이 없습니다. 그러나 영적 부흥이 없는데도 아이가 자꾸 태어나면 귀찮고 짜증만 나게 되는 것입니다.

드디어 라헬은 언니가 네 명의 아들을 낳으니까 자기도 무슨 수를 써서라도 아이를 가져야 한다고 생각하여 야곱에게 자신의 여종 빌하를 첩으로 들여 아이를 낳게 하라고 떼를 썼습니다.

우리는 모두 남들이 가지고 누리는 것만큼은 다 가지고 누려야 행복하다고 생각합니다. 그래서 남들이 결혼할 때 나도 결혼하고, 남들이 아이를 낳을 때 나도 아이를 낳고, 남들이 직장을 가질 때 나도 가져야지, 그 중에 하나라도 빠지거나 부족하면 비참하고 불행하다고 생각합니다. 그러나 하나님은 우리를 사랑하시면서도 남들이 다 갖고 있는 행복을 주시지 않을 때가 많습니다. 하나님께서 그렇게 하시는 이유는 이 세상에 있는 복들로 만족하지 말고 하늘의 복을 찾으라는 뜻입니다.

얼마 전에 저는 젊었고, 저희 아이들도 어렸을 때를 생각하게 되었습니다. 그때 저는 젊었고 힘이 있었기 때문에 인생에 자신감이 넘쳤습니다. 그때는 무엇을 해도 성공할 자신이 있었는데 거기에다가 돈만 더 있었더라면 원하는 성공의 길로 달려갈 수 있을 것으로 생각했습니다. 그러나 만약 그렇게 했더라면 절대로 성경 안에 있는 보물을 캐내지 못했을 것입니다. 하나님은 저에게 세상의 출세나 성공을 주시지 아니하고 아무도 보지 못하고 있었던 하늘의 보물을 캐내게 하셨습니다.

결국 라헬은 빌하라는 자기 여종을 남편에게 첩으로 주어서 임신을 해서 아들을 낳았습니다. 라헬은 이 아들의 이름을 '단'이라고 지었습니다. '단'이라는 이름은 '심판했다'는 뜻입니다. 라헬은 "하나님이 내 억울함을 푸시려고 내 호소를 들으사"라고 했는데 여기서 억울하다는 것은 자기가 진짜 부인인데 이제 아들을 낳아서 재판에서 이겼다는 뜻입니다.

그리고 또 빌하가 임신해서 아들을 낳았는데 이번에는 그 이름을 '납달리'라고 지었습니다. '납달리'는 '경쟁함'이라는 뜻입니다. 내가 형과 경쟁을 해서 이겼다는 뜻이라고 했습니다. 그런데 원문에는 경쟁 대상이 형이 아니라 '하나님'으로 되어 있습니다. 라헬은 하나님과 씨름해서 이겼다는 뜻입니다. 아마도 라헬은 아이 하나로는 부족하니까 하나 더 낳게 하려고 굉장히 빌하와 야곱을 밀어붙였던 것 같습니다. 이것을 라헬은 하나님과 씨름하듯이 한 것입니다. 하나님은 기도를 안 들어주시려고 하는데 라헬이 끝까지 하나님을 졸라서 이 아이를 얻어내었다는 뜻입니다. 하나님께서는 라헬이 신앙의 눈을 뜨고 믿음을 가지기를 원하셨는데 라헬은 오직 아이만 원했던 것입니다.

그러다가 이번에는 레아가 인간적인 방법을 써서 자기 여종 실바를 야곱에게 첩으로 주었습니다. 그래서 아들을 낳았는데 그 이름을 '복되다' 라는 뜻의 '갓' 으로 지었습니다. 우리나라에도 복남이라는 이름을 가진 분들이 있었는데 이와 비슷한 것입니다.

그리고는 드디어 야곱의 집에 추잡한 일이 터졌습니다. 그것은 르우벤이 들판에서 놀다가 합환채라는 풀을 뜯어 왔는데 이것은 성을 촉진시키는 풀이었습니다. 이제 야곱의 집은 더 이상 경건한 신앙의 집이라고 보기 어렵고 술집 같은 분위기가 듭니다.

그 후에 하나님께서 드디어 라헬을 불쌍히 여기셔서 아들을 하나 주셨는데 이 아들이 형 열 명보다 나은 아들 '요셉' 이었습니다.

야곱은 하란에 와서 칠 년이나 사귀고 연애했던 여자와 결혼했습니다. 그러나 그 결혼이 결코 행복하지 않았습니다. 야곱은 아이를 열두 명이나 낳았지만 그것도 행복하지 않았습니다. 그 이유는 야곱의 집에 영적인 부흥이 없었기 때문입니다. 영적인 부흥이 없는 축복은 진정한 축복이 아니고 고통이었던 것입니다.

3. 야곱의 품삯

야곱은 두 여자와 결혼한 신부대금을 다 갚는데 무려 14년이나 걸렸습니다. 그리고 이 14년 동안에 열한 명의 아들을 낳고 또 딸을 낳았습니다. 그리고 이 의무 기간이 끝난 후 야곱은 외삼촌 라반에게 아버지 집으로 보내 달라고 했습니다.

야곱은 14년 동안 죽어라 일을 했지만 아무 것도 건진 것이 없었습니다. 야곱은 결혼생활이 행복했던 것도 아니고 하나님의 큰 은혜를 체험했던 것도 아니었습니다. 그 대신 먹여 살려야 하는 부인 넷과 열한 명의 아들만 가지게 되었을 뿐입니다. 그래서 야곱은 요셉을 낳은 후에 이렇게 살아서는 내 인생 전체를 망치고 말겠다고 생각해서 아버지 집으로 돌아갈 생각을 가지게 됩니다. 이때가 야곱이 하나님의 은혜를 회복할 수 있는 기회였습니다. 그러나 야곱은 빈손으로 아버지에게 돌아갈 수가 없었습니다. 왜냐하면 야곱이 지금 하는 일을 당장 그만 두면 이 많은 식구들을 먹여 살릴 수가 없었기 때문입니다.

그래서 야곱은 또 라반에게 붙들리게 됩니다. 라반은 야곱을 다시 붙들기 위하여 품삯을 정해서 정식으로 고용계약을 체결하자고 제안합니다. 그러니까 그때까지 라반은 야곱에게 품삯이라는 것을 일체 준 적이 없었던 것입니다.

야곱이 지난 14년 동안 외삼촌을 위해서 정말 열심히 일을 해주었기 때문에 외삼촌은 그동안 엄청나게 부자가 되었습니다. 만일 라반이 야곱 때문에 그동안 그렇게 복을 받았다면 조금이라도 야곱에게 준 것이 있어야 하는데 라반은 정말 야곱에게 준 것이 한 푼도 없었습니다. 이때 야곱은 외삼촌 라반이 어떤 사람인지 분명히 알게 되었습니다. 라반은 야곱의 외삼촌이라고 하지만 인정사정없는 사람이었고 철저하게 야곱을 이용해 먹는 사람이었습니다.

야곱이 지금까지 외삼촌 라반에게 철저하게 이용을 당한 것은 자기가 영적인 부흥을 버리고 인간적인 방법을 택했기 때문입니다. 그러니까 그때까지 계속 야곱은 인간적인 방법으로 이용당하고 있는 것입니다. 야곱이 이 악순환의 고리를 끊으려고 하면 손해를 보더라도 외삼촌을 떠나서 벧엘의 하나님을 찾아야 했지만 야곱은 다시 자기 머리를 믿고 외삼촌의 집에서 일을 하기로 했습니다.

30:32 "오늘 내가 외삼촌의 양 떼에 두루 다니며 그 양 중에 아롱진 것과 점 있는 것과 검은 것을 가려내며 또 염소 중에 점 있는 것과 아롱진 것을 가려내리니 이같은 것이 내 품삯이 되리이다"

보통 양을 칠 때 품삯은 양이 낳은 새끼 중에서 몇 마리 하는 식으로 품삯을 정했습니다. 그러나 야곱은 그렇게 하면 나중에 외삼촌이 야곱의 양을 도둑질했다고 할 것 같으니까 아예 색깔로 결정하자고 했습니다.

이것을 보면 그 당시 양이나 염소 중에서 점이 있거나 얼룩이 있거나 검은 것이 별로 태어나지 않았던 것 같습니다. 그런데 만일 라반이 조금이라도 인정 있는 사람이라면 야곱의 제안을 거절했을 것입니다. 왜냐하면 이것은 야곱에게는 너무 손해 보는 일이었기 때문입니다. 그러나 라반은 너무나도 매정한 사람이었기 때문에 그렇게 하라고 합니다. 그리고 라반은 할 수 있는 대로 야곱을 이용해 먹으려고 했습니다. 그래서 더 이기적인 행동을 했습니다. 그것은 자기 양떼 중에서 얼룩이 있거나 점이 있거나 검은 것을 전부 골라내어서 사흘 길이 되는 곳에 옮겨버린 것입니다. 그렇지 않아도 정상적인 양에게는 점이 있거나 얼룩진 것이 거의 나오지 않는 법인데 라반은 그런 것을 아예 없애버렸던 것입니다. 그래서 야곱이 맡은 양들 중에는 점이 있거나 얼룩이 있거나 검은 것은 한 마리도 없었습니다. 야곱은 다시 완전히 빈손에서 시작해야 했습니다. 야곱의 이 품삯 계약은 너무나도 불리하게 되어버렸습니다.

사실 우리는 때때로 너무나도 억울한 계약을 체결하게 될 때가 있습니다. 때로는 죽어라 일을 했는데도 전혀 보상받지 못하고 맨손으로 다시 시작해야 하는 때도 있습니다. 이것은 하나님께서 하늘에 있는 복을 바라보라는 뜻입니다. 그러나 야곱은 다시 자기 머리를 써서 외삼촌의 양들을 빼돌리기로 했습니다.

야곱에게는 다른 사람이 가지지 못한 양에 대한 전문적인 지식이 있었습니다. 그것은 양에 대한 우생학적인 지식이었습니다. 야곱은 지금까지 양을 치면서 지속적으로 자세히 관찰했습니다. 그 결과 야곱은 양에 대하여 두 가지 사실을 알게 됩니다. 그 중 하나는 양은 풀을 먹을 때 교배를 하는 것이 아니라 물을 마실 때 교배를 한다는 것입니다. 그리고 다른 하나는 양이 교배를 할 때 그들의 시신경에 자극을 주면 양의 피부에 점이나 얼룩이 생긴다는 사실이었습니다. 그뿐만 아니라 양들이 교배할 때 양들 앞에 무엇인가 자극적인 것을 세워두면 그것이 새끼의 색깔에 영향을 준다는 사실을 알아낸 것입니다. 야곱은 오랜 목축을 통하여 양에 대한 이런 전문 지식을 가지게 되었고 이 전문지식을 자신의 재산 증식에 사용하기로 결심했습니다.

야곱은 양을 튼튼한 것과 약한 것을 나누어 튼튼한 것이 물을 마실 때에는 그 앞에 껍질을 벗긴 나뭇가지를 세워두었습니다. 그랬더니 튼튼한 양들이 낳는 새끼는 전부 얼룩이거나 점이 있는 것이 되었습니다. 그리고 약한 것들이 교배를 할 때에는 그 양들 앞에서 나뭇가지 같은 것을 치워버리니까 흰 양이 나왔습니다. 결국 튼튼한 것들은 더 많이 교배도 하고 더 많은 새끼를 낳게 되니까 야곱의 양들은 더 많아지게 되고 외삼촌 라반의 흰 양들은 더 적어지게 되었습니다.

여기서 우리가 생각하게 되는 것은 야곱이 발견했던 이 방법이 과연 맞는 방법이었을까 하는 점입니다. 사실 야곱이 사용했던 이 방법은 다 맞는 방법은 아닙니다. 이것은 부분적으로 맞기도 하고 틀리기도 한 지식이었습니다. 그러나 야곱은 이것을 믿었습니다. 야곱은 처음에 자기가 잘해서 자기 양들이 많아지는 줄 알았습니다. 그런데 나중에 알고 보니까 사실 하나님께서 야곱을 도와주신 것이었습니다. 하나님께서 야곱을 도와주시려고 태어나는 양들이 다 색깔 있고 점 있는 것으로 태어나도록 만들어주신 것입니다. 하나님께서 야곱에게 재산이 필요한 줄 아시고 야곱에게 복을 주셨던 것입니다.

하나님께서는 자기 백성들의 수고를 반드시 챙겨주시기 때문에 사람에게 다 받지 못한다고 실망하지 마시기 바랍니다. 혹시 부자가 되고 성공했다고 하더라도 내가 머리가 좋고 잘해서 성공했다고 생각하지 마시기 바랍니다. 하나님이 눈에 보이지 않는 손으로 축복을 해주셨기 때문에 우리는 오늘까지 오게 된 것입니다. 하나님은 이스라엘 백성들이 애굽에서 나올 때에도 반드시 그들의 수고한 값을 받아가지고 나오게 하셨습니다. 그러나 야곱에게 하나님이 복을 주셔도 영적인 부흥의 불이 꺼져서 행복하지 않은 것에 문제가 있었습니다. 야곱이 다시 아름답고 행복한 삶을 회복하기 위해서는 영적 부흥을 되찾는 것이 필요했습니다. 하란에서 세월은 야곱에게는 잃어버린 20년이었습니다.

하나님께서 벧엘에서 야곱에게 나타나신 목적은 그가 어디에 가든지 먹고 사는 것에 매이지 말고 부흥을 일으키는 사람이 되라는 것이었습니다.

그러나 야곱은 아직 보석이기는 하지만 불순물이 너무나도 많이 들어 있는 상태였습니다. 그래서 하나님은 야곱을 라반이라고 하는 지독한 사람에게 맡겨 연단시켜야만 했던 것입니다. 그리고 야곱이 깨달았던 것은 다른 어떤 것보다도 하나님의 말씀을 붙들어야 한다는 것이었습니다.

사실 이 세상의 많은 이기적인 사람들은 우리를 연단하는 사람들입니다. 우리는 하나님을 믿노라 하면서도 포기하지 못한 세상 욕심들이 너무나도 많이 있습니다. 우리는 결코 하나님의 보석이라고 하기에는 세상의 불순물들을 너무 많이 가지고 있습니다. 하나님의 은혜를 붙잡기 위해서는 하나님의 말씀 하나만 붙들어야 합니다. 그러면 하나님께서 다른 모든 것을 더하여 주실 것을 믿어야 합니다. 그렇지 않으면 한 가지가 끝나면 다른 것에 종노릇하고 그것이 끝나면 또 종노릇해서 한평생 인간에게 매여서 종노릇하면서 인생을 허비하게 됩니다.

하나님이 보이지 않는 손으로 지켜주시고 인도해주셔서 오늘 이곳까지 오게 되었습니다. 우리는 하나님의 약속을 믿고 사람의 노예가 되지 않기를 바랍니다. 그러면 하나님이 모든 좋은 것으로 채워주실 것입니다.

38
결단이 필요한 순간 / 창세기 31:13

세계적으로 성공한 인물들의 생애를 보면 그들의 인생에 중요한 결단이 필요한 순간이 있었던 것을 알 수 있습니다.

어거스틴은 정신적으로 많은 방황을 해서 술에도 빠지고 여자와 연극에도 빠지고 수사학 강사가 되기도 하고 마니교에 빠지기도 했지만 그에게는 만족함이 없었습니다. 그러던 어느 날 아이들이 놀면서 '톨레레게 톨레레게'(집어서 읽으라. 집어서 읽으라) 하는 말을 듣고 옆에 있는 성경 로마서를 읽고 난 뒤 완전히 변하여 하나님의 사람으로 변화되고 위대한 신학자가 되게 됩니다.

마찬가지로 평범하게 다른 사람들을 열심히 따라 살다가 어느 날 이렇게 살아서는 안 되겠다는 생각이 들면서 모든 안정된 삶을 버리고 큰 결단을 내렸는데 그 결단 때문에 위대한 사람이 된 경우가 많습니다. 그런데 그 중에서 가장 위대한 결단은 하나님을 믿는 신앙으로 돌아가는 결단입니다.

야곱은 형 에서를 속이고 아버지의 축복을 빼앗았다고 해서 형이 죽이려고 하니까 너무 다급한 나머지 아무것도 없이 거의 맨손으로 아버지 집에서 도망을 쳤습니다. 이때가 야곱의 인생에서 가장 비참한 때였지만 하나님은 빈들에서 돌을 베고 자고 있는 그에게 나타나서서 축복해주셨습니다. 그러나 야곱은 하란에서 외삼촌을 만난 후 결혼하기 위해 14년을 종살이하고 또 재산을 모으기 위해서 6년을 종으로 봉사합니다. 야곱은 물질적으로는 부자가 되었지만 그의 영혼은 너무나도 답답하고 공허했습니다. 이때 야곱은 드디어 하란을 탈출해서 하나님께로 돌아갈 결단을 내리게 됩니다. 이것이 야곱의 생애에서 가장 위대한 결단이었습니다.

1. 야곱에게 불리한 환경

우리 인간은 너무나도 미련해서 할 수만 있으면 자기가 있는 자리에서 엉덩이를 붙이고 살려고 하지 웬만해서는 어떤 결단을 내리려고 하지 않습니다.

야곱은 하란에서 열두 명의 자식들을 낳고 재산도 많아지게 되었습니다. 그러나 야곱은 굳이 하란을 떠나야 한다고 생각하지 않았습니다. 그런데 야곱은 전혀 예기치 못했던 상황의 변화로 하란을 떠날 수밖에 없게 되었습니다. 그것은 야곱과 장인과 장인의 아들들과의 관계가 굉장히 악화되게 된 것입니다.

> 31:1 "야곱이 라반의 아들들이 하는 말을 들은즉 야곱이 우리 아버지의 소유를 다 빼앗고 우리 아버지의 소유로 말미암아 이 모든 재물을 모았다 하는지라"

야곱은 그동안 장인의 양을 맡아서 키워주는 일을 했습니다. 그런데 이상하게도 야곱의 양들이 장인의 양보다 엄청나게 많아지게 되었습니다. 이것은 누가 봐도 야곱이 장인의 양을 빼돌린 것으로 볼 수밖에 없었습니다. 예를 들어서 어느 기업의 회장이 전문 경영인을 사장으로 고용했는데 이 전문 경영인이 회사 주인인 회장보다 더 돈을 잘 벌어서 좋은 차도 타고 집도 회장보다 더 비싸고 좋은 곳에 산다면 회장은 이 사장이 회사 돈을 빼돌려서 부자가 되었다고 생각할 것입니다.

야곱의 경우가 바로 그러했습니다. 라반이 자기 양을 야곱에게 맡겼더니 라반의 양떼는 숫자도 늘지 않고 모두 비실거리는 것들 밖에 없고, 야곱의 양떼는 자꾸 자꾸 많아져서 야곱은 결국 엄청난 부자가 되었습니다. 이것은 야곱이 라반의 양을 빼돌리지 않는 이상 불가능한 것이었습니다.

그럼에도 불구하고 라반이 뭐라고 항의할 수 없었던 것은 임금계약이 그랬기 때문입니다. 라반이 야곱과 임금 계약을 맺을 때 양 새끼의 몇 퍼센트 하는 식으로 계약을 맺었더라면 라반이 훨씬 부자가 되어 있었을 텐데 괜히 욕심을 부리느라고 검은 것이나 점 있는 것을 야곱에게 주는 방식으로 임금을 결정했기 때문에 뭐라고 말할 수가 없었습니다.

그런데 라반의 아들들은 야곱에 대하여 좋지 않은 이야기를 하기 시작했는데 야곱이 아버지의 양들을 빼돌려서 부자가 되었다는 것이었습니다. 야곱은 자기 주위의 상황이 바뀌고 있다는 것을 느낄 수 있었습니다. 그것은 라반이나 그 아들들의 안색이 전과 같지 않은 것이었습니다.

31:2 "야곱이 라반의 안색을 본즉 자기에게 대하여 전과 같지 아니하더라"

사람은 자주 그 얼굴 표정이나 태도를 통해서 자신의 감정을 나타낼 때가 많습니다. 야곱은 어느 날부터 장인과 처남들의 태도가 딱딱하고 굳은 것을 보고 자기에 대하여 좋지 않은 생각을 가지고 있다는 것을 알게 되었습니다. 그리고 야곱은 자칫 잘못하면 아내나 자식이나 재산을 다 빼앗기고 추방되거나 혹은 죽임을 당할 수도 있다는 것을 알게 되었습니다.

이것이 바로 야곱이 하나님께로 돌아오게 된 계기였습니다. 우리가 이것을 보면 야곱이라는 사람이 얼마나 머리가 잘 돌아가는 사람인지 알 수 있습니다. 대개의 사람들은 너무나도 어리석어서 완전히 망해서 재산이 거덜 나고 병이 들어야 겨우 정신을 차리고 하나님을 찾게 됩니다. 그런데 야곱은 이런 일이 닥치기도 전에 미리 눈치를 채서 내가 계속 여기에 붙어 있으면 절대 안 되겠다는 것을 생각하게 되었습니다. 바로 이것은 야곱이 하나님의 은혜를 받은 적이 있기 때문에 깨닫게 된 것입니다. 하나님의 은혜를 받은 사람은 어떤 좋지 않은 계기가 있을 때 정신을 차립니다.

우리 주위에는 돈으로 해결되지 않는 것들이 많이 있습니다. 자신이나 혹은 가족의 병이나 혹은 자녀의 문제나 회사의 어려움 같은 것은 돈만으로는 해결이 되지 않습니다. 바로 이런 것이 하나님께서 우리에게 정신을 차리라고 말씀하시는 것이고 바른 신앙을 회복하라고 부르시는 것입니다. 이때는 눈을 딱 감고 과감하게 모든 것을 떨쳐버리고 신앙의 결단을 해야 합니다. 그런데 그렇게 하지 않고 미련을 두게 되면 또 늦어지게 되거나 아예 기회가 없어져버립니다.

> 31:3 "여호와께서 야곱에게 이르시되 네 조상의 땅 네 족속에게로 돌아가라 내가 너와 함께 있으리라 하신지라"

야곱이 이런 생각을 하고 있을 때 하나님께서도 분명히 말씀하셨습니다. 야곱이 불편해진 상황을 보면서 신앙적인 결단을 내리려고 하니까 우선적으로 하나님의 말씀이 회복되기 시작했습니다. 야곱이 하나님의 입장에서 생각하게 되니까 그동안 중단되었던 하나님의 말씀이 회복되게 되었습니다. 이것은 하나님의 내비게이션이 작동이 되기 시작한 것으로 하나님께서 야곱에게 말씀으로 확인을 시켜주시는 것입니다.

그러나 야곱이 고향의 하나님에게로 돌아가려고 해도 이것은 쉬운 일이 아니었습니다. 왜냐하면 야곱에게는 이미 많은 식구들이 있었고 공식적으로는 라반의 종이었기 때문입니다. 야곱에게는 이미 네 명의 부인과 열두 명의 자식들이 있었고 가축도 너무 많았습니다. 야곱은 이것을 다 버리고 혼자의 몸으로 아버지 집으로 돌아가야 하느냐 아니면 모두 다 데리고 가야 하느냐 하는 문제가 있었던 것입니다.

야곱이 내려야 하는 결단은 자기 혼자라도 도망을 쳐서 신앙으로 돌아가느냐 아니면 아내와 자식들을 다 설득해서 같이 돌아가느냐의 문제였습니다. 여기서 야곱은 아내들을 설득하여 식구들을 다 데리고 하나님께로 돌아오게 됩니다. 이것은 야곱이 너무나도 잘한 일이었습니다.

야곱은 무엇보다 현실에서 나타난 문제를 솔직하게 아내들에게 설명했습니다.

> 31:4-5 "야곱이 사람을 보내어 라헬과 레아를 자기 양 떼가 있는 들로 불러다가 그들에게 이르되 내가 그대들의 아버지의 안색을 본즉 내게 대하여 전과 같지 아니하도다 그러할지라도 내 아버지의 하나님은 나와 함께 계셨느니라"

야곱은 아무리 하나님께 돌아간다 하더라도 가족을 다 두고 혼자 갈 수는 없었습니다. 그래서 야곱은 아내들을 들판으로 불러내어서 먼저 자기 생각을 이야기했습니다. 이때 아마 야곱은 자기 신앙의 이야기를 처음 한 것 같습니다. 우선 야곱은 그대들의 아버지의 안색이 달라졌다는 것을 이야기했습니다. 아마도 지금까지 라반의 안색이 변하면 무엇인가 좋지 않은 일들이 일어나곤 했던 것 같습니다. 그것을 딸들은 너무 잘 알고 있었던 것입니다. 야곱은 아내들에게 이제 더 이상 라반 밑에서 종살이하지 말고 하나님을 믿는 신앙으로 가자고 이야기했습니다.

감사한 것은 야곱의 경우에는 아내와 아이들이 함께 동의하고 신앙의 길을 떠나게 되었다는 것입니다. 그래서 하나님의 백성들은 과거를 후회할 필요가 없습니다. 왜냐하면 우리가 어느 순간이든지 바른 신앙을 붙들면 하나님께서 모든 것을 합력해서 선을 이루게 하시기 때문입니다. 우리는 그때 이런 일만 없었더라면 참 좋았을 텐데라는 식으로 후회할 필요가 없습니다. 왜냐하면 우리가 지금까지 어떻게 살아왔든지 간에 지금이라도 바른 신앙을 붙들면 하나님께서 이 모든 것이 합력해서 선을 이루게 하시기 때문입니다. 그래서 우리는 과거의 실패나 방황을 부끄러워할 필요가 없고 지금 결단이 중요한 것입니다. 지금 결단을 내리기만 하면 하나님은 모든 것을 복되게 하십니다.

여기서 야곱은 한 가지 중요한 사실을 말합니다. 그것은 야곱이 부자가 되면서 몰랐던 것인데 하나님이 깨닫게 해주신 것이었습니다. 외삼촌 라반은 엄청난 변덕쟁이였습니다. 원래 야곱의 품삯을 정할 때 점 있는 것이나 얼룩진 것으로 하기로 했습니다. 그런데 라반은 품삯을 열 번이나 바꾸었습니다. 라반이 처음에 야곱과 품삯을 계약할 때에는 분명히 점이 있거나 아롱지거나 얼룩무늬가 있는 것은 다 주기로 했습니다. 그러나 야곱이 너무 순식간에 부자가 되니까 라반은 그 계약을 자꾸 바꾸었습니다. 그런데 이때 이상한 일들이 일어나게 되었습니다. 라반이 점 있는 것만 주려고 하면 그 다음부터는 양들에게 전부 다 점 있는 새끼만 태어났습니다. 이것을 보고 라반이 이제부터는 얼룩진 것만 품삯으로 주겠다고 하면 그 다음부터는 전부 다 얼룩진 새끼들만 태어났습니다.

나중에 야곱이 깨닫게 된 것은 야곱의 인간적인 방법과 상관없이 하나님이 야곱의 양들이 많아지게 하셨다는 것입니다. 하나님께서는 야곱의 재산을 챙겨주시기 위해서 라반의 입에서 떨어지는 말이 무엇이든지 간에 야곱의 품삯이 되게 하셨던 것입니다. 그래서 하나님께서 우리를 축복하시면 인간이 무슨 수단과 방법을 쓰든지 간에 복이 오게 되어 있습니다.

이것을 통해서 하나님은 야곱에게 "아예 인간적인 방법을 쓰지 말라. 무엇이든지 라반이 말만 하기만 하면 그것이 다 네 것이 될 테니까 너는 하나님을 의지하기만 하라"고 말씀하시는 것입니다. 사실 하나님의 백성들은 인간적인 방법을 쓸 필요가 없습니다. 왜냐하면 하나님이 우리를 축복하시면 굳이 인간적인 방법을 쓰지 않아도 복이 임하기 때문입니다.

야곱은 자기 아내들에게 너희 아버지는 이렇게 변덕스러운데 비하여 나의 하나님은 지금까지 한 번도 변하신 적이 없다는 말로 설득했습니다. "너희 아버지니까 너희가 너무나도 잘 알 것 아니냐? 너희 아버지가 나에게 대한 것을 보라. 그것이 너희 아버지의 본색이다. 그런데 하나님은 지금까지 한 번도 속이거나 그 약속하신 바를 지키시지 않은 적이 없다.

우리 이제 아버지의 종살이를 하지 말고 하나님께 돌아가자" 는 것이었습니다.

> 31:13 "나는 벧엘의 하나님이라 네가 거기서 기둥에 기름을 붓고 거기서 내게 서원하였으니 지금 일어나 이 곳을 떠나서 네 출생지로 돌아가라 하셨느니라"

하나님은 야곱이 벧엘에서 돌베개 위에 기름을 붓고 맹세했던 것을 기억하고 계셨습니다. 그리고 하나님은 야곱에게 그곳으로 돌아가라고 하셨습니다. 그것은 옛날의 그 뜨거운 신앙을 되찾아야 한다는 뜻입니다.

우리가 하나님께 나아갈 수 있는 이유는 하나님은 참으로 진실하시기 때문입니다. 하나님은 참으로 믿을 수 있는 분이십니다. 사람은 언제나 변덕스럽습니다. 그리고 이 세상은 너무나도 잘 변합니다. 그러나 하나님은 절대로 변하지 않으십니다.

이때 야곱의 아내들은 야곱의 말을 듣고 야곱과 함께 도망을 쳐서 하나님께 돌아가기로 결단했습니다.

> 31:14-15 "라헬과 레아가 그에게 대답하여 이르되 우리가 우리 아버지 집에서 무슨 분깃이나 유산이 있으리요 아버지가 우리를 팔고 우리의 돈을 다 먹어버렸으니 아버지가 우리를 외국인처럼 여기는 것이 아닌가"

우리가 딸들이 이야기하는 것을 보면 딸들이 한번 화가 나면 무섭구나 하는 것을 느끼게 됩니다. 라헬과 레아는 자기들이 아버지 집에 더 있어봐야 더 얻을 것이 없으며 더 머뭇거리다가는 지금 있는 재산도 다 빼앗길 것이니 당신의 말대로 도망치자고 했습니다.

대개 사람들이 하나님께 돌아갈 때에는 아무것도 없는 빈털터리일 때가 많습니다. 그러나 야곱과 그의 아내들은 재산을 빼앗기기 전에 결단을 내렸습니다. 우리가 자신과 이 세상을 돌아본 후에 아직 모든 것이 그대로 있을 때 하나님께 돌아가면 모든 것을 다 건지게 됩니다. 청년 때 바른 신앙을 가지면 좋은 점이 바로 이것입니다. 청년은 아직 인생을 다 망치기 전이기 때문에 하나님께로 돌아가면 시간과 젊음과 재산과 모든 것을 그대로 살릴 수 있는 것입니다.

또 한 가지 놀라운 것은 야곱이 하나님께로 돌아가려고 했을 때 처음으로 언제나 원수같이 싸우던 야곱의 두 아내의 마음이 하나가 되었다는 점입니다. 지금까지 레아와 라헬 두 자매는 칼만 들지 않았지 원수처럼 싸웠습니다. 그런데 야곱이 하나님께로 돌아가려고 하니까 이들의 마음이 하나가 되었습니다. 하나님의 백성이 하나님의 말씀으로 돌아가기만 하면 복잡하게 얽혀있던 것들이 자동적으로 해결됩니다. 왜냐하면 그것이 바른 길이기 때문입니다. 지금까지 야곱에게 모든 것이 복잡하게 얽혀 있었던 이유는 이 가정에서 하나님이 주인이 되시지 못했기 때문입니다. 그런데 야곱이 하나님 중심으로 돌아갔을 때 모든 것이 정상이 되었습니다.

2. 야곱의 탈출

야곱이 라반의 집을 떠나는 방법은 여러 가지가 있었을 것입니다. 물론 야곱이 라반에게 정중하게 미리 통보하고 작별 인사를 한 후에 떠날 수도 있었을 것입니다. 그러나 야곱은 탈출하는 방법을 택했습니다. 그 이유는 야곱은 라반이 절대로 자기를 그냥 보내지 않을 것이라고 확신했기 때문입니다.

야곱이 처음 라헬과 결혼하려고 했을 때 라반은 레아를 끼워 팔기 식으로 야곱에게 떠 안겼습니다. 그리고 요셉을 낳은 후 떠나겠다고 했을 때 하나님의 축복을 운운하면서 품삯을 가지고 야곱을 붙들었습니다. 그 후 그는 품삯을 열 번이나 바꾸면서 자기에게 유리한 쪽으로 모든 것을 끌고 가려고 했습니다. 아마도 이번에 야곱이 떠난다고 말하면 분명히 무슨 방법을 써서라도 야곱을 하란에 주저앉게 할 것입니다. 결국 야곱은 탈출 외에는 하란을 떠날 수 없다는 것을 알았습니다.

야곱은 탈출을 위해 상당한 준비를 한 것 같습니다. 우선 야곱은 낙타를 여러 마리 사 두었습니다. 그것은 이 더운 곳에서 부녀자들을 빨리 이동시키기 위한 최적의 운송 수단이었기 때문입니다. 그리고 탈출의 시기를 라반의 양털 깎는 때를 택했습니다. 목축업자들에게 있어서 양털을 깎는 것은 큰 축제여서 야곱에 대한 감시가 소홀해질 수밖에 없습니다.

그러나 야곱의 탈출에는 많은 걸림돌이 있었습니다. 야곱이 가나안 땅으로 탈출하는 데는 유브라데 강이라는 엄청난 걸림돌이 가로놓여 있었습니다. 뿐만 아니라 라반은 야곱이 도망쳤다는 것을 알면 반드시 추격해서 도로 잡아가려고 할 것입니다. 그러나 야곱은 거의 무모할 정도로 하나님을 믿고 행동에 옮겼습니다. 우리는 때때로 인간의 머리로는 도저히 결론이 나지 않을 때가 많이 있습니다. 이럴 때에는 무모해야 하는 것입니다. 야곱에게 중요한 것은 시간이었습니다. 야곱은 라반이 추격해 오기 전에 길르앗으로 해서 가나안으로 들어가야 했습니다.

그런데 야곱은 결국 라반의 추격대에게 추격을 받게 됩니다.

31:21-22 "그가 그의 모든 소유를 이끌고 강을 건너 길르앗 산을 향하여 도망한 지 삼 일 만에 야곱이 도망한 것이 라반에게 들린지라"

이스라엘 백성들이 애굽을 떠날 때에 하나님께서는 허리에 띠를 매고 손에 지팡이를 잡고 급히 음식을 먹으라고 했습니다. 원래 이스라엘 백성들은 먹는 것 하나 만큼은 천천히 먹었습니다. 이스라엘 백성들은 식사할 때 길게 드러누워서 소화를 시켜가면서 먹었습니다. 그러나 하나님은 이스라엘 백성들이 애굽을 떠날 때에는 서서 급히 음식을 먹게 하셨습니다. 그 이유는 이스라엘 백성들이 애굽의 종살이에서 떠나는 것은 긴급하게 해야지, 그렇게 하지 않으면 다시 붙들려서 종살이를 해야 하기 때문입니다. 바른 신앙을 되찾는 것은 최우선적으로 해야 합니다. 바른 신앙을 되찾고 영적 부흥을 회복하는 것은 가장 긴급하게 해야 하는 일입니다.

그러나 결국 야곱은 도망친 지 칠 일 만에 라반에게 추격을 당하게 됩니다. 라반이 야곱을 뒤쫓아 가는데 칠 일 만에 그것도 길르앗 산에서 야곱을 따라잡았다는 것은 야곱 일행이 엄청나게 빨리 도망친 것을 알 수 있습니다. 라반은 무려 칠 일이나 걸려서 야곱의 일행을 따라 잡았는데 그들은 길르앗 지방까지 도망가 있었습니다. 길르앗에서 요단강만 건너면 되는데 그 입구에서 붙들린 것입니다.

야곱이 하나님만을 전심으로 섬기기 위하여 탈출했을 때 라반은 자기 주위에 있는 모든 사람들을 다 이끌고 그를 다시 잡아두기 위하여 추격해 왔습니다. 그 이유는 라반은 무슨 수를 써서라도 야곱을 풀어주기를 원치 않았기 때문입니다.

결국 야곱은 도망쳤지만 라반에게 붙잡힐 위기에 처하게 됩니다. 그리고 정상적으로 하면 야곱은 다시 라반에게 붙들려서 종살이하러 갈 수밖에 없습니다. 그러나 그때 하나님께서 꿈에 라반에게 나타나서 절대로 야곱을 건드리지 못하게 하셨습니다.

> 31:24 "밤에 하나님이 아람 사람 라반에게 현몽하여 이르시되 너는 삼가 야곱에게 선악간에 말하지 말라 하셨더라"

하나님께서 라반에게 꿈에 나타나셔서 "네가 야곱을 건드리기만 하면 너는 죽는다"고 위협하셨던 것입니다. 그래서 외삼촌 라반은 야곱을 추격하고서도 잡아가지 못했습니다. 그렇지 않았으면 라반이 야곱을 그냥 고이 가게 할 리가 없었습니다.

이 세상에서 가장 고귀한 일은 하나님의 부르심을 받아서 하나님을 믿는 것입니다. 이것은 하나님께서 부르시는 것이기 때문에 어느 누구도 막을 수 없습니다.

하나님께서 바로에게 재앙을 내리면서 하신 말씀이 무엇입니까? "내 백성으로 하여금 가게 하라"는 것이었습니다. 이 세상에서 가장 영광된 발걸음이 하나님의 부르심을 받아서 하나님을 믿으러 나아가는 것입니다. 이것은 어느 누구도 막을 수 없습니다. 왜냐하면 그들을 부르신 분이 하나님이시기 때문입니다.

3. 우상의 함정

하나님이 라반에게 꿈에 나타나서 야곱을 건드리지 말라고 하신 것까지는 좋은데 야곱은 생각하지도 못한 함정에 빠지게 되었습니다. 그것은 야곱의 사랑하는 아내 라헬이 아버지의 우상을 훔쳐서 도망친 것이었습니다.

> 31:19끝 "라헬은 그의 아버지의 드라빔을 도둑질하고"

'드라빔' 이라고 하는 것은 가정을 지키는 수호신 우상을 말합니다. 라헬은 이제 고향과 친척을 다 떠나게 되는데 우상이라도 있어야겠다고 생각해서 아버지의 우상을 훔쳤습니다.

이것을 보면 라반이나 그 딸들은 하나님을 믿는다고 하면서 얼마나 우상의 사고방식이 깊이 박혀 있는지 알 수 있습니다. 우리가 하나님께 돌아가고 부흥을 회복하려면 이런 수호신 같은 것을 다 버리고 돌아가야 하는데 라헬은 그렇지 못했습니다. 하나님께 돌아가지만 또 수호신은 있어야 한다고 생각했습니다.

라반은 야곱에게 다른 것은 용서할 수 있어도 이 수호신을 훔쳐가는 것은 절대로 용서할 수 없다고 했습니다. 그리고 야곱의 모든 물건을 샅샅이 뒤져서라도 도둑질한 수호신은 반드시 찾아내고야 말겠다고 했습니다.

라헬이 이 드라빔을 도둑질한 것을 야곱은 몰랐습니다. 그래서 야곱은 라반에게 다시 큰 소리 치면서 맹세했습니다. 누구든지 드라빔을 훔친 자는 죽을 것이며 우리는 다 종이 되겠다고 했습니다. 야곱이 그렇게 큰 소리를 친 것은 자기 아내가 아버지의 우상을 훔친 것을 몰랐기 때문입니다. 만약 야곱이 라반의 드라빔을 훔친 것이 들통 나면 라반은 야곱에게 양들도 이런 식으로 다 훔쳤다고 누명을 뒤집어씌울 것입니다.

그런데 라반은 이 우상을 찾지 못했습니다. 라반은 야곱의 모든 짐을 이를 잡듯이 샅샅이 뒤졌습니다. 그런데 라헬은 아버지가 드라빔을 찾으러 왔을 때 낙타 안장 밑에 그것을 감추고 아버지에게 자기가 생리 중이어서 일어나지 못하겠다고 말하고 낙타 등에 앉아 있었습니다. 그런데 동방 사람들은 생리중의 여성에게 접촉한 것을 만지거나 닿는 것을 아주 부정하게 생각했기 때문에 라반은 차마 딸에게 일어서라고 할 수는 없었습니다. 결국 라헬은 기왕 훔친 것 철저하게 거짓말을 함으로써 위기를 가까스로 넘기게 되었습니다.

우리의 영혼은 하나님께로 돌아와서 영적인 부흥을 체험할 때 비로소 만족하게 되고 사는 의미를 찾을 수 있게 됩니다. 그것을 위해서는 모든 것을 버릴 각오를 하고 결단을 내려야 합니다. 이것이 바로 우리 영혼의 자유를 얻는 것입니다. 이제 드디어 야곱은 20년 종살이에서 풀려나서 마음껏 하나님을 섬길 수 있는 자유를 얻게 되었습니다.

마귀는 끝까지 우리를 붙잡아서 마귀의 영원한 종이 되게 하려고 합니다. 마귀는 예수님에게도 자기에게 절을 하기만 하면 이 세상의 모든 영광을 주겠다고 했습니다. 그러나 그것은 거짓말입니다. 우리는 하나님 앞에서 인생의 중요한 결단을 내려서 위대한 하나님의 복을 받으시기 바랍니다.

39
야곱이 이스라엘이 됨 / 창세기 32:22

고대 로마에서는 다른 나라와 전쟁을 해서 이기고 돌아오는 사람의 이름을 바꾸어주었습니다. 예를 들어서 게르만을 이겼으면 그 사람의 이름을 '게르마니쿠스'라고 불러주고 아프리카를 정복했으면 '아프리카누스'라는 이름을 지어주었습니다. 우리나라에서도 올림픽 금메달을 따면 그 사람에게는 올림픽 금메달리스트라는 칭호가 붙게 되고, 만약 누군가가 노벨상을 타게 되면 노벨상 수상자라는 칭호가 따르게 될 것입니다.

우리도 신앙생활을 하다가 어떤 큰 어려움을 이겼을 때에는 완전히 새로운 믿음을 가지고 살아가게 됩니다. 예를 들어서 용광로에 산채로 들어갔다가 살아서 나온 사드락과 메삭과 아벳느고 같은 사람은 용광로에서 살아나온 사람이라는 칭호가 붙게 되고, 사자굴에서 살아서 나온 다니엘은 사자를 이긴 다니엘이라는 칭호가 붙게 되는 것입니다. 반대로 낮에 예수님을 만나는 것이 부끄러워서 밤에 찾아온 니고데모는 '밤에 찾아온 니고데모'라는 칭호가 붙게 되고, 예수님의 부활을 직접 보지 않고는 믿지 않았던 도마에게는 '의심 많은 도마'라는 칭호가 붙게 되는 것입니다. 우리도 이 세상을 아무 어려움 없이 밋밋하게 살아가면 '밋밋한 누구누구'라는 칭호가 붙게 되겠지만, 죽음을 무릅쓰고 시험을 이긴 성도에게는 '승리자'라는 멋진 칭호가 붙게 될 것입니다.

야곱은 약속의 땅으로 돌아오는 과정에서 정체불명의 천사를 만나서 밤새도록 씨름하여 이겼습니다. 그때 하나님은 야곱에게 '승리자'라는 뜻이 있는 '이스라엘'이라는 새 이름을 지어주셨습니다.

야곱은 형 에서를 피해서 밧단 아람으로 가는 도중에 들판에서 돌을 베개하고 자다가 엄청난 하나님의 은혜를 체험하게 되었습니다. 야곱은 그 후 오로지 하나님의 말씀만 붙들고 살아야 하는데 그렇게 하지 못하고 결혼하고 재산을 모으려고 하는 바람에 외삼촌 라반의 종이 되어서 무려 20년이라는 세월을 허송세월하게 됩니다. 그러나 야곱은 하나님과의 그 뜨거운 신앙을 되찾기 위해서 부인과 아이들을 데리고 목숨을 건 탈출을 시도합니다.

그러나 야곱은 유브라데 강을 건너고 겨우 길르앗 땅까지 오게 되었을 때 라반의 추격대에 추격을 당하고 말았습니다. 그러나 하나님께서 라반의 꿈에 나타나셔서 절대로 야곱을 건드리지 말라고 하셔서 야곱은 드디어 라반의 통제에서 벗어나게 됩니다.

그러나 야곱에게는 극복해야 할 큰 어려움이 있었는데 그것은 바로 20년 전에 좋지 않게 헤어졌던 형 에서와 만나는 일이었습니다.

1. 야곱이 본 하나님의 군대

32:1-2 "야곱이 길을 가는데 하나님의 사자들이 그를 만난지라 야곱이 그들을 볼 때에 이르기를 이는 하나님의 군대라 하고 그 땅 이름을 마하나임이라 하였더라"

야곱은 외삼촌 라반의 집에서 탈출하는데 성공함으로 이제 진정한 자유인이 되었습니다.

　야곱은 이제 20년 만에 아버지 집으로 돌아가지만 그동안 아버지 집은 너무 변해있었고 야곱은 진로문제로 심각한 고민을 해야만 했습니다. 아버지 이삭은 살아있지만 너무 늙어버리셨고, 형 에서는 너무 강해져있는데다가 이미 아버지 집은 옛날 축복의 집이 아니었던 것입니다.

　이때 야곱은 길을 가다가 천사들의 부대를 만나게 되었습니다. 구약시대에도 길을 가다가 천사를 만난다는 것은 쉬운 일이 결코 아니었습니다. 그런데 야곱이 만난 것은 천사 한두 명이 아니고 천사들의 부대를 만나게 되었던 것입니다.

　야곱은 천사들을 만난 장소의 이름을 '마하나임' 이라고 불렀는데, 그것은 '두 진영' 이라는 뜻입니다. 야곱은 아버지 집으로 돌아오면서 하나님의 천사 두 부대를 만나게 된 것입니다. 이것은 하나님께서 야곱에게 무엇인가 주시는 중요한 의미가 있는 것이었습니다. 야곱이 길을 가다가 만난 천사들의 부대는 야곱을 위해서 지금으로 말하면 '팀 스피리트' 훈련을 하고 있는 중이었습니다. 이는 지금 하나님의 천사들이 야곱과 그의 가족이나 양떼를 지키기 위해서 대규모 훈련을 하고 있다는 것을 보여주는 것입니다. 야곱은 지금 자유를 얻어서 어디든지 갈 수 있지만 이 세상에는 많은 사탄의 위험과 공격이 도사리고 있습니다. 그래서 하나님은 이 가나안 땅에서 야곱과 그 가족들을 지키기 위해서 천사들을 두 부대나 출동시켜서 작전하는 것을 보여주신 것입니다. 이것은 야곱에게는 대단히 든든한 위안이 되는 것입니다.

　열왕기하 6장에 보면 엘리사가 도단 성에 있을 때 아람 왕 벤하닷이 엘리사를 잡기 위하여 밤에 수리아 군대를 보내어 그 성을 포위합니다. 아침에 일어나서 엘리사의 종이 성을 포위한 수많은 말과 군대를 보고 두려워하면서 엘리사에게 우리가 포위되었다고 했습니다. 이때 엘리사는 하나님께 그 종의 눈을 열어 달라고 기도했는데 하나님이 그의 눈을 열어주심으로 하나님의 불말과 불병거가 산에 가득히 그 성을 둘러싼 것을 보게 하셨습니다. 우리 눈에는 하나님의 군대가 보이지 않지만 하나님은 천사들의 군대를 보내어서 대적의 위험이나 공격으로부터 지켜주십니다. 그래서 우리는 이 세상에 우리만 있는 것이 아니라 하나님의 천사가 함께 있다는 것을 기억해야 합니다. 옛날 유다 히스기야 때에는 천사 한 명이 앗수르 군대 18만 5천명을 죽였는데 우리에게도 하나님의 천사가 있는 것입니다. 우리가 이 믿음이 없으면·이 세상에서 힘이 있고 권세 있는 자들을 보면 너무나도 대단하게 보이고 겁을 집어 먹게 됩니다. 하지만 우리에게는 눈에 보이지 않는 하나님의 사자가 우리를 지키고 있는 것입니다.

2. 야곱과 에서의 갈등

야곱이 집을 떠나 하란에 있는 20년 동안 아버지의 집은 너무 변해 있었습니다. 아버지는 너무 늙으셨고 어머니 리브가는 이미 돌아가셨습니다. 그리고 집의 모든 권한은 형 에서가 쥐고 있는데 그는 더 강해졌고 더 큰 권세를 가지고 있었습니다. 그리고 야곱의 집에서 하나님의 복은 이미 없어졌습니다. 요즘 말로 치면 이미 부흥은 없어지고 세상 집과 다를 것이 없게 되었던 것입니다. 이때 야곱은 일단 형 에서에게 자기가 20년 만에 집으로 돌아온다는 소식을 종을 보내어서 알렸습니다.

> 32:3-5 "그 하나가 이르되 청하건대 당신도 종들과 함께 하소서 하니 엘리사가 이르되 내가 가리라 하고 드디어 그들과 함께 가니라 무리가 요단에 이르러 나무를 베더니 한 사람이 나무를 벨 때에 쇠도끼가 물에 떨어진지라 이에 외쳐 이르되 아아, 내 주여 이는 빌려온 것이니이다 하니"

야곱이 20년 만에 집으로 돌아오면서 형이나 가족들을 만난다면 아마 가슴이 설레고 벅차서 울렁거릴 것입니다. 그리고 형 에서에게도 '형! 그동안 잘 있었느냐?' 라고 하면서 '곧 우리 반갑게 만나자!' 고 할 것입니다. 그런데 야곱이 에서에게 전하는 말을 들어보면 이것은 20년 동안 떨어져 있었던 동생이 형에게 하는 소리가 아니라 완전히 노예가 상전이나 점령군 사령관에게 하는 말같이 들립니다. 그 이유는 형 에서에게는 20년 전에 있었던 좋지 않은 감정들이 남아있었기 때문입니다. 에서는 신앙적인 문제에는 관심이 없었고 얼마나 성공했느냐 얼마나 돈을 많이 벌었느냐 하는 것에만 관심 가지는 사람이었습니다.

이것을 보면 야곱과 에서는 형제이지만 생각하는데 많은 차이가 있었습니다. 야곱은 하나님이 주시는 영적인 복이나 체험에 관심이 있는 사람이라면, 에서는 오직 눈에 보이는 세상적인 성공이나 재물에만 관심을 가지는 사람이었습니다.

에서와 야곱은 인간적으로는 가까운 사이였지만 결코 하나 될 수 없는 가치관의 차이가 있었습니다.

에서는 그 당시 기준으로 보면 대단히 뛰어난 사람이었습니다. 그 당시에는 남성다움의 조건이 사냥에 있었는데 에서는 대단히 뛰어난 사냥꾼이었습니다. 하지만 그는 사람의 영혼이라든지 영적인 상태에는 관심이 없었습니다. 그러나 야곱은 하나님을 체험하는 것이 중요시했고 세상적으로 잘 사는 것보다 하나님의 은혜를 체험하는 것을 더 중요하게 생각했습니다. 그래서 이 두 형제는 도저히 하나 될 수 없는 물과 기름 같은 차이가 있었습니다.

야곱에게 있어서 가장 부담스러운 만남은 형 에서와의 만남이었습니다. 에서는 가장 가까운 사람이지만 야곱에게는 가장 만나기 껄끄럽고 두려운 상대였습니다.

그런데 에서는 야곱이 돌아온다는 말을 듣고 400명을 무장시켜서 야곱을 만나러 나서게 되었습니다.

32:6 "사자들이 야곱에게 돌아와 이르되 우리가 주인의 형 에서에게 이른즉 그가 사백 명을 거느리고 주인을 만나려고 오더이다"

에서는 야곱이 많은 가축을 거느리고 집으로 돌아오고 있다는 소식을 듣고는 400명의 일꾼들에게 칼을 차게 해서 야곱을 만나러 나왔습니다. 왜 에서는 야곱이 돌아왔다는 소식을 듣고서도 전혀 반가워하지 않고 오히려 사람들을 무장시켜서 야곱을 만나러 갔을까요? 에서는 옛날 20년 전에 야곱에게 속았던 분이 아직도 안 풀렸기 때문입니다. 그뿐만 아니라 에서는 여차하면 야곱과 그 모든 식구들을 죽일 적의까지 품고 있었습니다.

야곱은 20년 만에 자유를 얻어서 아버지 집에 돌아오고 있지만 그의 모든 은혜와 받은 축복이 위기에 빠지게 되었습니다. 에서는 야곱이 그동안 은혜로 살아온 것을 전혀 인정하지 않고 20년 전의 분노를 그대로 가지고 있었습니다.

지금 에서가 생각하고 있는 것은 두 가지였습니다. 하나는 이 400명의 군사를 가지고 야곱의 기를 꺾어 놓는 것입니다. 그렇지 않으면 에서는 진짜 야곱을 죽이고 싶었는지도 모릅니다.

야곱이 20년 동안 하란에서 연단을 받고 이제 아버지 집으로 돌아왔지만 야곱의 생명은 에서라는 현실 앞에서 아무 힘도 쓸 수가 없었습니다. 만일 에서가 야곱을 죽이면 죽을 수밖에 없었습니다. 아마 이것 때문에 하나님은 야곱에게 천사들의 부대를 보여주신 것 같습니다. 그러나 야곱은 형 에서가 400명을 데리고 온다는 말을 듣고 거의 죽고 싶을 정도로 절망을 하게 됩니다.

3. 천사와 씨름한 야곱

야곱은 먼저 가족들을 모두 얍복강을 건너게 했습니다. 여기서 얍복강은 요단강으로 흘러드는 지류인데, 야곱은 혹시라도 강을 건너다가 에서의 공격을 당하면 전멸할 것이라고 생각해서 서둘러서 가족과 가축을 건너게 했습니다. 그리고 야곱은 강 건너편에 혼자 남게 되었는데 야곱이 혼자 남아 있었던 것은 아직 에서를 만날 자신이 없었기 때문입니다. 그래서 야곱은 혼자 생각도 하고 기도도 한 후 마음을 진정시키고 에서를 만나려고 했는데, 갑자기 어떤 정체를 알 수 없는 괴한이 공격하는 바람에 야곱은 그 사람과 밤새 씨름을 하게 되었습니다. 그런데 야곱은 그 괴한의 정체를 알지 못했습니다. 야곱이 이 괴한과 씨름을 한 것은 시간이 무제한인 경기였습니다. 그리고 씨름의 규칙은 알 수 없지만 그냥 심심해서 하는 씨름은 아니었습니다.

아마 야곱은 자기를 공격한 괴한이 자기를 종으로 잡아가려고 한다고 생각한 것 같습니다. 아마 이 당시에는 씨름에서 지면 이긴 자의 종이 되었던 것 같습니다. 그래서 야곱은 결사적으로 저항을 해서 결국 땅에 깔리지 않았고 그 사람에게 지지 않았습니다. 야곱의 상대방은 자기가 야곱을 이길 수 없는 것을 보고 손으로 허벅지 관절을 쳐서 탈골을 시켜버렸습니다. 그래서 야곱은 허벅지 관절이 위골되어서 제대로 걸을 수 없게 되었습니다. 이때 날이 새려고 했을 때 이 사람은 가겠다고 하면서 씨름을 그만하자고 했습니다.

그러면 도대체 야곱과 씨름한 이 사람은 누구였을까요? 야곱과 씨름한 사람은 라반이 보낸 사람도 아니고 형 에서가 보낸 사람도 아니고, 하나님의 천사였습니다. 그러면 왜 하나님은 굳이 혼자 있는 야곱을 찾아와서 밤새 씨름을 했을까요?

> 32:30 "그러므로 야곱이 그 곳 이름을 브니엘이라 하였으니 그가 이르기를 내가 하나님과 대면하여 보았으나 내 생명이 보전되었다 함이더라"

야곱은 처음에는 자기와 씨름한 대상을 알지 못했지만 나중에 날이 밝으면서 하나님의 얼굴을 보게 되었습니다. 아마 그 하나님은 벧엘에서 자기를 만나주셨던 그 하나님이었던 것 같습니다.

여기서 중요한 것은 이 씨름에서 과연 누가 이겼을까 하는 것입니다.

32:26-28 "그가 이르되 날이 새려하니 나로 가게 하라 야곱이 이르되 당신이 내게 축복하지 아니하면 가게 하지 아니하겠나이다 그 사람이 그에게 이르되 네 이름이 무엇이냐 그가 이르되 야곱이니이다 그가 이르되 네 이름을 다시는 야곱이라 부를 것이 아니요 이스라엘이라 부를 것이니 이는 네가 하나님과 및 사람들과 겨루어 이겼음이니라"

본문을 보면 두 사람이 밤새도록 싸웠지만 어느 누구도 상대편을 때려 눕히지 못했습니다. 하나님의 사자는 어쩔 수 없어서 야곱의 허벅지 관절을 쳐서 탈골시켜버렸는데도 야곱은 쓰러지지 않고 끝까지 그 사람에게 매달렸습니다. 결국 그 사람은 날이 새려고 하니까 나로 가게 하라고 했습니다. 야곱의 이 씨름은 하나님의 사자도 이기지 못했고 야곱도 이기지 못했으니까 씨름은 무승부가 되어야 합니다. 그런데 본문에는 야곱을 승리자라고 불러주십니다. 그 이유는 하나님의 사자가 끝까지 씨름을 하지 못하고 중간에서 기권했기 때문입니다. 그런데 놀라운 것은 하나님의 사자가 야곱을 승리자라고 하셨을 때 야곱은 천사에게 자기를 축복해 달라고 하면서 매달렸다는 것입니다. 이것이 이상한 것입니다. 야곱은 밤새 결사적으로 싸웠고 결국 그 상대방이 야곱을 이기지 못하고 야곱이 승리를 했으면 끝난 것인데 야곱은 경기를 기권한 사람에게 축복을 간구한 것입니다. 그것도 그냥 구한 것이 아니라 울면서 구했습니다.

호 12:4 "천사와 겨루어 이기고 울며 그에게 간구하였으며 하나님은 벧엘에서 그를 만나셨고 거기에서 우리에게 말씀하셨나니"

사람이 이겼는데 울 이유가 어디에 있습니까? 여기서 야곱이 울면서 축복을 구한 것은 결코 승리의 감격이 아니었습니다. 이 눈물은 아마도 야곱이 한평생 마음속에 오래 오래 간직되었고 어느 누구에게도 내어 보인 적이 없는 자신의 약한 부분을 인정하고 고백하는 눈물이었습니다. 야곱은 결코 울지 않는 사람이었습니다. 왜냐하면 야곱은 지금까지 모든 것을 자기 혼자 힘으로 해낸 사람이었기 때문입니다. 야곱은 자기 힘으로 인생 밑바닥에서 일어선 사람이었습니다. 이런 사람의 특징은 자신의 약한 모습을 절대로 다른 사람에게 보여주는 법이 없다는 것입니다. 왜냐하면 어려울 때 어떻게 해서든지 이를 악물고 이겨내어야지 약한 마음을 가지면 넘어지게 된다는 것을 너무나도 잘 알기 때문입니다.

그런데 야곱은 얼마나 자존심이 강한 사람인지 하나님 앞에서도 자신의 약한 모습을 절대로 내어놓지 않았습니다. 그래서 야곱은 하나님 앞에서도 부족한 모습을 내어놓으려 하지 않았고 울면서 기도해야 할 때에도 절대로 울지 않았습니다. 그런데 야곱은 밤새 씨름 하면서 지지 않으려고 자신의 야비한 모습을 전부 다 보여주었습니다. 원래 야곱이라는 이름이 씨름기술에서 나온 이름이었습니다. 아마도 야곱은 상대방에게 수없이 욕을 퍼붓고 온갖 속임수를 다 쓰면서 상대방을 꺾으려고 했을 것입니다. 그런데 날이 새려고 할 때 상대방은 야곱의 허벅지 관절을 치는 바람에 더 이상 도망칠 수도 없게 되었습니다. 그때 너무나도 아파서 상대방의 얼굴을 보니까 바로 하나님의 얼굴이었습니다. 이제 야곱은 하나님 앞에서 더 이상 숨길 것도 없었고 감출 것도 없었습니다.

이때 비로소 야곱은 하나님 앞에서 자기의 모든 자존심을 다 내려놓고 울면서 하나님의 복을 구했습니다. 바로 그때 하나님께서 야곱에게 승리자라는 이름을 주신 것입니다. 야곱이 하나님 앞에서 승리자가 될 수 있었던 때는 하나님 앞에서 가장 솔직하고 가난하고 비참한 모습을 그대로 드러내었을 때였습니다. 그때 야곱은 지금까지 남을 속이고 거짓말하던 그 야곱이라는 이름을 벗고 승리자라는 새로운 이름을 얻게 되었습니다.

우리에게 가장 힘든 씨름이 무엇이겠습니까? 물론 우리 인생에 여러 가지 어려운 고비들이 있습니다. 그러나 더 심각한 것은 우리가 이런 인생의 고비에서조차도 자존심을 지키느라고 하나님 앞에 울지도 않고 복을 간구하지도 않는다는 것입니다. 그러나 우리가 하나님 앞에서 나의 약하고 비겁한 모습을 솔직하게 내어놓으면서 하나님의 복을 간구할 때 하나님은 우리로 하여금 승리자로 만들어주십니다.

지금까지의 우리의 신앙이 어떤 신앙이었습니까? 아마도 하나님과 우리 사이의 숨바꼭질이었을 것입니다. 하나님이 인도하시려고 하시는데 우리는 절대로 하나님의 손에 맡기지 못하고 내 수단과 방법대로 해 왔을 것입니다. 하나님께서 어려움을 주시면 그때는 손이 발이 되도록 빌다가도, 어려움만 없어지면 언제 그런 일이 있었느냐는 듯이 자기 멋대로 살던 우리들이었습니다. 그런데 우리 생애에 한번은 하나님의 손에 붙들릴 때가 있습니다. 그때 정말 우리가 뛰어봐야 벼룩이라는 것을 깨닫게 될 것입니다. 이때 우리는 하나님의 손에 붙들려서 숨을 쉴 수조차도 없습니다. 이때 우리는 하나님 앞에 나의 거짓됨과 인간적인 모든 수단을 다 버리고 하나님의 전능하신 능력에 항복을 하면서 야곱은 죽고 이스라엘로 태어나게 되는 것입니다.

하나님께서 밤이 새도록 야곱과 씨름하신 이유가 무엇입니까? 그 하나는 하나님은 야곱에게 너는 내 손에 붙잡혔기 때문에 더 이상 도망칠 수 없다는 것을 보여주는 것입니다. 하나님이면서 동시에 사람일 수 있는 분은 오직 예수 그리스도밖에 없습니다. 그리스도는 강한 용사이십니다. 이 세상의 어떤 세력도 그리스도와 싸워서 이길 수 있는 사람은 없습니다. 왜냐하면 그리스도는 인간의 몸으로 오셨지만 신적인 능력을 가진 분이시기 때문입니다. 그런데 야곱은 바로 그런 분과 대등한 경기를 펼쳤습니다. 그렇다면 인간 중에는 어느 누구도 야곱과 씨름을 해서 이길 수 없습니다. 왜냐하면 야곱은 인간의 능력을 뛰어 넘는 분과 씨름을 해서 거의 대등한 경기를 펼쳤기 때문입니다.

야곱은 천사와 씨름한 후에 다리를 절었습니다. 야곱이 하나님을 만난 후 절었던 것처럼 하나님께서 사랑하는 사람은 이 세상에서 절게 하십니다. 하나님은 우리에게 어떤 부분이든지 모자라게 하셔서 하나님을 의지하지 않을 수 없게 하십니다. 우리가 다리가 절면 하나님이 더 잘 보입니다. 우리에게 무엇인가 부족한 것을 인하여 하나님께 기뻐하고 감사하십시오. 그리고 그 약한 부분으로 인하여 이 세상의 모든 시련이나 유혹을 이기고 믿음으로 승리하시기 바랍니다.

40
형 에서와의 만남 / 창세기 33:3-4

보통 가족 중에서 형제는 가장 가까운 사이이고 자랄 때 가장 많은 추억을 가지게 되지만 자란 후에 경제적인 문제로 사이가 나빠져서 원수처럼 지내는 경우가 많이 있습니다.

더욱이 다른 형제에게 재산상의 많은 피해를 주는 형제가 있다면 도저히 가족들이 만나는 곳에 얼굴을 들고 나타나지 못할 것입니다. 심지어는 교회 안에서 다른 교인에게 큰 금전적인 피해나 정신적인 피해를 주고 교회를 떠났다면 다시 그 교회로 돌아가는 것이 쉽지 않을 것입니다. 그러나 하나님의 백성들 중에는 이런 일들이 일어날 수 있습니다. 그뿐만 아니라 큰 피해를 주고 떠났던 사람이 철저히 회개하고 돌아와서 영적인 지도자가 되는 경우도 있습니다. 이것은 누구든지 못된 짓을 하고 도망친 후에 다시 뻔뻔스럽게 돌아오면 된다는 뜻이 아닙니다. 단지 이것은 하나님의 자비와 긍휼이 얼마나 큰 지 보여주는 것입니다.

예수님의 비유 중에서 탕자 비유를 보면 작은 아들이 아버지가 아직 살아 계신데도 자기 몫의 유산을 달라고 한 후 아버지 곁을 떠나서는 먼 데 가서 허랑방탕하게 재산을 다 탕진하고 거지가 되어서 집으로 돌아오게 됩니다. 사실 이 탕자는 집 식구들에게 많은 정신적, 물질적인 피해를 주었습니다. 그러나 이 아들이 돌아올 때 아버지는 아직 아들이 멀리 있는데도 알아보고 맨발로 달려 나가 아들의 목을 끌어안고 집으로 데리고 옵니다. 그런데 큰 아들은 동생이 용서되지 않아서 돌아온 것을 못마땅하게 생각하며 불평을 합니다. 이때 아버지는 큰 아들에게 "네 동생은 죽었다가 다시 살아났고 잃었다가 다시 찾은 동생이라"고 합니다. 아버지에게는 애를 먹이던 그 못된 아들은 죽었고 이제 새 아들을 얻은 것이라는 의미입니다.

신약 시대에도 사도 바울은 예수님을 인격적으로 만나기 전에 교회를 박해하고 정신적으로나 육체적으로 많은 피해를 준 사람이었습니다. 그러나 사울이 예수님을 만나고 철저하게 회개했을 때 기독교에서 가장 중요한 사람으로 전 세계에 복음을 전하는 인물이 되었습니다.

야곱은 20년 전에 형 에서를 속이고 아버지 이삭을 속이고 하나님의 복을 가로챘는데 이것은 재산을 떼어 먹는 것보다 더 나쁜 짓이었습니다. 그러나 야곱이 철저하게 회개하고 돌아왔을 때 하나님은 야곱으로 하여금 축복의 주인공이 되게 하셨습니다.

야곱이 20년 만에 아버지 집으로 돌아오면서 가장 두려운 것은 무엇이었습니까? 원수가 되었던 형 에서가 자기를 받아주느냐 아니면 안 받아주느냐 하는 것이었습니다. 사실 형 에서는 야곱을 받아줄 생각이 없었고 아마 죽이고 싶은 심정이었을 것입니다. 그러나 하나님은 에서의 마음을 바꾸셔서 원수와 같았던 형제가 서로 목을 끌어안고 화해를 하게 됩니다.

이것이 바로 하나님이 야곱과 함께 하시는 증거였던 것입니다.

1. 야곱의 두려움

야곱은 이제 다시 하나님의 복을 되찾기 위해서 아버지 집으로 돌아가려고 하는데, 가장 큰 걸림돌은 여전히 형 에서였습니다. 왜냐하면 지금 아버지 집은 형 에서가 장남으로 모든 권한을 쥐고 있었고 형 에서의 허락 없이는 야곱은 가나안 땅에 발을 디딜 수도 없었기 때문입니다.

그래서 야곱은 형 에서에게 자기가 20년 만에 집에 돌아온다는 사실을 알려서 가족으로 받아들여지기를 원하는 희망을 나타냈습니다. 그러나 야곱은 형 에서가 400명을 무장시켜서 자기에게 온다는 소식을 듣게 되었습니다.

32:6 "사자들이 야곱에게 돌아와 이르되 우리가 주인의 형 에서에게 이른즉 그가 사백 명을 거느리고 주인을 만나려고 오더이다"

야곱은 이 말을 듣고 20년이 지나도 형의 분노가 여전히 풀리지 않았다는 것을 알게 되었습니다. 에서가 400명을 데리고 온다는 것은 마치 전쟁을 하려고 오는 것 같았고 그 정도의 인원이라면 야곱의 식구들과 가축들을 다 죽일 수 있을 것입니다.

여기서 야곱은 마음이 답답해지고 두려워지게 되었습니다. 이제 야곱은 어떻게 해야 할까요? 야곱은 하란 땅에서 하나님의 약속을 되찾기 위해서 목숨을 건 탈출을 했습니다. 그런데 마침내 약속의 땅에 들어오려고 하는데 형 에서가 가로막고 서 있습니다. 형이 400명을 풀어서 가족들을 죽이면 꼼짝 못하고 죽을 수밖에 없습니다. 이 때 야곱은 가족이나 가축을 돌이켜서 다시 하란으로 돌아가야 할까요? 아니면 형 에서에게 비겁하게 굴복하면서 종이 되겠다고 해야 할까요?

이때 야곱은 최악의 경우를 생각하게 되었습니다. 야곱은 형 에서가 400명을 데리고 온 것은 나와 가족을 죽이기 위해서이고 최악의 경우에는 우리를 모두 죽일 것이라고 생각했습니다. 그래서 야곱은 에서가 가족이나 가축을 칠 것을 대비해서 두 떼로 나누는 일부터 했습니다.

32:7-8 "야곱이 심히 두렵고 답답하여 자기와 함께 한 동행자와 양과 소와 낙

타를 두 떼로 나누고 이르되 에서가 와서 한 떼를 치면 남은 한 떼는 피하리라 하고"

사람은 미래에 대하여 생각하는 능력이 있기 때문에 미래를 대비할 수 있습니다. 겨울이 올 것에 대비해서 월동 준비를 하고, 가뭄이 올 것에 대비해서 우물을 파거나 댐을 만듭니다. 이런 식으로 미래를 대비하는 것은 좋은 일입니다. 그러나 미래에 대하여 너무 쓸데없이 많은 걱정을 하거나 공상을 할 때가 있습니다. 특히 이것은 신앙인에게 아주 좋지 못한 것입니다. 왜냐하면 우리 믿는 사람들은 모두 눈에 보이지 않는 것을 믿는 사람들이므로 염려가 생기면 믿음이 굳어버리게 되기 때문입니다. 또 미래에 대하여 좋지 않은 소문을 들으면 최악의 상태를 연상해서 스스로 불안해하는 경우가 많이 있습니다. 그래서 미래에 대하여 어느 정도는 대비하는 것이 필요하지만 너무 미래를 게싱(guessing)해서 스스로 불안해하는 것은 좋은 일이 아닙니다.

우리는 오직 팩트(fact)만을 중요하게 생각해야 합니다. 형 에서가 400명을 데리고 출동했다고 했을 때 그것이 위험할 수도 있다고 생각을 해야지, 우리 모두를 다 죽일 것이라고 지레 짐작하는 것은 지나친 억측입니다. 야곱은 에서라는 이 현실 앞에서 하나님께서 길에서 보여주신 천사들의 두 부대의 환상을 기억하면서 내가 하나님의 말씀을 붙드는 이상, 에서는 우리 식구들 머리털 하나 상하게 하지 못하리라는 것을 믿어야 했습니다. 그러나 우리는 항상 최악의 경우를 생각하고 미리 염려하거나 걱정하면서 '최악의 시나리오를 쓸 때가 있습니다. 이렇게 미리 앞당겨서 너무 염려하는 것은 우리의 신앙을 얼어붙게 하기 때문에 결코 신앙에 도움이 되지 않습니다. 어떤 어려움이 왔을 때 하나님은 우리로 하여금 이 시련을 이기게 하시고 피할 길을 주시며 승리하게 하실 것을 믿어야 합니다.

그래서 예수님은 우리에게 "무엇을 먹을지 무엇을 입을지 염려하지 말라"고 말씀하셨습니다. 왜냐하면 염려는 독사의 독과 같아서 결국 우리 믿음을 마비시켜버리기 때문입니다. 그래서 예수님은 공중의 나는 새를 보라고 하셨고 들에 핀 백합화를 보라고 하셨습니다. 이 모든 것은 우리를 지켜주신다는 하나님의 사랑의 편지이기 때문입니다.

제자들은 예수님과 함께 배를 타고 갈릴리 호수를 지나가다가 풍랑을 만났을 때 너무 두려워하며 죽는다고 생각했습니다. 그래서 자기들의 힘으로 배를 육지로 돌리려고 하다가 안 되니까 비로소 예수님이 눈에 보였고 예수님을 깨웠습니다. 그때 예수님은 "왜 무서워하느냐? 이 믿음이 작은 자들아"라고 책망하시면서 바람과 바다를 잔잔케 하셨습니다.

2. 야곱의 노력

야곱은 형 에서가 400명을 데리고 온다는 말을 듣고 일단 가축을 두 떼로 나누었습니다. 사람들이 위기가 생기면 가장 먼저 하는 것이 재산을 분산시켜 놓는 것입니다. 왜냐하면 욕심스럽게 한꺼번에 가지고 있다가 다 빼앗기는 것보다는 분산시켜서 일부라도 건지는 것이 훨씬 유익하기 때문입니다. 이것이야말로 최악의 순간을 대비하는 방법입니다.

그리고 나서 야곱은 기도로 하나님께 매달렸습니다. 아마 야곱은 가축을 두 떼로 나누기 전에는 불안해서 기도도 제대로 되지 않았던 것 같습니다. 그래서 야곱은 일단 형 에서가 공격했을 때 절반이라도 건지기 위해서 가축을 두 떼로 나누어놓은 후에 기도를 하기 시작했습니다.

> 32:10 "나는 주께서 주의 종에게 베푸신 모든 은총과 모든 진실하심을 조금도 감당할 수 없사오나 내가 내 지팡이만 가지고 이 요단을 건넜더니 지금은 두 떼나 이루었나이다"

야곱은 20년 전 형 에서를 피해서 도망칠 때 손에 지팡이 외에는 가진 것이 없었습니다. 그런데 하나님은 이 맨손이었던 야곱을 축복하셨습니다. 야곱은 두 떼나 될 정도로 거부가 되었습니다. 그런데 야곱이 하나님으로부터 받은 이 복은 이제 에서의 공격 때문에 한순간에 다 무너지게 되었습니다. 야곱은 하나님께 어떻게 하실 것인지 기도를 하고 있습니다. 하나님은 이 많은 복을 한순간에 다 죽이시려고 주시지는 않았을 것입니다.

사실 우리 자신을 돌아보면 처음 고향을 떠날 때에는 가방 하나만 달랑 들고 맨 손으로 떠나다시피 했는데 20년 지나고 보니까 부인도 있고 아이들도 있고 차도 있고 적지 않은 재산도 있는 것을 알게 됩니다. 이 모든 것은 하나님이 주신 것입니다. 처음부터 우리의 것은 아무 것도 없었습니다. 그래서 하나님께서 우리에게 주신 것을 다 가져가서도 할 말이 없지만 하나님은 절대로 그렇게 하실 분이 아니신 줄 압니다.

사실 이 세상에 살다보면 우리가 한평생 수고해서 모은 재산을 사탄은 단 한순간에 다 빼앗아가려고 할 때가 있습니다. 이 세상의 모든 복은 모래의 복이기 때문에 큰 파도가 오거나 바람이 한번 불면 다 날아갑니다. 오직 하나님이 주신 것만 영원히 남기 때문에 무조건 많은 것을 가지려고 애쓸 필요가 없습니다. 오히려 재산이나 명예나 모든 것에 군살을 미리 빼는 것이 좋을 것입니다. 하나님이 주신 것으로만 만족하는 자세가 우리에게 필요합니다.

야곱은 자기가 지금 두려워하고 있는 것을 솔직하게 하나님께 말씀드렸습니다.

> 32:11 "내가 주께 간구하오니 내 형의 손에서, 에서의 손에서 나를 건져내시옵소서 내가 그를 두려워함은 그가 와서 나와 내 처자들을 칠까 겁이 나기 때문이니이다"

하나님 앞에서 내가 지금 두려워하고 걱정하고 있는 것을 솔직하게 입으로 기도한다는 것은 아주 중요합니다. 우리는 마음속으로는 걱정하면서도 그것을 기도로 말씀드리는 것을 주저할 때가 많습니다. 왜냐하면 하나님 앞에서 내 치부를 드러내는 것 같고 내가 너무 비참해지는 것 같아서 마음이 영 내키지 않기 때문입니다. 그러나 기도는 바로 이것을 내어놓아야 하는 것입니다.

야곱이 에서 같은 천적을 두게 된 것은 하나님께서 그의 교만을 고치시려는 목적이 있습니다. 하나님의 백성들은 하나님의 사랑을 많아 받아서 그런지 사람들 앞에서 겸손하지 못하고 자기 문제나 자기 생각에만 빠져 있을 때가 많습니다. 그러나 하나님은 우리에게 이런 원수들 앞에서 낮아지게 하시고 자기 고집과 교만을 버리게 하시는 것입니다.

그리고 야곱은 형 에서의 마음을 달래기 위한 선물을 준비하기 시작했습니다.

32:13-15 "야곱이 거기서 밤을 지내고 그 소유 중에서 형 에서를 위하여 예물을 택하니 암염소가 이백이요 숫염소가 이십이요 암양이 이백이요 숫양이 이십이요 젖 나는 낙타 삼십과 그 새끼요 암소가 사십이요 황소가 열이요 암나귀가 이십이요 그 새끼 나귀가 열이라"

야곱이 에서에게 주기 위하여 고른 가축들은 상당히 많은 양이었습니다. 우선 암염소가 이백, 숫염소가 이십, 암양이 이백, 숫양이 이십, 낙타가 삼십, 암소가 사십, 황소가 열, 암나귀가 스무 마리였습니다. 야곱은 굉장히 많은 가축을 따로 떼어서 에서에게 선물로 내어놓았습니다.

사람들은 어떤 어려움이 닥치게 되었을 때 대하는 태도가 다릅니다. 신앙이 없는 사람은 일단 어려운 위기를 닥치면 살아남기 위해서 사람부터 찾아가는 일을 하게 됩니다. 그러나 야곱은 두 가지를 모두 다 했습니다. 야곱은 하나님께 기도드렸고 또 에서에게 줄 선물도 준비했습니다. 인간적인 노력은 전혀 하지 않고 기도만 죽어라 하는 분이 계신데 그것도 좋은 믿음이지만 때로는 인간적으로 노력해야 할 것도 있습니다.

그래서 선교비 모으는 방법이 다른 것을 보게 됩니다. 허드슨 테일러는 일체 사람들에게 도움을 요청하지 않고 하나님께 기도만 해서 응답을 받았는데 비하여 조지 휫필드는 조지아주에 고아원을 짓기 위하여 적극적으로 홍보를 하고 모금도 했습니다.

　야곱은 에서와 화해하는데 있어서 물질을 아깝게 생각하지 않았습니다. 하나님께서 나를 이만큼 축복하셨다면 에서와 화해를 위해서 소나 양을 얼마든지 희생할 수 있다고 생각했습니다. 이것은 야곱이 잘한 것이었습니다. 야곱은 에서가 심상치 않은 기세로 온다는 것을 알았을 때 또 다시 도망치고 싶은 생각도 들었을 것입니다. 그러나 이번에는 도망치지 않았습니다. 그 이유는 무슨 일이 있어도 이제는 하나님의 약속을 다시 붙들기를 원했기 때문입니다. 야곱은 그것을 위해서라면 물질이나 돈은 얼마든지 손해 볼 각오가 되어 있었습니다.

　사실 야곱이 에서에게 준 선물은 아주 아까운 것이었습니다. 야곱은 아주 재리에 밝고 계산에 능한 사람이었습니다. 그럼에도 불구하고 에서와의 관계 회복을 위하여 과감하게 자기 재물을 썼습니다. 우리 예수 믿는 사람들은 모든 것을 아끼는 편입니다. 왜냐하면 하나님이 우리에게 고난을 많이 당하게 하셔서 가난의 경험이 있기 때문입니다. 그러나 때때로 너무 인색해서 오해를 받을 때가 많습니다. 그래서 우리는 때때로 돈을 멋있게 쓰는 법을 배워야 합니다.

　많은 경우 교회 안의 분쟁이나 다른 사람들 사이에 생기는 분쟁의 원인이 자존심의 대결인 경우가 많습니다. 그러나 우리에게는 자존심보다 더 큰 것이 있다는 것을 알아야 합니다. 하나님의 백성들이 자존심을 버리고 자세를 굽히면 다른 사람이 굉장히 좋아합니다. 그러면 정말 쉽게 어려움이 해결될 때가 많습니다.

　그래서 예수 믿는 사람들이 다른 사람들에게 인사만 잘하고 웃기만 잘해도 굉장히 점수를 따게 됩니다. 그러나 크리스천들이 너무 자기 문제에 빠져있고 너무 심각하고 너무 남에게 고개 숙이기 싫어하기 때문에 나쁜 인상을 줄 때가 있는 것입니다.

3. 에서의 마음을 바꾸심

야곱은 20년 만에 형 에서를 만나면서 에서가 어떤 자세로 나올지 굉장히 두려웠고 긴장이 되었습니다. 그러나 하나님은 에서를 바꾸어 놓으셨습니다.

> 33:1-3 "야곱이 눈을 들어 보니 에서가 사백 명의 장정을 거느리고 오고 있는지라 그의 자식들을 나누어 레아와 라헬과 두 여종에게 맡기고 여종들과 그들의 자식들은 앞에 두고 레아와 그의 자식들은 다음에 두고 라헬과 요셉은 뒤에 두고 자기는 그들 앞에서 나아가되 몸을 일곱 번 땅에 굽히며 그의 형 에서에게 가까이 가니"

야곱은 이미 하나님의 말씀을 통해서 자기가 형보다 나은 자이고 위대한 복의 상속자인 것을 약속받았습니다. 그럼에도 불구하고 야곱은 형 에서를 만나면서 종이 주인을 대하듯이 일곱 번 절을 하면서 인사를 했습니다.

이것은 야곱이 그만큼 성숙했다는 것을 보여줍니다. 사람이 옹졸하면 옹졸할수록 아주 작은 것을 가지고 지지 않으려고 싸움을 합니다. 그래서 대개 비슷비슷한 사람들끼리 자존심 대결을 하는 것을 많이 보게 됩니다. 그러나 충분히 성숙하면 그 정도 고개를 숙이는 것으로 자기가 낮아지지 않는다는 것을 알기 때문에 얼마든지 고개를 숙이고 절도 하게 됩니다.

그런데 여기서 아직도 야곱에게 극복되지 못한 편견이 보입니다. 그것은 자기 부인이나 자식들을 덜 사랑하는 순서대로 줄을 서게 한 것입니다. 그래서 두 첩과 첩이 낳은 아이들을 맨 앞에 서게 하고, 그 다음에는 레아와 그의 자식들이 서고, 가장 사랑하는 라헬과 요셉은 맨 나중에 서게 한 것입니다. 어떻게 생각하면 두 여종과 그 자식들은 '총알받이' 가 되는 것처럼 맨 앞에 세웠습니다. 사실 야곱의 이런 편애 때문에 야곱은 다시 한 번 큰 시련을 겪게 됩니다. 이것은 라헬이 곧 죽고 요셉도 형들에게 팔려서 긴긴 종살이를 해야 하는 시련이었습니다.

야곱이 자기 형은 에서를 만나면서 일곱 번 땅에 엎드려 절을 한 것은 제발 살려달라고 목숨을 구걸하는 것이 아닙니다. 야곱은 그 동안 충분히 하나님의 은혜를 받음으로 오히려 에서를 더 인정할 수 있었기 때문에 자신을 낮추는 것이었습니다.

예수님은 죽으시기 전에 제자들의 발을 씻어주셨습니다. 예수님께서 제자들에게 보여주신 모습은 완전히 종이 주인을 대하는 자세였습니다. 예수님은 그렇게 해도 되는 것이 아무리 제자들의 발을 씻어주신다고 해서 진짜 종이 되는 것은 아니었기 때문입니다. 그러나 제자들은 서로 발을 씻어주는 것을 싫어했습니다. 왜냐하면 제자들은 한번 자기 자신을 굽히면 자기가 낮은 것을 인정하게 된다고 생각했기 때문입니다. 우리가 아무리 자신을 낮추어도 우리는 결코 비천한 사람이 되지 않습니다. 왜냐하면 하나님이 우리를 자꾸 축복하시고 높이시기 때문입니다.

그러니까 야곱도 은혜를 받고 나니까 믿음만 붙든다면 다 주어도 결코 손해 보는 것이 아니라는 것을 알게 되었습니다. 그래서 야곱은 에서 앞에서 얼마든지 종이나 죄인처럼 일곱 번 엎드려 절을 할 수 있었습니다.

아마 에서도 야곱을 만나기 전까지 야곱을 미워하고 증오했을 것입니다. 그러나 야곱이 자기에게 일곱 번 절하면서 나아오는 것을 볼 때 에서의 마음은 변하게 되었습니다. 이것이 바로 겸손의 대승리인 것입니다.

33:4 "에서가 달려와서 그를 맞이하여 안고 목을 어긋맞추어 그와 입맞추고 서로 우니라"

야곱이 실제로 에서를 만났을 때 에서는 달려와서 야곱의 목을 안고 울고 입을 맞추었습니다. 이것은 야곱으로서는 전혀 생각하지도 못한 일이었습니다. 야곱은 에서가 사람들 앞에서 자기를 무릎 꿇게 하고서 마치 죄인을 취조하듯이 왜 여기에 왔느냐고 따질 줄 알았습니다. 그러나 그런 일은 전혀 일어나지 않았습니다.

물론 여기서 에서가 야곱의 목을 끌어안고 운다고 해서 그가 완전히 새 사람으로 변했다는 말은 아닙니다. 단지 하나님께서 그의 악한 본성을 억제해서서 이 한 순간에 선한 마음을 가지게 하셨다는 뜻입니다.

야곱은 에서의 마음을 바꿀 수 없었습니다. 그것이 야곱의 한계였고 그에게 가장 두려운 일이었습니다. 그러나 하나님께서는 한 순간에 에서의 마음을 바꾸어 놓으셨습니다. 이것이 바로 하나님의 능력입니다.

아마도 에서가 400명을 데리고 올 때까지만 해도 야곱에 대한 분노가 있었을 것입니다. 그러나 에서가 야곱의 겸손한 모습을 보는 순간 마음 속에서 야곱에 대한 증오가 갑자기 사라져 버리고 사랑스러운 마음으로 변하고 말았습니다.

그래서 항상 어떤 일을 시작하거나 혹은 사람을 만나기 전에 기도하는 것이 필요합니다. 왜냐하면 하나님께서 그 사람의 마음을 바꾸시기 때문입니다. 우리가 다른 사람을 만날 때 악한 마음으로 만나면 아무 일도 되지 않습니다. 오히려 그가 하는 말을 통해서 엄청나게 상처를 받게 될 것입니다. 그러나 기도하면 하나님께서 그 완악한 마음을 부드럽게 만들어 주시는 것입니다.

이때 에서가 야곱에게 물었습니다.

> 33:5 "에서가 눈을 들어 여인들과 자식들을 보고 묻되 너와 함께 한 이들은 누구냐 야곱이 이르되 하나님이 주의 종에게 은혜로 주신 자식들이니이다"

에서가 이 여인과 자식들이 누구냐고 묻는 것은 이제 야곱의 처자식이 눈에 들어왔기 때문입니다. 지금까지 에서는 야곱을 너무 미워해서 야곱의 처자식들이 눈에 들어오지도 않았습니다. 사람이 누군가를 미워하거나 화가 나 있으면 그 사람의 처지나 형편이 전혀 눈에 들어오지 않습니다. 다. 오직 그 사람에게 화풀이 할 것만 생각할 뿐입니다. 그러다가 마음속에서 분노의 마음이 사라지면 그의 가족이 눈에 들어오게 됩니다. 그에게도 부인이 있고 자식이 있고 자존심이 있고 누려야 할 행복이 있다는 것을 깨닫게 되고 그때 비로소 자식에 대하여 묻고 부인의 안부를 묻게 됩니다. 이것이 대단히 중요한 일입니다. 왜냐하면 이 세상에서 나만 행복해야 하는 것이 아니라 모든 사람들이 다 행복할 자격이 있기 때문입니다. 에서가 이 여자들이나 아이들이 누구냐 묻는 것은 이미 에서의 마음속에 야곱의 행복에 대하여 관심이 생기고 있는 것을 의미합니다.

도대체 어떻게 해서 이 모든 일들이 일어나게 되었습니까? 그것은 하나님께서 에서의 마음을 바꾸셨기 때문입니다. 야곱은 이것을 알았습니다. 그래서 야곱은 에서에게 이렇게 인사를 했습니다.

> 33:10하 "내가 형님의 얼굴을 뵈온즉 하나님의 얼굴을 본 것 같사오며 형님도 나를 기뻐하심이니이다"

야곱은 에서를 보면서 하나님의 얼굴을 보는 것 같다고 말하고 있습니다. 이것은 에서가 원래 이럴 사람이 절대로 아니라는 뜻입니다. 그러나 에서가 이렇게 야곱의 목을 안고 울면서 만나는 것은 하나님께서 에서의 마음을 바꾸셨기 때문입니다. 결국 이것은 하나님의 얼굴을 보는 것만큼이나 감격스러운 일이라는 뜻입니다.

우리는 때때로 사람이 너무 두려워서 그 뒤에서 일하시는 하나님을 전혀 보지 못할 때가 있습니다. 그러나 자신을 낮추고 믿음으로 나갈 때 하나님은 우리가 전혀 예상하지 못했던 방법으로 사람의 마음을 바꾸시는 것입니다.

야곱은 에서가 에스코트를 해주겠다는 제안을 거절했습니다.

> 33:12-13 "에서가 이르되 우리가 떠나자 내가 너와 동행하리라 야곱이 그에게 이르되 내 주도 아시거니와 자식들은 연약하고 내게 있는 양 떼와 소가 새끼를 데리고 있은즉 하루만 지나치게 몰면 모든 떼가 죽으리니"

에서는 야곱을 오랜만에 만나고는 너무나도 기분이 좋아서 어떻게 해서든지 야곱을 도와주려고 하고 있습니다. 혹시라도 가나안 땅에서 야곱이 다른 부족의 침략을 받게 될지도 모르니까 에서는 자기가 야곱을 호위해 주겠다고 합니다. 그러나 야곱은 도저히 에서와 보조를 맞출 수가 없기 때문에 그렇게 할 수 없다고 하면서 그냥 가라고 사양합니다. 그러니까 에서는 이번에는 전부가 부담스러우면 몇 명이라도 두어서 그를 지켜주겠다고 합니다. 그러나 야곱은 그것마저도 사양하면서 결국 에서를 먼저 거기서 돌아가게 합니다. 분명히 에서는 선의로 도와주겠다고 하는데 그런 호의를 거절하는 이유가 무엇일까요?

우선 야곱은 지금 에서의 이 호의가 일시적인 것임을 잘 알고 있습니다. 야곱은 에서가 지금 하나님의 간섭하심 때문에 그의 악한 본성을 눌러서 좋아하게 하셨지만 얼마 있지 않으면 다시 사나워질 수 있다는 것을 잘 알고 있었습니다.

그뿐만 아니라 야곱은 자신의 모든 것을 에서의 손에 맡기기를 원치 않았습니다. 왜냐하면 하나님의 전능하신 손이 자기와 함께 한다는 것을 알았기 때문입니다. 우리는 새로운 미래를 위해서 과거와 작별할 필요가 있고 오래된 문제를 넘어서 가야 할 필요가 있습니다.

또 야곱은 양떼들의 체질을 잘 알고 있었습니다. 야곱의 가축들은 새끼를 거느린 것이 많고 또 아이들이 많은 것이 특징이었습니다. 야곱의 일행은 군대가 아니라 많은 아녀자들이 포함된 가족이었습니다. 그래서 야곱은 만일 하루라도 무리하게 이들을 끌고 간다면 모든 떼가 다 죽을 수밖에 없다는 것을 알고 있었습니다. 에서에게는 모든 것이 군대식이었습니다. 그러나 야곱은 그럴 수가 없었습니다. 에서와 야곱은 사는 방식 자체가 달랐던 것입니다.

야곱이 "하루만 지나치게 몰면 모든 떼가 죽으리이다"라고 한 것은 목회의 중요한 원리이기도 합니다. 교인들 중에서는 세상적으로 성공하고 지도력도 있는 사람도 있지만 많은 경우에는 여성들이고 노인이며 어린 아이들입니다. 그래서 목회자가 교인들을 이끌어갈 때 적극적인 사람들을 기준으로 해서 무리하게 몰고 가면 많은 약한 사람들이 실족하게 됩니다. 그래서 천천히 천천히 데려가야 하는 것입니다. 연약한 사람들은 많이 기다려 주어야 하고 많이 참아 주어야 합니다.

하나님은 얼마든지 사람들의 마음을 바꾸실 수 있고 상황을 바꾸실 수 있습니다. 너무 사람을 두려워하지 말고 기도하고 겸손하게 나가면 모든 것이 다 잘 될 줄 믿으시기 바랍니다.

41
대형 사고를 치다 / 창세기 34:1-2

부모가 아이들을 키워보면 여자아이와 남자아이 사이에 현저한 차이가 있는 것을 보게 됩니다. 여자아이는 아무래도 얌전하게 앉아서 인형놀이나 소꿉장난 같은 것을 하며 노는 것을 좋아하는 반면, 남자아이는 아무래도 힘이 넘치기 때문에 다른 아이를 넘어뜨리거나 이리 저리 뛰면서 노는 것을 좋아하는 것을 볼 수 있습니다. 그래서 남자아이들은 집에 올 때 다쳐서 올 때가 많습니다. 거기에 비해서 여자아이들은 어렸을 때 귀엽고 예쁘고 안전하게 집에서 있기 때문에 덜 다치게 됩니다. 그러나 여자아이라고 해서 안심할 수 없습니다. 여자아이가 자라서 청년이 되면 사랑에 빠지게 되는데 그때 남자 문제로 부모의 속을 새카맣게 만들 때가 많이 있습니다.

그런데 요즘 남자아이들 중에는 '소시오패스'(Sociopath, 반사회성 인격장애)라고 해서 전혀 사회성이 없는 아이들이 큰 사고치는 것을 볼 수 있습니다. 이런 아이들이 군대에 가면 적응하지 못하니까 '욱' 하는 성질을 이기지 못해서 부대 안에서 총기 사고를 일으키기도 합니다. 더욱이 미국 같은 데서는 이런 아이들이 게임에 심하게 빠져 현실과 게임을 구별하지 못해서 총을 들고 학교에 들어가서 총기를 난사해서 많은 사람들을 죽이고 자기도 죽는 사고가 종종 터지고 있습니다. 더욱이 요즘에는 프랑스나 영국 같은 유럽 사회에서 따돌림을 당한 무슬림들이 반발심으로 IS 등의 이슬람 무장 테러 단체에 가입해서 자신과 아무 상관없는 많은 사람들을 총으로 쏘아 죽이고 자신들도 죽임당하는 일이 일어나고 있습니다.

사람의 내면심리에 대하여 연구를 많이 한 사람은 프로이드였습니다. 그러나 프로이드의 이론에 대해서는 많은 찬성과 반대가 있어왔습니다. 프로이드가 세운 엄청난 공헌은 사람의 내면에는 무의식의 세계가 있고 그 무의식 안에는 엄청난 폭발력을 가진 욕망이 있음을 주장했다는 것입니다. 그런데 프로이드는 그 폭발력이 모두 억압된 성적인 욕망에서 생긴 것이라고 주장하는 것에 대해 반대의견 역시 많았습니다. 사람의 본성 안에는 두 가지 폭발력을 가진 '불'이 있습니다. 그 하나는 성욕입니다. 사람은 성적인 욕망에 사로잡히게 되면 정신을 차리지 못하고 욕망을 채우기 위해서 무슨 짓이든지 다 하는 것을 볼 수 있습니다. 그리고 또 다른 하나는 분노의 불입니다. 분노가 폭발하면 다른 사람을 공격하게 되고 심한 경우에는 죽이는 일까지 일어나게 되는 것입니다.

그런데 문제는 하나님을 믿는 사람들 마음속에도 이런 성적인 불도 있고 분노의 불도 있다는 것입니다. 그래서 믿는 사람도 이런 욕망이 폭발하면 성적인 죄에 빠지기도 하고 분노가 폭발해서 다른 사람을 공격하게 되는 것입니다. 더욱이 요즘은 이 분노가 내면으로 들어가서 우울증으로 발전하게 되는데 이 때문에 많은 사람이 자살을 하든지 아니면 마음의 고통을 많이 받게 됩니다.

야곱은 20년간 외삼촌 라반 밑에서 종살이 하다가 하나님을 바로 섬기기 위해서 가나안 땅으로 돌아오게 되는데 벧엘로 바로 가지 않았습니다. 우리 생각 같아서는 야곱이 가나안 땅에 오면 가장 먼저 자신이 하나님을 만났던 벧엘로 가서 하나님께 예배드릴 것 같은데 이상하게도 야곱은 옛날 은혜를 받았던 곳으로 가지 않았습니다. 그 대신 야곱은 세겜이라고 하는 가나안 땅에서 제법 번화한 곳에 가서 거기서 땅을 사고 정착하려고 했습니다.

그런데 그곳에서 야곱은 생각지도 못한 엄청난 사고를 당하게 됩니다. 그것은 바로 야곱의 하나밖에 없는 딸 디나가 세겜에 놀러 갔다가 추장 아들에게 납치가 되고 강간을 당하는 사건이 벌어지게 된 것입니다. 이때 야곱의 아들들은 한창 혈기가 끓는 젊은이들이었는데 자기 여동생이 강간당했다는 말을 들었을 때 그들은 분노를 이기지 못해서 세겜 사람들을 속여서 할례를 받게 한 후에 한 성읍 사람 전체를 몰살시켜버리는 대형 사고를 저지르게 됩니다. 하나님의 백성은 세상을 사랑하고 구원하는 일을 해야 할 것 같은데 이들이 한번 화가 나니까 물불을 가리지 않고 사람들을 엄청나게 죽이는 사고를 저지르게 되었습니다.

성경은 참 정직하다는 것을 알 수 있습니다. 성경은 이스라엘 백성들의 비행이나 추잡한 일들을 조금도 숨기지 않고 전부 다 기록하고 있습니다. 그런데 하나님은 이 악한 이스라엘 백성을 버리지 아니하시고 끝까지 지켜주셨던 것입니다.

1. 어처구니없는 피해

요즘은 남성과 여성이 대등하다는 것을 사회적으로 많이 인정하고 있습니다. 그러나 여성이 남성과 분명히 다른 점이 있습니다. 여성은 성적으로 남자와는 다른데, 여성에게 성적으로 수치심을 느끼게 하거나 여성의 신체를 부끄럽게 하는 것은 큰 범죄에 속한다는 사실입니다. 그래서 남자들은 다른 사람들에게 폭행을 당할 때 신체적으로 매를 맞는 것으로 그치지만 여성들은 성적으로 수치심을 느끼게 되는데 그것이 바로 여성들의 인격을 해치는 것입니다. 이 부분에 조심하지 않으면 남자의 지위나 인생이 모두 다 날아가 버리는 엄청난 사고가 터지게 됩니다.

야곱은 밧단 아람에서부터 가나안 땅 세겜까지 평안하게 오게 되었습니다. 물론 야곱이 여기까지 오는데 중간에 라반의 추격을 받아서 다시 잡혀 끌려갈 뻔 했고, 또 천사와 씨름하는 도중에 허벅지 관절을 다치기도 했습니다. 그리고 또 야곱은 형 에서를 만나는 과정에서 자칫 가족들이 다 몰살당하게 되는 위기를 겪기도 했습니다. 그러나 야곱이 이 가나안 땅에 들어오고 난 후에 지난 일을 돌이켜 보니까 하나님이 지켜주셔서 평안하게 이곳까지 오게 되었습니다.

그런데 야곱이 가나안 땅에 처음 들어간 곳은 '세겜'이었습니다. 야곱은 아직 그 성에는 들어가지 못하고 성 앞에 텐트를 치고 거주하게 되었는데 그 후에 야곱은 자기가 장막을 친 밭을 추장 아들들로부터 샀습니다.

그런데 왜 야곱은 그렇게 힘들게 하란을 탈출해서 가나안 땅까지 왔는데 아버지 집에도 가지 않고 벧엘로도 가지 않고 세겜에 눌러 앉으려고 했을까요? 그 자세한 사정은 알 수가 없습니다. 아마 야곱은 아버지 집이나 벧엘에 가 봐야 별 볼일 없다는 소식을 들었는지 모르겠습니다. 야곱은 아버지 집에는 식구들도 별로 남아있지 않고 가축도 별로 없고 또 벧엘도 빈 들판이기 때문에 목축을 하는 데 적합하지 못하다고 생각한 것 같습니다. 그 대신에 세겜은 성읍도 가깝고 목초지도 가까워서 일단 생활하기에 아주 좋았던 것 같습니다. 야곱은 어디까지나 아주 현실적인 사람이었습니다. 야곱이 지금까지 경험한 것은 하나님은 어디든지 자기와 함께 하신다는 것이었습니다. 그런데 굳이 야곱은 이미 폐허가 되어 버리다시피 한 아버지 집이나 아무 것도 없는 자갈투성이인 벧엘로 가야 할 필요를 전혀 느끼지 못했던 것입니다.

그런데 야곱은 이 세겜에서 무서운 사탄의 시험이 자기들을 노리고 있는지 알지 못했습니다. 인간의 가장 치명적인 문제가 자신의 미래를 전혀 알지 못한다는 것입니다. 만약 사람들이 미래를 알 수 있다면 모든 것을 다르게 행동할 것입니다. 미래 일을 알지 못하기 때문에 지금 당장 보기에 가장 좋은 쪽을 택하려고 합니다. 그러나 우리가 이 세상에서 가장 안전하게 살 수 있는 비결은 하나님과의 처음 그 순수한 신앙을 되찾을 수 있는 곳을 찾는 것입니다. 그렇지 않고 단지 세상에서 돈 벌기에 좋다고 해서 장사가 잘 되는 곳만 택한다면 어려운 시험에 빠질 수 있습니다.

야곱은 이 세겜에서 생각지도 못했던 엄청난 사고를 겪게 됩니다. 그것은 야곱의 딸 디나가 세겜에 구경을 나갔다가 추장 아들에게 붙들려서 강간을 당하게 되는 사건이었습니다.

> 34:1-2 "레아가 야곱에게 낳은 딸 디나가 그 땅의 딸들을 보러 나갔더니 히위 족속 중 하몰의 아들 그 땅의 추장 세겜이 그를 보고 끌어들여 강간하여 욕되게 하고"

어느 날 야곱의 딸 디나가 세겜 땅의 여자들을 '보러' 나가게 되었습니다. 야곱의 딸 디나가 세겜에 있는 가나안 여자들을 구경하기 위해 이 성 안에 놀러 간 것이었습니다. 이것은 얼마든지 충분히 있을 수 있는 일입니다. 디나는 그동안 하란에서만 살았지 가나안 땅에 와 본 적이 없었습니다. 그런데 가족을 따라서 가나안 땅에 와보니까 하란보다 더 잘 사는 것 같았고 여자들도 멋있는 것 같으니까 그곳을 구경하러 간 것이었습니다. 특히 여인들은 다른 여자들의 옷차림이라든지 화장하는 방법에 대해 관심을 많이 가지고 있습니다.

그런데 문제는 디나가 가나안의 여성들에 대하여 전혀 주의를 하지 않고 나갔다는 사실입니다. 가나안 여자들은 요즘으로 치면 아주 세상적인 여자들이었습니다. 가나안 여자들은 성에 대한 개념이나 도덕관념이 없는 그야말로 자유분방한 여자들이었습니다. 그래서 아브라함은 이삭의 아내를 구할 때에도 가나안 여자는 데리고 오지 말라고 종에게서 맹세를 받은 적도 있습니다. 그런데 디나는 가나안 땅에 오자 말자 그 동네 여자들을 사귀기 위해서 성읍을 찾아갔던 것입니다.

디나가 그렇게 한 이유는 일단 장막에만 있으니까 너무 심심하고 재미가 없으니까 동네 여자들을 구경하고 싶은 마음이 발동했기 때문입니다. 특히 세상적인 사람들을 사귀면 얼마나 재미가 있고 좋은지 모릅니다. 그런데 중요한 것은 야곱의 집에서 그동안 신앙 교육이 잘 되어 있지 않았다는 점입니다. 하나님의 백성들 가운데 말씀이 있고 영적인 부흥이 일어날 때에는 말씀이 세상보다 더 재미있기 때문에 세상의 유혹에 덜 빨려 들어가게 됩니다. 그뿐만 아니라 영적인 분별력이 생기기 때문에 세상 속에 들어가더라도 긴장을 하기 때문에 악의 세력이 쉽게 덮치지 못하게 됩니다. 만약 디나의 마음속에 하나님을 향한 뜨거운 마음이 있었더라면 굳이 세겜 성 여자들을 사귀기 위해서 혼자 돌아다닐 필요도 없었을 것입니다. 그러나 디나는 이미 마음이 풀어져서 어슬렁거리면서 세겜 시내를 돌아다니니까 세겜 추장 아들의 눈에는 자기 먹잇감으로 보였던 것입니다. 하나님의 백성들이 죄에 빠지지 않는 방법은 세상에 대하여 긴장하는 것입니다. 그런데 이런 긴장이 없어지게 되면 세상에 대한 경계심이 없어지기 때문에 그 허점을 사탄은 노리게 되는 것입니다. 디나는 별 경계심 없이 세겜 시내를 어슬렁거리다가 한순간 세겜 추장 아들의 눈에 포착되었습니다. 추장 아들의 이름도 세겜이었는데 디나를 보자 말자 납치해서 집안으로 끌고 들어가서 강간을 하고 말았습니다.

오늘 예수 믿는 사람과 예수 믿지 않는 사람 사이에 가장 큰 차이는 바로 남녀의 성관계 개념입니다. 그야말로 하늘과 땅 차이 만큼이나 다릅니다. 하나님의 백성들은 남녀의 성이 하나님이 주신 복이며 남녀의 육체적인 사랑은 오직 결혼을 통해서만 이루어져야 한다는 것을 믿습니다. 그런데 하나님을 믿지 않은 사람들은 남녀 사이에 사랑의 감정만 있으면 얼마든지 성관계를 가질 수 있고 또 그런 즐거움을 기회만 있으면 가지려고 합니다. 그래서 예수 믿는 청년들이 믿지 않는 사람들과 이성 교제를 하다보면 너무나도 이 부분에서 생각의 차이가 큰 것을 느끼게 됩니다.

역시 가나안은 성질서가 아주 문란한 곳이었습니다. 세상은 힘이 있고 돈이 있고 권력이 있으면 얼마든지 자기 욕망을 채울 수 있다고 생각을 합니다. 그래서 추장의 아들 세겜은 자기가 처음 보는 예쁜 처녀가 시내에서 어슬렁거리는 것을 보고는 욕심이 생겨서 집안으로 강제로 끌고 들어가서 욕을 보였습니다. 그런데 세겜은 디나와 관계를 하면서 디나가 가나안의 여자들과는 완전히 다른 여자라는 것을 알게 되었습니다. 디나는 숫처녀였고 또 행동하는 것이 가나안 여자들과는 근본적으로 달랐습니다. 그래서 세겜은 디나를 억지로 강간했지만 디나를 진심으로 사랑하게 되었습니다. 그래서 세겜은 디나에게 미안하다고 사과하고 자기가 그녀를 사랑하게 되었다는 고백을 수없이 함으로 여자의 마음을 위로하려고 했던 것 같습니다. 그리고 세겜은 자기 아버지 하몰에게 자기는 이제 자기 마음에 드는 여자를 드디어 찾게 되었으니까 중매하는 사람을 보내서 이 여자 부모에게 결혼 승낙을 받아달라고 부탁했습니다.

여기서 우리가 알 수 있는 것은 세겜은 디나를 집으로 끌어들여서 강간을 한 후에 돌려보내지 않고 자기 집에 있게 하면서 아버지를 중개인으로 보내서 결혼을 허락받으려고 했다는 것입니다.

그러나 이것은 야곱의 집에서는 절대로 통하지 않는 방식이었습니다. 야곱의 집에는 가나안 사람들과는 다른 법이 있었습니다. 야곱의 집에서는 강간이라는 것은 절대로 있을 수가 없고 특히 하나님을 믿지 않는 이방인과의 결혼은 용납되지 않았습니다. 물론 나중에는 모세의 율법에 이스라엘 사람들 안에서 혼전 관계가 이루어졌을 때에는 결혼을 시켜서 합법화해주었습니다. 그러나 그것은 어디까지나 같은 이스라엘 백성 안에서 있는 일이고 이방인과 이스라엘 백성 사이에는 해당되지 않았습니다. 결국 야곱의 집에는 도저히 용납되지 않는 일이 일어나게 되었습니다. 그 하나는 야곱의 딸이 이방인 동네에 놀러 갔다가 강간당한 것이고, 다른 하나는 야곱의 딸을 강간한 사람이 디나를 사랑해서 결혼시켜 달라고 요구했다는 것입니다.

2. 야곱의 우유부단

야곱은 일단 강간을 한 후에 자기 아들과 결혼시켜 달라는 추장의 말에는 직접 대답을 하지 않고 아들들이 돌아올 때까지 기다렸습니다.

34:5 "야곱이 그 딸 디나를 그가 더럽혔다 함을 들었으나 자기의 아들들이 들에서 목축하므로 그들이 돌아오기까지 잠잠하였고"

야곱은 딸 디나가 세겜에서 납치당하고 강간을 당했다는 소식을 들었을 때 눈앞이 캄캄했습니다. 도대체 우리 집안에 일어날 수 없는 일이 일어났는데, 디나를 어떻게 집으로 데리고 오며, 또 다른 자식들은 어떻게 진정시켜야 하며, 앞으로 디나를 어떻게 대해야 할지 머리가 복잡했을 것입니다. 무엇인가 좋지 않은 일이 터지게 되었을 때 초기 대응이 매우 중요합니다. 책임이 있는 사람이 처음에 인정할 것은 인정하고 처벌할 것은 처벌했으면 문제가 그렇게 커지지 않을 수 있는데 너무 질질 끄는 바람에 나중에 도저히 수습할 수 없을 정도로 문제가 커져버릴 때가 많습니다.

야곱은 이미 일어난 성추행의 처벌도 중요하지만 피해 여성인 디나가 더 이상의 피해를 보지 않도록 안전하게 데려와서 보호해야 할 책임이 있고, 또 한편으로는 이 소식을 들으면 사자처럼 사나워질 아들들을 설득하는 것도 필요했습니다. 그러나 야곱은 아들들과 함께 의논하겠다고 하면서 아들들이 들판에서 돌아올 때까지 아무 조치를 취하지 않고 그냥 집에서 한숨만 쉬고 있었습니다. 결국 이것이 엄청난 비극으로 발전하게 되었습니다.

야곱은 아버지이기 때문에 이 모든 일에 결정을 내려야 합니다. 야곱이 가장 먼저 해야 할 것은 추장을 따라가서 그 집에 붙들려 있는 디나를 데리고 오는 것입니다. 그리고 추장에게 그 아들을 처벌하라고 요구해야 합니다. 물론 하몰은 세겜의 추장이고 권력을 가지고 있기 때문에 자기 아들 편을 들면서 어떻게 해서든지 적당하게 넘어가려고 하겠지만 야곱은 피해보상을 요구해야 합니다. 그리고 저녁에 집에 돌아와서 흥분하는 아들들을 잘 설득해서 더 이상 난동을 부리지 못하게 하고 그곳을 속히 떠나야 합니다.

그런데 옛날에는 남성 위주의 사회였기 때문에 여성들의 이런 피해를 여자 책임으로 돌리는 경우가 많았습니다. 그래서 지금도 중동 지방 같은 경우에는 이것은 가문의 치욕이라고 해서 오히려 여성에게 자살을 요구한다든지, 어떤 경우에는 여자가 먼저 유혹을 했다는 식으로 뒤집어씌우는 경우가 많이 있습니다.

그러나 가장 중요한 것은 이런 것을 여자의 입장에서 보아야 한다는 것입니다. 그래서 어떻게 하든지 여자가 가장 상처를 덜 받고 두 번 죽지 않는 방향으로 해결해야 합니다.

우선 야곱이 풀어야 할 문제는 디나가 강간당한 것을 어떻게 해결할 것인가 하는 것입니다. 그리고 또 다른 하나는 추장 아들이 결혼을 원하는데 결혼시켜주는 것이 옳으냐 하는 것입니다.

34:10 "너희가 우리와 함께 거주하되 땅이 너희 앞에 있으니 여기 머물러 매매하며 여기서 기업을 얻으라 하고"

추장은 야곱의 딸과 자기 아들의 결혼을 허락해주기만 하면 야곱에게 가나안 사람들과 거의 똑같은 혜택을 받게 해주겠다고 제안했습니다. 이것은 이 당시에는 이방인인 야곱에게는 파격적인 대우였습니다. 기왕 디나의 일은 저질러진 것이고 추장의 아들이 결혼을 원하니까 결혼시켜주고 땅에 대한 많은 이득을 보는 것이 어떤가 하는 것입니다.

그러나 신앙적으로 이것은 곤란한 것이었습니다. 왜냐하면 디나가 한 번 강간당했다고 해서 세겜에게 준다고 하는 것은 디나를 포기하는 것밖에 되지 않기 때문입니다. 특히 디나의 영혼을 세상 사람에게 내던지는 것 밖에 되지 않습니다. 디나가 강간을 당한 것은 개인적으로나 가정적으로 큰 충격이고 상처이지만 그렇다고 해서 모든 것이 다 끝난 것은 아닙니다. 얼마든지 이 상처를 딛고 다시 일어서도록 해야 하는 것입니다. 그래서 야곱은 디나가 강간당한 것을 법적으로 해결하고 하몰의 결혼 제안을 거절하고 디나를 데려오는 것이 옳았을 것입니다.

그러나 야곱은 아무 결정도 하지 않고 아들들에게 이 문제를 해결하도록 넘겼습니다. 이것이 가나안 역사만이 아니라 이스라엘 역사에서 매우 충격적인 대형 사고가 일어난 원인이 되었던 것입니다.

3. 야곱의 아들들이 저지른 대형 사고

야곱의 아들들은 자기 여동생 디나가 납치된 후 강간당했다는 소식을 듣고는 분노하고 복수를 다짐했습니다. 이것이 문제였습니다.

> 34:7 "야곱의 아들들은 들에서 이를 듣고 돌아와서 그들 모두가 근심하고 심히 노하였으니 이는 세겜이 야곱의 딸을 강간하여 이스라엘에게 부끄러운 일 곧 행하지 못할 일을 행하였음이더라"

만일 성적으로 피해를 입은 여성에게 남동생이나 오빠나 성격이 급한 아버지 같은 가족이 있는 경우, 자기 동생이나 누나가 다른 남자로부터 피해를 입으면 용서를 하지 않고 복수를 하려고 할 것입니다. 야곱은 이것을 주의했어야만 했습니다. 야곱의 아들들은 누이가 강간을 당했다는 말을 듣고 근심하고 분노했습니다.

우리에게 도저히 일어날 수 없는 일이 일어나게 되었을 때는 더 냉정해야 하고 그 모든 책임을 하나님께 돌려야 합니다. 왜냐하면 아무리 기가 막히고 억장이 무너지더라도 우리가 그것을 책임질 수 없기 때문입니다. 그래서 우리가 할 수 있는 것은 할 수 있는 최소한의 선에서 수습을 하는 것입니다. 그러면서 가장 피해 당사자인 디나를 보호하고 위로하는 일을 먼저 해야 했을 것입니다.

그러나 야곱의 아들들은 이것을 도저히 있을 수 없는 수치로 생각하고 보복하기로 결정했습니다. 결국 그들은 전쟁을 해서 디나도 찾고 복수해서 명예를 되찾기로 작정한 것입니다.

야곱의 형제들은 일단 자기들이 힘이 약하니까 하몰과 세겜을 속였습니다.

34:14 "야곱의 아들들이 그들에게 말하되 우리는 그리하지 못하겠노라 할례 받지 아니한 사람에게 우리 누이를 줄 수 없노니 이는 우리의 수치가 됨이니라"

야곱의 아들들을 세겜의 추장과 사람들에게 추장 아들이 디나와 결혼할 수 없는 이유로 그들이 할례를 받지 않았다는 것을 들었습니다. 그래서 만일 세겜 족속들이 모두 할례를 다 받으면 결혼하게 해주겠다고 대답했습니다. 이것은 거짓말이었습니다. 야곱의 아들들은 그들이 할례를 받으면 며칠 동안 아파서 움직이지 못하게 되는데 그때 복수하려고 마음을 먹었던 것입니다. 그런데 세겜 사람들은 어리석게도 하나님을 믿는 사람들은 절대로 거짓말하지 않는다고 믿었습니다. 그래서 하몰이나 세겜은 완전히 야곱의 아들들의 말에 속아 넘어갔습니다. 그들은 하나님을 믿는 사람들이 자기들을 감쪽같이 속일 것이라고는 꿈에도 생각하지 못했던 것입니다.

하몰과 세겜은 어떻게 해서든지 디나와 결혼을 성사시키고 싶었기 때문에 온 성읍 사람들을 불러서 모두 다 할례를 받도록 설득했습니다. 사실 우리나라에서도 청년들 중에 자기는 예수 믿지 않지만 처녀가 좋아서 결혼하기 위해서 예수 믿겠다고 약속하고 세례를 받았는데, 나중에 진짜 신앙이 좋아져서 목회자나 장로가 된 사람들도 많이 있습니다. 그러나 야곱의 아들들은 그것이 아니었습니다. 야곱은 이들을 속여서 할례를 받게 한 후에 죽이려고 하는 것이었습니다.

우리가 예수를 믿고 은혜 받는 것은 쉽지만 신앙을 실제적인 상황에 적용시키는 것은 결코 쉬운 일이 아닙니다. 야곱은 포기할 것은 포기하고 챙겨야 할 것은 챙겨야 했습니다. 여기서 포기해야 할 것은 이스라엘의 자존심이고 복수하는 것입니다. 야곱과 아들들은 복수하는 것은 하나님에게 맡겨야 했습니다. 그들은 디나를 챙겨야 하고 디나의 영혼을 걱정해야 했고 가족들의 신앙을 챙겨야 했습니다. 그런데 야곱은 지도자로서 이런 지도력을 포기해버렸습니다. 그 결과는 엄청난 살육사건이 일어난 것입니다.

세겜 사람들은 할례를 받고 2, 3일이 지났을 때 모두 한꺼번에 큰 고통 가운데 빠졌고, 그때 야곱의 아들들이 칼을 차고 와서 세겜 사람들을 모두 다 죽여 버렸습니다.

> 34:25-26 "제삼일에 아직 그들이 아파할 때에 야곱의 두 아들 디나의 오라버니 시므온과 레위가 각기 칼을 가지고 가서 몰래 그 성읍을 기습하여 그 모든 남자를 죽이고 칼로 하몰과 그의 아들 세겜을 죽이고 디나를 세겜의 집에서 데려오고"

　시므온과 레위는 하인들을 데리고 세겜을 습격해서 남자들을 모두 다 죽였습니다. 그리고 다른 아들들은 그 성읍을 노략질했습니다. 그러나 야곱의 아들들이 자기 동생이 강간을 당했다고 해서 세겜을 죽이는 것은 범죄입니다. 그런데 야곱의 아들들은 세겜 성읍 사람들까지 다 죽였습니다. 그리고 야곱의 다른 아들들은 성읍을 다시 공격해서 이번에는 가축들을 약탈하고 여자와 아이들까지 약탈했습니다. 제이, 제삼의 범죄가 저질러지게 된 것입니다.

　물론 하나님은 가나안 사람들의 성적인 타락을 옳다고 하시지는 않았습니다. 그리고 하나님은 야곱의 이름을 이스라엘로 고쳐주시면서도 왜 디나를 지켜주지 않으셨는지 야곱의 아들들은 이해가 되지 않았을 것입니다. 그러나 그렇다고 해서 하나님께서 야곱과 그 아들들에게 가나안 족속들을 다 죽이라고 하지는 않으셨습니다. 야곱과 그 아들들이 할 일은 이 죄악 세상에서 어떻게 믿음으로 어려움을 헤쳐나가느냐 하는 것이었습니다. 그러나 야곱의 아들들은 믿음으로 해결하지 않고 감정적으로 처리해서 살인과 약탈로 갚아주었습니다. 이것은 결코 하나님께서 기대하신 것이 아니었습니다. 우리가 지혜 없고 하나님의 백성의 자존심만 가지고 있으면 다른 많은 사람들을 저주하고 그들에게 깊은 상처를 줄 수 있습니다.

　사람들의 마음속에는 누구에게나 분노의 감정이 있습니다. 사람이 분노를 느낀다는 자체가 죄인인 증거입니다. 천사들에게는 분노도 없고 정욕도 없습니다. 하나님이 우리에게 주신 최고의 선물은 다른 사람의 죄를 어떻게 하면 악으로 갚지 않을 수 있느냐 하는 것입니다. 그러나 야곱의 아들들은 자신들의 체면이나 자존심만 중요하게 생각했지, 다른 사람들의 생명은 소중하게 생각하지 않았습니다. 다른 사람을 사랑한다고 할 때 가장 중요한 것이 다른 사람도 행복할 자격이 있다는 것입니다. 나에게 명예가 소중하면 다른 사람에게도 명예가 소중하고, 내 생명이 소중하면 다른 사람의 생명도 소중한 것입니다.

하나님의 백성들은 한번 넘어지고 상처를 입는다고 해서 완전히 더럽혀지는 것이 아닙니다. 하나님 앞에 예배드리고 은혜 받으면 다시 깨끗해질 수 있습니다. 야곱의 아들들은 하나님께 드리는 번제의 능력을 믿어야만 했습니다. 그러나 그들은 자기감정을 믿고 자존심을 믿는 바람에 하나의 불행을 더 큰 불행으로 만들어버렸습니다. 이것은 믿음의 대실패인 것입니다.

이 세상은 악합니다. 그리고 우리의 믿음은 약합니다. 감당할 수 없는 시험은 하나님께 맡기고 다시 한 번 믿음으로 용기를 내서 승리하는 성도들이 다 되시기 바랍니다.

42

벧엘로 가자 / 창세기 35:1

처음 기독교 신앙을 가지는 과정은 사람들마다 다 다릅니다. 어떤 사람은 좋아하는 친구가 어느 날 교회에 가자고 해서 따라 나왔는데 그 후부터 열심히 교회에 나오게 된 경우가 있는가 하면, 어떤 사람은 예수 믿는 사람과 결혼하게 되면서 자연스럽게 교회에 나오게 된 경우도 있습니다. 그런데 교회에 나오게 되는 것도 중요하지만 정말 마음에 하나님을 받아들이게 되는 것은 전부 다 특별한 계기가 있습니다. 처음에는 교회에 다니지만 하나님이 살아계신 것이나 예수님이 내 죄를 대신해서 십자가에 죽으신 것이 믿어지지 않았는데 어느 순간 그것이 내 마음에 믿어지면서 완전히 신앙 중심으로 살게 되는 계기가 있는 것입니다.

아주 오래 전에 어떤 부인이 첫 아들을 낳았는데 이 아이는 이상하게도 그냥 집에 두면 아프고 울고 병이 드는데 교회에만 업고 가면 울지도 않고 아프지도 않으니까 그 어머니가 어느 날 생각을 하게 되었습니다. '우리 아이가 교회에만 가면 아프지도 않고 울지도 않으니까 여기에 무슨 뜻이 있는가 보다.' 라고 생각해서 어머니는 아들을 살리기 위해서 집에서 지내던 제사를 다 끊어버리고 교회에 나오기 시작했습니다. 그리고 정말 그 이후 그 아들은 아프지 않고 잘 자라서 지금 저희 교회 장로님이 되셨습니다. 이것은 지어낸 이야기가 아니고 그 증인이 실제로 지금 살아있는 이야기입니다. 하나님께서는 우리가 너무 미련해서 하나님을 제대로 찾지 못하니까 아이의 병이나 혹은 환경적인 어려움을 통해서 교회에 나오게 하시는 것입니다.

저는 어렸을 때부터 교회를 다녔지만 인격적으로 하나님을 만나지는 못했습니다. 그런데 우리 집이 망해서 도저히 고향에서는 살 수 없게 되어서 어느 날 어머니가 결단을 내리셨습니다. 고향에 있는 모든 것을 다 처분하고 서울에서 새로 밑바닥 인생을 시작하기로 했습니다. 그래서 어머니는 어느 날 형들과 동생을 다 챙겨서 기차로 서울 변두리 제가 있는 양계장으로 올라오셨습니다. 그 때는 제가 학교도 다니지 못했으므로 그 양계장을 너무 싫어했지만 나중에 보니까 그곳은 제가 마음껏 상상력을 키우고 신앙 생활할 수 있게 만든 천국이었던 것입니다. 어머니는 서울에 오신 후 가장 먼저 교회부터 정해야 한다고 하시면서 저를 데리고 걸어서 한 시간이 넘는 곳에 있는 한 교회를 정하셨습니다. 그리고 저와 어머니는 그 교회를 십년 넘게 다니면서 저는 청소년기를 그 교회에서 보내게 되었습니다. 아마 그 교회가 없었더라면 저는 청소년기를 더 방황했을 것입니다. 그러나 저는 그 때 양계장과 그 교회를 다니면서 정말 때묻지 않은 순수한 청소년기를 보낼 수 있었다고 생각합니다.

우리가 이런 것을 보면 하나님을 믿는다는 것이 얼마나 어려운 일이며 특히 인격적으로 하나님을 만난다는 것이 얼마나 기적 같은 일인지 알 수 있습니다. 우리가 진정으로 예수 믿는다고 하려면 예수 믿고 교회 다니는 것만으로는 되지 않고 인격적으로 하나님을 만나는 그 단계까지 가야 하는 것입니다.

야곱은 무서운 형 에서를 피하여 도망을 치다가 벧엘에서 하나님을 만났습니다. 그러나 야곱은 하란에 가서 하나님의 말씀 중심으로 살지 않습니다. 오히려 야곱은 인간적인 방법으로 삼촌의 양들을 많이 빼돌려서 부자가 되었습니다. 그러나 야곱은 미래에 대한 불안과 내면적인 갈등을 이기지 못해서 하란을 탈출해서 가나안 땅으로 돌아옵니다. 그러나 야곱은 가나안 땅까지는 왔지만 벧엘로 가지 않고 세겜에서 주저앉아 살려고 했습니다. 이것이 바로 인간의 마음입니다. 우리 인간은 급할 때에는 하나님을 붙들지만 어느 정도 살만하면 더 이상 하나님께 매이려고 하지 않고 할 수만 있으면 하나님과 거리를 두려고 합니다. 그러나 야곱은 자기 딸이 성추행을 당하고 아들들이 세겜 사람들을 죽이고 약탈하는 바람에 더 이상 세겜에 있을 수 없게 되었습니다. 그때 비로소 야곱은 가족들에게 벧엘로 가자고 설득을 하게 됩니다.

1. 어디로 가야 할까?

대학생들은 학교를 졸업한 후에는 이 넓은 세상 어디든지 가서 살 수 있습니다. 특히 군대를 제대한 청년들은 어디에 가서 무슨 일이든지 할 수 있습니다. 그런데 우리가 막상 어디로 가려고 해도 어디로 가야 할지 알 수 없는 경우가 많이 있습니다. 왜냐하면 우리는 어디를 가든지 먹고 살아야 하기 때문입니다. 그래서 사람들은 대개 자기를 불러주는 직장이 있는 곳에 가서 정착해서 살 수밖에 없습니다. 그런데 불러 주는 직장이 없으면 정말 이 넓은 세상에 갈 곳이 없게 됩니다. 하지만 우리가 정작 가야 할 곳은 직장이 있는 곳보다는 내 신앙의 불이 붙을 수 있는 곳입니다.

야곱이 가나안 땅에 오기는 했지만 세겜은 먹고 사는데 편리한 곳인 반면, 그의 신앙의 불이 붙을 수 있는 곳은 벧엘이었습니다. 그런데 야곱은 신앙의 불이 붙을 수 있는 벧엘로 가지 않고 먹고 사는데 편리한 세겜에 주저앉으려고 땅을 샀습니다. 그 이유는 신앙의 불보다는 당장 먹고 사는 것이 중요했기 때문입니다. 그러나 이것은 야곱이 생각을 잘못한 것입니다. 아직 야곱은 자기에게 얼마나 하나님의 큰 복이 있고 능력이 있는지 알지 못하고 있었던 것입니다.

야곱은 하나님의 복을 붙들기 위해서 가나안 땅까지 왔지만 도저히 가나안 땅에 있을 수 없게 되었습니다. 그러면 야곱은 이제 이 가축들과 가족들을 이끌고 도대체 어디로 가야 할까요? 야곱은 이 넓은 세상에서 자기가 갈 수 있는 곳이 없다는 것을 알게 되었습니다. 그때 야곱에게 하나님의 말씀이 들렸습니다. 그 말씀은 야곱이 20년 전 형 에서를 피하여 도망을 치다가 하나님을 만난 벧엘로 가라는 것이었습니다.

벧엘은 야곱에게 있어서는 가장 밑바닥 인생을 산 곳이라고 할 수 있습니다. 하나님은 야곱에게 바로 그곳으로 돌아가라고 하셨습니다. 그 이유는 야곱이 그때 만났던 하나님이 진짜 하나님이시기 때문입니다. 우리가 인생의 고비를 만나면 여러 가지 결정을 내려야 하는데 도저히 결정을 내릴 여지가 없을 정도로 사면이 꽉 막힐 때가 있습니다. 그때 하나님은 우리에게 하나님을 처음 만났던 그곳으로 돌아가라고 말씀하십니다. 왜냐하면 그때 우리의 자세가 하나님 앞에서 가장 진실했고 그때 내가 만난 하나님이 참 하나님이시기 때문입니다. 우리가 과거에 가장 비참하고 힘든 가운데서 하나님을 만났던 그때로 돌아가면 다시 영적 부흥을 회복할 수 있습니다.

많은 사람들은 어려운 위기 가운데 빠졌을 때 처음에 자기 혈기를 믿고 할 수 있는 방법을 모두 다 써보다가 그래도 안 되면 나중에는 자포자기 해버리게 됩니다. 마치 큰 산에서 길을 잃었을 때 처음에는 길을 빨리 찾아야 되겠다는 욕심에 여기저기 마구 뛰어다니다가 나중에 길이 나오지 않으면 결국 지치게 되고 점점 더 위험한 곳으로 들어가게 되는 것과 같습니다. 우리가 인생의 길을 잃었다고 생각했을 때 가장 먼저 해야 할 것은 다시 하나님의 말씀을 듣는 것입니다.

그런데 놀라운 것은 이 세상에서 나름대로 성공하고 잘 살고 있을 때에는 하나님의 말씀의 가치를 알지 못한다는 것입니다. 그래서 예수를 믿어도 건성으로 믿을 때가 많고 형식적으로 믿을 때가 많습니다. 그런데 사람이 인생 밑바닥에 내려가게 되면 하나님의 말씀이 귀에 생생하게 들리게 됩니다. 그리고 이 세상에 다른 것으로는 아무 것도 위로가 되지 않는데 하나님의 말씀을 들으면 이상하게 위로가 됩니다. 이것은 마치 어떤 사람이 깊은 산 속에서 길을 잃었을 때 통신이 회복되는 것과 같습니다.

야곱은 가나안 땅까지 왔지만 그 땅 안에서 길을 잃어버렸습니다. 그때 야곱에게 하나님의 말씀이 들리게 되었습니다.

> 35:1 "하나님이 야곱에게 이르시되 일어나 벧엘로 올라가서 거기 거주하며 네가 네 형 에서의 낯을 피하여 도망하던 때에 네게 나타났던 하나님께 거기서 제단을 쌓으라 하신지라"

우리가 어려운 위기 가운데서 살 수 있는 유일한 길은 하나님의 말씀을 되찾는 것입니다. 우리는 아무리 하나님의 말씀이 먼 곳에 있어도 찾아가야 합니다. 왜냐하면 하나님의 말씀을 들어야 살 수 있기 때문입니다. 그 하나님의 말씀을 들으면 내 모든 문제가 다 해결되는 것을 보게 됩니다.

어떤 사람이 사업에 실패해서 큰 어려움에 빠져서 교회를 찾아갔는데 그 날 설교는 완전히 자기에게 하시는 하나님의 말씀으로 듣게 되었습니다. 그래서 설교 말씀이 오늘 은혜가 되지 않는다고 해서 불평하지 마시기 바랍니다. 왜냐하면 우리 중에는 누군가가 이 말씀을 꼭 들어야 할 자가 있기 때문입니다.

우리가 예배드리는 가운데 살아있는 하나님의 말씀이 회복된다는 것은 하나님을 도로 찾는 것과 같습니다. 왜냐하면 하나님이 내 옆에 가까이 계시고 우리가 그 음성을 들을 수 있기 때문입니다. 그리고 내 인생에 일단 주님이 옆에 계시기만 하면 우리는 크게 걱정할 필요가 없습니다. 왜냐하면 주님은 우리의 어떤 어려운 문제라도 해결해주실 수 있기 때문입니다.

양들도 마찬가지입니다. 어떤 양이 길을 잃고 헤매다가 가파른 절벽을 만나고 또 몸은 가시에 긁히고 다쳐서 영망이 되었을 때 양 스스로는 아무 것도 할 수 없습니다. 그러나 양의 귀에 목자의 음성이 들리면 지금 목자가 아주 가까운 데까지 와 있기 때문에 이제는 절대 안심인 것입니다. 양은 목자를 향해서 자기가 여기에 있다는 것만 알려주면 됩니다. 그러면 목자는 양을 절벽에서 건져줄 것이며 상처 난 곳을 일일이 다 치료해줄 것입니다.

우리 인생의 문제가 복잡하고 어려운 것은 우리 인간의 힘으로 해결되지 않기 때문입니다. 하나님께서 오셔야 해결될 수 있는 것이 많습니다. 그래서 우리가 인생의 길을 잃고 헤매다가 하나님의 말씀을 듣는 것은 아주 중요합니다.

우리는 보통 인생길에서 위기를 만나게 되었거나 길이 없어지게 되었을 때 우리가 할 수 있는 모든 가능성을 다 생각해 볼 것입니다. 또 많은 젊은이들은 할 수 있으면 자신의 삶을 한층 업그레이드 시킬 수 있는 방향으로 가려고 할 것입니다. 그러나 우리 믿는 자들에게 가장 중요한 것은 하나님의 말씀을 회복하는 것입니다. 그 이유는 지금까지 내가 붙들고 온 것이 세상의 복이었지 하나님의 복이 아니었기 때문입니다. 우리가 세상의 복만 따라가면 결국 길을 잃어버리게 됩니다.

우리가 하나님께 돌아온다는 것은 장소만 교회에 오는 것을 의미하지 않습니다. 말씀으로 신앙의 불이 다시 붙는 것을 의미하는데, 우리에게 하나님과의 첫 사랑이 회복되어야 하고 내 마음에 부흥의 불이 붙고 예배의 불이 붙어야 하는 것입니다.

2. 야곱의 결단

야곱은 이 세상에서 어디에도 갈 수 없는 어려운 형편 가운데서 하나님의 말씀이 임했을 때 전적으로 그 하나님의 말씀을 믿고 순종했습니다. 이것이 야곱이 가진 신앙의 큰 장점이었습니다. 야곱은 위기 가운데 하나님이 말씀하시면 일체 그 말씀에 사족을 달지 않고 무조건 순종했습니다. 야곱은 하나님의 말씀 앞에 어떤 인간적인 계산을 하지 않았습니다. 야곱은 어려운 시기에 하나님의 말씀이 임하면 무조건 그 말씀을 믿었고 그 말씀에 자신의 생명과 가족의 생명과 전 재산을 다 걸었습니다.

우리가 인간적으로 생각을 해 보면 야곱이 벧엘로 가는 것은 더 위험할 수도 있습니다. 왜냐하면 벧엘은 빈들이고 사방이 뚫려 있어서 가나안 족속들이 공격하면 야곱과 가족들은 자신을 지킬 수 없었기 때문입니다. 또 야곱과 가족들은 벧엘로 가는 동안에 가나안 사람들의 공격을 받아서 전멸할 수도 있었습니다. 어쩌면 야곱이 벧엘로 가는 것보다는 잠시 에서의 도움을 받거나 아니면 가나안 땅을 일시적으로 떠나있는 것이 더 안전할지도 모릅니다. 그러나 야곱은 하나님의 말씀이 임했을 때 일체 인간적인 생각을 하지 않고 무조건 하나님의 말씀에 순종하기로 했습니다. 그 이유가 무엇입니까? 야곱도 이번 기회에 아예 한번 철저하게 새 사람이 되기를 원했기 때문입니다.

이것이 하나님의 백성들에게는 가장 귀한 복입니다. 우리에게 기왕 어려움이 오고 기왕 큰 불행이 닥쳤다면 이번 기회를 통해서 하나님 앞에서 한번 철저하게 믿는 기회로 삼아야 하는 것입니다. 한번 불행을 통하여 신앙의 불이 붙는 것입니다.

야곱은 이제 드디어 가족에게 이렇게 말을 했습니다.

> 35:2 "야곱이 이에 자기 집안 사람과 자기와 함께 한 모든 자에게 이르되 너희 중에 있는 이방 신상들을 버리고 자신을 정결하게 하고 너희들의 의복을 바꾸어 입으라"

야곱이 하란에서 종살이하다가 하나님의 약속을 되찾기 위해서 하란을 탈출하기로 결단한 것도 대단한 것이었습니다. 그러나 야곱에게는 또 한 번의 결단이 필요했습니다. 그것은 자기 집에 있는 모든 우상을 다 버리고 온 식구가 함께 벧엘에 올라가서 하나님께 예배를 드리는 것이었습니다. 이것은 우리가 기왕 하나님을 믿을 것이면 한번 철저하게 하나님을 믿자는 뜻이었습니다.

우리가 놀라게 되는 것은 야곱의 식구들이 하나님의 복을 받았지만 그때까지도 버리지 못한 우상들을 많이 가지고 있었다는 점입니다. 야곱의 집은 아직까지 우상을 버리지 않고 있었습니다. 형식적으로는 하나님께 예배를 드리고 하나님을 찬양하지만 구석구석에는 아직까지 버리지 못한 세상의 우상이나 나쁜 습관들이 있었습니다.

우리가 이것을 보면 야곱의 집은 상당히 자유분방한 집이었고 엄격한 집이 아니었음을 알 수 있습니다. 그래서 야곱은 자기는 하나님을 믿고 있었지만 자녀나 종들에게는 하나님의 신앙을 강요하지 않았고 우상 같은 것도 강제로 없애지 않았던 것을 볼 수 있습니다. 그러나 야곱은 신앙의 위기 가운데서 하나님의 말씀을 듣고 온 가족에게 우상을 버리고 신앙으로 하나 되자고 명령을 내렸습니다.

야곱은 가족들에게 "이방 신상들을 버리고 자신을 정결하게 하고 너희들의 의복을 바꾸어 입으라"고 했습니다. 이는 새 사람이 된다는 의미가 있습니다.

물론 이것은 별 것 아닌 것 같지만 하나님은 우리의 작은 결단을 아주 소중하게 생각하십니다. 야곱은 자신이 가나안 땅으로 돌아와야 한다는 것은 알았지만 굳이 벧엘로 가야 한다고 생각하지는 않고 있었습니다. 야곱은 우리가 가나안 땅 어디에 오기만 하면 하나님의 말씀에 다 순종한 것이 아닌가라고 생각을 했던 것입니다. 그러나 하나님이 원하신 것은 가나안 땅에 온다고 해서 된 것이 아니라 벧엘까지 와야 한다는 것이었습니다. 바로 이것이 하나님과 우리 사이에 남아 있는 중요한 생각의 차이입니다. 우리는 남들보다 좀 더 성경적인 신앙을 가지고 좀 더 열심히 믿으면 되지 않는가라고 생각할 때가 많습니다. 그러나 하나님은 우리를 너무나도 사랑하셔서 우리가 완전히 하나님 한 분만 의지하는 신앙으로 돌아오기를 원하시는 것입니다.

이것은 하나님과 우리 사이도 마찬가지입니다. 우리는 남들보다 조금 더 성경적인 신앙을 가지고 있고 큰 죄를 짓지 않는 것을 스스로 잘 믿는다고 생각할지 모르지만 하나님은 모든 우상을 버리고 철저하게 하나님의 말씀만 붙드는 신앙으로 돌아오기를 원하십니다. 그 이유는 그렇게 해야 부흥이 일어나고 하늘의 복이 임하기 때문입니다.

원래 하나님의 백성들에게는 하나님의 은혜가 흘러넘치는 것이 정상입니다. 하나님의 백성들은 예배 때마다 성령의 깊은 체험을 하고 병이 나으며 하나님의 기적과 뜨거운 감격을 체험하는 것이 정상입니다. 그런데 하나님과 우리 사이에 무엇인가 세상적인 것들이 가로막고 있기 때문에 믿기는 믿는데 뜨겁지 않고 부흥의 불이 붙지 않는데 그 이유는 이들이 가나안 땅까지 오기는 왔지만 아직도 세겜에 머물고 있기 때문입니다.

우리는 때때로 너무 신앙 중심으로 돌아오면 사회생활도 하지 못하고 개인적인 야망도 모두 포기해야 한다고 생각해서 언제나 적당하게 믿는 것을 좋아합니다. 우리는 언제나 하나님과 세상 사이에서 양다리 걸치는 것을 좋아하는 것입니다. 처녀들 중에서는 어느 한 사람을 정해서 그 사람에게 매이는 것보다는 개방적으로 생각해서 이 남자 저 남자 더블 데이트하는 것을 좋아하는 사람도 있습니다. 그러나 결혼을 하려고 하면 결단해야 합니다.

하나님과 우리 사이를 가로막고 있는 쓰레기들을 다 치워버릴 때 다시 하나님의 은혜와 복이 강물같이 흐르게 됩니다. 그래서 우리는 하나님 앞에서 아무리 작은 죄라도 철저하게 회개해야 합니다. 그리고 우리는 어떻게 해서든지 남 구경하는 것 같은 예배를 드리면 안 됩니다. 매번 드리는 예배가 정말 살아계신 하나님을 만나는 예배가 되어야 하고 지금 내가 은혜를 받지 않으면 나는 죽는다는 심정으로 예배를 드려야 합니다.

3. 야곱의 온 집에 임한 부흥

야곱의 집은 상당히 자유분방한 것이 특징이었습니다. 야곱은 식구들이 워낙 많아서 그런지, 아니면 자기 자신의 성격이 그래서 그런지 몰라도 가족들의 신앙을 거의 간섭하지 않고 내버려두었습니다. 그래서 야곱의 가족들의 신앙은 전부 가지각색이었습니다. 더욱이 야곱의 집에는 영적인 부흥이 없었습니다. 그러나 야곱은 이제는 온 식구들이 믿음으로 하나 되어야 할 때라는 것을 깨닫게 되었습니다. 왜냐하면 야곱이 그토록 믿었던 자식들의 신앙이 철저하게 실패했기 때문입니다. 이제 야곱의 온 식구들은 세겜에서 자신들이 신앙의 실패자이며 그들이 살 수 있는 길은 오직 벧엘의 신앙으로 돌아가는 것 밖에 없다는 것을 깨닫게 되었습니다.

그래서 야곱은 온 식구들로 하여금 전심으로 하나님께 돌아가자고 권면을 했습니다. 이제는 야곱 개인이 아니라 그의 가정 식구 모두에게 하나님의 은혜 앞에 나아가자고 권면을 했습니다. 그래서 야곱은 식구들에게 모두 하나님을 만날 준비를 하게 했습니다. 그들은 결코 우상을 품에 안고 하나님을 만날 수 없었습니다. 사람을 죽인 더러운 몸으로 하나님의 은혜를 받을 수는 없었습니다. 물론 그들의 마음이 회개해야 하지만 눈에 보이는 회개도 중요했습니다.

그때 드디어 야곱의 온 식구들은 우상을 버리고 장식품을 버렸습니다.

35:4 "그들이 자기 손에 있는 모든 이방 신상들과 자기 귀에 있는 귀고리들을 야곱에게 주는지라 야곱이 그것들을 세겜 근처 상수리나무 아래에 묻고"

그들은 귀에 달고 있는 귀고리조차도 쓸데없는 장식품이라고 생각해서 하나님 앞에 겸손해지기 위해서 모두 다 버렸습니다. 야곱은 그것을 다 모아서 상수리나무 아래 파묻었습니다.

여기서 야곱이 깨닫고 있는 것이 무엇입니까? 지금까지 자신이 바른 위치에 있지 못했다는 것입니다. 야곱은 많은 재물을 소유하는 것이 야곱다운 것이고, 많은 자녀나 많은 하인들을 거느리고 있는 것을 행복한 것으로 생각했습니다. 그러나 가나안 땅에서 큰 실패를 경험한 후에 드디어 자기가 바른 위치에 있지 못했다는 것을 깨닫게 되었습니다. 야곱의 바른 위치는 무엇입니까? 벧엘에서 하나님을 만났던 그 모습을 되찾는 것이었습니다.

야곱이 하나님의 말씀에 순종했을 때 이상하게도 가나안 족속들이 야곱 식구들을 추격하지 못했습니다. 그 이유는 하나님께서 그들에게 두려워하는 마음을 주셨기 때문입니다.

> 35:5 "그들이 떠났으나 하나님이 그 사면 고을들로 크게 두려워하게 하셨으므로 야곱의 아들들을 추격하는 자가 없었더라"

야곱의 가족들에게 있어서 세겜에서의 실패는 전 가족이 하나님께로 돌아오는 계기가 되었습니다. 이제 하나님은 새로운 은혜의 시대를 준비하게 하십니다.

> 35:3 "우리가 일어나 벧엘로 올라가자 내 환난 날에 내게 응답하시며 내가 가는 길에서 나와 함께 하신 하나님께 내가 거기서 제단을 쌓으려 하노라 하매"

하나님은 지금까지 야곱 한 사람을 바른 신앙의 사람이 되도록 하기 위하여 인도하셨습니다. 하나님은 야곱과 씨름도 하셨고, 천사들의 부대를 보여주시기도 하셨습니다. 그러나 한 사람이 잘 믿는 것과 믿음의 공동체가 있는 것은 엄청난 차이가 있습니다. 이것은 바로 개인과 단체의 차이입니다. 개인이 아무리 힘이 세고 싸움을 잘한다 하더라도 여러 명을 이길 수는 없을 것입니다. 마찬가지로 우리가 진정으로 이 세상을 이기는 신앙을 가지려고 한다면 개인적으로 신앙이 좋은 것으로는 부족합니다. 왜냐하면 개인의 신앙은 언제나 올라갔다 내려갔다 하는 기복이 있기 때문입니다. 또 개인적인 신앙은 개인능력의 한계 때문에 오래 지속하기가 어렵습니다. 그래서 개인에게 신앙의 부흥이 일어날 때에는 뜨겁지만 한번 침체되면 부흥의 불이 꺼져버릴 수도 있습니다. 그러나 공동체로 성령충만 하면 개인과는 비교할 수 없는 풍성함과 능력과 치유함을 체험하게 됩니다.

우리가 개인적으로 신앙이 좋은 것을 공동체적으로 하나가 되려고 하면 하나님의 말씀으로 개개인의 자존심과 고집이 부서져서 가루가 되어야 합니다. 그리고 그 안에 하나님의 말씀이 지속적으로 부어져야 합니다. 그러면 드디어 우리 눈에 보이지 않는 하나님의 성전이 지어지게 됩니다. 이 성전이 지어지면 원자폭탄보다 수백만 배 위력 있는 하나님이 우리 안에 임재하시게 됩니다. 그때 우리의 상한 심령이 치료를 받고 지금까지 실패했던 인생이 새로 나아갈 길을 얻게 되고 병든 육체까지 고침을 받게 되는 것입니다.

이것은 혼자의 힘으로 되는 것이 아닙니다. 우리가 함께 하나님께 나아가야 합니다. 그러면 하나님께서 우리 모두에게 임재하실 것입니다. 하나님께서 우리 모두를 변화시켜주실 것입니다. 우리 안에 있는 모든 어려운 문제들이 하나님의 능력으로 해결되어버릴 것입니다. 아무리 절망과 좌절에 빠져 있는 자라 하더라도 하나님이 우리 가운데 있기만 해도 새로운 힘을 얻게 될 것입니다. 이 세상에 전혀 살 소망이 없는 사람이라 할지라도 새로운 길이 열리게 될 것입니다. 우리를 멸망시키려고 하는 자들이 우리를 건드리지도 못하게 될 것입니다.

야곱과 그의 가족들이 벧엘로 돌아와서 하나님께 제단을 쌓고 예배를 드렸을 때 하나님께서는 다시 야곱에게 나타나셔서 그에게 복을 주셨습니다.

35:9 "야곱이 밧단아람에서 돌아오매 하나님이 다시 야곱에게 나타나사 그에게 복을 주시고"

야곱이 진정으로 밧단 아람에서 돌아온 것은 세겜까지 왔을 때가 아니라 벧엘까지 왔을 때입니다. 이때 하나님은 야곱에게 새로운 복을 주셨습니다.

그런데 여기에 보면 놀라운 것은 하나님이 꿈에 말씀하신 것이 아니라 직접 나타나셨다는 것입니다.

35:13 "하나님이 그와 말씀하시던 곳에서 그를 떠나 올라가시는지라"

야곱이 처음 벧엘에서 하나님을 만났을 때에는 잠을 자는 가운데 꿈속에서 사닥다리 위에 서 계신 하나님을 보았습니다. 그러나 이제 야곱이 온 가족과 함께 벧엘에 올라갔을 때는 꿈이 아니라 생생한 현실 가운데서 하나님이 이 세상에 직접 내려오셔서 야곱과 말씀하신 후에 그들이 보는 가운데 하늘로 올라가셨습니다. 이것은 하나님의 계시가 훨씬 더 발전한 것입니다.

우리가 하나님과 바른 관계에 있을 때 더 뜨거운 말씀을 듣게 되고 더 많은 기도의 응답이 나타나면서 사탄의 영역이 형편없이 줄어들게 됩니다. 미신이 없어지고 점이 없어지고 폭력이나 성추행이 없어지고 장애인이나 여성들이나 어린이들이 안전하고 행복하게 살 수 있게 됩니다.

하나님께서 우리에게 주시는 복은 단순한 돈이나 건강이 아닙니다. 우리가 다른 사람을 축복하면 그것이 그대로 이루어지는 하늘의 복이 임하게 되는 것입니다. 하나님은 그 복을 다시 주셨습니다.

우리는 늘 새롭게 은혜 받을 필요가 있습니다. 그 이유는 하나님이 변하시기 때문이 아니라 우리가 늘 변하기 때문입니다. 하나님은 우리에게 은혜를 주시기 원하시지만 우리가 그 은혜를 받을 만한 위치에 있지 못하기 때문에 받지 못하는 것입니다. 오늘 우리 모두 새로운 결단을 해서 기왕 믿을 것이면 철저하게 믿어서 하나님의 복을 되찾는 성도들이 다 되시기 바랍니다.

43
하나님이 주신 꿈 / 창세기 37:5-7

어느 초등학교에서 선생님이 어린 학생들에게 종이를 하나씩 나누어주면서 미래 자신의 꿈을 적으라고 했습니다. 그리고 그 선생님은 아이들이 적은 그 꿈을 수십 년 동안 고이 간직했다가 나중에 아이들이 어른이 되어 다시 모이게 되었을 때 그 종이를 다시 나누어 주었다고 합니다. 그때 그들은 그 30년이나 40년 전에 자기가 적었던 글을 보면서 '과연 내가 옛날에 이런 글을 적을 때가 있었는가?' 의아해하기도 하고, 그때에 비해서 너무나도 변해버린 자신을 보고 반성하기도 했다고 합니다. 그런데 그 아이들 중에서 늘 커닝을 하는 아이는 미래에 대한 꿈까지도 다른 아이가 적은 것을 커닝해서 똑같이 적어내었다고 합니다.

누구나 어렸을 때 미래에 내가 이런 사람이 되었으면 좋겠다는 꿈을 가지고 있습니다. 그런데 우리가 막상 이 세상을 살아가다 보면 자기 꿈대로 되는 경우는 별로 없을 것입니다. 거의 옛날 꿈들은 다 없어지고 아예 꿈이 없는 상태에서 살아갈 때가 많습니다.

그러나 내 자신의 미래를 알지 못하고 꿈이 없어도, 나에 대한 하나님의 뜻이나 계획을 전혀 알지 못해도, 하나님은 우리 한 사람 한 사람을 위한 꿈을 가지고 계시고 그 꿈을 이루어주십니다. 하나님은 어떤 때는 이 꿈을 알려주실 때가 있습니다. 그런 경우는 그 하나님의 꿈 때문에 너무나 많은 연단을 받고 시련을 당할 경우 낙심하지 말라고 격려 차원에서 가르쳐주시는 것입니다. 다윗 왕 같은 경우에는 하나님이 그에게 꿈을 가르쳐주셨고 사무엘 선지를 통해서 기름 부음을 받게 하셨습니다. 그래서 다윗은 여러 차례 죽을 고비가 있었음에도 불구하고 끝까지 낙심하지 않고 하나님의 뜻을 믿었습니다. 그리고 하나님은 요셉에게도 그가 소년이었을 때 꿈을 주셨습니다. 물론 하나님이 요셉에게 주신 꿈은 너무 난해해서 그 당시에는 도무지 알 수 없었지만 요셉은 끝까지 인내해서 하나님의 뜻을 이루어드리게 됩니다.

1. 하나님이 꿈을 주시다

요셉은 야곱이 낳은 열두 아들 중에서 가장 사랑하는 아들이었습니다 아버지 야곱은 요셉을 너무나도 사랑해서 다른 아들들에게는 입히지 않는 채색옷을 입혔습니다. 옛날에는 천에 염색을 하는데 돈이 많이 들었는데 아버지 야곱은 요셉에게만 아름다운 색으로 염색을 한 특별한 채색옷을 입혔던 것입니다. 이것을 보면 야곱에게 있어서 요셉이 얼마나 사랑하는 아들이었는지 알 수 있습니다. 그럼에도 불구하고 요셉은 레아와 아버지의 첩들이 낳은 형들과 함께 들판에서 양을 쳤는데 요셉은 형들이 나쁜 짓을 하는 것을 보면 아버지에게 자꾸 일러바쳤습니다. 우리가 이런 것을 보면 요셉은 아직 철이 덜 들었고 형들로부터 미움을 받을 짓을 골라서 하고 있었다고 생각할 수도 있습니다.

그러나 이것은 우리의 잘못된 선입견입니다. 요셉의 형들은 어렸을 때부터 목축에 길들여오면서 행동이 아주 거친 자들이었습니다. 요셉의 형들은 말로는 하나님을 믿는다고 하면서도 거침없이 다른 사람들을 죽이거나 약탈했습니다. 그래서 형들이 요셉을 미워했던 이유는 요셉이 자기들이 시키는 범죄에 가담하지 않았을 뿐 아니라 이것을 고치기 위해서 아버지에게 일러주기까지 했기 때문입니다.

그런데 여기서 그쳤으면 좋았는데 요셉은 하나님이 주신 꿈을 꾸게 되면서 형들은 그를 죽이고 싶을 정도로 미워하게 되었고 요셉의 인생은 정말 비참해지게 되었습니다.

어느 날 요셉은 아주 특이한 꿈을 꾸게 되었습니다.

37:5-7 "요셉이 꿈을 꾸고 자기 형들에게 말하매 그들이 그를 더욱 미워하였더라 요셉이 그들에게 이르되 청하건대 내가 꾼 꿈을 들으시오 우리가 밭에서 곡식 단을 묶더니 내 단은 일어서고 당신들의 단은 내 단을 둘러서서 절하더이다"

여기서 우리는 요셉이 정말 과대망상중에 빠졌구나 생각을 할 수 있습니다. 아버지가 요셉을 귀여워해서 채색옷을 입히고 또 형들의 잘못을 아버지에게 고자질을 해서 인정받는 것까지는 좋은데 이제는 완전히 자기가 최고인 줄 알고 자기가 꾼 꿈을 형들에게 말합니다. 자기들이 밭에서 곡식을 베는데 모든 곡식단이 일어서서 요셉의 곡식단에게 절을 한다는 것입니다. 요셉이 기고만장해서 형들을 다 우습게 알고 자기가 최고인 줄 알고 있다는 생각이 들게 한 것입니다. 이것은 마치 요즘 K-POP 노래 중에서 '내가 제일 잘나가, 내가 제일 잘나가' 하는 식으로 자기를 뽐내고 자랑하는 것으로 보이는 것입니다.

그래서 형들은 요셉의 이 꿈 이야기를 듣고 더욱 요셉을 미워해서 이렇게 말하게 됩니다.

37:8 "그의 형들이 그에게 이르되 네가 참으로 우리의 왕이 되겠느냐 참으로 우리를 다스리게 되겠느냐 하고 그의 꿈과 그의 말로 말미암아 그를 더욱 미워하더니"

요셉의 형들은 요셉을 완전히 과대망상중에 빠진 아이로 생각해서 더 미워했습니다. 그러나 요셉이 꾼 꿈은 우리가 꾸는 꿈과는 완전히 다르다는 것을 알아야 합니다. 우리가 보통 꾸는 꿈은 평소에 의식은 하지 않지만 자기가 많이 생각하거나 염려하는 것들이 꿈으로 나타나는 경우가 많습니다. 그래서 대개 낮에 듣거나 혹은 보거나 어렸을 때부터 생각했던 것들이 무의식 가운데 잠재되어 있다가 잠 속에 꿈이라는 형태로 나타나게 됩니다. 그러므로 이런 꿈을 꾸게 되면 요즘 내가 이런 것을 많이 생각하고 있구나 하는 정도로 그치는 것이 좋습니다. 그러나 구약 시대 하나님께서 특별한 사람에게 주신 꿈은 이런 보통의 꿈이 아니라 하나님이 주시는 강력한 말씀이라고 할 수 있습니다. 그래서 이런 꿈을 꾼다는 것 자체가 특별한 것이었고 이런 꿈을 꾼 사람은 그 꿈이 주는 강한 메시지 때문에 완전히 그 꿈에 사로잡혀서 탈진하게 됩니다. 그리고 그 꿈의 내용이 머리에 생생할 뿐만 아니라 그것을 다른 사람에게 말하지 않으면 답답해서 견디지 못하게 됩니다.

우리가 설교 말씀을 들으면서도 강한 은혜를 받으면 그 말씀이 너무 생생하게 머리에 박혀 있게 되고 어떤 때는 그것을 다른 사람에게 말하지 않으면 견디지 못할 정도로 마음에 불이 붙을 때도 있습니다. 그때는 누구든지 붙잡고 자기가 은혜 받은 것을 이야기하게 되는 것입니다. 요셉은 하나님께서 주신 꿈 때문에 아주 흥분되고 심히 두려워했을 뿐 아니라 그 꿈을 형들에게 말하지 않고는 견딜 수가 없었던 것입니다.

그런데 요셉의 꿈의 내용을 아는 것은 쉽지가 않습니다.

요셉의 첫 번째 꿈을 해석하는 열쇠는 야곱의 집은 농사를 짓는 사람들이 아니라는 것입니다. 야곱의 집은 전통적으로 목축하는 사람들이기 때문에 요셉의 가족들은 곡식단을 매는 일을 하지 않는다는 것입니다. 오히려 요셉의 가족들에게 정상적인 꿈은 옛날 야곱이 꿈을 꾸었던 것처럼 양이나 염소가 새끼를 낳는 꿈이어야 합니다. 그런데 이들이 함께 곡식단을 묶는다는 것은 앞으로 그들에게 양식과 관계되는 중요한 일이 일어나게 될 것을 보여주는 것입니다. 하나님께서는 요셉의 꿈을 통해서 앞으로 20년 후에 가나안 땅에 임할 큰 기근을 미리 예언하시는 것입니다.

그때 야곱의 식구들은 목축업자이지만 양식을 구해야 하는 긴급한 어려움에 빠지게 될 것인데 이때 하나님께서 요셉을 통해서 온 가족을 굶주림에서 건지실 것을 보여주시는 것입니다.

이것이 바로 앞으로 일어날 하나님의 구원 계획입니다. 그러나 이 당시에 이 꿈을 제대로 해석한다는 것은 사실 거의 불가능한 일입니다. 이처럼 우리는 하나님의 말씀을 매번 듣지만 앞으로 우리에게 일어날 일에 대해서는 정확하게 알지 못할 때가 많습니다.

이미 요셉의 형들이나 가나안 사람들의 죄는 하나님의 심판 받을 수준을 넘어섰기 때문에 하나님은 앞으로 큰 기근의 재앙을 주실 것입니다. 하나님께서 이 기근에서 사람들을 살리기 위해서 요셉을 준비시키시는 것입니다.

그러나 요셉의 형들은 "왜 하나님의 꿈이 별 것도 아닌 너에게 나타나느냐? 그리고 왜 하나님은 너를 통해서 무엇인가를 보여주시느냐?"고 하면서 더 시기했던 것 같습니다. 그런데 요셉은 얼마 후 더 이상한 꿈을 꾸게 됨으로 형들은 요셉을 죽여야 될 정도로 미워하게 됩니다.

37:9 "요셉이 다시 꿈을 꾸고 그의 형들에게 말하여 이르되 내가 또 꿈을 꾼즉 해와 달과 열한 별이 내게 절하더이다 하니라"

요셉이 두 번째로 꾼 꿈은 더욱 황당한 것이었습니다. 왜냐하면 이번에는 단순히 곡식단을 매는 것이 아니라 하늘에 있는 해와 달과 열한 별이 요셉에게 절을 하는 것이었습니다. 이 꿈은 요셉이 형들만이 아니라 아예 아버지나 어머니까지도 무시하고 자기가 최고가 되려고 하는 것으로 보였던 것입니다. 그래서 이번에는 아버지 야곱까지도 요셉의 꿈 이야기를 듣고 요셉을 꾸짖었습니다.

37:10 "그가 그의 꿈을 아버지와 형들에게 말하매 아버지가 그를 꾸짖고 그에게 이르되 네가 꾼 꿈이 무엇이냐 나와 네 어머니와 네 형들이 참으로 가서 땅에

엎드려 네게 절하겠느냐"

아마 누가 요셉의 꿈 이야기를 들어도 '이 애는 좀 정신감정이 필요하다' 싶을 정도로 과대망상증에 빠진 것이 틀림없는 아이 같았습니다. 아버지가 귀여워 해주어서 채색옷을 입혀주었기로서니 해와 달과 열한 별이 자기에게 절을 하는 꿈을 꿀 정도 같으면 보통 심각한 문제가 아닌 것입니다. 그러나 요셉이 꾸었던 꿈은 그냥 보통 꿈이 아니라 하나님의 계시였던 것입니다. 그래서 우리는 하나님의 말씀이 내 생각과 맞지 않는다고 해서 쉽게 무시하거나 업신여겨서는 안 됩니다.

여기서도 이 꿈을 해석하는 중요한 열쇠는 '하늘에 있는 열한 별'입니다. 우리가 보통 '하늘에 있는 별'이라는 것은 그야말로 이 세상의 때가 묻어 있지 않은 가장 깨끗하고 순수하고 아름다운 존재를 말합니다. 이것은 앞으로 요셉의 형들이 변화될 것을 보여주는 것입니다. 지금 요셉의 형들은 결코 하늘에 빛나는 별이 아닙니다. 이 세상에서 살인자들이며 약탈자들이었고 악하고 추한 자들이었으며 하나님의 심판으로 멸망할 수밖에 없는 죄인들이었습니다. 그럼에도 불구하고 하나님은 요셉의 환란을 통해서 이들을 모두 하늘의 별 같은 믿음의 사람으로 변화시켜주실 것을 보여주는 것입니다.

이것은 애굽에 닥칠 7년 흉년에서 사람들을 살리는 것보다 더 어려운 일입니다. 요셉의 형들은 세겜 사람들을 죽이고 약탈하고서도 자기들이 얼마나 무서운 죄를 지었는지 모르고 있었습니다. 결국 이들은 자기 동생 요셉을 죽이려 했고 종으로 팔아먹게 됩니다. 그리고 그 후에 얼마나 죄의식으로 양심의 고통을 받게 되는지 모릅니다. 결국 나중에 요셉의 형들은 모두 다 회개하고 하늘의 별 같은 존재들이 됩니다. 이것이 하나님이 요셉에게 주셨던 꿈이었습니다.

2. 요셉의 고난의 시작

하나님께서 요셉을 통해서 엄청난 꿈을 주었을 때 이 꿈의 의미를 조금이라도 이해할 수 있는 사람은 아무도 없었습니다. 오히려 형들은 요셉이 건방지게 우리 위에 올라타고 높아지려 한다고 시기했는데 사실 이것은 참으로 그들에게 너무 고마운 꿈이었던 것입니다. 앞으로 큰 흉년이 오게 되는데 그때 요셉이 그 지혜로 자기들을 살게 해주고 또 자기들을 하늘의 별처럼 아름다운 존재로 만들어준다는 것은 너무나도 감사해야 할 일입니다. 그러나 형들은 자기들이 죄인이라고 생각하지 않았기 때문에 요셉에게 고마운 마음도 없었고 오히려 요셉이 건방지다고 해서 죽이려고 했던 것입니다. 그러나 요셉은 오직 한 가지만 붙들었습니다. 그것은 자기는 그 꿈의 내용을 모르지만 하나님은 나를 통해서 놀라운 일을 행하실 계획을 가지고 계신다는 믿음입니다. 이 믿음이 인생 밑바닥 같은 고생에서 요셉이 타락하지 않도록 붙들어주었습니다.

요셉의 고난은 아버지 야곱이 요셉을 형들에게 보내는 것에서부터 시작됩니다.

> 37:12-13 "그의 형들이 세겜에 가서 아버지의 양 떼를 칠 때에 이스라엘이 요셉에게 이르되 네 형들이 세겜에서 양을 치지 아니하느냐 너를 그들에게로 보내리라 요셉이 아버지에게 대답하되 내가 그리하겠나이다"

세겜은 야곱의 아들들이 처절한 살육을 저질렀던 곳입니다. 그런데 요셉의 형들은 바로 얼마 전에 자신들이 끔찍한 살육을 저지른 현장에서 목축을 하고 있었습니다. 이것을 보면 인간은 얼마나 과거를 잘 잊어버리는지 알 수 있습니다. 특히 피해자는 과거를 절대로 잊지 않고 가슴 속에 담아 놓고 있는데 가해자는 다 잊어버리는 것입니다.

야곱은 왜 이 위험한 곳에 요셉을 혼자 보내었습니까? 그것은 야곱이 하나님을 믿었기 때문입니다. 야곱은 죄가 없고 하나님을 잘 믿는 요셉을 하나님께서 지켜주실 것이라고 믿고 혼자 보내었던 것입니다. 그런데 여기서 큰 사고가 일어나게 됩니다.

요셉의 형들은 아무래도 세겜에 오래 있는 것은 불안했던 것 같습니다. 그래서 그들은 더 북쪽에 있는 도단으로 옮겨가게 되었습니다. 요셉은 세겜까지 형들을 찾아갔는데 그곳에 형들이 없었습니다. 그래서 요셉은 형들을 찾지 못해 들판 여기저기를 돌아다니다가 가까스로 어떤 사람을 만나서 형들은 더 북쪽으로 가 있다는 말을 들었는데 여기서 돌아가야 할지 아니면 끝까지 형들이 있는 곳을 찾아가야 하는지 알 수 없었습니다. 아마 요셉은 형들이 세겜에 있지 않더라는 것만 확인하고 아버지에게 돌아가도 될 것입니다. 그러나 요셉은 충성된 아들이어서 형들이 있는 도단까지 찾아갔습니다. 그런데 형들은 요셉이 도단까지 자기들을 찾아오는 것을 보고 그를 죽일 계획을 짰습니다.

> 37:18-20 "요셉이 그들에게 가까이 오기 전에 그들이 요셉을 멀리서 보고 죽이기를 꾀하여 서로 이르되 꿈 꾸는 자가 오는도다 자, 그를 죽여 한 구덩이에 던지고 우리가 말하기를 악한 짐승이 그를 잡아먹었다 하자 그의 꿈이 어떻게 되는지를 우리가 볼 것이니라 하는지라"

형들은 요셉이 먼 데서 오는 것을 보고 죽이기로 계획하고 그를 죽여서 구덩이에 집어넣으면 그 꿈이 어떻게 되는지 보자고 했습니다. 형들은 모두 요셉의 꿈이 이루어지지 않기를 바라는 심정이었던 것입니다.

형들이 요셉을 죽이려고 생각하게 된 이유가 어디에 있을까요? 가장 중요한 이유는 요셉이 자기들의 일에 간섭하려 한다고 생각했기 때문입니다. 이것은 어느 정도 사실이었습니다. 요셉은 형들이 더 이상 나쁜 짓을 하지 않고 또 보다 안전한 곳에 있기를 바랐습니다. 그러나 형들은 요셉의 간섭받는 것을 싫어했습니다. 유대인들이 예수님을 배척했던 이유도 예수님께서 자기들이 하는 일에 간섭한다고 생각했기 때문입니다. 우리가 예수를 믿는다는 것은 지금까지 내 삶에 있어서 내가 주인이었는데 예수님을 주인으로 바꾸는 것을 의미합니다. 사람들이 하나님을 믿지 않으려는 가장 큰 이유는 내 인생에 하나님이 간섭하지 말라는 것으로 내 인생은 내 마음대로 하겠다는 뜻입니다.

형들은 요셉의 채색옷을 벗기고 그를 물이 없는 깊은 구덩이에 집어넣어서 물도 마시지 못하고 음식도 먹지 못하고 죽을 수도 있다는 두려움에 떨게 만들었습니다.

요셉의 형들이 가장 싫어했던 것은 요셉의 채색옷이었습니다. 그래서 그들은 그 옷부터 벗겼습니다. 형들은 요셉에게서 아버지의 사랑과 영광을 빼앗았습니다. 그리고 요셉을 물이 없는 깊은 구덩이에 집어넣었습니다. 이것이 요셉에게는 고난의 시작이었습니다. 요셉은 이제 애굽에 노예로 팔려가게 되고 또 거기서 누명을 쓰고 감옥까지 들어가게 됩니다. 애굽의 감옥은 요셉의 인생에서 최고의 밑바닥이었습니다. 요셉의 이런 환란은 예수님이 당하셨던 고난과 비슷합니다.

예수님이 이 세상에 직접 오신 것은 우리가 얼마나 큰 위험 가운데 살고 있는지 아셨기 때문입니다. 마치 요셉의 형들이 세겜에서 양을 치고 있었듯이 우리는 언제 멸망할지 모르는 위험한 곳에서 하루하루를 살아가고 있습니다. 하나님께서는 죄 없으신 하나님의 아들을 우리를 위해서 굴욕을 당하시고 침 뱉음을 당하시고 채찍에 맞으시고 십자가에 못 박혀 죽게 하심으로 우리의 죄를 깨닫게 하셨습니다. 그리고 하나님은 우리 죄를 모두 용서하시고 우리 같은 죄인들을 모두 하늘의 별처럼 존귀한 존재로 만드셨습니다.

3. 종으로 팔린 요셉

요셉의 형들은 요셉을 물 없는 구덩이에 쳐 넣고서도 태연하게 자기들끼리 음식을 먹었습니다. 원래 음식은 편안한 가운데 먹어야 체하지 않습니다. 그런데 형들은 동생을 바로 옆에 있는 구덩이에 던져 넣고도 태연하게 음식을 먹을 수 있었습니다. 형들의 마음은 이렇게 너무나 악하게 되어서 전혀 양심의 가책이나 고통도 없었으며 죄를 즐기는 단계까지 가게 된 것입니다.

그때 자기들 옆으로 한 무리의 상인들이 지나가는 것을 보고 형제 중 하나가 요셉을 종으로 팔아버리자고 했습니다. 이 상인들은 카라반들이었는데 길르앗에서 향료를 사서 애굽에 가져다가 파는 사람들이었습니다.

이것은 놀랍게도 유대인들이 예수님을 십자가에 못 박을 때에도 거의 그대로 재연되었습니다. 유대인들은 예수님을 체포하고 난 후 자신들의 손에 피를 묻히지 않기 위하여 로마 총독 빌라도를 통해 죽게 했습니다. 빌라도는 이 일에 말려들지 않으려고 무진 애를 썼음에도 불구하고 결국 예수님께 사형 선고를 내렸습니다.

결국 형들은 요셉을 상인에게 판 대가로 은 이십을 받았습니다. 아마 그들은 그 은을 골고루 두 개씩 나누어 가졌을 것입니다. 그 대신 그들은 요셉이 살아서 돌아올 때까지 20년 동안 동생을 죽였다는 양심의 고통을 받게 되었습니다.

이때 큰 형 르우벤은 죽음의 자리에서 빼돌리려고 하다가 잠깐 어디 간 사이에 요셉은 이미 팔리고 없었습니다. 르우벤은 돌아와서 구덩이에 요셉이 없는 것을 보고 옷을 찢고 탄식했습니다.

> 37:29-30 "르우벤이 돌아와 구덩이에 이르러 본즉 거기 요셉이 없는지라 옷을 찢고 아우들에게로 되돌아와서 이르되 아이가 없도다 나는 어디로 갈까"

르우벤은 요셉을 살리고 싶었지만 그에게는 그럴만한 힘이 없었습니다. 르우벤이 없는 동안에 형제들은 이미 요셉을 팔아 버렸던 것입니다. 르우벤이 할 수 있는 것은 자기 옷이나 찢고 "나는 어디로 가야 하나?" 하면서 절망하는 것밖에 없었습니다. 르우벤이 "나는 어디로 갈까?"라고 한 것은 '이제 나는 어떻게 하면 좋으냐?'는 뜻입니다. 또 '이 넓은 천지에 어디에 가서 요셉을 찾느냐?' 라는 의미도 있을 것입니다. 르우벤은 요셉을 살릴 수 없었습니다. 왜냐하면 르우벤은 자신도 죄인이었기 때문입니다. 죄인은 다른 죄인을 살릴 수 없습니다.

결국 형들은 요셉의 옷에 염소의 피를 발라서 요셉이 짐승에게 물려 죽었다고 아버지에게 거짓말을 했습니다. 야곱은 요셉의 옷에 피가 묻어 있는 것을 보고 요셉이 들짐승에게 물려 죽었다고 믿었습니다. 야곱은 자기 옷을 찢고 아주 오랫동안 요셉을 위해서 울었습니다. 그리고 아무리 아들들이 아버지를 위로하려고 해도 야곱은 그 위로를 받지 않았습니다. 그 이유는 요셉은 야곱이 가장 사랑하는 아들이었기 때문입니다.

그때 비로소 형들은 요셉이 아버지에게 특별한 아들이었다는 것을 깨닫게 되었습니다. 그래서 형들이 아무리 아버지 야곱을 위로하고 그 슬픔을 덜어드리려고 해도 그들은 아무런 위로가 되지 않았습니다.

야곱이 요셉을 그렇게 사랑했던 것은 요셉이 의로웠기 때문입니다. 다른 아들들은 죄를 지은 흠이 있는 자식들이지만 요셉은 죄가 없는 아들이었습니다. 요셉이 없는 야곱의 삶이나 재산은 그에게 아무런 의미가 없었습니다.

사실 야곱은 미리 통곡을 했어야만 했습니다. 집안에 미움이 있고 음행이 있고 살인과 약탈이 있었을 때 하나님 앞에 나와서 통곡을 했어야 했습니다. 그러나 그냥 모두 모르는 체 하고 넘어갔습니다. 그러나 가장 귀한 아들 요셉을 잃고 난 후에야 이렇게 통곡을 하게 되는 것입니다.

우리는 예수님이 십자가에 못 박히심으로 살게 되었습니다. 하나님께서 이 세상에 사랑하는 아들을 보내신 것은 너무나도 큰 사랑이었습니다. 하나님께서는 사람들이 하나님을 싫어한다는 것을 알고서도 그 사랑하는 아들을 이 세상에 보내셨습니다. 하나님께는 이 아들이 전부였습니다. 그런데 사람들은 이 아들을 거부했고 그를 십자가에 못 박아 죽여 버렸습니다.

그리스도가 부활하시기까지 사람들은 자기 죄를 깨닫지 못했습니다. 그러다가 그리스도께서 십자가에 죽으시고 부활하신 후에 비로소 자기들이 하나님 앞에서 얼마나 무서운 죄인인지 깨닫게 되었습니다. 그리고 이 죄를 깨닫고 회개하는 자만이 구원의 감격을 체험할 수 있는 것입니다.

하나님께서 요셉에게 꿈을 주신 것은 하나님이 요셉을 참으로 귀하게 쓰신다는 것을 보여주신 것입니다. 그러나 요셉에게 실제로 일어난 일은 말씀과 정반대였습니다. 요셉은 형들의 미움을 받았고 죽는 위기를 겪었으며 결국 종으로 팔리게 되었습니다.

아마도 요셉은 노예로 팔려가면서 자기는 노예가 아니요 아버지에게 연락만 하면 모든 비용을 다 갚을 수 있다고 설명했겠지만 아무도 요셉의 말을 믿어주지 않았을 것입니다. 그 대신 요셉은 불타는 사막을 걸어서 애굽까지 가서 애굽의 노예 시장에서 경매로 팔리게 되었습니다. 이것은 하나님의 말씀과 정반대되는 것이었습니다. 하나님께서는 요셉을 높이시겠다고 하셨는데 요셉은 모든 행복을 다 잃어버리고 가장 비참한 노예가 되고 말았습니다.

우리가 하나님 안에서 소망하는 것과 실제로 나타나는 현실이 정반대가 될 때면 거의 모든 사람들은 하나님의 말씀이 틀렸다고 생각합니다. '하나님의 말씀은 믿을 수가 없어. 괜히 하나님의 말씀을 붙들었다가 인생에서 실패하고 말았어.' 하면서 하나님 믿은 것을 후회하는 사람들이 많습니다. 그러나 하나님의 말씀은 틀림없이 이루어지게 됩니다. 하나님은 우리를 재앙에서 살리실 것이며 하늘의 별처럼 존귀한 자가 되게 하실 것입니다.

하나님께서는 가장 좋은 것을 주시기 전에 먼저 우리들을 낮아지게 하십니다. 그래서 하나님은 우리들을 귀하게 쓰시겠다고 해 놓고서는 깊은 구덩이에 쳐 넣으십니다. 아니면 종으로 팔아버리십니다. 그러나 정말 그 고난 가운데서도 하나님의 말씀을 붙들고 기꺼이 고난을 감당하는 자는 다시 그 약속의 말씀과 함께 솟아오를 수 있습니다.

우리 모두 요셉과 같이 말씀을 붙드는 자가 되어서 7년 대흉년과 경제적인 위기에서 나라를 살리고 국민들을 살리며 가족이나 주위 많은 사람들을 하늘의 별 같은 존재로 만드는 성도들이 다 되시기 바랍니다.

44
믿음의 씨앗 / 창세기 38:6

젊은이들 중에는 첫사랑에는 실패하지만 그 실패를 통해 분별력과 인내심이 생겨서 그 다음에 좋은 사람을 만나 결혼에 성공하는 경우가 많이 있습니다. 물론 첫사랑은 달콤하고 짜릿하지만 아직 어리고 제대로 준비가 되어 있지 않아서 실패하기 쉽습니다. 그러나 정신적으로나 육체적으로 성장하고 난 후에 만난 사랑은 준비된 사랑이기 때문에 훨씬 더 책임감 있는 사랑을 할 수 있는 것입니다. 마찬가지로 우리도 처음 이 세상과 사랑에 빠지지만 이 세상이나 우리는 너무 어리고 준비되어 있지 않아서 서로 책임질 수 없으므로 실패하게 됩니다. 그래서 우리는 첫사랑에 실패한 후 예수님을 만나서 완전한 하나님의 사랑을 경험하게 됩니다.

그런데 하나님의 사랑은 얼마나 생존력이 강하고 질긴지 식물이 생기는 것과 비슷한 것 같습니다. 식물이 생존하고 서식하는 능력은 감탄을 자아내게 만듭니다. 산에 가보면 절벽 끝에 있는 바위틈 사이에 소나무가 자라는 것을 볼 수 있습니다. 또 바다에 화산 폭발이 일어나서 바위만 있던 곳에 시간이 흐르면서 흙만 있으면 어김없이 어디선가 씨가 날아와서 풀이 자라기 시작하고 나중에는 나무까지 자라게 됩니다. 캄보디아에 가보면 옛날 절이었던 곳에 나무들이 자라면서 그 큰 건물이나 석상들을 전부 나무뿌리가 휘감고 있는 것을 보게 됩니다.

이런 일이 기독교에서도 일어나게 됩니다. 처음에는 아무도 예수 믿는 사람이 없던 곳에 누군가가 찾아와서 성경을 하나 주고 가거나 혹은 외국 선교사가 와서 복음을 전하고 갔는데 나중에 예수 믿는 사람들이 많이 있는 모습을 보게 됩니다.

제가 전북 시골의 어느 교회를 가니까 교회 종탑이 볼품사납게 전부 돌로 쌓아서 만들어져 있었습니다. 그래서 그곳에 있는 분에게 왜 종탑을 돌로 쌓아서 만들었느냐고 물어보니까 옛날에는 그 자리가 성황당 자리였는데 마을 사람들이 전부 다 예수를 믿으니까 그 성황당 돌을 가지고 교회 종탑을 만들었다는 것입니다.

제 친구 중 한 명은 참으로 인격이나 학식이 훌륭했지만 예수는 절대로 믿지 않았었습니다. 그런데 제가 한번 어느 대학에 학생을 위한 집회가 있어서 설교하러 가게 되었습니다. 그런데 그 학교 기숙사를 빌리는데 법대 학장님이 많이 도와주셨다는 이야기를 들었습니다. 그래서 그 법대 학장님이 누구시냐고 물었더니 옛날에 예수를 믿지 않았던 제 친구였습니다. 그래서 학장실을 찾아가서 그 친구에게 어떻게 된 일이냐고 물으니까 원래는 자기 할머니가 크리스천이어서 어렸을 때 교회 나간 적이 있는데 고등학교를 서울로 진학하는 바람에 교회를 나가지 않게 되었다는 것입니다. 그러다가 나중에 어떤 여성을 사귀게 되었는데 독실한 크리스천이었고 결국 그녀를 통해 자기가 다시 신앙을 가지게 되었노라고 했습니다. 그 분은 할머니 때 뿌려졌던 신앙의 씨가 아내를 통해서 다시 꽃이 피게 되었던 것입니다.

우리가 예수 믿는다는 것은 하나님의 복의 상속자가 되는 것입니다. 우리는 이 세상에서 권력을 잡고 돈을 번다고 하면 눈에 불을 켜고 덤벼들겠지만, 예수를 믿고 하나님을 믿는 것에는 별로 신경을 쓰지 않습니다. 그런데 간혹 친구의 권유나 결혼을 통해 정말 우연히 신앙을 가지게 되었는데 알고 보니까 그것이 엄청난 복의 상속자가 된 것입니다.

어떤 사람이 사업에 실패하거나 집에서 쫓겨난 사람인 줄 알고 사귀고 결혼을 했는데 나중에 알고 보니까 그 배우자가 왕위를 계승할 수 있는 사람이어서 한 나라의 퍼스트레이디가 된 경우가 있습니다. 일제강점기 때 이방자 여사 같은 경우는 비록 일본인이었지만 우리나라 황태자 영친왕과 일본에 의해 강제결혼을 하고 마지막 황태자비로서 해방 후에도 우리나라 왕궁에서 오래 살다가 죽었습니다. 프란체스카 여사 같은 경우에는 미국에 망명 온 한국 유학생 이승만과 결혼했는데 해방 후 대한민국의 초대 대통령 부인이 되었습니다. 우리가 예수 믿는 것이 별 것 아닌 것 같지만 사실은 이 세상에서 최고의 복을 움켜쥐는 자가 되는 것입니다.

우리가 성경에서도 바로 이런 사람을 보게 되는데 바로 가나안 여자 다말이었습니다. 다말은 유다의 며느리였는데 결국 이스라엘 최고의 여인이 됩니다. 그래서 우리는 그냥 형식적으로 예수를 믿어서는 안 되고 이 안에 있는 복을 꼭 붙드는 자가 되시기를 바랍니다.

1. 유다의 타락

요셉은 형들의 시기와 배신으로 먼 외국 땅에 종으로 팔려가게 됩니다. 그러면 요셉을 종으로 팔아버리고 난 후에 형들은 어떻게 되었을까요? 요셉의 형들은 동생을 종으로 판 후에도 별 문제없이 지내고 있었습니다. 그런데 그 형제 중에서 오직 유다만이 아버지 집을 떠나 가나안에서 딴 살림을 차렸습니다.

> 38:1 "그 후에 유다가 자기 형제들로부터 떠나 내려가서 아둘람 사람 히라와 가까이 하니라"

야곱의 열 아들 중에서 유다는 아버지를 떠나고 형제들을 떠나서 아둘람 사람 히라와 가까이 했다고 했습니다. 이것은 유다가 잠시 무슨 볼일이 있어서 히라에게 갔다는 뜻이 아닙니다. 유다는 하나님을 믿는 믿음을 버리고 세상 사람처럼 살기 위해 가나안 사람들에게로 갔던 것입니다. 유다는 하나님께서 아브라함에게 주신 복을 포기하고 이제는 내 멋대로 한번 살아보겠다는 생각으로 딴 살림을 차린 것입니다. 유다는 거기서 가나안 여자와 결혼하여 아이들을 낳았습니다.

우리도 주위에 보면 어렸을 때에는 부모 때문에 어쩔 수 없이 교회를 다니지만 어느 정도 자라고 난 후에는 부모에 대한 반항심 때문에 신앙을 버리고 세상 사람처럼 살아가는 경우를 많이 볼 수 있습니다. 이렇게 어렸을 때 믿었던 신앙을 버리는 이유는 기독교 신앙에 대한 반항심도 있고 또 세상에 성공하고 싶은 욕심도 있기 때문입니다.

38:2 "유다가 거기서 가나안 사람 수아라 하는 자의 딸을 보고 그를 데리고 동침하니"

유다는 가나안 땅에서 가나안 사람 수아의 딸과 결혼해서 아이를 낳았습니다. 그런데 유다는 가나안 땅에서 하나님의 복을 받지 못했습니다. 유다는 가나안에서 세 명의 아들을 낳았는데 그 중에서 두 명이 하나님의 징계로 죽습니다. 그리고 나중에는 유다의 부인마저도 죽고, 결국 유다는 한 명 남은 아들과 며느리 다말을 데리고 오는데, 바로 이 여자 다말이 이방인으로서 하나님의 놀라운 복을 받는 축복의 주인공이 됩니다. 하나님께서는 유다의 타락을 통해서 다말이라는 한 이방 여자를 전도하신 것입니다.

이 세상에서 가나안 여자 중에 다말이라는 여자가 있는 줄 아무도 몰랐습니다. 그러나 하나님은 그 많은 이방인 중에서도 다말을 알고 계셨습니다. 다말은 하나님의 '하' 자도 모르고 있었지만 하나님은 다말을 알고 계셨고 다말을 서서히 신앙의 길로 몰아오고 있었습니다. 이처럼 하나님이 우리 한 사람 한 사람을 구원으로 인도하시는 손길은 너무나도 놀랍습니다. 우리가 하나님을 전혀 모르고 정신적으로 방황하고 있을 때에도 하나님은 우리를 알고 계셨습니다. 그러다가 하나님은 결정적인 순간에 우리로 하여금 예수를 믿게 하시는 것입니다.

유다는 가나안 생활에서 실패했는데 그 중에서 가장 큰 충격은 큰 아들의 죽음이었습니다.

> 38:6-7 "유다가 장자 엘을 위하여 아내를 데려오니 그의 이름은 다말이더라 유다의 장자 엘이 여호와가 보시기에 악하므로 여호와께서 그를 죽이신지라"

유다의 장자 엘은 하나님 앞에서 선한 사람이 아니었습니다. 오히려 엘은 아주 비열한 사람이어서 무슨 좋지 않은 죄를 지었던 것 같습니다. 그래서 하나님은 엘을 치셔서 아기도 낳지 못하고 죽게 됩니다.

엘이 죽자 아버지 유다는 엘의 죽음을 도저히 받아들일 수 없었습니다. 그래서 유다는 둘째 아들 오난에게 그의 형수 다말에게 들어가서 형을 위하여 아기를 낳게 하라고 했습니다. 이것이 바로 '형사취수'(레비레이트, levirate)라고 하는 제도인데, 형이 죽으면 동생이 형수와 관계해서 형의 후손을 남기는 풍습을 말합니다.

그런데 오난은 형수와 관계하는 것은 좋은데 죽은 형에게 아이가 생기는 것은 원하지 않았습니다. 왜냐하면 형수가 임신해서 아이를 낳아봐야 그 아이는 자기 아이가 되지 않기 때문입니다. 그래서 오난은 형수와 성관계를 가지면서 피임을 했습니다.

> 38:9 "오난이 그 씨가 자기 것이 되지 않을 줄 알므로 형수에게 들어갔을 때에 그의 형에게 씨를 주지 아니하려고 땅에 설정하매"

그러나 오난이 이런 식으로 피임해서 형수로 하여금 임신할 수 없게 한 것은 하나님 앞에서 죄였습니다. 오난처럼 성관계는 하면서 피임을 하는 것은 형수를 속이는 것이고 간음이었습니다. 만약 오난이 형수와 관계하는 것이 싫으면 처음부터 싫다고 하면 되는 것입니다. 그런데 오난은 싫다고 하지도 않으면서 형수에게 임신도 하지 못하게 했습니다. 하나님은 오난의 행동이 악하다고 보셔서 그를 죽이셨습니다.

이것을 보면 유다의 식구들이 가나안으로 간 후에 그들의 삶이 얼마나 타락했는지 알 수 있습니다. 그래서 유다는 가나안에서 세 명의 아들을 낳았지만 두 명은 젊은 나이에 죽고 말았습니다.

2. 유다가 다말에게 한 약속

유다는 세 아들 중 둘이 죽고 하나만 남았는데, 세 번째는 아직 어려서 큰 며느리에게 줄 수 있는 형편이 아니었습니다. 그래서 유다는 며느리 다말에게 아버지 집에 가서 아이가 클 때까지 기다리라고 했습니다.

> 38:11 "유다가 그의 며느리 다말에게 이르되 수절하고 네 아버지 집에 있어 내 아들 셀라가 장성하기를 기다리라 하니 셀라도 그 형들 같이 죽을까 염려함이라 다말이 가서 그의 아버지 집에 있으니라"

여기서 중요한 것은 유다가 며느리 다말에게 아버지 집에 가서 수절하고 있으라고 한 것입니다. 우리가 알아야 할 것은 가나안 땅에서는 수절이라는 것이 없었습니다. 가나안 땅에서는 남편이 죽으면 여자는 얼마든지 다른 남자와 재혼을 할 수 있었습니다. 우리 성경에 "수절하고" 있으라는 것은 대단히 한국적인 번역입니다.

유다는 다말에게 재혼하지 말고 아버지 집에 가서 셋째 아들이 자랄 때까지 기다리라고 한 것입니다. 이 약속은 엄청나게 중요한 것입니다. 이것은 유다가 큰아들이 죽은 후에 며느리 다말에게 "네가 다른 사람과 결혼하지 않으면 이스라엘 백성이 되는 특권을 가지게 해 주겠다"고 약속한 것입니다. 이방 여인이 이스라엘 백성과 결혼해서 아이를 낳게 되면 그는 이스라엘 사람으로 권리를 가지게 됩니다. 요즘은 결혼하면 시민권을 가질 수 있지만 그 당시 이스라엘에서 외국인 여자는 남자 아이까지 낳아야만 했습니다. 유다는 큰아들 엘이 죽은 후에 며느리 다말에게 "가나안 남자와 재혼하지 말고 내 다른 아들의 씨를 받아서 아이를 낳으라. 그러면 너와 네 자손은 하나님의 복을 받게 된다"는 약속을 했습니다. 그래서 다말은 시아버지의 말을 믿고 가나안 남자와 재혼하지 않고 끝까지 유다의 아들들을 기다렸습니다.

사실은 다말 자신도 유다의 집에 시집을 온 후에 이 집에 있는 놀라운 하나님의 복을 알게 되었습니다. 유다의 집은 하나님의 복이 상속되는 집이었습니다. 그 복은 보통 복이 아니라 남을 축복하면 그 복이 이루어지고, 남을 저주하면 그 저주가 그대로 이루어지는 하나님의 복이었습니다. 다말은 이 집에는 가나안 사람들과 다르게 하나님의 구원의 약속이 있다는 것을 알게 되었습니다. 사실 유다나 유다의 아들들은 하나님의 복에 대하여 별로 관심이 없었는데 이방 여인 다말은 이 엄청난 복을 알았던 것입니다. 그래서 가나안 여자 다말은 어떤 희생이 있고 아무리 오래 기다리더라도 이스라엘의 복을 받으리라고 결심했습니다.

그러나 유다는 세 번째 아들까지 다말에게 주는 것을 상당히 꺼려했습니다. 왜냐하면 이 다말이라는 여자와 관계하는 아들마다 다 죽으니까 이 여자에게 좋지 못한 문제가 있다고 생각했기 때문입니다. 그래서 유다는 둘째 아들 오난이 죽고 난 후에 마음이 변하게 되었습니다. 유다는 속으로 '내 아들들 중에서 이 여자와 관계하는 아들은 다 죽었다. 이 여자는 무엇인가 불길한 여자일지 모른다. 만일 내가 세 번째 아들을 주면 그 아들도 죽을지 모른다.'고 생각한 것입니다.

다말은 시아버지 유다를 통하여 하나님의 복의 비밀에 대하여 들었고 그것을 믿었습니다. 그런데 다말이 이 복을 받으려고 하면 반드시 이스라엘의 아들을 낳아야만 했습니다. 이스라엘의 아들을 낳지 못하면 다말은 어디까지나 복의 구경꾼이지 주인이 될 수 없었습니다.

그런데 이제 유다는 다말을 속이려 하고 있습니다. 유다는 셋째 아들까지 다말에게 가서 죽으면 완전히 대가 끊어지기 때문에 안 되겠다고 생각했습니다. 그런데도 불구하고 유다는 다말에게 가나안 남자와 재혼하라고 하지는 않았습니다. 유다는 다말에게 아이가 클 때까지 기다리라고 하면서 셋째 아들을 주지 않을 생각이었습니다. 이것은 며느리를 속이는 것 밖에 되지 않습니다. 그러나 다말은 가나안 사람과 재혼하지 않고 기다렸습니다.

3. 다말의 도전

다말은 아무리 기다려도 시아버지가 자기에게 셋째 아들을 줄 생각이 없다는 것을 알게 되었습니다. 다말은 이제 자기가 하나님의 복을 포기하고 가나안 남자와 재혼해서 행복하게 사느냐, 아니면 무슨 수를 써서라도 이스라엘의 아이를 낳아서 하나님의 복을 차지하느냐 둘 중의 하나를 선택해야 했습니다. 이때 다말은 정말 엄청난 짓을 저질러서 이스라엘의 씨를 가지게 됩니다. 그것은 보통 사람이라면 도저히 상상할 수 방법이었습니다. 다말은 이스라엘의 복을 상속하려면 반드시 이스라엘 남자 아이를 낳아야 하는데, 시아버지가 남편의 동생을 주지 않으니까 시아버지라도 관계해서 아들을 낳으려고 했습니다. 이것은 말도 되지도 않는 생각이고 엄청난 짓이었습니다. 그러나 다말은 이 일을 해치워버렸습니다. 우리나라 속담에 여자가 한을 품으면 오뉴월에도 서리가 내린다고 하는데, 여자가 한번 뜻을 품으면 상상할 수 없는 일도 하게 되는 것입니다. 그런데 다말은 복수를 한 것도 아니고 살인을 한 것도 아니고 하나님의 율법을 범했습니다. 이것은 죽임을 당할 수도 있는 일이었습니다.

다말은 시아버지 유다에 대하여 모든 정보를 듣고 있었습니다. 다말은 막내아들 셀라가 자랐는데도 시아버지가 아무 소리 없는 것을 보고는 이 아들을 자기에게 줄 생각이 없다는 것을 알게 되었습니다. 다말은 이제 하나님의 복을 완전히 포기해야 할까요? 이때 다말은 시아버지 유다가 양털을 깎으러 딤나에 온다는 소식을 듣고 과부의 옷을 벗고 면박으로 얼굴을 가리고 창녀의 옷을 입고 길가에서 시아버지를 기다렸습니다.

유다는 길에서 면박을 하고 있는 여자를 보고는 몸을 파는 창녀라고 생각했습니다. 그래서 유다는 자연스럽게 이 창녀와 관계하려고 했습니다. 이것을 보면 유다가 가나안에 와서 완전히 타락한 사람이 된 것을 알 수 있습니다. 기독교인이나 목회자가 창녀들이 있는 곳에 들어간다는 것은 전도하러 가는 경우 말고는 완전히 타락하고 썩은 것입니다. 이때 유다는 가지고 있는 돈이 없었습니다. 누구든지 죄를 지으려고 하는데 돈이 없다는 것은 죄를 짓지 말라는 하나님의 뜻입니다. 그래서 어떤 때 우리에게 돈이 없다는 것은 죄를 피할 수 있는 아주 좋은 방법이 될 수 있습니다. 그런데 유다는 외상으로 죄를 지으려고 창녀와 흥정을 하게 됩니다.

유다는 그 창녀에게 "얼마면 되겠느냐?"고 하니까 그 창녀는 "당신이 정하라"고 했습니다. 그래서 "염소 새끼 한 마리면 어떻겠느냐?"고 하니까 창녀는 "좋다"고 대답했습니다. 그런데 유다는 당장 염소 새끼가 없으므로 "외상이 안 되겠느냐?"고 하니까 "외상도 받아주는데 증표를 내라"고 했습니다. 유다가 "무슨 증표를 주면 되겠느냐?"고 물으니까 "당신이 가지고 있는 도장과 끈과 지팡이면 된다"고 했습니다. 그래서 유다는 자기가 가지고 있던 도장과 끈과 지팡이를 주고 창녀에게 들어갔습니다.

그 후 유다는 자신의 물건을 되찾기 위하여 가나안 친구 히람을 보냈습니다. 왜냐하면 자기가 그 염소 새끼를 들고 창녀를 찾아가면 동네 사람들에게 다 들통이 나기 때문입니다. 그래서 이럴 때 예수 안 믿는 친구가 얼마나 요긴한지 모릅니다. 그런데 그 히람이라는 친구가 창녀를 만나지 못하고 그냥 돌아왔는데, 그 동네 사람에게 물어보니까 이 동네에는 원래 창녀가 없다고 했습니다. 그래서 유다는 도장이나 지팡이 같은 것은 다시 만들면 되고 다른 사람들이 알게 되면 부끄러우니까 그냥 쉬쉬하고 넘어가기로 했습니다.

그런데 몇 달 후에 유다는 엄청난 소식을 듣게 되는데 자기 며느리 다

말이 누군가와 관계를 해서 임신했다는 것입니다. 이 말을 들은 유다는 불같이 화를 내면서 당장 다말을 끌어내어서 불에 태워죽이라고 명령했습니다. 이것을 보면 이 당시 가장에게는 식구들을 처형할 수 있는 권리까지 있는 것을 알 수 있습니다.

그때 다말은 사람들에게 끌려가면서 유다의 증표를 보여주는데, 자기가 임신을 하게 된 것은 이 도장과 끈과 지팡이의 주인 때문이라고 주장했습니다. 유다는 다말이 들고 있던 인장과 끈과 지팡이가 자기 것이라는 것을 알고 그때서야 비로소 길에서 자기를 유혹했던 창녀가 자기 며느리였음을 깨닫게 되었습니다.

이때 만일 유다가 정직하지 못했다면 끝까지 모른다고 잡아뗄 수도 있었을 것입니다. 그러면 사람들은 시아버지의 말을 믿었을 것이고 며느리 다말이 거짓말까지 한다면서 죽였을 것입니다. 그러면 거짓말한 사람은 당장은 체면과 자기 자리를 지킬 수 있을지 모르지만 그는 하나님 앞에서 아무 가치 없는 쓰레기 같은 인간이 되고 마는 것입니다. 하나님의 백성에게 정직은 생명과 같은 것입니다.

유다는 다말의 이 증표를 보고는 사람들 앞에 자신의 죄를 모두 인정했습니다.

"맞습니다. 저 물건은 나의 것입니다. 내가 막내아들을 며느리에게 준다고 약속하고는 주지 않는 바람에 며느리가 창녀로 변장해서 나와 관계한 것입니다. 이 모든 책임은 나에게 있습니다. 저 여자를 죽이지 마시오."

여기서 유다 지파의 운명이 갈라지게 됩니다. 유다는 겉으로는 거룩한 것 같았지만 속으로는 부패할 대로 부패해 있었습니다. 그런데 유다가 결정적인 순간에 모든 것을 다 털어 놓고 회개했을 때 새 사람으로 태어나게 됩니다. 나다나엘 호손이 쓴 《주홍글씨》라는 소설에서 이와 비슷한 장면을 보게 됩니다. 젊은 목사 딤즈데일은 젊은 여자와 관계해서 임신시켜놓고도 끝까지 시인하지 않고 있다가 나중에 죽을 때가 되어서야 겨우 시인을 합니다. 그러나 유다는 며느리의 증거물을 보자 말자 며느리

44 믿음의 씨앗   541

와 관계한 남자는 자기라는 것을 시인해버렸습니다. 이때 유다는 새 사람으로 거듭나게 됩니다.

다말은 시아버지와 관계해서 임신했을 때 자기 자신은 물론이고 앞으로 태어날 아기까지 죽게 된다는 것을 알았습니다. 그래서 다말은 유다와 관계하기 전에 유다에게서 삼중적인 증표를 요구했던 것입니다. 그것은 도장과 도장 끈과 지팡이였습니다. 왜냐하면 혹시 한 가지만 요구했다가는 인정받지 못할 수도 있기 때문입니다.

다말은 염소 새끼를 받지 않았습니다. 왜냐하면 염소 새끼는 죽을 수도 있고 또 비슷한 것도 많이 있기 때문입니다. 다말에게 중요한 것은 염소 새끼 한 마리가 아니었습니다. 물론 염소 새끼가 있으면 다말에게 좋을 것입니다. 그러나 다말은 자기에게 가장 중요한 것은 생명을 살릴 수 있는 증표였습니다.

우리가 하나님 앞에서 구원받는 것은 이 세상의 많은 재산이나 권력이 아닙니다. 우리는 이 세상의 것을 가지고는 지옥 불을 통과할 수 없습니다. 우리가 하나님 앞에서 살 수 있으려면 하나님의 아들 예수의 십자가를 믿는 믿음이 있어야 합니다. 우리는 하나님께 다른 것을 요구하면 안 됩니다. 어느 누구든지 가질 수 있는 염소 새끼 같은 것으로 만족해서는 안 됩니다. 하나님의 심판의 불을 통과할 수 있는 증표가 필요합니다. 그것은 세 가지로 예수 그리스도의 십자가 보혈이요, 우리 안에 계신 성령님이요, 변화된 생활입니다. 우리는 이 세 가지 증표만 있으면 어떤 지옥의 불 시험도 다 통과할 수 있습니다.

유다가 사람들 앞에서 자신의 책임을 인정했을 때 하나님은 모두 다 살게 하셨습니다. 유다 집안의 고난을 통하여 다말을 하나님의 백성이 되게 하셨습니다. 우리는 유다가 왜 그렇게 자기 형제들을 버리고 일시적으로 세상적인 삶을 살았는지 그 이유를 알 수 없습니다. 그러나 이 모든 일의 결과를 보면, 하나님께서 다말을 사랑하셔서 그를 구원하시기 위하여 유다를 사용하셨다는 것을 알게 됩니다.

우리 한 사람 한 사람도 바로 이런 과정을 통해 하나님께 인도함을 받앉습니다. 우리가 구원받는 것은 하나님의 거대한 구원 계획에 따라 이루어졌습니다. 그러므로 우리가 구원받은 것을 인하여 하나님 앞에서 부끄러워해서는 안 됩니다. 다말은 수단과 방법을 가리지 않고 이스라엘 자손을 낳아서 자신과 자손이 영원한 복을 받았습니다. 우리는 혹시 이 세상에서 염소 새끼 한 마리로 만족하지 않습니까? 그것으로는 사탄의 불 시험을 절대 통과할 수 없습니다. 결사적으로 하나님의 약속을 붙잡아서 위대한 하나님의 복을 받는 성도들이 다 되시기 바랍니다.

45
노예가 된 요셉 / 창세기 39:1

요즘은 어떤 사람이 망했다고 하면 재산을 다 날리고 사기나 도둑질 같은 죄를 지어서 감옥에 들어가는 것을 두고 말할 것입니다. 그러나 아무리 감옥에 갇힌 죄수라 하더라도 감옥에서 나오게 되면 다시 새 출발 할 수 있습니다. 그러나 옛날에는 종이나 노예로 팔려 가면 그것은 바로 망하는 길이었습니다. 한번 노예나 종으로 팔려 가면 거의 한평생 풀려나지 못하고 강제로 일을 하거나 매를 맞으면서 희망 없이 살아야만 했습니다.

요셉은 아버지 야곱의 사랑받는 아들이었습니다. 그리고 요셉의 아버지 야곱은 부자였기 때문에 요셉은 노예가 되어야 할 이유가 없었습니다. 그러나 요셉의 형들이 요셉을 카라반에게 돈을 받고 팔아버리는 바람에 요셉은 진짜 노예가 되어서 애굽에서 살아가게 되었습니다.

하나님은 왜 하나님을 잘 믿는 사람들을 때때로 가난하게 하시고 인생 밑바닥까지 내려가서 온갖 고생을 하게 하실까요? 그것은 하나님이 아주 비싼 도자기로 만들기 위해서입니다. 옛날 우리나라 도자기는 아주 유명했는데 그 중에서도 특히 상감청자는 뛰어났습니다. 상감청자는 특정 온

도에서 열을 계속 가했을 때 푸른빛이 도는 색이 만들어지게 되는데 현대에 와서도 그것을 오랫동안 재연을 해내지 못했습니다. 그런데 지금 다시 그 빛을 내게 할 수 있다고 합니다. 우리가 이 세상에서 아무 고생 없이 편하게 살면 좋지만 그렇게 되면 아무 쓸모없는 개밥그릇밖에 되지 못할 것입니다. 하나님은 최고의 도자기로 만드시기 위해서 우리를 고난의 풀무 속에 집어넣으셔서 연단을 시키십니다.

고대 중국에서 명검이 주로 만들어지는 곳은 북쪽이 아니라 남쪽 오나라와 월나라였습니다. 그냥 철과 같은 무쇠로 칼을 만들면 좋을 것 같지만 다른 단단한 것에 부딪치게 되면 부러져버리게 됩니다. 그런데 이 칼을 불에 달구어서 망치로 때리고 물에 식히고 또 불에 달구어서 때리고 물에 식히는 과정을 반복하면 어떤 단단한 것에 부딪쳐도 부러지지 않는 단단한 명검이 만들어지게 되는 것입니다. 마찬가지로 하나님은 우리를 불에 넣어서 달구고 때리고 물에 식히고, 또 불에 넣어서 달구고 때리고 식히는 과정을 반복해서 결국 하나님의 명검이 되게 하시는 것입니다.

요셉은 부잣집 아들이고 아버지의 사랑받는 아들이었기 때문에 그대로 컸더라도 훌륭한 사람이 되었을 것입니다. 그러나 요셉은 결코 하나님이 쓰시는 명검이 되지는 못했을 것입니다. 하나님은 요셉에게 하나님의 말씀의 꿈을 주신 후 형들의 미움을 받게 해서 먼 외국에 종으로 팔려가게 하시고 거기서 한 술 더 떠서 감옥에 들어가게 하셨습니다. 그러나 요셉은 이 불같은 시련을 통해 연단을 받아서 왕의 머릿속에 있는 꿈을 해석할 능력을 얻게 되고 결국 많은 사람들을 기근에서 살리는 인물이 됩니다.

그런데 하나님은 우리를 연단하실 때 '이제부터 너희들을 연단하겠다.'고 발표하시지 않습니다. 우리는 그냥 잘 살고 있는 줄 알았는데 어느 날 갑자기 하나님께서 우리를 환란 가운데 집어넣으십니다. 그것을 통해서 우리는 기가 막힌 하나님의 작품으로 만들어집니다. 그래서 우리는 하나님의 뜻을 기가 막히게 잘 아는 것은 물론이고 멸망당할 많은 사람을 살리는 사람이 되는 것입니다.

1. 노예로 팔린 요셉

하나님은 요셉에게 꿈을 주셔서 귀하게 쓰실 것을 약속하셨는데 요셉의 현실은 하나님이 주셨던 꿈과는 정반대로 나타났습니다. 요셉은 형들의 미움을 받아서 종으로 먼 외국에 팔리게 되었습니다.

> 39:1 "요셉이 이끌려 애굽에 내려가매 바로의 신하 친위대장 애굽 사람 보디발이 그를 그리로 데려간 이스마엘 사람의 손에서 요셉을 사니라"

성경에는 간단하게 기록되어 있지만 실제로 요셉은 종으로 팔린 후에 쇠사슬이나 끈으로 두 손이 묶여서 맨발로 걸어서 그 뜨거운 사막이나 광야 길을 걸어서 애굽까지 가야 했을 것입니다. 그리고 요셉은 애굽에 간 후에 시장에서 경매로 팔렸습니다. 옛날에는 노예 시장이 인기가 있었는데 노예로 팔려온 아이들이나 여자들이 손이 묶인 채로 서 있으면 상인들이 흥정을 해서 적당한 가격으로 팔게 됩니다. 요셉은 애굽에서 상당히 세력이 있는 바로의 신하 친위대장 보디발에게 팔리게 되었습니다.

요셉은 주인의 집에서 도망치려 하거나 자존심을 내세우거나 고집을 부리지 않았고 철저하게 주인의 말에 복종하며 충성했습니다. 그런데 놀라운 사실은 이런 요셉에게 하나님께서 함께 하시는 증거가 자꾸 나타나게 되었다는 것입니다.

> 39:2-3 "여호와께서 요셉과 함께 하시므로 그가 형통한 자가 되어 그의 주인 애굽 사람의 집에 있으니 그의 주인이 여호와께서 그와 함께 하심을 보며 또 여호와께서 그의 범사에 형통하게 하심을 보았더라"

물론 요셉도 사람이기에 처음 종으로 팔려왔을 때 다시는 부모나 형제를 만나지 못하고 고향에 가지 못할 것을 생각하고는 많이 울기도 했을 것입니다. 그리고 요셉은 왜 형들이 자기를 미워하고 종으로 팔았는지 이해가 되지 않았을 것이고 자기를 종으로 판 형들이 밉기도 하고 원망하기도 했을 것입니다. 그러나 요셉에게는 무엇인가 다른 사람들이 이해할 수 없는 힘이 있었습니다. 그것은 바로 하나님에 대한 믿음이었습니다. 하나님은 결코 나를 버리지 아니하시며 하나님은 그 약속한 것을 반드시 이루실 것이라는 믿음이었습니다. 이것이 바로 요셉이 다른 종이나 노예들과 다른 점이었습니다. 요셉에게는 하나님이 주신 꿈이 있었고 요셉은 그 꿈만 생각하면 고통을 잊을 수 있었으며 현실의 비참함을 이길 수 있었습니다.

하나님의 백성들이 어려움을 이길 수 있는 방법은 오직 하나님의 말씀을 붙드는 것 밖에 없습니다. 우리는 언제 하나님이 우리를 회복시키시고 복을 주실지 그 시기나 방법은 모르지만 반드시 하나님이 우리를 지켜주시며 복 주실 줄 믿는 것입니다.

요셉은 하나님께서 이 애굽 땅에서도 그와 함께 하시는 것을 느낄 수 있었습니다. 그래서 요셉이 애굽에서 하는 모든 일은 언제나 형통했습니다. 아마 요셉이 가나안에 있을 때에는 하나님을 다분히 머리로만 생각했을 것입니다. 그러나 애굽 땅에서 요셉은 아주 실제적이고 구체적으로 하나님을 체험했습니다. 하나님은 요셉을 지혜롭게 하셨으므로 주인이 요셉에게 시킨 일은 모두 다 너무나도 결과가 좋았습니다. 결과가 좋은 정도가 아니라 주인에게 너무나도 큰 이익을 가져다주었습니다.

보디발이 요셉에게 시킨 일마다 대박을 터트려서 주인에게 엄청난 돈을 벌게 했습니다. 더욱이 요셉은 사업적인 수완만 뛰어난 것이 아니라 미래를 예측할 수 있는 능력이 있었는데, 요셉이 주인에게 한 말은 전부 백발백중이었습니다. 이것을 통해서 보디발은 요셉이 여호와라고 하는 신이 함께 하는 아이라는 것을 알게 되었습니다. 왜냐하면 신의 지혜가 아니면 절대로 알 수 없는 것들을 요셉은 알아내었기 때문입니다. 결국 요셉은 맨 말단 종에서 최고로 높은 종으로 승진하게 되었고 보디발의 모든 재산을 관리하는 종이 되었습니다.

그래서 보디발은 어떤 일이든지 요셉에게 맡기기만 하면 하나님께서 복을 부어주시는 것을 보고 자기 집안의 일 전체를 요셉에게 맡겼습니다. 그랬더니 하나님이 보디발의 모든 일에 복을 넘치도록 주셔서 그는 엄청나게 복을 받았습니다. 결국 요셉은 보디발의 집에서 완전히 복덩어리가 된 것입니다.

지금까지 많은 사람들은 자기 안에 있는 종교적인 열정을 신을 향해서 표현하는 것을 신앙이라고 생각했습니다. 독일신학자 슐라이어마허 같은 사람은 종교는 감정이라고 말했습니다. 그래서 열광적인 종교적 감정을 가지면 하나님을 잘 믿는 것으로 생각했습니다. 그러나 믿음의 조상들의 신앙은 종교적인 감정이 아니었습니다. 위대한 믿음의 사람들은 하나님의 말씀을 믿는 것이 신앙이었고 그 말씀 때문에 어떤 고난과 역경이 오더라도 끝까지 하나님을 신뢰하는 것이었습니다. 그리고 그들은 거기서 하나님의 함께 하심을 체험했던 것입니다.

우리는 때때로 하나님의 사랑을 받고 또 하나님의 말씀으로 은혜 받았음에도 불구하고 현실은 너무 비참하고 절망적일 때가 있습니다. 이것은 하나님이 우리를 더 큰 그릇으로 사용하려고 연단하시는 것입니다. 요셉은 애굽의 노예가 되어서도 하나님의 말씀을 버리지 않았습니다. 그리고 하나님은 놀라울 정도로 성실하게 요셉을 지켜주시고 요셉과 함께 하셨습니다. 그래서 하나님은 하나님을 모르는 자들까지도 요셉을 통해서 은혜를 입게 하셨습니다.

요셉은 처음에 자기가 꾼 꿈을 형들에게 열심히 이야기하면 형들이 변할 줄 알았습니다. 그러나 그 꿈을 열심히 설명해도 형들은 변하지 않았습니다. 오히려 형들은 더 마음이 악해져서 요셉을 노예로 팔아버렸습니다. 이때 요셉이 깨달은 것은 이론적인 진리로는 사람의 마음을 바꿀 수 없다는 것이었습니다. 진리가 다른 사람의 마음속에서 변화를 일으키기 위해서는 믿는 자들이 인생 밑바닥에 내려가서 고생하는 가운데 그 말씀이 자신의 삶으로 성화되어야 합니다. 그래야 그 말씀이 능히 다른 사람의 마음을 움직이고 세상을 바꿀 수 있는 능력을 가지게 되는 것입니다.

만일 요셉이 애굽에 와서도 일은 하지 않고 자기의 엄청난 꿈에 대해서만 이야기했다면 주인은 그를 정신이 이상하다고 해서 더 먼 아프리카로 팔아버렸을지 모릅니다. 애굽에서 요셉은 자기가 꾼 꿈을 일체 다른 사람들에게 말하지 않았습니다. 그 대신 요셉은 철저하게 열심히 주인을 섬겼습니다. 거기서 조금씩 하나님의 능력은 나타나기 시작했습니다.

2. 요셉에게 찾아온 유혹

우리에게는 외적으로 닥치는 어려움이나 환란만 있는 것이 아니라 내면의 마음속에서 쉴 새 없이 솟아오르는 욕망이 있습니다. 그런데 이 욕망을 잘못 채우면 완전히 인생을 망쳐버리게 됩니다.

죄는 넘어서는 안 되는 선을 넘어가는 것입니다. 운전하는 사람이 도로 중앙에 있는 노란 선을 넘으면 죄가 되듯이 사람에게도 눈에 보이지 않는 선들이 있습니다. 남의 물건을 가져서는 안 되고, 남의 아내나 남편과 욕망을 나누어서도 안 되고, 남을 때리거나 죽여서도 안 되는 것입니다. 그러나 사람들은 이상하게도 자기가 가진 것으로는 만족하지 못하고 남의 것을 탐내다가 죄를 짓게 됩니다.

요셉은 일단 애굽에 와서 적어도 노예로서는 성공한 것 같았습니다. 요셉은 단번에 주인의 인정을 받아서 노예들 중에서 높은 자리에 올라가게 되어 주인의 재산 전체를 관리하는 청지기가 되었습니다. 그때 요셉에게 생각하지 못했던 유혹이 찾아오게 됩니다. 그것은 그의 주인 보디발의 아내의 유혹이었습니다.

> 39:6-7 "주인이 그의 소유를 다 요셉의 손에 위탁하고 자기가 먹는 음식 외에는 간섭하지 아니하였더라 요셉은 용모가 빼어나고 아름다웠더라 그 후에 그의 주인의 아내가 요셉에게 눈짓하다가 동침하기를 청하니"

요셉은 몸이 균형 잡혔고 얼굴이 아주 잘 생긴 청년이었습니다. 아마 보디발의 종들 중에서 요셉만큼 잘생기고 품위 있는 종은 없었을 것입니다. 다른 종들은 모두 비천하고 별 볼일 없는 출신이었지만 요셉은 부잣집에서 사랑받던 아들이어서 아주 품행이 바르고 예의가 있었기 때문입니다. 요셉은 누가 보아도 높은 자존감을 가진 멋진 사람이었습니다. 이 당시 여주인들 중에는 잘생긴 남자종들 그 중에서도 특히 젊은이들을 자신의 쾌락의 대상으로 생각하는 악한 풍습이 있었던 것 같습니다. 그리고 주인 보디발의 아내도 정숙한 여자는 아니었습니다. 그래서 보디발의 아내는 요셉이 잘 생긴 것을 보고 좋아해서 혼자 친한 체 하기도 하고 어떤 때는 노골적으로 유혹하기도 했지만 요셉에게는 이런 유혹이 전혀 먹혀들지 않았습니다. 요셉은 여주인의 유혹을 단호하게 거절했습니다.

요셉도 청년이고 정력이 왕성한 자였기 때문에 여주인의 유혹에 넘어갈 수도 있었을 것입니다. 특히 그 당시 종들은 자기 의사라는 것이 없었기 때문에 주인이 시키면 시키는 대로 해야 더 잘 지낼 수 있었을지 모릅니다. 그러나 요셉은 종이기 이전에 하나님을 믿는 사람이었기 때문에 아무리 여주인이라고 해도 죄를 지을 수는 없었습니다. 왜냐하면 죄라는 것은 죄를 짓는 그 순간에는 행복하고 즐거울지 몰라도 한평생 죄의 종으로 살아가야 하기 때문입니다. 그러나 마귀는 욕망을 통해서 사람들의 눈을 멀게 합니다. 지금 이 죄짓는 것은 너무나도 행복한 것이고 절대로 탄로 나지 않을 것이라는 확신을 줍니다. 그러나 죄를 짓는 것은 결국 물고기가 낚시 바늘을 무는 것과 같아서 한번 바늘을 물면 거기서 빠져나오지 못하게 됩니다.

하나님 앞에서 가장 무서운 것은 가난이나 질병이나 어려운 형편이 아닙니다. 가장 무서운 것은 이런 어려운 여건 가운데서 자신의 마음을 지키지 못해서 죄를 짓거나 유혹에 넘어가는 것입니다. 요셉은 마음속에 하나님이 있었기 때문에 그 여인의 유혹에 넘어가지 않았습니다. 요셉의 마음속에는 하나님의 말씀이 있었기 때문에 이 하나님의 말씀이 요셉을 존귀하게 했고 절대로 여자의 유혹에 넘어가지 않게 했습니다.

누구든지 죄를 일단 지으면 죄의 종이 되기 때문에 파멸을 향해서 달려가게 됩니다. 그러나 요셉은 죄의 종이 되는 것을 거부했습니다. 왜냐하면 그는 하나님을 믿었기 때문입니다.

"청년이 무엇으로 그의 행실을 깨끗하게 하리이까 주의 말씀만 지킬 따름이니이다" (시 119:9)

하나님의 말씀이 없으면 모두 유혹이 넘어갈 수밖에 없습니다.

이제 우리에게 이해가 되지 않는 것이 하나 있습니다. 그것은 왜 하나님께서 요셉을 노예로 만들어서 그와 함께 하시느냐 하는 것입니다. 하나님께서 요셉을 사랑하신다면 아예 이런 고통을 받지 않게 하는 것이 더 좋지 않았을까요?

물론 하나님께서도 요셉이 이런 고통과 환란 당하는 것을 좋아하시지는 않았을 것입니다. 그럼에도 불구하고 하나님께서 요셉을 이렇게 낮아지게 하신 것은 하나님의 계획을 이루시기 위한 것입니다. 하나님의 계획은 앞으로 십 수 년 후에 있을 무서운 7년 대흉년 동안 애굽 사람들과 주위에 있는 모든 사람들을 살리시려는 것입니다. 요셉 혼자의 문제라면 요셉은 이런 노예가 될 필요가 없습니다. 그러나 하나님은 요셉을 통하여 온 세상 사람들을 무서운 기근으로부터 살리시기를 원하셨습니다. 만약 요셉이 평생 단 한 번도 고생하지 않고 늘 채색옷을 입고 살았더라면 결코 7년 대흉년을 이기는 지혜를 얻지 못했을 것입니다. 그러나 요셉이 일시적으로는 낮아지기는 했지만 그 고난을 통해서 다른 많은 사람들을 살릴 수 있는 지혜와 믿음을 얻게 되었습니다.

이 세상에 태어나서 아무 어려움 없이 편하게 사는 것이 결코 좋은 것은 아닙니다. 우리가 비록 한번은 인생 밑바닥에서 고난당하는 한이 있다 하더라도 위기를 이길 수 있는 믿음의 지혜를 배우는 것이 진정한 복입니다. 그래서 요셉의 고난은 그의 형제들을 살리는 준비과정이었고 그의 형제와 가족만이 아니라 온 애굽 사람들을 살리는 준비과정이었습니다.

3. 죄를 거부한 결과

어느 날 여주인은 아예 작심하고 사람들이 집안에 아무도 없을 때 요셉의 옷을 잡고 늘어지면서 죄를 짓자고 했습니다. 아마 이 날은 사탄이 여주인을 미치게 만든 날이었던 것 같습니다. 사람은 누구나 욕망을 채우지 못하면 더 가지고 싶고 더 욕망을 채우려는 마음이 불같이 일어나게 됩니다. 여주인은 어떻게 해서든지 요셉을 자기 남자로 만들기 위해서 작정하고 덤벼들었는데 이 유혹을 요셉은 과감하게 뿌리치고 집에서 도망쳐 나와 버렸습니다. 요셉은 여주인의 유혹에서는 이겼지만 그것 때문에 엄청난 보복을 당하게 되었습니다.

> 39:12 "그 여인이 그의 옷을 잡고 이르되 나와 동침하자 그러나 요셉이 자기의 옷을 그 여인의 손에 버려두고 밖으로 나가매"

사람이 시험에 들려고 하면 정말 생각지도 못한 순간에 빠지게 됩니다. 요셉은 자기 일을 보기 위해서 집안에 들어갔는데 그때 여주인은 요셉을 노리고 있다가 옷을 잡고 죄를 짓자고 했습니다. 요셉은 여주인의 손을 뿌리치려고 하는데 여주인은 요셉의 옷을 더 잡고 늘어졌습니다. 그러나 요셉의 마음속에는 '나는 절대로 죄를 짓지 않는다' 는 각오가 있었기 때문에 자기 옷을 벗어던지고 집에서 밖으로 뛰쳐나가버렸습니다. 아마 이 정도면 여주인도 요셉의 마음을 알았을 텐데 거절당한 여자의 마음은 복수심으로 불타오르게 되었습니다. 이 여인은 그런데는 머리가 기차게 돌아갔습니다. 그 여주인은 손에 요셉이 벗어던지고 간 요셉의 옷을 잡고서 사람들을 불러서 요셉이 자기를 욕보이려고 하다가 자기가 반항하니까 이 옷을 벗어던지고 도망갔다고 하면서 소리를 질러댔습니다. 요셉이 벗어던진 옷은 요셉에게 꼼짝 할 수 없는 불리한 증거가 되었습니다.

여주인은 의기양양하게 요셉의 옷을 옆에 두고 주인이 돌아오기를 기다렸다가 주인이 집에 돌아왔을 때 요셉에게 죄를 뒤집어 씌웠습니다.

39:16-18 "그의 옷을 곁에 두고 자기 주인이 집으로 돌아오기를 기다려 이 말로 그에게 말하여 이르되 당신이 우리에게 데려온 히브리 종이 나를 희롱하려고 내게로 들어왔으므로 내가 소리 질러 불렀더니 그가 그의 옷을 내게 버려두고 밖으로 도망하여 나갔나이다"

요셉은 옷 때문에 두 번이나 봉변을 당하게 되었습니다. 한번은 채색옷 때문에 형들의 미움을 받아서 종으로 팔렸고, 이번에는 죄짓지 않으려고 벗어놓은 옷 때문에 강간죄로 붙잡히게 되었습니다. 여주인은 모든 죄를 요셉에게 뒤집어 씌웠고 세상에는 여주인의 말보다 종의 말을 믿는 사람은 아무도 없었습니다.

보디발은 요셉을 믿고 모든 집안일을 맡겼는데 이 놈이 교만해서 자기 부인까지 겁탈하려고 했다는 사실을 알고는 엄청나게 화가 났습니다. 아마 보디발은 처음에 요셉의 손을 자르든지 아니면 다리를 자르든지 하고 싶었을 것입니다. 그러나 하나님은 그것을 막으셨습니다. 그 대신 보디발은 요셉을 자기가 관리하는 감옥에 집어 넣어버렸습니다. 그래서 요셉은 감옥의 죄수이면서 감옥 안에서 심부름도 하고 죄수들도 돌보는 최악의 노예가 되고 말았습니다. 이 세상에서 요셉보다 더 낮은 사람은 없었습니다.

결국 모든 사람은 요셉을 아주 나쁜 사람으로 보게 되었고 요셉이 그동안 쌓아온 신뢰와 명성을 하루아침에 다 잃어버렸습니다. 아마 요셉을 아는 사람들은 모두 요셉에게 크게 실망했을 것입니다. 이것은 요셉에게 너무나도 큰 고통이었습니다. 하나님의 백성들은 신뢰가 생명과 같습니다. 하나님의 백성들이 신뢰를 잃어버리면 모든 것을 잃는 것과 같습니다. 그런데 세상 사람들은 하나님의 백성들을 시기해서 아주 나쁜 사람으로 몰아갑니다. 요셉에게 가장 답답했던 것은 아무도 요셉의 말을 믿어주지 않는다는 것입니다. 요셉이 결백하다는 것은 하나님은 알고 계셨지만 요셉을 위해서 한 마디도 하시지 않았습니다. 그 이유는 아직 요셉이 당할 고난이 끝나지 않았기 때문입니다.

이 점에 있어서 요셉은 예수님의 예표가 됩니다. 하나님의 아들이 인간의 몸을 입고 이 세상에 오신 것은 그 자체가 예수님에게는 말할 수 없는 굴욕이었습니다. 이것은 요셉이 노예로 애굽에 팔려온 것보다 더 굴욕적인 것입니다. 그러나 예수님은 더 굴욕적인 취급을 받아야만 했습니다. 예수님은 유대인들에게 배신을 당하셔서 로마 군인들에게 넘겨졌습니다. 예수님은 유대 당국과 로마 재판장으로부터 하나님을 모욕했고 로마에 반역한 자라고 해서 죄인의 신분으로 십자가에 달려 처형당해야만 했습니다. 그는 하루아침에 모든 사람들의 존경과 신뢰를 다 잃어버렸습니다. 유대 사회에서는 그를 존경하는 랍비로 생각하는 사람들이 많았습니다. 그러나 예수님이 파렴치범들과 함께 십자가에 못 박혔을 때 모든 사람들은 예수님에 대하여 실망했습니다. 예수님은 아무도 살아서 나온 적이 없는 감옥인 지옥까지 내려가셨습니다. 그러나 예수님은 거기서 사망의 권세를 깨고 승리하셨습니다. 이것은 백 퍼센트 하나님의 능력이었습니다.

보통 사람 같으면 자기가 믿음을 지키려고 했는데도 나쁜 결과가 나오게 되면 하나님을 불신하고 자기 마음대로 살려고 할 것입니다. 그러나 요셉은 그렇게 하지 않았습니다. 오히려 요셉은 감옥 안에서 최선을 다해서 일을 했습니다. 결국 요셉은 감옥에서도 모든 일을 맡는 총무가 되어서 일을 잘 감당하게 되었습니다.

요셉이 이런 억울한 상황에서도 어떻게 긍정적일 수 있었을까요? 그것은 자신의 여건이나 환경을 보지 않고 하나님만 믿었기 때문입니다.

목자가 양떼를 데리고 갈 때 좋은 길로만 가지 않습니다. 어떤 때에는 가시덤불이 있는 길로 가기도 하고 어떤 경우에는 절벽 옆을 통과하기도 합니다. 그래도 양들이 불평하지 않고 따라가는 이유는 이 길이 안전한 길이라는 것을 믿기 때문입니다. 우리는 짧은 시간 안에 하나님의 뜻을 다 알 수 없습니다. 그러나 꾸준하게 하나님의 말씀을 따라가면 모든 것이 합력하여 선을 이룰 것이라는 믿음이 있습니다.

하나님은 요셉을 감옥에서도 형통하게 하셨습니다. 이것은 하나님께서 요셉을 버리지 아니하시고 함께 하신다는 것을 알게 하시려는 것입니다. 왜 하나님께서는 요셉을 감옥에서 나오게 하시지 않고 감옥 안에 가두어 두시고서 형통하게 하셨을까요? 그것은 아직 하나님의 때가 되지 않았기 때문입니다. 하나님은 하나님의 때가 되기까지 요셉을 감옥에서 절대로 풀어놓으시지 않습니다. 요셉의 믿음은 그 하나님의 때가 되기까지 주어진 환경에서 최선을 다하는 것입니다.

우리는 이 어려운 시대에 하나님을 믿으시기 바랍니다. 죄의 달콤한 유혹에 넘어가지 마시고 어려운 환경 가운데서도 자포자기하거나 엉망으로 행동하지 말고 존귀한 자신을 잘 지키시기 바랍니다. 그래서 백퍼센트 하나님의 능력으로 재기해서 민족을 살리는 여러분이 다 되시기 바랍니다.

46
감옥에서 만난 사람 / 창세기 40:1-23

얼마 전에 우리나라 어떤 여성이 큰 잘못을 저지르고 감옥에 갔다가 나온 후에 책을 썼습니다. 그 책 이름이 자신의 죄수 번호였습니다. 그녀는 감옥 생활을 너무 실감나게 묘사했습니다. 감옥은 아무리 추운 겨울이라도 난방이 되지 않아서 아무리 솜옷을 껴입어도 추워서 이빨이 딱딱거리는 바람에 잠을 자지 못하고, 여름에는 냉방이 되지 않으니까 밤새 땀을 흘려서 옷이 땀으로 흠뻑 젖는다고 했습니다. 그런데 어떤 사람들은 감옥에서 더 열심히 공부하거나 노력해서 훌륭한 사람이 되기도 합니다.

지금은 고인이 된 남아프리카의 넬슨 만델라는 20년 이상 감옥에 갇혀 있었지만 거기서 열심히 공부하고 자신의 사상의 폭을 넓혀서 결국 남아프리카공화국의 인종차별을 끝내고 남아프리카공화국 최초의 흑인 대통령이 되었습니다. 그가 대통령으로 있을 때 사람들은 럭비는 백인 스포츠이기 때문에 없애자고 주장했지만 만델라는 오히려 럭비 월드컵대회를 남아공에 유치함으로써 백인들의 마음을 안정시키고 남아공의 경제를 안정시키는 일을 하게 됩니다.

때로는 하나님의 백성들이 인생의 가장 밑바닥까지 내려갈 때가 있습니다. 그런데 하나님의 백성들은 그 인생 밑바닥에서 두 가지를 발견하게 됩니다. 하나는 인생 밑바닥의 고난을 통해서 하나님의 말씀을 해석할 수 있는 능력을 얻게 된다는 것입니다. 이때 그가 발견하는 것은 하나님의 말씀이 단순히 좋은 책이 아니라 살아있는 하나님의 말씀이고 역사를 이루어가는 대본과 같은 것입니다. 그리고 다른 하나는 하나님의 백성들이 인생 밑바닥에서 정상으로 올라가는 길을 발견하게 된다는 것입니다. 하나님의 백성들에게는 인생 밑바닥에서 정상으로 올라가는 엘리베이터가 있는데 그것을 발견하게 되는 것입니다.

1. 감옥 안의 요셉

요셉은 17세의 소년으로 형들의 시기와 배반으로 노예로 팔려 애굽에 오게 되었습니다. 그리고 요셉은 자기 주인 보디발의 아내의 거짓말 때문에 강간 미수범의 죄를 뒤집어쓰고 감옥에 들어가게 되었습니다. 요셉이 감옥에 들어갔을 때 몇 살이었는지 그리고 그가 감옥 안에서 몇 년을 있었는지는 정확하게 알 수 없습니다. 그러나 요셉은 젊은 시절을 너무나도 억울한 누명으로 감옥에서 다 보내게 되었습니다. 그러나 요셉은 놀라울 정도로 감옥 생활에 잘 적응해서 간수장에게 인정을 받게 되었습니다.

요셉이 감옥 안에서 일을 조금 더 잘 한다고 해서 누가 알아주는 것도 아니고 요셉이 아무리 일을 잘 한다고 해도 감옥 제도가 나아지지도 않을 것입니다. 그러나 요셉은 자신의 현실을 인정하고 주어진 상황에서 최선을 다 했습니다. 보통의 경우에는 사람들이 자신의 처지를 인정하지 못하고 무엇인가 자꾸 거창한 일을 해야 한다고 생각할 때가 많습니다. 그런데 사람이 자기 현실을 인정하지 못하면 못할수록 다른 사람들은 그 사람을 더 이해하지 못하게 됩니다.

요셉은 왜 하나님께서 자신에게 엄청난 꿈을 주신 후에 이렇게 비참하게 만드시는지 이해할 수 없었을 것입니다. 그러나 하나님은 이 과정을 통해서 요셉에게 두 가지 능력을 주시기를 원하셨습니다.

하나는 요셉이 하나님의 말씀을 더 정확하게 해석하는 능력을 가지는 것이었습니다. 요셉은 이미 청소년 시기에 하나님의 말씀의 맛을 보았습니다. 그러나 요셉은 이 말씀을 정확하게 해석하는 능력은 가지지 못했습니다. 그 이유는 하나님의 말씀의 능력은 이 세상의 원리와 그 길이 완전히 다르기 때문입니다. 요셉이 하나님의 말씀을 정확하게 해석할 수 있으려면 세상의 모든 것을 다 버리고 아무 것도 없는 상태에서 하나님의 말씀만 붙들고 씨름을 해야 합니다. 그렇지 않으면 피상적인 것은 알 수 있을지 몰라도 그 깊은 본질은 절대로 알 수 없습니다. 그러나 요셉이 세상의 모든 것을 다 잃어버리고 하나님의 말씀만 붙들었을 때 요셉에게 하나님의 말씀이 열리기 시작했습니다. 이것이 바로 하나님의 비밀이 요셉에게 열리는 것이었습니다.

그리고 두 번째는 하나님께서 요셉이 일체 사람의 도움을 받지 않고 성공하기를 원하셨습니다. 요셉이 감옥에서 나오고 세상에서도 성공하게 되었을 때 요셉은 사람의 눈치를 보지 않고 일을 할 수 있기 때문입니다. 그래서 하나님은 요셉이 그렇게 믿었던 사람들로부터 모두 배반당하게 하셨습니다. 이것은 하나님께서 요셉에게 일체 사람을 믿으려고 하지 말라는 뜻이었습니다.

우리가 어려운 시기를 살아가는 요령은 요셉이 한 대로 하면 됩니다. 너무 큰일을 하려고 하지 말고 오직 하나님의 말씀만 붙잡고 주어진 형편에서 작은 일을 열심히 하면 되는 것입니다. 요셉은 자신의 미래가 앞으로 어떻게 될지 일체 할 수 없었습니다. 아마 한평생을 감옥에서 보내게 될지도 모릅니다. 적어도 인간적으로 생각해보면 요셉이 감옥에서 밖으로 나갈 수 있는 가능성은 별로 없었습니다. 또 요셉이 간수장의 일을 열심히 도와준다고 해서 감옥이 달라지지도 않을 것이며 누가 알아주지도 않을 것입니다. 그러나 요셉은 자기에게 주어진 일을 열심히 해서 간수장의 신임을 얻었습니다. 요셉이 맡은 일을 열심히 했던 이유는 하나님을 믿었기 때문입니다. 요셉은 모든 중요한 것은 하나님이 알아서 하실 것이고 자기는 하나님의 종이기 때문에 시키는 것만 하면 된다고 생각했습니다. 그랬더니 하나님께서 요셉을 축복하셔서서 작은 일에 인정받게 하시고 작은 일에 기쁨을 찾게 하셨습니다.

우리는 때때로 내가 하나님의 입장에 서서 문제를 결정하려고 할 때가 많습니다. 그렇게 되면 우리 생각은 너무 복잡해지고 너무 비현실적이 되어서 눈앞에 있는 일을 하나도 제대로 해내지 못하게 됩니다. 그러면 결국 우리의 삶은 허공에 뜬 삶이 되어서 이 세상에서 아무 것도 해낼 수 없게 됩니다. 높은 산을 올라가는 비결은 한 걸음씩 올라가는 것입니다. 우리가 말씀의 길로 들어섰다면 이미 하나님의 축복의 길로 가고 있는 것입니다. 우리가 서두르지 아니하고 과욕을 부리지 아니하고 한걸음씩 한 걸음씩 걸어가기만 하면 결국 하나님의 뜻과 축복은 이루어지게 됩니다.

2. 요셉의 감옥에 들어온 사람들

요셉이 감옥 안에서 어느 정도의 세월을 보냈는지 정확히는 모릅니다. 요셉은 감옥 안에서 열심히 맡은 일을 다 했지만 아무런 변화가 일어나지 않았습니다. 친위대장은 아직도 요셉을 미워하고 있고 요셉을 감옥에서 꺼내어줄 사람은 아무도 없었습니다. 그런데 어느 날 요셉은 전혀 생각지도 못한 고위직 관리 두 사람이 요셉이 있는 감옥에 들어오게 되었습니다. 이것은 바로 하나님께서 행하신 일이었습니다.

> 40:1-3 "그 후에 애굽 왕의 술 맡은 자와 떡 굽는 자가 그들의 주인 애굽 왕에게 범죄한지라 바로가 그 두 관원장 곧 술 맡은 관원장과 떡 굽는 관원장에게 노하여 그들을 친위대장의 집 안에 있는 옥에 가두니 곧 요셉이 갇힌 곳이라"

바로에게는 아주 신임하는 신하가 둘 있었는데 하나는 술 맡은 사람이었고 다른 하나는 식사를 맡은 사람이었습니다. 이 두 사람은 아주 직책이 높은 왕의 최측근이었는데, 무엇인가 왕에게 잘못을 저지르는 바람에 그 자리에서 쫓겨나서 감옥에 갇히게 되었습니다. 그런데 이 두 사람이 갇힌 감옥이 바로 요셉이 갇혀 있던 친위대장의 감옥이었고, 보디발은 요셉으로 하여금 이 두 사람의 시중을 들게 했습니다.

특히 옛날 왕들은 언제나 독살의 위험 가운데 살아가기 때문에 음식이나 술에 독약 넣는 것을 아주 두려워했습니다. 그래서 왕은 식사하기 전에 내시들에게 먼저 먹게 했습니다. 그리고 왕은 이들의 표정을 살핀 후에 음식을 먹거나 술을 마시기도 했습니다. 그런데 왕의 술을 맡고 식사를 맡은 내시가 왕에게 죄를 지었다고 하는 것은 엄청난 사건이었습니다. 그래서 그들은 자기들이 이제는 죽는 것이 아닌가 하면서 조마조마하며 지내고 있는데, 어느 날 둘 다 똑같이 이상한 꿈을 꾸게 된 것입니다. 이것은 틀림없이 자기들의 미래 일을 보여주는 것인데 아무리 생각해도 그 뜻을 알 수가 없었습니다.

우리 인간의 문제는 인간의 노력이나 힘으로 해결되지 않습니다. 우리 인간의 문제가 해결되려면 하나님이 풀어주셔야 합니다. 그러나 사람들은 평소에 늘 자기 머리만 믿고 살기 때문에 감히 하나님의 말씀의 필요성을 느끼지 못합니다.

> 40:8 "그들이 그에게 이르되 우리가 꿈을 꾸었으나 이를 해석할 자가 없도다 요셉이 그들에게 이르되 해석은 하나님께 있지 아니하니이까 청하건대 내게 이르소서"

이 세상 살면서 우리는 예상하지 못했던 여러 가지 위기를 당하게 됩니다. 병에 걸리기도 하고 나쁜 사람을 만나서 위협을 받기도 하고 사고를 당하기도 합니다. 이 모든 것은 하나님께서 인간에게 주시는 숙제입니다. 그런데 지금은 하나님이 이런 방법을 쓰시지 않지만 옛날에는 아주 특이한 경우 꿈으로 계시를 주기도 하셨습니다. 이것은 사람에게 어려운 숙제를 주셔서 하나님의 백성들을 찾아가서 그 답을 알게 하시려는 목적입니다. 하나님은 이런 수수께끼를 통하여 세상 사람들로 하여금 하나님의 백성을 찾아오게 하시는 것입니다.

이번에 바로의 두 신하가 꾼 꿈은 특이했습니다. 우선 두 사람 다 동시에 꿈을 꾸었는데 그 꿈의 내용이 비슷하면서도 달랐습니다. 두 사람은 이 꿈이 예사 꿈이 아니라 자신들의 장래를 결정하는 아주 중요한 신의 뜻이 나타난 것으로 생각하게 되었습니다.

바로의 두 신하는 감옥에 갇혀 있는 어려운 처지였기 때문에 밖에 있는 점쟁이나 제사장을 찾아갈 수가 없어서 요셉에게 자기 이야기를 하게 되었습니다. 요셉은 이 두 신하에게 하나님은 능히 그 꿈을 깨닫게 해주실 것이라고 하면서 꿈을 말하라고 했습니다. 요셉이 이 두 신하의 꿈에 관심이 있었던 것은 자기 자신이 바로 꿈의 사람이었기 때문입니다. 요셉은 적어도 꿈에 있어서는 어느 누구보다도 자신이 있었습니다.

하나님은 우리 인간에 대한 하나님의 계획과 축복을 말씀 속에 넣어 주셨습니다. 그런데 이것을 캐낼 수 있는 성도라면 인생의 다른 문제는 너무 쉽게 풀 수 있습니다. 요셉은 하나님의 말씀을 많이 묵상하는 사람이었습니다. 그가 이 감옥 안에서 견딜 수 있었던 비결은 그에게 계속적인 하나님의 말씀이 있었기 때문입니다. 그래서 요셉은 이 두 사람의 꿈을 너무나도 쉽고 분명하게 해석할 수 있었습니다.

먼저 술 맡은 신하가 자기 꿈을 요셉에게 말했습니다. 이 신하는 자기가 꿈에 보니까 자기 앞에 포도나무가 있는데 그 나무에 세 가지가 있고 싹이 나고 꽃이 피고 포도송이가 익었는데 자기 손에 잔이 있어서 포도를 따서 즙으로 내어서 바로에게 드리는 꿈이었다고 했습니다.

40:12-13 "요셉이 그에게 이르되 그 해석이 이러하니 세 가지는 사흘이라 지금부터 사흘 안에 바로가 당신의 머리를 들고 당신의 전직을 회복시키리니 당신이 그 전에 술 맡은 자가 되었을 때에 하던 것 같이 바로의 잔을 그의 손에 드리게 되리이다"

46 감옥에서 만난 사람　　561

요셉의 꿈 해석의 특징은 자기가 하고 싶은 대로 하는 것이 아니라 정확한 해석에 기초한 것입니다. 요셉이 주목을 한 것은 세 가지였습니다. 요셉은 이 세 가지는 삼일이라고 해석했습니다. 삼일 안에 세 가지에 싹이 나고 꽃이 피고 포도가 맺히는 것은 사람의 힘으로는 불가능한 것입니다. 물론 이것은 꿈이니까 가능한 것이지만 하나님이 하시는 일이었습니다. 이것은 술 맡은 신하가 다시 왕의 총애를 받는 것이고 하나님이 다시 그를 축복하는 것이었습니다. 하나님은 이 신하에게 다시 한 번 아름답게 사용될 수 있는 기회를 주시는 것이었습니다. 요셉은 단순히 희망사항을 말하지 않았습니다. 요셉은 바깥 사정을 전혀 모르지만 삼일 안에 당신이 왕의 총애를 회복해서 복권이 될 것이라고 했습니다.

이것을 보면 요셉이 무슨 배짱으로 이렇게 대담하게 말을 하는가 의심이 들기도 하지만 이것은 하루 이틀에 된 것이 아니었습니다. 요셉은 보디발의 집에 있을 때부터 하나님으로부터 미래를 알 수 있는 능력을 훈련받았고 그때부터 꿈의 해석에 있어서 탁월한 능력을 가지고 있었습니다. 요셉은 이미 많은 훈련을 거쳐서 하나님의 뜻을 아는데 상당한 실력이 쌓여 있었습니다. 그래서 너무나도 분명하게 이 사람의 미래에 대하여 말할 수 있었습니다.

그랬더니 이번에는 떡 굽는 신하도 용기를 내어서 자기 꿈을 이야기했습니다. 이 신하는 꿈에 보니까 자기 머리에 떡 세 광주리가 있는데 새들이 와서 그 광주리 안에 있는 떡을 먹는 꿈이었습니다. 이 말을 듣고 요셉은 지체하지 않고 해석을 하기 시작했습니다. 요셉은 광주리 세 개에 초점을 맞추면서 광주리 세 개는 사흘이라고 해석했습니다. 그리고 요셉은 그 떡 굽는 신하에게 사흘 안에 바로가 당신을 불신해서 당신의 머리를 들고 당신을 나무에 달 것이며 새들이 당신의 시체를 뜯어 먹을 것이라고 했습니다.

요셉은 불길한 꿈이라고 해서 얼렁뚱땅 적당하게 해석하지 않았습니다. 요셉은 좋은 꿈과 똑같이 나쁜 꿈도 분명하고 정확하게 해석해주었습니다. 이것이 보여주는 것은 세상 사람들이 성공하고 출세하는 것도 그냥 되는 것이 아니라 하나님의 뜻에 의해서 된다는 것입니다. 그래서 하나님께서는 어떤 사람은 갑자기 성공하게 하시고 또 어떤 사람은 실패하게 하십니다. 그래서 우리는 세상 사람들의 성공을 보고 너무 부러워하거나 기가 죽을 필요가 없습니다. 왜냐하면 그런 것과는 비교되지 않는 하나님의 복을 우리가 가지고 있기 때문입니다.

3. 다시 실망하는 요셉

아마 요셉이 자기들의 꿈을 해석하는 말을 듣고 이 두 신하는 아마 아무도 그 말을 믿으려고 하지 않았을 것입니다. 우선 술 맡은 신하는 삼일 안에 왕의 신임을 얻고 복귀한다는 것은 도저히 믿어지지 않는 일이었습니다. 거기에 비해서 떡 굽는 신하는 요셉의 해석을 듣고 너무나도 기분이 나빴을 것입니다. 요셉이 자기 인생도 제대로 알지 못해 감옥 안에서 썩고 있는 주제에 왕의 측근에 있는 사람이 삼일 만에 처형된다고 하는 말을 믿으려고 하지 않았을 것입니다.

그런데 놀랍게도 삼일 뒤가 바로의 생일이었습니다.

> 40:20-21 "제삼일은 바로의 생일이라 바로가 그의 모든 신하를 위하여 잔치를 베풀 때에 술 맡은 관원장과 떡 굽는 관원장에게 그의 신하들 중에 머리를 들게 하니라 바로의 술 맡은 관원장은 전직을 회복하매 그가 잔을 바로의 손에 받들어 드렸고"

삼일 뒤 바로의 생일이 되었을 때 바로는 자기가 감옥에 넣었던 두 신하에 대하여 결단을 내렸습니다. 술을 맡았던 신하는 다시 신임을 해서 복귀하게 했습니다. 그리고 떡을 맡았던 신하는 왕이 의심을 풀지 않고 반역자라고 생각해서 처형을 해버렸습니다.

참으로 놀라운 것은 모든 것이 요셉이 말한 대로 이루어진 것입니다.

요즘 사람들은 미래를 알기 위해서 복잡한 통계자료를 내어놓고 분석도 하고 예측도 하지만 미래는 오직 하나님의 말씀대로 이루어지게 됩니다. 단지 사람들이 하나님의 말씀을 해석할 능력이 없는 것이 문제입니다.

요셉은 술 맡은 신하가 왕의 총애를 회복해서 복권될 것을 알고 그에게 자기 이야기를 하면서 감옥에서 나갈 수 있도록 간곡하게 부탁을 했습니다.

40:14-15 "당신이 잘 되시거든 나를 생각하고 내게 은혜를 베풀어서 내 사정을 바로에게 아뢰어 이 집에서 나를 건져 주소서 나는 히브리 땅에서 끌려온 자요 여기서도 옥에 갇힐 일은 행하지 아니하였나이다"

요셉은 자기의 꿈 해석이 틀림없이 하나님의 지혜라면 이 술 맡은 신하는 복권이 될 것이고 자기를 이 감옥에서 꺼내어 줄 것이라고 생각했습니다. 그래서 요셉은 이 술 맡은 신하에게 필사적으로 매달려서 밖에 나가거든 제발 바로에게 자기 이야기를 해주어서 자기를 여기에서 끄집어 내어달라고 부탁했습니다. 그리고 그 신하도 그렇게 해주겠다고 약속을 했지만 그는 그 약속을 지키지 않았습니다. 그는 자기 일이 중요했지 감옥에 갇힌 히브리 노예의 문제는 중요하지 않다고 생각했던 것입니다. 그래서 요셉의 기대는 또 한 번 무너지게 되었습니다.

그러나 이것도 하나님의 뜻이었습니다. 하나님은 요셉이 백퍼센트 하나님의 도우심으로 감옥에서 나가는 것을 원하셨습니다. 그래서 또 다시 한 번 감옥에서 나갈 수 있는 기회가 무너지는 것을 통해서 "너는 때가 될 때까지 까불지 말고 이대로 감옥에 있으라"고 말씀하시는 것입니다. 요셉은 철저하게 하나님의 능력에 붙들린 사람이기 때문에 사람이 도울 수가 없었습니다.

우리는 여기서 두 부류의 사람을 보게 됩니다. 하나는 이 세상의 복만 바라보고 왕의 신임을 얻고 출세를 위해서 사는 사람이고, 다른 하나는 이 세상의 복과는 전혀 상관없이 감옥에 갇혀서 인생 밑바닥에서 하나님의 말씀만 붙들고 사는 사람입니다. 우리가 보기에 요셉은 실패한 인생이고 바로나 두 신하는 성공한 인생인 것처럼 보입니다. 그러나 이 모든 것은 겉으로 나타난 것뿐이고 모든 것을 뒤에서 감독하시고 연출하시는 분은 하나님이신 것입니다.

때로는 연극이나 영화를 보면 왕이나 귀족이라고 해서 반드시 주인공이 아닙니다. 어떤 때에는 감옥 안의 죄수가 주인공일 때도 있고 어떤 때에는 여주인이 조연이고 하녀가 주인공일 때도 있는 것입니다. 중요한 것은 누가 하나님의 뜻을 잘 알아서 그 뜻을 이루어드리는 사람이 되느냐 하는 것입니다. 결국은 하나님의 말씀을 붙든 요셉이 주인공이고 바로의 두 신하는 요셉을 등장시키는 조연에 불과했던 것입니다.

오늘 우리들이 가지고 있는 하나님의 말씀은 요셉이 가졌던 것과는 비교되지 않는 엄청난 하나님의 말씀입니다. 그럼에도 불구하고 사람들은 여전히 미래에 대한 불안에 자신의 문제를 어떻게 해결해야 할지 몰라서 방황하고 있습니다. 오늘 현대인들은 점쟁이를 찾아가기도 하고 그것도 안 되면 자살을 해버립니다. 그 이유가 무엇입니까? 자기 자신에 대한 하나님의 뜻을 모르기 때문입니다. 그러나 성경이 해석되어지면 인생의 모든 문제는 다 풀리게 되어 있습니다.

하나님의 말씀은 아무렇게나 풀리지 않습니다. 그 말씀에 자기 인생을 다 바쳐야 해석되기 시작합니다. 요셉이 지금까지 살면서 한 것이 바로 이것입니다. 요셉은 노예로 팔리면서 또 감옥의 노예로 들어가면서 전적으로 하나님의 말씀에 자신을 헌신해버렸습니다. 그러니까 하나님의 꿈이 풀리고 미래를 내다보며 그것이 그대로 이루어지는 축복을 받게 된 것입니다.

오늘 사람들이 결정적인 순간에 듣고 싶은 것이 무엇입니까? 그것은 결국 나 자신과 이 시대에 대한 하나님의 뜻이 어떻게 되어 있는가 하는 것입니다. 오늘 사람들은 너무나도 많은 사람들의 소리를 듣습니다. 이 사람이 이런 소리하면 그 사람의 말에 끌려가고, 또 저 사람이 저런 말을 하면 그 소리에 끌려가는 것입니다. 그 결과가 무엇입니까? 비참한 파국입니다. 결국 사람들이 교회에 나아오는 것은 자신에 대한 하나님의 말씀을 듣기 위해서입니다. 그러나 그 말씀에는 듣기 좋은 말씀만 있는 것이 아니라 듣기 싫은 말씀도 있습니다. 그러나 많은 사람들은 설사 틀린 말이라 하더라도 일단 자기에게 듣기 좋은 말을 듣기 원합니다. 그러나 하나님 앞에서는 그것이 통하지 않습니다. 요셉은 떡 굽는 관원장이 사흘 안에 매달려 죽을 것이라는 것을 그대로 알려주었습니다.

요셉이 꿈을 통하여 본 것이 무엇입니까? 이 모든 것 뒤에서 주장하시는 하나님이 계신다는 것입니다. 하나님께서 그 뜻을 요셉에게 보여주셨고 그 꿈의 해석대로 모든 것이 다 이루어졌습니다.

오늘 우리들은 많은 문제는 있지만 그 문제에 대한 답을 모르는 사람들로 에워싸여 있습니다. 사람들은 자기 귀를 솔깃하게 하는 사람들을 찾아서 이리저리 다니고 있습니다. 그러나 세상의 미래는 하나님의 말씀에 전적으로 헌신한 사람을 통하여 이루어집니다. 하나님은 그들의 해석이 성취되게 하십니다. 오늘 시대에 필요한 사람이 어떤 사람들입니까? 끝없이 하나님의 말씀을 해석하고 그것을 구체적인 삶에 적용시키는 훈련을 쌓은 사람들입니다. 그런 사람을 통하여 하나님은 이 세상 일을 이루어 나가십니다.

우리는 기대했던 것이 되지 않는다고 해서 실망할 필요는 없습니다. 하나님은 한번 시작하신 일은 반드시 이루십니다. 우리는 모두 백퍼센트 하나님의 능력으로 축복받고 또 다른 사람들에게 하나님의 복을 주는 성도들이 다 되시기 바랍니다.

47

최후의 숙제 / 창세기 41:1-3

사람은 누구나 이 세상에 살면서 자신의 성공과 실패를 결정하는 가장 중요한 문제와 맞붙어야 할 때가 있습니다. 운동선수라든지 기업가라든지 정치인이라든지 누구나 자신의 성공과 실패를 결정짓는 가장 중요한 문제가 있는 것입니다. 운동선수의 경우에는 올림픽 경기라든지 아니면 월드컵 결승전 같은 아주 중요한 경기에서 이기면 그는 국민적인 영웅이 되고 거기서 실패하면 두고두고 욕을 먹는 실패자가 됩니다. 기업가가 어떤 투자에서 성공하면 대기업이 되지만 실패하면 알거지가 되는 경우도 있고, 정치인의 경우 마지막 선거에서 이기면 영웅이 되지만 지면 역적이 되기도 합니다.

요셉의 경우 인생 마지막 수수께끼는 바로의 꿈을 해석하는 것이었습니다. 요셉이 그 꿈을 풀면 감옥에서 나올 뿐 아니라 큰 성공의 기회를 얻을 수 있지만 실패하면 늙어죽을 때까지 감옥에 있든지 아니면 바로의 손에 죽을 수도 있습니다. 그러나 요셉은 이 최후의 수수께끼를 풀어냄으로 성공하게 됩니다. 우리가 이것을 통해서 알 수 있는 것은 평소에 시시한 것들은 남에게 져도 되지만 최후의 수수께끼는 꼭 풀어야 하고 최후의 전투에서는 꼭 이겨야 한다는 것입니다.

소돔과 고모라에 하늘에서 불이 내려서 모든 사람들이 타 죽을 때 가까운 곳에 있던 아브라함은 그것을 미리 알았습니다. 그 이유는 하나님께서 아브라함을 찾아가셔서 소돔과 소모라가 멸망한다는 사실을 미리 알려주셨기 때문입니다.

우리는 우리 앞에 무슨 일을 당하게 될지 아무도 알지 못합니다. 그러나 하나님은 우리에게 미래의 모든 재앙을 능히 이기고 살 수 있는 길을 가르쳐주셨습니다.

요셉이 애굽에서 종살이하고 있을 때 하나님 앞에서는 세계적으로 엄청난 기근이 닥칠 대재앙이 준비되어 있었습니다. 하나님은 이 무서운 재앙에서 많은 사람들을 살리시기 위해서 애굽 왕 바로에게 꿈으로 하나님의 계획을 계시해주셨습니다. 그러나 바로는 그 꿈을 해석할 능력이 없었습니다. 결국 바로는 감옥에 갇힌 요셉을 찾아내서 이 꿈의 해석을 듣게 됩니다. 이것이 바로 바로와 모든 애굽 사람들을 살리는 길이었습니다.

1. 하나님이 주시는 숙제

요셉은 바로의 술 맡은 관원장이 자기를 감옥에서 나가게 할 수 있는 유일한 사람이라고 생각해서 감옥에서 나가면 자기 일을 바로에게 말해달라고 부탁했지만 그는 감옥에서 나간 후에는 아무 연락이 없었습니다. 요셉은 오늘일까 내일일까 무슨 소식을 기다렸지만 결국 끝내 술 맡은 신하로부터 연락은 오지 않았습니다. 그리고 무려 2년이라는 시간이 지났습니다. 이 2년은 요셉에게는 참으로 답답하고 절망스러운 기간이었습니다. 이제 요셉은 영영 감옥에서 나갈 수 있는 기회가 없는 것 같았습니다. 그러나 하나님은 요셉을 잊지 않으셨고 하나님의 때가 되었을 때 드디어 하나님이 움직이기 시작하셨습니다. 그것은 하나님께서 바로에게 엄청난 의미가 있는 꿈을 꾸게 하신 것입니다.

> 41:1 "만 이 년 후에 바로가 꿈을 꾼즉 자기가 나일 강 가에 서 있는데"

하나님은 멀지 않은 미래에 애굽과 가나안 땅을 포함해서 지구상에 엄청난 기근이 일어날 줄 알고 계셨습니다. 이 기근이 얼마나 심한가 하면 세상의 거의 모든 사람들이 거의 다 굶어죽게 되는 흉년이었습니다.

우리가 사는 이 지구상에는 이런 일들이 가끔 있었습니다. 그 중에 가장 무서웠던 것이 페스트였습니다. 중세 페스트의 유행은 그 당시 세계 인구의 삼분의 일을 죽게 했다고 합니다. 때때로 화산 폭발로 재가 태양을 차단시킴으로 흉년이 들어서 세계의 많은 사람들이 굶어 죽는 일도 있었습니다.

그러나 하나님은 사람들을 불쌍히 여기셔서 이 기근을 미리 예고하는 사인을 애굽왕 바로에게 주셨습니다. 우리가 어떤 큰 재앙을 당할 때 그것을 미리 알 수만 있다면 얼마든지 살 길을 찾을 수 있을 것입니다. 우리가 사는 이 지구가 안전하다고 생각하지만 결코 안전하지 않습니다. 미래 일을 알 수 없기 때문에 안전한 줄 알고 전혀 대비를 해 놓지 않고 있다가 망하게 되는 경우가 종종 있습니다. 물론 이런 재앙은 전혀 예고 없이 터지는 것이 정상적입니다. 그런데 하나님은 때때로 미리 경고를 보내실 때가 있는데 이것을 읽을 수만 있으면 살 길이 있는 것입니다. 그것이 바로 바로의 꿈이었습니다.

하나님은 바로에게 꿈을 주시면서 그 해답은 주시지 않으셨습니다. 이것이 이 세상을 살아가는 모든 인간이 겪는 어려움입니다. 우리가 사는 이 세상은 질문들로 가득 차 있습니다. 우리는 이 세상을 왜 살아야 하는지, 또 어디에 가서 무엇을 해야 하는지, 누구를 만나야 하는지, 누구와 결혼해야 하며, 진로 문제는 어떻게 해야 하는지 등등 우리에게는 너무나도 많은 질문들이 있습니다. 그런데 이 세상에는 그 질문들에 대한 답이 없는 것입니다. 하나님께서 바로에게 주신 것도 수수께끼 같은 질문이었습니다. 그러나 바로나 그의 신하들에게는 그 질문에 대한 답이 없었습니다.

바로는 이번에 꿈을 꾼 후 이것은 분명히 절대적인 신이 자기에게 던진 질문이라는 것을 알았습니다. 옛날 사람들은 신이 어떤 질문을 던졌을 때 그것에 대한 답을 찾으면 사는 것이고 그 답을 찾지 못하면 죽는다고 생각했습니다.

바로가 꾼 꿈은 두 가지였습니다. 그런데 이 꿈들은 전체적인 줄거리는 같은데 세부적인 내용은 달랐습니다.

첫째 꿈에서 바로가 꿈을 꾸는데 나일강가에 서서 보니까 아주 보기 좋고 살진 암소 일곱 마리가 강에서 올라와서 풀을 뜯어 먹고 있었습니다. 바로는 이 살진 소들의 모습을 보고 너무나도 행복하다고 생각했습니다. 그런데 잠시 후 아주 여위고 못 생긴 암소 일곱 마리가 강에서 올라와서 이 살진 암소를 다 잡아 먹어버리는 것이었습니다. 바로는 그 끔찍한 장면을 보고 큰 충격을 받았습니다. 그런데 바로는 잠시 잠에서 깨어났다가 다시 꿈을 꾸었습니다. 이번에는 조금 전에 꾸었던 꿈이 연속되는 것 같은데 내용은 좀 다른 것이었습니다. 지난번에는 꿈의 주제가 암소였는데 이번에는 곡식 이삭이었습니다. 어떤 곡식 줄기에 아주 충실하게 잘 익은 이삭이 일곱 개가 매달렸는데 너무나도 잘 익은 이삭이었습니다. 바로는 너무나도 곡식이 탐스럽고 잘 익었다고 생각해서 기분이 좋았습니다. 그런데 잠시 후에 동풍에 바짝 마른 형편없는 이삭 일곱 개가 나오더니 잘 익은 이삭 일곱 개를 모두 잡아 먹어버렸습니다.

바로는 이 두 가지 연속된 꿈을 꾸고는 이것이 보통 꿈이 아니라는 것을 알았습니다. 바로는 암소의 숫자나 이삭의 숫자를 다 기억했고 암소의 상태나 곡식 줄기의 상태가 너무나도 생생하게 기억이 났습니다. 바로는 이 꿈을 꾸고 난 즉시 이 꿈은 신이 자기에게 던지는 질문이라는 것을 알았습니다. 자기가 이 꿈을 풀면 사는 것이고 풀지 못하면 죽는 것입니다. 그러나 통치자들에게 이런 꿈을 주시는 것은 그냥 통치자 한 개인이 살고 죽는 문제가 아니라 나라나 국민 전체가 사느냐 죽느냐 하는 것을 결정하는 심각한 문제인 것입니다.

사실 우리들이 살고 있는 이 세상의 삶은 그 자체가 질문 투성이입니다. 그것은 과연 인생의 본질이 무엇이냐 하는 것입니다. '나' 라고 하는 존재는 무엇이며 나는 무엇을 위해서 살아가고 있는가 하는 것은 우리가 반드시 풀어야 할 숙제입니다. 우리 인간에게는 수많은 질문이 있고 사인들이 있지만 우리는 그 답을 알지 못하고, 우리 주위에 있는 그 수많은 경고의 소리들을 분별할 수 있는 능력이 없습니다.

하나님께서 바로에게 꿈을 통하여 그들의 미래에 무엇인가 엄청난 일이 일어날 것을 경고하셨습니다. 그러나 바로는 그것이 무엇인지 알 능력이 없었습니다.

바로는 자기 앞에 있는 것이 반란인지 기근인지 폭풍인지 알지 못했습니다. 그러나 하나님께서 바로에게 이런 꿈을 주신 것은 하나님의 계획 안에 그를 포함시키시겠다는 뜻이 있습니다. 이 세상에 많은 왕들이 있고 많은 정치인들이 있었지만 그들은 하나님의 계획을 알지 못해서 수많은 백성들을 굶어 죽게 하고 전쟁에 나가서 죽게 했습니다. 그런데 하나님은 바로에게 미래에 무엇인가 대단한 것이 일어날 것을 알려주심으로 그로 하여금 백성들을 살리는 위대한 왕이 되게 하시려는 것입니다. 우리가 이것을 보면 하나님의 말씀이 얼마나 중요한지 모릅니다.

2. 꿈에 대한 바로의 태도

이 당시 바로는 세계에서 가장 큰 나라를 다스리고 있었고 주위에 감히 애굽을 대적할 나라가 없었습니다. 거기에다가 바로는 국내적으로도 감히 바로를 대적하여 반역할 수 있는 세력은 없었습니다. 그러면 바로는 더 이상 걱정할 것이 없었습니다. 사람은 참 이상한 것이 일단 안정이 되고 나면 정신적으로 해이해지게 되고 오만하게 되면서 그때부터는 자기가 가지고 있는 부나 성공을 즐기려고 합니다. 그러나 위기는 바로 이때 일어나게 됩니다. 이번에 이 바로가 참 대단한 이유는 그가 무엇인가 하나님이 주시는 어떤 사인을 받게 되었을 때 이것을 진지하게 생각했다는 점입니다.

> 41:8 "아침에 그의 마음이 번민하여 사람을 보내어 애굽의 점술가와 현인들을 모두 불러 그들에게 그의 꿈을 말하였으나 그것을 바로에게 해석하는 자가 없었더라"

바로가 그 꿈으로 인하여 번민했다는 것은 자기 나름대로 그 꿈의 의미를 알기 위해서 많이 고민했다는 뜻입니다. 그러나 바로는 자기 머리로는 도저히 그 꿈의 의미를 알 수 없었습니다. 그래서 바로는 아침이 되자 말자 애굽의 모든 점치는 자들과 점술가들을 불러 모아서 그 꿈을 듣게 하고 해석을 알려 달라고 했습니다. 이것은 바로가 하나님이 주신 꿈에 대하여 아주 진지하게 대했다는 뜻입니다. 또 애굽의 신하나 백성들은 바로를 태양신의 아들이라 생각했기 때문에 바로가 알지 못하는 것이 있다면 왕의 권위에 손상이 될 수도 있었습니다. 그러나 바로는 하나님이 주신 도전에 대하여 아주 진지하려고 했습니다. 그래서 그는 아침이 되자 말자 애굽 안에 내로라하는 모든 점쟁이나 술객들을 다 불러 놓고 자기 꿈을 이야기하고 해석하라고 명령했습니다.

토인비는 세계의 여러 문명을 연구하면서 멸망당한 문명의 공통된 특징은 '도전에 대하여 반응하지 않았다' 고 결론을 내렸습니다. 다른 사람이 무슨 질문을 하면 아예 들으려고 하지 않는 사람도 많이 있습니다. 그리고 자기가 하는 사업이나 생활이나 심지어 건강에 좋지 않은 증세가 나타나는데도 '별 일 있겠느냐' 는 식으로 가볍게 넘기는 사람도 있습니다. 이것은 삶의 자세가 진지하지 않은 것입니다.

바로 정도가 되면 하루 스케줄은 미리 다 정해져 있었을 것입니다. 그러나 바로는 모든 스케줄을 취소하고 하나님이 주신 꿈을 해결하려고 했습니다. 그 이유는 다른 일들은 당장 해결하지 않는다고 해서 죽는 것은 아니지만, 신이 주신 이 꿈을 해석하지 못하면 왕 자신은 물론이고 모든 백성이 죽을 수도 있다고 생각했던 것입니다. 이 생각은 정확했습니다. 우리는 하나님의 뜻을 찾는 것을 최우선순위로 해서 찾아야 합니다. 왜냐하면 다른 것은 좀 미루어도 상관이 없지만 하나님의 말씀을 미룬다면 자신이나 다른 사람들의 생명이 위험해질 수 있기 때문입니다.

그런데 놀라운 것은 애굽의 그 많은 점성가들이나 점치는 자 중에 이 바로의 꿈에 대하여 그 누구도 해석을 하는 자가 없었다는 것입니다. 꿈에 대한 해석이라는 것은 수학 공식처럼 정확한 것이 아니기 때문에 왕의 꿈에 대하여 자기 멋대로 해석했다고 해서 그것을 틀렸다고 증명할 수는 없는 일입니다. 그러나 놀라운 것은 어떤 신하도 왕의 꿈 이야기를 듣고 함부로 해석하는 사람이 없었다는 것입니다. 그 이유는 아마 이 꿈에 대한 왕의 태도가 너무나도 진지해서 자신 없는 말을 했다가는 목이 날아가게 된다는 것을 알았기 때문입니다. 그리고 또 다른 이유는 하나님께서 점쟁이나 점술가들의 거짓된 입을 봉하셨기 때문입니다. 하나님은 어떤 때에는 사람들이 자기 멋대로 말하게 하실 때도 있지만 너무 중요한 일인 경우에는 사람들의 생명을 살리기 위해서 모든 사람의 입을 막아서 벙어리가 되게 하시는 것입니다. 애굽에는 하나님의 도전에 대하여 그 누구도 해석할 수 있는 사람이 없었습니다.

이때 바로의 술 맡은 신하가 혹시 하면서 요셉 이야기를 꺼냈습니다.

41:9 "술 맡은 관원장이 바로에게 말하여 이르되 내가 오늘 내 죄를 기억하나이다"

바로의 술 맡은 신하는 요셉에게 감옥에서 나가기만 하면 그의 사정을 바로에게 말해서 꺼내주겠다고 약속했지만 그 약속을 지키지 않았습니다. 이것이 바로 인간의 심리입니다. 사람이 급할 때에는 무엇이든지 약속을 하지만 느긋하면 그 약속을 지키지 않게 됩니다. 그런데 바로가 자기 꿈 때문에 이렇게 심각하게 고민하고 온 나라가 떠들썩한 것을 보고 술 맡은 신하는 혹시 요셉이 바로의 이 꿈도 해석할 수 있을지 모르겠다는 생각을 하게 된 것입니다.

결국 이 신하는 바로에게 자기가 감옥에 있을 때 꾸었던 이상한 꿈을 해석해 준 요셉이라는 청년이 감옥에 있었던 사실을 바로에게 아뢰게 되었습니다. 이것은 바로 하나님께서 하시는 일이었습니다. 하나님은 절대로 실수하시지 않는 분입니다. 하나님의 때가 되었을 때 하나님은 그 신하로 하여금 정확하게 요셉을 기억나게 하셨고 또 바로에게 요셉의 이야기를 하게 하셨습니다.

이것은 모두 하나님께서 하시는 일입니다. 우리가 사람만 믿고 의지한다면 아무 것도 되지 않을 것입니다. 왜냐하면 사람은 너무나도 변덕이 심하고 자기 이익만 생각하기 때문에 약속을 하고서도 지키지 않을 때가 많습니다. 그러나 하나님은 때가 되면 반드시 우리 일을 기억하시는 것입니다.

바로는 감옥에 있는 청년 요셉에 대하여 관심을 가지게 되었고 그를 데려오게 했습니다. 왜냐하면 바로는 이 꿈의 해석에 필사적이었기 때문입니다.

41:14 "이에 바로가 사람을 보내어 요셉을 부르매 그들이 급히 그를 옥에서 내놓은지라 요셉이 곧 수염을 깎고 그의 옷을 갈아입고 바로에게 들어가니"

요셉은 아무 것도 모르고 있는데 갑자기 왕궁에서 몰려 와서 요셉을 부르더니 좀 보자고 했습니다. 그리고는 자기들끼리 '이대로는 도저히 안 되겠어'라고 하더니 요셉의 수염을 깎고 옷을 갈아입히고 감옥 밖으로 요셉을 데리고 나갔습니다. 아마 요셉은 처음에 자기를 사형시키려고 데려가는 줄 알았을 것입니다. 그런데 그들이 요셉을 데리고 간 곳은 바로의 궁이었습니다.

요셉은 알지 못했지만 요셉이 감옥에서 나오기까지 하나님은 너무나도 많은 일을 하셨습니다. 하나님은 미리 2년 전에 바로의 신하들을 요셉이 있는 감옥에 들어오게 하시고 요셉으로 하여금 그들의 꿈을 풀어주게 하셨습니다. 그리고 2년 후에 하나님은 바로에게 꿈을 주셨고 또 바로로 하여금 그 꿈을 인하여 고민하게 하셨습니다. 그리고 하나님은 애굽의 모든 신하들이 그 꿈을 해석하지 못하게 하셨고 드디어 왕의 술 맡은 신하를 통해서 바로에게 요셉의 일을 이야기하게 하셨습니다. 요셉은 감옥을 탈출한 것도 아니고 사람들에게 사정을 해서 감옥에서 나오게 된 것도 아니었습니다. 요셉은 왕의 명령으로 당당하게 감옥에서 나오게 되었습니다. 물론 요셉은 왕의 꿈을 해석해야 할 숙제가 남아 있습니다. 만약 요셉이 왕의 꿈을 해석하지 못하면 죽임을 당하게 될 것입니다. 그러나 하나님께서 하시는 일은 절대로 실패가 없습니다.

3. 요셉의 꿈 해석

바로는 요셉이 감옥에서 나와서 그 앞에 서자 다시 한 번 자신이 꾼 꿈을 요셉에게 이야기했습니다. 성경은 바로의 꿈의 이야기를 다시 길게 설명하고 있습니다.

바로 이 점이 오늘 현대인들이 생각하는 것과 성경시대 사람들이 생각하는 것이 크게 다른 부분입니다. 오늘 현대인들은 이미 아는 내용을 또 설명하는 것을 아주 싫어합니다. 왜냐하면 현대인들은 자꾸 새로운 정보를 들으려고 하지 이미 아는 것을 반복해서 들을 필요가 없다고 생각하기 때문입니다. 그러나 성경은 하나님의 말씀에 대해서 자세하게 똑같은 반복을 많이 합니다. 그 이유는 하나님의 말씀은 하나의 이야기가 아니라 아주 중요한 사건이기 때문입니다.

요셉은 바로의 꿈 내용을 듣고 난 뒤에 너무나도 명석하게 바로의 꿈을 해석해주었습니다. 우리가 죽도록 고민하는 문제에 대해 명쾌하고 바른 해석을 들으면 온 몸에서 전율이 일어나면서 기쁨이 생깁니다.

요셉은 바로의 꿈 이야기를 듣자 말자 이 두 개의 꿈은 하나라고 했습니다. 그러면서 하나님께서 앞으로 하실 일을 왕에게 보여주신 것이라고 했습니다.

41:25 "요셉이 바로에게 아뢰되 바로의 꿈은 하나라 하나님이 그가 하실 일을 바로에게 보이심이니이다"

여기서부터 바로의 꿈은 거침없이 해석되기 시작했습니다. 애굽의 그 많은 제사장이나 학자들이나 점쟁이들이 손도 대지 못했던 것을 요셉은 능숙한 장인같이 요리하기 시작했습니다.
 여기에 전문가와 아마추어의 실력은 차이가 나게 됩니다. 아무리 많은 요리 재료가 있어도 요리를 하지 못하는 사람은 아무 것도 만들지 못합니다. 그러나 최고의 요리사는 그 자리에서 덤벼들어서 요리를 만들어내기 시작합니다. 이것은 악기에 있어서도 마찬가지인데 아무리 비싼 피아노가 있고 바이올린이 있어도 연주할 줄 모르는 사람에게는 아무 소용이 없습니다. 그러나 최고의 연주자가 거기에 손을 대자말자 놀라운 선율이 흘러나오기 시작하는 것입니다. 하나님의 말씀에 있어서도 마찬가지입니다. 하나님을 모르는 사람은 하나님의 말씀을 앞에 두고서도 아무 것도 모릅니다. 그러나 하나님의 사람들에게는 하나님의 말씀에서 무한정의 진리가 쏟아져 나오게 됩니다.
 요셉의 해석은 명쾌했습니다.

41:26-27 "일곱 좋은 암소는 일곱 해요 일곱 좋은 이삭도 일곱 해니 그 꿈은 하나라 그 후에 올라온 파리하고 흉한 일곱 소는 칠 년이요 동풍에 말라 속이 빈 일곱 이삭도 일곱 해 흉년이니"

오늘 많은 사람들이 자신의 문제를 풀지 못하는 이유는 전체적인 그림을 그리지 못하기 때문입니다. 그러면 자꾸 작은 함정에서 벗어나지 못하고 칭칭 감기게 되어 그 문제 안에 빠져버립니다.

요셉은 바로의 꿈을 해석하는데 있어서 세부적인 내용에 매달리지 않고 무엇보다 먼저 전체적인 그림을 그렸습니다. 요셉은 먼저 '7'이라는 숫자에 초점을 맞추었습니다. 그러면서 요셉은 살진 일곱 암소와 충실한 일곱 이삭은 같은 것인데 7년을 의미한다고 했습니다. 또 파리하고 흉악한 일곱 암소와 동풍에 마른 속이 빈 이삭도 같은 7년이라고 했습니다.

요셉의 해석은 간단명료했는데 앞으로 7년 대풍년이 있고 그 후에 7년 대흉년이 있다는 것입니다. 그런데 그때 이 흉년이 앞에 있던 풍년을 다 잡아 먹는다는 것인데, 이것은 거의 대부분의 사람들이 7년 대흉년에 굶어 죽게 된다는 것입니다. 그리고 비슷한 꿈을 두 번 꾼 것은 이것이 하나님의 확정적인 뜻이기 때문이라고 했습니다.

오늘 우리 시대에 가장 필요한 것이 무엇입니까? 사람의 경험이나 지식을 성경에 갖다 붙이는 것이 아닙니다. 오직 성경 안에서 하나님께서 우리에게 말씀하시는 메시지를 찾아내는 것입니다.

오늘 많은 사람들은 성경에서 자기가 듣고 싶은 이야기만 들으려고 합니다. 바로의 꿈에서 파리한 암소나 마른 이삭은 무시하고 살진 암소나 충실한 이삭만 이야기하는 것입니다. 그러나 요셉의 해석은 명쾌했습니다. 바로의 모든 정책은 7년 풍년에 맞추면 실패하고 그 뒤에 오는 흉년에 맞추어야 한다는 것입니다. 특히 이때 많은 사람들이 굶어죽는 이유는 7년 풍년에 길들여져서 너무 소비를 늘려놓았다가 흉년에 적응되지 않아서 죽게 된다는 것입니다.

그러므로 요셉의 해석은 잘 사는 풍년은 유혹이기 때문에 풍년에 초점을 맞추면 안 되고 7년 대흉년이 가장 심각한 문제이기 때문에 거기에 전력을 다 기울여서 정책을 세우면 능히 살 수 있다는 것이었습니다.

그리고 요셉은 적용까지 하면서 왕은 지금이라도 지혜로운 관리를 세워서 각성에 창고를 짓고 풍년이 들었을 때 5분의 1만 세금으로 거두어도 흉년을 이길 수 있다고 했습니다.

요셉은 왕의 꿈을 듣고 마치 미래를 손바닥 읽듯이 정확하게 해석을 해주었습니다. 이것이 바로와 모든 신하들에게 공감을 불러 일으켰을 뿐 아니라 감동을 주었습니다.

　이 세상 사람들은 지금 가지고 있는 것으로 흥청망청 쓰고 즐기는데 나중에 재앙이 오면 죽는 것밖에 없습니다. 그러나 하나님의 백성들은 항상 하나님의 심판을 생각하기 때문에 실제로 심판의 순간이 왔을 때 이미 대비가 되어 있는 것입니다.

　오늘 우리의 형편이 아무리 힘들고 절망스럽다 하더라도 하나님의 말씀 안에는 살 길이 있습니다. 하나님의 말씀을 붙들고 살면 아무리 7년 흉년이 와도 살 수 있을 것입니다. 우리 성도들은 돈으로 이 세상을 이기는 것이 아니라 하나님이 주신 지혜로 이깁니다. 오늘도 하나님 앞에서 부르짖으며 기도하는 가운데 큰 부흥이 일어나서 사탄의 시험을 이기고 나라와 민족을 살리는 성도들이 다 되시기 바랍니다.

48

사람을 살리는 정치 / 창세기 41:38-40

우리나라의 정치나 재계의 지도자들 중에는 가난한 집에서 공부도 별로 하지 못했지만 자신의 많은 노력으로 최정상의 자리까지 올라간 분들이 있습니다. 이 분들은 도저히 극복할 수 없는 현실을 이겨내기 위해서 많은 고민을 하고 생각하는 가운데 남들이 가지지 못한 통찰력을 가지고 그 어려움을 돌파해내었습니다.

현대 그룹 회장이었던 정주영 회장은 학력이 서당과 소학교를 나온 것이 전부였습니다. 그는 아버지가 집에서 농사나 지으라고 하니까 소 판 돈을 훔쳐서 집을 나와 장사를 시작했다고 합니다. 이 분은 '현대'라는 거대한 기업을 만들었는데, 한번은 아산만을 개발하는데 조류가 너무 심해서 아무리 흙과 돌을 부어도 조류에 흙이 쓸려나가는 바람에 방파제를 만들 수가 없었습니다. 이 분은 자신의 독창적인 아이디어를 내어서 거대한 유조선을 침몰시켜서 조류를 막고는 방파제 공사를 완성시켰습니다.

미국 애플사를 만든 스티브 잡스도 입양된 아이로서 성격이 너무 괴팍해서 학교를 제대로 다닐 수가 없었습니다. 그러나 그는 컴퓨터를 만드는 데는 어느 누구도 따라올 수 없는 비상한 아이디어를 가지고 있었습니다. 그는 책상 위에만 있던 컴퓨터를 손바닥 위에 올려놓고 무선으로 작업하는 것을 가능하게 했고 나중에는 아이패드와 아이폰 하나로 모든 정보를 다 주고 받을 수 있는데 성공을 하게 됩니다. 이제 전 세계 어느 곳을 가더라도 젊은이나 어른 할 것 없이 스마트폰을 가지고 무엇인가를 하고 있는 것을 보게 됩니다.

요셉은 십대 소년 때 형들의 시기로 애굽에 종으로 팔리게 되었고 노예 생활을 하다가 감옥에 갇혀 있었는데 한순간에 애굽의 총리로 발탁되었습니다. 이것은 누가 보아도 너무 성급하고 무리라는 생각이 들 것입니다. 해 본 것이라고는 노예와 감옥 일 밖에 없는 청년이 어떻게 애굽처럼 큰 나라의 막중한 일을 제대로 감당할 수 있겠습니까? 그러나 바로는 요셉에게 나라 일 전체를 맡겼고 요셉은 이 큰 나라의 일을 너무나도 잘 감당하게 됩니다. 이것이 바로 하나님의 지혜의 능력입니다. 하나님의 종은 인생 밑바닥에서 고생하는 가운데 전체를 볼 수 있는 안목을 가지게 되고 하나님이 주시는 믿음과 지혜를 가지고 어느 누구도 해 내지 못하는 일을 해내게 되는 것입니다.

1. 드디어 총리가 된 요셉

애굽의 바로는 이상한 한 꿈을 꾸고 난 후 이 꿈은 신이 자기에게 주는 도전이라고 생각했습니다. 그래서 바로는 이 꿈을 풀면 자기 자신과 나라가 사는 것이고 이것을 풀지 못하면 망하는 것이라고 생각했습니다. 그러나 애굽 안에서는 이 꿈을 풀 수 있는 사람이 없었습니다.

그런데 놀랍게도 바로는 감옥 안에 있는 한 노예 청년이 이 꿈을 너무나도 명쾌하게 해석하는 것을 보고는 그 자리에서 바로 애굽의 최고 권력자로 임명해버렸습니다. 요셉이 아무리 바로의 꿈을 명쾌하게 해석했다 하더라도 그것 때문에 애굽의 총리가 될 수 있는 것은 아니었습니다. 왜냐하면 요셉은 실제로 나라를 경영해 본 경험도 없었고 다른 사람들에게 내놓을 만한 지식이나 경력을 가진 것도 아니었기 때문입니다. 그러나 바로는 요셉의 해석을 듣자 말자 그 자리에서 요셉을 애굽의 총리로 임명했습니다. 그리고 바로의 신하들도 이것에 대하여 반대를 하지 않았습니다.

> 41:38-40상 "바로가 그의 신하들에게 이르되 이와 같이 하나님의 영에 감동된 사람을 우리가 어찌 찾을 수 있으리요 하고 요셉에게 이르되 하나님이 이 모든 것을 네게 보이셨으니 너와 같이 명철하고 지혜 있는 자가 없도다 너는 내 집을 다 스리라"

바로와 모든 신하들은 요셉의 말을 듣고 요셉이 하나님의 영에 감동된 자이고 애굽 전체에서 그보다 더 지혜롭고 명철한 자가 없다는 것을 인정했습니다.

우리가 생각하기에 바로가 이렇게 한 것은 너무 성급한 것 같습니다. 사람들은 일단 요셉의 말을 듣고 앞으로 일어날 하나님의 계획을 알았습니다. 그러면 바로는 지금 있는 장관들을 중심으로 요셉의 말을 참고로 하여 정치를 하면 될 것입니다. 바로는 이제 문제도 알고 답도 알았습니다. 바로는 풍년 동안에 세금을 더 거두어서 흉년을 대비하면 될 것입니다. 그런데 만일 바로가 감옥에 있는 노예인 요셉을 총리로 세운다면 다른 많은 신하들의 반발을 가져오게 될 수도 있을 것입니다.

그러나 바로는 요셉을 인생 밑바닥에서 애굽의 가장 높은 총리로 임명했습니다. 우리나라 지도자들 같으면 절대로 요셉에게 전권을 맡기지 않을 것입니다. 아마도 요셉에게 적당하게 보상해서 감옥에서 나오게 한 후 말단 공무원의 자리를 주고 여전히 자기들이 모든 것을 다 맡아서 했을 것입니다. 그러나 바로는 요셉에게 모든 전권을 다 맡겼습니다. 이것은 바로가 한 일이기도 하지만 하나님께서 하게 하신 일입니다. 바로가 이렇게 한 이유가 어디에 있었을까요?

우선 바로는 어떤 정책이 성공하려고 하면 계획이 중요한 것이 아니라 사람이 중요하다는 것을 알았던 것입니다. 바로나 신하들은 바로가 꾼 꿈이 앞으로 14년 동안 일어날 일이라는 것을 알았습니다. 그들에게는 7년 풍년이 오고 그 다음에 7년 흉년이 올 것이기 때문에 거기에 맞추어 정책을 세우면 될 것입니다. 그러나 바로와 신하들은 아는 것과 실제로 실천하는 것은 다르다는 것을 알았습니다. 아마 그들은 일, 이년은 열심히 곡식을 모으고 절약할 것입니다. 그러나 그들은 풍년이 계속되면서 감당할 수 없을 정도로 추수가 많이 되면 그들의 마음은 해이해져서 결국 흥청망청 먹고 마시고 쓰게 될 것입니다. 설마 이렇게 농사가 잘 되는데 흉년이 오겠는가 생각하게 될 것입니다.

바로는 이 꿈은 신이 주신 도전이라고 생각했습니다. 신의 도전을 받아들이는 가장 중요한 자세는 자신의 모든 주도권을 넘겨드려야 하는 것이라고 생각했습니다. 그래서 바로는 하나님께서 자기에게 도전을 주셨기 때문에 자기와 나라가 살 수 있는 길은 하나님의 영이 충만한 사람에게 모든 것을 맡기고 오직 그의 다스림을 받아야 한다고 생각했던 것입니다.

그런데 과연 누가 하나님의 복을 임하게 할 수 있습니까? 하나님의 말씀에 자신의 모든 것을 건 사람입니다. 오직 하나님의 손에 붙들려서 백퍼센트 하나님의 능력으로 인생 밑바닥에서 올라온 그 사람이 이 세상에 하나님의 복을 임하게 할 수 있습니다.

바로는 그 자리에서 당장 "너는 내 집을 다스리라"고 하면서 애굽의 모든 통치권을 요셉에게 다 넘겨주었습니다. 바로는 요셉에게 말하기를 "내 백성이 다 네 명령에 복종하리니 내가 너보다 높은 것은 내 왕좌뿐이니라"고 했습니다. 이것이 하나님의 말씀을 제대로 들은 자의 자세입니다. 우리가 하나님의 말씀을 제대로 들었다면 이제부터는 나의 인간적인 계획이나 생각을 포기해야 합니다. 그렇지 않으면 사사건건 하나님의 계획과 내 생각이 충돌하게 되는 것을 발견하게 될 것입니다. 그래서 하나님의 지혜라는 것이 확인되면 맡길 때 모든 것을 다 맡겨야 합니다. 그런데 사람들은 이렇게 하지 못합니다. 왜냐하면 아직도 자기 생각에 대한 미련이 있기 때문입니다. 그러면 결국 죽도 밥도 되지 않게 됩니다. 이때 바로와 신하들의 과감한 결단이 자기들을 살리게 됩니다.

2. 요셉을 위로하신 하나님

바로는 요셉을 애굽의 총리로 세웠을 뿐 아니라 실제로 요셉을 존귀하게 했습니다. 그러나 이것은 사실 바로가 한 것이 아니라 하나님께서 하신 것입니다.

> 41:41-43 "바로가 또 요셉에게 이르되 내가 너를 애굽 온 땅의 총리가 되게 하노라 하고 자기의 인장 반지를 빼어 요셉의 손에 끼우고 그에게 세마포 옷을 입히고 금 사슬을 목에 걸고 자기에게 있는 버금 수레에 그를 태우매 무리가 그의 앞에서 소리 지르기를 엎드리라 하더라 바로가 그에게 애굽 전국을 총리로 다스리게 하였더라"

이 당시 애굽은 전 세계에서 가장 문명국이었고 지식이나 지위가 높은 사람들이 바로의 왕궁에는 수두룩했습니다. 그런데 삼십대 초반의 전혀 학벌이나 경험도 없이 감옥에서 노예로 있던 젊은이가 총리가 되어 나라를 다스리려고 하면 아무도 그의 말을 듣지 않을 것입니다.

바로는 요셉에게 자기가 끼고 있던 인장 반지를 빼어서 주었습니다. 이것은 바로가 애굽의 모든 결정권을 요셉에게 다 넘겨주는 것을 의미합니다. 요셉에게 나라를 팔아먹든지 말든지 네 마음으로 하라는 뜻입니다. 그리고 바로는 요셉에게 아주 존귀한 사람들이 입는 세마포 옷을 입히고 목에 금 사슬을 걸어주었습니다. 옷이 날개라고 멋진 옷을 입으면 품위가 나게 되어있고 더욱이 목에 금 사슬을 하면 더 존귀하게 보일 것입니다. 거기에다가 바로는 요셉으로 하여금 왕의 두 번째 수레를 타고 시내를 행진하게 했습니다. 그리고 요셉이 바로의 수레를 타고 시가행진을 할 때 앞에서 유도하는 사람들은 "엎드리라"고 외칩니다. 요셉이 행진을 마치고 돌아왔을 때 바로는 다시 그에게 확인하는 말을 합니다.

> 41:44 "바로가 요셉에게 이르되 나는 바로라 애굽 온 땅에서 네 허락이 없이는 수족을 놀릴 자가 없으리라 하고"

바로는 요셉에게 온 애굽에서 감히 네 명령을 거역할 자가 없을 것이라고 약속했습니다. 이것은 바로가 요셉에게 온전하게 힘을 실어주어서 마음껏 정치를 할 수 있게 하는 약속이었습니다. 바로는 요셉에게 '사브낫바네아'라는 이름을 지어주었는데 그 뜻은 분명하지 않습니다. 아마도 끝에 있는 '바네아'라는 말이 '생명'이라는 뜻이 있기 때문에 이 이름의 뜻이 '생명의 구원자'가 아니겠느냐고 짐작을 합니다. 그리고 바로는 요셉에게 애굽의 제사장 딸과 결혼을 시켰는데 이 당시 애굽의 제사장은 가장 높은 귀족이었습니다.

바로가 요셉을 이런 식으로 특별대우를 한 것은 바로에게 있어서 이 꿈이 그에게 얼마나 큰 문제였는지 알 수 있습니다. 바로는 자기가 꾸었던 그 꿈을 자신의 생사가 달린 문제요 나라의 미래가 달린 문제로 생각했던 것입니다. 바로는 이 꿈이 풀리지 않았을 때 바로는 정말 자기가 죽을 수도 있다고 생각했고 나라가 망할 수도 있다고 생각했습니다. 그러던 중에 요셉이 너무나도 명쾌하게 그 꿈을 풀어주었을 때 그를 자신의 생명의 은인으로 생각했습니다. 바로는 진정으로 요셉의 은혜에 감사했습니다. 만일 요셉의 지혜가 없었더라면 바로와 그 국민들은 정말 비참하게 망했을 것입니다. 바로는 이 꿈을 성취할 수 있는 자는 오직 요셉밖에 없었다고 믿었기 때문에 모든 것을 다 요셉에게 맡겼던 것입니다.

그러나 요셉을 높인 분은 하나님입니다. 물론 하나님은 바로를 통해서 요셉을 높이셨지만 요셉을 높은 장본인은 하나님이셨습니다. 하나님께서 요셉을 높이신 이유는 요셉이 하나님 앞에서 존귀한 자였기 때문입니다. 하나님은 요셉에게 그의 존귀함을 실제로 느낄 수 있도록 바로를 통하여 요셉을 높이셨습니다. 하나님께서는 우리에게도 이렇게 하실 때가 있습니다. 우리가 아무리 믿음이 좋다 하더라도 고난 중에는 보잘것없는 자아상을 가지게 됩니다. 그래서 하나님은 그동안 고난 받던 성도에게 높은 지위도 주시고 좋은 차도 주시고 좋은 옷이나 목걸이도 걸어주십니다. 이것은 하나님께서 우리를 사랑하신다는 것을 실제로 체험하게 하시는 것입니다.

요셉에게는 하나님의 이런 사랑의 확인이 필요했습니다. 왜냐하면 요셉은 지금까지 살아오면서 가까운 사람들로부터 받은 아픔과 상처가 있었기 때문입니다. 특히 요셉은 자기가 믿었던 사람들로부터 배신을 당했습니다. 요셉은 형들의 시기와 배반으로 노예가 되었습니다. 그리고 그의 주인 보디발과 그의 아내가 요셉을 배신해서 감옥에 보냈습니다. 또 요셉이 감옥에서 만났던 신하는 요셉을 도와주겠다고 약속해 놓고 도와주지 않았습니다. 그러므로 요셉은 오랜 노예생활로 아직 노예의 자아상을 가지고 있었고 감옥 생활을 통해서 죄수의 습성을 가지고 있었습니다. 그래서 하나님께서는 요셉을 실제로 높여주심으로 요셉에게 높은 자아상을 가지게 하셨던 것입니다.

요셉이 대단한 것은 노예로 있을 때에나 감옥에 있을 때에나 총리가 되었을 때에나 그 어떤 순간에도 자신의 정체성을 잃지 않았다는 점입니다. 그 이유는 그가 자신을 보지 않고 하나님의 말씀만 붙들었기 때문입니다.

우리는 예수 믿고 난 후에 하나님의 훈련을 받으면서 자신에 대하여 "나는 예수 믿고 모든 것을 잃어버렸고 나는 이 세상에서 아무 쓸모없는 자라"는 아주 보잘것없는 자아상을 가지게 됩니다. 하나님은 우리를 겸손하게 만드시기 위해서 우리를 낮추시는데 우리는 모든 자신감까지 다 잃어버리게 되는 것입니다. 그러나 우리가 이런 상태로는 세상에서 제대로 지도자의 역할을 할 수 없습니다. 우리는 훨씬 더 긍정적인 자아상을 가져야 하고 자신감을 가질 필요가 있습니다.

우리는 때때로 성경이 말씀하시는 우리의 모습과 세상에서의 우리의 모습이 너무나도 달라서 어느 것이 진정한 모습인지 몰라 당황해 할 때가 많습니다. 하나님의 말씀을 들으면 내가 하나님 앞에서 참으로 존귀한 사람인 것 같습니다. 그러나 현실로 돌아와 보면 아무 것도 내세울 것이 없고 보잘것없는 것이 나의 모습입니다. 그러나 하나님께서는 사랑하는 자들을 이 세상에서 존귀하게 하십니다.

3. 요셉의 경제 정책

요셉은 이미 하나님의 말씀을 통해서 애굽 경제 전체에 대한 계획과 그림을 가지고 있었기 때문이 시간을 낭비하지 않았습니다.

> 41:46-47 "요셉이 애굽 왕 바로 앞에 설 때에 삼십 세라 그가 바로 앞을 떠나 애굽 온 땅을 순찰하니 일곱 해 풍년에 토지 소출이 심히 많은지라"

요셉이 노예로 팔려 왔을 때 영원히 노예로 죽을 줄 알았고 엄청난 시간을 허비한 줄 알았는데 불과 13년 만에 애굽의 총리가 되었던 것입니다. 우리도 때때로 하나님의 말씀을 붙잡고 엄청나게 시간을 낭비하는 것 같은데 나중에 보면 그렇게 늦은 것도 아닌 것을 보게 됩니다. 왜냐하면 하나님은 우리를 지름길로 데리고 가시기 때문입니다.

요셉은 총리가 된 후 시간을 낭비하지 않고 바로 애굽을 순찰하기 시작했습니다. 그 이유는 이미 7년 풍년이 시작되었기 때문입니다. 정치하는 사람에게 가장 어려운 정책이 농산물 정책입니다. 그 이유는 농산물은 수요와 공급을 조절하기가 매우 어렵기 때문입니다. 공산품 같은 경우에는 공급이 많으면 공장 가동만 중단시키면 일단 공급을 줄일 수 있습니다. 그러나 곡식의 경우에는 일단 생산 자체가 1년 이상의 기간이 걸릴 뿐 아니라 수송이나 저장에 많은 어려움이 있습니다. 그래서 수요나 공급 예측이 잘못되면 농산물이 썩어서 버리기도 하고 어떤 때는 곡식이나 채소를 구하지 못해서 난리가 날 때도 있습니다.

> 41:48-49 "요셉이 애굽 땅에 있는 그 칠 년 곡물을 거두어 각 성에 저장하되 각 성읍 주위의 밭의 곡물을 그 성읍 중에 쌓아 두매 쌓아 둔 곡식이 바다 모래 같이 심히 많아 세기를 그쳤으니 그 수가 한이 없음이었더라"

요셉은 풍년에 남는 곡식을 국가사업으로 각 성에 곡식 창고를 만들었습니다. 그런데 요셉은 한 곳에 곡식을 모으지 않고 각 성마다 곡식 창고를 만들어서 운송과 저장 문제를 한꺼번에 해결했습니다. 만약 애굽의 모든 곡식을 한 곳에 저장한다면 그 시설만 해도 너무 클 것이며 보관이나 수송에도 복잡한 문제가 생길 것입니다. 그래서 요셉은 각 성마다 저장시설을 만들고 세금으로 남는 곡식을 흡수했습니다. 요셉은 가만히 책상에 앉아서 보고서나 읽는 사람이 아니라 끊임없이 전국을 순찰하면서 실제적인 상황을 살폈고 실제적인 상황에 맞는 정책을 폈습니다.

요셉은 애굽에 종으로 팔려온 이유를 이제 알게 되었습니다. 그것은 자기가 7년 대흉년 동안에 사람들을 먹여서 살리는 것이었습니다. 그래서 요셉은 실제로 직접 순찰을 하면서 민심도 살피고 농사 정책도 챙겼습니다. 하나님의 사람들의 특징은 부지런한 것입니다. 하나님의 백성들은 일에 있어서 중요한 것은 자기가 직접 책임을 져야 하고 눈으로 확인을 해야 합니다.

그러나 요셉이 예언했던 대로 7년 풍년은 끝나고 흉년이 들기 시작했습니다. 사람들의 재주로 7년 풍년은 잘 해낼 수 있지만 7년 흉년을 맞이하게 되면 대책이 없게 됩니다. 우리가 하나님의 말씀을 붙들어야 하는 이유는 바로 사람의 힘으로 예측할 수 없는 어려움이 생기기 때문입니다. 이때 하나님의 말씀을 붙든 자들에게 살 길이 생기게 됩니다.

> 41:54-55 "요셉의 말과 같이 일곱 해 흉년이 들기 시작하매 각국에는 기근이 있으나 애굽 온 땅에는 먹을 것이 있더니 애굽 온 땅이 굶주리매 백성이 바로에게

부르짖어 양식을 구하는지라 바로가 애굽 모든 백성에게 이르되 요셉에게 가서 그가 너희에게 이르는 대로 하라 하니라"

요셉의 가치는 흉년이 시작되면서 나타나기 시작했습니다. 전 세계적으로 갑자기 흉년이 드니까 모든 나라에 곡식이 말라버렸습니다. 이것을 보면 하나님의 말씀을 듣고 진실하게 반응하는 것이 얼마나 중요한지 알 수 있습니다. 풍년이 들었을 때에는 몰랐는데 일단 흉년이 드니까 갑자기 전 세계적으로 양식이 없었습니다. 왜냐하면 다른 나라는 곡식을 전혀 비축하지 않았기 때문입니다. 그런데 애굽 땅에는 곡식이 성마다 있었습니다. 그것은 바로 요셉이 비축하게 한 곡식이었습니다.

그런데 일단 흉년이 드니까 애굽도 금방 곡식이 없어지게 되었습니다. 그러니까 백성들이 모두 바로에게 몰려와서 양식을 달라고 했습니다. 이때 바로의 지혜가 나타나게 됩니다. 바로는 "나는 모르겠다. 요셉에게 가서 그가 시키는 대로 하라."고 했습니다.

전 세계적으로 기근이 왔을 때 요셉은 모든 창고의 문을 열어서 백성들에게 곡식을 팔기 시작했습니다. 요셉은 절대로 곡식을 공짜로 퍼주지 않았습니다. 만약 요셉이 곡식을 공짜로 주었더라면 백성들은 무한정 달라고 떼를 쓰거나 혼자 먹으려고 쌓아두었을 것입니다. 그러나 요셉은 모든 국민이 각자 스스로 돈을 가지고 와서 곡식을 사게 했습니다. 그리고 이웃 나라에서도 먹을 것이 없으니까 모두 요셉에게로 와서 곡식을 사가게 되었습니다. 요셉은 졸지에 전 세계 사람들을 먹여 살리는 총리가 되었습니다.

하나님께서 우리에게 말씀으로 고난을 겪게 하시는 것은 하나님의 복을 가지도록 하기 위해서입니다. 그래서 우리는 세상적으로 성공한 사람들을 너무 부러워하거나 시기하지 말아야 합니다. 오늘도 하나님 앞에서 자신의 아름다움과 존귀함을 찾으시고 자신 있게 세상을 살리는 성도들이 다 되시기 바랍니다.

49

오랜 후의 만남 / 창세기 42:1-2

우리는 많은 세월이 흐른 후에 어렸을 때 친구나 고향 사람을 다시 만나야 할 때가 있습니다. 그때 서로 놀라게 되는 것은 너무 변해버린 모습입니다. 어렸을 때는 참 멋있는 친구였는데 세월이 많이 흐르면서 너무 뚱뚱하게 되었다든지 혹은 술을 마시고 담배를 피우고 욕을 하는 사람으로 변해버렸다든지 혹은 옛날에는 부자였는데 몰락해서 가난하게 된 것을 보고 놀라게 될 것입니다. 그런데 신앙생활을 착실하게 한 사람은 아무리 세월이 흐르고 나이가 들어도 더 깨끗하고 더 성숙하고 더 아름다워진다는 사실입니다.

저는 대구에서 목회하다가 오랜 세월이 흐른 후에 한 노인의 방문을 받게 되었습니다. 그 분은 제가 서울에 처음 올라가서 중학교 시험에 떨어져 양계장에 있을 때 같이 계시던 분입니다. 그때 저는 십대 소년이었고 그 분은 대학 나오셨지만 취직이 안 되어서 양계장 일을 돕고 계셨습니다. 그 분은 얼마 안 있어서 우리나라 경제가 발전하면서 바로 취직이 되어 그곳을 떠나셨고 그 후에는 다시 만나지 못했습니다. 그러다가 이제 만나게 된 것입니다. 대구에 오셔서 사업도 하시고 자녀들도 키우시고 이제는 나이가 드셨는데 제 소문은 많이 들었다고 하면서 눈물을 흘리면서 너무나도 좋아하시는 것이었습니다.

하나님은 너무나도 별 볼일 없던 요셉을 너무나도 높은 사람이 되게 하시고 너무나도 멋진 사람으로 만드셨습니다. 그 후에 요셉을 종으로 팔았던 형들이 양식을 사기 위해서 애굽에 오게 되는데, 그들은 요셉을 보고서도 알아보지 못했습니다. 왜냐하면 하나님이 요셉을 너무나도 높이셨기 때문입니다.

1. 하나님의 말씀대로 이루어짐

하나님이 요셉에게 말씀하신대로 애굽에 임한 대흉년은 세계적인 기근이었습니다. 그래서 가나안 땅에서 양을 치던 야곱의 가족들도 애굽에서 양식을 구해야만 했습니다. 그런데 요셉의 형들은 당연히 애굽에 가서 곡식을 사와야 하는데도 불구하고 서로 애굽에 가지 않으려고 미루고 있었습니다.

> 42:1 "그 때에 야곱이 애굽에 곡식이 있음을 보고 아들들에게 이르되 너희는 어찌하여 서로 바라보고만 있느냐"

요셉 때 임한 흉년은 세계적인 기근이어서 가나안 땅에 있던 야곱의 식구들도 양식이 떨어지게 되었습니다. 이때 아버지 야곱이 듣기에는 애굽에는 양식이 있다고 하는데 야곱의 아들들은 아무도 애굽으로 가려고 하지 않았습니다. 그래서 야곱이 아들들에게 야단을 치면서 "어떻게 서로 얼굴만 쳐다보고 있느냐? 애굽에 곡식이 있다고 하니까 어서 가서 곡식을 사오라"고 했습니다. 우리가 이것을 보면 야곱의 아들들이 누구 할 것 없이 다 애굽에 내려가는 것을 대단히 꺼려했음을 알 수 있습니다. 왜 요셉의 형들은 망설이고 있었을까요?

여러 가지 이유가 있겠지만 가장 큰 이유는 요셉의 형들의 마음속에는 '애굽'이라고 하면 무엇인가 켕기는 것이 있었기 때문입니다. 그것은 바로 20여 년 전에 동생 요셉을 애굽에 종으로 팔았기 때문에 생긴 양심의 가책입니다. 요셉의 형들에게는 '애굽'은 말만 들어도 무엇인가 가슴이 덜컥 내려앉는 불편한 곳이었던 것입니다. 그래서 요셉의 형들은 그 누구도 선뜻 애굽에 가려고 하지 않았습니다.

우리가 이런 것을 보면 함부로 죄를 짓지 않아야 합니다. 왜냐하면 사람 안에 있는 나쁜 기억이나 죄의식은 아무리 세월이 흘러도 좀처럼 없어지지 않고 기억 속에 남아 있기 때문입니다. 남의 돈을 빼앗은 것이나 여성을 추행한 것이나 못된 짓한 것들은 이상하게도 마음속에 남아 있어서 그곳의 지명만 들어도 기분이 이상하고 거기에는 가고 싶지 않게 됩니다. 이 세상에서도 그런데 하물며 하나님의 심판대 앞에 가면 모든 죄가 다 생각나게 될 것입니다. 그래서 예수 믿고 그 보혈로 죄 씻음 받지 않으면 모든 죄가 언젠가는 다 들통이 나게 되는 것입니다.

요셉의 형들은 아버지 때문에 어쩔 수 없어서 다 같이 애굽으로 내려가서 양식을 사기 위해서 애굽의 총리 앞에 엎드려 절을 하게 되었습니다.

> 42:6 "때에 요셉이 나라의 총리로서 그 땅 모든 백성에게 곡식을 팔더니 요셉의 형들이 와서 그 앞에서 땅에 엎드려 절하매"

물론 다른 나라의 총리 앞에 가면 절을 하게 되지만 이것은 요셉에게 아주 특별한 의미가 있는 것입니다. 왜냐하면 이것은 바로 요셉이 어렸을 때 꾸었던 그 꿈이 이루어지는 것을 뜻하기 때문입니다. 요셉이 십대 소년이었을 때 꾸었던 그 꿈이 이렇게 이루어질 줄은 그 누구도 몰랐을 것입니다. 결국 하나님이 주신 꿈은 이루어지고야 말았습니다. 하나님은 요셉을 일시적으로 비천하게 하셔서 고생을 많이 하게 하셨지만 때가 되었을 때 요셉을 높여주셨습니다. 하나님이 요셉을 얼마나 높이셨는지 요셉은 애굽에서 왕 다음으로 높은 사람이 되었고 얼굴도 더 멋있어 지고 재산도 많은 사람이 되었습니다. 요셉이 얼마나 멋있게 변했던지 형들은 전혀 그를 알아보지 못했습니다.

 42:8 "요셉은 그의 형들을 알아보았으나 그들은 요셉을 알아보지 못하더라"

더욱이 요셉의 형들은 요셉이 애굽의 총리가 되어 있을 줄은 꿈에도 생각하지 못했습니다. 그런데 요셉은 살아있었고 애굽에서 가장 높은 총리가 되어 있었습니다. 이때 요셉은 다른 것은 생각하지 않고 오직 하나님이 주신 꿈만 생각했습니다.

 42:9 "요셉이 그들에게 대하여 꾼 꿈을 생각하고 그들에게 이르되 너희는 정탐꾼들이라 이 나라의 틈을 엿보려고 왔느니라"

여기서 우리가 잘 이해되지 않는 것이 있습니다. 요셉은 꿈을 생각했는데 왜 형들을 정탐꾼 즉 간첩으로 몰았을까 하는 점입니다. 요셉은 어렸을 때 하나님이 주셨던 그 꿈을 생각했다고 했습니다. 요셉은 지금까지 하나님이 주신 그 꿈을 잠시라도 잊은 적이 없었습니다. 그런데 지금 그 꿈대로 형들이 곡식을 사겠다고 와서 자기 앞에 엎드려 절을 하고 있습니다. 물론 요셉도 인간이기 때문에 자기 인생을 망쳤고 그렇게 많은 고통을 안겨다 준 형들에게 얼마든지 복수할 수 있었을 것입니다. 그러나 요셉은 오직 하나님의 꿈을 생각했습니다. 우선 요셉은 하나님이 주신 꿈이 이렇게 놀랍게 이루어지는구나 하는 것을 확인할 수 있었던 것입니다. 그러나 아직 이 꿈은 다 이루어진 것이 아니었습니다. 아직 아버지나 동생 베냐민이 가나안 땅에 있는데 형들이 자기를 또 속이고 도망치면 요셉은 형들에게 또 배신을 당하게 되고 진정으로 연합하지 못하게 될 것입니다. 그러면 그 꿈은 실패로 끝나게 되는 것입니다.

 요셉에게는 곡식단이 절하는 꿈 외에 또 다른 꿈이 있었습니다. 그것은 하늘의 해와 달과 열한 별이 자기에게 절을 하는 꿈입니다. 우리가 보통 하늘의 별이라고 하면 전혀 때가 묻지 않은 존귀한 사람이 되는 것을 말합니다. 제가 대학생 때 우리 과 학생들이 40명쯤 되었습니다. 그런데 우리 과 학생들 중에서는 크리스천이 거의 없었습니다. 그리고 20년, 30년의 세월이 흐르면서 대기업체 임원도 하고 개인 사업도 하는데 그 중에는 신실한 크리스천이 된 사람도 있고 목회를 하고 있는 사람도 있습니다. 이런 이들은 하늘의 별로 변한 것입니다.

요셉은 형들을 만났을 때 복수하려고 하지 않았습니다. 왜냐하면 요셉이 그 많은 고생을 하면서 지금까지 오게 된 것은 겨우 복수를 하기 위해서가 아니었기 때문입니다. 우리가 다른 사람에게 복수하는 것은 너무 쉬운 것입니다. 그러나 더 중요한 것은 하나님의 뜻이 이루어져야 하는 것입니다.

2. 요셉의 계략

요셉은 20여년 만에 형들을 만났지만 선뜻 자기가 요셉이라는 것을 밝힐 수 없었습니다. 만일 형들이 20년 전 상태 그대로 있다면 그 형들과 화해하는 것이 두려웠습니다. 그러면 형들은 요셉을 또 속이려고 들 것이고 또 상처를 입을 것이기 때문입니다. 그리고 더 심각한 문제는 이 흉년이 한두 해에 끝나지 않는데 형들이 옛날 같이 자기를 속이고 거짓말한다면 가족들은 모두 이 흉년에 살아남지 못하고 다 굶어죽을 것입니다.

결국 그들이 흉년을 이기는 방법은 온 가족이 애굽으로 내려오는 것입니다. 그런데 요셉은 형들을 믿을 수가 없었습니다. 또 요셉은 지금 아버지와 자기 동생 베냐민이 살아있는지 죽었는지도 알 수 없었습니다. 요셉은 형들을 보고 깊은 고민을 하게 되었습니다. 그것은 과연 어떤 식으로 이 20년 전의 원한을 극복하고 형들과 화해하며 어떻게 이들을 살릴 수 있을까 하는 것이었습니다.

그래서 요셉은 자신의 신분을 감추고 형들을 심문하기 시작했습니다.

이것은 형들이 얼마나 정직한 사람으로 변했는지 시험을 해보려는 것이었습니다.

42:9하 "너희는 정탐꾼들이라 이 나라의 틈을 엿보려고 왔느니라"

요셉은 형들에게 너희가 한꺼번에 많은 양식을 사러 온 것은 분명히 어떤 나라에서 첩자로 보낸 것이라고 하면서 그들을 몰아붙였습니다. 그랬더니 이들은 간첩이라는 사실을 극구 부인하면서 자기 가정 이야기를 하기 시작했습니다.

42:13 "그들이 이르되 당신의 종 우리들은 열두 형제로서 가나안 땅 한 사람의 아들들이라 막내 아들은 오늘 아버지와 함께 있고 또 하나는 없어졌나이다"

요셉이 "너희들이 열 명이 왔는데 열 명은 도저히 한 형제라고 볼 수 없다"고 하니까 그들은 사실대로 말했습니다. 원래 자기 집은 열두 형제였는데 하나는 없어지고 하나는 아버지와 함께 가나안 땅에 있다고 대답했습니다. 물론 그들은 사실대로 말하지 않을 수 없었겠지만 이 말이 요셉에게는 아주 중요한 것이었습니다. 왜냐하면 요셉은 아직 아버지와 자기 동생 베냐민이 살아있다는 것을 알게 되었기 때문입니다.

형들에게 있어서 가족 이야기를 하면서 가장 고통스러운 부분이 '하나는 없어졌다'는 것이었을 것입니다. 그들은 차마 자기들이 팔아먹었다고는 말할 수가 없었습니다. 그래서 하나는 없어졌다고 말했습니다. 그런데 그 없어진 하나가 지금 그들 앞에 서 있는 것입니다.

요셉은 이때 자기 가족을 구원할 한 방법을 생각해 내었습니다. 그것은 형들로 하여금 말째 아우 베냐민을 데리고 오게 하는 것입니다. 왜냐하면 베냐민이 오면 아버지가 오게 되어 있고 아버지가 오면 형들이나 다른 가족도 모두 다 따라오게 되기 때문입니다. 그래서 요셉은 형들에게 베냐민을 데려 오라고 하면서 그때까지 형제들을 잡아 놓겠다고 했습니다.

하나님께서 우리에 대하여 일하시는 방식이 이와 비슷합니다. 예를 들어서 우리는 어떤 어려움이 있으면 하나님을 찾지만 원하는 것을 얻은 후에는 다시 세상으로 달아납니다. 신약성경에 보면 예수님이 열 명의 나병환자를 고쳐주셨는데 이들이 병이 낫고 난 다음에는 모두 세상으로 가고 예수님께 돌아와서 감사한 사람은 사마리아 사람 한 명뿐이었습니다.

그래서 하나님은 우리의 기도를 들어주시지만 중요한 한두 가지는 들어주시지 않고 내버려두시기도 합니다. 그래야 계속 기도하게 되고 세상으로 달려가지 않기 때문입니다. 요셉도 형들이 원하는 곡식은 주었지만 형들 중에 한 사람을 붙잡아 두어서 결국 이들이 애굽에 올 수밖에 없도록 만들었습니다.

많은 사람들은 여러 가지 어려운 문제 때문에 하나님을 찾습니다. 그런데 그 어려움만 해결되면 다시 자신의 욕심을 향하여 떠나가려고 합니다. 그러나 이 세상의 어려움은 한 가지만 있는 것이 아닙니다. 한 가지 어려움은 넘겼다고 하지만 산 너머 산이라고 또 다른 시험들이 계속 있습니다. 그래서 우리가 이 세상의 모든 어려움을 이길 수 있는 방법은 완전히 보따리를 싸서 하나님께 와야 하는 것입니다.

3. 요셉의 형들의 갈등

요셉의 형들은 애굽의 총리가 자기 동생인지 모르고 벌벌 떨었습니다. 그런데 일이 잘 풀려서 형제 중 시므온만 애굽에 갇히고 나머지 아홉 명은 곡식을 가지고 집으로 돌아갈 수 있었습니다. 그런데 형들은 집으로 돌아가는 길에 더 엄청난 것을 발견하게 되었습니다. 자기들이 곡식 값으로 준 돈이 곡식 자루 안에 그대로 다 들어있었던 것입니다.

42:26-28 "그들이 곡식을 나귀에 싣고 그 곳을 떠났더니 한 사람이 여관에서 나귀에게 먹이를 주려고 자루를 풀고 본즉 그 돈이 자루 아귀에 있는지라 그가 그

형제에게 말하되 내 돈을 도로 넣었도다 보라 자루 속에 있도다 이에 그들이 혼이 나서 떨며 서로 돌아보며 말하되 하나님이 어찌하여 이런 일을 우리에게 행하셨는가 하고"

요셉은 일단 가족들이 먹고 살아야 하니까 그들이 보는 앞에서 시므온을 결박해서 묶고 곡식을 주어서 보내었습니다. 그런데 요셉은 곡식 값으로 지불한 돈을 도로 자루 안에 다 넣어 주었습니다. 그것은 형들에 대한 요셉의 애정의 표시였습니다. 그런데 형제 중 하나가 객점에서 나귀에게 먹이를 주려고 자루를 풀다가 돈이 자루에 그대로 들어 있는 것을 보았습니다. 그는 너무나도 놀라서 이 사실을 다른 형제들에게 말하고 다른 형제들도 그의 말을 듣고 너무나 놀라서 혼이 떠난 것처럼 되었습니다. 그리고 그들은 "하나님이 어찌하여 우리에게 이런 일을 행하셨는가!"라고 절규하고 있습니다. 이들은 그 돈을 보자 부들부들 떨었고 심지어는 하나님을 원망하기까지 했습니다.

야곱의 아들들이 자루에 돈이 도로 들어 있는 것을 보고 매우 놀라고 두려워하는 것은 자기들이 모르는 가운데 무엇인가 어떤 엄청난 일이 진행되고 있기 때문입니다. 이것은 누군가가 자기들의 일거수일투족을 감시하고 있으며 무엇인가 심각한 일이 진행되고 있는 것을 의미하고 있었습니다. 그런데 그것이 무엇인지 전혀 알지 못하고 있는 것입니다.

요셉의 형들은 돈이 도로 들어 있는 것을 보면서 무슨 생각을 했겠습니까? 그들은 애굽 땅의 총리를 매우 악한 사람으로 생각했습니다. 그 총리는 할 수만 있으면 다른 나라 사람들에게서 트집을 잡아서 잡아가두는 사람으로 생각했던 것입니다. 그런데 그들의 돈이 곡식 안에 도로 들어 있는 것을 보고 이들은 "이제 너희들의 차례다" 하는 경고문으로 생각했을 것입니다.

요셉의 형들이 돈이 생겼는데도 두려워 혼이 다 나가게 되었던 것은 그들의 마음속에 하나님에 대한 믿음이 없었기 때문입니다. 그들은 하나님의 말씀을 믿지 않았기 때문에 요셉이 좋은 뜻으로 돈을 주었는데도 이것을 사형 선고처럼 받아들여서 부들부들 떨었던 것입니다. 우리가 이것을 볼 때 이 세상을 살아가는데 있어서 가장 중요한 것은 돈이 많이 생기느냐 안 생기느냐, 일이 잘 되느냐 안 되느냐 하는 것이 아니라, 하나님의 말씀을 붙드느냐 아니냐에 달려있다는 것을 알 수 있습니다.

요셉의 형들이 가나안 땅에 돌아와서 그 동안 있었던 일들을 아버지 야곱에게 보고했을 때 온 집안은 다시 한 번 발칵 뒤집어지게 되었습니다.

> 42:29 "그들이 가나안 땅에 돌아와 그들의 아버지 야곱에게 이르러 그들이 당한 일을 자세히 알리어 아뢰되"

요셉의 형들이 아버지 야곱에게 보고한 내용은 엄청난 것이었습니다. 요셉의 형들은 애굽에서 양식을 사 오는 과정에 두 가지 큰 불안을 가지게 되었습니다. 그 한 가지는 애굽에서 자기들이 알지 못하는 어떤 계획이 진행되고 있는데 그것이 무엇인지 모르겠다는 것입니다. 이미 자기들이 지불한 돈이 도로 곡식 자루 속에 들어 있다는 것은 무슨 음모가 진행되고 있다는 것이 분명합니다. 그런데 누가 그 음모를 꾸미고 있으며 그들이 노리고 있는 것이 무엇인지 알지 못한다는 것입니다. 두 번째는 애굽의 총리가 요구한 것이 실현되기 어려운 요구라는 점입니다. 애굽의 총리는 다음 양식을 사러 올 때에 집에 있는 말째 아우를 데리고 와야 한다고 했습니다. 그런데 아버지 야곱은 절대로 말째를 포기하지 않을 것입니다. 왜냐하면 요셉을 잃은 후에 야곱은 말째에 대하여 거의 병적으로 집착을 하고 있었기 때문입니다.

그래서 형들은 애굽에 안 가려고 하니 양식이 떨어지고 거기에다가 또 시므온이 애굽에 붙들려 있습니다. 그렇다고 해서 애굽에 가려고 하면 베냐민을 데리고 가야 하는데 아버지가 베냐민은 내어놓지 않는 것입니다. 결국 형들은 이럴 수도 없고 저럴 수도 없는 딜레마에 빠지게 되었습니다. 아무리 머리를 굴려도 해결책이 없습니다.

이때 가장 위험한 것이 얼렁뚱땅 넘어가려고 하는 것입니다. 대개 머리를 잘 돌리는 사람은 거짓말을 해서 넘어가려고 할 것입니다. 그러나 이것은 서로 망하는 길입니다. 그러나 만일 형들이 다시 한 번 이런 식으로 얼렁뚱땅하는 식으로 아버지를 속이고 요셉을 속였다면 그들은 애굽에서 다 죽었을 것입니다. 왜냐하면 애굽의 총리가 요셉이기 때문입니다.

그런데 요셉의 형들은 모든 것을 정직하게 말했습니다. 심지어는 집안에 큰 갈등이 생기고 아버지에게 엄청난 꾸중을 듣는데도 모든 것을 있는 그대로 다 말을 했습니다. 이 정직이 그들을 모두 살리게 됩니다. 우리는 모두 하나님 앞에 완전할 수 없습니다. 그러나 우리가 하나님 앞에서 정직하면 그때부터 살 길이 생기게 됩니다.

그리스도인들은 이러지도 못하고 저러지도 못하는 위기에 처했을 때 절대로 얼렁뚱땅 넘어가려고 해서는 안 됩니다. 이 수렁에서 빠져 나올 수 있는 유일한 길은 정직하게 모든 것을 이야기하는 것입니다. 그러면 이상하게 칭칭 감겨 있던 어려운 문제들이 실타래처럼 풀리기 시작할 것입니다.

야곱은 아들들의 말을 듣고 자신의 감정을 주체할 수 없을 정도로 절망적인 상태에 빠지게 되었습니다.

42:36 "그들의 아버지 야곱이 그들에게 이르되 너희가 나에게 내 자식들을 잃게 하도다 요셉도 없어졌고 시므온도 없어졌거늘 베냐민을 또 빼앗아 가고자 하니 이는 다 나를 해롭게 함이로다"

야곱은 자식들에게 "너희들은 왜 내 자식들을 하나씩 따 빼앗아가서 죽게 하느냐?"고 하면서 원망했습니다. 야곱은 요셉을 잃고 난 후에는 하나님에 대한 믿음이 없어져버렸습니다.

하나님의 백성들에게 가장 위험한 것은 하나님을 믿지 못하는 것입니다. 그런데 하나님을 믿었다가 큰 실패를 하게 되면 그 뒤에는 모든 것을 믿지 못하게 됩니다. 이때 우리는 사람이 잘못한 것을 생각하면 안 되고 하나님을 다시 믿어야 합니다.

하나님은 앞으로 있을 재난에 대비해서 오래 전에 요셉을 애굽에 보내어 그들을 구원하게 하셨습니다. 그래서 그들이 애굽에 가서 양식을 구하고 또 요셉을 만나는 것은 하나님의 뜻에 따라 이루어지는 것입니다. 그러나 그들은 하나님의 말씀이 없었기 때문에 살 수 있는 길을 가면서도 두려워하고 절망에 빠지고 서로 정죄하고 원망하고 있습니다.

이런 일이 얼마나 우리의 삶에서 자주 일어나고 있습니까? 그러나 하나님은 이 모든 것을 통하여 결국 우리를 구원하시고 선한 길로 인도하십니다. 우리가 알아야 할 것은 하나님을 믿으면 두려워할 것이 아무 것도 없다는 것입니다. 하나님은 예수 그리스도 안에서 모든 것이 합력하여 선을 이루게 하십니다. 결국 우리는 살리시고 우리로 하여금 풍성한 삶을 살게 하십니다. 우리는 이제 서로 사랑하고 격려하면서 믿음의 길을 힘차게 갈 수 있기를 바랍니다.

50
결단의 순간 / 창세기 43:14

요즘은 로스쿨이 생겨서 앞으로 사법고시가 없어질 것이라고 하지만 옛날에는 국가고시야 말로 출세의 등용문이었습니다. 물론 머리가 뛰어난 사람들 중에서는 열심히 공부해서 고시를 패스해서 판사 검사가 되어서 출세를 하지만, 사실 많은 사람들이 고시에 합격할 가능성이 없는데도 불구하고 고시촌을 떠나지 못하고 5년, 6년 심지어는 10년씩 매달려서 시간을 다 보내는 경우가 많이 있었습니다. 우리는 때때로 자신의 진로에 대하여 중요한 결정을 내려야 할 때가 있습니다. 그러나 우리는 언제 무슨 결정을 내려야 할지 알 수 없을 때가 많습니다.

우리가 무슨 중요한 결정을 내리려고 하면 포기하는 것이 있어야 하는데 하나도 포기하지 않으려고 하면 결정을 내릴 수가 없습니다.

사실 어떤 경우에는 오래 버티는 것이 하나님의 뜻인 경우도 있습니다. 다윗 같은 경우에는 많은 아들들이 있었지만 차기 왕을 결정하지 못하고 늙어서도 오래 버티는 바람에 어린 솔로몬이 그동안 자라게 되어서 왕위를 물려받게 됩니다. 이삭 같은 경우에도 배우자를 빨리 만나지 못하고 오래 기다리게 되는데 그동안 어린 리브가가 자라서 아름다운 처녀로 성숙해서 이삭과 결혼을 하게 됩니다. 사실 우리가 하나님의 뜻을 따라가고 있을 때에는 오래 기다리는 것이 좋은 것이지만 하나님의 뜻에서 멀어지고 있을 때에는 기다리면 기다릴수록 손해입니다. 그런데 이것을 분별하는 것이 쉽지 않습니다.

야곱의 식구들은 양식을 구하기 위해서 애굽에 갔다가 아주 까다로운 총리를 만나는 바람에 큰 어려움에 빠지게 되었습니다. 그들은 혹을 떼려고 갔다가 혹을 도로 붙여서 오게 되었습니다. 애굽의 젊은 총리가 얼마나 까다로운 사람인지 야곱의 아들들을 스파이라고 몰아세우면서 그들이 간첩이 아닌 것을 증명하려면 막내 동생을 데리고 와야 한다고 했습니다. 그러나 아버지 야곱은 막내아들 베냐민은 무슨 일이 있어도 자기 곁에서 떠나보내려고 하지 않았습니다. 결국 요셉의 형들은 정말 이럴 수도 없고 저럴 수도 없는 처지인데다 양식은 떨어져서 굶어죽게 되었습니다. 이때 우리는 아직 붙들고 있고 포기하지 못하고 있는 것이 무엇인지 생각을 하고 버릴 것은 버려야 합니다.

예수님도 "누구든지 자기 목숨을 건지고자 하는 자를 잃을 것이요 잃으려고 하는 자는 건지리라"고 하셨습니다. 우리가 하나님의 말씀대로 살면 꼭 죽을 것 같은데 결국은 살게 되고 내 생각을 따라가면 살게 될 것 같은데 나중에는 망하고 마는 것입니다.

1. 결단의 필요성

아버지 야곱은 아들들에게 애굽에서 있었던 일을 보고받고서도 그동안 아무런 결정도 내리지 않고 있었습니다. 그것은 야곱이 막내아들 베냐민을 애굽에 보내고 싶지 않았기 때문입니다. 그러나 이제는 무엇인가 가부간에 결정을 내려야만 할 시점에 오게 되었습니다. 지난번에 가지고 왔던 양식도 다 떨어져서 더 이상 버틸 수 없는 시점까지 오게 되었습니다. 이때 야곱은 다시 아들들을 불러서 이야기를 했습니다.

43:1-2 "그 땅에 기근이 심하고 그들이 애굽에서 가져온 곡식을 다 먹으매 그 아버지가 그들에게 이르되 다시 가서 우리를 위하여 양식을 조금 사오라"

야곱은 애굽의 총리가 막내아들을 데리고 와야 곡식을 살 수 있다는 조건을 내걸었을 때 당장 결정을 내리지 못하고 할 수 있는 대로 시간을 끌면서 기다려 보았습니다. 이렇게 하는 것을 보통 '버티기 작전'이라고 합니다. 야곱은 지금까지 많은 어려운 시련을 겪으면서 끝까지 인내하는 법을 배웠습니다. 야곱은 어려운 일이 있을 때마다 끝까지 버티면 하나님께서 다 해결해 주셨습니다. 그러나 이번에는 아무리 참고 기다려도 아무 것도 해결되지 않았습니다. 그러는 동안에 야곱은 가지고 있던 양식을 다 먹어버리게 되었습니다.

그러나 이제는 무엇인가 결정을 내려야만 하는 시점까지 오게 되었습니다. 이때 야곱은 아들들에게 "너희가 다시 애굽에 가서 곡식을 사와야 되겠다"고 하면서 조심스럽게 말을 꺼냈습니다. 크리스천들이 겪는 많은 어려움들은 꾹 참고 견디기만 하면 시간이 지나면서 해결될 때가 많이 있습니다. 그러나 만일 무엇인가 근본적인 잘못이 있거나 아니면 망하는 길로 고집스럽게 가고 있을 때에는 무조건 참고 있다고 해서 해결되지 않습니다.

요셉 같은 경우에는 자기가 잘못하지 않았는데도 애굽에 노예로 팔리게 되었고, 또 죄를 짓지 않았는데도 불구하고 감옥에 들어가게 되었습니다. 이때 요셉이 할 수 있는 것은 아무 것도 없었습니다. 오히려 요셉이 감옥에서 나가려고 술 맡은 관원장에게 부탁을 해도 아무 소용이 없었습니다. 그러나 요셉이 끝까지 참고 기다리니까 하나님의 능력으로 감옥에서 나오게 되었습니다. 정말 이것은 기적 같은 일이었습니다. 그러나 지금 야곱의 아들들은 아무리 참고 있어도 사정은 달라지지 않았습니다. 이제는 야곱이 무엇인가 결단해야 할 때가 된 것입니다.

성도들의 신앙이 어릴 때에는 버티는 방법이 가장 좋습니다. 왜냐하면 그때는 결정해야 할 정도로 대단한 위치에 있지 않기 때문입니다. 그러나 신앙이 어느 정도 성장하고 나면 남이 뭐라고 말하기 전에 먼저 상황을 판단해서 스스로 결정을 내려야 할 때가 많이 있습니다. 이때 남들이 뭐라고 말하기 시작하면 이미 때가 늦은 것입니다. 그런데 높은 자리에 있는 분들이 남들이 아무리 뭐라고 해도 끝까지 자리를 버티고 자기주장을 굽히지 않는 바람에 다른 사람들에게 너무 많은 고통을 주는 것을 보게 됩니다. 이것은 정말 무능한 것이며 미련한 것이며 악한 것입니다.

2. 유다의 진정한 설득

야곱의 집안이 이럴 수도 없고 저럴 수도 없는 위기에 빠졌을 때 적극적으로 나서서 책임을 지려고 사람이 있었습니다. 이 사람이 바로 유다였습니다. 유다는 야곱의 형제들 중에서 지금까지 가장 부정적인 영향을 끼친 사람이었는데 이제 완전히 태도가 달라졌습니다.

> 43:3 "유다가 아버지에게 말하여 이르되 그 사람이 우리에게 엄히 경고하여 이르되 너희 아우가 너희와 함께 오지 아니하면 너희가 내 얼굴을 보지 못하리라 하였으니"

지금까지 유다는 형제들 사이에서 유익을 끼친 것이 별로 없었습니다. 오히려 유다는 부정적인 영향만 끼쳤을 뿐입니다. 유다는 요셉을 애굽에 팔자고 한 장본인이었습니다. 그리고 한때 타락해서 형제들을 떠나 이방 여인과 살았고 심지어는 자기 며느리 다말과 관계하여 쌍둥이 아들을 얻기도 했습니다. 이렇게 유다는 지금까지 신앙적으로 실패한 경력만 가지고 있었고 아버지나 형제들에게 신앙적으로 도움을 준 것이 거의 없었습니다. 그런데 이때 유다가 불쑥 전면에 나서서 이 문제를 해결해보려고 아버지와 진지한 대화를 나누었습니다. 사실 유다가 이렇게 용감하게 나서 주었기 때문에 야곱도 결단을 내릴 수 있었고 집안의 모든 어려운 문제도 풀릴 수 있게 되었습니다. 결국 유다는 이런 결단을 통해서 이스라엘 가문의 장자의 지위를 얻게 되었고, 또 이스라엘 백성들이 광야에서 행진할 때에나 가나안 땅을 정복할 때에도 항상 유다 지파를 앞세워서 하셨습니다. 나중에는 이스라엘의 왕이 유다의 후손을 통해서 나오게 됩니다.

이것을 보면 하나님의 복을 받는데 요령이 있다는 것을 알게 됩니다. 물론 평소에도 잘 하는 것이 중요하겠지만 교회나 하나님의 백성들이 어려울 때 용감하게 나서서 교회를 지키고 성도들을 지킬 때 하나님은 그 사람과 그 후손들에게 큰 복을 주십니다. 그래서 용기가 필요할 때 용감해야 합니다. 지금까지 아무리 부족하고 제대로 역할을 하지 못했다 하더라도 가장 어려운 순간에 온 힘을 다해서 하나님의 백성들을 도울 때 두고두고 하나님이 복을 주실 것입니다.

유다는 절대로 막내아들 베냐민을 내놓지 않으려고 하는 아버지 야곱을 설득했습니다. 이때 유다는 얼마나 겸손하고 지혜롭고 신실했는지 본문에서 볼 수 있습니다.

우선 첫째로 유다는 아버지 야곱에게 현실을 있는 그대로 설명했습니다.

43:4-5 "아버지께서 우리 아우를 우리와 함께 보내시면 우리가 내려가서 아버지를 위하여 양식을 사려니와 아버지께서 만일 그를 보내지 아니하시면 우리는 내려가지 아니하리니 그 사람이 우리에게 말하기를 너희의 아우가 너희와 함께 오지 아니하면 너희가 내 얼굴을 보지 못하리라 하였음이니이다"

지금 야곱은 아들들에게 애굽에 내려가서 곡식을 사오라고 하면서도 베냐민을 보낼 생각이 추호도 없었습니다. 이때 유다는 이 문제가 그렇게 슬쩍 넘어갈 수 있는 문제가 아니라는 것을 분명히 했습니다.

유다는 애굽의 총리가 자기들에게 한 "너희 아우를 데려오지 않으면 내 얼굴을 다시 보지 못할 것이다"라는 말을 단호하게 전했습니다. 이것은 애굽 총리의 절대적인 말이었고 야곱의 가족이 처한 현실이었습니다.

그러나 야곱은 어떻게 해서든지 이 말을 인정하지 않으려고 했습니다.

이런 야곱의 생각에 대해서 유다는 그들의 현실을 분명하게 설명했습니다. 이 문제는 절대로 두루뭉술하게 넘어갈 성질이 아니라는 것입니다. 왜냐하면 그 애굽의 총리는 이상하게도 야곱의 아들들 중에서 그들이 데리고 오지 않은 막내아들에 대하여 비상한 관심을 가지고 있었고 이것을 너무나도 강조했다는 것입니다. 그래서 유다는 베냐민을 데리고 가지 않으면 애굽까지 가는 것이 헛수고라는 것을 분명히 하고 이번에 식량 문제를 해결하려면 베냐민을 데리고 가는 것이 핵심적인 문제라는 사실을 지적했습니다. 가족이 굶어죽지 않으려고 하면 아버지 야곱이 베냐민을 내놓아야 한다는 것입니다.

우리는 믿음이 있다고 하면서 너무나도 현실을 인정하지 않을 때가 많이 있습니다. 왜냐하면 우리의 이상은 너무 높은데 현실은 너무나도 다를 때가 많기 때문입니다. 그러나 이것은 문제 해결에 전혀 도움이 되지 않습니다. 아무리 고통스러워도 현실을 바로 인정해야 실마리가 풀릴 수 있는 것입니다. 아무리 이상이 높다 하더라도 공중에 있는 상태에서는 아무 것도 할 수 없습니다. 우리의 발이 땅에 닿아야 무엇인가 새로운 시작을 할 수 있는 것입니다.

그래서 현 상황이 너무 혼란스러울수록 지금 처해 있는 상황을 정확하게 객관적으로 보려고 노력해야 합니다.

3. 드디어 야곱이 결단을 내리다

사실 우리 사회의 많은 문제들이 하나도 해결되지 않는 것은 사람들이 입으로만 좋은 소리를 하지 실제로 책임질 생각을 하지 않기 때문입니다. 아무도 책임지지 않고 서로 책임을 떠넘길 때 어려움은 해결되지 않습니다. 그래서 하나님의 백성들은 말 잘하는 것보다 무엇을 책임지느냐 하는 것이 중요합니다.

이때 야곱은 답답하니까 화를 벌컥 내게 되었습니다.

43:6 "이스라엘이 이르되 너희가 어찌하여 너희에게 또 다른 아우가 있다고 그 사람에게 말하여 나를 괴롭게 하였느냐"

야곱은 유다가 막내아들 베냐민을 데리고 가야 한다고 하자 화가 폭발했습니다. 야곱은 아들들에게 분노를 터트리면서 왜 하필 너희가 집에 막내가 하나 더 있다고 말을 해서 나를 이런 어려움에 빠트리느냐 비난하는 것입니다. 애굽 총리에게 너희들이 왜 그렇게 정직하게 말을 해서 베냐민을 데려가도록 했느냐, 애굽 총리가 어떻게 우리 사정을 안다고 거짓말을 하지 않았느냐는 비난입니다. 아버지는 자녀들에게 거짓말을 요구해서는 안 되는 것입니다. 그러나 답답하니까 화부터 내는 것입니다.

그런데 이럴 때 조심해야 할 것이 있습니다. 이렇게 누군가가 화를 낼 때 다른 사람들도 덩달아 화를 내면 될 대로 되라는 식으로 나가버리게 됩니다. 그러면 아무 것도 되는 것이 없습니다. 그러나 이때 유다는 이 위기를 지혜롭게 잘 넘겼는데, 더 화가 나지 않도록 아버지를 설득했던 것입니다.

유다는 아버지에게 애굽의 총리가 묻는 대로 대답했을 뿐이지 동생을 데려 오라고 할 줄은 자기들은 꿈에도 몰랐다고 했습니다. 우리는 하나님이 아니기 때문에 모든 일에 대하여 미리 대비할 수가 없습니다. 이렇게 야곱이 분노를 터트리는데 유다가 같이 소리 지르지 않고 침착하게 대답할 수 있었던 것은 이미 마음에 각오를 하고 있었기 때문입니다. 중요한 것은 막내를 잃을까봐 불안해하는 아버지를 안심시켜서 베냐민을 데리고 가서 곡식을 구해오는 일입니다. 이 일을 해내려고 하면 화를 내거나 소리를 질러서는 안 되고 차근차근하게 설명을 해서 설득시키는 지혜가 필요합니다.

유다는 자기가 베냐민을 위하여 담보가 되겠다고 아버지에게 약속했습니다.

43:9 "내가 그를 위하여 담보가 되오리니 아버지께서 내 손에서 그를 찾으소서 내가 만일 그를 아버지께 데려다가 아버지 앞에 두지 아니하면 내가 영원히 죄를 지리이다"

아버지가 가장 우려하는 것은 이번에 베냐민을 보냈다가 옛날 요셉같이 나쁜 일이 생겨서 돌아오지 않을까 하는 두려움이었습니다. 이때 유다는 자기가 베냐민을 책임지겠다고 했습니다. 이것은 유다가 자기 신체와 목숨을 걸고 베냐민을 무사히 데려오도록 최선을 다하겠다는 것입니다. 유다는 만일 베냐민에게 무슨 일이 생긴다면 자신이 대신 잡히겠다는 약속입니다.

'담보'라는 것은 재산이 없는 사람을 위해서 그 신용을 책임지는 것입니다. 도대체 무슨 생각으로 유다는 베냐민을 위해서 담보가 되겠다고 했을까요? 유다는 옛날에 자기가 죄를 지었을 때 이미 한번 죽었다고 생각했습니다. 이제 자기는 하나님의 은혜로 다시 살게 되었고 다시 하나님의 백성이 되었기 때문에 하나님의 백성을 위해서라면 이제 죽어도 아깝지 않다고 생각을 한 것입니다.

이때 야곱은 드디어 결단을 내리게 되었습니다. 야곱의 믿음의 놀라운 점은 아무리 고통스럽고 절망스럽다 해도 결단내릴 때에는 확실하게 내린다는 것입니다.

43:13-14 "네 아우도 데리고 떠나 다시 그 사람에게로 가라 전능하신 하나님께서 그 사람 앞에서 너희에게 은혜를 베푸사 그 사람으로 너희 다른 형제와 베냐민을 돌려보내게 하시기를 원하노라 내가 자식을 잃게 되면 잃으리로다"

하나님은 때때로 우리에게 가장 소중한 것을 가져가실 때가 있습니다. 그때 우리는 하나님께서 하시는 일이 도무지 이해되지 않습니다. 그런데 하나님께서 이렇게 하시는 이유는 두 가지입니다. 하나는 하나님이 우리에게 주시는 구원이 그렇게 시시한 것이 아니기 때문입니다. 하나님이 주시는 구원은 하나님에게도 최고의 것입니다. 그러므로 우리의 구원은 이 세상에서 가장 소중한 것을 포기할 가치가 있는 것입니다. 그뿐 아니라 하나님이 우리에게 가장 좋은 것을 가져가시는 것은 그것보다 더 좋은 것을 주시려는 목적이 있는 것입니다. 하나님이 야곱에게 베냐민을 포기하게 하시는 것은 요셉을 돌려주시려고 하는 것입니다.

저는 어떤 때 공부를 포기하고 학벌을 포기해야 했을 때 아까운 마음이 들기도 했었지만 나중에 하나님은 그것과 비교할 수 없는 엄청난 복을 주셨습니다. 그래서 하나님이 포기하게 하신 것은 없어지는 것이 아니라 하나님이 맡아가지고 계신 것입니다. 그래서 나중에 하나님은 더 멋진 모습으로 돌려주실 것입니다.

여기서 야곱은 위대한 결단을 내립니다. 야곱이 베냐민을 포기할 수 있었던 것은 결국 전능하신 하나님을 믿었기 때문입니다. 야곱은 베냐민을 포함한 모든 식구들의 살고 죽는 문제를 자기가 책임져야 한다고 생각하다가 드디어 전능하신 하나님께 다 맡기게 되었습니다. 야곱은 전능하신 하나님께서 애굽 총리에게 은혜를 베풀어서 베냐민을 돌려주실 것을 믿었던 것입니다.

그러면서 야곱은 위대한 고백을 합니다. 그것은 "내가 자식을 잃으면 잃으리로다"는 것입니다. 야곱은 요셉을 잃고 난 후에 절대로 베냐민을 형들에게 맡기지 않았는데 이제는 드디어 베냐민까지 포기하게 되었던 것입니다.

야곱이 어떻게 이 아들을 포기할 수 있었을까요? 그것은 그동안 기다리면서 하나님께서 야곱에게 믿음을 주셨던 것 같습니다. "그렇게 아들들을 불신하고 베냐민에 집착하는 것은 신앙이 아니다. 네 신앙이 한 번 더 커지려면 네 생각의 틀을 깨고 네가 집착하는 것을 내 앞에서 과감하게 포기해야 한다."는 믿음을 주셨던 것입니다. 우리의 신앙이 한 단계 더 자라려고 하면 내가 붙들고 있는 것을 포기해야 합니다. 그것이 자식일 수도 있고 돈일 수도 있고 명예일 수도 있습니다.

이번 일을 통해 야곱은 지난 20년 동안 그의 신앙이 정체 상태에 있다는 것을 알 수 있습니다. 야곱은 요셉이 죽고 난 후부터는 아무 것도 믿지 않았던 것입니다. 야곱은 너무나도 긴 세월 자신의 단단한 껍질 안에 스스로 갇혀 있었습니다. 지금까지 야곱의 믿음은 자기 자신 아니면 아무 것도 믿지 않는 병든 믿음이었습니다. 그런데 유다의 진지한 말을 듣고 오래 전에 잃었던 아들에 대한 신뢰가 되살아나면서 자기의 것을 포기할 수 있었습니다. 아무리 위대한 신앙을 가진 사람이라 하더라도 누군가가 믿어주어야 하고 격려해주어야 용기를 내게 됩니다. 유다의 작은 믿음의 결단이 야곱으로 하여금 그 단단한 자기 껍질에서 나오게 했던 것입니다.

하나님 앞에서 우리의 가장 소중한 것을 포기하고 단단한 껍질을 깨고 나와서 맡겨주신 사명을 감당하는 위대한 신앙인이 다 되시기 바랍니다.

51
신뢰의 테스트 / 창세기 44:1-2

어느 정도 자라서 청소년기가 되면 친구를 아주 좋아하게 됩니다. 그래서 친구 집에 가서 같이 공부하기도 하고 또 친구를 집에 데리고 와서 같이 자기도 합니다. 좋아하는 친구 사이에는 비밀도 없기 때문에 어떤 때는 자기 속에 있는 비밀을 친구에게 다 말하기도 합니다. 좋아하는 남자 이야기라든지 여자 이야기 같은 것도 친구에게는 합니다. 그리고 친구를 위해서는 정말 죽을 수 있을 것 같고 친구와의 우정은 평생 변하지 않을 것 같습니다.

그러나 각자 나이가 들어가면 생각과 진로가 달라지면서 조금씩 멀어지게 됩니다. 그러다가 나중에 진정으로 예수님을 인격적으로 만나고 신앙생활을 하게 되면 옛날 친구와는 더 잘 만나지 않게 됩니다. 왜냐하면 그때는 이미 진로도 많이 달라졌을 뿐 아니라 주로 교회에서 예배나 교회 봉사를 하는데 시간을 많이 보내므로 믿지 않는 친구와는 거의 공감대를 가질 수 없기 때문입니다. 그러다가 몇 십 년이 지난 후에 만나게 되면 서로가 너무 달라진 모습에 놀라게 됩니다.

북한에 억류되어 종신 노동형을 받은 캐나다 국적의 목사님이 있습니다. 그는 어렸을 때 제 친구 중 하나인데 캐나다에서 3천명이 넘는 큰 교회를 목회했습니다. 그는 편안하게 목회하려고 하면 얼마든지 할 수 있었지만 북한의 동포들을 불쌍히 여겨서 20년 전부터 북한에 가서 양로원을 짓고 고아원을 짓고 빵공장을 지어서 많은 도움을 주었습니다. 그러나 선교사 모임에서 북한 지도자를 비판한 동영상이 북한 당국에 입수되어서 교인들이 가지 말라고 말렸지만 북한에 갔다가 체포되고 결국 종신형을 살게 되었습니다.

영화 〈미션〉을 보면 처음에 남미 과라니족에게 선교하러 갔던 선교사가 붙들려서 나무 십자가에 묶여 폭포에 산채로 떨어져 죽는 장면이 나옵니다. 그 후에 그들을 파송한 선교회에서 그를 땅에 묻고 누가 저기에 다시 올라갈 것인가 의논하는데 나이 든 신부가 자기가 가야 한다고 말합니다. 왜냐하면 자기가 그 사람을 보내었기 때문이라는 것입니다. 그래서 그가 올라가는데 그 역시 선교하다가 죽습니다.

우리가 어떤 사람을 끝까지 믿는다는 것은 참으로 어려운 일입니다. 그럼에도 불구하고 우리는 누군가를 믿어야만 할 때가 있습니다. 다른 사람에게 이용당하지 않으면서 남을 끝까지 신뢰하는 것이 중요합니다. 만일 우리가 그럴 수만 있다면 주님의 가장 중요한 뜻을 이루어드릴 수 있을 것입니다. 예수님은 교회에서 작은 자 하나를 실족시키지 말라고 말씀하셨습니다.

1. 요셉의 테스트

요셉의 형들은 베냐민을 데리고 애굽에 왔다가 엄청난 성공을 거두어서 집으로 돌아가게 되었습니다. 애굽의 총리는 베냐민을 본 후 별 트집을 잡지 않았습니다. 또 그동안 감옥에 갇혔던 시므온도 풀려났고 어렵게 데리고 왔던 막내 베냐민도 함께 고향 집으로 돌아가게 되었습니다. 요셉의 형들은 너무나도 성공적으로 이번 임무를 마치고 고향으로 돌아가게 되어서 기분이 매우 좋았을 것입니다. 그러나 여기에는 그들이 전혀 생각하지 못했던 마지막 함정이 준비되어 있었습니다.

44:1-2상 "요셉이 그의 집 청지기에게 명하여 이르되 양식을 각자의 자루에 운반할 수 있을 만큼 채우고 각자의 돈을 그 자루에 넣고 또 내 잔 곧 은잔을 그 청년의 자루 아귀에 넣고"

요셉은 형들이 필요한 만큼 산 자루에 곡식을 다 채워주었습니다. 그리고 거기에 그들이 가져온 돈과 이번에 곡식을 구입했던 돈도 도로 다 집어넣었습니다. 그리고는 막내 베냐민의 자루에 요셉이 쓰는 은잔을 몰래 집어넣고 해가 뜰 때 집으로 돌아가도록 보냈습니다.

그런데 여기서 우리가 궁금한 점은 왜 하필이면 요셉이 베냐민을 겨냥하였느냐 하는 것입니다. 그 이유는 베냐민이 그 형제들 중에서 가장 약한 자였고 베냐민의 모든 조건이 요셉과 비슷했기 때문입니다. 야곱의 아들들의 문제점은 배가 다른 여러 형제가 함께 있다는 것이었습니다. 요셉의 형들이 요셉을 죽이려고 했던 이유는 요셉이 자기들과 배가 다른 형제였고 야곱이 가장 사랑하는 라헬의 아들이었기 때문입니다. 그래서 형들은 요셉이 이 집의 장자가 될 것을 우려해서 요셉을 죽이려고 했던 것입니다. 그런데 베냐민은 바로 그 라헬이 낳은 또 다른 아들이었던 것입니다. 그래서 베냐민은 모든 조건이 요셉과 비슷했고 '미니' 요셉이라고 할 수 있습니다.

요셉이 확인하고 싶은 것은 바로 이것이었습니다. 베냐민을 옛날에 자신이 빠졌던 것과 비슷한 처지에 빠지게 하면 과연 형들이 베냐민을 지키려고 할 것인가라는 것입니다. 베냐민이 곤경에 빠진 것을 보고 이번에도 베냐민을 버리고 달아난다면 형들은 믿을 수 없는 사람인 것입니다. 그러나 만일 형들이 베냐민이 곤경에 처한 것을 보고 도망치려고 하지 않고 책임을 지려고 한다면 형들은 믿을 수 있는 사람이 된 것입니다. 요셉이 확인하고 싶어 하는 것은 단순히 형들이 과거의 죄를 회개했느냐 아니냐 하는 것이 아니라 내가 이 사람들에게 다시 내 영혼을 맡길 수 있느냐 하는 것이었습니다.

요셉의 청지기는 요셉의 지시에 따라 이 형제들을 보낸 후에 곧 뒤따라가서 그들을 붙잡았습니다. 요셉의 청지기는 지금 양식도 구하고 형제도 구해서 신이 나서 집으로 돌아가고 있는 요셉의 형들에게 너무나도 충격적인 소리를 했습니다. 그것은 우리 주인이 당신들에게 호의를 베풀어서 잘 보내었는데 왜 우리 주인이 가장 중요하게 생각하는 점치는 은잔을 훔쳐서 가느냐는 것이었습니다. 여기서 왜 하필이면 요셉이 은잔을 가지고 형제들을 붙들었을까요? 그것은 우선 은잔의 크기가 작아서 감추기가 좋았을 뿐 아니라 큰 효과를 낼 수 있었기 때문입니다. 사실 요셉은 은잔으로 점을 치는 사람은 아니었습니다. 그러나 당시 많은 주술사들은 은잔으로 점을 쳤기 때문에 은잔은 그 사람에게 매우 중요한 것이 되는 것입니다. 그래서 누군가가 그 사람에게 가장 중요한 것을 훔쳐간다는 것은 그 사람의 은혜를 배신하는 것이며 가장 파렴치한 사람이 되는 것입니다.

소설 《레미제라블》을 보면 교도소 출신이라고 해서 아무도 먹여주지 않고 재워주지 않는 장발장을 그 도시에 있는 주교가 먹여주고 재워줍니다. 그러나 장발장은 빵 하나 훔치고 감옥에서 19년을 살았기 때문에 사회에 대한 증오심으로 가득 차서 그 주교의 집에 있는 은 접시를 훔쳐서 도망가다가 경찰에게 붙들려오게 됩니다. 그런데 그 주교는 자기 은혜를 배반하고 접시까지 도둑질하다가 잡힌 장발장에게 자기가 은촛대까지 줬는데 이것은 빼놓고 안 가져갔다고 하면서 장발장의 보따리에 도로 넣어줍니다. 결국 이 사랑이 장발장을 변하게 만들었던 것입니다.

요셉의 청지기는 요셉의 형들에게 "너희가 어떻게 악으로 선을 갚느냐?"고 하면서 책망했습니다. 이는 총리가 모처럼 너희들을 믿고 너희들에게 특별한 대접을 해서 보내었는데 너희들은 어떻게 총리가 가장 아끼는 물건을 도둑질해서 우리 총리를 업신여기느냐 하는 뜻입니다. 이것은 요셉이 형제들을 꼼짝 못하게 붙잡아 오려는 계책이었습니다.

44:15 "요셉이 그들에게 이르되 너희가 어찌하여 이런 일을 행하였느냐 나 같은 사람이 점을 잘 치는 줄을 너희는 알지 못하였느냐"

요셉의 이 말은 자기는 점을 잘 치는 사람이기 때문에 누가 무슨 짓을 했는지 다 안다는 뜻입니다. 누가 은잔을 도둑질하고 자기 은잔이 어디에 있는지 다 안다는 말입니다.

물론 우리는 할 수 있으면 이 세상의 모든 사람들을 믿으면 좋습니다. 그러나 우리가 아무리 믿음이 좋다고 하여도 중요한 것은 반드시 확인해 보아야 실패하지 않습니다. 요셉은 자기가 형들과 화해하는 것은 자기 영혼을 다시 이들에게 맡기는 것이 되는데 과연 이들이 믿을 수 있는 사람인지 확인을 해보려는 것입니다.

2. 형들의 반응

요셉의 청지기가 헐레벌떡 달려와서 왜 주인의 은잔을 도둑질했느냐고 따졌을 때 요셉의 형들은 자기들은 하나님을 믿는 사람들이기 때문에 절대로 다른 사람의 돈이나 물건에 손을 대는 자들이 아니라고 했습니다.

44:7 "그들이 그에게 대답하되 내 주여 어찌 이렇게 말씀하시나이까 당신의 종들이 이런 일은 결단코 아니하나이다"

그러면서 누구에게든지 은금이 나오면 그는 죽을 것이요 자기들은 모두 종이 되겠다고 했습니다. 이것은 도덕성 하나만큼은 자신이 있다는 뜻입니다. 야곱의 아들들의 과거를 보면 하나님을 믿는 자들이었기 때문에 남의 물건을 훔치거나 도둑질 같은 것은 하지 않았던 것 같습니다. 그러나 그들은 살인이라든지 간음 같은 큰 죄는 저질렀던 것입니다. 이것은 참으로 이해가 되지 않는 점입니다. 야곱의 아들들은 하나님을 믿었기 때문에 남을 속이고 거짓말하고 도둑질하는 것은 하지 않지만 마음속에 분노가 폭발을 할 때에는 사람을 용서하지 않았던 것입니다.

하나님을 믿거나 종교를 믿는 사람은 그렇지 않은 사람들에 비하여 도덕성이 높은 것은 사실입니다. 그러나 도덕성이 높다고 해서 반드시 죄를 짓지 않는 것은 아닙니다. 요즘 우리 사회에 많은 이야기가 되고 있는 것은 목회자의 비도덕성입니다. 그들은 거짓말이라든지 남의 돈을 훔치지는 않지만 성적인 죄라든지 큰 금전적인 비리를 저지르는 것입니다.

그래서 예수님은 당시 바리새인들을 향해서 "하루살이는 걸러내고 낙타는 삼킨다"고 말씀하셨습니다. 예수님 당시 바리새인들은 율법의 아주 작은 세세한 부분은 잘 지켰습니다. 예를 들어서 거짓말을 하지 않는다든지 시간 약속을 지킨다든지 남의 돈을 돌려준다든지 하는 소소한 것은 잘 지켰습니다. 그러나 그들은 더 큰 믿음을 저버렸고 그리스도를 십자가에 못 박았고 성전을 장사하는 자들의 소굴로 만들었던 것입니다.

그래서 우리는 율법적인 지식만으로는 완전한 하나님의 백성의 삶을 살 수 없습니다. 우리는 처음에는 하나님의 말씀을 내 힘으로 철저히 지키기 위해서 많은 노력을 합니다. 그러다가 어느 한 순간 정욕의 충동을 받게 되면 지금까지 지켰던 것들이 한순간에 다 허물어지고 마는 것입니다. 이것은 마치 어떤 파이프가 낡아서 여기저기 새는 것을 임시로 때워서 사용하다가 한순간에 전체가 폭발해버리는 것과 같습니다. 그래서 결국 우리는 예수님을 믿지 않을 수 없습니다. 왜냐하면 우리의 의지로는 율법을 다 지킬 수 없기 때문입니다.

> 44:12-13 "그가 나이 많은 자에게서부터 시작하여 나이 적은 자에게까지 조사하매 그 잔이 베냐민의 자루에서 발견된지라 그들이 옷을 찢고 각기 짐을 나귀에 싣고 성으로 돌아 가니라"

그들은 처음에 왠지 모든 일이 너무 잘 풀린다고 생각했습니다. 그런데 아니나 다를까 애굽 총리의 도둑맞은 은잔이 베냐민의 짐 보따리에서 나오고 만 것입니다. 그 형들은 모두 너무 기가 막혀서 옷을 찢고 결국 보따리를 다시 다 챙겨서 애굽으로 돌아오게 되었습니다.

이제 베냐민은 총리의 물건을 도둑질한 죄로 붙들려서 감옥에 가든지 종으로 팔리게 되었습니다. 지금 형들의 눈앞에서 총리의 종들은 베냐민을 밧줄로 묶어서 끌고 가려고 하고 있습니다. 이때 유다는 형제들을 대변해서 이제 은잔이 발견이 되어서 더 이상 변명할 여지가 없게 되었으니 우리 모두가 공동으로 책임을 지겠다고 했습니다.

44:16 "유다가 말하되 우리가 내 주께 무슨 말을 하오리이까 무슨 설명을 하오리이까 우리가 어떻게 우리의 정직함을 나타내리이까 하나님이 종들의 죄악을 찾아내셨으니 우리와 이 잔이 발견된 자가 다 내 주의 노예가 되겠나이다"

유다는 말합니다. 사실 우리는 이 은잔을 훔치지 않았는데 은잔이 이렇게 나온 것은 이번 사건과 상관없이 하나님께서 옛날 우리의 죄를 드러내신 것이라고 대답했습니다.

이것은 무슨 말입니까? 자기들은 오래 전에 어떤 죄를 짓고 은폐한 것이 있는데 하나님께서 그 죄악 때문에 자기들을 이번 일로 걸려들게 했다는 것입니다.

한때 천주교에서는 '내 탓이요' 라는 운동을 벌였습니다. 우리가 보기에 주위 사람들이 잘못하기 때문에 일이 꼬이고 잘 되지 않는 것 같은데 우리가 깊이 생각하면 모든 것이 자기 자신에게 책임이 있다는 의미입니다.

하나님의 백성이 어려움에 처하는 이유는 '내 탓이라는 것'을 모르고 자꾸 다른 사람들만 탓하기 때문입니다. 그러나 우리 모두 다 하나님 앞에 자신의 부족함을 인정하고 철저하게 회개한다면 아무리 큰 어려움이 있더라도 해결될 것입니다. 왜냐하면 이때 하나님께서 함께 하시고 해결의 실마리를 풀어주시기 때문입니다.

3. 누가 남을 것인가?

요셉의 형들은 아무래도 옛날 자기들이 지은 죄 때문에 이런 일이 일어나는 것 같으니까 자기들 모두가 책임을 지고 남겠다고 했습니다. 그 말에 대하여 요셉은 말도 되지도 않는 소리라고 하면서 은잔이 나온 그 사람만 종이 될 것이라고 강조했습니다.

> 44:17 "요셉이 이르되 내가 결코 그리하지 아니하리라 잔이 그 손에서 발견된 자만 내 종이 되고 너희는 평안히 너희 아버지께로 도로 올라갈 것이니라"

여기서 드디어 아버지 야곱과 형들이 그렇게 우려했던 일이 터지게 됩니다. 그것은 결국 아버지가 그렇게 데리고 가지 말라고 한 베냐민만 애굽에 인질로 붙들리게 되고 형들은 모두 무혐의로 풀려나게 되는 것입니다.

결국 선택은 모두 다 노예로 남을 것인가, 아니면 베냐민 한 명만 인질로 남고 나머지는 살아서 집으로 돌아갈 것인가 하는 것입니다. 결국 숫자적으로 보면 베냐민 한 사람이 노예로 남고 나머지 사람들은 집으로 돌아가는 것이 훨씬 유리한 결정일 것입니다. 왜냐하면 한 사람 때문에 형제 모두 다 희생될 필요가 없기 때문입니다. 또 자칫 잘못해서 공동 책임을 지면 한 명을 위해서 모두 다 붙들릴 수도 있습니다. 이것은 인간적으로 너무나도 미련한 생각입니다.

그러나 하나님 나라에서는 작은 자 한 사람이 중요합니다. 예수님도 작은 자 한 사람을 실족하게 하는 것보다는 차라리 연자 맷돌이 그 목에 달려서 바다에 빠뜨려지는 것이 더 낫다고 말씀하셨습니다. 그리고 양 백 마리가 있는데 그 중에 한 마리가 잃어버렸을 때 목자는 아흔아홉 마리를 두고 그 잃은 양 한 마리를 찾아서 나선다고 했습니다. 요셉의 형들이 선택해야 하는 것은 어린 아이 한 명을 희생시키고 나머지 열 명을 살리느냐 하는 것과 어린 아이 한 명을 자기 전체의 일이라고 생각해서 전체

모두를 희생시키느냐 하는 문제입니다.

옛날 정의의 문제가 한창 논란이 되었을 때 일입니다. 정의는 소수를 희생시켜서 다수를 살리는 것이냐 아니면 소수나 다수나 모두 다 똑같이 고통을 받고 희생되는 것이냐 하는 것을 놓고 논란이 있었습니다. 그러나 하나님의 정의는 너무 미련한 정의인 것 같습니다. 우리가 숫자적으로 생각을 하면 베냐민 한 명 때문에 모든 형제가 다 노예로 남는 것은 모두 다 죽는 길입니다. 왜냐하면 이 형제들이 돌아가지 못하면 집에 남아 있는 식구들도 모두 굶어죽기 때문입니다. 인간적으로 생각을 해보면 차라리 형들은 이번에도 베냐민을 희생시키고 자기들은 양식을 가지고 돌아가서 나머지 가족을 살리는 것이 훨씬 더 유리할 것입니다.

그러나 형들은 그렇게 할 수 없었습니다. 이유는 지금 그들에게는 20년 전의 일과 똑같은 일이 일어나고 있었기 때문입니다. 20년 전에 형들은 요셉을 시기해서 쉽게 죽이려고 했습니다. 그때 자기들은 가족이 많기 때문에 요셉 한 명이 죽는 것은 아무 것도 아닐 것이라고 생각했습니다. 그러나 그들은 요셉 한 사람을 종으로 팔고 난 후에 20년 동안 너무나도 큰 양심의 고통을 겪었던 것입니다.

요셉의 형들이 생각하고 행동에 옮긴 것은 이제는 더 이상 양심을 속이고는 살지 못하겠다는 것입니다. 일이 기왕 이렇게 된 것 우리가 다 종이 되어서 20년 전의 죄를 다 갚고 이제 새 사람이 되겠다는 것입니다. 그래서 그들은 이번 기회에 다 함께 종이 되겠다고 했습니다. 그러나 요셉은 안 된다고 했습니다. 오직 은잔이 발견된 베냐민만 종이 되면 되고 나머지는 다 집으로 돌아가도 된다고 했습니다.

특히 여기서 중요한 것은 어린 아이 한 명입니다. 아직 어린 베냐민을 과연 누가 책임질 것인가 하는 것은 하나님이 우리의 믿음을 시험해보시는 과제인 것입니다. 사람들은 물론이고 종교 지도자들 중에서 자신의 야망이나 비전을 위해서 큰일을 하고 싶어 하는 사람들이 많이 있습니다. 그들은 외국에 가서 양식을 구해오고 열 명의 형제들을 구해오는 큰일을 서로 하려고 힘쓸 것입니다. 그러나 아직 어른 구실도 하지 못하고 나이도 어린 베냐민을 위해서 희생하려는 작은 일에는 그 누구도 선뜻 나서려고 하지 않을 것입니다.

이때 유다는 자기가 베냐민 대신에 남아야 한다고 설득했습니다. 여기서 유다가 하는 말을 들으면 참으로 진지하고 진실한 말임을 알 수 있습니다. "전에 총리께서 아우가 있느냐 묻기에 우리가 아우가 있다고 대답했습니다. 그런데 우리에게 노인이신 아버지가 한 분 계신데 이 아버지의 사랑하는 아들은 죽었고 오직 이 동생 하나만 남았습니다. 아버지는 죽은 아이의 형 대신으로 이 동생을 그렇게 사랑할 수가 없습니다. 그래서 총리께서 아우를 데리고 오지 않으면 곡식을 주지 않겠고 우리를 스파이로 의심하겠다고 했기 때문에 우리가 아버지를 설득해서 아우를 데려오기는 했지만 이 아이의 생명은 아버지의 생명과 연결되어 있어서 이 아이가 가지 않으면 아버지는 죽게 되고 우리 모든 가정이 망하게 됩니다."라고 솔직하게 말했습니다.

유다는 누가 우리에게 골탕을 먹이려고 이 아이의 짐 안에 총리의 은잔을 넣었는지 모르겠지만 이것은 단순한 장난이 아니고 우리 아버지를 죽이는 것이며 우리 집안 전체를 망하게 하는 것이라고 강조했습니다. 그래서 유다는 우리 집 전체가 망하지 않으려고 하면 이 아이가 살아서 아버지에게 돌아가야 하기 때문에 자신이 이 아이의 생명을 담보했다고 주장했습니다.

44:32 "주의 종이 내 아버지에게 아이를 담보하기를 내가 이를 아버지께로 데리고 돌아오지 아니하면 영영히 아버지께 죄짐을 지리이다 하였사오니"

유다는 이 아이에게 일어난 모든 일은 자기가 책임져야 하기 때문에 이 아이 대신 자신이 노예로 잡혀야 한다고 설명했습니다.

요셉을 잃고 난 후 요셉의 형들은 앞으로는 어떤 일이 있어도 시기심 때문에 이런 약한 아이가 희생되는 일이 있어서는 안 되고 만일 이런 일이 일어나려고 하면 자기들이 희생해서라도 이런 일을 막아야 한다는 생각했을 것입니다.

하나님은 예수 그리스도께서 십자가에 못 박혀 죽으신 후 인간의 태도를 보십니다. 우리 인간이 하나님의 아들의 무죄한 죽음을 보고 크게 깨닫고 자기 죄를 뉘우칠 때 하나님은 아들을 믿고 회개하는 자들은 다 구원하시기로 작정하셨습니다. 그러나 하나님의 아들이 죽었는데도 전혀 관심조차 기울이지 않고 자기 욕심을 따라 사는 사람은 구원받을 가치가 없는 사람입니다.

하나님의 아들의 죽음을 알고는 자기 욕심을 버리고 자기보다 약한 자를 책임지려고 하는 자들이 제대로 회개를 한 사람들의 모습입니다. 하나님은 교회 안에서 누군가가 어려운 일을 당했을 때 그것이 마치 우리 전체의 일인 것처럼 책임지고 나서기를 바라고 계십니다. 그래서 교회가 너무 대형화하고 발전하려고 하는 것이 반드시 좋은 것만은 아닙니다. 교회나 목회자가 너무 유명해지려고 하는 동안 베냐민 같은 사람은 눈에 보이지도 않게 되기 때문입니다.

유다는 자기 동생을 위하여 단 하나 밖에 없는 자신의 인생을 포기하려고 합니다. 그 이유는 자신이 고통 없이 행복하게 사는 것도 중요하지만 더 중요한 것은 고통당하는 형제를 위해서 자신을 희생하는 것이기 때문입니다.

"사람이 친구를 위하여 자기 목숨을 버리면 이보다 더 큰 사랑이 없나니" (요 15:13)

예수님은 이 세상에서 가장 귀한 것은 다른 사람을 위하여 목숨을 버리는 것이라고 하셨습니다. 이것이 최고의 사랑이며 이것이 하나님 앞에서 인간이 행할 수 있는 최고의 제사인 것입니다.

사람들은 영들을 분별하려고 하지 않습니다. 아무리 어떤 교회가 유명하고 많이 모인다고 해도 그것이 진정한 성령의 역사인지 반드시 확인해야 합니다. 무엇보다 하나님의 말씀 앞에 자기 죄를 인정할 수 있는 공동체가 바른 공동체입니다. 그리고 작은 자 한 사람이 실족하지 않기 위해서 자신들의 자유와 야망을 포기하고 기꺼이 종살이 할 수 있는 자들이 많아야 믿을 수 있는 공동체가 되는 것입니다.

  우리의 영혼을 가장 안전한 하나님의 말씀에 맡기시기 바랍니다. 그리고 유명해지려고 하는 모든 야망이나 욕심을 버리고 작은 자 한 사람이 실족하지 않도록 지키는 교회가 될 수 있기를 바랍니다.

52
감격적인 만남 / 창세기 45:1-28

아프리카에는 '누'라는 소과에 속한 짐승이 있습니다. 언젠가 동물 프로를 보게 되었습니다. 많은 누 떼들 중에서 새끼 한 마리가 어미를 잃어버리는 장면이 나옵니다. 이 새끼는 어미젖을 빨아야 하는데 다른 어미들은 자기 새끼가 아니니까 자기에게 가까이 오면 뿔로 받아서 밀어내었습니다. 결국 이 새끼는 어미를 잃어버려서 그 들판에서 죽을 수밖에 없었습니다. 그때 어디선가 갑자기 어미가 나타납니다. 어미는 새끼의 냄새와 우는 소리로 찾아냈던 것입니다. 그러니까 새끼는 좋아서 껑충껑충 뛰면서 어미 품으로 파고들어서 젖을 실컷 먹고 어미도 좋아서 새끼 등을 연신 혀로 핥아줍니다. 감격적인 장면이었습니다.

짐승의 세계도 이런데 하물며 부모가 자식을 잃었다가 도로 찾는다면 그 기쁨은 이루 말로 표현할 수 없을 것입니다. 요즘도 우유팩을 보면 잃어버린 아이들의 사진이 있는 것을 볼 수 있습니다. 요즘도 부모가 시장에서나 놀이 공원에서 혹은 잠깐 집에 혼자 두고 나갔다가 영영 잃어버리는 아이들이 많이 있다는 것입니다. 이런 아이들 중에서는 먼 외국으로 입양이 되어서 다시는 찾을 수 없는 경우도 많이 있다고 합니다. 부모가 아이를 잃어버린 후 죽은 줄만 알았는데 만일 그 아이가 살아서 다시 만나게 된다면 이 세상에서 부모로서는 더 이상의 바람이 없을 것입니다.

그런데 아이를 잃고 애타게 기다리고 계신 분이 또 있습니다. 바로 하나님이십니다. 우리 모든 인간은 하나님의 자식들이었습니다. 그러나 우리는 집을 나간 후 영영 돌아오지 않는 자식들처럼 소식도 끊어버린 채 살아가고 있습니다. 그러다가 우리 한 사람 한 사람이 하나님이 부르시는 소리를 듣고 예수를 믿게 된다면 하나님은 잃은 자식을 도로 찾은 아버지가 되시는 것입니다.

요셉은 참 기구한 운명을 살았습니다. 요셉은 어렸을 때 아버지의 사랑을 독차지하다시피 하던 아들이었는데 배 다른 형들이 시기해서 노예로 팔아버리는 바람에 먼 애굽 땅에서 종살이를 했습니다. 요셉은 종살이하면서도 열심히 하나님을 믿었지만 누명을 쓰는 바람에 감옥에까지 들어가게 되었습니다. 그런데 어느 날 하나님은 요셉을 축복하셔서 감옥에서 나오게 하셨을 뿐 아니라 애굽의 총리가 되게 하셨습니다. 요셉은 그야말로 초고속으로 승진을 한 것입니다. 그리고 드디어 요셉은 곡식을 사러 온 형들을 만나게 되었습니다. 그러나 요셉은 형들에게 자신이 요셉이라고 말할 용기가 없었습니다. 왜냐하면 요셉은 형들이 어떻게 변해 있을지 확신이 없었기 때문입니다. 그런데 이제 드디어 형들이 정직한 신앙의 사람들로 변한 것을 보고는 형들과 감격적인 상봉을 하게 됩니다.

1. 요셉의 정체

요셉의 형들은 깐깐한 애굽의 총리에게 잘못 걸려들었다고 생각했습니다. 애굽의 젊은 총리가 처음에는 자기들을 스파이라고 하더니 이제는 자기의 점을 치는 은잔을 도둑질했다고 하면서 막내 동생 베냐민을 종으로 잡아가겠다고 했습니다. 이때 유다는 정직하게 자기가 동생의 몸을 보증 섰기 때문에 자신이 베냐민 대신 종이 되겠다고 감격적인 말을 합니다. 그때 놀랍게도 애굽의 총리가 통곡을 하기 시작했습니다. 이것은 너무나도 두려운 장면이었습니다.

> 45:1-2 "요셉이 시종하는 자들 앞에서 그 정을 억제하지 못하여 소리 질러 모든 사람을 자기에게서 물러가라 하고 그 형제들에게 자기를 알리니 그 때에 그와 함께 한 다른 사람이 없었더라 요셉이 큰 소리로 우니 애굽 사람에게 들리며 바로의 궁중에 들리더라"

20년 전 요셉은 형들을 믿고 찾아갔는데 형들은 자기들끼리 짜고 요셉을 먼 외국 땅에 노예로 팔아버렸습니다. 요셉은 이제 옛날 자기를 종으로 팔아버린 형들을 다시 만났지만 감히 자신의 정체를 드러낼 수 없었습니다. 왜냐하면 만일 형들이 옛날과 똑같이 조금도 변하지 않았다면 또 다시 자기를 속이고 상처를 입힐 것이기 때문입니다.

그런데 요셉은 형들을 시험하는 과정에서 형들이 더 이상 옛날의 거짓말하고 속이고 사람을 팔아먹는 악당들이 아니라 완전히 새 사람으로 변했다는 사실을 확인할 수 있었습니다. 그것은 바로 베냐민에 대한 형들의 태도가 변한 것을 보았기 때문입니다. 옛날 같았으면 형들은 애굽의 총리가 베냐민만 노예로 붙들어가고 나머지는 돌아가도 좋다고 하면 별 걱정 없이 베냐민을 버리고 갔을 것입니다. 그러나 이제 형들은 그 누구도 가나안 땅으로 돌아가지 않고 모두 다 돌아와서 종이 되겠다고 했습니다. 특히 넷째 형 유다는 자기가 아버지에게 막내 동생의 담보를 섰기 때문에 자기가 노예가 되고 이 동생은 가게 해 달라고 탄원했습니다.

하나님은 요셉이 어렸을 때 주셨던 꿈처럼 형들을 변화시켜 주셨습니다. 이것을 보고 요셉은 더 이상 자신의 정체를 감출 필요가 없었습니다. 그래서 요셉은 형들 앞에서 자신의 정체를 밝히면서 통곡하기 시작했습니다.

사람이 변한다는 것은 사람의 힘으로는 불가능한 것입니다. 이것은 오직 하나님만이 하실 수 있습니다. 특히 남을 속이고 악한 짓을 하던 사람이 과거 자신의 행동을 회개하고 변하여 새 사람이 된다는 것은 너무나 엄청난 일입니다. 더욱이 예수를 믿지 않던 친구나 친척이나 가족이 어느 순간 예수를 믿고 신실한 사람이 된다는 것은 하나님만이 하실 수 있는 일입니다.

하나님은 요셉이 어렸을 때 하늘의 해와 달과 열한 별이 자기에게 절하는 꿈을 보여주셨습니다. 여기 별이 된다는 것은 옛날의 이기적이고 악했던 모든 생활을 청산하고 신실한 하나님의 백성이 되는 것을 의미합니다. 우리가 예수를 믿을 때 진정으로 변하여 새 사람이 되게 됩니다. 옛날 그 이기적이고 탐욕스럽던 과거의 모습은 완전히 벗어버리고 연단을 받아서 보석 같은 존재가 되는 것입니다. 이 세상에서 이것보다 더 귀한 것은 없습니다. 바로 이것이 요셉의 두 번째 꿈이었습니다.

요셉이 애굽의 총리가 되어서 양식이 없어 굶어 죽을 형제나 국민들을 살리는 것도 귀하지만 그것보다 더 어렵고 중요한 것은 신실하지 못하던 형들을 신실한 하나님의 백성으로 변하게 만든 것입니다. 물론 요셉이 형들을 바꾼 것은 아니지만 요셉이 끝까지 믿음을 지키고 신앙적으로 살아주었기 때문에 결국 형들은 별이 될 수 있었던 것 같습니다. 그래서 요셉의 이 두 번째 꿈이 애굽의 총리로 성공한 것보다 더 큰 것입니다.

요셉의 형들은 애굽의 총리가 갑자기 우는 것을 보고 그들을 다 죽이려고 하는 줄 알았을 것입니다. 그리고 애굽의 총리가 자기 신하들을 다 나가라고 소리를 치고 통곡하기 시작했습니다. 그러나 이 때가 바로 20여 년 전에 팔았던 요셉을 도로 만나는 순간이 되었고 그들의 모든 죄가 다 벗겨지는 순간이 되었습니다.

결국 유다의 희생이 요셉의 마음에 있던 불신의 벽을 없애 버렸던 것입니다. 때때로 우리에게도 믿음 때문에 많은 것을 잃을 수밖에 없는 순간이 찾아올 수 있습니다. 그럴 때 어떻게 해야 하겠습니까? 믿음 때문에 끝까지 망하는 자리까지 가야 하겠습니까? 아니면 그 순간에 믿음을 포기하고 일단 살고 봐야 하겠습니까? 내가 하나님을 믿고 희생했는데 하나님이 끝까지 안 도와주시면 어떻게 되는 것일까요? 만약 유다가 자신이 종이 되겠다고 했는데 하나님이 안 도와주셔서 유다가 진짜 종이 된다면 어떻게 되는 것일까요? 그때는 담대하게 종이 되는 것입니다. 요셉은 수십 년 동안 종노릇을 하였는데 유다도 그것을 못할 것이 없을 것입니다. 아마 유다가 종살이를 했다 하더라도 더 훌륭한 사람이 되었을 것입니다. 왜냐하면 믿음으로 하는 고생은 반드시 축복의 열매가 있기 때문입니다. 그러나 하나님은 유다에게 종살이를 할 필요도 없이 요셉을 만나게 해주셨습니다. 바로 그 무서웠던 애굽의 총리가 자기들의 동생 요셉이었던 것입니다.

요셉이 더 이상 정을 억제하지 못해서 주위에 있는 사람들을 다 물리치고 통곡을 하는데, 요셉의 이 통곡 소리가 얼마나 컸던지 바로의 궁에서도 그 소리가 들렸을 정도였다고 합니다.

어렸을 때 고생을 많이 했거나 혹은 마음의 상처가 있는 사람들 중에 남들 앞에서나 혹은 혼자 있을 때에도 잘 울지 않는 사람이 있습니다. 그 이유는 이런 사람들은 자기가 울게 되면 마음이 약해진다는 것을 잘 알기 때문입니다. 그러나 어느 순간 하나님이 그 마음의 깊은 상처를 치료해주셔서 낫게 해주시고 엄청난 감동을 주실 때는 심히 울게 되고 통곡하게 됩니다.

요셉은 무려 이십년 이상 자신의 감정을 눌러 오면서 오늘까지 견디어 왔습니다. 그러나 이제 형들의 변화된 모습을 보게 되면서 더 이상 자신의 감정을 억제할 필요가 없었습니다. 그래서 요셉은 그동안 참아왔던 그 모든 눈물을 한꺼번에 다 터트리면서 형들에게 자기가 요셉이라고 고백하게 됩니다.

우리는 이것을 보면서 참으로 하나님께 감사를 드리지 않을 수 없습니다. 왜냐하면 요셉이 그 동안 억눌러 놓았던 자기감정을 터트리기까지 그 마음의 상처는 결코 치료된 것이 아니었기 때문입니다. 요셉이 감옥에서 나오고 또 애굽의 총리가 되었지만 마음속의 응어리는 풀어진 것이 아니었습니다. 그러나 요셉의 형들에 대한 믿음이 생기면서 마음껏 통곡하면서 그동안 마음의 상처가 치료되게 되었습니다.

그래서 사람이 너무 지나치게 완벽한 것은 결코 좋은 것이 아닙니다. 또 다른 사람들로부터 깊은 마음의 상처를 받은 사람의 특징은 자기 자신의 실수나 부족을 용서하지 못한다는 것입니다. 그리고 다른 사람의 실수나 부족한 것도 용서하지 못합니다. 특히 어떤 부분에 있어서는 거의 편집광적으로 집착하기도 합니다. 이 모든 것은 마음에 상처가 있기 때문입니다.

예수님은 모든 일을 하실 때 너무나도 자연스럽게 하셨습니다. 그 이유는 예수님은 마음의 상처가 없었기 때문입니다. 예수님은 언제나 성령님이 함께 하셔서 마음에 상처가 없었습니다. 예수님에게는 어색하다거나 지나친 어떤 것을 찾아 볼 수가 없습니다. 또 무엇인가 자신을 감추려는 그런 지나친 행동도 볼 수 없습니다. 하시는 모든 일이 정직했고 자연스러웠으며 자기 자신을 잘 열어 보이셨습니다. 그 이유는 예수님은 당당하셨기 때문입니다.

사실 우리 안에도 요셉처럼 오랜 세월 눌러 놓은 아픔과 슬픈 기억이 있을 것입니다. 그런데 우리는 너무 쉽게 울어버리면 자신을 주체할 수 없다는 생각 때문에 몇 겹으로 자신을 싸놓고 있는 부분이 있습니다. 때때로 화가 나는 것은 욕을 해야 그 분이 풀리는데 그렇게 하지 못하고 참아야 할 때도 있을 것입니다. 그러면서 우리 안에는 상처가 깊어지게 되는 것입니다. 그러나 하나님께서 말씀으로 위로하시고 성령께서 감동을 주실 때 그것을 내어놓고 실컷 울어야 합니다. 그래서 오랜 세월 동안 참고 있었던 울음을 터트리고 이제는 더 이상 자기를 감출 필요가 없는 자연스러운 자신의 모습을 되찾아야 합니다.

2. 요셉이 발견한 하나님의 뜻

요셉에게 요셉의 형들은 늘 보고 싶었던 존재였을 뿐 아니라 자기를 노예로 판 원수들이었습니다. 한편으로는 같은 피를 나눈 형제이지만 다른 한편으로는 철천지원수였던 것입니다. 그래서 요셉은 형들에게 자신의 정체를 드러내지 못했던 것입니다. 우리는 정체를 알 수 없는 사람을 보면 그 사람을 어떻게 대해야 하는지 알 수 없는 경우가 많습니다. 그러면서 이런 사람의 마음에는 다른 사람에 대한 불신의 벽이 생기게 되는 것입니다. 그러나 요셉은 이 불신의 벽을 드디어 허물어버렸습니다.

> 45:4 "요셉이 형들에게 이르되 내게로 가까이 오소서 그들이 가까이 가니 이르되 나는 당신들의 아우 요셉이니 당신들이 애굽에 판 자라"

정상적인 경우라면 애굽의 총리가 오래 전에 잃어버렸던 자기들의 동생이라면 너무나도 기뻐서 그 자리에서 서로 붙들고 떨 것입니다. 그러나 요셉의 형들은 요셉에게 가까이 갈 수가 없었습니다. 왜냐하면 옛날에 자기들이 이 동생을 시기해서 죽이려고 했고 미워서 노예로 팔아버렸기 때문입니다. 이들에게는 모두 그 옛날 이 동생에게 지었던 죄가 있었던 것입니다. 형들은 자기들이 죽였다고 생각하는 동생이 지금 눈앞에 살아 있으니 얼마나 놀랐겠습니까? 종으로 팔려서 온갖 고생을 한 요셉은 당당한데 동생을 팔고 돈까지 받은 형들은 너무나도 가까이 가기가 두려웠습니다.

그러나 요셉은 너무나도 놀라서 두려워하면서 뒷걸음질 치는 형들에게 가까이 나아오라고 했습니다. 그러면서 요셉은 자기가 발견한 하나님의 뜻을 설명해 줌으로 그들을 안심시켰습니다.

> 45:5 "당신들이 나를 이 곳에 팔았다고 해서 근심하지 마소서 한탄하지 마소서 하나님이 생명을 구원하시려고 나를 당신들보다 먼저 보내셨나이다"

요셉이 오랫동안 애굽에서 종살이하고 감옥에서 노예 생활을 하면서 생각했던 것은 왜 내가 애굽에 노예로 팔려왔을까 하는 것이었습니다.

요셉은 처음에는 그 이유를 알 수 없었습니다. 그러나 요셉은 애굽의 총리가 되고 무서운 7년 흉년을 당하면서 드디어 하나님의 놀라운 뜻을 깨닫게 되었습니다. 그것은 하나님께서 이 무서운 7년 대흉년에서 자기 가족들을 살리시기 위해서 자기를 먼저 이곳에 보내어 준비하게 하셨다는 것입니다.

그러면서 요셉은 형들에게 자기를 팔았기 때문에 근심하거나 한탄하지 말라고 위로했습니다. 왜냐하면 하나님은 믿는 자에게 모든 것이 합력하여 선을 이루게 하시는 분이기 때문입니다. 요셉은 자신의 문제를 거대한 하나님의 구원 계획에 비추어 볼 때 형들을 굳이 미워할 필요가 없었습니다. 어려운 일을 당하면서 하나님의 말씀을 들어야 하는 이유는 나의 형편과 처지를 하나님의 거대한 계획에서 볼 수 있기 때문입니다. 우리가 하나님의 말씀을 듣지 않으면 모든 일을 나와 상대방의 관계로(갑과 을의 관계로) 생각하게 됩니다. 이런 경우에 우리는 나에게 손해를 끼친 사람이 용서되지 않고 내가 왜 이 사람 때문에 이렇게 고생을 해야 하는지 이해가 되지 않습니다. 그러나 우리가 하나님의 말씀을 들으면 자신의 문제를 거대한 하나님의 구원 계획 가운데 보게 됩니다. 그때 우리는 자신에 대한 모든 의문이 풀리기 시작하면서 하나님께서 얼마나 나를 정확하게 인도하셨으며 얼마나 큰 사랑으로 붙드셔서 오늘 여기까지 오게 하셨는지 깨닫게 됩니다.

그러면 하나님께서 가족을 구원하기 위해서 요셉의 형들을 사용하셨다면 형들의 죄는 없어지는 것일까요? 그렇지 않습니다. 요셉의 형들의 죄는 그대로 남아 있습니다. 그래서 그들은 회개해야 하는 것입니다. 가룟 유다가 예수님을 배신함으로 예수님이 십자가에서 우리의 구원을 이루셨다고 해서 가룟 유다의 죄가 없어지는 것은 아닙니다. 가룟 유다의 죄는 그대로 남아 있게 됩니다. 단지 우리는 악한 자들의 죄에 대하여 직접 복수할 필요가 없는 것입니다.

하나님께서 요셉을 통해서 그 형들에게 미래의 하나님의 뜻을 보여주셨는데, 바로 이들을 살리시는 계획을 가지고 계신 것을 보여 줍니다. 하나님께서 우리에게 그 뜻을 보여 주시면 이미 우리는 산 것입니다. 왜냐하면 하나님은 멸망할 자들에게는 말씀을 주시지 않기 때문입니다. 결국 요셉은 설교자였습니다. 요셉은 애굽에 온 후 계속 자기가 여기에 와야 했던 이유를 묵상했고, 결국 그것을 형제들에게 알려줌으로 하나님 앞에서 소망을 가지게 했습니다.

3. 최고로 기쁜 소식

요셉의 형들은 요셉을 만남으로 아버지와 식구들에게 너무나도 기쁜 소식을 전할 수 있게 되었습니다.

> 45:9-10 "당신들은 속히 아버지께로 올라가서 아뢰기를 아버지의 아들 요셉의 말에 하나님이 나를 애굽 전국의 주로 세우셨으니 지체 말고 내게로 내려오사 아버지의 아들들과 아버지의 손자들과 아버지의 양과 소와 모든 소유가 고센 땅에 머물며 나와 가깝게 하소서"

유다와 그 형제들이 믿음을 가지고 나아갔을 때 그들이 두려워하던 일들이 모두 다 해결되었습니다. 그들이 걱정하던 베냐민도 데리고 갈 수 있게 되었고 양식도 구하게 되었습니다. 그러나 야곱의 집 전체에 가장 기쁜 소식은 죽은 줄로만 알았던 요셉이 살아있고, 애굽의 총리가 되어 있으며 앞으로 양식은 걱정할 필요가 없다는 것이었습니다. 그래서 요셉은 형들에게 속히 집으로 돌아가서 아버지에게 요셉이 살아있고 요셉이 애굽에서 가장 높은 사람이 되어 있으니까 지체하지 말고 애굽으로 내려오시게 하라고 했습니다.

오늘 우리에게도 예수님이 살아계시고 하나님 보좌 우편에 계신다는 사실은 너무나도 기쁜 소식인 것입니다. 우리가 이 사실만 전파해도 사탄의 세력은 벌벌 떨게 됩니다. 그리고 예수님이 죽음에서 부활하심으로 우리에게는 다시 정죄나 심판이 없고 영원한 죽음이 없다는 사실은 너무나도 기쁜 소식인 것입니다.

요셉은 형들에게 가나안에 있는 것들은 과감하게 정리하라고 했습니다. 그리고 요셉은 형들에게 길 양식을 주고 또 옷을 주었습니다.

> 45:20 "또 너희의 기구를 아끼지 말라 온 애굽 땅의 좋은 것이 너희 것임이니라"

> 45:22 "또 그들에게 다 각기 옷 한 벌씩을 주되 베냐민에게는 은 삼백과 옷 다섯 벌을 주고"

우리가 얼핏 생각하기에는 이들이 다시 애굽으로 올 텐데 왜 이런 옷이나 양식 같은 선물이 필요할까 생각할지 모릅니다. 그러나 요셉이 우려하는 것은 이들이 가나안 재산에 애착을 가지고 계속 가나안에 머뭇거리게 될지 모른다는 점입니다. 그래서 요셉은 형들에게 애굽의 풍성한 것을 나누어줌으로 가나안 땅에 가지고 있던 것에 대한 미련을 버리고 과감히 이사하라고 권했던 것입니다.

우리도 아무리 구원의 소식을 듣고 천국의 놀라운 이야기를 들어도 막상 이 세상에서 가지고 있던 것을 다 버린다는 것은 쉽지 않습니다. 그래서 하나님은 믿는 자들에게 성령을 주셔서 그들로 하여금 미리 구원의 기쁨을 맛보게 하셨습니다. 그래서 사도 바울은 우리에게 주어진 성령을 '보증'이라고 했습니다(엡 1:14).

앞으로 하나님 앞에서 너무나도 복된 삶이 있다는 증거가 무엇일까요? 그것은 우리가 예수 믿으면서 받은 은혜입니다. 특히 하나님 앞에서 예배드리거나 말씀을 들으면서 풍성한 은혜를 누리는 것은 영원한 천국의 축복을 미리 받는 것입니다. 만일 우리가 예수 믿는데 따르는 구원의 기쁨이 전혀 없다면 아마 할 수 있는 한 예수를 더디 믿으려고 할 것입니다.

요셉의 형들이 애굽에 왔다는 소식은 무엇보다 먼저 바로의 궁에 전해졌고 애굽 사람들은 요셉의 형들이 왔다는 소식에 기뻐했습니다.

45:16 "요셉의 형들이 왔다는 소문이 바로의 궁에 들리매 바로와 그의 신하들이 기뻐하고"

애굽 왕궁의 사람들이 요셉의 형들이 애굽에 왔다는 소문을 듣고 기뻐한 이유가 무엇입니까? 애굽 사람들에게 요셉은 그들의 구원자요 은인이었기 때문입니다. 요셉이 없었더라면 그들은 모두 굶어서 죽었을 것입니다. 그런데 애굽사람들은 요셉을 잘 알 수 없었습니다. 왜냐하면 요셉은 아무리 애굽에서 잘해주어도 무엇인가 그 마음속에 채워지지 않는 부분이 있는 것 같았기 때문입니다. 그러나 그들은 요셉에게 무엇인가 더 잘해주고 싶은데 더 잘해줄 수가 없었습니다. 그런데 요셉이 형들을 만나고 통곡하는 것을 보고서 요셉의 문제가 가족에 대한 그리움이었다는 것을 알게 된 것입니다. 그래서 애굽인들은 요셉이 기뻐하는 것을 보고 좋아했습니다. 그래서 애굽인들은 요셉에게 기꺼이 가족을 모시고 애굽에 와서 가장 좋은 땅에 살라고 했습니다.

이 세상 사람들에게 가장 기쁜 소식은 교회가 부흥된다는 것입니다. 교회가 부흥되지 않으면 교인들에게는 기쁨이 없습니다. 그러나 교회가 부흥되고 교인들이 아름다운 모습을 되찾을 때 세상 사람들이 복을 받게 되는 것입니다.

오늘 사회의 비통한 현실은 교회의 침체와 관계가 있습니다. 하나님의 백성들은 영적으로 채워지지 않으면 절대로 만족하지 못합니다. 하나님의 백성들은 사람들의 인정을 받아도 영적인 부흥이 없으면 마음속에 결코 채워지지 않는 공허가 있게 됩니다. 이것이 세상의 비참함으로 그대로 나타나게 되는 것입니다. 그 대신 교회가 살아 있고 은혜를 공급받으면 이 세상에 엄청난 복을 나누어주게 됩니다.

그런데 요셉이 살아있다는 사실 자체가 형들에게 준 엄청난 것이 있습니다. 그것은 도저히 물질적인 선물로는 표현할 수 없는 것입니다. 만일 요셉이 형들이 생각했던 것처럼 죽어버렸다면 형들은 영원한 살인자가 되는 것입니다. 그러나 요셉이 살아있으므로 그들은 살인자의 죄를 벗을 수 있게 된 것입니다.

이것은 예수님에게도 마찬가지입니다. 예수님은 죽음에서 살아나심으로 우리 예수 믿는 사람들에게 하나님의 아들을 죽인 죄를 벗겨 주셨습니다. 그러나 예수를 믿지 않는 자들은 영원히 하나님의 아들을 죽인 죄가 있습니다. 과거에 우리가 지은 모든 죄들은 그리스도께서 죽음에서 부활하심으로 모두 다 해결되었습니다. 그래서 우리는 그리스도께서 우리를 정죄하지 않는 이상 우리 자신이나 혹은 아무리 가까운 사람이라 하더라도 과거의 죄를 들추어내서 정죄하지 못하게 해야 합니다.

야곱은 드디어 자신이 한평생 잊지 못하고 고통스러워했던 그 아들이 애굽에 살아있다는 소식을 듣게 되었습니다.

> 45:25-26 "그들이 애굽에서 올라와 가나안 땅으로 들어가서 아버지 야곱에게 이르러 알리어 이르되 요셉이 지금까지 살아 있어 애굽 땅 총리가 되었더이다 야곱이 그들의 말을 믿지 못하여 어리둥절하더니"

야곱은 요셉이 살아 있을 뿐 아니라 애굽의 총리가 되어 있다는 말을 듣고 도저히 믿을 수가 없어서 어리둥절했다고 했는데, 옛날 번역에는 '기색했다'고 되어 있습니다. 여기서 '기색했다'는 것은 잠시 정신을 잃었다는 뜻입니다. 야곱은 요셉이 살아있을 뿐 아니라 너무나도 잘되었다는 소식을 듣고는 믿을 수 없었고 잠시 기절할 정도였습니다. 그런데 야곱은 요셉이 보낸 수레를 보고서야 겨우 정신을 차리고 믿을 수 있게 되었습니다.

그리고 나서 야곱은 드디어 하나님께 감사했습니다.

> 45:28 "이스라엘이 이르되 족하도다 내 아들 요셉이 지금까지 살아 있으니 내가 죽기 전에 가서 그를 보리라 하니라"

야곱이 요셉을 잃은 후 그의 마음속 깊은 곳에는 하나님께 대한 원망이 있었습니다. 왜 하나님께서는 하필 내가 가장 사랑하는 아들 요셉을 데려 가셨는가 하는 것이었습니다. 그러나 이제 알고 보니까 하나님은 야곱에게서 요셉을 빼앗아 간 것이 아니라 잠시 빌려 갔으며 그 결과 그 빌려 간 요셉을 통하여 엄청난 구원을 이룬 것입니다. 야곱은 결국 하나님 앞에서 손해 본 것이 아무 것도 없었습니다. 야곱은 하나님을 믿었기 때문에 손해를 봤다고 생각했는데 손해 본 것은 아무 것도 없었습니다. 하나님은 야곱에게 요셉을 돌려 주셨을 뿐 아니라 몇 갑절 더 해서 갚아 주신 것입니다.

우리는 때때로 신앙 때문에 직장을 잃기도 하고 때로는 재산이나 가족이나 출세의 길을 포기해야 할 때도 있습니다. 그때 우리는 하나님을 원망하기 쉽습니다. 그러나 우리가 주님 때문에 잃어버린 것은 잃어버린 것이 아닙니다. 이것들은 모두 하나님께서 잠시 빌려 가신 것이며 그것으로 다른 사람들을 살리는 놀라운 구원을 이루시는 것입니다. 예수로 인하여 잃어버리는 것은 잃어버리는 것이 결코 아닙니다. 하나님은 그것에 기름을 부으셔서 구원을 이루는 놀라운 역사를 이루십니다.

그러므로 우리가 신앙으로 인하여 무엇인가 잃을 때에 함부로 하나님을 원망하지 마시기 바랍니다. 함부로 하나님을 원망하고 불평하면 야곱처럼 이 기쁜 소식에 기절하기 쉽습니다. 우리는 하나님께서 나의 것을 무단으로 빌려 가시는 것에 대해 기뻐하시기 바랍니다. 하나님께서는 나에게 빌려 가신 것에 기름을 부으셔서 수많은 사람들을 구원하시며 몇 갑절로 갚아 주실 것입니다.

53
나그네 인생 / 창세기 46:1-47:12

어떤 대학 캠퍼스나 정부 청사가 새로운 곳으로 이전을 해서 새로 일을 시작하게 되면 옛날 어느 곳의 시대는 끝나고 새로운 시대가 열렸다는 말을 하게 됩니다. 예를 들어서 정부 청사가 과천에서 세종시로 이사하게 되었을 때 공무원들은 이제 과천청사 시대는 끝이 났고 세종시 시대가 열렸다고 말을 합니다. 또 대학도 다른 곳에 엄청난 부지를 구해서 많은 새로운 시설을 만들고 거기로 옮겨갈 때 이제 새 캠퍼스의 시대가 열린다고 합니다. 다시 말해서 이제 활동무대를 옮긴다는 것입니다.

세계 역사를 보면 역사의 무대가 자주 옮겨졌던 것을 볼 수 있습니다. 옛날 로마 시대는 역사의 무대가 지중해였는데 그 후에는 대서양으로 옮겨지게 되었습니다. 지금은 또 태평양이 세계 무대의 중요한 위치를 차지하고 있는 것을 볼 수 있습니다. 옛날에는 영국을 해지지 않는 나라라고 했는데, 지금은 미국이 세계 최고의 강대국이 되었고, 일본이나 중국이 경제적으로나 군사적으로 그 뒤를 따르고 있습니다.

본문 말씀을 보면 창세기 46장에서 47장에 걸쳐서 드디어 야곱과 그 자녀들이 가나안 시대를 끝내고 이제 모두 애굽으로 이민 가는 장면을 볼 수 있습니다. 이것은 단순한 이사가 아니라 그동안 가나안 땅에서 이루어졌던 하나님의 말씀의 무대가 애굽으로 옮겨지는 것을 의미하는 것이며, 그동안 화려했던 가나안 시대는 끝이 나고 새로운 애굽 시대가 열리게 되는 것입니다.

아브라함이나 이삭이나 야곱에게 있어서 가나안 땅은 그 믿음의 족장들이 하나님의 말씀을 가지고 이 세상에서 살았던 무대였습니다. 믿음의 조상들은 오직 하나님의 말씀 하나만 가지고 하나님을 믿지 않는 가나안 땅에서 멋진 믿음의 삶을 살았습니다. 그러나 이제 가나안 시대는 끝나고 애굽 시대가 열리게 되는 것입니다.

1. 야곱이 드린 제사

야곱은 요셉의 초청을 받고 가족을 다 데리고 애굽으로 내려가면서 가나안 땅의 경계선인 브엘세바에서 하나님께 희생제사를 드렸습니다.

> 46:1 "이스라엘이 모든 소유를 이끌고 떠나 브엘세바에 이르러 그의 아버지 이삭의 하나님께 희생제사를 드리니"

여기서 야곱이 가족을 다 데리고 애굽으로 가면서 가나안 땅의 경계선에서 하나님께 희생제사를 드리는 이유가 무엇일까요? 물론 야곱이 그 동안 가나안 땅에서 살 때 조상 때부터 자기들을 지켜주셨던 하나님께 '그 동안 지켜주셔서 감사합니다.' 라는 의미가 있을 것입니다. 그러나 더 중요한 것은 야곱은 지금까지 하나님 앞에서 가나안 땅을 이렇게 떠나도 되는지 의문이 있었기 때문입니다. 할아버지 아브라함은 얼마나 이 약속의 땅을 중요시했던지 자식들에게 가나안 땅을 떠나지 말라고 했습니다. 그래서 야곱의 아버지 이삭은 자기 부인을 구할 때에도 직접 가지 못하고 종이 대신 가서 리브가를 찾아왔습니다. 야곱은 형 에서를 피해서 가나안 땅을 쉽게 떠났다가 너무나 많은 고생을 하고 20년 만에 겨우 가나안 땅에 돌아와서 믿음 생활을 하고 있었습니다. 다시 말해서 가나안 땅은 믿음의 조상들에게는 너무나도 중요한 약속의 땅이었던 것입니다.

아마 가수나 배우들은 자기가 활동했던 무대를 쉽사리 떠나지 못할 것입니다. 하물며 하나님의 백성들이 하나님의 말씀을 듣고 하나님의 복을 받으면서 살았던 그 말씀의 무대는 더 말할 나위 없이 중요한 것입니다. 우리가 다니는 교회나 내가 사는 곳이 하나님의 말씀을 듣고 하나님의 복을 받는 믿음의 무대인 것입니다.

야곱은 이제 흉년이 들어서 가나안 땅을 버리고 애굽으로 가면서 그 경계선에서 하나님께 제사를 드리면서 마지막으로 내가 애굽으로 내려가는 것이 하나님의 뜻인지 묻고 있습니다. 이것만 봐도 야곱의 신앙이 얼마나 달라졌는지 알 수 있습니다. 젊었을 때 야곱은 먹고 살기 위해서라면 무슨 짓이든지 하고 얼마든지 가나안 땅을 떠날 수 있었는데 이제는 꼭 하나님의 뜻을 묻고 있는 것입니다.

하나님은 야곱의 제사에 응답하셨습니다.

46:2-4 "그 밤에 하나님이 이상 중에 이스라엘에게 나타나 이르시되 야곱아 야곱아 하시는지라 야곱이 이르되 내가 여기 있나이다 하매 하나님이 이르시되 나는 하나님이라 네 아버지의 하나님이니 애굽으로 내려가기를 두려워하지 말라 내가 거기서 너로 큰 민족을 이루게 하리라 내가 너와 함께 애굽으로 내려가겠고 반드시 너를 인도하여 다시 올라올 것이며 요셉이 그의 손으로 네 눈을 감기리라 하셨더라"

하나님은 야곱에게 나타나셔서 애굽으로 내려가는 것을 두려워하지 말라고 하셨습니다. 이제 야곱이 애굽으로 내려가는 것은 하나님의 뜻이기 때문입니다. 야곱이 이제 애굽으로 내려감으로 가나안 시대가 끝났고,

하나님께서 이제 야곱의 자녀들을 통해서 애굽 땅에서 위대한 능력을 보여주실 것이기 때문입니다.

이제 우리가 생각해야 할 것은 왜 하나님이 아브라함이나 이삭에게 그렇게 가나안 땅을 떠나지 말라고 하신 후에 이제는 흉년이 들었다고 해서 또 야곱에게 가나안 땅을 떠나라고 하시는 것일까 하는 점입니다. 왜 하나님은 이랬다저랬다 하시는 것일까요? 바로 이것이 하나님의 주권입니다. 하나님은 높일 자를 높이시고 버릴 자는 버리시는 분이십니다. 하나님은 하나님의 백성들을 통하여 얼마든지 새로운 시대를 여실 수 있는 분이십니다. 그 핵심에 하나님의 말씀이 있는 것입니다.

지금까지 하나님은 가나안 땅을 하나님의 계시의 무대로 사용하셨습니다. 하나님은 가나안 땅을 무대로 사용하셔서 놀라운 하나님의 말씀을 많이 보여주셨고 조상들의 믿음의 삶을 통하여 위대한 하나님의 뜻을 보여주셨습니다.

그런데 하나님은 이제 그 무대를 가나안 땅에서 옮기고 계십니다. 그 이유는 이제 더 이상 하나님께서 가나안 땅을 무대로 쓰실 이유가 없기 때문입니다. 가나안 사람들은 아브라함이나 이삭이나 야곱의 그 놀라운 믿음의 삶을 보고서도 하나님께 돌아오는 자가 거의 없었습니다. 가나안 사람들 중에서 하나님께로 돌아온 자는 겨우 유다의 며느리 다말 정도였습니다. 아브라함이나 이삭이나 야곱은 겨우 자기 아들들 정도만 구원하였을 뿐입니다. 그러나 그것도 아들 중 일부이지 이스마엘이나 에서 같은 경우에는 하나님을 떠났던 것입니다.

우리나라에 처음 복음이 전해졌을 때 우리나라 사람들은 폭발적으로 하나님의 말씀을 받아들였습니다. 그래서 우리나라는 19세기까지만 해도 은둔의 나라였고 전혀 세계에 알려지지 않은 나라였지만 20세기에 와서 갑자기 전 세계에서 아주 주목받는 나라가 되었습니다. 그것은 하나님께서 우리나라를 하나님의 말씀의 무대로 사용하셨기 때문입니다. 그러나 우리나라 성도들이 교만해져서 하나님의 말씀을 멀리하고 재물을 좋아하고 명예나 밝힌다면 하나님은 그 무대를 다른 나라로 옮기실 것입니다. 그러면 우리나라는 그때부터 다시 전혀 별 볼일 없는 나라가 되고 말 것입니다.

야곱과 그 아들들이 애굽으로 이민 감으로 이제 가나안 땅은 암흑기를 맞이하게 됩니다. 그 후 가나안 땅은 전혀 신앙적으로나 세상적으로 의미를 가지지 못합니다. 가나안 땅은 이제 철저하게 잊힌 곳이 되며 나중에는 멸망을 위하여 예비된 땅이 되고 맙니다. 그래서 야곱과 그의 가족들이 애굽으로 이민 가는 것은 가나안 사람들에게 있어서는 희망이 끝나는 것입니다. 이제 가나안 사람들은 하나님 앞에서 전혀 의미가 없는 사람들이 되고 말았습니다.

사도행전이나 요한계시록을 보면 소아시아 지방인 지금의 터키는 옛날에는 지금 우리나라와 같이 도시마다 교회가 있고 예수 믿는 사람들이 너무나 많이 있던 곳이었습니다. 그러나 지금은 거의 믿는 자가 없고 옛날 교회의 유적지만 남아 있습니다. 사도 바울이나 요한이 목회할 때 에베소는 당시 터키 지역에서 아주 부흥이 일어났던 도시였습니다. 그러나 주님은 계시록에서 에베소 교회를 향하여 촛대를 옮기시겠다고 말씀하셨습니다. 지금 그곳은 역사 속에 이름만 남아있는 아주 형편없는 곳으로 몰락하고 말았습니다. 골로새나 라오디게아 같은 곳은 지진으로 아예 폐허만 남아 있습니다. 그 이유는 말씀의 무대가 다른 곳으로 옮겨졌기 때문입니다.

초대 교회 때 하나님의 말씀의 무대는 예루살렘이었고 안디옥이었고 알렉산드리아였습니다. 터키는 정말 너무나도 많은 기독교인들이 있어서 요즘 우리나라와 비슷했습니다. 그러나 부흥의 불길은 사라센 제국의 침략으로 꺼지게 되고 독일에서 마틴 루터가 부흥을 일으키게 됩니다. 그리고 칼빈에 의해 제네바에 부흥의 불이 붙었는데 영국으로 건너가고 이것이 미국 신대륙으로 건너가게 됩니다. 이것은 역사의 무대가 유럽에서 신대륙으로 옮겨진 것을 의미합니다. 하나님은 믿음의 사람들을 그곳으로 옮기심으로 역사의 중심이 유럽에서 신대륙으로 옮겨졌던 것입니다. 그리고 이십 세기에 우리나라에서도 이 부흥의 불이 붙게 되었습니다. 부흥의 불이 붙으니까 한류의 불도 붙고 삼성전자의 불도 붙고 축구도 잘하고 여자 골프도 잘하고 성형 수술도 잘하는 나라가 되었습니다.

그러나 우리도 교만해서 잘난 체하고 하나님의 은혜에 배가 불러서 말씀의 주도권을 잃어버리면 결국 역사의 무대는 다른 곳으로 옮겨지게 됩니다. 우리는 끝까지 하나님의 말씀을 붙들어서 꺼져가는 부흥의 불길을 되살려야 할 것입니다. 이것이 하나님이 우리 교회에 주신 사명입니다. 그러면 우리를 통하여 새로운 축복의 시대가 열리게 될 것입니다.

2. 애굽에 내려간 야곱의 자손들

46장 8절부터 27절 사이에는 애굽으로 내려간 야곱의 아들들과 또 손자들의 이름이 기록되어 있습니다.

46장 8절에 "애굽으로 내려간 이스라엘 가족의 이름은 이러하니라 야곱과 그의 아들들 곧 야곱의 맏아들 르우벤과"라고 하면서 긴 명단이 시작되고 있습니다.

여기서 중요한 것은 야곱의 가족들이 애굽으로 내려올 때 가족이 전부 다 내려왔다는 사실입니다. 아무리 기근이 심하고 가부장적인 사회라 하더라도 열두 명의 자식들이 모두 다 하나님의 말씀에 따라서 애굽으로 내려온다는 것은 결코 쉬운 일이 아닐 것입니다. 자녀들이 어렸을 때에는 함께 지나면서 친하게 지내지만 나중에 장성해서 결혼하고 직장을 가지게 되면 뿔뿔이 흩어져서 서로 만나는 것도 쉽지 않습니다. 더욱이 어렸을 때는 신앙생활을 잘 한 자녀라 하더라도 성인이 되고 직장생활을 하면 교회도 나가지 않는 경우가 많이 있습니다. 그러나 야곱의 아들들은 열두 아들이 모두 아버지의 말씀에 순종해서 애굽으로 내려갔습니다. 이것은 이들이 신앙적으로 하나가 된 것을 의미합니다. 야곱의 집은 열두 아들과 그 손자들 모두 다 한 사람도 빼놓지 않고 애굽으로 함께 내려갔는데 그 숫자가 칠십 명이었습니다. 단지 요셉만 먼저 왔기 때문에 거기에 있었을 뿐입니다.

예수님도 처음 열두 제자를 뽑으시고 그 다음에 칠십 명을 뽑으셔서 복음을 전하러 보내셨습니다. 야곱도 열두 아들을 낳았는데 그 후에 칠십 명이 되어서 애굽으로 내려갔습니다.

여기 이 칠십 명은 무슨 의미가 있을까요? 우리가 자세한 것은 알 수 없지만 이 칠십 명은 야곱에서 시작해서 삼대에 이른 총 가족의 수였습니다. 히브리인들이 대개 한 가족을 5, 6명 정도로 본다면 열둘이 결혼해서 3대에 이르면 대략 칠십 명이 될 것입니다.

대개 처음 복음을 전하면 그 말씀을 듣는 제자들이 있고 그 다음에는 이 제자들에 의해서 말씀을 배우는 사람들이 있게 됩니다. 이것이 바로 삼대가 함께 신앙생활을 하고 있는 것이며 이때부터 풍성한 추수의 계절이 되는 것입니다.

이 칠십 명으로 시작한 애굽에서의 이스라엘은 애굽을 떠날 때에는 성인 남자만 육십만 명으로 규모가 커지게 됩니다. 이것은 대략 만 배로 커졌다고 볼 수 있습니다. 애굽에서 이스라엘 백성들은 엄청나게 수적으로 많아지게 됩니다.

오순절에 베드로의 설교를 듣고 하루에 삼천 명이 회개했는데 그들은 모두 하나님을 전혀 모르던 이방인들이 아니었습니다. 모두 어렸을 때부터 율법을 배웠던 사람들입니다. 사도 바울의 전도를 듣고 예수 믿게 된 사람들도 회당에서 율법을 배우던 사람들이 많았습니다. 그래서 우리는 신앙이 약하고 어린 사람들도 언젠가는 진정한 하나님의 백성이 될 수 있다는 것을 믿어야 합니다. 단지 그들은 아직 때가 덜 되어서 신앙이 뜨겁지 않은 것뿐입니다.

46:29-30 "요셉이 그의 수레를 갖추고 고센으로 올라가서 그의 아버지 이스라엘을 맞으며 그에게 보이고 그의 목을 어긋맞춰 안고 얼마 동안 울매 이스라엘이 요셉에게 이르되 네가 지금까지 살아 있고 내가 네 얼굴을 보았으니 지금 죽어도 족하도다"

야곱은 애굽에 와서 20년 전에 죽었다고 생각했던 가장 사랑하는 아들 요셉을 만나게 되었습니다. 야곱이 요셉을 다시 만난 것은 이스라엘의 열두 지파가 다 회복된 것을 의미합니다. 그동안 이스라엘은 완전히 차지 못한 달처럼 이지러져 있었습니다. 요셉이 없어졌기 때문입니다. 그러나 이스라엘은 요셉을 되찾음으로 완전한 이스라엘로 그 모습을 회복하게 됩니다.

젊었을 때에는 이 세상에 좋은 것이 다 있기 때문에 기를 쓰고 세상에 나가서 성공하려고 합니다. 그러나 나이가 들고 신앙이 자라고 나면 교회가 부흥되어서 빈자리 없이 꽉 차고 늙은이들만 있는 것이 아니라 청년들도 많고 어린이들도 많은 것이 얼마나 큰 복인지 알게 됩니다. 하나님의 백성들에게 있어서 이 세상에 사는 것은 열매를 맺는 것입니다. 사도 바울은 빌립보 교인들에게 보낸 편지에서 내가 사는 것은 '내 일의 열매'라고 했습니다. 우리가 이 세상에 사는 것은 그냥 늙어가는 것이 아니라 아름다운 열매들을 많이 맺으면서 커가는 것입니다. 그런데 하나님의 교회가 다시 힘을 얻고 영적인 부흥이 일어나며 떠났던 자들도 돌아와서 교회를 꽉 채우게 될 때 우리는 얼마나 기쁘고 만족스러운지 모릅니다. 반대로 교회가 다투고 분열이 되어서 빈자리가 많으면 너무나도 답답할 것입니다.

사실 야곱의 집은 구약의 교회였고 요셉을 잃고 난 후 오랫동안 침체되어 있었습니다. 그리고 야곱의 집안에는 청산되지 못한 죄가 있었습니다. 그래서 야곱은 이 세상에서 사는 재미가 없었습니다. 그러나 하나님은 야곱에게 너무나도 큰 은혜를 주셨습니다. 그것은 야곱의 아들들이 변했다는 것입니다. 야곱이 보니까 아들들이 애굽에 갔다 왔다 하면서 무엇인가 변해 있었습니다. 그 중에서 가장 먼저 변한 것은 유다였습니다. 그리고 야곱은 드디어 애굽 땅으로 가서 사랑하는 아들 요셉을 만나게 됩니다. 이것은 교회가 다시 완전해지는 것이고 그 영광을 되찾는 것입니다. 야곱은 살아서 이스라엘이 다시 완전해지고 하나 되는 것을 보게 되었습니다. 이것은 하나님께서 요셉에게 주셨던 두 번째 꿈이었습니다. 하늘의 해와 달과 열한 별이 요셉에게 절하는 것이었습니다.

오늘 우리에게 가장 기쁘고 감사한 것이 무엇입니까? 그것은 믿음이 약하던 형제자매들이 한 사람씩 신앙에 굳게 서는 것입니다. 그리고 그 동안 믿지 않던 사람들이 하나님께로 돌아오는 것을 보는 것입니다. 그리고 교회 안에 청년들이 꽉 차고 어린아이들의 웃음소리가 가득 찰 때 얼마나 미래의 소망이 생기고 기쁨이 넘치는지 모릅니다.

교회가 살아날 때에는 세상이 그것을 느낍니다. 갑자기 교회에 사람들이 몰려들기 시작하고 예배를 드릴 때마다 엄청난 감격과 능력의 역사가 나타납니다. 사람들이 울며 통곡하면서 하나님 앞에 지난 죄를 회개합니다. 그리고 하나님의 영광과 축복이 나타나면서 한 사람 한 사람에게 하나님의 복이 임하게 됩니다.

3. 우리는 나그네 인생

애굽의 바로는 요셉 때문에 자기 나라의 모든 백성이 굶어죽지 않고 살게 되었기 때문에 요셉을 나라의 은인으로 생각해서 모든 좋을 것을 다 해주려고 했습니다. 그래서 요셉의 형들이 바로에게 무엇이든지 원하는 것을 요구하기만 하면 바로는 다 들어주었을 것입니다. 그런데 요셉은 형들에게 바로가 당신들의 직업이 무엇이냐고 물으면 목축하는 자라고 대답하라고 지시했습니다. 그것은 목축업이 애굽인들이 가장 혐오하는 천한 직업이었기 때문입니다.

> 46:33-34 "바로가 당신들을 불러서 너희의 직업이 무엇이냐 묻거든 당신들은 이르기를 주의 종들은 어렸을 때부터 지금까지 목축하는 자들이온데 우리와 우리 선조가 다 그러하니이다 하소서 애굽 사람은 다 목축을 가증히 여기나니 당신들이 고센 땅에 살게 되리이다"

애굽은 엄격한 계급 사회였습니다. 애굽에서 가장 천한 사람들은 목축업자들이었는데 우리나라로 치면 옛날 백정과 같은 사람들이었습니다. 그래서 애굽인들은 목축업자들과는 접촉조차 하려고 들지 않았습니다.

요셉이 바로나 왕의 신하들에게 기왕 자기 형제들을 소개하려고 하면 멋있게 소개하는 것이 좋을 것입니다. 만일 애굽의 귀족들이 요셉의 가족이 목축업자라는 것을 알면 요셉까지도 무시하게 될지도 모릅니다.

그런데 요셉은 굳이 자신들이 목축업자라고 하면서 고센 땅에 있어야 한다는 것입니다. 그 이유가 무엇입니까? 요셉은 가족들이 애굽 땅에서 환영을 받고 애굽에서 높은 계급을 받아서 뿌리 내리는 것을 원치 않았기 때문입니다. 왜냐하면 요셉은 자기들은 이 애굽에서 나그네요 언젠가는 반드시 가나안 땅으로 돌아가야 한다고 생각했기 때문입니다. 요셉은 가족들이 애굽에서 너무 환영을 받고 출세를 하면 가나안 땅을 잊어버릴 것이라고 생각했습니다. 그래서 요셉은 가족들이 애굽인들로부터 천민 취급을 당하는 한이 있더라도 애굽에서 구별되어 있다가 빨리 가나안으로 떠나기를 원했던 것입니다. 요셉은 자기가 애굽에 귀화해서 영화를 누리는 것보다 이 천한 목축업자들과 함께 언젠가는 애굽을 떠날 것을 더 희망했습니다. 그 이유는 요셉에게는 하나님 나라의 소망이 있었기 때문입니다.

요셉은 형들 중에서 다섯 명을 택하여서 바로 앞에 세웠습니다.

47:2 "그의 형들 중 다섯 명을 택하여 바로에게 보이니"

왜 요셉이 형들을 다 세우지 않고 다섯 명만 골라서 왕 앞에 세웠는지 알 수 없습니다. 어떤 학자는 요셉이 형들 중에서 가장 키가 작은 사람 다섯 명을 골랐다고 해석하기도 합니다. 왜냐하면 요셉은 혹시 형들이 키가 크면 바로가 그들을 좋아해서 국가의 중책을 맡길지 모른다고 우려했기 때문인 것 같습니다.

47:3 "바로가 요셉의 형들에게 묻되 너희 생업이 무엇이냐 그들이 바로에게 대답하되 종들은 목자이온데 우리와 선조가 다 그러하니이다 하고"

요셉의 형들이 바로와 면접한 결과 요셉 때문에 완전히 너무나도 나쁜 면접이 되었습니다. 바로는 요셉의 형들의 직업이 목축업자라는 것을 알고는 그들에게 바로의 가축을 치는 관직을 하사합니다. 만일 요셉의 형들이 목축업자가 아니었다면 바로는 더 높은 관직을 주었을 것입니다. 그러나 바로는 이들의 직업이 너무 천하기 때문에 어쩔 수 없어서 바로의 짐승을 치는 관직을 준 것입니다.

결국 오늘 우리들의 문제가 무엇입니까? 우리는 결국 이 세상을 떠나 하나님 나라로 가야 하는 존재로 인식해야 한다는 것입니다. 우리가 정말 천국의 소망을 가지고 있다면 이 세상에서 너무 인정받고 성공하는 것도 한번 생각해보아야 하는 것입니다.

우리가 대도시에 살면서 천국을 소망한다는 것은 사실 어려운 일입니다. 그러나 진정으로 하나님의 말씀을 들은 자는 이 세상에서 발목을 잡히지 않으려고 할 것입니다. 왜냐하면 우리에게는 영원한 천국의 소망이 있기 때문입니다. 그래서 우리는 세상보다 교회를 더 중요하게 여기고 돈 벌고 출세하는 것보다 은혜 받는 것을 더 소중하게 생각해야 합니다. 예수님은 "내가 내 아버지 집에 가는데 아버지 집에는 거할 곳이 많다"고 말씀하셨습니다.

어느 교회에는 한 학생이 폐병에 걸려 있었습니다. 목사님이 심방을 했을 때 그 아이는 자기가 죽으면 어떻게 되느냐고 물었습니다. 목사님은 이 세상과 비교할 수 없는 영광된 나라에 가게 될 것이라고 알려 주었습니다. 그 아이는 그 날 밤 평안하게 숨을 거둘 수 있었습니다.

예수님과 함께 십자가에 매달린 한 강도에게 주님은 이렇게 말씀하셨습니다. "내가 진실로 진실로 너희에게 이르노니 오늘 네가 나와 함께 낙원에 있으리라." 이 얼마나 복된 말씀입니까?

우리는 이 세상이 주는 모든 것을 다 가지려면 안 됩니다. 우리는 바로를 만나서 이것저것 다 달라고 해서는 안 됩니다. 그러면 이 세상이 아까워서 천국에 갈 수 없을 것입니다. 우리는 이 세상에서는 최소한의 것으로 만족해야 합니다. 그렇지 않고 이 세상의 좋은 것을 다 가지려고 하면 이 세상에 발목 잡힐 가능성이 많습니다.

야곱은 드디어 당시 세계 최고의 통치자였던 바로를 만났습니다. 이때 야곱은 바로를 축복합니다.

47:7 "요셉이 자기 아버지 야곱을 인도하여 바로 앞에 서게 하니 야곱이 바로에게 축복하매"

야곱은 바로를 만났을 때 하나님의 선지자로서 바로를 축복했습니다. 이것은 참으로 놀라운 일입니다. 우리가 생각하기에는 바로가 야곱을 축복해야 할 것 같은데 그렇지 않았습니다. 이것은 이미 바로가 요셉의 예언의 능력을 알았고 그의 아버지는 요셉보다 더 위대한 하나님의 선지자라는 것을 알았기 때문입니다. 야곱의 직업은 애굽 사람들이 싫어하는 목축업일지 몰라도 그는 존귀한 하나님의 선지자였습니다. 그래서 야곱은 애굽의 왕 바로를 축복하였습니다. 이것을 보면 야곱이 하나님의 종으로서 세상 통치자들 앞에서 얼마나 당당했는지 알 수 있습니다.

이때 바로는 야곱에게 연세가 얼마냐고 물어 보았습니다. 그랬더니 야곱의 입에서 놀라운 말이 쏟아져 나왔습니다.

47:9 "야곱이 바로에게 아뢰되 내 나그네 길의 세월이 백삼십 년이니이다 내 나이가 얼마 못 되니 우리 조상의 나그네 길의 연조에 미치지 못하나 험악한 세월을 보내었나이다 하고"

야곱은 자신의 백삼십년 세월이 나그네 인생이었고 그의 조상들은 훨씬 더 긴 세월을 이 세상에서 나그네로 보내었다고 대답합니다. 이 말은 무슨 뜻입니까? 야곱은 이 세상에서 줄곧 나그네로 살았다는 것입니다.

야곱이나 그의 조상들은 모두 이 세상에서 나그네로 살다가 죽었습니다. 그것은 그들이 모두 하나님의 나라를 바라보는 믿음이 있었기 때문입니다.

야곱은 자신의 나그네 인생이 험악하였다고 강조했습니다. 그 이유는 야곱의 긴 인생은 하나님 앞에서 모난 부분이 갈고 닦여지는 과정이었기 때문입니다. 결국 야곱이 이스라엘이 되기 위하여 많은 연단을 받을 수밖에 없었습니다. 그리고 야곱은 드디어 바로를 축복하는 보석 같은 신앙이 되었던 것입니다. 야곱이 이 험악한 세월을 보낸 후에 하나님 앞에서 정말 보석 같은 사람이 됩니다. 하나님은 그 택한 백성들을 이 세상에서 많은 연단을 통해서 겸손하고 정직하고 순결한 사람으로 만드십니다.

누군가가 우리의 얼굴을 쳐다보면서 나이를 물으면 무엇이라고 대답하시겠습니까? "도대체 나이가 얼마나 되시는데 이렇게 늙어 보이십니까?"라고 물으면 무엇이라고 대답하겠습니까? "내 나이 삼십이 조금 못 되었는데 나그네 인생 험악하게 보내었습니다."라고 대답해서는 안 되겠습니다. 우리는 좀 더 아름다운 대답을 할 수 있어야 하겠습니다. "하나님께서 나와 함께 하신 삶은 얼마 안 되지만 이 교회와 함께 너무나도 행복하고 아름다운 인생을 살았습니다."라고 대답할 수 있어야 할 것입니다.

우리가 사는 이곳을 하나님의 말씀의 무대로 만들어야 하고 새로운 역사가 시작되도록 힘써야 할 것입니다. 나 한 사람 출세하고 안정된 직장을 가지는 것으로 성공했다고 생각해서는 안 됩니다. 우리는 모두 부흥의 불쏘시개가 되어서 우리의 공동체마다 부흥의 불길이 일어나게 해야 합니다. 그래서 다시 한 번 큰 축복의 역사가 나타나는 우리나라와 교회가 되기를 바랍니다.

54
흉년을 이기는 지혜 / 창세기 47:11-31

우리는 거의 매일 경제가 나쁘다든지 혹은 경제가 좋지 않다고 하면서 경제가 무엇인지 또 경제와 경영이 어떻게 다른지 모를 때가 많습니다. 그런데 '경영'이라는 것은 어떤 기업이 좋은 기술을 가지고 물건을 잘 만들어 팔아서 돈을 많이 버는 것을 말합니다. 거기에 비해서 '경제'라는 것은 국가 전체적으로 돈이나 물건의 흐름을 두고 말할 때가 많이 있습니다. 우리 몸에 피가 돌아야 몸이 건강할 수 있는 것처럼 돈이 돌고 물건이 돌아야 국가 경제가 마비되지 않고 건강하게 잘 돌아갈 수 있는데, 이와 같이 경제라는 것은 그 흐름을 두고 말하는 것입니다. 이것은 우리 몸에도 비유할 수 있는데 어떤 사람은 몸집이 아주 크고 병도 없지만 혈관이 막히는 바람에 돌아가는 이들이 가끔 있습니다. 이는 몸에서 피가 흐르는 흐름이 막혔기 때문입니다.

언젠가 한 호주 여성은 몸무게가 200킬로그램이 넘는 비만이어서 생명도 위태로운 지경이었습니다. 이 분은 결국 한국에 와서 위를 줄이는 수술을 받았는데, 그것이 효과가 있어서 몸무게가 85킬로그램 정도로 줄어들게 되었고 몸도 건강하게 되면서 임신도 하게 되어 굉장히 기쁘다는 소식을 들었습니다.

　우리나라는 IMF 경제 위기가 터졌을 때 국가적으로 금 모으기 운동을 벌렸습니다. 그런데 외국에서는 이 금 모으기 운동을 아주 감동적으로 보았다고 합니다. 국민들이 국가의 빚을 청산하기 위해서 아이들의 돌반지나 결혼반지 혹은 장롱에 감추어두었던 패물들을 기꺼이 내놓았을 때 외국 사람들은 이것이 한국 사람들의 정신이라고 생각했던 것입니다. 그리고 실제로 우리나라는 많은 기업이 무너지고 직원들이 실직하는 고통을 겪으면서도 세계에서 가장 먼저 IMF를 청산하게 되었습니다.

　우리는 가끔 나라의 경제가 어렵고 위기가 닥쳤을 때 대통령이나 지도자가 미래를 볼 수 있는 눈을 가졌더라면 얼마나 국민들이 행복할까 생각할 때가 있습니다. 지도자가 앞으로 닥칠 경제적인 위기를 꿰뚫어보고 미리 대비하고 앞으로 올 자연재해나 대형 사고를 예측하고 대비할 수 있다면 많은 국민들을 비참한 지경에서 건질 수 있을 것입니다. 그래서 국민들이 비참한 죽음이나 고통을 당하지 않으려면 지도자는 미래를 볼 수 있는 지혜가 있든지 아니면 위기를 이길 수 있는 용기가 있어야 하는 것입니다.

　물론 아무리 현명한 대통령이나 지도자라 하더라도 미래를 정확하게 예측할 수는 없습니다. 그래서 지도자는 늘 기도하는 사람이어야 합니다. 요즘 소통이 그렇게 중요하다고 말하는데 지도자나 국민들이 하나님과 소통할 수만 있다면 위기 때 많은 사람들을 살릴 수 있을 것입니다. 그리고 어려운 위기가 터졌을 때 사람의 눈치를 보지 않고 하나님의 지혜로 밀고 나갈 수 있는 믿음을 가지고 있다면 위기에서 벗어날 수 있을 것입니다.

　애굽의 바로는 심각한 꿈을 꾸었는데 그 의미를 알 수 없었습니다. 그러나 그는 감옥에 있는 청년 요셉까지 만나서 그 꿈의 해석을 들었고, 그 꿈의 해석을 들은 후에는 애굽의 전권을 요셉에게 주어서 애굽을 극심한 흉년에서 건지게 되었습니다. 이때 바로는 애굽 전체에서 이만큼 하나님의 영에 감동되었고 믿음이 있는 사람을 만나지 못했다고 했습니다. 우리가 이 세상을 살아가는데 하나님의 지혜가 얼마나 중요하며 하나님과의 소통이 얼마나 중요한지 모릅니다. 결국 믿음의 용기가 모든 사람을 살린다는 것을 알게 됩니다.

요셉은 어린 나이에 애굽에 종으로 팔려 와서 인생 밑바닥 생활을 하면서 하나님과 소통하는 법을 배우게 되었습니다. 결국 이것이 요셉 자신과 온 애굽을 살리게 되었습니다. 요셉은 하나님이 주시는 지혜로 세상 전체를 볼 수 있는 시각을 가지게 되었고 결국 7년 대흉년의 위기를 벗어나게 되었습니다.

1. 요셉의 지속적인 힘

요셉이 가나안 땅에 있던 가족과 다시 결합하게 된 시점은 대흉년이 시작된 지 2년 후였습니다. 앞으로 농사를 전혀 지을 수 없는 엄청난 대흉년이 앞으로 5년이 더 남아 있는 그때에 요셉은 가족들과 다시 재결합을 하게 된 것입니다. 그런데 요셉에게 가족이 애굽에 온 것은 무거운 짐이 되었을까요, 아니면 새로운 힘이 되고 에너지가 되었을까요? 이것은 요셉에게 말할 수 없는 새 힘이 되고 에너지가 되었을 것입니다.

> 47:11-12 "요셉이 바로의 명령대로 그의 아버지와 그의 형들에게 거주할 곳을 주되 애굽의 좋은 땅 라암셋을 그들에게 주어 소유로 삼게 하고 또 그의 아버지와 그의 형들과 그의 아버지의 온 집에 그 식구를 따라 먹을 것을 주어 봉양하였더라"

정부의 중요한 직책을 맡고 있는 분이 자녀가 트러블을 일으키거나 혹은 친척 중의 어떤 사람이 문제를 일으키는 바람에 결국 자기 맡은 일을 감당하지 못하고 그만 두어야 하는 경우가 많이 있습니다. 이럴 때 사람들은 옛날 어른들의 말을 인용하면서 '수신제가 치국평천하' 라는 말을 합니다. 사람이 먼저 자기 자신의 그릇이 준비되고 집안을 잘 다스린 후에야 세상을 평안하게 할 수 있다는 뜻입니다.

하나님은 사랑하는 자들에게 집안에도 평안을 주시고 그 마음에도 평안을 주셔서 다른 일에 신경을 쓰지 않아도 되게 하십니다. 그런데 더 중요한 것이 있습니다. 요셉이 이제부터 매우 어렵고 힘든 시기를 보내어야 하는데 그때 요셉과 함께 있게 된 가족은 보통 가족이 아니라 모두 기도하는 가족들이었다는 사실입니다. 이것은 요셉에게 엄청난 힘이었고 요셉에게 있어서는 백만대군을 얻은 것이나 마찬가지였습니다.

물론 요셉은 개인적으로 하나님의 말씀을 듣고 해석하는데 탁월한 능력을 가진 사람이었습니다. 그러나 어떤 사람 한 사람의 힘이라고 하는 것은 어려움이 계속 되고 스트레스가 계속되면 결국 탈진해서 신경이 쇠약하여 고장 날(breakdown) 수밖에 없습니다. 예를 들어서 군인이 더운 날 행군을 하는데 아무리 수통을 차고 간다 하더라도 결국 어느 정도 가고 나면 물이 떨어지게 되고 탈진하게 됩니다. 그런데 군인들 뒤에 물차가 따라가고 있으면 아무리 물을 다 마시고 날이 더워도 얼마든지 물을 공급받을 수 있기 때문에 지쳐서 쓰러지지 않을 것입니다.

하나님께서 우리에게 주신 것이 바로 이런 믿음의 공동체입니다. 결국 우리 한 사람은 아무리 믿음이 좋다고 해도 어려운 시험이 계속 오면 어느 순간에는 지쳐서 쓰러질 수밖에 없습니다. 그런데 우리가 속해 있는 교회에 말씀이 살아있고 교인들이 서로를 위해서 기도해 준다면 우리는 언제나 하나님이 주시는 지혜와 능력을 공급받을 수 있게 됩니다.

그래서 예수님도 하나님의 아들이시지만 하나님의 말씀을 전하시면서 혼자 하시지 않고 열두 제자들을 부르셔서 공동체를 만드셨습니다. 하나님의 백성들의 공동체는 하나님의 능력이 임하는 성전입니다. 그리고 성도나 가족들이 합심해서 기도할 때 모든 사탄의 시험이나 도전을 막을 수 있습니다. 하나님은 우리에게 끊임없이 새로운 지혜를 주시고 영감을 주시며 우리의 지치고 상한 마음을 위로하시고 치료하셔서 새 힘을 주시는 것입니다.

많은 기독교인들이 오늘 현실에서 힘을 잃고 픽픽 쓰러지거나 실패하는 것을 보면 두 가지 중 하나에 그 이유가 있는 것을 알게 됩니다. 그 하나는 자신이 교회와의 관계를 별로 중요하게 생각하지 않기 때문입니다. 자기는 능력이 있고 힘이 있으니까 다른 사람의 기도 같은 것은 필요 없다고 생각하는데 그런 사람은 이 세상에 얼마나 많은 마귀의 역사들이 있는지 모르는 것입니다. 그리고 또 다른 하나는 자기는 교회 생활을 열심히 하는데 교회 자체가 말씀에 힘이 없고 기도가 뜨겁지 않기 때문입니다. 요즘 우리나라에서는 후자의 경우가 훨씬 많은 것 같습니다. 교회가 외형적으로는 크고 화려한데 실제적으로 교인들이 이 세상에서 수많은 마귀의 시험을 이길 수 있도록 힘을 주지 못하는 것입니다. 교회는 기도가 살아 있고 말씀이 펄펄 끓어야 교인들이 세상에서 모든 도전을 이기고 승리할 수 있는 것입니다.

이스라엘 백성들이 출애굽한 후 광야에서 아말렉 자손과 싸울 때 모세의 손이 올라가니까 여호수아와 이스라엘 백성들이 힘을 내어 이겼고, 모세가 손을 내리니까 아말렉이 이스라엘을 이겼던 것을 우리가 잘 압니다. 그래서 우리 성도들의 힘은 믿음의 기도에서 나와야 하는 것입니다. 사무엘이 사사로 있을 때 이스라엘 백성들이 사무엘의 말씀에 은혜를 받고 일어서려고 하니까 블레셋 군대가 새카맣게 쳐들어왔습니다. 이때 이스라엘 백성들은 사무엘에게 우리를 위해서 쉬지 말고 기도해 달라고 부탁하니까 사무엘은 내가 기도하는 것을 쉬는 죄를 범치 않겠다고 대답했습니다. 그때 하나님이 블레셋을 치심으로 승리하게 하셨습니다. 우리 혼자 힘으로 절대로 세상을 이길 수가 없습니다. 우리에게는 신실한 믿음의 형제들의 기도가 필요하고 늘 새로운 하나님의 말씀이 필요합니다. 하나님은 요셉에게 앞으로 오년 동안 흉년과 싸울 수 있도록 믿음의 형제들과 아버지를 보내주셨던 것입니다.

2. 요셉의 과감한 정책

　요셉이 예언했던 대로 애굽에 7년 풍년은 끝나고 이제는 무시무시한 흉년이 계속되게 되었습니다. 애굽에는 전혀 비가 오지 않고 농사를 짓지 못하는 흉년이 계속되었습니다. 대개 사람들은 흉년이 와도 이 흉년이 몇 년 계속될지 모릅니다. 보통 그들은 올 한 해만 잘 넘기면 다시 비가 오지 않겠는가 하고 기대를 하는데 비가 오지 않으면 모두 다 굶어죽고 마는 것입니다. 일단 비가 오지 않으면 양식이 없으니까 사람들이 양식을 구하러 다니다가 결국 굶어 죽게 됩니다.

　요셉은 하나님이 주신 지혜로 이 흉년이 앞으로 오년 더 계속된다는 것을 알았습니다. 애굽의 모든 사람들과 가축들은 지금 창고에 비축되어 있는 곡식을 가지고 5년을 더 버티어야만 했습니다. 아마 요셉은 이것을 계산해보았을 것입니다. 요셉의 계산에 의하면 지금 비축된 양식을 가지고 애굽인들은 절대로 끝까지 못 버틴다는 결론을 얻었던 것 같습니다. 처음 애굽인들이 풍년이 들었을 때 제법 많은 곡식을 비축을 했는데도 2년 흉년을 지내면서 얼마나 흥청망청 곡식을 썼는지 이대로 가다가는 흉년이 끝나기도 전에 전 국민이 굶어죽을 수 있다는 결론을 내리게 된 것입니다. 여기서 요셉의 탁월한 긴축 재정이 나오게 됩니다. 그것은 요셉이 일체 곡식을 무상으로 나누어주지 않고 철저하게 돈을 주고 사게 하는 것이었습니다.

> 47:13-14 "기근이 더욱 심하여 사방에 먹을 것이 없고 애굽 땅과 가나안 땅이 기근으로 황폐하니 요셉이 곡식을 팔아 애굽 땅과 가나안 땅에 있는 돈을 모두 거두어들이고 그 돈을 바로의 궁으로 가져가니"

　요셉은 지금 애굽인들에게 가장 위험한 적은 그동안 풍년으로 잘 사는데 길들여져서 절대로 긴축하려고 하지 않는 사고방식이었습니다. 그래서 요셉은 비축되어 있는 곡식을 백성들에게 무상으로 나누어주지 않고 모두 돈을 내고 사가게 했습니다. 왜냐하면 애굽인들은 지금까지 곡식이 넘쳐흘렀던 풍년에 길들여져 있어서 도무지 절약하려고 하지 않았기 때문입니다. 그래서 요셉은 모든 사람들이 그동안 풍년에 모은 돈을 가지고 있으니까 돈을 내서 양식을 사게 했습니다. 그러면 사람들은 자기가 돈을 주고 산 양식이니까 양식을 아껴서 먹게 될 것입니다. 그래서 요셉은 백성들에게 무조건 자비를 베풀지 않고 각자가 자기 먹을 것에 대하여 책임을 지게 했습니다.

그러나 얼마 지나지 않아서 사람들은 돈을 다 쓰는 바람에 더 이상 곡식을 살 수 없게 되었습니다. 그때 애굽인들은 요셉에게 몰려와서 이제 우리는 돈을 다 써버렸으니까 우리에게 먹을 것을 공짜로 달라고 요청을 했습니다. 그때 요셉은 그 사람들에게 공짜로 줄 수는 없고 너희의 가축을 국가에 팔라고 했습니다.

47:16 "요셉이 이르되 너희의 가축을 내라 돈이 떨어졌은즉 내가 너희의 가축과 바꾸어 주리라"

요셉이 가축을 팔아서 양식을 사라고 한 이유는 애굽인들로 하여금 철저하게 자기 인생을 책임지게 하기 위함이었습니다. 요셉은 자신들의 지출을 줄이지 않으면 아무리 창고에 많은 곡식이 있다 하더라도 도저히 감당할 수 없다는 것을 알았습니다. 국가나 단체나 교회도 마찬가지입니다. 지출을 늘리는 것은 쉬워도 줄이는 것은 좀처럼 어렵습니다. 왜냐하면 그동안 넉넉하게 쓰던 버릇이 있어서 고통을 받기 싫어하기 때문입니다.

애굽 사람들은 먹을 것이 없다고 하면서도 많은 종을 데리고 있었고 또 수많은 가축들을 키우고 있었습니다. 결국 그들은 사람이 먹을 양식도 없으면서 짐승에게는 먹을 것을 주었습니다. 그래서 요셉은 애굽인들에게 정부에게 공짜를 바라지 못하게 하고 가축을 먹일 힘이 없으면 모두 팔게 해서 규모를 스스로 줄이게 했습니다. 그래서 요셉은 애굽인들을 철저하게 가난하게 만들었습니다. 왜냐하면 어느 나라든지 7년 동안이나 흉년이 계속되면 아무도 살아남지 못하기 때문입니다. 이렇게 하나님께서 재앙이나 어려움을 주셨을 때 살아남는 방법은 하나님 앞에서 겸손한 것 밖에 없습니다. 하나님께서 7년 대흉년을 주신 것은 백성들로 하여금 하나님 앞에서 가난하라는 것입니다. 애굽인들은 그동안 너무나도 부요했기 때문에 많은 죄를 지었고 그동안 부족한 것이 없었기 때문에 하나님을 두려워하지 않았습니다. 그런데 이제 하나님이 엄청난 흉년을 주셨는데 이런 시기에 죽지 않고 살아남는 방법은 하나님 앞에서 철저하게 가난해지고 하나님 앞에 겸손해지는 것 밖에 없는 것입니다.

그렇습니다. 만일 하나님께서 우리에게도 경제적인 어려움을 주시거나 가정의 어려움을 주실 때 우리가 살아남을 수 있는 방법은 철저하게 사치를 버리고 스스로 가난하게 되는 것뿐입니다. 이런 때일수록 불필요한 지출을 줄이고 생활하는데 꼭 필요한 것이 아니면 다 포기해야 합니다. 세월호 사건이 터졌을 때 우리나라 국민 전체는 어느 누가 시키지 않았는데도 모두 지출을 줄이고 놀러가는 것을 삼가고 그 애통에 동참했습니다. 하나님은 이것을 귀하게 생각하셔서 또 다시 한 번 우리에게 좋은 기회를 주실 것입니다.

애굽인들은 돈이 없고 가축이나 노예가 없으니까 지출이 많이 줄어들게 되었습니다. 그럼에도 불구하고 흉년은 끝나지 않고 계속되니까 애굽인들은 또 요셉을 찾아와서 이제는 돈도 없고 가축도 없는데 어떻게 하면 좋으냐고 탄식하면서 진짜 우리는 이제 감춘 것이 없다고 했습니다. 이것을 보면 애굽인들은 할 수 있는 한 많은 것을 감추고 있었던 것을 알 수 있습니다. 요셉은 애굽인에게 밭을 팔게 했습니다.

> 47:18 "해가 다 가고 새 해가 되매 무리가 요셉에게 와서 그에게 말하되 우리가 주께 숨기지 아니하나이다 우리의 돈이 다하였고 우리의 가축 떼가 주께로 돌아갔사오니 주께 낼 것이 아무것도 남지 아니하고 우리의 몸과 토지뿐이라"

애굽인들은 양식을 구하기 위해서 돈이나 가축을 다 팔았습니다. 그랬더니 이제는 토지만 남게 되었습니다. 그런데도 불구하고 요셉은 애굽인들에게 공짜로 곡식을 주지 않았습니다. 요셉은 애굽인들에게 너희의 집이나 밭도 팔라고 했습니다. 요셉이 밭까지 팔게 한 이유는 아직 비가 오려면 몇 년이 남았는데도 불구하고 백성들은 밭이 있으니까 자꾸 농사를 지으려고 했기 때문입니다. 그래서 요셉은 땅까지 국가가 사들여서 개인이 마음대로 씨를 뿌리지 못하게 했습니다. 요셉은 애굽인들에게 이 모든 환란이 지나가기까지 자기 목숨 외에는 모두 다 포기하라는 것이었습니다. 그래서 애굽인들은 자기들이 가진 토지를 모두 다 요셉에게 팔고 개인소유의 땅이 없게 되었습니다. 이것은 당연한 것입니다. 왜냐하면 흉년이 몇 년 계속되면 모든 사람들이 홈리스가 되어 떠돌이가 될 수밖에 없기 때문입니다. 그래서 요셉은 애굽인들로 하여금 굶어죽지는 않지만 이 고통을 몸으로 체험하게 했던 것입니다. 그래도 흉년이 계속되니까 애굽인들은 드디어 요셉에게 나와서 자기들의 몸을 사서 종으로 만들어 달라고 했습니다. 그러면 자기들은 더 이상 굶어죽지 않고 살 수 있다고 간청했습니다.

> 47:19 "우리가 어찌 우리의 토지와 함께 주의 목전에 죽으리이까 우리 몸과 우리 토지를 먹을 것을 주고 사소서 우리가 토지와 함께 바로의 종이 되리니 우리에게 종자를 주시면 우리가 살고 죽지 아니하며 토지도 황폐하게 되지 아니하리이다"

결국 마지막으로 애굽인들이 한 것은 모두 자기 몸을 팔아서 바로의 종이 되는 것이었습니다. 요셉은 애굽인들이 자기 몸까지 팔자 모두 한 곳으로 집결시켰습니다. 왜냐하면 하나님이 이런 어려움을 주셨을 때에는 그들이 하나님 앞에 교만했기 때문이고 결국 그들은 모든 자유를 빼앗기고 종이 되어야 이 재앙에서 살아남을 수 있기 때문입니다. 결국 애굽인들이 흉년에서 살아남기 위해서 그들은 자기들의 돈이나 가축이나 집이나 땅을 다 포기하고 목숨만 남아서 바로의 종이 되었던 것입니다. 이처럼 애굽인들은 죽을 각오를 하고 긴축을 해서 겨우 흉년을 넘길 수 있었습니다.

요셉은 애굽인들에게 먹고 사는 것이 공짜가 아니라는 것을 가르쳤습니다. 애굽인들은 워낙 농사가 잘 되어서 먹고 사는 것은 공짜인 줄 알았는데 요셉은 애굽인들에게 이 7년 대흉년에 살아남기 위해서는 모든 자존심이나 생활의 여유 같은 것을 다 버리고 오직 목숨 하나만 지켜야 한다는 것을 가르쳐주었습니다. 사람들이 양식이 없어서 굶어죽게 되면 필사적이 됩니다. 그때 그들은 살아남기 위해서 모든 것을 다 버려야 합니다. 마찬가지로 우리가 하나님 앞에서 영적인 양식을 얻기 위해서는 세상의 모든 것을 다 팔아야 합니다. 우리에게 있는 그 많은 욕심들과 야망과 자존심을 가지고는 하나님의 양식을 살 수 없습니다. 우리는 모든 것을 다 팔아서 오직 하나님의 말씀 하나만 붙들어야 하는 것입니다.

그래서 예수님은 어떻게 하면 영생을 얻을 수 있습니까 질문하는 청년 부자에게 네 재산을 다 팔아서 가난한 자에게 주고 너는 나를 따르라고 말씀하셨습니다. 또 예수님은 온 천하보다 귀한 것이 우리 영혼이라고 하셨습니다. 우리가 영혼을 살리려고 하면 세상의 모든 것들을 내려놓고 죽을 각오를 하고 하나님의 말씀에 순종해야 합니다. 그렇지 않으면 영생을 얻기가 어렵습니다.

우리가 여기서 알 수 있는 것은 흉년이 나기까지 바로가 실제적으로 애굽인들을 지배하지 못하고 있었다는 사실입니다. 애굽인들은 자기 돈을 가지고 있었고 자기 땅을 가지고 있었고 자기 자유를 가지고 있었기 때문에 아쉬울 것이 없었습니다. 요셉은 이들이 이렇게 많은 자유를 가지고 풍요로운 생활을 하면 하나님의 심판을 견딜 수 없다는 것을 잘 알고 있었습니다. 그래서 요셉은 애굽인들을 모두 바로의 종으로 만들었던 것입니다. 그러나 요셉이 이들을 바로의 종으로 만든 것은 죽도록 부려 먹기 위한 것이 아니라 딴 짓을 하지 못하게 하기 위함이었습니다. 그래서 애굽인들은 모두 바로의 종이 되었기 때문에 아무 것도 하지 못하고 요셉이 다시 농사를 짓게 할 때까지 기다릴 수밖에 없었습니다.

이것은 예수님께서 우리에게 하신 것과도 유사합니다. 예수님은 우리를 죄에서 건져내신 후에 우리를 종으로 사셨습니다. 예수님이 우리를 종으로 만드신 것은 죽도록 부려먹기 위해서가 아닙니다. 예수님은 우리가 마음대로 죄짓지 못하도록 또 하나님께서 능력을 주실 때까지 기다리도록 하기 위해서 우리의 자유를 제한하신 것입니다.

요셉은 애굽인들로 하여금 불필요한 농사조차 짓지 못하게 했습니다. 하나님께서 흉년을 주셨을 때에는 믿음으로 철저하게 기다려야 합니다. 불필요한 토지를 팔아서 빚을 갚게 하고 불필요한 여행이나 유학 같은 경우도 자제해야 하는 것입니다. 더욱이 자기 돈이 아니라 빚으로 잘 살고 있는 사람들은 청산을 해서 생활의 규모를 확 줄여야 합니다. 요셉이 이런 정책을 통해서 보여주려고 했던 것은 이 대흉년에서 살아남으려면 목숨만 건져야 한다는 것입니다.

우리의 구원에 대하여 너무나도 여유 있게 생각할 때가 많이 있습니다. 즉 우리는 모두 하나님 나라에 가기를 원하지만 이 세상에서 하나도 손해 보지 않고 모든 것을 다 가지고 천국 가겠다는 사람들이 많이 있습니다. 이 세상에서 자기 하고 싶은 것은 다 하고 가지고 싶은 것 다 가지고 천국에 가겠다는 속셈입니다. 그러나 우리에게 닥치는 위기들을 보면 결코 그렇게 여유 있게 신앙생활을 해서는 안 된다는 것을 깨달아야 합니다. 처음에는 돈을 버리고 그 다음에는 가축이나 땅을 버리고 그 다음에는 자기 자신까지 종으로 내어놓아야 합니다. 그래서 우리는 자기 몸이지만 자기 마음대로 아무 것도 할 수 없게 됩니다. 그래야 겨우 자기 영혼을 건질 수 있게 되는 것입니다.

3. 새로 시작하는 애굽인들

애굽인들은 무려 7년 동안 비 한 방울 오지 않는 대흉년에서 요셉이 시키는 대로 자기 몸까지 종으로 팔아서 모두 목숨을 건지게 되었습니다.

요셉은 이제 7년이 지났으니까 다시 농사를 지어도 된다는 확신을 가지게 되었습니다. 왜냐하면 요셉은 하나님의 말씀을 믿는 사람이기 때문입니다. 사실 지난 7년 동안 비가 오지 않았기 때문에 흉년이 끝났다는 보장이 없고 할 수만 있으면 밀 한 톨이라고 아껴서 먹어야 할 것 같은데, 이제 요셉은 백성들에게 종자 씨를 나누어주면서 농사를 지어도 된다고 했습니다. 요셉이 그렇게 할 수 있었던 것은 하나님의 말씀을 믿는 믿음이 있었기 때문입니다.

> 47:23 "요셉이 백성에게 이르되 오늘 내가 바로를 위하여 너희 몸과 너희 토지를 샀노라 여기 종자가 있으니 너희는 그 땅에 뿌리라"

참으로 감격적인 말씀입니다. 애굽인들이 자기 밭이나 몸까지 팔아서 목숨이 살아남아 있으니까 다시 인생을 시작할 기회를 얻게 되었습니다. 만일 애굽인들이 자존심을 내세우고 고집을 부려서 가축이나 밭이 아까워서 거기에 집착했더라면 모두 굶어 죽었을 것이고 다시 살 수 있는 기회가 없었을 것입니다. 그러나 애굽인들은 요셉이 하는 정책에 순종하고 하나님의 말씀에 복종하니까 살 수 있었습니다. 그렇게 모든 애굽인들은 시험을 통과하고 다시 인생을 살 수 있게 되었습니다.

요셉이 애굽인들을 모두 노예로 삼은 것은 다시 새출발하도록 하기 위함이었습니다. 요셉은 백성들에게 땅도 주고 양식도 주고 농사지을 종자도 주고 자유도 주었습니다. 그 대신 자신들이 바로의 종이라는 것을 인식하도록 세금으로 추수의 오분의 일을 바치게 했습니다. 이 정도는 애굽인들이 얼마든지 감당할 수 있는 분량이었습니다.

하나님은 우리가 예수 믿고 난 후에 때로는 가난하게 하시고 때로는 병들게 하시고 때로는 직장도 없게 하시고 때로는 자유조차 없게 하십니다. 이것은 하나님이 우리의 영혼을 건지고 하나님의 말씀에 전적으로 순종하도록 하기 위함입니다. 그러나 우리의 삶은 그것으로 끝나지 않습니다. 하나님은 우리에게 다시 기회를 주셔서 새로운 삶을 살게 하십니다. 그러나 이것은 나의 것이 아니고 하나님의 것입니다. 그래서 하나님은 우리에게 십일조를 내게 하십니다. 이것은 우리가 충분히 감당할 수 있는 것입니다.

그러나 애굽에서 오직 제사장들은 바로로부터 곡식을 월급으로 받았기 때문에 밭도 팔지 않았고 몸도 팔지 않았다고 했습니다.

> 47:22 "제사장들의 토지는 사지 아니하였으니 제사장들은 바로에게서 녹을 받음이라 바로가 주는 녹을 먹으므로 그들이 토지를 팔지 않음이었더라"

모든 애굽인들은 흉년 때문에 자기 밭도 팔고 자기 몸도 팔아서 바로의 종이 되었는데 애굽의 제사장들은 바로로부터 곡식을 받고 있었기 때문에 흉년이 와도 전혀 타격을 받지 않았습니다. 그래서 애굽의 제사장들은 흉년 전이나 후나 아무 차이가 없었습니다. 요즘 말로 표현하면 이 당시 애굽의 제사장들은 귀족이었을 뿐 아니라 철밥통을 가지고 있었던 것입니다. 그러나 이것은 꼭 좋은 것만은 아닙니다. 왜냐하면 이들은 낮아질 수 있는 기회를 놓쳤기 때문입니다. 전 애굽인들은 흉년으로 하나님 앞에서 가난한 자가 되었는데 애굽의 제사장들은 이 환란도 통과하지 않았고 겸손하게 되지도 않았던 것입니다.

이때 이스라엘 자손들은 애굽에 온 이후로 엄청나게 번창해서 사람들이 많아지게 되었습니다. 그러나 그들은 애굽에 온지 17년이 되었지만 가나안 땅으로 돌아가지 않았습니다.

> 47:27 "이스라엘 족속이 애굽 고센 땅에 거주하며 거기서 생업을 얻어 생육하고 번성하였더라"

원래 계획대로 하면 야곱의 식구들은 흉년을 피하기 위하여 애굽에 왔고 흉년이 끝난 후에는 가나안 땅으로 돌아가야 하는데 돌아가지 않았던 것입니다.

그 이유가 무엇이었을까요?

아마 애굽인들이 요셉을 너무 좋아해서 그를 놓아주지 않는 바람에 그 가족들이 가나안으로 갈 수 없었을 것입니다. 그러나 또 다른 이유는 야곱의 식구들이나 가축들이 너무 많아져버렸기 때문에 가나안 땅에 가더라도 받아주는 곳이 없었을 것입니다. 이제 야곱의 가족들이 가나안 땅에 돌아가고 싶어도 돌아갈 수가 없게 되었습니다.

예수님이 벳새다에서 많은 사람들의 병을 고치시고 말씀을 전하실 때 대책 없는 가난한 사람들이 예수님께 몰려왔습니다. 이들은 모두 가난했고 먹지 못해서 기절할 정도의 불쌍한 사람들이었습니다. 그러나 예수님은 제자들에게 너희가 먹을 것을 주라고 말씀하셨고 한 소년이 바친 보리떡 다섯 개와 물고기 두 마리로 그 가난한 오천 명을 먹이셨습니다. 예수님은 이 기적을 통해서 우리로 하여금 하나님의 말씀을 들으면서 너무 먹는 것에 매이지 않게 하셨습니다. 하늘의 복이 열리면 이 세상도 먹고 살 수 있을 것입니다.

하늘 문을 열어서 이 세상을 살리고 옛날에 교만하고 죄짓던 삶을 청산하고 하나님 앞에서 새로운 인생을 살게 하는 요셉 같은 성도들이 다 되시기를 바랍니다.

55
요셉의 두 혼혈아들 / 창세기 48:5

미국의 유명한 미식축구 선수인 하워드 워드 그리고 플뢰르 펠르랭 프랑스 전 장관, 우리나라 농구 선수 문태종은 모두 혼혈아든지 아니면 어려서 외국으로 입양이 되었던 이들인데 이제는 모두 운동선수나 혹은 장관으로 성공을 해서 유명하게 되었고 한국인들의 사랑을 받게 된 사람들입니다. 이들은 어렸을 때 부모가 없거나 혹은 혼혈아라고 해서 어떤 의미에서 우리나라에서 버림을 받다시피 했지만 각 분야에서 성공해서 유명하게 되었습니다.

만약 우리나라에 세계적으로 유명한 기업체가 있는데 만일 그 기업의 후계자 중에 흑인 혼혈아가 끼어 있다면 모두 엄청난 충격을 받을 것입니다. 그런데 우리가 어렸을 때 읽은 동화 중에 《소공녀》는 이런 내용을 담고 있습니다. 할아버지가 영국에서 귀족이고 엄청난 부자인데 아들이 미국인 여자를 사랑하는 바람에 아버지의 미움을 받아 집에서 쫓겨나서 가난하게 살다가 아들을 낳고 죽었는데 나중에 이 손자가 할아버지의 부름을 받아서 영국에 가서 그 모든 재산을 상속하게 된다는 것입니다.

구약 성경에서 아브라함의 집은 어마어마한 복이 상속이 되는 집이었습니다. 그런데 그 복의 집은 이 세상의 돈이나 권력이 아니라 하나님의 복이 상속이 되는 집이었습니다. 우리가 세계적으로 큰 기업을 누군가가 상속하거나 혹은 황제나 대통령의 자리를 상속한다면 대단하다고 생각할 것입니다. 그러나 하나님의 복은 기업의 복이나 권력의 복과는 비교할 수 없는 엄청난 복입니다. 그런데 이 하나님의 복이 아브라함에게 주어졌는데 그 아들 이삭에게 상속이 되었다가 그 손자 야곱에게 상속이 되었습니다.

그런데 야곱은 요셉이 애굽에서 낳은 두 아들 므낫세와 에브라임을 다른 열한 아들과 함께 이 복의 상속자로 세웠습니다. 그런데 요셉의 두 아들은 야곱의 피와 애굽인의 피가 섞인 혼혈 아들이었습니다. 이 혼혈아들이 당당하게 하나님의 복을 상속하게 된 것입니다. 사실 요셉의 두 아들은 생긴 것도 애굽인에 가까웠고 말이나 복장도 완전히 애굽인이었습니다. 그러나 야곱은 이 두 혼혈 손자를 아들로 입양을 해서 야곱의 아들은 열세 명이 되게 됩니다. 이것은 오늘 우리들이 하나님의 복을 받는 예표가 됩니다. 즉 우리는 이스라엘의 피가 한 방울도 섞이지 않은 이방인들이지만 당당하게 하나님의 복을 상속하게 된 것입니다.

1. 할아버지가 만난 두 손자

> 48:1 "이 일 후에 어떤 사람이 요셉에게 말하기를 네 아버지가 병들었다 하므로 그가 곧 두 아들 므낫세와 에브라임과 함께 이르니"

여기서 '이 일 후'는 요셉의 경제 정책이 애굽에서 성공해서 7년 흉년을 무사히 잘 마친 후를 말합니다. 그 무서운 대흉년이 지나간 후 애굽인들은 정상적인 삶으로 돌아갔고 이스라엘 백성들은 고센 땅에 남아서 번창하고 있었습니다. 이때 요셉은 아버지 야곱이 병들었다는 소식을 듣고 낳은 두 아들 므낫세와 에브라임을 데리고 아버지를 찾아왔습니다. 그런데 여기서 우리가 놀라게 되는 것은 할아버지 야곱과 요셉의 두 아들이 이때 처음 만난다는 사실입니다. 어떻게 된 연유인지 알 수 없지만 야곱이 늙어서 병들게 되었을 때에야 비로소 요셉은 두 아들을 데리고 아버지 야곱을 찾아오게 되었습니다.

왜 요셉은 두 아들로 하여금 할아버지 야곱을 더 일찍 만나게 하지 않았을까 하는 의문이 생깁니다. 우리가 자세한 이유는 알 수 없지만 아마도 애굽인과 이스라엘 사람들은 별로 섞이지 않고 교류도 없이 따로 살았던 것 같습니다. 우리가 여기서 알 수 있는 것은 요셉이 애굽에서 낳은 두 아들 므낫세와 에브라임은 사실은 이스라엘인의 피와 애굽인의 피가 반반씩 섞인 혼혈아들이었지만 실제로는 애굽인에 더 가까웠다는 사실입니다. 요셉의 두 아들은 어머니가 애굽인이고 애굽 제사장의 딸이었기 때문에 그들은 어려서부터 애굽 말을 썼고 애굽인의 옷을 입었으며 모든 것을 애굽인처럼 하고 살았을 것입니다. 그런데 요셉이 자기 두 아들을 아버지 야곱에게 데리고 온 것은 무슨 큰 기대를 했기 때문이 아니라 그래도 야곱이 아들의 할아버지니까 돌아가시기 전에 인사라도 드리게 해야겠다는 생각으로 데리고 온 것이었습니다.

그런데 막상 요셉이 두 아들을 데리고 아버지 야곱에게 왔을 때 아버지 야곱은 아들 요셉과 전혀 상의도 없이 엄청난 일을 벌이고 말았습니다. 우리가 이것을 보면 아무리 믿음이 좋은 요셉이라 하더라도 자기 아버지가 얼마나 큰 복을 줄 수 있는 분이신지 잘 몰랐던 것 같습니다. 그러나 야곱은 요셉의 두 혼혈아들 문제를 오래 전부터 생각을 하고 있었고 이 두 손자가 오기만을 기다리고 있었던 것입니다. 그런데 요셉이 너무 늦기 전에 자기 두 아들을 데리고 아버지 야곱에게 온 것은 천만다행이었습니다. 왜냐하면 요셉의 두 아들이 할아버지 야곱을 보지 못한 가운데 야곱이 죽었더라면 이 두 아들은 완전히 애굽인으로 살다가 죽었을지 모르기 때문입니다.

그러나 요셉의 이 두 아들은 할아버지 야곱을 만남으로 완전히 인생이 달라졌고 복이 달라지게 되었습니다. 그들은 단순히 세상의 복을 받는 사람이 아니라 당당하게 하나님의 복을 받는 자들이 되었던 것입니다. 이런 것을 보면 우리가 하나님 앞에 나와서 말씀을 들을수록 우리의 복은 달라지고 그 축복의 스케일도 달라지게 된다는 것을 알 수 있습니다.

이때 야곱은 이미 너무 노쇠해서 자리에서 잘 일어나지도 못하고 겨우 힘을 내어서 침상에 앉아서 요셉에게 하나님의 말씀을 들려주었습니다. 우리는 요셉이 너무 믿음이 좋아서 완전한 사람이라고 생각하기 쉬운데 그렇지 않습니다. 요셉도 하나님의 말씀을 들어야 하늘의 복을 받을 수 있었습니다. 그래서 요셉은 그 동안에도 자기 아들들을 데리고 아버지에게 와서 하나님의 말씀을 많이 더 들었어야 했는데 그렇지 못했습니다. 오늘 우리가 알아야 할 것은 하나님의 말씀을 듣는 그 자체가 복을 받는 것이라는 사실입니다. 하나님은 우리에게 하나님의 말씀을 듣게 하심으로 어마어마한 천국의 복을 상속하게 하십니다. 그래서 아무리 훌륭한 인격을 가졌고 훌륭한 믿음을 가졌다 하더라도 하나님의 말씀을 듣지 않으면 빈 깡통을 차게 됩니다.

야곱은 요셉에게 옛날 하나님께서 자기를 벧엘에서 만나시고 복을 주신 그 말씀을 들려주었습니다.

> 48:3-4 "요셉에게 이르되 이전에 가나안 땅 루스에서 전능하신 하나님이 내게 나타나사 복을 주시며 내게 이르시되 내가 너로 생육하고 번성하게 하여 네게서 많은 백성이 나게 하고 내가 이 땅을 네 후손에게 주어 영원한 소유가 되게 하리라 하셨느니라"

"이전에 가나안 땅 루스"는 야곱이 하나님을 만났던 벧엘을 말합니다. 야곱은 형 에서를 피해서 도망치다가 벧엘에서 돌을 베개하고 잠을 자던 중 하나님을 만나는 체험을 하게 되었습니다. 사실 야곱도 이 체험을 하기 전에는 하나님을 잘 몰랐고 부모의 하나님을 믿어주는 정도에 불과했습니다. 마치 하나님은 그림의 호랑이같이 실제적인 분이 아니었습니다. 그러나 야곱은 빈들에게 살아계신 하나님을 직접 체험하게 되었습니다.

그때 하나님은 야곱에게 복을 주시면서 생육하고 번성하며 그에게 많은 백성이 태어나고 그들이 가나안 땅을 소유로 받게 된다고 말씀하셨습니다. 그러나 하나님께서 야곱에게 주셨던 축복의 핵심은 야곱과 그 자손들이 하나님의 복을 상속하는 자들이 된다는 것입니다.

하나님의 복은 하나님의 말씀을 믿고 붙드는 자가 상속하게 됩니다. 우리는 이 세상의 복을 가지는 것이 더 좋은가 아니면 하나님의 복을 가지는 것이 더 좋은가 늘 생각을 해야 합니다.

이 세상의 복은 아무리 좋아도 고갈되기 마련입니다. 그러나 하나님의 복은 무한히 우리에게 공급이 될 뿐 아니라 먼저 우리 자신의 삶을 아름답게 만들어줍니다. 야곱은 자신이 하나님으로부터 받았던 복을 두 손자에게 상속시켜 주었습니다. 그런데 놀라운 것은 이 두 손자를 야곱이 자기 아들로 입양했기 때문에 요셉의 몫이 다른 아들들보다 갑절로 많아지게 되었다는 것입니다.

> 48:5 "내가 애굽으로 와서 네게 이르기 전에 애굽에서 네가 낳은 두 아들 에브라임과 므낫세는 내 것이라 르우벤과 시므온처럼 내 것이 될 것이요"

원래 야곱의 아들은 열두 명이었습니다. 이 열두 명의 아들이 야곱의 복을 공동으로 상속받게 되어 있었습니다. 그런데 야곱은 자기 손자인 요셉의 두 아들 므낫세와 에브라임을 승격시켜서 자기들의 삼촌들 즉 르우벤이나 시므온처럼 자기 아들이 되게 했습니다. 정상적으로 요셉의 두 아들은 야곱의 손자이기 때문에 요셉의 축복의 몫을 나누어가져야 합니다. 그러나 야곱은 그렇게 하지 않고 므낫세와 에브라임 손자를 자기 아들로 입양함으로 이 두 혼혈 손자는 손자가 아니라 아들이 되게 했습니다. 그렇게 함으로 므낫세와 에브라임은 이스라엘에서 각각 한 지파가 되었습니다. 그래서 이스라엘은 요셉의 두 아들이 가입됨으로 열세 지파가 됩니다. 그러나 레위 지파가 제사장 지파이기 때문에 빠지게 되어서 결국 이스라엘은 열두 지파가 됩니다.

결국 하나님은 요셉에게 다른 아들의 갑절의 복을 주셨습니다. 요셉은 처음 하나님의 말씀 때문에 형들로부터 많은 미움을 받고 노예로 팔려 왔지만 끝까지 하나님의 말씀을 붙듦으로써 가족들을 다 살리고 애굽 사람들까지 다 살리게 됩니다. 요셉은 하나님의 말씀을 끝까지 붙들고 충성해서 믿음으로 승리했기 때문에 다른 아들의 갑절의 복을 받게 된 것입니다.

우리가 이 세상에서 편안하게 아무 탈 없이 살면 그 정도의 상을 받는 것으로 그칠 것입니다. 요즘 사람들이 특징은 하나님의 말씀을 가지고 고난을 받는데 관심이 없다는 것입니다. 오늘 현대인들은 어떻게 해서든지 세상의 복을 많이 가지고 편안하게 살려고 하는데 이렇게 해서는 하나님의 복을 받지 못합니다. 이 세상에서 많은 환난을 당하면서 많은 어려움 가운데서 하나님의 말씀을 붙들고 부흥을 일으키면 다른 사람들의 갑절의 복을 받게 됩니다. 이때 강한 성령의 역사가 나타나게 되고 이 세상에서도 가장 능력 있는 삶을 살게 됩니다. 우리가 힘든 길에서 믿음으로 승리했을 때 하나님은 그 열매를 갑절이나 축복해주시는 것입니다.

야곱은 요셉에게 그의 어머니 라헬이 어떻게 죽었는지 이야기했습니다.

> 48:7 "내게 대하여는 내가 이전에 밧단에서 올 때에 라헬이 나를 따르는 도중 가나안 땅에서 죽었는데 그 곳은 에브랏까지 길이 아직도 먼 곳이라 내가 거기서 그를 에브랏 길에 장사하였느니라 (에브랏은 곧 베들레헴이라)"

야곱은 다시 하나님의 말씀을 붙들고 살기 위해서 이십년 하란 생활을 끝내고 가나안 땅으로 돌아오고 있었습니다. 그때 라헬은 야곱을 따라 함께 가나안 땅에 오던 중에 길에서 아이를 낳다가 죽었습니다. 요셉의 어머니 라헬은 하란에 있었더라면 얼마든지 잘 살 수 있었는데 하나님의 복을 찾아서 가나안 땅으로 오다가 중간에 죽은 것입니다. 그러나 야곱은 라헬을 중간 길에서 묻지 않고 에브랏이 상당히 멀리 떨어져 있음에도 불구하고 가나안 땅 까지 운구해서 가나안 땅 에브랏에 묻었습니다. 이것을 보면 야곱의 식구들은 하나님의 복을 얼마나 중요하게 생각하는지 알 수 있습니다. 요셉의 어머니 라헬은 살아서 오지는 못했지만 그의 시신은 결국 가나안 땅까지 왔습니다. 이들은 모두 하란 땅에서 잘 사는 것에 만족하지 않고 죽는 한이 있어도 하나님의 약속을 붙들었던 것입니다.

우리가 하루하루를 살아가는 것은 하란을 떠나서 약속의 땅으로 가는 과정과 같습니다. 우리는 약속의 땅으로 가는 과정에서 사랑하는 식구들을 잃을 수도 있습니다. 그러나 우리 모두는 하나님의 말씀을 붙들고 살다가 죽어야 하는 것입니다.

2. 야곱의 축복

요셉이 두 아들을 데리고 아버지를 찾아 갔을 때 야곱은 임종을 눈앞에 두고 있었습니다. 야곱은 이미 너무 늙어서 눈이 어두워 앞을 잘 볼 수 없었습니다. 그래서 요셉에게 함께 온 두 젊은이가 누구냐고 물었습니다. 요셉은 이 아이들이 하나님께서 애굽에서 자기에게 주신 두 아들이라고 소개했습니다. 야곱은 이 두 손자를 자기 품에 안고 축복을 했습니다.

> 48:10 "이스라엘의 눈이 나이로 말미암아 어두워서 보지 못하더라 요셉이 두 아들을 이끌어 아버지 앞으로 나아가니 이스라엘이 그들에게 입맞추고 그들을 안고"

야곱은 요셉의 두 아들 므낫세와 에브라임에게 입을 맞추고 그들을 끌어안았습니다. 그리고 야곱은 그 두 손자를 자신의 무릎 사이에 세우고 축복을 했습니다. 야곱이 다 큰 손자를 자기 다리 사이에 세우고 축복한 것은 아마 아들로 입양하는 의식이었던 것 같습니다. 요셉의 두 아들은 애굽에서 태어났고 어머니가 애굽인이며 애굽어를 사용했으므로 실제 애굽인이나 마찬가지입니다. 이들의 피는 반이 이스라엘의 피가 흐르고 있지만 문화적으로나 언어적으로나 사고방식은 애굽인이었습니다. 그러나 야곱은 이 할례 받지 않은 두 손자를 자기 무릎 사이에 세움으로 그들을 진정한 이스라엘의 자손으로 받아들였습니다.

신약 시대에 오순절에 성령이 임하고 예수님의 제자들이 설교하니까 많은 사람들이 회개하고 세례를 받았고 어떤 때에는 하루에 삼천 명이나 세례를 받기도 했습니다. 이때 예수 믿는 사람들 중에는 이스라엘 자손이라고 하지만 거의 이방인의 피가 섞인 자들이 많았습니다. 그러나 그들은 신약 교회의 중심인물들이 되었고, 얼마 가지 않아서 사도 바울의 전도를 통해서 예수를 믿은 이방인 교회는 세계 교회의 중심이 되었습니다. 오늘 우리도 이방인이지만 하나님의 백성이 되어서 엄청난 복을 받고 있습니다. 이것이 바로 오늘 므낫세와 에브라임의 복이라 할 수 있습니다.

이때 예수를 믿고 세례를 받았을 때 그들에게 성령이 임했습니다. 바로 이것이 하나님이 우리를 하나님의 자녀요 백성으로 인정하시는 표시였던 것입니다. 그리고 그들을 통해서 성령의 불이 임하는 바람에 온 세상은 성령의 불덩어리처럼 변했습니다.

옛날 로마시대에는 입양이 엄청난 복이었습니다. 이 당시에는 자식이 없는 왕이나 귀족들이 노예 중에서 똑똑한 사람을 택해서 훈련시킨 후에 아들로 입양했는데, 그렇게 입양되면 그는 아버지의 지위와 재산을 상속하게 됩니다.

예수를 믿는 사람들은 모두 하나님의 자녀가 되었고 하나님의 모든 것을 물려받는 자들이 되었습니다. 우리는 장차 하나님의 모든 나라와 재산과 영광을 물려받을 것입니다. 그런데 하나님은 너무나도 많은 것을 가지고 계시므로 우리가 나라를 하나씩 차지한다 해도 부족할 것이 없습니다. 그러므로 이 세상에 살면서 가장 복 받는 것은 하나님의 아들의 자격을 얻는 것입니다.

48:15-16 "그가 요셉을 위하여 축복하여 이르되 내 조부 아브라함과 아버지 이

삭이 섬기던 하나님, 나의 출생으로부터 지금까지 나를 기르신 하나님, 나를 모든 환난에서 건지신 여호와의 사자께서 이 아이들에게 복을 주시오며 이들로 내 이름과 내 조상 아브라함과 이삭의 이름으로 칭하게 하시오며 이들이 세상에서 번식되게 하시기를 원하나이다"

야곱이 요셉의 두 아들에게 넘겨 준 것은 많은 재산이나 돈이 아니었습니다. 야곱은 두 손자에게 자기가 한평생 살면서 체험했던 하나님, 특히 자기가 가장 어려울 때 자기를 지켜주셨던 하나님 그리고 그의 아버지와 그의 할아버지가 믿음으로 살면서 능력주시고 복을 주셨던 그 하나님을 복으로 물려주었던 것입니다.

여기에 보면 "내 조부 아브라함과 아버지 이삭이 섬기던 하나님"이라고 했습니다. 이것은 '할아버지 아브라함과 아버지 이삭이 이 세상에 사는 동안 믿음으로 살 수 있도록 지켜 주셨던 하나님' 이라는 뜻입니다. 다시 말해서 할아버지 아브라함과 아버지 이삭이 하나님을 믿지 않는 가나안 땅에서 믿음으로 성공할 수 있었던 비결은 하나님께서 그들을 지켜주셨기 때문이라는 강조의 말입니다. 야곱은 두 손자에게 바로 그 하나님을 유산으로 물려주었습니다.

이것이 의미하는 것이 무엇입니까?

아브라함과 이삭을 믿음으로 살게 하셨던 그 하나님께서 바로 너에게도 그렇게 해 주실 것이라는 뜻입니다. 아브라함은 가나안 땅에서 나그네처럼 살았습니다. 그러나 하나님께서는 그를 어느 왕보다 더 높은 능력과 권세를 주셨습니다. 아브라함은 도저히 살아남을 수 없는 기근과 전쟁에서 살아남았습니다. 아브라함은 어려운 일을 당할 때마다 더 많은 하나님의 복을 받았습니다. 그 이유는 하나님께서 그와 함께 계셨기 때문입니다. 야곱은 바로 그 하나님이 너의 하나님이 되실 것이라고 축복했습니다.

오늘 우리가 이 말씀을 설교로 듣는 이유가 무엇입니까? 설교는 하나님의 축복을 전해주는 것입니다. 바로 하나님께서 아브라함으로 하여금 그렇게 능하게 하셨고 그렇게 승리하게 하셨던 것처럼 오늘 우리도 이 세상에서 그렇게 능력 있게 만들어주실 것입니다.

이삭은 어렸을 때 하나님께 제물로 바쳐질 뻔하였습니다. 그러나 이삭은 죽지 않고 살아났습니다. 그래서 이삭의 신앙은 죽음을 넘어선 체험의 신앙입니다. 하나님께서 이삭을 그 죽음의 고비에게 지키셨던 것처럼 우리들의 생명도 이 사망의 음침한 골짜기에서 지키실 것입니다.

야곱은 또한 자기가 체험한 하나님을 이들에게 주기를 원했습니다. "나의 출생으로부터 지금까지 나를 기르신 하나님. 나를 모든 환란에서 건지신 여호와의 사자"라고 했습니다. 야곱이 체험한 하나님은 자기가 이 세상에서 태어날 때부터 그를 기르신 하나님이었습니다. 물론 야곱을 키운 자는 그의 부모입니다. 그러나 야곱은 다른 어느 누구보다 신앙적인 연단을 많이 받았으며 그런 연단을 통해 믿음이 성숙하게 되었습니다. 하나님은 우리의 신앙을 자라게 하실 것입니다. 그래서 비뚤비뚤하고 모난 우리의 신앙을 보석같이 만들어 주실 것입니다.

이 세상의 재물을 물려주면 오래가지 못합니다. 우리나라 재벌 이세나 삼세 중에서 실패한 경영자들이 많이 있습니다. 그러나 하나님의 복은 그렇지 않습니다. 내가 발견하고 깨달은 하나님을 복으로 물려주면 바로 그 복을 받은 자도 그런 위대한 삶을 살게 되는 것입니다.

야곱은 두 손자에게 부모의 영적 재산을 다 물려주었습니다.

48:16하 "내 이름과 내 조상 아브라함과 이삭의 이름으로 칭하게 하시오며"

여기서 이름을 빌려준다는 것은 그 사람의 신용을 빌려준다는 뜻입니다. 다시 말해서 하나님 앞에서 아브라함과 이삭의 이름으로 칭하게 한다는 것은 아브라함이나 이삭만한 믿음을 주신다는 뜻입니다. 우리가 은행에서 나의 이름으로 돈을 빌리면 잘 빌려주지 않지만 집을 가진 사람이 담보를 서면 돈을 빌려줍니다. 마찬가지로 에브라임이나 므낫세는 미미한 존재이지만 하나님께서는 아브라함과 이삭과 야곱을 보고서 그만

한 복을 빌려주신다는 것입니다. 그래서 그들은 자신들이 원하기만 한다면 얼마든지 아브라함이나 이삭이나 야곱같이 위대한 삶을 살 수가 있는 것입니다. 하나님의 나라에서 아브라함이나 이삭은 믿음이 대단한 사람이었습니다. 그러나 야곱은 두 손자에게 자기 이름 야곱만이 아니라 그 아버지 이삭과 그 할아버지 아브라함의 이름까지도 마음대로 사용하라는 것입니다. 이것은 야곱이 이 두 손자에게 야곱과 이삭과 아브라함의 믿음의 분량을 다 주는 것입니다. 그들은 믿기만 하면 이 세 사람을 합친 것보다 더 위대한 믿음의 삶을 살 수 있다는 뜻입니다.

사실 아브라함과 이삭과 야곱의 이름을 합친 것보다 더 능력 있는 이름이 예수 그리스도의 이름입니다. 주님께서는 우리가 주님의 이름으로 하나님께 간구하면 간구하는 모든 것이 응답될 것이라고 말씀하셨습니다. 만일 우리가 주님을 의지하기만 한다면 아브라함이나 이삭이나 야곱을 합친 것보다 더 위대한 믿음의 삶을 살 수 있을 것입니다.

3. 오른손의 축복

야곱이 두 손자를 축복할 때에는 눈이 어두워서 앞이 거의 보이지 않았습니다. 그래서 요셉은 아버지에게 오른손으로 큰아들 므낫세 머리 위에 얹도록 하고 왼손으로 작은 아들 에브라임의 머리에 얹도록 해서 아버지께 데리고 들어갔습니다. 그런데 놀랍게도 야곱은 손을 어긋나게 해서 오른손을 왼쪽에 있는 에브라임의 머리에 얹고 왼손을 오른쪽에 있는 므낫세의 머리에 얹어서 엑스 자 형으로 해서 축복을 했습니다.

우리의 손은 두 개가 있지만 오른손과 왼손은 힘에 차이가 있습니다. 거의 보통 사람들은 오른손이 왼손에 비해서 더 힘이 있습니다. 옛날에는 왼손잡이들은 아이들에게 놀림을 받았습니다. 그런데 요즘은 왼손잡이들 중에서 예능계나 체육 활동에 두드러진 자들이 많이 있습니다. 이스라엘 백성들은 하나님께서 그 강한 오른손으로 자기들을 붙들고 있다고 믿었습니다. 혹시 왼손은 힘이 약해서 놓칠 수 있을지 몰라도 오른손은 워낙 힘이 있으므로 어떤 것도 하나님의 손에서 빼낼 수 없다고 믿었습니다.

오늘 우리들은 오른손으로 축복을 해 달라고 말하지 않고 '세게 기도해 주세요'라고 합니다. 여기서 '세게 기도를 해 달라'는 것은 간절한 마음으로 더 큰 복을 빌어 달라는 뜻입니다. 그런데 어떤 사람을 위하여 기도를 하다보면 정말 기도하고 싶은 마음이 일어납니다. 그의 마음이 너무 아름답고 너무 귀한 믿음을 가지고 있어서 기도할 때 더욱 힘을 써서 간절하게 기도하게 되는 것입니다. 그러나 어떤 사람은 기도해 주어야 되겠는데 너무 믿음이 없어서 억지로 기도하게 될 때도 있습니다. 그럴 때는 왼손의 축복 밖에 되지 않는 것입니다. 믿음으로 살려고 애쓰는 사람은 사람이 보기에도 간절히 기도하고 싶은 마음이 생기고 어떻게 하든지 그가 잘되기를 바라게 됩니다. 이렇게 차별해서 축복하는 이유는 하나님의 축복이 다 같은 것이 아니라는 것을 보여주려는 것입니다. 자기가 장남이라고 해서 잘난 체 하는 형보다는 하나님은 동생을 더 축복하실 수 있다는 것입니다. 같은 하나님을 믿노라고 하면서도 잘난 체하고 교만한 자에게 하나님은 왼손으로 복을 주실 것입니다. 그러나 하나님 앞에서 가난하고 겸손하며 거짓 없는 믿음으로 간절히 사모하는 자에게 더 강한 손으로 붙들어 주시고 복을 주실 것입니다.

그리고 마지막으로 야곱은 요셉에게 보너스의 복을 더 주었습니다. 이것은 야곱에게는 정말 특별하고 가치 있는 땅인데 요셉에게 주었습니다.

48:22 "내가 네게 네 형제보다 세겜 땅을 더 주었나니 이는 내가 내 칼과 활로 아모리 족속의 손에서 빼앗은 것이니라"

야곱이 가나안 땅에서 전쟁해서 땅을 빼앗았다는 이야기는 성경에 기록되어 있지 않습니다. 그래서 우리는 성경에 기록되어 있는 것만이 전부라고 생각해서는 안 됩니다. 성경에 기록되어 있지는 않지만 야곱은 가나안 땅에서 전쟁을 해서 아모리인으로부터 땅을 빼앗은 적이 있던 것 같습니다. 고대에는 돈을 주고 땅을 사는 것보다는 이런 식으로 전쟁해서 차지하는 것을 훨씬 더 가치 있게 생각했습니다. 이스라엘 백성들이 출애굽 해서 가나안 땅에서 땅을 차지하기 전에 야곱은 이미 사백년 전에 전쟁해서 빼앗은 땅이 있었습니다. 야곱은 그것을 요셉에게 보너스로 주었습니다. 그리고 여호수아서에 보면 이스라엘 자손들이 요셉의 해골을 그곳에 묻는 것을 보게 됩니다. 이것은 가장 용감한 자에게 주는 상이었습니다. 전쟁에서 가장 용감한 자에게 가장 중요한 상을 주게 되어 있습니다. 하나님 나라에서 목숨을 걸고 싸운 자에게는 가장 명예로운 상이 주어지게 됩니다. 하나님의 나라는 침노하는 자가 빼앗게 되어 있습니다. 목숨을 걸고 하나님의 나라를 위하여 싸운 자에게 최고의 상이 주어질 것입니다.

우리는 아브라함과 이삭과 야곱의 믿음을 합친 큰 믿음의 사람들이 되시기를 바랍니다. 하나님 앞에서 오른손의 축복을 받는 성도들이 되시기 바랍니다. 우리는 야곱이 가나안 땅에서 돈을 주고 산 땅이 아니라 활과 칼로 빼앗은 땅을 복으로 받는 성도들이 다 되시기 바랍니다.

56

최고의 축복 / 창세기 49:1-12

요즘 우리나라에서는 대기업 회장들이 자신이 한평생 일구어 키운 회사를 자식들에게 물려주는 것을 볼 수 있습니다. 그래서 대형백화점을 가진 어느 기업체는 천억 원이 넘는 엄청난 상속세를 내고 물려주기도 했습니다. 우리가 생각하기에는 부모가 자식에게 큰 회사를 송두리째 물려주면 자식은 고생도 하지 않고 바로 큰 회사 사장이 될 수 있으니까 좋을 것 같지만 그렇지 않습니다. 세상은 너무 경쟁적이고 위험한 고비가 많기 때문에 회사만 물려주는 것으로는 안전하지 않을 수 있습니다. 대신에 아버지가 한평생 경영을 하면서 터득한 기술이라든지 경영철학 같은 것을 물려줄 수 있다면 자식은 아버지가 터득한 기술 위에 살아가니까 더 유리할 수 있을 것입니다.

한창 자랄 때에는 선생을 잘 만나는 것이 중요합니다. 더욱이 음악을 하거나 운동을 하거나 공부를 하는 사람에게 있어서 혼자서 잘 한다는 것은 아무리 잘 해도 보통 선수 밖에 되지 못합니다. 그러나 선생이 세계적인 실력을 가진 사람이라면 제자의 모든 장단점을 잘 알고 있기 때문에 제자가 열심히 따라오기만 하면 세계적인 인물로 키울 수가 있는 것입니다.

하나님은 아브라함에게 "너는 복이 될지니라"고 말씀하셨습니다. 즉 아브라함에게 하나님의 복을 송두리째 독점적으로 맡겨주셨습니다. 그러나 우리가 이 세상에서 능력 있게 살기 위해서는 하나님의 복을 자신의 삶에 적용을 시켜서 복을 만들어내는 것이 필요합니다. 야곱은 한평생 하나님의 말씀을 많이 생각하고 자신의 삶에 적용해서 하나님의 복을 많이 캐내어 자기 것으로 만드는 데 성공했습니다.

이제 야곱은 늙어서 죽게 되었는데 죽기 전에 자식들에게 자기가 묵상하고 적용했던 하나님의 복을 유산으로 물려주었습니다. 그런데 야곱이 자식들에게 한 유언을 보면 어떤 자식에게는 축복이 아니라 저주같이 들리는 말씀도 있습니다. 이것은 야곱이 그 아들이 미워서 저주한 것이 아니라 그 아들과 자손들에게는 이런 약점이 있기 때문에 이것만 주의하면 얼마든지 성공할 수 있다는 것을 가르쳐주는 것입니다. 그래서 성경에서 '저주' 하는 것은 저주가 아닙니다. 우리에게 이런 약점이 있으니까 이것을 조심하면 얼마든지 성공하고 복을 받을 수 있다는 역설입니다. 사실 누군가가 장차 저지를 수도 있고 빠질 수도 있는 잘못이나 약점을 미리 알려주어서 나중에 어려움에 빠지지 않게 해 준다면 너무나도 고마울 것입니다. 그런데 오늘 이 세상은 앞으로 저지를 수 있는 치명적인 약점이 있는데도 무조건 성공을 향해서 달리라고 하기 때문에 나중에 대형 사고를 저지르게 되는 것입니다.

하나님은 성경 말씀 안에 자신의 최고의 복을 모두 다 넣어서 우리에게 주셨습니다. 그런데 오늘 신자들의 치명적인 문제는 성경을 그렇게 가치 있게 보지 않는다는 것이고, 또 성경을 제대로 해석할 수 있는 능력을 갖춘 사람도 별로 없다는 점입니다. 그러나 우리가 성경 안에 있는 진리를 캐내어서 내 것으로 가질 수만 있다면 앞으로도 실패하지 않을 것이며 하나님의 모든 복을 다 받을 수 있을 것입니다.

1. 르우벤의 참지 못한 욕망

야곱은 죽기 전에 열두 아들을 다 불러 놓고 한 명 한 명에게 서로 다른 축복의 말씀을 주었습니다. 야곱은 형에게 장자권을 빼앗기 위해서 팥죽으로 사기도 하고 앞을 보지 못하는 아버지를 속여 아버지의 축복을 가로채기도 했지만 이제는 늙어서 죽을 때가 되었습니다. 우리는 늙는 것을 너무 비관적으로 생각할 필요가 없습니다. 왜냐하면 늙어서 죽는다는 것은 이 세상에서 우리의 삶을 다 마치고 나의 집 하나님의 집으로 돌아가는 것이기 때문입니다.

야곱은 죽기 전에 이 세상에서 한평생 살면서 하나님의 말씀을 가지고 찾아내었던 축복을 자녀들에게 전해주었습니다. 그런데 이것은 그냥 듣기 좋은 소리가 아니라 하나님의 말씀이 야곱의 생애를 관통해서 하나의 기술이나 노하우로 만들어진 보석이라고 할 수 있습니다.

> 49:1 "야곱이 그 아들들을 불러 이르되 너희는 모이라 너희가 후일에 당할 일을 내가 너희에게 이르리라"

야곱은 먼저 모든 아들을 다 모아놓고 모두 듣는 자리에서 공개적으로 이 축복의 말씀을 주고 있습니다. 그러나 이 축복의 말씀들 중에는 다른 아들들이 듣기에는 상당히 민망한 좋지 않은 내용도 있습니다. 차라리 야곱이 이런 말을 하려고 하면 모든 사람이 다 듣는 데서 할 것이 아니라 개인적으로 그 사람만 불러서 조용히 이야기하면 더 좋을 것 같은 내용도 있습니다. 그러나 야곱이 이런 저주에 가까운 말씀을 모든 아들들이 모인 데서 한 이유는 사실 다른 아들들에게도 이런 성향이 어느 정도는 다 있기 때문입니다. 그래서 우리는 성경이나 설교에 나오는 책망이나 저주의 말씀을 듣는다 해도 너무 기분 나쁘게 생각해서는 안 됩니다. 왜냐하면 바로 이런 약점이나 잘못이 앞으로 얼마든지 걸림돌이 되어서 하나님의 복을 받지 못하게 되거나 사탄의 꾐에 넘어가서 망칠 수도 있는데 그것을 예방하는 말씀이 되기 때문입니다.

야곱은 가장 먼저 큰 아들 르우벤을 축복했습니다. 그러나 르우벤의 축복은 사실 축복이 아니라 저주의 말씀이었고 무서운 경고의 말씀이었습니다.

> 49:3 "르우벤아 너는 내 장자요 내 능력이요 내 기력의 시작이라 위풍이 월등하고 권능이 탁월하다마는"

르우벤은 야곱의 장자로서 대단히 총기 있고 유능한 아들이었습니다. 그래서 야곱은 르우벤에 대하여 "위풍이 월등하고 권능이 탁월하다"고 했습니다. 르우벤은 아주 머리가 뛰어나고 능력도 다른 사람이 따라올 수 없을 정도로 탁월한 아들이었습니다.

또 "너는 내 장자요 내 능력이요 내 기력의 시작이라"고 했습니다. 르우벤은 어렸을 때 야곱의 맏아들답게 야곱에게 힘이 되었고 그의 기력이 되었습니다. 이것을 보면 야곱이 맏아들 르우벤에 대해서 얼마나 기대하고 있었는지 알 수 있습니다. 원래 야곱은 머리가 아주 좋은 사람이었고 재주가 비상한 사람이었습니다. 르우벤도 야곱의 그런 기질을 물려받아서 머리가 아주 뛰어나고 어떤 일도 잘해내는 기술이 뛰어났습니다.

그러나 야곱이 신앙의 눈으로 르우벤을 볼 때 르우벤은 결코 복을 받은 사람이 아니었습니다. 왜냐하면 르우벤이 세상적으로는 그렇게 뛰어났지만 믿음은 좋지 않았기 때문입니다. 르우벤에게는 이런 재능이나 기질을 컨트롤할 수 있는 믿음이 없었던 것입니다. 그래서 야곱은 르우벤에게 축복하는 대신에 저주를 했습니다.

4절에 "물의 끓음 같았은즉 너는 탁월하지 못하리니"라고 했습니다. 여기서 '물의 끓음' 이라는 것은 르우벤의 기질을 말하는 것입니다. 르우벤은 머리가 뛰어나고 재능이 비상했지만 성격이 굉장히 급하고 자신의 기를 주체하지 못하는 사람이었습니다. 르우벤은 신앙은 없이 머리와 재능만 뛰어나니까 자신의 성질이나 기질을 스스로 컨트롤할 수 없었던 것입니다. 르우벤은 한번 끼가 발동이 되면 자기 자신도 통제가 안 되고 다른 사람도 통제가 할 수 없었던 것입니다. 이것이 바로 르우벤의 약점이었습니다. 결국 르우벤은 하나님이 주신 좋은 머리와 재능들을 제대로 써보지도 못하고 다 쏟아버리고 말았습니다.

야곱은 지금까지 어느 누구에게 말하지 않았던 비밀을 여기서 말하는데 "네가 아비의 침상에 올라 더럽혔음이로다. 그가 내 침상에 올랐었도다"라고 했습니다. 르우벤의 잘못은 도덕적인 실패입니다. 르우벤은 아버지의 침상에 올라가서 아버지의 여자와 성적인 죄를 지은 적이 있었습니다.

르우벤은 야곱의 맏아들이었기 때문에 다른 아이들보다 큰 편이었는데 머리는 좋고 조숙했던 것 같습니다. 그리고 어렸을 때부터 이성에 대한 호기심이 아주 심하고 눈이 빨리 떴던 것 같습니다. 그러다가 어느 날 르우벤은 아버지의 첩인 여자와 성관계를 가지게 되었습니다. 르우벤은 성격 자체가 너무나도 불같았기 때문에 어느 누구도 컨트롤할 수 없었던 것입니다. 그런데 놀라운 것은 르우벤이 그렇게 똑똑하고 리더십이 있고 장래가 유망했는데 딱 한번 도덕적으로 죄를 짓고 난 후에는 그 모든 아름다움과 능력과 재능을 다 잃어버리게 되었다는 점입니다.

야곱이 르우벤에게 이런 저주스러운 축복을 하는 이유는 르우벤이나 그의 후손들에게는 이런 기질이 다 있기 때문입니다. 그래서 르우벤이나 그 자손들이 하나님의 복을 받으려고 하면 절대로 뛰어나려고 해서는 안 되는 경고입니다. 이렇게 끼가 있는 사람들은 남들 위에 올라가서 잘난 체 하려다가는 망할 수 있기 때문에 야곱은 르우벤에게 "너는 탁월하지 못하리니"라고 말하고 있습니다. 이제부터 르우벤 지파는 죽었다고 생각하고 끝까지 평범하게 신앙 생활하는 것으로 만족하라는 의미입니다.

야곱이 이런 무서운 말씀으로 르우벤을 축복하는 이유는 르우벤이나 그의 자손들이 얼마든지 다시 죄를 지을 가능성이 있기 때문입니다. 그래서 이 부분을 아주 조심해서 앞으로는 지극히 평범하게 살지 않으면 안 된다는 것을 가르쳐주는 것입니다.

사탄이 왜 영원한 지옥의 저주를 받게 되었을까요? 사탄은 다른 천사들에 비하여 너무나도 뛰어났는데 그 교만과 그 끼를 주체하지 못해서 감히 하나님의 영광을 도둑질하다가 결국 망하게 되었던 것입니다.

우리가 알아야 할 것이 있습니다. 이 세상에 가장 위험한 사람은 우리 자신이라는 점입니다. 우리는 거짓말도 잘하고 남을 시험에 빠트리기도 잘합니다. 그래서 하나님의 일을 하면서 가장 중요한 것은 절대로 잘난 체 하지 말고 평범하게 사는 것이 바로 사는 길이라는 것입니다.

2. 시므온과 레위의 분노

시므온과 레위는 야곱의 둘째 아들이고 셋째 아들이었습니다. 이들은 당연히 르우벤 다음으로 야곱의 장자가 될 수 있는 신분이었지만 이들은 야곱의 장자권을 물려받지 못했습니다. 그 이유는 그들의 기질이 너무 공격적이고 잔인했기 때문입니다.

여기에 보면 특이한 것이 이스라엘의 다른 아들들에 대해서는 모두 따로 복을 주었는데 시므온과 레위는 두 사람에게 함께 복을 주고 있다는 사실입니다. 그 이유는 시므온과 레위는 좋은 일에 그렇게 잘 맞는 것이 아니라 나쁜 일을 하는데 죽이 잘 맞았기 때문입니다. 그래서 야곱은 시므온과 레위에게 축복할 때 따로 하지 않고 사이좋게 같이 축복했습니다.

49:5 "시므온과 레위는 형제요 그들의 칼은 폭력의 도구로다"

여기에 보면 시므온과 레위를 '형제'라고 했습니다. 야곱이 시므온과 레위가 같은 형제라는 것을 몰라서 하는 소리가 아니라 그들은 너무 죽이 잘 맞아서 그렇게 말한 것입니다. 그런데 시므온과 레위는 다른 것은 몰라도 남을 해치거나 못된 짓을 할 때에는 너무나도 죽이 잘 맞았던 것입니다.

야곱은 시므온과 레위에게 "그들의 칼은 폭력의 도구로다"라고 했습니다. 시므온과 레위는 너무 그 성격이 공격적이고 잔인했습니다. 그래서 이 두 사람은 언제 무슨 일을 저지를지 모르는 폭력의 칼이었던 것입니다. 하나님의 백성들은 아무리 날카로워도 사람을 살리는 도구로 사용되어야지 사람을 죽이는 무기로 사용되어서는 안 됩니다.

시므온과 레위는 사람 속에 있는 분노의 불을 더 부채질해서 큰 폭력을 일으키는 사람들이었습니다. 예를 들어서 시므온이 사람을 죽여야 한다고 말하면 레위는 이미 칼을 들고 문을 나설 정도였습니다. 그 결과가 그들은 죽이지 말아야 할 사람을 많이 죽였습니다. 시므온과 레위는 자기 여동생이 세겜의 추장 아들에게 강간을 당했을 때 그들은 세겜 사람들을 속여서 할례를 받게 한 후에 모두 죽여 버리는 데 앞장섰습니다.

49:6 "내 혼아 그들의 모의에 상관하지 말지어다 내 영광아 그들의 집회에 참여하지 말지어다 그들이 그들의 분노대로 사람을 죽이고 그들의 혈기대로 소의 발목 힘줄을 끊었음이로다"

야곱은 "내 혼아 그들의 모의에 상관하지 말지어다"라고 축복하고 있습니다. 이것은 하나님의 백성들은 이런 악한 모의나 남을 해치려고 하는 모임에 가서는 안 된다는 의미입니다. 야곱은 이런 공격적이고 비판적인 모임이나 대화에는 아예 상관을 하지 말라고 경고하고 있습니다. 왜냐하면 그런 모임의 성격 자체가 선동적이고 공격적이므로 하나님이 함께 하시지 않기 때문입니다. 그런데 사람들은 이런 공격적이고 비판적인 사람들이 무엇인가 똑똑한 것 같고 정의로운 것 같기 때문에 많이 따라가게 됩니다. 그러나 하나님의 영광은 그런 사람들과 함께 하시지 않는 것입니다. 그래서 성도들은 남을 해치고 교회를 욕하기 위해서 모여서 먹고 마시고 떠드는 모임에 참여해서는 안 됩니다. 우리는 누군가가 다른 사람을 비판할 때에는 아예 대꾸를 해주지 말아야 합니다. 그래야 그런 나쁜 쪽으로 대화가 발전하지 않게 됩니다.

여기에 보면 시므온과 레위가 혈기대로 "소의 발목 힘줄을 끊었다"고 했습니다. 원래 전쟁할 때 상대방의 전력을 약화시키기 위하여 상대방 말의 힘줄을 끊습니다. 하나님은 이스라엘 백성들에게 가나안 땅에 들어가면 말의 뒷다리 힘줄을 끊으라고 하셨습니다. 이것은 이스라엘 백성들이 말의 힘을 의지하지 말고 하나님의 능력을 의지하도록 하기 위한 것입니다. 그러나 소의 힘줄은 끊으라고 말씀하시지 않았습니다. 그 이유는 소는 전력과는 큰 관계가 없기 때문입니다. 그러나 여기에서 소까지 힘줄을 끊는다는 것은 너무나도 철저해서 하라고 하지 않은 것까지 하는 것을 뜻합니다. 분노로 어떤 일을 하는 사람은 다른 사람들의 아주 작은 실수나 결점을 용납하지 못합니다. 그래서 이런 완벽한 사람들은 너무 불필요한 것을 가지고 다른 사람을 정죄하고 마음에 깊은 상처를 주게 됩니다.

시므온과 레위는 어렸을 때부터 항상 다투는 두 엄마 사이에서 자랐습니다. 그래서 늘 엄마의 사랑에 굶주려 있었습니다. 결국 시므온과 레위는 그 분노를 다른 것으로 채우려고 하니까 지나치게 철저했던 것입니다. 하나님은 말의 힘줄을 자르라고 했는데 이들은 소의 힘줄까지 다 잘라버렸던 것입니다. 결국 마음에 상처가 있거나 열등감이 있는 사람들끼리 만나면 금방 남을 비판하고 공격하는데 하나가 되기 쉽습니다.

> 49:7 "그 노여움이 혹독하니 저주를 받을 것이요 분기가 맹렬하니 저주를 받을 것이라 내가 그들을 야곱 중에서 나누며 이스라엘 중에서 흩으리로다"

시므온과 레위는 자기들의 마음속에 있는 분노를 다스릴 수 있어야 복을 받을 수 있었습니다. 그러나 그들의 노여움이나 분기는 맹렬해서 좀처럼 다스릴 수가 없었습니다. 결국 이들이 분기를 이길 수 있는 길은 서로 떨어져야 하고 작아지는 수밖에 없었습니다.

그래서 하나님은 시므온 지파를 나누어지게 하셨습니다. 출애굽할 때 시므온 지파는 다른 지파와 비슷했는데 가나안 땅에 들어갈 때에는 이상하게 아주 작아져버렸습니다. 그래서 시므온 지파는 유다 지파에 속해서 항상 유다를 따라다니면서 서로 협력하며 살았습니다. 그 이유는 시므온 지파는 작아야 남을 해치지 않기 때문입니다. '작은 것이 아름답다' 는 말이 있습니다. 어떤 사람은 작아야 남도 해치지 않고 자기 자신도 살 수 있습니다. 그래서 어떤 자들에게는 힘이 없고 골골한 것이 복이 될 수 있습니다.

그리고 하나님은 레위 족속을 정말로 흩어버리셨습니다. 그래서 레위 지파는 단독으로 모이지 못하고 전 이스라엘 지파 중에서 흩어져서 제사장으로 봉사를 하게 했습니다. 그러나 이것은 저주가 아니라 복이었습니다. 하나님은 그냥 레위를 흩은 것이 아니라 하나님의 율법을 섬기기 위하여 흩은 것입니다. 이것이 레위의 살 길이요 레위의 축복이었습니다.

3. 유다 지파의 복

사실 이스라엘 열두 아들 중에서 장자의 복과 가장 멀리 있던 사람이 유다였습니다. 왜냐하면 유다는 아예 이스라엘의 복을 포기하고 가나안 여자와 결혼했고 자식들도 가나안 여자와 결혼시켰습니다. 유다는 아예 하나님의 말씀을 믿지 않으려 했고 타락하려고 했습니다. 그러나 유다가 정신을 차리게 되었을 때 유다는 확실하게 하나님의 말씀으로 돌아왔습니다. 그리고 야곱의 집이 가장 어려웠을 때 죽을 각오를 하고 어려움을 해결하려고 했습니다.

그래서 하나님은 유다로 하여금 이스라엘의 장자가 되게 하셨습니다. 하나님은 원래부터 착실하고 모범적인 사람도 사랑하시지만 한때는 옆 길로 가서 방황하기도 하지만 돌아설 때에는 확실하게 돌아서는 사람을 더 좋아하십니다. 그래서 우리 중에서 방황하기도 하고 삐딱하게 믿었던 분들은 모두 장자의 복을 받을 가능성이 있다고 보시면 좋겠습니다. 그러나 지금 그대로는 안 되고 돌아설 때에는 확실하게 돌아서야 합니다.

49:8-9 "유다야 너는 네 형제의 찬송이 될지라 네 손이 네 원수의 목을 잡을 것이요 네 아버지의 아들들이 네 앞에 절하리로다 유다는 사자 새끼로다 내 아들아 너는 움킨 것을 찢고 올라갔도다 그가 엎드리고 웅크림이 수사자 같고 암사자 같으니 누가 그를 범할 수 있으랴"

야곱은 유다를 축복하면서 "네 형제의 찬송이 될지라"고 했습니다. 이것은 유다가 한때는 비딱하게 믿어서 세상으로 흘러갔고 죄도 지었지만 돌아올 때는 확실하게 돌아와서 하나님의 말씀에 충성했던 것을 말합니다. 그래서 유다는 하늘의 복을 가장 많이 받게 됩니다. 야곱은 유다를 축복하면서 두 가지 이미지를 사용하고 있습니다. 하나는 사자이고 다른 하나는 포도입니다.

먼저 사자는 동물 중에서 가장 힘이 세고 강한 동물이고, 포도는 과일 중에서 가장 맛있고 고상한 과일입니다. 물론 여기서 사자는 힘을 나타내고, 포도는 기쁨과 풍성함을 나타냅니다.

야곱은 여기서 유다를 축복하는데 무려 세 종류의 사자를 등장시켜서 표현하고 있습니다. 첫 번째는 새끼 사자요, 두 번째는 수사자요, 세 번째는 암사자입니다. 새끼 사자는 지금은 비록 경험이 부족하고 어리지만 앞으로는 어른 사자가 되어서 정글을 지배하게 될 것이라는 의미입니다. 그리고 수사자는 지금 한창 절정에 달해서 정글이나 초원에서 이 사자를 건드릴 자가 없을 것이라는 뜻입니다. 그리고 암사자는 살림꾼입니다. 암사자는 직접 사냥에 나가서 많은 짐승들을 사냥해서 가족들을 먹여 살릴 것이라는 의미입니다. 여기서 유다를 특히 사자로 표현한 것은 다른 짐승들을 정복하는 힘을 뜻하는 것입니다. 사자는 한번 다른 짐승을 덤벼들어서 물게 되면 절대로 그 먹이를 놓치지 않는 힘이 있습니다.

49:9 "유다는 사자 새끼로다 내 아들아 너는 움킨 것을 찢고 올라갔도다 그가 엎드리고 웅크림이 수사자 같고 암사자 같으니 누가 그를 범할 수 있으랴"

야곱이 유다 지파에게 준 축복은 영적인 복이었습니다. 유다에게는 하나님과 상관없이 돌아다니는 많은 짐승들을 사로잡는 은혜의 능력이 있었습니다. 하나님의 은혜가 겉으로 보기에는 시시해 보일지 몰라도 사자처럼 사람을 붙잡는 능력이 있습니다. 그래서 유다 지파는 겉으로 보기에는 약할지라도 사자 같은 능력으로 다른 사람들을 붙잡아서 하나님의 백성이 되게 하는 것입니다. 이것은 복음의 정복력을 나타냅니다. 그리스도는 누구든지 하나님의 말씀으로 한번 움켜쥐면 절대로 놓치지 않습니다. 유다가 이렇게 사자같이 될 수 있었던 것은 그가 확실하게 하나님의 말씀으로 돌아섰기 때문입니다.

우리가 예수 믿고 그리스도인이 된 것은 바로 예수님의 손에 붙들렸기 때문입니다. 예수님은 사자와 같은 분이십니다. 예수님은 일단 우리를 한번 움켜쥐면 절대로 놓치지 않습니다. 우리는 때때로 예수 믿고 난 후에도 세상으로 가고 싶어서 돌아서려고 하지만 예수님은 절대로 놓치지 아니하십니다. 결국 우리 욕심대로 살지 못하고 하나님의 뜻대로 변화되어 믿음으로 살아가게 됩니다. 그러므로 아무리 자기 머리를 굴리고 세련되게 살려고 해도 일단 예수님의 손에 붙들리면 믿음으로 살아갈 수밖에 없습니다.

> 49:11 "그의 나귀를 포도나무에 매며 그의 암나귀 새끼를 아름다운 포도나무에 맬 것이며 또 그 옷을 포도주에 빨며 그의 복장을 포도즙에 빨리로다"

두 번째 이미지는 포도입니다. 포도는 열매 중에 가장 많은 열매를 맺고 그 맛은 최고입니다. 유다는 하나님이 주시는 최고의 복을 받게 될 것입니다. 이것은 결국 우리가 예수님의 손에 붙들려서 꼼짝 못하고 믿게 되었을 때 하나님이 주시는 풍성한 삶을 나타냅니다. 예수님은 내가 온 것은 너희로 풍성한 삶을 살게 하기 위해서라고 말씀하셨습니다.

여기에 보면 포도나무가 얼마나 많은지 암나귀 새끼를 아름다운 포도나무에 매고 옷도 포도주에 빤다고 했습니다. 팔레스타인은 포도가 생활의 기본입니다. 포도주는 생활을 기쁘게 하고 위로하며 새 힘을 주는 음료입니다. 포도주는 일종의 기쁨의 상징입니다. 이런 포도가 무한정 있다는 것은 그들이 무한정으로 기뻐하며 풍성한 삶을 누릴 수 있다는 뜻입니다.

49:10 "규가 유다를 떠나지 아니하며 통치자의 지팡이가 그 발 사이에서 떠나지 아니하기를 실로가 오시기까지 이르리니 그에게 모든 백성이 복종하리로다"

여기서 '규'와 '통치자의 지팡이'는 왕권을 상징합니다. 결국 이스라엘을 다스릴 자는 유다 지파에서 나오게 될 것이라는 뜻입니다. 그런데 그를 '실로'라고 말하고 있습니다. '실로'는 정확하게 번역이 안 되는 단어입니다. 그러나 앞으로 오실 어떤 특별한 왕을 상징하는 것이 틀림없습니다. 예수님은 유다 지파의 사자로 오셨습니다.

그래서 씨 에스 루이스(C. S. Lewis)가 쓴 《나르니아 이야기》라는 판타지 동화를 보면 '아즐란'이라는 사자가 나오는데 바로 예수님을 상징하고 있는 것입니다.

야곱은 우리의 위험한 재주를 경고하고 있습니다. 가장 미련한 자는 자기 꾀만 믿고 묘기를 부리는 자입니다. 그는 결국 자기 꾀에 넘어지게 되어 있습니다. 죄를 가까이 하는 것은 너무 위험한 것입니다. 죄라는 생각이 들면 마치 새가 새장을 빠져 나가듯이 도망을 치십시오.

그리고 마음속에 혈기가 있고 분노가 있는 자는 의기투합하지 말고 작은 것에 만족하는 법을 배워야 합니다. 우리는 작은 것에 만족해야 합니다. 작은 집에 만족하십시오. 자기 아내나 남편으로 만족하십시오. 작은 사업으로 만족하십시오. 그렇지 않으면 공룡처럼 자꾸 비대해지다가 나중에 스스로 망하게 됩니다. 우리는 유다 지파입니다. 사자의 힘과 포도주의 풍성함이 있기를 바랍니다. 그리스도가 우리 교회의 주인이 되셔서 우리 모든 성도들에게 아름다운 비전을 주시기를 바랍니다.

57

또 다른 축복 / 창세기 49:13-33

우리나라 어떤 대기업 회장은 고향에서 아버지 몰래 소를 판 돈을 갖고 도망쳐 나왔는데 후에 사업에 크게 성공해서 자녀들에게 많은 기업체를 물려주었습니다. 어떤 자녀에게는 큰 자동차 회사를 물려주었고 어떤 자녀에게는 건설회사를 물려주었고 어떤 자녀에게는 대학교와 석유단지 회사를 물려주었습니다. 아마 다른 사람들은 이 회장이나 자녀들이야말로 이 세상에서 최고로 복 받은 자들이라고 생각할 것입니다.

그런데 이 세상에는 또 다른 축복의 가문이 있습니다. 그것은 바로 복음의 가문입니다. 언더우드 가문은 대를 물려가면서 우리나라에서 복음을 위해서 수고를 했는데 지금도 그 후손들은 연세대학이나 세브란스병원 같은 곳을 통해서 크게 봉사하고 있습니다. 그리고 영국 선교사였던 허드슨 테일러가 세운 OMF 선교회는 140년이 넘도록 아시아복음화에 헌신하고 있는데 그 자손들은 아직도 선교 단체에서 봉사하고 있습니다. 그 선교 단체는 지금도 창시자인 허드슨 테일러가 세웠던 믿음 선교의 원칙에 따라서 빚을 지지 않고 선교를 하고 있다고 합니다.

만일 우리가 이 세상에 사는 것만으로 인생이 끝난다면 우리는 할 수 있는 대로 세상의 복을 다 가지는 것이 성공이고 행복일 것입니다. 그러나 유감스럽게도 이 세상에서의 성공은 진짜 성공이 아니고 성공을 위해서 밑천을 빌리는 것뿐입니다. 진짜 복은 우리가 이 세상을 다 살고 난 후에 하나님 앞에서 받게 됩니다. 그래서 이 세상에서 높은 자리에 올라가거나 돈을 많이 번 것은 하나님 앞에서 인정되지 않습니다. 하나님 앞에서 인정을 받으려고 하면 그것을 가지고 무엇을 했으며 어떻게 살았느냐 하는 것을 보여줄 수 있어야 합니다.

야곱은 죽을 때가 되어서 양떼나 소떼나 돈이나 기업을 물려주는 것이 아니라 자기가 한평생 살면서 붙잡았던 하나님의 말씀을 자식들에게 유산으로 물려주었습니다. 이것이 부모가 자식에게 물려줄 수 있는 최고의 복입니다. 그러나 야곱은 자식들에게 무조건 좋은 말로 축복만 해 준 것이 아니라 저주의 복도 주었습니다. 그것은 이 세상에서 성공하고 복을 받기 위해서는 죄에 빠지지 않는 것이 더 중요하다는 것을 가르쳐주기 위한 것입니다. 그래서 나중에 성공하기 위해서는 먼저 여자 문제가 깨끗해야 하는데 장남 르우벤은 여자 문제에서 흠이 있었습니다. 그리고 모든 사람을 포용할 수 있어야 큰 그릇이 될 수 있는데 시므온과 레위는 마음에 분기가 있었습니다. 분노로 성공하고 복수심으로 높은 자리에 올라가는 사람은 많은 사람을 다치게 하기 때문에 위험할 뿐 아니라 자신의 인생 말로도 비참하게 될 것입니다.

그리고 야곱은 최고의 복을 유다에게 줍니다. 그 이유는 유다가 한때는 됨됨이가 비딱했고 세상으로 나가기도 했지만 하나님의 말씀으로 확실하게 돌아왔기 때문에 하나님은 최고의 복을 그에게 주셨던 것입니다.

이어서 이스라엘의 남은 지파들의 축복에 대한 내용이 나옵니다. 나머지 이스라엘 여덟 지파에 대하여 야곱은 서로 다른 아주 다양하면서도 아주 상징적인 비유로 축복을 하고 있기 때문에 우리는 그것이 무슨 내용인지 알기가 어렵습니다. 이 나머지 여덟 지파 중에서 가장 큰 복을 받은 지파는 역시 요셉 지파였습니다. 요셉은 유다처럼 영적인 장자는 아니지만 물질적으로나 세상에 지도자가 되는 큰 복을 받게 되었습니다. 즉 영적인 복이 있으면 물질적인 복도 주어지게 되는 것입니다.

1. 이스라엘의 다양한 축복

야곱은 자식들을 축복하면서 모두 그 믿음의 분량에 따라 축복했습니다.

> 49:28 "이들은 이스라엘의 열두 지파라 이와 같이 그들의 아버지가 그들에게 말하고 그들에게 축복하였으니 곧 그들 각 사람의 분량대로 축복하였더라"

야곱은 그 아들들에게 복을 주면서 그들이 감당할 수 있는 믿음의 분량대로 축복한 것을 알 수 있습니다. 옛날 속담에도 '지나친 것은 부족한 것보다 못하다'는 말이 있습니다. 그릇에 물이 부족하면 더 부으면 되지만 너무 많이 물을 부어서 넘치게 되면 바닥에 흘린 물을 닦아야 하는 번거로운 일이 생기게 되는 것입니다. 사람들 중에도 좀 부족한대로 살면 참 괜찮았을 뻔한 사람이 자기 분수에 맞지 않게 너무 높아지고 너무 유명해지는 바람에 나중에 사회적으로 큰 물의를 일으키고 자신의 인생도 실패하고 망하는 것을 볼 수 있습니다. 그러나 사람들의 욕심은 끝이 없고 자기에게 맞는 분량이 어느 수준인지 알기 어렵기 때문에 무조건 커지려고 하고 무조건 많이 가지는 것이 좋다고 생각하는 것입니다. 그러나 야곱은 자식들이 감당할 수 있는 분량 안에서만 축복했습니다. 이것을 보면 하나님의 복이 아무리 많아도 사람들마다 그것을 받아들일 수 있는 용량이 다른 것을 알 수 있습니다.

그래서 믿음의 그릇이 작은 사람에게 너무 큰 복을 주시면 넘쳐버려서 복이 되는 것이 아니라 큰 시험이 되고 남에게도 큰 어려움을 줄 수가 있습니다. 그러므로 우리는 하나님께 기도할 때에도 너무 높은 자리에 가게 하지 마시고 너무 부자가 되지도 않게 하시고 내가 감당할 수 있는 범위를 잘 알게 해 달라고 기도해야 할 것입니다. 그리고 우리는 하나님께서 나에게 복을 주시지 않는다고 불평할 것이 아니라 내 믿음의 그릇을 크게 준비하는 것이 더 중요한 것임을 알 수 있습니다.

야곱은 유다 다음으로 스불론을 축복했습니다.

> 49:13 "스불론은 해변에 거주하리니 그 곳은 배 매는 해변이라 그의 경계가 시돈까지리로다"

스불론은 해변에 거주하게 되는데 그 곳은 배를 매는 해변이고 그 경계는 시돈까지 연결될 것이라고 했습니다. 그러니까 이스라엘 열두 아들 중에서 만약 땅을 차지하게 된다면 중심부에서 가장 먼 곳에 있는 지파는 스불론 지파가 될 것입니다. 따라서 스불론은 이스라엘 열두 지파 중에서 가장 변두리에 위치하게 되고 중심부에서는 가장 먼 곳에 있게 될 것입니다.

아마도 이스라엘을 여행해 보신 분들은 아시겠지만 이스라엘은 항구가 별로 발달되어 있지 않습니다. 외부로 나갈 수 있는 항구라고 해봐야 욥바 정도일 것입니다. 그래서 나중에 솔로몬 왕은 홍해 쪽에 에시온게벨 같은 항구를 개발하게 됩니다. 먼 바다에서 온 배들은 항구를 찾아서 배를 부두에 매어야 비로소 육지에 상륙할 수 있습니다. 스불론은 그런 항구 역할을 하게 될 것이라고 했습니다.

그러나 나중에 이스라엘 백성들이 가나안 땅을 정복했을 때 실제로 시돈과 연결된 바다 쪽을 할당받은 지파는 스불론이 아니고 아셀 지파였습니다. 그 대신 스불론은 갈릴리 지역을 할당받았는데 이 역시 가장 소외된 지역이었고 중심에서 가장 먼 지역이었고 낙후된 지역이었습니다. 그러나 예수님은 이 어두운 지역을 사랑하셔서 주로 갈릴리에서 말씀을 전하시고 기적을 많이 행하셨습니다. 그래서 마태복음 4장 15, 16절에서는 "스불론 땅과 납달리 땅과 요단 강 저편 해변 길과 이방의 갈릴리여 흑암에 앉은 백성이 큰 빛을 보았고 사망의 땅과 그늘에 앉은 자들에게 빛이 비치었도다 하였느니라"고 했습니다.

누구든지 할 수만 있으면 중심부로 가려고 합니다. 왜냐하면 그렇게 해야 조금이라도 더 성공할 수 있는 기회를 얻을 수 있기 때문입니다. 그러나 하나님은 정반대로 소외된 자들을 먼저 찾아가셔서 은혜 주시기를 기뻐하십니다. 영국의 조지 휫필드가 부흥을 일으킬 때에도 런던에서 아주 멀리 있는 탄광촌에서부터 부흥이 일어나기 시작했습니다. 당시 영국 교회는 교인들이 조지 휫필드의 설교를 듣기만 하면 미친다고 생각해서 그에게 교회를 맡기지 않았습니다. 그래서 할 수 없이 조지 휫필드는 목사가 전혀 오지 않는 탄광촌에서 설교를 했는데 사람들은 그의 설교를 듣고 울기 시작했습니다. 왜냐하면 그들은 조지 휫필드의 설교를 듣고 하나님의 사랑이 자기들까지 찾아온 것을 알았기 때문입니다.

거기에 비해서 잇사갈 지파의 축복은 큰 덩치에도 불구하고 작은 자들과 잘 어울린다는 내용이었습니다.

> 49:14-15 "잇사갈은 양의 우리 사이에 꿇어앉은 건장한 나귀로다 그는 쉴 곳을 보고 좋게 여기며 토지를 보고 아름답게 여기고 어깨를 내려 짐을 메고 압제 아래에서 섬기리로다"

잇사갈은 아주 덩치가 큰 나귀였습니다. 그런데 사실 나귀는 성질이 못돼서 다른 짐승들과는 잘 어울리지 못하는 체질입니다. 그러나 잇사갈은 아주 덩치가 큰 나귀이지만 양의 우리 사이에 꿇어 앉아 있습니다. 양들은 모두 자그만한데 잇사갈은 그 큰 덩치를 가지고 그 양 사이에 들어가서 무릎을 꿇고 앉아 있는 것입니다. 보통 나귀는 양들과는 어울리지도 않고 또 절대로 무릎을 꿇지 않고 뻣뻣하게 서 있는 편입니다. 그러나 잇사갈은 많은 연단을 받아서 양처럼 순하게 변한 나귀였습니다. 이 나귀는 겉으로만 나귀이지 마음은 양으로 변해서 다른 양들과 너무나도 잘 어울린다는 것입니다. 그래서 이 나귀는 쉴 곳도 좋아하고 밭도 좋아한다고 했습니다. 즉 일할 때도 즐겁게 일하고 쉴 때도 즐겁게 쉰다는 것입니다. 그리고 이 나귀는 기꺼이 다른 사람의 짐을 질 수 있는 마음을 가지고 있습니다.

원래 나귀는 고집이 세어서 다른 사람의 말을 잘 듣지 않고 압제받는 것을 싫어합니다. 그러나 잇사갈은 하나님의 연단을 받아서 약한 자들과도 기꺼이 잘 어울리고 다른 사람을 위해서 압제받는 것도 잘 견딜 수 있게 되었습니다.

우리가 처음 예수 믿을 때에는 자존심이 너무 강해서 다른 사람에게 머리를 잘 숙이지도 않고 어디에 가더라도 잘 어울리지 못합니다. 그리고 누군가가 나를 무시하는 것 같은 말을 하면 속이 상하고 다른 사람들과 놀 때도 잘 어울리지 못합니다. 그러나 우리가 은혜를 받고 연단을 받게 되면 겸손해져서 기꺼이 다른 사람들의 종이 되고 남들이 나에게 지시하고 부려 먹어도 화를 내지 않고 기꺼이 순종하게 되는 것입니다. 결국 교회에 이런 무던하면서도 성격이 좋은 잇사갈 지파 같은 사람들이 있어야 합니다. 이런 사람들은 남이 아무리 화를 내고 성질을 부려도 눈만 껌뻑거리다가 다 잊어버리고 맙니다. 이런 사람들은 이미 자신들의 정욕과 야망을 그리스도의 십자가에 못을 박아버렸기 때문에 바보처럼 보이는 것입니다. 그러나 실제로는 굉장히 지혜롭고 성숙한 사람들입니다.

그러나 단 지파는 저주의 축복을 받게 됩니다.

> 49:16-17 "단은 이스라엘의 한 지파 같이 그의 백성을 심판하리로다 단은 길섶의 뱀이요 샛길의 독사로다 말굽을 물어서 그 탄 자를 뒤로 떨어지게 하리로다"

여기에 보면 단 지파는 "이스라엘의 한 지파 같이"라고 했습니다. 아니 이스라엘의 지파면 지파지, '지파 같이'가 무슨 말일까요? 그것은 단이 겉으로는 이스라엘 같이 보이지만 진정한 이스라엘이 아니라는 뜻입니다. 단은 겉으로는 신앙이 좋은 이스라엘 같지만 실제로는 신앙을 배반한 거짓된 신앙을 가진 자라는 뜻입니다. 바로 이것은 단 지파의 비극입니다. 단 지파는 처음에는 분명히 이스라엘 백성들 중에 있었습니다.

단 지파는 처음에는 다른 이스라엘 백성들을 심판하는 위치에 있을 정도였습니다. 여기서 "그의 백성을 심판한다"는 것은 단 지파가 너무나 똑똑해서 누가 시키지 않았는데도 다른 지파가 하는 일들을 일일이 간섭하고 가르치고 판단하는 일을 하는 것을 말합니다. 다른 지파는 너무나도 미련하고 어리석어서 자기 일도 제대로 해내지 못하는데 단 지파는 반대로 너무나 머리가 좋아서 남들이 하는 것까지 간섭하고 판단하고 훈계할 정도였던 것입니다.

그러나 단은 끝까지 믿음으로 가지 못합니다. 왜냐하면 이 신앙의 길이 끝내 자기 머리에 이해되지 않았기 때문입니다. 그래서 나중에는 하나님을 버리고 신앙을 버리는데 그냥 버리는 것이 아니라 독사가 되어서 다른 사람들을 물고 말 탄 사람을 물어서 말에서 떨어뜨리기까지 하는 것입니다.

예수님의 제자 중에서도 가룟 유다는 처음에는 똑똑하고 훌륭했는데 결국 나중에는 예수님을 은 삼십에 팔고 배반했으며 자신은 자살하고 말았습니다. 그러나 가룟 유다는 죽었기 때문에 피해를 덜 입혔지만 사마리아의 시몬 마구스라는 사람은 그로 인해 큰 피해를 입히게 됩니다. 결국 이런 사람들이 타락하면 십자가의 원수가 되어서 지나가는 많은 사람들을 물어서 죽게 합니다. 그들은 '길섶의 뱀이요 샛길의 독사'였습니다. 사람들은 괜히 빠른 길을 가려고 하다가 이런 독사에게 물려서 큰 고통을 받게 되는 것입니다.

그래서 야곱은 단 지파를 행해서 탄식을 합니다.

49:18 "여호와여 나는 주의 구원을 기다리나이다"

이것은 야곱이 장차 단 지파가 얼마나 무섭게 타락하며 그를 믿었던 자들을 해롭게 할 것인지 미리 내다보고, 하나님께서 이스라엘을 단의 손에서부터 건져달라고 기도하는 것입니다. 단 지파는 똑똑하기는 했지만 우직하게 하나님의 말씀만 붙들지 못했습니다.

한때는 교회를 열심히 다녔던 사람들이 나중에 실족해서 완전히 적그리스도로 돌아서서는 얼마나 기독교를 욕하면서 다니는지 모릅니다. 그래서 예수님은 절대로 작은 자를 실족하게 하지 말라고 하셨습니다. 교회 안에서 어른들끼리 싸우고 편을 나누면 그 교회 초신자들이나 청년들은 실족해서 단 지파가 될 수 있는 것입니다. 그것이 요즘 교회 '가나안족' 즉 '교회 안나가' 족인 것입니다.

갓 지파는 처음에는 약하지만 나중에 강해지게 됩니다.

> 49:19 "갓은 군대의 추격을 받으나 도리어 그 뒤를 추격하리로다"

갓은 처음에는 다른 군대의 추격을 받고 죽도록 도망쳐야 할 정도로 약했습니다. 그러나 나중에는 힘이 세져서 도리어 그들을 추격하는 지파가 될 것입니다. 이것은 처음보다는 나중에 훨씬 더 강해진다는 뜻입니다. 우리 주위에도 처음에는 너무나 미약하게 시작했는데 나중에는 아주 강해져서 아주 큰 회사가 되거나 교회가 된 것을 볼 수 있습니다. 이들은 하나님의 축복의 비결을 가지고 있기 때문입니다.

아셀 지파는 풍성한 먹을 것으로 공급하는 복을 받게 됩니다.

> 49:20 "아셀에게서 나는 먹을 것은 기름진 것이라 그가 왕의 수라상을 차리리로다"

아셀 지파는 다른 어느 지파보다 농사에 큰 복을 받게 됩니다. 그래서 아셀 지파는 좋은 농산물을 많이 생산해서 왕의 수랏상을 차리게 됩니다. 우리나라도 전국에서 가장 맛있는 것은 전부 임금님에게 바쳤습니다. 그래서 옛날에는 임금님 상에 오른다고 하면 그것이 바로 명품이었습니다.

초대 교회 때 부흥이 일어나니까 성도들은 자기가 가지고 있는 것들을 사도들 앞에 내어놓기 시작했습니다. 그때 성도들은 예수님의 십자가 앞에서 더 가난하게 살기로 결심했습니다. 그래서 그 바친 것으로 많은 성도들을 먹일 수 있었고 또 가난한 자들을 도울 수 있었습니다. 그래서 아셀 지파는 부자 지파이지만 부자다운 지파였던 것입니다. 요즘 부자들 중에는 일억 원이 넘는 기부를 해서 아너스 클럽에 가입하는 사람들이 많습니다. 그들은 참으로 아름다운 부자들입니다. 그러니까 하나님은 아셀 지파에 더욱 기름진 것을 주셔서 왕의 진수를 공급하게 할 것이라고 말씀하십니다.

부흥이 뜨겁게 일어나면 우수한 사람들이 몰려와서 너도 나도 자신의 은사를 하나님께 바치게 됩니다. 그래서 음악이나 혹은 재능이나 모든 면에서 자기가 가진 최고의 것을 하나님께 바치게 됩니다. 그러나 부흥의 불이 꺼지면 유능한 사람들도 빠져나가게 되고 또 사람들의 마음이 넉넉하지 못해서 모든 면에 인색하게 됩니다. 그래서 하나님의 나라도 있는 자는 더 가지게 되고 없는 자는 그 있는 것마저도 빼앗기게 되는 것입니다.

그리고 납달리 지파는 뛰어다니면서 아름다운 소리를 내는 복을 받습니다.

49:21 "납달리는 놓인 암사슴이라 아름다운 소리를 발하는도다"

아마도 암사슴이 내는 소리 중에서 가장 듣기 좋고 아름다운 소리는 사랑하는 수컷을 찾는 소리일 것입니다. 납달리가 암사슴이라고 하는 것은 그들이 사슴처럼 빠른 발로 뛰어다니면서 좋은 소식을 전한다는 의미입니다. 하나님의 백성들이 은혜를 받으면 온 세상에 다니면서 기쁜 소식을 전하고 싶어집니다. 납달리는 "아름다운 소리를 발하는" 자들이었습니다. 그러나 반대로 입만 벌리면 자기 자랑을 하거나 남을 욕하는 사람도 있습니다. 그런 사람을 가까이 하거나 만난다는 것은 큰 재앙입니다.

이스라엘 중에서 가장 어린 베냐민은 처음에는 너무 어려서 다른 사람들에게 별 도움이 되지 않고 오히려 피해를 주게 되지만 나중에 성숙하게 되어서는 큰 도움을 주는 지파가 됩니다.

> 49:27 "베냐민은 물어뜯는 이리라 아침에는 빼앗은 것을 먹고 저녁에는 움킨 것을 나누리로다"

베냐민은 아침에는 이리였습니다. 그래서 아침에는 자기 밖에 모르는 욕심쟁이였는데 저녁에는 자기가 움킨 것을 남에게 나누어주게 됩니다. 베냐민은 자기밖에 모르고 어떻게 해서든지 자기 욕심만 채우려고 했습니다. 우리는 이런 사람을 보면 참 얄미운 생각이 들 것입니다. 남을 위해서 수고하는 일에는 다 빠지고 자기 것을 챙길 때에는 어김없이 나타나서 모든 것을 다 긁어가는 사람입니다. 그러나 이들이 이렇게 하는 것은 아직 신앙적으로 어리기 때문입니다. 우리가 신앙이 어렸을 때에는 일단 실컷 하나님의 말씀을 먹어야 합니다. 어린 사람은 남을 위해서 아무 것도 할 수 없습니다. 그러나 신앙이 자란 후에는 능히 다른 사람들을 도와주고 챙겨줄 수 있게 되는 것입니다.

마가 같은 경우에는 바울과 바나바와 함께 선교 여행을 따라 나섰다가 너무 힘들어서 중간에 포기하고 돌아가 버렸습니다. 그러나 나중에 마가는 아주 충성된 사람이 되어서 베드로의 통역이 되었고 바울이 복음을 전하는 데도 큰 도움이 되었습니다.

2. 요셉이 받은 복

요셉은 야곱으로부터 가장 풍성한 복을 받았습니다. 그것은 그가 어렸을 때 하나님의 말씀을 붙들고 죽도록 그 말씀에 충성했기 때문입니다. 하나님은 이스라엘 백성들에게 "나를 사랑하고 내 계명을 지키는 자들에게는 자손 천대까지 복을 주신다"고 약속하셨습니다. 우리와 우리 자손들이 복 받을 것을 어떻게 알 수 있습니까? 자식들이 머리가 좋고 공부를 잘 해서 그런 것이 아닙니다. 중요한 것은 어른인 우리들이 하나님을 두려워하고 그 말씀대로 살려고 애를 써야 한다는 것입니다. 그러면 이 세상이 아무리 험악해도 하나님은 우리와 자녀들을 지켜주실 것입니다.

49:22 "요셉은 무성한 가지 곧 샘 곁의 무성한 가지라 그 가지가 담을 넘었도다"

나무 가지가 무성하면 그 가지가 담을 넘어서 길이나 다른 집으로 넘어가게 됩니다. 그런데 요셉의 나무가 이렇게 무성한 것은 샘 곁에 있는 나무이기 때문입니다. 팔레스타인에서 웬만한 웅덩이는 가뭄에 다 마르고 맙니다. 그런데 깊은 샘은 심한 가뭄에도 마르지 않습니다. 그래서 샘 곁에 심긴 나무는 계속 무성할 수 있습니다. 요셉의 축복의 특징이 무엇입니까? 어떤 가뭄에도 마르지 않는다는 것입니다. 그 이유는 요셉의 축복이 하나님으로부터 나온 축복이기 때문입니다.

이 세상의 복은 모두 일시적인 것입니다. 그래서 이 세상은 비가 올 때는 온 세상이 물바다인 것 같지만 한번 가뭄이 오면 다 말라버리고 맙니다. 결국 살아남는 것은 샘 곁에 심겨진 나무입니다. 요셉의 나무는 그 뿌리가 하나님께 닿아 있기 때문에 아무리 가뭄이 심해도 언제나 무성할 수 있는 것입니다. 우리가 세상을 따라가면 안 된다는 이유가 바로 여기에 있습니다.

요셉은 하나님을 의지하는 믿음으로 살았기 때문에 처음에는 많은 어려움을 겪어야만 했습니다.

49:23-24 "활 쏘는 자가 그를 학대하며 적개심을 가지고 그를 쏘았으나 요셉의 활은 도리어 굳세며 그의 팔은 힘이 있으니 이는 야곱의 전능자 이스라엘의 반석인 목자의 손을 힘입음이라"

옛날에 활을 쏘는 사람은 아주 팔 힘이 강했습니다. 그러나 요셉은 어렸을 때는 하나님의 사랑만 받았고 말씀만 믿었기 때문에 팔의 힘이 강하지 못했습니다. 그래서 어렸을 때 힘이 센 자들로부터 많은 어려움을 겪어야만 했습니다. 요셉은 요즘 청소년들이 당하는 '왕따'의 전형이었던 것입니다.

우리 믿는 자들도 처음에는 하나님의 말씀만 붙드니까 세상 방법을 쓰지 못하고 하나님의 능력도 오지 않아서 세상에서 완전히 바보가 되고 무능한 사람처럼 보입니다. 그래서 성공한 사람들에게 많은 무시를 당하고 업신여김을 당하게 됩니다. 요셉은 힘이 센 형들로부터 심한 박해를 받았습니다. 요셉의 형들은 요셉을 애굽에 노예로 팔아버렸고, 애굽에서 요셉은 보디발이나 또 그의 아내 같은 강한 자들로부터 억울한 일을 당해야만 했습니다. 그러나 요셉이 하나님의 능력으로 애굽의 총리가 된 후에는 아무도 요셉을 상대할 사람이 없었습니다.

이것은 오늘 우리가 하나님의 방법으로 이 세상을 살아갈 때에도 그대로 나타나는 현상입니다. 이 세상에서 하나님의 말씀을 붙들고 나아갈 때 아무도 우리를 알아주지 않습니다. 오히려 세상적인 복도 받지 못하고 하나님의 복도 오지 않아서 철저히 무능하게 됩니다. 그러나 죽을 고생을 하는 중에 하나님으로부터 복을 받는 비결을 알게 됩니다. 그러면서 하나님은 자꾸 우리를 실력 있게 하시는데 아주 뛰어나게 하십니다. 즉 실력이나 재능을 도저히 다른 사람들이 흉내 낼 수 없도록 탁월하게 하시는 것입니다. 그래서 어느 순간 성공하게 되는데 그때부터 다른 사람들은 다 놀라게 되며 결국 그의 능력을 인정하지 않을 수 없게 됩니다. 그 이유는 야곱의 전능자의 손이 도와주시기 때문입니다. 또 이스라엘의 반석이신 목자의 도움을 받기 때문입니다.

여기서 우리가 질문하게 되는 것은 왜 이런 식으로 성장한 사람이나 사업체들이 쉽게 넘어지지 않고 오래 가느냐 하는 것입니다. 그것은 그 동안 많은 어려움을 겪으면서 하나님으로부터 응답받는 비결을 배웠기 때문입니다. 세상 사람들은 처세의 비결을 배우는 동안에 이 사람들은 하나님의 응답 받는 비결을 배우고 세상을 이기는 통찰력을 배우기 때문입니다. 그리고 절대로 교만하지 않고 죄에 빠지지 않는 비결을 배웠기 때문입니다. 많은 사람들이 성공한 후에 넘어지는 것은 교만해지기 때문입니다. 그러나 하나님의 백성들은 많은 연단을 받으면서 자기 힘으로 할 수 있는 것이 아무 것도 없다는 것을 깨닫게 됩니다. 그래서 항상 정신을 차리고 겸손하니까 무리하지 않게 되고 모든 일에 조심하므로 결국 다른 사람들은 다 걸려드는 유혹에도 넘어가지 않는 것입니다. 그래서 우리는 젊어서 고생을 해서라도 하나님의 복을 받는 비결을 배워야 합니다.

요셉의 삶에서 참으로 귀하게 생각되는 것은 그가 실권을 잡고 난 후에 복수를 하지 않았다는 점입니다. 요셉은 그 모든 고통이 하나님께서 자기를 연단하시는 과정으로 생각했고 그래서 자기에게 고통을 주었던 사람들을 용서하고 복수하지 않았던 것입니다. 그렇게 하면 더 하나님의 영광이 나타나게 되고 하나님은 더 큰 복을 내려주실 것입니다.

3. 하나님의 끝없는 사랑

요셉에게 주어지는 하나님의 복은 일시적인 복이 아니라 영원한 복입니다. 왜냐하면 요셉은 하나님을 붙잡았기 때문입니다.

> 49:25 "네 아버지의 하나님께로 말미암나니 그가 너를 도우실 것이요 전능자로 말미암나니 그가 네게 복을 주실 것이라 위로 하늘의 복과 아래로 깊은 샘의 복과 젖먹이는 복과 태의 복이리로다"

야곱은 요셉의 복이 "네 아버지의 하나님께로 말미암는다"라고 했습니다. 하나님은 먼저 야곱을 연단하셔서 보석 같은 신앙이 되게 하신 후에 한없는 복을 부어주셨습니다.

요셉의 아버지 야곱의 생애에는 무엇인가 특별한 것이 하나 있었습니다. 그것은 그가 어려운 일을 당할 때마다 누군가가 그와 함께 하신다는 사실이었습니다. 야곱은 외삼촌 라반에게 많이 속았지만 하나님은 야곱의 몫을 다 찾아주셨고 몇 배나 더 큰 복을 주셨습니다. 야곱이 외삼촌 라반의 집에서 도망쳤을 때 하나님은 라반의 꿈에 나타나셔서 야곱을 건드리지 말라고 하셨습니다. 또 야곱은 형 에서를 만나기 전에 하나님의 천사들이 두 부대나 자기를 위하여 행진하는 것을 보았습니다. 이렇게 야곱에게는 항상 자신과 함께 하시던 분이 계셨습니다.

하나님은 먼저 우리를 연단하셔서 보석 같은 신앙이 되게 하신 후에 복이란 복은 다 부어주십니다. 그래서 그리스도인들에게 있어서 가장 신기한 것은 우리가 예수를 믿고 하나님의 백성이 된 것입니다. 이것이 바로 야곱의 하나님의 복입니다.

야곱은 요셉에게 "위로 하늘의 복과 아래로 깊은 샘의 복"을 하나님이 주신다고 했습니다. '위로 하늘의 복'이라는 것은 비가 오는 것을 말합니다. 그리고 '아래로 깊은 샘의 복'은 샘이 마르지 않는 것을 말합니다. 팔레스타인에는 가장 복 받은 사람은 샘을 가진 사람입니다. 왜냐하면 샘이 있어야 농사를 짓고 샘이 있어야 양들이나 가축들에게 물을 줄 수 있기 때문입니다. 오늘 우리의 샘은 하나님의 말씀입니다. 우리에게 하나님의 말씀이 끊임없이 흘러나오는 이상 우리의 영혼은 결코 주리지 않을 것입니다. 그리고 우리의 영혼이 건강하면 이 세상에서 하지 못할 일이 없습니다.

우리에게 가장 두려운 것은 하나님의 말씀이 고갈되어버리는 것입니다. 그러면 우리 영혼은 만족이 없게 되고 방황하게 됩니다. 어느 곳이든지 물이 없어지고 양식이 없어지면 사람들이 모두 떠나게 됩니다. 그래서 성도들은 모두 말씀을 더 사모하는 사람들이 되어야 합니다. 그러면 하나님의 복이 끝까지 지속되게 됩니다.

> 49:26 "네 아버지의 축복이 내 선조의 축복보다 나아서 영원한 산이 한 없음 같이 이 축복이 요셉의 머리로 돌아오며 그 형제 중 뛰어난 자의 정수리로 돌아오리로다"

만약 우리의 성공이 그리스도의 십자가 은혜에서 나온 것이 아니고 내 머리나 내 재주에서 나온 것이라면 그것은 오래 가지 않습니다. 그것은 반드시 고갈될 때가 옵니다. 그러나 우리의 축복과 성공이 하나님께서 주신 선물이라면 그것은 오래 지속될 것입니다. 그래서 그리스도인들에게 가장 중요한 것은 바른 신앙을 가지는 것입니다. 우리가 하나님의 믿음으로 살려고 하면 이 세상에서 믿지 않는 교만한 자들로부터 오게 되는 많은 구박과 고통을 당연하게 생각해야 합니다. 우리는 수 년 동안 모든 것이 자신의 뜻대로 되지 않는 고통의 시간을 가져야 합니다. 그리고 끝까지 하나님 앞에서 겸손을 유지하는 마음을 가져야 합니다. 그러기 위해서는 무엇보다 하나님의 말씀의 샘물을 빼앗기지 않아야 합니다.

하나님의 말씀이 지속적으로 공급되고 그 말씀에 순종해서 살기만 하면 우리와 자손들이 반드시 복을 받게 되어 있습니다. 그러나 요셉 지파의 후손들은 하나님의 말씀을 무시하고 교만했기 때문에 이스라엘을 분열시켰고 결국 우상을 따라가다가 앗수르에 의해 멸망하고 말았습니다. 그러므로 우리가 세상에서 성공하면 성공할수록 더 기도를 해야 하고 더 하나님의 말씀을 사모해야 합니다. 그렇게 함으로 끝까지 하나님의 복을 받는 귀한 성도들이 다 되시기 바랍니다.

58
위대한 족장 시대 / 창세기 50:1-26

우리는 때때로 어떤 사람이 새로운 도구를 발명하거나 혹은 새로운 리더의 등장에 따라서 그 시대가 변하는 것을 볼 수 있습니다. 예를 들어서 비행기의 발명이라든지 스마트 폰의 발명은 세계를 공간적으로나 정신적으로 가깝게 만들었습니다. 그리고 처칠이나 루즈벨트 등 위대한 정치인들의 등장은 새로운 시대를 시작하게 했습니다. 이것은 신앙적으로도 마찬가지입니다. 모세, 여호수아, 다윗 같은 위대한 인물의 등장은 새로운 시대를 시작하게 합니다.

우리 주위 나라들을 보면 무엇인가 엄청나게 변하고 있고 시대가 바뀌고 있다는 것을 실감하게 됩니다. 그러나 대부분의 사람들은 무엇인가 급격하게 변하고 있기는 한데 도대체 무엇이 어떻게 변하는지 몰라서 변화의 기회를 놓쳐버릴 때가 많이 있습니다. 주위의 환경이 급격하게 변하고 있을 때 우리도 무엇인가 변할 수 있는 기회를 하나님이 주실 것입니다. 그러나 그때 너무 과거에 집착하려고 하면 변할 수 있는 기회를 놓치게 됩니다. 예를 들어서 이스라엘 백성들이 애굽을 나와서 광야로 갔을 때 한번 크게 변할 수 있는 기회가 찾아왔습니다. 그러나 이스라엘 백성들은 애굽에서의 생활에 집착하는 바람에 좋은 기회를 놓치고 사십년 동안 광야에서 허비하고 말았습니다.

아브라함은 하란에 있을 때 고향과 친척과 아버지의 집을 떠나라는 하나님의 말씀을 받고 그 즉시 떠나서 가나안으로 오는 바람에 많은 고생을 했지만 하나님의 복을 독점적으로 상속하는 기회를 얻게 된 것입니다. 노아는 어느 날 하나님으로부터 온 세상을 홍수로 멸망시키겠다는 말씀을 듣고 즉시 자신의 삶 전체를 큰 배를 짓는데 헌신함으로 결국 대홍수 때 인류와 생물들의 씨를 남기는 중요한 역할을 감당하게 됩니다.

오늘도 하나님이 우리에게 무엇인가 새로운 기회를 주시고 계신데 우리가 너무 미련해서 자꾸 기존에 가지고 있는 생각에 집착하는 바람에 좋은 기회를 놓치는 경우가 종종 있습니다.

오늘 본문 말씀을 보면 드디어 파란만장한 삶을 살았던 야곱이 죽고, 요셉은 아버지 야곱의 장례를 치르게 됩니다. 그런데 요셉이 아무리 애굽의 총리이고 실권이 있다 하더라도 아버지의 장례를 치르는 문제는 쉬운 것이 아니었습니다. 왜냐하면 야곱은 요셉에게 애굽식으로 장례를 치르지 말고 할아버지 아브라함이 했던 것처럼 가나안 땅에 있는 그 묘지에 자기를 장사지내 달라고 유언하고 맹세까지 시켰기 때문입니다. 요셉의 입장에서는 아버지를 애굽식으로 장례 치르면 간단할 수 있지만 아버지는 절대로 그렇게 하지 못하게 했습니다. 왜냐하면 믿음을 가진 사람은 하나님의 위대한 약속을 가진 자들이므로 세상 사람들처럼 장례를 치를 수 없었기 때문입니다.

요셉은 아버지 야곱이 죽고 장례 치르는 것을 통해서 지금까지의 위대한 족장의 시대는 끝나고 새로운 시대가 시작된다는 것을 알았습니다. 우리는 모두 이 세상에서 남보다 조금 더 잘 살고 조금 더 좋은 집에 사는 것이 삶의 목적이 아닙니다. 우리에게는 모두 위대한 약속이 있고 가야 할 천국이 있습니다. 우리가 사는 이 세상은 잠시 쉬어가는 휴게소이지 우리의 영원한 목적지가 아닙니다. 우리는 휴게소에 머무르지 않고 정해진 그 목적지를 향해서 순례의 길을 떠나야 하는 여행객들입니다.

1. 야곱의 죽음

야곱은 자기 열두 아들에게 위대한 축복을 유산으로 남기고 죽습니다. 야곱은 양이나 소나 금이나 은이나 양치는 기술이 아니라 자기가 한평생 연구하면서 깨달았던 하나님의 말씀과 자기가 체험했던 하나님의 축복을 자손들에게 유언으로 물려주고 죽습니다. 부모가 자식에게 그리고 목회자가 교인들에게 줄 수 있는 최고의 복은 자신이 한평생 붙들고 체험했던 하나님의 진리를 물려주는 것입니다.

지금 우리 앞에는 두 개의 세계가 있는데 사람들의 눈에는 하나의 세계 밖에 보이지 않습니다. 즉 세상 사람들의 눈에는 분주한 이 세상만 보입니다. 그러나 우리가 또 다른 눈으로 보면 바로 이 세상 위에 하나님의 영광의 나라가 있고 수많은 천사들이 있으며 엄청난 하나님의 축복의 세계가 있습니다.

하나님의 백성들은 이 세상에서 많은 것을 차지하고 많은 것을 누리기 위해서 사는 사람들이 아닙니다. 우리는 하나님으로부터 이 세상에 보냄을 받은 사람들입니다. 우리는 이 세상에 있지만 하나님의 능력을 가지고 하나님을 나타내기 위해서 보냄을 받은 사람들입니다. 그러므로 하나님의 백성들에게 이 세상은 믿음의 연기를 하는 공연장과 같습니다. 우리가 죽는 것은 믿음의 연기를 끝내고 무대에서 내려오는 것이며 영원한 고향으로 돌아가는 것입니다.

드디어 야곱은 이 세상에서 자신의 믿음의 연주를 마치고 하나님께 돌아가게 되었습니다. 야곱은 자식들에게 자기를 가나안 땅에 있는 조상의 묘실에 장사해 달라고 유언하고 죽습니다.

> 49:29-33 "그가 그들에게 명하여 이르되 내가 내 조상들에게로 돌아가리니 나를 헷 사람 에브론의 밭에 있는 굴에 우리 선조와 함께 장사하라 … 야곱이 아들에게 명하기를 마치고 그 발을 침상에 모으고 숨을 거두니 그의 백성에게로 돌아갔더라"

이것은 마치 성악가가 마지막으로 최고로 위대한 노래를 많은 청중들 앞에서 부르고 무대를 내려오는 것과 같습니다. 그러나 노래는 한번 부르면 그 감동으로 끝나지만 하나님의 말씀을 믿고 받아들이면 바로 그 즉시 능력으로 나타나게 됩니다.

야곱은 할아버지 아브라함이 묻힌 그 가나안 땅에 있는 막벨라 동굴에 자기를 묻어 달라고 유언을 남기고 죽습니다. 그때 야곱은 정말 병 없이 오래 오래 살면서 기운이 다 빠져서 죽었습니다.

저희 교회 장로님이나 권사님 중에 한평생 믿음으로 사시다가 나중에는 정말 기운이 다 빠져서 돌아가시는 분들이 계십니다. 어떤 권사님은 아흔이 넘기시니까 다른 분들이 나이 묻는 것을 부담스러워 하셨습니다. 그리고 저에게 "목사님요, 내가 너무 오래 사는 것 아닙니꺼?"라고 하시는데 "권사님, 이것이 참 귀한 하나님의 복입니다." 하고 말씀드리면 아주 좋아하셨습니다. 그런데 그 권사님은 의식이 또렷하시고 누가 찾아가면 늘 교회 소식을 묻곤 하셨는데 정말 기운이 다 빠져서 돌아가셨습니다. 어떤 장로님은 세수하시다가 돌아가시기도 하시고 어떤 할머니는 예배드리고 집에 가시다가 돌아가시기도 하셨습니다.

그런데 야곱은 자식들에게 자기를 이 애굽에 장례 지내지 말고 꼭 조상이 묻힌 가나안 땅 그 굴에 장사를 지내달라고 했습니다. 만일 야곱이 애굽에 묻힌다면 거의 왕에 버금가는 거대한 피라미드에 묻힐 수 있었을 것입니다. 그러나 야곱은 굳이 할아버지와 할머니가 묻히고 아버지 이삭이 묻힌 그 초라한 가나안의 동굴에 묻히기를 원했습니다. 그 이유가 무엇일까요? 그것은 두 가지 때문입니다. 하나는 우리는 모두 하나님의 말씀을 붙들고 죽는다는 뜻입니다. 하나님의 백성들은 그냥 죽으니까 죽는 것이 아니라 믿음으로 죽는 자들이며 하나님의 말씀을 붙들고 살았고 하나님의 말씀을 붙들고 죽는데 이 하나님의 말씀이 죽음도 이기게 한다는 것입니다. 그래서 하나님의 백성에게는 사망이 없습니다. 우리는 죽는 순간 바로 영생으로 빨려 들어가기 때문에 죽는 순간은 거의 없는 것이나 마찬가지입니다.

그리고 하나님의 백성들이 목숨을 걸고 하나님의 말씀을 붙들 때 그 자손들에게 너무나도 귀한 부흥의 축복이 임하게 된다는 것입니다. 이 세상에서 최고의 복은 하나님의 부흥이 그 백성에게 임하는 것입니다. 그 때 또 하나님은 모든 좋은 복을 하나님의 백성에게 다 주십니다. 우리가 바로 복을 받는 비결을 알아야 합니다. 내가 똑똑하고 잘나서 세상에서 돈 벌고 성공했다고 진짜 복 받은 것이 아닙니다. 먼저 믿는 분들이 목숨 걸고 하나님의 말씀을 붙들 때 하나님은 그들에게 부흥의 복을 주시는데 그때 놀라운 기적과 축복을 다 부어주시는 것입니다. 그래서 야곱은 죽은 후에라도 하나님의 말씀을 붙들기를 간절히 원했던 것입니다.

2. 새로운 시대의 변화

역사적으로 어떤 큰 전환점이 생겼을 때 담대하게 그것을 받아들이고 스스로 변했던 민족이나 나라는 살아남을 수 있었지만 비겁하게 자기 이익이나 챙기고 고집이나 부리던 나라나 민족들은 망하고 말았습니다.

요셉은 아버지 야곱의 죽음이 단순히 야곱 개인의 죽음이 아니라 위대한 족장의 시대가 끝나고 새로운 시대가 시작되는 것이라는 사실을 알았습니다.

위대한 족장 시대의 특징은 아브라함이나 이삭이나 야곱이 아무 것도 보장된 것이 없는 이방 땅에서 오직 하나님의 말씀 하나 붙들고 위대한 믿음의 삶을 살았다는 것입니다. 보통 믿음이라고 하면 예배 의식이나 예배 행위에 국한해서 생각하기 쉽습니다. 그러나 아브라함이나 이삭이나 야곱의 신앙은 신앙이 그들의 삶 자체였습니다. 물론 그들에게도 예배 행위가 있었습니다. 그러나 그들의 신앙에는 예배 의식과 생활에 구분이 없었습니다. 그들은 아무 것도 보장된 것이 없는 낯선 지역에서도 오직 하나님의 말씀 하나만 붙잡고 위대한 승리의 삶을 살았습니다. 그런 점에서 우리도 비슷한 경험을 하게 됩니다. 때때로 이 세상 가운데서 믿음만 가지고는 도저히 생존할 수 없을 것 같기도 합니다. 그러나 우리도 하나님의 말씀을 가지고 위대한 삶을 만들어내야 하는 것입니다.

족장들은 때때로 가나안 땅에서 흉년을 만나기도 했고 전쟁의 소용돌이에 휩쓸리기도 했습니다. 아브라함은 조카 롯이 살던 소돔과 고모라가 하루아침에 하나님의 심판으로 불바다로 변하는 것을 보기도 했습니다. 또 이삭은 어렸을 때 하나님이 주신 시험으로 모리아 땅에서 제물로 바쳐질 뻔했다가 살아난 체험도 있습니다. 야곱은 가나안 땅에 돌아오기 위하여 목숨을 건 탈출을 시도하기도 했습니다. 그러나 믿음의 조상들은 결코 이 세상의 조류에 따르지 않고 하나님의 말씀으로 살아남았을 뿐 아니라 너무나도 놀라운 위대한 삶을 살았습니다. 이것이 족장들의 믿음이었습니다. 족장들에게 믿음은 그들의 삶 그 자체였습니다. 그들은 하나님의 약속의 말씀을 붙들고 갈 수 있는 한계 상황까지 가서 거기서 믿음으로 승리했습니다. 우리가 이 세상에서 하나님의 복을 받으려면 하나님의 말씀을 붙들고 갈 데까지 가야 합니다.

우리가 이 세상에서 예수를 믿는 순간 우리는 갑자기 이 세상에서 이방인처럼 되어버립니다. 우리에게는 모든 것이 생소해지며 무엇을 어떻게 해야 할지 모르는 상태에 던져지게 됩니다. 바로 아브라함이 살았던 상황이 이런 상황이었고, 이삭이 살았던 상황도 이런 상황이었습니다.

아브라함은 모리아 산에서 이삭을 바침으로 '여호와 이레'의 하나님을 약속받았습니다. 하나님은 우리에게 필요한 모든 것을 준비하시는 하나님이십니다. 이삭은 그 모리아 산에서 바쳐짐으로 죽음을 이기는 신앙을 가지게 되었습니다. 야곱은 형 에서를 피하여 도망치다가 들판에서 자는 가운데 살아계신 하나님을 만났고, 얍복강가에서는 천사와 씨름해서 이기는 바람에 '이스라엘'이라는 이름을 얻게 되었습니다. 지금 우리가 사는 시대는 도대체 미래를 전혀 예측하기 어려운 시대입니다. 이때 살아남을 수 있는 길은 오직 하나님의 말씀에 소망을 두는 것입니다. 반대로 이 세상에 소망을 두었던 소돔 사람들은 망했고 롯은 붙들려갔습니다.

그러나 믿음의 족장 중 그 누구도 가나안 땅을 차지하지 못했고 모두 막벨라 동굴에 자기 몸을 장사 지냄으로 인생을 마쳤습니다. 하나님께서 아브라함에게 가나안 땅을 그의 소유로 주시겠다는 약속은 야곱의 때가 끝날 때까지도 이루어지지 않고 있었습니다. 그 이유가 어디에 있을까요?

그것은 가나안 땅이 하나님의 복의 실체가 아니라 그림자에 불과했기 때문입니다. 우리가 이 세상에서 붙잡는 복도 하나님의 복의 실체가 아니고 모두 그림자에 불과한 것들입니다. 그러므로 사람들은 한평생 영원히 자기가 가질 수 없는 그림자를 붙잡으려고 노력하고 있는 것입니다. 우리가 진정으로 이 세상에서 성공하는 것은 사람들의 인기도 아니고 돈도 아니고 위대한 믿음의 결단이나 실천입니다.

우리가 야곱의 인생을 보면 이기적인 것 같았고 영웅적인 것이라고는 하나도 없는 것 같습니다. 그러나 야곱은 하나님의 말씀을 많이 연구했고 그것을 체험했으며 또 자기 열두 아들 중 하나도 잃지 않고 그 모두를 하나님의 백성이 되게 했다는 것입니다. 아브라함은 여러 아들 중에서 이삭만 얻었습니다. 이스마엘은 아브라함이 사랑한 아들이었지만 이스마엘은 하나님을 버렸습니다. 이삭은 두 쌍둥이 아들 중에서 야곱만 얻었습니다. 에서는 세상으로 갔습니다. 그러나 야곱은 열두 명의 아들 모두를 인내로 얻어서 결국 이스라엘의 열두 지파로 만들었습니다. 물론 야곱의 아들들의 죄 중에는 살인이 있었고 간음이 있었으며 인신매매도 있었습니다. 그럼에도 불구하고 워낙 하나님의 은혜가 강했기 때문에 야곱의 열두 아들은 모두 다시 하나님께 돌아와서 구약 이스라엘의 열두 기초가 되었습니다.

3. 야곱의 장례식

야곱의 장례식은 세 가지 방식으로 이루어지게 되었습니다.
우선 첫 번째는 애굽의 방식이었습니다.

50:1-3 "요셉이 그의 아버지 얼굴에 구푸려 울며 입 맞추고 그 수종 드는 의원에게 명하여 아버지의 몸을 향으로 처리하게 하매 의원이 이스라엘에게 그대로 하되 사십 일이 걸렸으니 향으로 처리하는 데는 이 날수가 걸림이며 애굽 사람들은 칠십 일 동안 그를 위하여 곡하였더라"

여기서 몸을 향으로 처리한다는 것은 시체가 썩지 않도록 미라를 만드는 작업을 의미합니다. 요셉은 아버지 야곱이 운명하자 자기 전속 주치의에게 명하여 아버지 몸에 향료를 넣어서 장례를 하는데 무려 사십 일이 소요되었고 또 그리고 칠십일을 따로 애곡하는 기간으로 정해서 온 애굽 사람들이 이방인 야곱의 죽음을 애도하게 했습니다. 지금 우리가 본문에서 보는 야곱의 장례식은 거의 애굽의 국부의 죽음에 준하는 수준입니다.

야곱의 장례식이 이렇게 화려하고 거창한 것을 보면 그 동안 흉년을 이겨 내기 위하여 절약과 내핍을 강조하던 요셉의 모습과는 잘 맞지 않는 것 같습니다. 그러나 야곱의 장례식은 애굽에서는 무척 화려했습니다. 애굽 사람들은 요셉이 흉년에서 그들을 살렸기 때문에 야곱의 장례식을 거의 바로의 장례식에 준해서 거창하게 했던 것 같습니다. 아마도 하나님은 야곱의 장례식을 화려하게 해서 위대한 족장 시대의 영광을 보여주려고 하신 것 같습니다.

예수님도 한평생 청빈하게 사셨지만 돌아가시기 전에 한 여인이 예수님의 발에 비싼 향유를 부었을 때 낭비한다고 비난하는 제자들에게 그 여인을 책망하지 말라고 하셨습니다. 그 이유는 예수님의 죽음은 우리 모든 인생을 살리는 위대한 죽음이셨기 때문입니다. 그래서 예수님의 무덤도 부자 아리마대 요셉의 무덤에 장사가 되었고 부활하셨을 때 혼동 없이 그 무덤을 찾아갈 수 있었습니다. 우리 예수 믿는 사람들의 죽음은 결코 비참한 것이 아닙니다.

그리고 두 번째로 장례 일행은 가나안 땅에 가서는 가나안의 방식으로 또 장례를 치렀습니다.

50:10 "그들이 요단 강 건너편 아닷 타작마당에 이르러 거기서 크게 울고 애통하며 요셉이 아버지를 위하여 칠 일 동안 애곡하였더니"

가나안의 장례 관습은 타작마당에서 칠 일 동안 곡을 한다고 합니다. 지금도 시리아 사람들 사이에는 사람이 죽으면 타작마당에서 칠 일 동안 애곡하는 풍습이 남아 있다고 합니다. 요셉은 요단강을 건넌 후 아닷 타작마당에서 칠 일 동안 애곡을 했습니다. 이것은 가나안 땅에 와서 가나안 방식으로 한 번 더 장례를 치르는 것과 같습니다. 예를 들어서 국제결혼을 하는 경우 우리나라에서 결혼식을 올린 후 자기 나라에 가서 한 번 더 그 나라 방식으로 결혼식을 올리는 것과 비슷합니다. 이것을 보면 야곱의 장례식은 국제적인 장례식이었던 것을 알 수 있습니다. 요셉은 야곱의 장례식이 모든 나라에 평화를 주기를 원했습니다. 그래서 요셉이 그 당시 행진한 방향을 보면 빠른 길이 아니라 광야 길인 것을 알 수 있습니다. 그것은 요셉이 할 수 있는 대로 주위 나라에 피해를 주지 않기 위하여 광야 길을 우회했던 것입니다. 그런데 놀라운 것은 나중에 이스라엘 백성들이 출애굽하여 가나안 땅에 들어갈 때의 그 길과 같았다는 점입니다.

그러나 가장 중요한 것은 요셉이 아버지의 말씀대로 막벨라 동굴에 아버지를 장사했다는 것입니다. 결국 중요한 것은 하나님의 말씀을 믿고 장례를 치른 것이었습니다.

우리는 이 세상에 살면서 이 세상의 방식을 따라야 합니다. 굳이 예수님을 따른다고 해서 예수님 당시의 옷을 입고 돌아다닐 필요는 없습니다. 그러나 우리 속사람에는 반드시 하나님의 말씀이 있어야 합니다.

3. 새로운 시대의 준비

요셉은 바로에게 아버지를 장사 지낸 후 돌아오겠다고 약속했고 또 실제로 장사 지낸 후 애굽으로 다시 돌아왔습니다. 왜 요셉은 아버지의 장례식을 기회로 가나안 땅으로 돌아가지 않았을까요? 칼빈은 요셉이 애굽에 벌여놓은 일이 많았기 때문에 돌아가지 않을 수 없었을 것이라고 해석합니다. 그러나 분명한 것은 그때는 그들이 가나안 땅으로 돌아갈 때가 아니었다는 것입니다.

지금은 위대한 족장들의 시대가 끝난 것이고 이제는 새로운 시대를 준비해야 할 때였습니다. 족장들은 자신의 갈 길을 다 달려갔고 그들의 싸움을 다 싸웠습니다. 요셉은 이제 새로운 믿음의 시대를 준비해야 했습니다.

그런데 요셉과 그 형제들이 미래를 준비하는데 큰 걸림돌이 하나 있었습니다. 그것은 형제들이 그들의 아버지가 죽었음을 보고 요셉이 혹시 자기들에게 복수하지 않을까 하는 의심이고 두려움이었습니다. 형들에게는 과거의 죄가 아직 청산이 되지 않고 있었던 것입니다.

50:15 "요셉의 형제들이 그들의 아버지가 죽었음을 보고 말하되 요셉이 혹시 우리를 미워하여 우리가 그에게 행한 모든 악을 다 갚지나 아니할까 하고"

이 당시에는 자식 사이에 무슨 원한 관계가 있다 하더라도 아버지가 살아 계시는 동안에는 복수를 하지 않고 참았던 것 같습니다. 그러다가 아버지가 돌아가시고 장례를 마치면 그때부터 무서운 피의 복수가 시작되곤 했던 것입니다. 에서도 야곱을 그토록 미워했지만 아버지 이삭이 살아 있는 동안에는 참고 있었습니다. 그러나 에서는 아버지가 죽으면 야곱에게 복수하려고 했는데 그 동안에 야곱은 외삼촌 라반의 집으로 도망을 쳐버렸던 것입니다.

요셉의 형들은 아버지 야곱이 죽은 후 요셉이 자기들에게 무서운 복수를 할 것이라고 생각해서 두려워하다가 결국 요셉에게 사람을 보내어 화해를 청하게 되었습니다. 요셉의 형들은 지난 삼십년 동안 여기에서 전혀 한 발자국도 앞으로 나아가지 못했습니다. 그 이유가 무엇입니까? 그들은 과거에 지은 죄가 용서되었다는 것을 믿지 못했기 때문입니다.

우리가 이 세상을 사는 것은 마치 진흙길을 걷는 것과 같습니다. 진흙길을 걸어갈 때 처음에는 발에 붙은 진흙이 얼마 되지 않지만 시간이 갈수록 더 많은 진흙이 달라붙게 됩니다. 그러면 점점 더 무거워집니다. 나중에는 그 무게를 견디지 못해서 쓰러지고 맙니다. 사람의 과거는 없어지지 않고 모두 마음속 어디엔가 남아 있습니다. 그러다가 어떤 중요한 결단을 하고 앞으로 나아가야 할 때 그 아픈 과거가 되살아나서 우리를 과거의 불행 속으로 다시 끌고 가는 것입니다.

야곱의 열두 아들들은 모두 아버지의 축복을 받았습니다. 그럼에도 불구하고 형들은 아버지가 죽었을 때 요셉이 복수할 것이라고 생각했습니다. 요셉은 이미 그 모든 과거를 다 용서하고 그 모든 원한을 하나님 앞에서 해결해버렸지만 형들은 그것이 청산되지 않고 있었습니다. 요셉은 형들의 이 말을 듣고 울었다고 했습니다. 그 이유는 요셉은 이미 형들을 용서했는데 형들은 전혀 그 용서를 누리지 못하고 불안하고 두려워하면서 살고 있었기 때문입니다.

우리가 미래를 향하여 새 출발하려고 하면 과거의 죄책감과 상처가 치료되어 있어야 합니다. 우리의 삶에는 몇 번의 중요한 변곡점을 맞이하게 됩니다. 우리는 바로 그때 결단을 내릴 때는 내려야 하고 한 걸음 앞으로 나아가야 할 때는 나아가야 합니다. 그래야 인생의 모든 문제가 풀리면서 화려한 전성기를 맞이할 수 있는 것입니다. 과거의 죄가 해결되지 않고 마음속에 상처가 남아 있는 사람은 결단을 내려야 할 때 과거에 발목이 잡혀서 아무 것도 하지 못하게 됩니다. 그 이유는 그들의 마음이 그만큼 병들어 있기 때문입니다. 그래서 사람의 겉모습만 보면 안 됩니다. 중요한 것은 그의 속사람입니다. 그런데 속이 병든 사람은 중요한 시점에 아무 것도 하지 못합니다.

결국 우리가 하나님 앞에 나와야 하는 이유가 무엇입니까? 하나님 앞에 나오지 않으면 과거의 죄가 해결이 되지 않고 마음속에 있는 상처가 치료되지 않기 때문입니다.

또한 누구든지 마음속에 있는 이 상처가 치료되지 않으면 아무리 사랑을 받아도 그 사랑을 누리지 못한다는 사실입니다. 그 동안 요셉이 형들과 그의 아들을 위해서 마음을 다하여 사랑을 했습니다. 요셉은 그들에게 필요한 모든 것을 다 채워주고 조금도 그들이 섭섭해 하지 않도록 모든 편의를 다 제공해 왔습니다. 그러나 형들은 아버지가 살아있어서 어쩔 수 없어서 그렇게 하는 줄 알았습니다. 그래서 형들은 요셉의 사랑을 받으면서도 언제나 요셉의 보복을 두려워하고 참으로 불안하게 하루하루를 지내왔던 것입니다.

요셉은 형들의 말을 듣고 울었습니다. 요셉은 형들의 허물을 다 용서했고 진심으로 그들을 사랑했지만 형들이나 조카들은 요셉의 사랑을 하나도 받아들이지 않고 있었던 것입니다. 이렇게 마음이 닫혀 있으면 하나님이 아무리 은혜를 퍼부어 주셔도 은혜를 받을 수 없습니다. 형들이 고작 생각한 것은 이제 곧 아버지가 돌아가실 텐데 그때는 이 모든 것이 끝장난다는 것이었습니다.

결국 형들은 요셉에게 그의 진심을 물어보았습니다. 이것이야말로 그들이 정말 잘한 행동이었습니다. 요셉의 형들은 자기들끼리만 불안해 할 것이 아니라 자신들의 두려움을 요셉에게 알리고 용서를 빌기로 했던 것입니다. 만일 형들이 그렇게 하지 않았더라면 계속 두려워하며 지냈을 것입니다.

그런데 요셉에게 이 이야기를 전하러 간 사람이 요셉이 아무 말도 하지 않고 울기만 하더라고 하니까 형들은 더 놀란 것 같습니다. 그래서 형들은 요셉에게 이 원한은 가슴에 사무친 것이며 공연히 아픈 상처를 더 건드렸다고 생각해서 모두 달려와서 요셉 앞에 엎드렸습니다. 그러나 이것은 아주 잘한 일이었습니다. 왜냐하면 그들이 이렇게 해서 요셉의 본심을 직접 들을 수 있었기 때문입니다. 우리는 속으로 불안한 것은 몇 번이라도 하나님 앞에서 확인받을 필요가 있습니다.

50:19-20 "요셉이 그들에게 이르되 두려워하지 마소서 내가 하나님을 대신하

리이까 당신들은 나를 해하려 하였으나 하나님은 그것을 선으로 바꾸사 오늘과 같이 많은 백성의 생명을 구원하게 하시려 하셨나니"

요셉은 형들의 말을 듣고 이 모든 것은 하나님이 하셨다고 대답했습니다. 요셉은 이 세상에서 자기에게 닥치는 좋은 일이나 나쁜 일이나 모두 다 하나님이 하신 일임을 강조했습니다. 이것이 우리의 바른 자세입니다. 우리는 우리의 모든 불행이나 어려움을 책임질 수 없습니다. 형들은 요셉을 해치려고 했습니다. 형들이 한 악한 짓 때문에 요셉은 너무나도 젊은 시절을 불행하게 보냈습니다. 그러나 요셉은 형들의 악행을 통하여 하나님께서 많은 사람을 구원하게 하셨다는 것을 믿었습니다.

비록 우리나 혹은 주위에 있는 사람이 잘못해서 큰 어려움과 고통에 빠지게 되었다고 합시다. 그런데 하나님께서는 그 악을 바꾸어 놀라운 선을 이루셨습니다. 그때 우리는 하나님께서 모든 것을 선으로 바꾸셨기 때문에 하나님께만 영광 돌리고 감사하며 사람 사이에 원한을 갚거나 복수를 해서는 안 됩니다.

하나님의 능력은 바로 여기에서 나타납니다. 인간의 가장 악한 것을 통해 하나님은 가장 큰 구원을 이루어내셨습니다. 이것이 하나님의 능력이며 하나님의 사랑입니다. 이 세상에 어느 누구도 악을 바꾸어서 선을 이루는 사람은 없습니다. 이것은 모두 하나님께서 하시는 일입니다. 하나님을 모르는 사람도 '전화위복(轉禍爲福)'이라는 말을 씁니다. 그러나 하나님께서 손을 쓰시지 않으면 이런 일은 절대로 일어나지 않습니다.

요셉은 처음부터 미래를 내다보는 비전을 가졌던 사람입니다. 요셉이 애굽의 그 험한 노예 생활을 견딜 수 있었던 것은 하나님의 말씀인 비전이 있었기 때문입니다. 요셉이 노예 생활을 하거나 감옥에 있을 때 가졌던 비전은 많은 사람들을 살리는 것이었습니다. 그러나 흉년이 끝난 후 요셉은 새로운 비전을 가지게 되었습니다.

50:21 "당신들은 두려워하지 마소서 내가 당신들과 당신들의 자녀를 기르리이

다 하고 그들을 간곡한 말로 위로하였더라"

요셉은 이제 자기가 남은 기간 동안 해야 할 것은 위대한 이스라엘을 준비하는 것이라고 생각했습니다. 왜냐하면 하나님의 백성 안에 모든 미래가 있기 때문입니다. 세상은 단지 그때그때 하나님이 쓰시는 배경에 불과한 것입니다. 위대한 것은 하나님의 말씀과 그 말씀으로 자신들의 삶을 만들어나가는 하나님의 백성들입니다.

> 50:25-26 "요셉이 또 이스라엘 자손에게 맹세시켜 이르기를 하나님이 반드시 당신들을 돌보시리니 당신들은 여기서 내 해골을 메고 올라가겠다 하라 하였더라 요셉이 백십 세에 죽으매 그들이 그의 몸에 향 재료를 넣고 애굽에서 입관하였더라"

요셉은 이스라엘 백성들이 결코 애굽 땅에 안주하지 못하게 하기 위해서 자기가 죽으면 관에 넣어서 해골을 만들라고 했습니다. 그리고 이스라엘 백성들이 하나님의 지시에 따라서 애굽을 떠날 때 자기 관을 들고 나가라고 했습니다. 그래서 이스라엘 자손들은 애굽에서 요셉의 관을 볼 때마다 자기들은 언젠가는 애굽을 떠나야 한다는 것을 생각했던 것입니다.

요셉이 진정으로 원했던 것은 단순히 흉년에 애굽 사람들을 먹여 살리는 것이 아니라 진정한 하나님의 나라가 이 땅 위에 이루어지는 것이었습니다. 요셉은 그 나라가 이루어지기까지 자기가 할 수 있는 최선을 다했습니다. 이 하나님의 나라가 이루어지는데 가장 중요한 기초가 무엇이었습니까? 그것은 요셉의 용서였습니다. 이 세상에서 가장 귀한 선물이 있다면 그것은 다른 사람의 잘못을 용서해주는 것입니다. 그리고 그들과 그의 자녀들을 말씀으로 잘 양육해서 위대한 부흥이 일어나게 하는 것입니다. 하나님의 백성들의 모임은 기름 구덩이와 같습니다. 언제든지 불이 떨어지기만 하면 위대한 부흥이 일어나게 됩니다. 그것을 위해서 우리 안에 하나님의 말씀이 충만해야 합니다.